珍藏本·增订本

纪念版

汉译世界学术名著丛书

认知语法导论

上卷

〔美〕罗纳德·W. 兰艾克　著

黄蓓　译

刘辰诞　审校

OXFORD UNIVERSITY PRESS
Ronald W. Langacker
Cognitive Grammar: A Basic Introduction

本书根据牛津大学出版社 2008 年英文版译出

汉译世界学术名著丛书
(120 年纪念版·珍藏本)
增订本出版说明

2017 年 10 月,为纪念商务印书馆创立 120 周年,本馆推出“汉译世界学术名著丛书”(120 年纪念版·珍藏本),计七百种。近五六年来,仰赖学界同人倾力支持,订正旧译,增补新译,拓展新著,积累日多。为满足读者需要,本馆在七百种的基础上,继续推出“汉译世界学术名著丛书”(120 年纪念版·珍藏本·增订本)三百种。至此,“汉译世界学术名著丛书”累计出版已达千种。

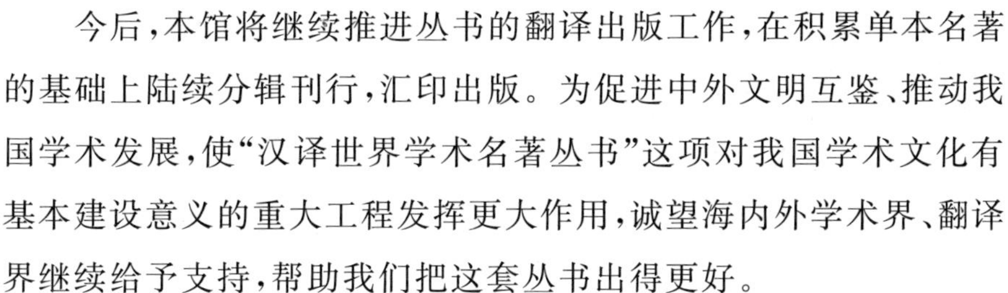

今后,本馆将继续推进丛书的翻译出版工作,在积累单本名著的基础上陆续分辑刊行,汇印出版。为促进中外文明互鉴、推动我国学术发展,使“汉译世界学术名著丛书”这项对我国学术文化有基本建设意义的重大工程发挥更大作用,诚望海内外学术界、翻译界继续给予支持,帮助我们把这套丛书出得更好。

商务印书馆编辑部

2024 年 2 月

汉译世界学术名著丛书
（120 年纪念版·珍藏本）
出 版 说 明

2017 年 2 月 11 日，商务印书馆迎来 120 岁的生日。120 年前，商务印书馆前贤怀揣文化救国的理想，抱持“昌明教育，开启民智”的使命，立足本土，放眼寰宇，以出版为津梁，沟通中西，为中国、为世界提供最富智慧的思想文化成果。无论世事白云苍狗，潮流左右激荡，甚至战火硝烟弥漫，始终践行学术报国之志，无改初心。

逐译世界各国学术名著，即其一端。早在 20 世纪初年便出版《原富》《天演论》等影响至今的代表性著作，1950 年代后更致力于外国哲学和社会科学经典的译介，及至 1980 年代，辑为“汉译世界学术名著丛书”，汇涓为流，蔚为大观。丛书自 1981 年开始出版，历时三十余年，迄今已推出七百种，是我国现代出版史上规模最大、最为重要的学术翻译工程。

丛书所选之书，立场观点不囿于一派，学科领域不限于一门，皆为文明开启以来，各时代、各国家、各民族的思想与文化精粹，代表着人类已经到达过的精神境界。丛书系统译介世界学术经典，引领时代思想，为本土原创学术的发展提供丰富的文化滋养，为推动中国现代学术和现代化进程做出了突出的贡献。

为纪念商务印书馆成立120周年，我们整体推出“汉译世界学术名著丛书”120年纪念版的珍藏本，寄望既利于文化积累，又便于研读查考，同时向长期支持丛书出版的译者、编者和读者致以敬意。

两甲子后的今天，商务印书馆又站在了一个新的历史时间节点上。我们不仅要铭记先辈的身影和足迹，更须让我们的步伐充满新的时代精神。这是商务人代代相传的事业，更是与国家和民族的命运始终紧密相连的事业。我们责无旁贷，必须做好我们这代人的传承与创造，让我们的努力和成果不仅凝聚成民族文化的记忆，还能成为后来人可以接续的事业。唯此，才能不负前贤，无愧来者。

商务印书馆编辑部

2017年10月

译者序

此书虽名曰“导论”，但远非一本简单的入门教材。可以说，它代表了认知语法（Cognitive Grammar，CG）研究历经30年积淀而成的一次总结性探讨。其视角之恢弘、立场之明晰、立论之严谨、例证之翔实，较之于业已出版的认知语法专著——兰艾克的《认知语法基础》（两卷本）、《概念、意象、符号》《语法及概念化》以及泰勒的《认知语法》，可谓有过之而无不及。因此，本书的学术价值不可低估。除了勾勒出认知语法的总体框架、详述其描写机制之外，本书最具启发之处在于，它明确了认知语法的基本立场（当然比起两卷本也不乏修正之处），澄清了人们关于认知语法的某些疑惑及诘难，并对认知语法的未来走向做出了远景式观望。因此，本书值得一译。就其实用性而言，比起艰涩的两卷本，其语言更为简洁、明快，例证更为丰富、贴近生活，其中不乏幽默之处。这使得认知语法的阅读近乎成为一种享受。因此，本书得以一译。

翻译《认知语法导论》，绝非一时心血来潮。初次接触认知语法是在2006年，当时面对北京大学影印版的厚重的《认知语法基础》（两卷本），感到一种莫名的好奇心和吸引力。在这种力量的驱使下，我硬着头皮啃完了第一卷。那艰涩文字背后的深邃思想和新颖视角，令我时而沮丧时而兴奋。后来渐入佳境，竟有种欲罢不能的感觉。就这样我逐渐走入了认知语法的世界，一个无比广阔、令人神往的世界。

随着了解的日渐深入，我发现虽然这个世界很美好，但并不完美，我那双略显挑剔的眼睛在这里不断发现瑕疵，尽管我一直承认瑕不掩瑜。在过去五年对认知语法的研究中，我总体上是持弱式批判的态度，其矛头主要指向"两卷本"。

2008 年《认知语法导论》面世时并未引起我的重视，顾"名"思义地以为不过是一般入门性教材而已，以为研读了上述五本专著后无需再精读。两年后，我发现自己的想法大错特错了。如《认知语法导论》开宗明义地指出的那样，出于某种原因，认知语法极易被误解，而许多误解都是建立在对其片面解读之上的。此时恰逢《认知语法批判》(何南林等，2010)一书问世，我似乎从中感到此前一些心照不宣的共识，这更加剧了我立场的摇摆。这种批判情结大都因"两卷本"而起，我想这跟其过于锋芒毕露的姿态、与生成语法剑拔弩张的气势不无关联。但于我而言，读过《认知语法导论》之后，批判的念头不复存在；于其他持异议者而言，我想它同样值得一读，从而可更清醒地明确自己的立场。

作为认知语法的中年版，《认知语法导论》比起青少年时期的"两卷本"，更为圆融丰满、成熟稳重。它融入了辩证法的思想精髓，调和了形式主义与功能主义的立场，整合了认知与功能的视角，平衡了语言的认知与交互维度，可谓语言研究中一本不可多得的参考书。无论读者对 CG 的观点是肯是否，抑或不置肯否，相信都能从中汲取有价值的思想。这些正是我迫不及待，欲将此书介绍给更多对认知语法及语言研究感兴趣的同行的原因。

俗言道：一名之立，旬月踟蹰。翻译认知语法的术语更是如此。相信众多读者对CG心存畏惧，均因其为数众多的术语而起，其中不乏旧词新解、术语新创甚至新造词。因此，有必要就术语的翻译策略作一番交代。此处每类策略仅列出典型，详细术语翻译请读者参见本书最后的术语表。

1）借用法。认知语法将clause作为语法结构及语法分析的基本单位，这里的clause有别于传统上所称的“分句”或“从句”，因分句或从句本身不可独立成句，而clause是一个独立的结构单位，但又可嵌入更大的结构内部，充当传统上所谓的分句或从句功能。从这点来看，它与韩礼德的系统功能语法中的clause意蕴更为接近，故沿用了已广为接受的“小句”的译法。但在复杂句中，依然沿用传统的“从句”说法，如complement clause与relative clause分别译作“补语从句”与“关系从句”。

2）会意法。CG中许多独树一帜的观点，当然需借助全新的名称来表达。一个相当重要的名称为ground，兼有名动用法。做名词时，其语义大致对应于言语事件的即时语境，与马林洛夫斯基的context of situation（情景语境）意蕴最为接近，但后者着力点在社会层面，前者则在认知层面，因而不宜等同视之。另一方面，它与setting（场景）及situation（情景）可谓同中有异，异中见同。经几番斟酌，拟将名词用法译作“场境”。其动词义大致为将事体/事件类型与言语事件挂钩的情况。为反映出与名词义的关联，拟译作“入场”。

3）双译法。CG中大量存在着术语转类的用法，为使译文更为地道，故酌情对不同词性采取不同译法。如profile做名词解时，表示名词概念内容的直接辖域中最显著的部分，为做到准确传意，译作“显面”；做动词解时，表示对直接辖域内的某一部分加以突出，译作“侧显”。同时存在一个动名词 profiling，表示具体用法，仍译作“侧显”。对于 specificity，与原文更贴切的是“精细度”，但“详略度”的说法比较符合汉语习惯，且已为学界广泛接受，故采用此种译法。但文中还存在一个有标记用法，涉及与“图式度”的对立，酌情译作“具体度”。specify 与 specification 均可译作“明示”，分别取动词与名词义，但有时为使译文通顺，酌情译作“具体说明”。此外，prominence 兼译作“突显度”与“突显（性）”，symbol、symbolic 与 symbolize 分别译作“符号”、“象征的”与“符号化”（为避免汉语动词“象征”的隐喻意蕴），均是为力求做到形义兼顾而采取的折中做法。

4）简化法。对于 CG 中为数众多的近义术语，译文的策略是一方面尽力反映不同名称在意义上的细微差别，另一方面对于不必要的术语增生采用了酌情合并的策略。前一种情况如 salience 与 prominence，前者重在概念层面，后者则重在感知层面，故分别译作“显著性”与“突显性”。后一种情况如 lexical unit、lexeme、lexical item 的三重说法，这里的 lexeme 也倾向于具体用法（见索引：Lexeme. *See* Lexical item），三者并无实质差异，因而一律译为“词项”。

5）淡化法。对于有些术语味道过浓的情况，译文在保留原义基础上力求淡化。如 designate 原意较接近“标示”，在 CG 中与 refer“指称”大致同义，但后者带有客观主义的“味道”，因而更多采用前者。译文后从“标示”改译为“指向”，以求通俗明白。另需提及 group 及 grouping 的译法。其意蕴接近数学中的群，原通译作

“组类”,后本着通俗化的做法改译为“组合”(两者均是名动兼用),不过这样不利于与 composition 的“组合”译法区分开来。CG 为表现与主流传统的决裂,处处另立术语,但中国语言学素有崇尚传统的思想,因而考虑到目标读者的接受心理,译文采取了力求平衡传统与创新的做法。nominal 译作“名词短语”亦出于此种考虑,文中另有译注。这种做法是否可取,还需由读者定夺。

6)新创法。对于 CG 中对传统术语借形不借义的做法,为避免误解,最好的策略或许是新造术语。如 CG 在动词中区分了两大次范畴:perfective verb 与 imperfective verb。这两个名称原取自斯拉夫语系中的“完成体”与“未完成体”概念,前者侧重动作的完结,后者则不考虑完结性。但在 CG 中,perfective 与 imperfective 意在表示情状(situation type),分别侧重情景的动态与静态特征,因而有别于动词层面的时体概念,这从 260 页注②(原第五章注 13)可见一斑。为力求准确传义,同时保留形式上的反义特征并囊括其名词用法,在参考关于情状的经典译法的基础上,分别将两者译作“非持续类”与“持续类”,相关说明另见文内译注。当然,关于术语的大部分译法均是权宜之计,对于国内已有的各种译法我们尽量择善而从,但仅此是不够的。各位方家如有上乘译法,还望不吝赐教。此外,对于原著中个别不易理解之处加了译注,以脚注形式注明。

《认知语法导论》的中译本能够面世,当大力感谢原作者兰艾克教授的大力支持和鼓励。在研读认知语法的近五年间,笔者曾有幸数次求教于兰教授,他均及时热情地予以回复,这为准确吃透认知语法的精神无疑起了很大的作用。当本人提及有意翻译《认知语法导论》时，他欣然应允并表示鼓励，中间曾多次悉心指教，又于百忙之中拨冗作序。因此，译文得以成书，当主要归功于兰教授，为表感谢，谨将译本献给他老人家。感谢我的导师张建理教授对本人翻译工作的大力鼓励和支持。对于如此耗时耗力的工作，没有外部环境的支撑，很难想象如何做到善始善终。作为拙译的第一位读者，他就译稿提出了众多宝贵意见，在此表示由衷的感谢。同时也听取了几位认知语言学专家的意见，就术语的翻译达成了一个较为可取的标准。河南大学的刘辰诞教授于百忙之中承担了繁重的审校工作，使译作的质量得到了很大的提升。《认知语法导论》的中译本得以面世，还当感谢商务印书馆的大力支持。阿什文编辑耐心细致地做了编校润色工作，为中译本的出版付出了大量心血。付梓之际，寥寥数语，谨表谢意。

因全书篇幅过大，也为了读者阅读之便，经原作者同意，本书此次分成上下卷出版（提请读者注意：本书不同于 1987 年与 1991 年先后出版的两卷本的《认知语法基础》(*Foundations of Cognitive Grammar*)）。上卷涵盖前八章，内容基本对应于兰艾克 2013 年最新出版的《认知语法精要》(*Essentials of Cognitive Grammar*)。欲对认知语法的最新基本思想有一个全面把握，参考上卷足矣。下卷涵盖后六章，是对认知语法基本思想的应用及拓展。欲从事认知语法框架下的语言分析，并对其发展动向有一个清楚了解，下卷是一本不可多得的参考书。这样安排有利于读者根据自己的兴趣及知识水平选择重点阅读。

鉴于译者本人的能力和学养有限，尽管数易其稿，译文还是难免存在疏漏、不足甚至误解之处，恳请读者批评指正，以期今后进一步完善。

黄蓓

于浙江大学启真湖畔

献给谢尔丹、朱利安和特里

To Sherridan, Julian, and Tre

目　　录

第二部分 基本主张

第三部分　结构

第四部分　发展动向

中文版序

看到此书译为中文，并得以在中国出版，我由衷地感到高兴。在这个古老而令人景仰的文明古国，有着悠久的语言研究传统，我期望此书能为中国的当代语言研究贡献绵薄之力。在我多次的中国之行中，总是受到热情洋溢的款待，深有宾至如归之感。看到中国学者对学术研究满怀热情，思想开明，乐于倾听认知语言学的观点（而且通常表示接受），欣赏之情油然而生。

在认知语法的发展历程中，本书占有特殊的地位。它并不代表一个转捩点，也不意味着方向上的转变；的确，在认知语法理论绵延不绝的发展中，从不曾有过重大修正。不过，本书确实起着承前启后的作用。一方面，它对原先的框架作出了更清晰的表述，并在表述方法上作了进一步的完善。另一方面，它披露了在认知语法的未来研究中预期占有中心地位的一些议题，并拉开了探索的帷幕。尽管认知语法早已问世（其基本框架已历经三十余载），但依然处在早期发展阶段。我相信，其前程是不可限量的。

倘若认知语法未来成长中的重要一环，是在中国大地上生根发芽，发扬光大，我将感到无比欣慰。看到中国学者在认知语言学中的地位急遽提升，这一点是很有可能的。我亲眼目睹了 2011 年国际认知语言学盛会花落西安，仅此一点就很能说明问题。

对所有为翻译此书付出辛勤劳动的人，我表示由衷的感谢。

尤其要感谢译者长期为译作所投入的精力，这项工作无疑是枯燥乏味而又无比艰辛的。

罗纳德·W.兰艾克

2013年11月8日

前　言

从标题中，或许你已猜到，本书要呈现的是名曰“认知语法”(Cognitive Grammar，CG)的语言理论。有关 CG 的研究始自1976 年，其基本理论框架已沿袭逾 25 年之久。最初的名称为“空间语法”(Space Grammar)，Langacker(1982)首先对此进行了全面描述并发表在《语言》(*Language*)杂志上。其为数众多且绘制粗糙的图解，必定让《语言》的读者们大跌眼镜。关于该理论最全面的探讨，现于名为《认知语法基础》(*Foundations of Cognitive Grammar*)(Langacker，1987、1991)的笨重的两卷本中。更浅显易懂、至少是更便于携带的是《概念、意象及符号》(*Concept，Image and Symbol*)(Langacker，1990)，由一系列论文整理成书。第二本这样的论文集为《语法与概念化》(*Grammar and Conceptualization*)(Langacker，1999a)。为便于称呼，引用时分别将四本书称为 FCG1、FCG2、CIS 及 GC。

CG 草创之日，比起当时主流理论可谓激进。而今，它看上去不再那么另类了，原因很简单：理论语言学已日渐朝这个方向靠拢。在语言理论中，“形式主义”与“功能主义”传统的分野已不再泾渭分明(若说曾经如此的话)(Langacker，1999c)。虽说如此，在大部分形式主义学者看来，CG 仍显得过于极端，甚至许多功能主义学者也作如是评论。我本人曾受过形式主义的熏陶，起初不过是将 CG 置于理论疆域的边缘地带。而今，在这一哨所守卫几十载后，我逐渐将其视作占据了该领域的中心地带。在我看来，CG 在形式主义与功能主义之间做到了合理的平衡。它直接反映了语言的两面性：一面植根于认知，一面植根于社会互动。我进而认为，对于林林总总的认知与功能语言学传统，它足以博采众长，对其中初现端倪的诸多发现与洞见加以囊括、整合与综合。

如今，有更多机会可接触到 CG 与认知语言学的读物，有些或许你不曾留意到。本书引用了为数众多的参考文献。欲把握认知语言学的全貌，只消研读阵容庞大的各卷《认知语言学》(*Cognitive Linguistics*)杂志(系国际认知语言学会(International Cognitive Linguistics Association，ICLA)的刊物)，以及认知语言学研究(Cognitive Linguistics Research)系列专著(德古意特出版社(Mouton de Gruyter))。然而，这些不过是冰山一角。目前尚欠缺的是一系列入门教材。关于宏观的认知语言学，已有几本教材问世(Ungerer and Schmid，2007；Lee，2001；Croft and Cruse，2004；Evans and Green，2006)，以及两部论文集(Geeraerts，2006；Evans，Bergen，and Zinken，2006)和一部术语词典(Evans，2007)。具体就 CG 而言，目前唯一的入门教材为 Taylor(2002)，CG 的基本观点已很好地囊括其中。不过，依然缺乏的是一部导论书，不停留于入门层面，而是对 CG 做出更为深入细致的描述。此书正是为填补这一空缺而著。

此书可供不同层次的读者作不同阅读之用。我力图使其贴近大众读者，不过，如具备一定的语言学基础，阅读起来会更容易些。作为一部教材，本书是基于研究生一年级的课程讲义整理而成的，其目标读者为本科高年级及研究生低年级的学生。理想的情况是将其开设为两学期的研究生课程,其中第一、二部分放在第一学期讲授,第三、四部分放在第二学期讲授。前两部分也可单独作为认知语法理论的入门教材。其章节较为短小精悍,读起来不那么吃力,因而更适合较低阶段的学习者。不过,四部分内容构成了一个有机整体,只有综合观照,对于 CG 关于语言结构的洞见及其描述潜力,方能有一个真正的认识。这也是本书的首要目标,因而并不限于仅作教材之用。本书对语言分析深入,内容翔实,对相关学科的专业人士也应该是同样适用的。此外,对其他理论流派的语言学家而言,本书也为其提供了全方位的一站式机会,可望将其评价与批判建立在更为坚实、确凿的基础之上。

于我个人而言,这部著作是对长达几十年之久的探索的一次总结,不过这一探索依然处于起步阶段。借此机会,可对我在诸多问题上所做的思考加以提炼、澄清,同时也使其逻辑理路更为明晰。明确了这一点,即可对语言结构的交互与概念基础做出更为圆满、统一的处理。必须承认的是,本书在覆盖面上尚存在重大空缺(如关于音系学的系统探讨)。尽管呈现于此的作品不尽如人意(评论家们定会如是说),也只能勉为其难了。日后呈现的有关 CG 的研究成果,将涉及下一阶段的研究,这方面的工作迄今已开展几个年头了。一些重要议题在第四部分(未来走向)已有初步涉及。未来比过去更难预料,但有一点是可以明确的,关于 CG 的研究才刚刚起步,尽管她已走过三十年历程。

第一部分

绪　论

第一章　引论

我们要谈论的主题是名曰**"认知语法"**(Cognitive Grammar)的语言理论。这一语法框架对语言结构进行了全面而不失条理的观照。认知语法在其他方面同样更胜一筹(在我看来如此),如在直觉上合乎自然,在心理上具有真实性,在经验上具有可行性。然而,它却是一种彻头彻尾的非正统观点,因而令正统语言学家感到措手不及。因此,要呈现认知语法的全貌,必须率先阐明其总体特征及基本走向。

1.1　语法与生活

耗去大半生精力钻研语法之后,我分明意识到普通大众并不持有我的这种热情。我们需要正视这一点:语法可谓臭名昭著。于大部分人而言,它意味着要冒招致诘难之险,即因破除某些神秘的规则而又苦于难以厘清问题。在外语教学中,语法的掌握通常靠机械练习、学习不规则情况,以及记忆似乎没完没了的词形变化。即便是在语言学领域,就描写方法而论,通常似乎也鲜有出于唤起大众兴趣的考虑:语法被当作一个基于抽象原则之上的任意形式构成的系统,这些原则与认知或人类活动的其他方面毫不相干。

然而，实际情况未必如此。如能准确加以理解，语法实际上并不乏吸引力。当然，语言学家所关注的是如何描述语言，而非规定人们如何言谈。对于自封的语法警察们所强加的人为限制，他们不必承担责任。语法固然涉及掌握为数众多的形式，词汇亦是如此。对于词汇，人们较少存有畏惧情绪，并经常从中感受到奇妙和愉悦之情。再者，将语法描述为一个纯形式系统不仅大错特错，根本就是走错了方向。我要主张的则是：**语法是有意义的**。理由有两方面：其一，同词项一样，语法成分有其自身的意义。其二，借助语法，我们可以构造出复杂的表达式（如短语、小句及句子），对更为复杂的意义加以符号化。因此，语法是我们借以理解与进驻世界的概念系统中举足轻重的一环。此外，语法不是一个独立自足的认知系统；它不仅是认知的有机组成成分，更是理解认知的锁钥。

只有对语言意义加以恰当观照，语法的意义才得以凸现出来。在认知语义学中，意义被视为与语言表达式相关的概念化。这一点或许是不言而喻的，事实上却与正统观点背道而驰。概念语义观往往要么被斥之为偏狭——与世界及他人心智孤立开来，要么被斥之为缺乏经验及科学依据。然而，这些诘难不过是空穴来风。概念化尽管体现为一种心理现象，但植根于物理现实中：它发端于大脑的活动中，而大脑是身体的有机组成部分，身体本身又构成了世界的有机组成部分。语言意义同样植根于社会互动中，源自会话双方对彼此的知识、想法及意向所作的协商。尽管概念化作为分析对象显得难以捉摸，颇富挑战性，但并无神秘之处，也并未超出科学研究的范围。认知语义学为我们提供了一系列工具，可望对概念结构的本质加以精确明晰的刻画。这些描述立足于语言事实，而且有望得到经验证实。

从这一视角出发来分析语言，可以得出关于语言意义与人类认知的若干显著结论。首先，表达式的意义在很大程度上有赖于所描述情景之外的因素。一方面，它预设了一个翔实的**概念基底（conceptual substrate）**，包括诸如背景知识，以及对物理、社会及语言语境的把握。另一方面，表达式赋予了特定的**识解方式（construal）**，其所反映的不过是构想及描述同一情景的无数方式之一。同样值得注意的是，各种**想象力（imaginative abilities）**广泛参与其中。诸如隐喻（如 vacant stare（空洞的眼神））及唤起虚拟实体（如 any cat（任一只猫））的现象是普遍存在的，即便是对实际情景的平淡无奇的谈论也不例外。最后，这些现象体现了纷繁芜杂的**心智建构（mental construction）**，使我们得以应对并在很大程度上构成了我们生活和谈论的世界。这是一个异常丰富的世界，远远超出了其所植根的物理现实。

因此，概念语义描述为洞悉我们的心智世界及其构造打开了一扇重要的窗口。在这方面，语法意义尤其富于启发意义。因语法意义往往带有抽象色彩，其本质意蕴在于识解，因而可借此直接透视语义组织的这一根本方面。鉴于语法常规上被看作枯燥乏味，纯属形式问题，声称语法在很大程度上有赖于想象与心理建构，或许有些出人意料。再者，语法成分的历史流变为透视源词项的意义及更为一般的语义结构提供了重要线索。由此呈现的图景表明，主流语法观将语法视为一套自主的形式系统的做法是大有问题的。语法不仅是有意义的，还折射出我们行动、感知及作用于世界的基本经验。位于语法意义核心的，是一系列蕴含在这些鲜活生活经验的基本成分中的心理操作。因此,若能分析得当,语法将有望为我们揭开关于意义与认知的诸多奥秘。

1.2 怪兽的本性

这里所指的怪兽乃认知语法(Cognitive Grammar),简称CG。有些语言学家对其嗤之以鼻,因其向根本的教条发出了挑战,并主张一种有别于传统的思考及分析思路。当然,出于同样的原因而对其抱有好感的也不乏其人。然而,无论是肯是否,抑或不置肯否,大部分关于CG的看法貌似建立在极其有限(而且往往错误百出)的理解之上。甚至对其核心主张和基本特征的描述也时有失真。因此,有必要开宗明义地对几个问题予以澄清。

1.2.1 一个离经叛道的主张

顾名思义,认知语法首先并且(更重要的)是一种关于**语法**的理论。因此,看到诸如"兰艾克不相信语法——一切皆是语义"这样的论断,着实令我倍感吃惊。读者尽可放心,CG既不会威胁到也不会矢口否认语法的存在。语法是存在的。问题在于,语法的本质何在?语法同语言结构其他维度的关系又当如何?

CG最根本的主张是:语法本质上具有**象征性(symbolic)**。这究竟意味着什么呢?首先,我们可将**符号(symbol)**定义为语义结构与音系结构的配对,从而一方可激活另一方。[①] 一个简单词项,

---

① 此处的symbolic涉及符号的属性,为通顺起见采用"象征性""象征集合""象征复杂度"的说法,但为与文学中所谈的"象征"一词区分开来,动词用法采用"符号化"的说法。另参见译序部分及第22页注①(原第一章注6)。——译注

如 skunk(臭鼬),即具有象征性,因其寓于一个意义与一个音系形式的配对之中。当然,语法关注的是这些成分如何结合生成复杂的表达式。CG 的基本原则是:除象征结构而外,无需唤起其他任何成分,即可对复杂表达式及其体现的模式加以充分描述。更确切地说,**词汇与语法构成了一个连续体,仅存在于象征结构的集合中**。这一立场带来的一个直接后果是:语法描写中合理设定的所有概念(如类似于"名词""主语"或"过去分词"的概念)多少均须是有意义的。

现代语言学理论对语法的观照全然不是这样。正统观点(每本语言学教材均会如数家珍)认为,类似名词、主语这样的概念属于纯之又纯的语法概念,不宜作任何概括的语义描述。再者,主流正统理论声称,句法具有**自主性(autonomous)**:句法构成了一个独立于词汇与语义的语言"模块"(module)或曰"成分"(component);对其描述需要一套特别的句法"初始元"(primitives)。在这一背景下,CG 的立场虽不至于被视为异端,至少也是过于激进。如一位著名评论家哈德森所言:"对于这一主张,许多读者无疑会觉得离经叛道,一如我曾经所感,而今我依然相信这一主张是大错特错的"(Hudson, 1992:507—508)。[①]

这位评论家确实嗅到一股离经叛道的味道,其他语言学家亦有同感,对此我毫不怀疑。而就其被视为离经叛道这一点来看,这一立场委实非同寻常。但这当不至于使其被斥为谬论。或许它不

① 不过,这位评论家还是承认,我的论断"出人意料,颇有几分道理"(Hudson, 1992:508)。

过表明,当代语言学理论及专业训练是一个扭曲的棱镜,足可遮蔽这一立场真正意义上的合乎自然和内在合理之处。如果说语言充当的是某种符号化功能,用以在概念化与可观察到的现象(如声音和手势)之间建立系统关联,那么寻求语法本身具有象征性这样一种解释,看来既是自然而然的,又是值得推崇的。如果说诸如"名词""主语"之类的概念具有普适性,且之于语法具有根本性,那么矢口否认语法的概念动因不但值得怀疑,也难以令人信服。从一个朴素的视角来看(即对那些从未受过语言学训练的人而言),为何我们的种群得以衍生出一个独立于概念与音系内容的自主语法系统,这一点着实难以捉摸。假定语法并非独立自主,而不过代表了包含复杂象征关系的一系列表达式内在的抽象共性,难道不是更合情合理吗?

关于 CG 的核心主张的评价,一向被数个方面的困惑所掩。困惑的来源之一是关于何谓"自主"(autonomy)的由来已久的矛盾情感。强式自主观认为,句法描写需要一套特殊的纯语法初始元,这些初始元无法还原为任何更为根本的东西。CG 摈弃了这一观点,主张但凡有效的语法概念均具有象征性,因而可归结为形式-意义的配对。弱式自主观仅仅声言,语法无法完全从独立的因素(尤其是意义和交际限制)中推导而来。这一弱式表述与 CG 的立场是完全合拍的,可以说与各种版本的认知与功能语言学的主张也是并行不悖的。语义与功能因素限制并促动语法结构,但不足以完全决定它;说话者仍需对语言中的具体模式加以掌握,语言学家也需对其作出明确描述。这一点很少有人会表示异议。弱式自主观无需蕴含强式自主观:语法是否具有**可预测性(predictable)**,与描写语法需要哪些类型的成分完全是两码事。这一点应该是显而易见的。然而，语言理论家时有将两者混为一谈，将语法的不可预测性用于支撑广义上的自主观。[①] 这一立场忽视了这样一种可能性：语法固然不可预测，但完全可以描述为象征结构的集合。

将语法归结为象征单位的集合，可望实现重要的概念上的统一，但有理论家对句法的命运深表忧虑。一位评论家抱怨道："认知语法甚至否认句法在更大的语言整体中占有一席之地"（Harder，1996：260）。这一错误论断在两个问题上显得混淆不清。其一，它将句法的可界定性与存在明晰确定的句法边界混为一谈。词汇、形态与句法存在重叠之处，当不至妨碍我们对各自加以定义并在其间作出有用的区分，正如绿色（green）与蓝色（blue）之间不存在精确边界，并不意味着我们注定只能看到"蓝绿色"（grue）——分级性并不暗含毫无分别的同质性。其二，它将还原与消除混为一谈。将语法归结为象征单位的集合仅仅是出于描述之便，而非意在否认它构成了一个可界定的组织层面。水分子可分析为由氢原子与氧原子组成的特殊构造，但我们不会因此而否认水分子的存在。

1.2.2　CG的"庐山真面"

语言为其功能所塑造，并受制于这些功能。这包括**符号学功能（semiological function）**与多维的**交互功能（interactive function）**。符号学功能指容许概念化由声音与手势加以符号化；交互功能则涉及交流、操控、表达及社会交往。语言研究中功能学派与形式学派（主要

① 此种立场我称之为"**类型–可预测性谬论**"（**type/predictability fallacy**）。典型例证见纽梅尔（Newmeyer，1983）。

是生成语法）的分野主要在于，在语言形式的描写中，功能因素是根本性的（foundational），还是仅处于从属（subsidiary）地位。在实际分析中，这种研究重心的差异，表现在对语言结构的本质及其描写方法的具体主张大异其趣。[①]

认知语法隶属于一个更大的研究取向——**认知语言学（cognitive linguistics）**，其本身又归属功能主义的传统。除CG而外，认知语言学的重要分支包括**构式语法（construction grammar）**、**隐喻理论（metaphor theory）**、关于**整合与心理空间（blends and mental spaces）**的研究，以及为发展**概念语义学（conceptualist semantics）**而作出的种种努力。功能主义的其他主要分支有**语篇-语用（discourse-pragmatic）**分析、**语法化（grammaticalization）**研究，以及通过跨语言调查进行的**共相-类型学（universal-typological）**研究，等等。[②] 自然，

① 参见兰艾克（Langacker，1999c）。这一差别不单是严谨、精确、形式化的程度，抑或科学价值的问题。即便在形式与功能学派内部，对这些参数的看法也是各有千秋。

② 这里我仅能列出一些基本参考文献。关于构式语法，参见菲尔墨（Fillmore，1988）；戈德堡（Goldberg，1995）；克罗夫特（Croft，2001）。关于隐喻理论，参见雷科夫和约翰逊（Lakoff and Johnson，1980）；雷科夫和特纳（Lakoff and Turner，1989）；格雷迪，陶布与摩根（Grady，Taub，and Morgan，1996）；库维克塞斯（Kövecses，2000，2005）。关于整合与心理空间，参见福柯奈尔（Fauconnier，1985，1997）；福柯奈尔和斯威茨（Fauconnier and Sweetser，1996）；福柯奈尔和特纳（Fauconnier and Turner，2002）。关于概念语义学，参见房得里斯（Vandeloise，1991）；韦尔兹毕卡（Wierzbicka，1996）；托勒密（Talmy，2000a，2000b）；泰勒和埃文斯（Tyler and Evans，2003）；哈姆珀（Hampe，2005）。关于语篇-语用学，参见霍珀尔与汤姆森（Hopper and Thompson，1980）；吉汶（Givón，1983）；杜布瓦（DuBois，1987）；切夫（Chafe，1994）；莱姆布莱克特（Lambrecht，1994）；费尔哈亨（Verhagen，2005）。关于语法化，参见特拉格特（Traugott，1982，1988）；海涅，克劳迪与胡内梅尔（Heine，Claudi，and Hünnemeyer，1991）；海涅（Heine，1997）；霍珀尔与特拉格特（Hopper and Traugott，2003）。关于共相-类型学，参见吉汶（Givón，1984）；拜比（Bybee，1985）；克罗夫特（Croft，1990）；托勒密（Talmy，1991）；克默尔（Kemmer，1993）；海斯波尔麦斯（Haspelmath，1997）。

诸如“认知语言学”与“功能主义”之类的术语，其所指并不固定，涵盖了林林总总的观点。相关学者所达成的充其量不过是视角上的大致相容，而非理论上的整齐划一。

一个经常被问及的问题是：“认知语法的**认知**之处何在？抑或宏观的认知语言学的认知之处何在？”二者配得上认知的称号，并不仅仅因声称语言是认知的组成部分，语言研究有助于理解人类的心智。这一点为众多学派所认同。事实上，无论形式学派抑或功能学派，诸多流派在很多方面均可达成共识。那么，究竟是与认知的何种关联，使得认知语言学既有别于形式语言学，又有别于其他功能主义范式呢？在功能主义内部，认知语言学的独树一帜，表现在对语言的符号学功能的强调。它对语言植根于社会互动的事实予以充分认可，但同时坚持认为，即便其交互功能本质上也有赖于概念化。较之于形式学派，认知语言学的突出之处在于，它拒斥在语言与其他心理现象之间设立人为边界。语言结构无法与其他更为基本的系统与能力（如感知、记忆、范畴化）割裂开来，因此要尽可能借助于这些系统与能力来刻画。语言不是一个独立自足的实体（一个独立的“模块”（module）或“心智官能”（mental faculty）），而是当视为认知的有机组成部分。

具体就CG而言，它谨慎启用业已公认的或易于证实的不独属于语言的心智能力。比如，我们具备的能力有集中及转移注意力、追踪某一移动物、构造与操纵图像、比照两种经验、建立对应关系、将简单元素组合成复杂结构、从不同视角观照同一场景、在不同抽象层次上对某一情景加以概念化，不一而足。诸如此类的一般能力是否足以对语言的习得及其普遍特征作出圆满解释？抑或存在与生俱来的、伴随基因遗传的具体语言图谱？对于这一问题，CG并不遂下断语。显而易见，我们生来即会说话，因而并不排除这样一种可能：语言得以涌现，或许应归功于其独有的、实实在在的天赋特征明示。然而，如果说我们的基因禀赋中确有专司语言的条目，这些条目也很可能寓于更为基本的认知现象的适应性调整中，而非自行其是、独一无二的存在。从这方面来讲，它们与主司言语的物理器官不乏共通之处。

尽管CG秉承了功能主义的立场，但与形式学派也不乏共同的承诺，即致力于对语言结构加以明晰表述。[①] 出于种种原因，明晰的表述严重受制于某些内在限制。然而，除非是基于足够精确翔实的语言描述，从功能角度对语言作出解释，就难以保证其启发性及经验上的充分性。与此同时，我相信对语言最具说服力的描述尚需参照功能视角。

一个全面的功能理论在构成上可表述为一个三层的金字塔结构。第一层（也即底层）用于说明描写语言结构可资调用的资源。理想的情况是，这一整套描写理念容许对任何语言中的任何结构作出恰如其分的描述。CG的首要目标，即在于通过考察多种语言中林林总总的现象来验证其具体理念。这一描写清单要做到对所有语言中的所有结构作出充分说明，就必然要容许广阔的可能性空间，其中许多地段或许“地广人稀”。金字塔的第二层对这一空间加以“扭曲”，使得语言结构趋于聚集在某些区域，而通常避开

① 出于此因，某些功能语言学家视CG为形式模型，而形式派学者一般不会犯此类错误。

其他区域。功能理论的主要目标之一，即在于阐明这一空间中的“吸附者”，即语言中**典型(prototypical)**结构的分布范围及其典型度。要列出一个具有信度的清单，对类型学及语言共相的跨语言研究显然是不可或缺的。最后，金字塔的第三层(也即顶层)对第二层的经验发现作出功能解释。功能研究的基本任务之一，即在于提供这样的解释(如为小句结构的各个方面赋予语篇动因)。

尽管金字塔的高层结构在逻辑上预设了低层结构的存在，但在实际操作中，三个层次的研究必须同时并举。由于 CG 更为强调基础层次，因而较之于典型度与功能解释，一向更注重结构描写。不过，CG 的理论主张与具体描写是置于更大的框架下的，同时囊括以上三个层次。对具体构式的描写并不自足，因其本身并未指明构式何以具有功能动因，在多大程度上具有此种动因。只有将功能因素与描写层面结合起来，我们才能对语法现象有更好的认识。

在阐述方面，或许 CG 未能对其在整体功能框架中的地位予以充分强调。这无疑加深了一个司空见惯的误解，即 CG 显得毫无限制，也无力作出预测。要说有什么的话，实际情况倒恰恰相反。这一点可能并不分明，因为 CG 的重心落在基本的描写机制上：一套具有充分灵活性、足可对全部语言结构(即便是最另类的语言结构)作出描写的概念，就其本身而言不可能是高度受限的。CG 的限制性另有来源。其首要来源即是金字塔的高层结构所提供的信息，即对语言中的典型成员加以列举，并阐明它们何以成其为典型。在我看来，此种正面表述即是提供了施加限制的恰当手段(因为明晰的负面限定难以穷举，而且常常漏洞百出)。通过陈述什么确有倾向出现在语言中，也即影射了什么不大可能出现在语言中。确切地说，通过阐明“吸附者”在结构可能性空间中的方位及强度，本质上即是在对特定类型的结构出现在某一语言中的相对可能性作出预测，也即是在对其跨语言普遍性作出预测。

因此，断言 CG 毫无限制是失之偏颇的。我同样拒斥与之相关的另一种误解，即我与其他被我误导的人醉心于设定异想天开的事物，其唯一限制来自我们的想象力的边界。实际上，该理论和研究思路值得称道之处，正在于其脚踏实地的态度。在§1.3.4部分我阐述了对容许设定的概念所做的严格限制。出于某种原因，CG 似乎特别易于遭到误解。一些杰出的学者曾自信但无端地声称，CG 无法处理隐喻（事实上可以）、对不合语法的情况未作出解释（事实上做了）、具有唯我论倾向（事实上不然）、将语言描述为一个静态实体（事实上不然），且声称一切均具有象似性（CG 从不曾如此论断），诸如此类。这些问题后面均有论述。我们暂时转到 CG 频遭误解的论题上来，即其所采用的标记法。

1.2.3 关于图解的说明

在某些场合，我会求助于图解法。当然，这种场合出现得相当频繁，难怪批评者们会不无自信地说我用过了头。关于 CG 的著作（包括本书在内）往往充斥着图表，从简单的漫画式的草图到精细的高度复杂的专业表述。这固然是事实，但对此我看不出有什么需要辩解的理由。毕竟，古板的语言学杂志中通常充斥着形式句法学家所画的树形图（更遑论音系学家了）。图解法在语言理论家所欣赏的“硬”科学中同样不乏市场。的确，我们似乎可以窥到

"科学视觉化"(scientific visualization)的动向,以及对其在理论研究中的重要性愈来愈多的认可。不过,由于 CG 中所采用的图解法屡遭误解,因而有必要对其本质与地位加以澄清。

关于 CG 所用图解法的误解如:1)它们代表精确严格的形式表征;2)它们不过是特设的、非正式的"图片"。两种立场实际上多少均道出了些许事实。有些图解不过是图片式的草图,随手而作,仅为阐释之便。有些则是从一套系统采用的具体标记精心组合而成的,这些标记具有精确界定的值。不过在我看来,在所有情况下,这些图解本质上均不过是**启发式的(heuristic)**。即便是最细致入微的草图也远不及数学表述严谨,但绘图过程可促使分析者对语义与句法描写中往往被忽视的诸多细节加以审视。在我看来,它们所具有的精确明晰度足以满足大部分目的;与此同时,其实用性也有助于带动新的发现。

接下来的章节所采用的标记法及表征格式并够不上数学上所推崇的形式化。许多理论家将会视其为一种不幸,理所当然地以为语言适合作离散的形式化表述,而科学要进步就必须做到这一点。另有其他为人们所膜拜的对象,如形式逻辑、计算机编程,以及乔姆斯基的典范"生成"(generative)语法(一套精确明晰的由符号操纵的规则,可生成且只生成语言中全部合法的句子),进一步强化了这一流行观念。这一切合力滋生并支撑了某些期望,认为语言描述应当如何如何,其所追求的数学式的严谨又该达到何种层次。然而我相信,这些期望对自然语言而言并不现实,因为语言并非自足的、明晰界定的形式系统。出于同样的原因,我也拒斥那种将心灵比作数字化电脑,将语言比作其所运行的程序的说法。CG

在“连通主义”(connectionism)(“神经网络”(neural network))的世界中更有如鱼得水之感,这个世界包括动态系统论、平行加工、分布表征,以及满足平行限制(simultaneous constraint)的运算。[①]

由于语言既不自足又无法明晰界定(原因后面将会论及),完全意义上的形式描写(经典的“生成语法”(Generative Grammar))在原则上是行不通的。对语言结构的任何维度或方面加以个别考察,情况亦是如此。语言不似计算机程序的集成;相反,它寓于**真实的**神经网络的动态加工之中。虽然对其中涌现出的模式可加以分析,但由语言学家创造出的离散标记与静态表征,充其量不过是一种近似表征。然而,认识到这些局限性,并不意味着一切均消融为一堆同质的稀糊糊。CG承认,存在着高度精细的语言结构,且有必要对其作出尽可能精确明晰的描述,目的不仅在于对语言作出恰如其分的理解,还在于明确一个充分的认知加工模型应当关注的问题。如果说CG的图解仍然是启发式的,就目前的知识水平来讲,我们还是可以开发出标记法,以期对特定现象作出尽可能明晰的表述。在我看来,再做进一步要求或断言未免显得不成熟、毫无意义、装腔作势。除非我们对概念层面发生的情况有更清晰的理解,也唯有做到这一点,否则追求数学式的精确毫无意义。

用于语法构式的图解最趋近形式表征。倘若表述得足够精细,它们或可视为具有“准形式”(quasi-formal)特征,不过我仅仅

① 伴随这一更具心理真实性的范式的兴起,对离散符号表征的规则系统的运算在语言学中的地位每况愈下。(在这一大背景下,“符号的”(symbolic)意指计算中所用的符号,通常被看作内容空泛。这与CG所理解的“象征的”(symbolic)大异其趣,因象征结构本质上是有意义的。)

将其描述为具有**系统性**(**systematic**)。有些局限性需加注意:图解必然是选择性的,即便是最具系统性的图解,也抽去了许多当前属于非焦点成分的特征。倘若画得足够具体,即便是对短小精悍的表达式而言,其图解也会显得复杂而笨重(如图 7.13)。此外,解读这些图解颇费时间和功夫,尤其是在读者尚未完全掌握其标记习惯的情况下。我承认这些问题是存在的,但并不认同它们构成了有理有据的批评。毕竟,同样的缺陷在其他框架采用的公式化表征与图解中也是不争的事实。

语法描写中所采用的图解似乎不那么令人蹙眉(采用树形图表征即是这一领域的传统)。而一旦涉及语义,则是误解迭出,接受起来也更为勉强。这并不值得大惊小怪,因为意义远比语法复杂,也远比语法难以研究和描述。因而较之于对语法的描述,CG 关于意义的图解式表征更显粗略、不正式、初步而缺乏系统性。[①] 平心而论,在语义描述方面既不具充分性又不具决定性的,很难说仅有 CG 一家。然而,由于 CG 持有意义中心论,并力图对其作出具体而合乎心理真实性的说明,这些缺陷就显得尤为分明。请容许我对第一个误解加以澄清,我要毫不含糊地说,CG 所主张的任何语义表征均未被视为穷尽性的。设想作出完整的语义描述尚不太现实,原因在第二章将会扼要交代。任何实际描写都只能限于整体意义的某些方面,即那些对当前特定目的而言较为核心或相关的方面。倘若这些描述合乎原则,富于语言上的启发性,并具有

① 由于语法被视为具有象征性,语义图解与语法图解并无显著差别,后者将意义表征融入其中。

经验上的支撑，即便是不完全的表述同样不乏有效性与实用性。

这些表述应呈现何种面貌？语言学家惯于以句法与形式逻辑充当其模型，借助包含离散符号串的公式化表征来描写语义结构。因此，我料想 CG 中采用的准图片式的图解（甚至间或采用粗糙的图画）确实会令人蹙眉。意义作为一种实实在在的认知现象，究竟是更适合借助离散的符号表征，还是借助更为近似的概念来描述？对于这个非常实际的问题，此处不宜遂下断语。我要说明的仅仅是，就我们当前的理解层次而言，CG 所采用的图解收到了启发的效果，也无甚不当之处。例如，我们可以选用命题式或图解式手段来表征‘三角形’这一概念，如图 1.1 所示。虽说我对公式化描写的价值不无欣赏之情，但就大部分日常目的而言，我更宁愿采取与之对立的意象表征，想必这是可以理解的。

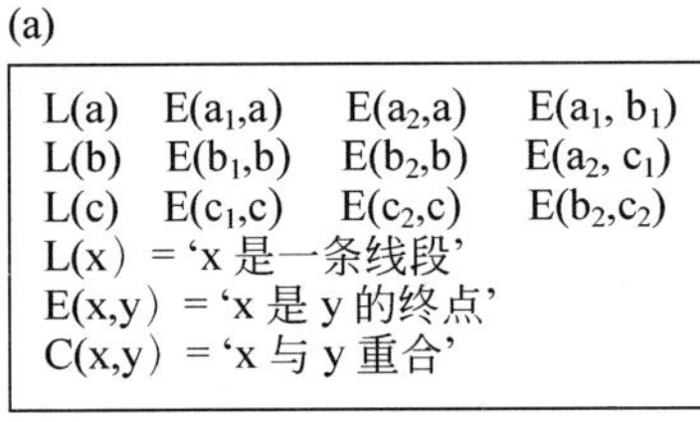

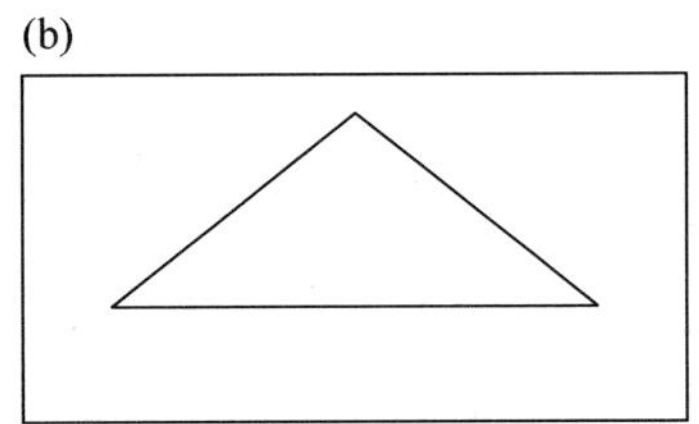

图 1.1

从 CG 频频采用准图片式的图解之处入手，一些批评者快速地推出了如下错误结论：CG 声称语义结构本质上完全是基于视觉或空间特征的。与之相关的一个误解是：CG 仅能处理视觉-空间概念。恰恰相反，语义描写所主张的本质概念（如各种**突显性**（**prominence**））适用于任何认知域，且不依赖任何特定的呈现方式。另一个误解是：这些图解具有稳定不变的类比特征。更有误解认为,图解法所采用的图式化意象声称是对概念结构的直接描述。采用这些图解的真实意图事实上更为温和:使概念组织的某些方面在表征方式上做到易于操作、表述明晰,可资充当语义与语法分析的基础。

我相信,这些图解在满足这些启发功能方面表现尚好。虽说称不上完全系统,但可将其加以精确明晰的表述,从而有助于带动新的发现。不过对这些图解的运用必须慎重,因为它们既可提供信息,又可带有误导性:如同任何其他标记法一样,它们所遗漏的东西不亚于所揭示的东西;倘若不至扭曲真相,至少也是带有偏见。因此提请读者时时对其局限性有所留意。

1.2.4 认知语法的精神

许多对 CG 略有了解的人都有这样一种印象:CG 很“容易”。这种评价显然是基于其直觉上的合乎自然、对意义的注重、图解的随意取用,以及看似毫无限制的情况。对此我至少是部分赞同的:把 CG 做砸可谓易如反掌,而漫不经心地去做也是不费吹灰之力。把它做好显然要困难得多。出于种种内在原因,要做到有效而令人信服的分析,让人欣然接受,可以说比起其他框架更为不易。

大致而言,语言学理论及专业训练滋生了这样一种粗浅的期待,即语言成分具有离散性,因而也明显倾向于作如是设定。这种偏好渗透到了各个研究领域的方方面面。尽管对其局限性如今已有广泛认识,现代语言学思潮与实践依然盛行着如下特征:1)几乎纯粹有赖于由离散符号构成的“数字”(digital)表征;2)假定对可接受性的简单是/非判断具有充分性;3)对语言**变异**的一贯漠视;

4）在语言结构的**共时**(**synchronic**)研究与**历时**(**diachronic**)演化方面作出截然区分；5）认为语言有泾渭分明的边界，具有独立自足性（相对于其他心智官能及相关现象，如手势）；6）将语言分解为离散的**成分**，如语音学、音系学、词汇学、形态学、句法学、语义学及语用学；7）专注于可加以明确概括的常规模式（随之而来的是对不规则现象的处理及有限范围的概括无能为力）；8）关于**经典**(**classical**)范畴的默认假设，认为范畴具有严格的边界，拒斥范畴成员具有不同隶属度的**典型**(**prototype**)范畴观；9）认为**绝对可预测性**(**absolute predictability**)当视为常态，因而任何无法加以完全预测的现象均不值一提；10）惯常将问题设定为相互排斥的一组选项。[①]

一个由离散单位与明晰边界构成的世界着实有其吸引力。将问题加以分解可使其更易于攻克。尤其是如能抛开意义因素，也即大大简化了语法描写（至少表面看来如此）。离散结构更便于分析，也更适于作清晰的形式化表述。再者，离散性所带来的明确陈述与高度可预测性在科学中备受推崇。然而，语言的设计未必是为分析者之便，或为投其所好。因此，我们要问：语言理论家惯常所假定的基本离散性观念究竟是在语言中发现的，还是**强加在**语言上的？我曾对上述1—10条逐条加以质疑，因而基于笔者个人

① 这种做法我称之为“**排外性谬论**”(**exclusionary fallacy**)(FCG1：§1.1.6)。这一点可从一种惯常的问法中略见一斑，即某种现象是“置于词库中”还是“置于句法中”。在CG中，这种问法则是毫无意义的。(FCG1系兰艾克(Langacker,1987)的《认知语法基础Ⅰ：理论前提》(Langacker, R. W. 1987. *Foundations of Cognitive Grammar, vol. 1: Theoretical Prerequisites*. Stanford: Stanford University Press)(下同))——译注

的体会,我不情愿地得出结论:这种离散性基本上是强加给语言的。[①] 然而,这并不意味着语言中一切皆是连续的(实际情况远非如此),也不意味着否认离散性表征自有其用武之地,只要我们能够认识到其潜在不足的话。

然而,语言往往偏离了1—10条所蕴含的种种期待,从这个意义上讲,精确的描述更难以企及,更难令正统理论家们感到称心如意。为此,只消考虑一个核心问题,即一般所认定的句法相对于语义是自主的。倘若句法独立自主,对意义可以不予理会,的确可使句法描述工作省事得多(至少表面看来如此)。比方说,声称名词范畴代表了一个不可约简的句法初始元,缺乏内在语义内容,比起主张对其加以概念描述,既要保证语言上的启发意义,又要保证心理上的真实性,就来得更为容易(参见第4章)。单单对语法标记加以列举并阐明其分布情况,比起同时对其意义加以确定并作出表征,就来得更为容易。对语法进行自主的形式描写,比起需对其作出语义分析的象征观,更易于扩展至新的语言或新的结构领域。

另外,CG对描写机制持有非常严格的限制,这进而加大了其描写难度。关于可以设立什么样的成分,CG做了严格限定,这在§1.3.4部分将会有所交代。进一步的限制来自心理真实性的要求。CG关于语言的非模块观——将其视为认知的有机组成部分,有赖于更为一般的系统与能力——意味着CG对推动其他认

① 出于专业熏陶与个人喜好,我本人偏爱离散性,但语言偏偏不予配合。(1)—(10)条在随后的讨论中将会逐一论及。

知科学的发现负有首要责任。此外，另一个重要的限制来源是语法的非自主性。如果语法确乎独立于意义而存在，分析者对其作出描写时即可自由发挥，无需顾及语义因素。相比之下，语法的象征观迫使分析者同时兼顾形式与意义。倘若处理得当，形义的探讨可以相互启发，彼此牵制。语法标记与模式可使我们对细微的意义现象加以关注，并提出需从语义角度作出回答的描写问题。在进行语义分析时，语言学家可同时将其作为刺激和反馈：语义描写不仅要求具有心理现实性与内在的稳固动因，而且需与语法有效地契合起来。事实上，CG 的基本概念正是通过这样一种辩证思想建立起来的，这一思想可视为一种最切实可行的方法。

这道出了 CG 研究中所奉行的首要哲学理念——**整合(integration)**的理念，推崇包孕性和统一性。该理念强调对来自多方因素（语言内的、跨语言的以及跨学科的）的信息加以综合考虑，在其间取得协调一致。此外，该理念还主张对语言结构的各个维度作出统一处理（这些维度在抽象层次上不乏共通之处），促使我们在对实际有程度之别的现象加以处理时，避免施加二元对立式的组织。CG 的第二个哲学理念是：**合乎自然**。其主张是：语言若分析得当，大体上可借助其符号学功能、互动功能，及其生物、认知、社会文化根基得以说通和理解。认知-功能语言学家发现，语言中几乎所有的现象均为这些因素所**促动**（即便极少能够作出严格的**预测**）。CG 的第三个理念是：**沉着耐心**。这等于奉劝我们勿要本末倒置。一个例子是，对那些考虑尚不甚成熟的问题（比如语言在多大程度上具有天赋特征），不宜遂下断语。另一个例子是，在对概念层面的运作机制有基本把握之前，不必急于求助于形式化方案。然而，这一理念并不意味着不愿作出强烈主张与可行假设。

1.3 作为符号化手段的语法

铺垫工作已做得够多了，现在该对认知语法做一个初步勾勒了，接下来的章节将会对细节加以充实。其中心议题是语言系统的整体组织，以及语法的象征本质意蕴之所在。

若能经得起经验的检验，CG 可以说代表了语言学家们孜孜以求的理论。首先，它在诸方面**合乎自然**。其次，它实现了**概念上的统一与理论上的简约**，这也是其他科学所推崇的特征。CG 的合乎自然在于其心理真实性，以及对意义赋予的核心地位。其合乎自然还进而体现在：CG 的整体组织直接反映了语言基本的符号学功能，即容许意义在音系层面上得以符号化。为实现这一功能，语言至少需要三种结构：**语义结构（semantic structure）**、**音系结构（phonological structure）**及**象征结构（symbolic structure）**。CG 最核心、也最独树一帜的主张是：**仅**此三者已足以对语言作出圆满描述。这体现了其理论简约性的一面。这一点之所以可能，是出于这样一种观念：词汇、形态与句法构成了一个连续统，可完全归结为象征结构的集合。这一观念若是有效的话，可谓实现了根本的概念统一。

1.3.1 象征复杂度

语义结构（semantic structure，S）是为实现语言表达而调用的概念化手段，主要用于实现表达式的意义。我所谈论的**音系结构（phonological structure，P）**不仅蕴含语音，还涉及手势及正字法表征。其本质特征在于直接可感，因此可用以实现符号化功能。[①] **象征结构（symbolic structures）**并非与语义结构及音系结构分离开来，而是将二者融入其中。如图 1.2(a)所示，象征结构（Σ）寓于语义结构（S）与音系结构（P）的连接之中，由此两者可以彼此激活。我将象征结构描述为**双极性的（bipolar）**：S 为**语义极（semantic pole）**，P 为**音系极（phonological pole）**。在公示化的表征中，斜线用于表示象征关系。由此，词素 cat（猫）可表述为[[CAT]/[cat]]（[猫]/[māo]），其中[CAT]（[猫]）代表构成其语义极的复杂概念化，其音系极在正字法中以小写体表示。

人类语言的本质特征之一，即在于能够从简单结构创造出复杂结构。在图 1.2(b)中，可以看到两个象征结构结合生成一个高层象征结构，由外框盒加以表示。[②] 这些低层与高层结构构成了一个**象征集合（symbolic assembly）**。当然，高层象征结构本身又可参与下一步组合，从而生成更为复杂的象征集合，如图 1.2(c)所示。可以说，一系列结构如(a)、(b)、(c)依次体现出更高的**象征复杂度（symbolic complexity）**。通过不断组合，在依次更高的组织层次上，可形成具有任何象征复杂度的集合。**词素（morpheme）**可

① 就多数语言表达目的而言，较之于音系结构的物理实现，我们更关注的是其认知表征。因此，设定抽象的（“图式性的”（schematic））本身并无显性表现的音系结构，也是顺理成章的。

② 为简化图解起见，高层结构的语义极与音系极未加单独描述。其语义与音系价值基于构成成分的相应价值，但无法完全还原为后者。

定义为象征复杂度为零的表达，无法**分析**为更小的象征成分。词素也可视为**降级的象征集合(degenerate symbolic assembly)**，仅含一个象征关系，如(a)中的情况。

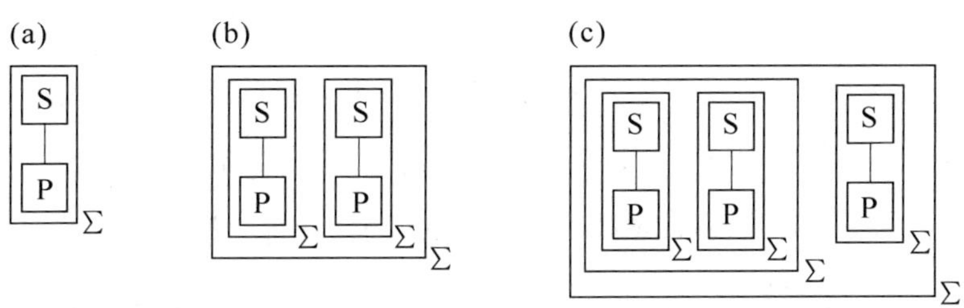

S = semantic pole(语义极); P = phonological pole(音系极)

图　1.2

与图(a)、(b)、(c)分别对应的是一系列表达式，如 moon(月亮)、moonless(没有月亮的)、moonless night(没有月亮的夜晚)。若以连字符表示组合关系，这些表达式分别可公式化表述为(1)：

(1) (a) [[MOON]/[moon]]
([[月亮]/[yuè liang]])
(b) [[[MOON]/[moon]]-[[LESS]/[less]]]
([[[没有……的]/[méi yǒu…… de]]-[[月亮]/[yuè liang]]])
(c) [[[[MOON]/[moon]]-[[LESS]/[less]]]-[[NIGHT]/[night]]]
([[[[没有……的]/[méi yǒu……de]]-[[月亮]/[yuè liang]]]-[[夜晚]/[yè wǎn]]])

按照 CG 的定义，**词汇(lexicon)**是语言中**固定表达(fixed expressions)**的集合。以上所举之例均为英语中惯用的固定而熟悉的表达式，因而在 CG 中均属**词项(lexical item)**之列。这一定义不仅实用、一目了然，也多多少少与我们对词项的日常理解相吻合。然而，这与语言学家们所主张的其他描述并不对等，比方说将**词汇**视为语言中所有词的集合。应当看到，语言中存在比词更大的固定表达（如 moonless night）。还存在着可能的词（如 dollarless(没有银子的)），这类词属于**新创表达**，尚不为大众所熟悉，也未约定俗成。还应进一步看到，CG 的定义表明，词与非词表达之间并无任何严格的界限，这是因为熟悉度与规约性均是一个程度问题。例如，字典中所列的 ireless(无忧无虑的)，虽说对我而言似曾相识，对大部分说话者而言无疑是新奇而陌生的。

在词汇中，可以明显发现几个非常基本的现象，它们在认知的诸多方面均有鲜明体现。对这些现象所赋予的核心地位，反映了 CG 心理真实性的一面，同时也阐释了这样一个基本观点：语言调用了一系列独立存在的认知过程，并内在地反映在其自身的组织中。这些现象包括联想、自动化、图式化及范畴化。

1. 宽泛而论，**联想(association)**无非是建立心理上的联系，从而对随后的加工施以潜在影响。联想在 CG 中有诸多表现形式，这里只消回顾一下界定象征关系的语义结构与音系结构之间的联想。

2. **自动化(automatization)**在某些学习过程（如学会系鞋带、背诵字母表）中即可观察到：通过重复或操练，一个复杂的结构得以完全掌握，直至可自动调用、几乎无需有意监察的地步。换作

CG 的说法就是:一个结构经逐步**固化(entrenched)**最终确立为一个**单位**。对于言语社区的代表性成员而言,词项即是已获单位地位的表达式。需要作出区分时,单位置于框盒或方括号中;非单位则置于封闭的曲线、圆角框盒或圆括号中。由此,dollarless 可标记如(2),因为成分 dollar 与 -less 均已获得**单位地位**,但整个表达式尚未获得。

(2) ([[DOLLAR]/[dollar]]-[[LESS]/[less]])
((([[没有……的]/[méi yǒu……de]]-[[银子]/[yín zi]]))

需要认识到,获得单位地位并不意味着成分全然丧失或无足轻重,仅仅意味着其调用已达到常规化的地步(不过这的确往往会削弱其个体突显性)。[①] moonless night 尽管体现为一个单位,还是可以明显分析为 moonless 和 night,而 moonless 又可分析为 moon 和 -less。

3. 我所指的**图式化(schematization)**是从众多经验中提取出内在共性、从而及至一个更抽象层次上的概念的过程。图式化在词项的习得中扮演着重要角色,至少反映在其规约形式与意义不如**用法事件(usage event)**(即实际的发音与语境化理解)那般具体。例如,ring(指环)的基本意义——大致对应于“戴在手指上的环状珠宝”——相对于具体语境中具体指环的概念化而言具有图

① 同样,在脱口而出背诵字母表时,我们还是要将所有字母表述无遗。

式性。具体指环在细节如尺寸、材料、佩戴者的身份等方面千差万别。图式化可以是不同程度上的，这取决于其所基于的成分类型的多寡。由于 ring 同样可指佩戴在手指以外的身体部位的装饰物，因此可为其设定一个更具图式性的意义“佩戴在身上的环状饰物”。相对于这一意义，“戴在手指上的环状珠宝”构成了对其所作的**阐释(elaboration)**或具体**例示(instantiation)**。在更抽象层次上，ring 还可表示“环状物体”(比如健身房内的表演场)，甚至“环状实体”(如浴缸周围残留的一圈污垢)。

4. 在广义上，**范畴化(categorization)**可描述为参照先前已有的结构来解释经验。**范畴(category)**是出于某种目的而被视作彼此相同的一系列成分的集合；例如，一个词项的不同意义构成了一个范畴，其等同关系体现在具有相同的音系实现形式。如果结构 A 属于某一**范畴**，可用于对另一结构 B **加以范畴化**，B 即可看作其范畴成员。当 A 相对于 B **具有图式性(schematic)**时，范畴化体现得最为直接，此时 B 对 A 加以**阐释(elaborate)**或**例示(instantiate)**。此种关系我用实线箭头来表示：A→B。它表明 B 与 A 的具体信息完全一致，但描述得更为精确、细致。例如，(3)(a)或许代表了某种范畴化关系，从而将 ring 用于环形竞技场，如马戏团或斗牛中用到的那样。

(3) (a) CIRCULAR ENTITY→CIRCULAR ARENA
(环状物体→环形竞技场)
(b) CIRCULAR ARENA - - -→RECTANGULAR ARENA
(环形竞技场 - - -→矩形竞技场)

然而，情况还可能是 B 与 A 的目标在表述上存在冲突，但基于某种联系或感知上的相似性可归入 A 的范畴。此时 A 即为**典型成员（prototype）**（至少局部如此），B 则是基于 A 的**引申（extension）**。对此我用虚线箭头来表示：A--->B。这方面的例子如(3)(b)，此时 ring 被扩展至用于矩形竞技场，如拳击中用到的那样。

1.3.2 词汇与语法

如果说词汇寓于象征结构的集合中，可否说语法亦是如此？根据时下的正统观点，这个说法是行不通的。照此观点，语法与词汇大相径庭，需借助一套特殊的初始元（primitives）来描述，这些初始元本身并无内在意义。此处我要主张的是，词汇与语法界限分明这一点远非显而易见。我还要表明的是，语法可借助象征集合加以描写，与词汇描写呈现相同的参数变异，并具有相同的值域。

在正统观念中，词项本质上是句法原子，被“插入”句法树形结构底层的特定空位中，如图 1.3(a)所示。单个词项具有连续性、自足性，并无重叠之处。尽管词项可能很复杂，但其内部结构属于形态而非句法上的。例如，healthy（健康的）可分析为成分词素 health 与 -y（或者勉强分解为 heal、-th 与 -y）。但在句法层面，healthy 充当的是类似 big（大的）的简单形容词功能。

然而，这一词汇与句法间的截然区分只有靠施加人为的边界才能得以维系，尤其是需要忽略大于词的词项。[①] 以**习语（idiom）**

① 认知语法对词项的定义有别于传统意义上的词。——译注

(a)

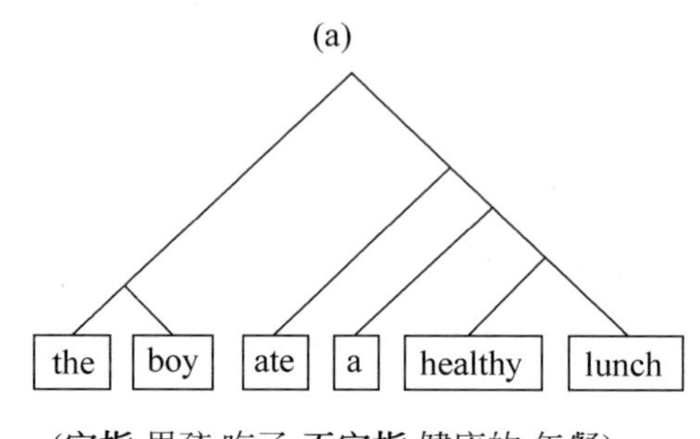

(**定指** 男孩 吃了 **不定指** 健康的 午餐)

(b)

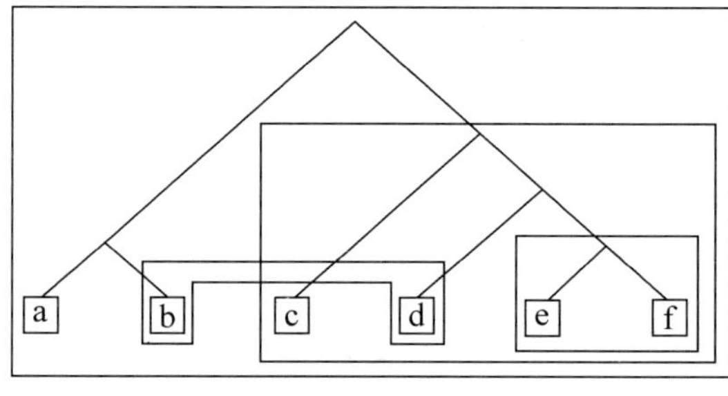

图 1.3

为例。作为固定表达，习语的意义无法从其成分中推知，因而符合 CG 对词项的定义，同时也符合更具限制性的定义，即需要具备语义特异性。然而，习语在长度上可以是任意的，并可呈现出句法特有的内部结构。例如，tall tale（荒诞不经的故事）代表了形名组合，bury the hatchet（重新和好）包含一个动词及其宾语名词短语，A bird in the hand is worth two in the bush（两鸟在林，不如一鸟在手）则是一个整句。习语并不限于出现在句法树形结构特定空位的句法原子，而是涵盖此种树形图的不同区间，如图 1.3(b)用不同大小的框盒抽象标记的情况。这一图解也表明，习语可呈现不连续特征（注意包含[b]与[d]的框盒）。一个用滥了的例子是 keep tabs on(监视)：

(4)(a) The police **kept tabs on** all the leading activists.
(警察**监视着**所有活跃分子头目。)
(b) **Tabs** were **kept** by the police **on** all the leading activists.
(是由警察**监视着**所有活跃分子头目的。)

若抛去语义不规则性(不过是一个程度问题)的要求，仅将词汇定义为语言中固定表达的集合，这一点就更清楚了。要成为一个流利的说话者，就必须掌握一个庞大的大于词的表达式的清单，它们代表了表达特定概念的惯用手段。这些惯用表达长短不限，无疑可囊括句法树形结构的不同区间，如图 1.3(b)所示。在任何一个语篇中，均可找到众多这样的例子。如语言学家经常用到的下列规约表达式，均是从上面一段中挑选出来的：neat partitioning(截然区分)、lexicon and syntax(词汇与句法)、artificial boundaries(人为的界限)、impose artificial boundaries(设立人为的界限)、in particular(尤其是)、larger than(大于)、satisfy... definition(满足……的定义)、more restrictive(更受限的)、any size(任意长度)、of any size(具有任意长度)、internal structure(内部结构)、tree structures(树形结构)、syntactic tree structures(句法树形结构)、idiomatic expressions(习语性表达)、various portions of(……的不同区间)、stock example(用滥了的例子)、a stock example(一个用滥了的例子)。根据正统语言学的观点，上述许多例子均被排除在语言系统外，因其在语义与语法

上均属规则表达(因而可由规则推导出来)。然而,若将语言界定为一套使说话者得以发话与理解的内化结构(规约单位),将其横加排斥实属武断之举。倘若说话者未能掌握数量可观的预制表达式构成的清单,实时交际中生成流利的话语几无可能。理论家们关于“新造句子”的新创性的论断无疑是言过其实了。

我们已经看到,词汇单位可据其象征复杂度加以排序(如 moon < moonless < moonless night < a moonless night < on a moonless night)。词项的第二个变异参数是**图式度(schematicity)**,或反过来说是其**具体度(specificity)**,即对其描述精确并具体到何种程度。从类似(5)这样的分类层级中显而易见的是,词项的范围无所不包,从高度图式性的粗略描述到具体而微的精细描述:

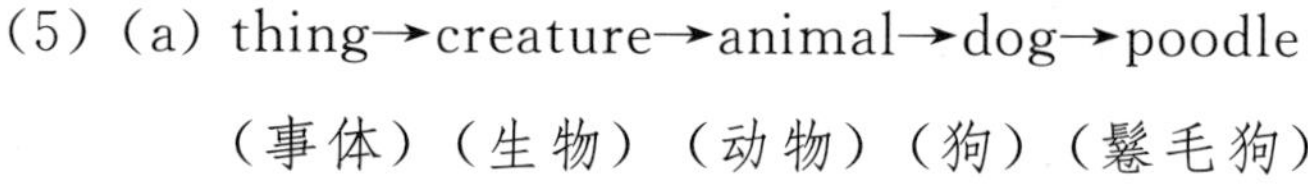

(5) (a) thing→creature→animal→dog→poodle
(事体)(生物)(动物)(狗)(鬈毛狗)
(b) do→act→propel→throw→fling
(做)(行动)(驱动)(扔) (投掷)

音系表征同样可沿此参数发生变异,人们往往较少认识到这一点。例如,英语中的过去时词素有如下规则变体:[d]、[t]、[əd](分别体现在 failed(失败)、rocked(摇晃)、headed(率领)中)。选择哪种变体,通常可从其音系特征上加以预测,因而语言学家通常设定一个图式性表征,只列出一个齿龈塞音(将清音化与[ə]的出现与否留待规则加以填充)。许多语言中均存在音系上借助重叠来实现的词素。由此,名词复数词素可能体现为 CV- 的图式性形式,即含一个辅音及一个元音的前缀，其具体例示与词干的初始 CV 音节相一致。在闪米特(Semitic)诸语中，词根传统上被描述为仅含一个辅音串(典型情况为三个)，尽管它们在实际表达中无一例外地伴有元音，用于提供其他词汇和语法信息。按照 CG 的说法，相对于支撑它们的元音的位置与身份而言，这些词根在音系上具有图式性。

许多多词词项均包含图式性成分。一个司空见惯的例子是 X crane X+POSS neck(某人伸长脖子)，其中 X 图式化地指称施事及脖子的领有者，代表了从浩瀚的表达式集合中抽取出的共性。在这些表达式中，X 由一个具体的名词性成分加以例示，如：I craned my neck(我伸长了脖子)、She was craning her neck(她伸着脖子张望)、Phil always cranes his neck(菲尔总爱伸着脖子)，诸如此类。另一个体现出部分图式性的单位是 V_sX in the N_b，其中 V_s 代表击打类动词，如 hit(打)、kick(踢)、strike(撞击)、poke(戳)，N_b 则代表身体部位名词，如 shin(胫)、back(背)、face(脸)、eye(眼)、knee(膝盖)。该图式的某些不完全例示本身即是稳固的单位(固定搭配)，如 hit X in the back(打某人的背)、kick X in the shin(踢某人的胫部)、poke X in the eye(戳某人的眼睛)。更具图式性的是 a N_1+less N_2 这一模板，其例示包括具体单位表达式，如 a moonless night(一个没有月亮的夜晚)、a childless couple(一对无嗣的夫妇)、a hopeless situation(无可挽回的局面)、a treeless plain(不长树木的平原)、a fruitless search(徒劳的搜索)、a cordless phone(无绳电话)，等等。

显而易见，这个具有部分图式性的单位表达式的清单可无限

扩展下去。这些表达构成了一个流利说话者的规约语言知识中不可或缺的成分，甚至是绝大多数成分。然而，正统语言学理论鲜有意识到它们的存在，更遑论直接将其囊括其中。问题在于，这些表达与常规的词项、语法均显得格格不入，而同时分有了两者的特征。如此一来，习语颠覆了词汇与语法各自为政的立场。诸如 X crane X+POSS neck、V_s X in the N_b 及 a N_1+less N_2 的表达与常规语法不甚相符，因其包含具体的词汇成分。另一方面，它们与常规词汇也不甚相符，因其具有部分图式性。习语本身并非真正意义上的表达式，而是从中抽取而来、可潜在用于构造新的表达式的模板。在此意义上，习语类似语法，因语法本质上即是用于构造复杂表达式的模板。若出于维持正统的二元对立观的情结，X crane X+POSS neck 可分派到词汇中去，因其包含无可争议的"词汇"成分 crane(伸长)与 neck(脖子)，a N_1+less N_2 则可视为语法表达，因其唯一的具体成分(a 和 -less)为"语法标记"。然而，这并不足以解决问题。除有先入为主之嫌外，类似 V_s X in the N_b 的情况只能留待任意选择了，因 V_s 与 N_b 的详略度居中(V_s 指向某种行为，N_b 则指向某一身体部位)。语言事实向我们昭示的似乎是：词汇与语法仅有程度之别，而非截然的二元对立。当然，这是 CG 的一个核心主张；CG 还进而宣称：整个连续统均可归结为象征结构的集合。

1.3.3 作为象征集合的语法

此前我们已经谈到，象征集合沿三个主要参数广泛分布。其一，它们存在象征复杂度的差异，如图 1.2 所示。如下一系列词项也可表明这一点：sharp（尖的）＜sharpen（削尖）＜sharpener（卷笔刀）＜pencil sharpener（卷（铅）笔刀）＜electric pencil sharpener（电子卷（铅）笔刀）。其二，它们在具体度（或反过来说，图式度）方面存在差别，如例（5）中的情况。再如（6）中的一系列表达，其中第一个结构是完全图式性的，第二个被部分加以例示，最后一个则是完全具体的：

（6） Vs X in the N_b→kick X in the shin（踢某人的胫部）→kick my pet giraffe in the shin（踢我的宠物长颈鹿的胫部）

其三，象征集合在是否具备单位地位、是否在言语社区中约定俗成方面，同样存在程度之别。[①] （6）中的前两个结构完全可看作英语中的规约单位，而最后一个结构整体上讲显然带有新创特征。词汇与语法的不同方面均可描述为象征集合，它们占据这三个参数所界定的抽象空间的不同区域。不过需要牢记的是，我们处理的是有程度之别的现象。某些对应于特定传统概念的区域，大有可能存在交叉的地方，划定具体的分界线不过是任意而为。

真正意义上的**表达式**——即那些实际可用的表达式——在音系极上是具体的，因其需要能够被说出、写下或者以手势表现出来。[②]

① 为便于讨论，我将**固化**（**entrenchment**）或**单位地位**（**unit status**）（关涉个体说话者），以及**规约性**（**conventionality**）（关涉言语社区）两个参数合并讨论，不过最终还是要区分开来。

② 这基本上是**“表达式”**（**expression**）一词的意指所在，这一概念涉及很多细枝末节，不过与此处的论题无关（FCG1：§11.2.1）。

在语义极上，则存在着更大灵活性，尽管实际出现的表达式往往相当具体。由于表达式显然可长可短，因而可沿象征复杂度这一维度自由分布。其规约性也容许任意的程度之别。当表达式经固化而获得规约单位的地位时，即可视为**词项**。反之，则可视为**新创表达**。这可粗略表示为图 1.4(a)，其中虚线表明并不存在任何严格的边界。

语言中的词汇与语法构成了象征集合，这些集合在很大程度上已获规约单位的地位。图 1.4(b)表明它们可沿图式度与象征复杂度两大参数排列。传统上被视为(典型)词项的成分在音系与语义上较为具体，仅有有限的象征复杂度，如 dog(狗)、moonless(没有月亮的)、carefully(仔细地)、toothbrush(牙刷)。但在我看来，在两者之间沿任一参数划定具体分界线，均不过是任意而为。因而在 CG 中，大量的结构被视为词项，包括那些在音系或语义上较为图式性的结构(前者如闪米特语中的词根，后者如 do、a、-less)，以及象征复杂度不定的集合(如习语、谚语)。置于词库中的

(a)

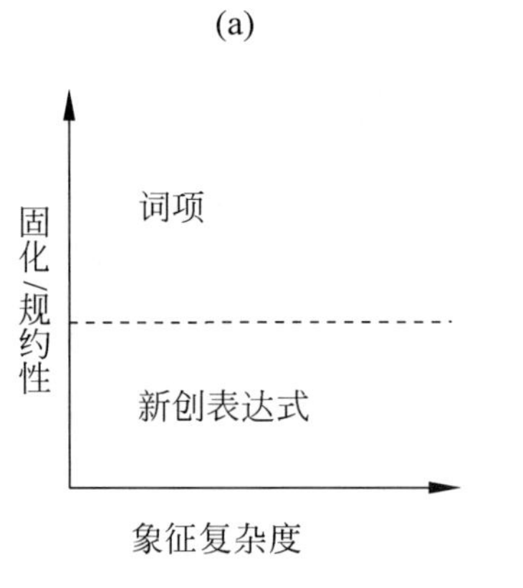

(b)

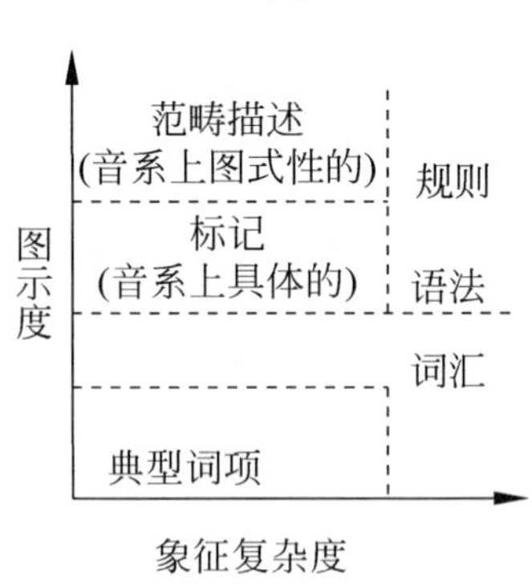

图 1.4

还有某些复杂象征集合，其中某些空位在语义与音系上均是图式性的，如 X crane X+POSS neck(某人伸长脖子)或 X take Y over X+POSS knee and spank Y(将某人放到膝头上，再掴上一巴掌)。

词汇止于何处，语法又始于何处？答案当然是：并不存在具体的临界点。然而这并不意味着两者间无法作出任何区分，关键参数在于详略度。如果象征集合较为具体，则往往归入词汇范畴；在这一点上，传统观点和 CG 的主张不无一致之处。而如果象征集合较为图式性，一般则归入语法范畴。因此，词汇可视为寓于相对具体的象征集合中，语法则寓于相对图式性的集合中。趋近两个极端的是可明确归入词汇或语法范畴的情况(前者如 dog，后者如用于构造关系从句的模式)。居间的许多结构(如 V_s X in the N_b)依个别目的而定，既可有效地归入词汇，又可合理地归入语法。

据此，我们的主张是：语法可归结为图式性的象征集合。然而这又究竟意味着什么呢？具有象征性的语法是如何运作的？接下来的章节将对其作出具体回答。我们暂且聚焦于三个基本论题：语法标记、语法范畴及语法规则。三者均可由象征集合作出描述，其差别仅在于它们在图式度与象征复杂度参数所界定的抽象空间中占据的位置。

1. 作为表达式的一部分，**语法标记**在音系极上是具体的，因其必须能够获得显性实现。① 即便是那些当赋予某种图式性音系价值的成分(如重叠式词素或规则英语过去式)，在特定表达式中

① 对语法标记的其他称谓包括“语法形素”(grammatical morphemes)、“功能词”(functors)、“空泛词”(empty words)、“构形词”(formatives)及“封闭范畴词”(closed-class words)。

同样可获得具体音段内容。另一方面，语法标记在语义极上往往较为图式性——否则它们尽可视为词项了。什么样的成分应视为“语法的”而非“词汇的”？在这一点上，语言学家鲜能取得一致意见。有些表达是模棱两可的，如介词（for、to、at、like）、情态词（may、can、will、shall、must）及无定代词（someone、anywhere、everybody、whatever、who）。这几类词均有可明确识别的意义，因而类似典型词项。但同时其意义显得微妙、抽象，难于阐释，因而又颇似经典的语法标记。从 CG 的连续统观来看，此种不确定性是不成问题的；由于图式度是一个程度问题，某些成分在属于词汇还是语法的问题上归属不明，正是意料之中的。不过关键在于，即便是最具“语法色彩”的语法标记，诸如 be、do、of 之类的形式、不定式 to、一致标记、格屈折形式及派生词缀，在 CG 看来均属有意义的成分。

2. 语法标记与**语法范畴**密切相关，后者通常由前者派生而来，或由其加以标记。然而，语法范畴本身并无显性表现形式，而是寓于一系列在特定方面功能相似的象征结构之中。CG 主张语法范畴可从象征角度作出定义，其更富争议性的主张是：对基本范畴如名词、动词、形容词、副词可作出统一的语义描述（参见第四章）。由此，一个范畴的全部成员均构成了某个图式性描述的例示，该描述是对所有范畴成员间的抽象共性的表征。例如，界定名词范畴的双极性图式可标记为[[THING]/[...]]，其中[THING]明示名词（在最宽泛的意义上）指向某一**事体（thing）**，[...]则表示并未交代具体的音系特征。说某个表达式是一个名词，即意味着它充当了这一图式的例示：

(7) (a) [[THING]/[...]]→[[MOON]/[moon]]

([[事体]/[...]]→[[月亮]/[yuè liang]])

(b) [[THING]/[...]] → [[[TOOTH]/[tooth]]-[[BRUSH]/[brush]]]

([[事体/[...]]→[[[牙]/[yá]]-[[刷子]/[shuā zi]]])

(c) [[THING]/[...]] → [[[[MOON]/[moon]]-[[LESS]/[less]]]-[[NIGHT]/[night]]]

([[事体]/[...]] → [[[[没有……的]/[méi yǒu……de]]-[[月亮]/[yuè liang]]]-[[夜晚]/[yè wǎn]]])

moon、toothbrush、moonless night 均属名词，因为三者均为指向某一事体的象征结构。[①] 大部分名词同时在音系极与语义极上对该图式加以阐释。不过，完全可以说语法成分 thing（如出现在 something、nothing、anything 中时）仅在音系极上更为具体：[[THING]/[thing]]）。因此，名词范畴在语义极与音系极上均是图式性的，语法构形词 thing 的语义极是图式性的，但音系极则是具体的，而典型词项如 moon 的语义极同样是具体的。这与图 1.4(b)的表述是一致的。

3. **语法规则**占据图 1.4(b)所描述的抽象空间的剩余区域。我

① 这一基于语义的描述并不限于传统上公认的词项，甚至不囿于固定表达。在此宽泛意义上，甚至完整的名词短语（固化抑或新创的）也可归为一类特殊名词。

所理解的规则不过是对某一模式的描述。[①] 在 CG 中，规则在形式上表现为图式，即通过强化一系列例示的内在共性而获得的抽象模板。由于语法规则是构成具有复杂象征关系的表达式的模式，因而本身兼具象征复杂性与图式性。复杂表达式包含具体的象征集合，用于描述这些表达式的规则则是体现其共同特征的图式性集合。

图式化可以作用至任何程度。倘若具体表达式可生成低层图式，如 hit X in the back（打某人的背）、kick X in the shin（踢某人的胫部）、poke X in the eye（戳某人的眼睛），从这些图式中又可进而提取出高层图式 V_s X in the N_b。基于范围更广的语言表达，这一图式又可例示一个更为抽象的图式。例如，V_c X P the N_b（此处 V_c 代表接触类动词）还可囊括如下模式：kiss X on the cheek（吻某人的脸）、grasp X by the wrist（抓住某人的手腕）、chuck X under the chin（抚弄某人的下巴）、grab X around the waist（揽住某人的腰）。这些表达式进而表明，一个复杂象征集合的不同成分可体现出不同程度的图式性。

描述语法模式的图式性集合同样可体现出任何象征复杂度。简单图式通常可融入更为复杂的图式中。例如，诸如 moonless（没有月亮的）、childless（无嗣的）、hopeless（无可挽回的）、treeless（不长树木的）、fruitless（徒劳的）及 cordless（无绳的）等形容词例示了一个派生模式，可记作 N＋less。[②] 这一图式性的象征集合构

① “规则”(rule)这一名称的用法通常更窄，比如可用于“构成性”(constructive)表述（如生成语法中的重写规则），但不可用于模板。

② 公式化的表述如 N＋less、N_1＋less＋N_2、Vs X in the N_b 仅仅是一种省略性说法。CG 对这些集合的实际描写，尚需阐明象征成分的内部结构及彼此间的关系。

成了 N_1 + less + N_2 的成分(如 moonless night(没有月亮的夜晚)、childless couple(无嗣的夫妇)、hopeless situation(无可挽回的局面)、treeless plain(不长树木的平原)、fruitless search(徒劳的搜索)、cordless phone(无绳电话)),后者反过来又构成了 N_1 + less + N_2 的一部分。

说话者关于语法模式的知识寓于一个庞大的象征集合的清单中,这些集合沿图式度与象征复杂度两大参数广泛分布。这是一个高度有结构的清单,因为集合间存在着林林总总的关系,如例示、重叠、包孕。这些图式自实际出现的表达式中抽取而来,而一经确立为单位,即可充当生成同一模式下的新表达式的模板。例如,图式性集合 N_1 + less + N_2 一旦被抽取出来,用以代表固定表达式 moonless night(没有月亮的夜晚)、childless couple(无嗣的夫妇)、hopeless situation(无可挽回的局面)等之间的共性,随后即可用于**允准(sanction)**新创表达式的生成,如 moonless world(没有月亮的世界)、dollarless surgeon(身无分文的外科医生)及 ireless dwarf(无忧无虑的小矮人)。[①] 这些对于形态与句法模式均是适用的。倘若我们意图作出区分,也比传统做法好不到哪里去,同样是在词语层面上划定界限。由此,**形态学(morphology)**即可描述为其例示不大于词的图式性集合(如 N + less),**句法(syntax)**则可描述为其例示为多个词的集合(如 N_1 + less + N_2)。即便如此,形态与句法的边界也是模糊的,至少是因为存在介于单

① 图式的提取无需固定表达,图式化不过是对反复出现的共性加以强化,而共性完全可寓于一系列新创表达式中,尽管这些表达式尚未融合成一个单位。

词与多词序列的中间层次的表达式(如复合词)。

1.3.4 内容要求

较之于其他框架中惯用的描写机制,CG在容许分析者设定的概念上显得相当保守,具有严格限制。认知语法学家任何异想天开的念头都要受到**内容要求(content requirement)**的约束。作为一个强式工作假设,这一要求声明,**可归入语言系统的成分仅限于:1)作为表达式的一部分实际出现的语义结构、音系结构及象征结构;2)对容许结构的图式化表征;3)容许出现的结构彼此间的范畴化关系**。内容要求的要义在于,我们赋予说话者的语言知识应限于出自实际表达式的形式与意义成分,或者可通过基本心理现象从中推导而来的成分。这些现象在§1.3.1部分已有描述,如联想、自动化、图式化、范畴化。通过将我们的描述建立在牢固的根基上,这些限制既可保证合乎自然,又可保证理论上的简约。

内容要求的第1)条设定了语法的象征观,将语言表达植根于实际用法中出现的形式与意义之中。它们可以**直接领会**,即我们能够听到或说出用法事件中的语音,并以某种方式加以理解。这些语音还具有内在的**内容**,它们与更广阔的经验领域相连,即语音代表了一类特殊的听觉现象,语言意义属于概念化的特殊表现。相比之下,未经训练的说话者往往察觉不到语法本身的存在。它无法像声音与意义那样可直接领会,也无法昭示任何更广的经验领域。语法并无独立可识别的内容,因而完全可视为从音义配对中抽取出的共性——即是说,语法本质上具有象征性。

那么,内容要求如何贯彻到分析实践中去呢?我们不妨从音系结构起步。第1)条容许设定具体的成分，如音段、音节，以及具有足够使用频率而固化为单位的任何更大的语音序列。比如说，作为操英语者，我们掌握了特殊音段(如[a]、[t]、[m]、[s]等)，以及为数众多的反复出现的音节(如[hap]、[liv]、[mɛk])。[①] 第2)条允准图式化的音段及音节。例如，在不同的抽象度上均可设定图式，用于代表某一语言中前高元音、前元音或一般元音的共性。每个图式描述了音段的一个**自然范畴(natural class)**。同样，图式性模板[CVC]代表了从[hap]、[liv]、[mek]及其他众多音节中抽象出的共性。第3)条容许设定范畴化关系，如图式与例示间的关系。因此，[[CVC]→[hap]]表明[hap]被范畴化为[CVC]这类音节的一个例示。

依此类推，内容要求还容许设定具体的和图式性的语义结构，以及语义范畴化关系。显而易见，概念单位具有语言相关性，因其实现了单独符号化，这意味着它有资格充当语义单位。[②] 内容要求第1)条之下容许的有充当词项规约意义的概念。假定存在一系列相似的语义单位，如[ROSE]([玫瑰])、[DAISY]([雏菊])及[TULIP]([郁金香])，第2)条允准一个更具图式性的结构，代表这些单位间的抽象共性，此例中为[FLOWER]([花])。[FLOWER]自身是一个词汇性意义，因而可直接置于第一条下，不过我们很容易想到某些不属于此类的图式。例如，许多说话者可能从类似

① 若将其视为纯粹的音系单位，这些音段及音节能否充当词素就无关紧要了。自然，尚需设定的还有韵律成分。

② 语义单位无需单独符号化(正如音系单位无需单独承载意义)。例如，关于范畴的最大范围(即所有例示的组合)并不存在常用名称，但这一概念却构成了all、most、some的概念成分之一，它们指称的是这一总体范围的不同比例。

[HORSE]([马])、[DONKEY]([驴])及[ZEBRA]([斑马])的概念中抽取出一个图式性概念[HORSE-LIKE CREATURE]([外形似马的生物]),但缺乏词汇手段对其加以表达(equine[马科动物]属于学名)。无论是何种情况,根据第3)条,各种语义范畴化关系均可归入语言系统中:[[FLOWER]→[TULIP]]、[[HORSE-LIKE CREATURE]→[DONKEY]]。同时容许的还有语义引申关系,如[[HORSE]→[DONKEY],此处驴被范畴化为非典型的马。

内容要求的第1)条所容许的象征单位可以是具体名词,如[[MOON]/[moon]]、[[TULIP]/tulip]]及[[HOPE]/[hope]]。第2)条允准范畴图式[[THING]/[...]],对名词间的共性加以描述,第3)条则容许特殊成分归入名词范畴,如[[[THING]/[...]]→[[MOON]/[moon]]]。尚需考虑的还有含复杂象征关系的表达式,如moonless(没有月亮的)、cordless(无绳的)及toothless(牙齿掉光的)。这些表达式为第1)条所允准,N+less这一模式为第2)条所允准,两类成分间的范畴化关系则为第3)条所允准。对于moonless而言,三种情况分别可用(8)(a-c)加以公式化表述:

(8) (a) [[[MOON]/[moon]]-[[LESS]/[less]]]
([[[没有……的]/[méi yǒu……de]]-[[月亮]/[yuè liang]]])

(b) [[[THING/[...]]-[[LESS]/[less]]]
([[[没有……的]/[méi yǒu……de]]-[[事体]/[...]]])

（c）　[[[[THING/[...]]-[[LESS]/[less]]] → [[[MOON]/[moon]]-[[LESS]/[less]]]]
([[[[没有……的]/[méi yǒu……de]]-[[事体]/[...]]→[[[没有……的]/[méi yǒu……de]]-[[月亮]/[yuè liang]]]])

我们的主张是：语言寓于诸如此类的象征集合构成的庞大网络之中，其间存在不同的抽象度和象征复杂度。

内容要求不允许分析者求助于形式主义理论惯用的几种手段。由于模式只能源自实际出现的表达式的图式化，这一要求便排除了从特征各异的底层结构中派生新成分的情况。[①] 同时排除的还有无形式的及无意义的成分（如“语迹”(trace)），其设定仅出于维持自主句法机器运转的需要。最后，内容要求杜绝使用“过滤器”(filter)，即明确表示什么**不容**出现在合格表达中的规则。CG的假设是，语言是学而知之的，其习得途径主要是对**实际**出现的表达式间的内在共性加以强化。我尚不敢妄称已证明负面证据可以全然避免，证明仅仅求助于肯定表述对所有的语言结构及限制而言均是恰如其分的。不过，它的确为语言学习提供了最直接明了的解释，仅从这点来看，这也是一个相当自然和理想的工作假设。

① 不过，第3)条意在表明的是容许基于典型成员的扩展（以及扩展链）。（关于其差别的论述，参见§FCG1:11.3.3）

第二章　概念语义学

语言学家们达成共识的情况可谓凤毛麟角，但一致认同的是：语法极其复杂，难以作出恰如其分的描述。语法描述为何如此之难？究其原因，我想正在于语法本身是有意义的。语法并非独立自主的存在，而是寓于概念组构与符号化的图式化模式之中。出于此因，我们需要概念语义学的支撑。不对其所蕴含的概念结构作出合乎原则、足够明晰的刻画，就无望对语法作出富于启发性的描述。

2.1　意义与语义表征

我们如何看待语法，取决于我们如何看待语义。遗憾的是，在这方面并未取得一致意见。即便是最为基本的论题，如认知在语义中的地位问题，也是长期以来争论不休的。如下我要概述的是CG所持的某些立场背后的逻辑。

2.1.1　意义是否栖身于头脑中？

我们在此关注的是语言表达式的意义问题。这些意义该去何处找寻？在认知语言学看来，答案是显而易见的：意义栖身于生成并理解表达式的说话者的头脑之中。难以想象，除此而外，意义还能栖身何处？然而，许多研究者对这个答案或心存抵触情绪，或横加拒斥。[①] 概念论意义观似乎不似乍看那般分明，因而有必要予以恰当解释。

还存在哪些其他的意义观呢？**柏拉图主义(platonism)**与**客观主义(objectivism)**可谓典型。在其极端表现上，这两种论调将人类的身体与心智全盘逐出意义的领地。柏拉图式的观点将语言视为一个抽象的离身实体，无从加以定位。语言意义如同物体及数学法则（如几何中理想的圆）那样超然物外，独立于心智及人类活动而存在。更为传统的是客观主义立场——在哲学、逻辑与形式语义学中依然经久不衰，将句子意义等同于其成真条件。这些"真值条件"(truth conditions)涉及世界的客观面貌，而与其如何被概念化渺不相关。这两种立场均与认知语义观形成了分庭抗礼之势。认知语义学认为，意义源自具身性的人类经验。本书应足可充分阐明：心理过程在语义及语法中起着举足轻重的作用。

更为可取的观点是**交互式(interactive)**意义观。它固然将人的因素考虑在内，但却声称个体心智并非意义的栖身之所。相反，意义被视为动态地浮现于语篇与社会互动之中。意义并非固定不移、预先设定的实体，而是源自交际双方基于物理语境、语言语境及社会文化语境之上的积极协商。意义并无固定的居所，而是处于分散状态。意义的方方面面植根于言语社区之中，植根于言语事件的语用环境及周围世界之中。特别需要指出的是，意义并不

① 事实上，语义学教材中往往明确反对将意义与概念等量齐观（如 Palmer，1981：24—29）。

寓于个体说话者的头脑之中。在交互观看来，认知语义学的意义观是静态的、偏狭的，无从处理实际语篇中意义建构的动态性、交互主观性及语境依赖性。

就其本身而言，交互式意义观的立场无疑是正确的。然而，交互观与认知观并非非此即彼，其核心观点事实上已被认知语义学纳入其基本主张中。认知语义学往往被描述为一种静态、偏狭的意义观，但这种看法是大错特错的。反过来看，要对交际互动作出富于启发性的解释，尚需认识到语篇中所调用的概念化手段并对其加以描述。因此，认知观与交互观具有相当的兼容性，倘若我们对前者的描述是正确的，对后者的表述是充分的话。只有持极端的交互主义论调——一种否认认知的核心地位的论调——才会导致两者间的冲突。

在关于此类问题的立场上，CG 同时囊括了认知观与交互观的视角。通过与某些极端的截然对立的立场加以对照，我们即可更好地把握这一点。不妨设想存在两种对立的立场：一种认为，**一切**重要的东西均寓于头脑之中；另一种则认为，**没有任何**重要的东西寓于头脑之中。根据前一种立场（一种唯我论），认知发生于一个密封的颅骨之中，不接收任何外界输入，也无从企及外部世界。因而，认知是非社会性的、非语境性的，沉思默想仅限于头脑中所进行的活动。根据后一种立场，意义的创造源于人际间的交际互动，交际者的脑袋实际上空空如也。如将这些立场加以明晰表述，足可表明其荒诞不经。即便如此，认知语言学家时有被指责为有唯我论倾向，而交互主义的论调则给人这样一种印象：但凡头脑内部之物均无关宏旨。

认知语言学家所描绘的认知不是与世隔绝的，而是植根于感知及身体经验中。由于心智发育受社会互动激发和引导，因而我们获得的技能和知识与社会文化环境是高度协调一致的。我们所处理的概念化具有内在性，即发生于大脑之中，这一点是无可争议的。但它同时超出了大脑的范围，因概念化总是针对世界某一方面的概念化。[①] 在讲话时，我们所概念化的不只是所谈论的对象，还包括语境的方方面面，包括我们对交际对象的知识及意图的评估。因此，概念化并不囿于心智，而应视为一种与世界连通的主要手段。空空如也的脑袋毫无说话能力，也无从实现互动与意义协商。

与之密切相关的是定位问题。意义可否加以**定位**(**localize**)？即意义是否位于个体说话者的心智之中？抑或**分布**(**distribute**)于言语社区、即时的言语语境，以及物理世界和社会文化世界之中？在极端的分布论版本中，个体心智不被赋予任何东西。这种论调是全然站不住脚的，我认为这一点无须论证。与之截然对立的立场——极端的定位论版本，则将一切相关之物都塞进孤零零的心智之中，这同样是站不住脚的。不过，若能作出一些细微而重要的区分，我认为以下说法不无道理：个体说话者对表达式的意义加以把握。

首先需要区分的，是创造有意义互动潜势的各种环境与参与这一互动的个体的实际心理经验。的确，我们周围环境的无数方

① 当然，"世界"既包括真实世界，又包括我们所建构的心智世界，乃至我们的身体及心理经验本身(就我们能够对其加以反思，而非单纯经历这一意义上来讲)。

面均可负载意义潜势：如在特定社会情景中面对特定交际对象的事实、一件明显用于某种功能的器物、一个符合通行文化习惯的行为，不一而足。因此，倘若医生手拿压舌板伸向我的口腔，同时说道：Open wide(张/开大点儿)。对于这位医生意图做什么，以及自己该做什么，我的理解远比单从语言表达式中推出的东西更为丰富。比方说，我若是走到一个橱柜前把抽屉使劲往外拉，是不能满足医生的要求的。相关环境可描述为“充盈着意义”或表达式在语境中“所含意义的一部分”。这样描述是不无道理的。不过，为做到表述清晰、分析精确起见，我还是保留“意义”一词用于表明说话者如何理解某一表达式(无论涉及说话能力还是听话能力)。因而，意义涵盖了说话者对周围环境的把握，并调用其所负载的意义潜势，但不能等同于这些环境本身。如此界定的话，表达式的意义发端于个体说话者的概念化活动中。

然而，个体说话者果真能够获悉某个表达式的意义吗？一种反对的理由是，语言意义是约定俗成的，因而寓于社会层面，而非个体层面。另一种理由是，许多表达式的意义对任何说话者而言都不过是一知半解。例如，对于 electron(电子)这一术语，理论物理学家与电气工程师的理解大相径庭，也有别于像我本人这样的仅是模糊不全的隐喻式理解。由此可以推论：意义分布于整个言语社区之中，在任何个体的头脑中均无迹可寻。

尽管这些看法不乏真知灼见，其推论却是基于这样一个简单化的假设之上的：仅有一种实体可称得上某一表达式的“意义”。然而，我们可以有效区分何谓个体说话者知识，何谓整个社会的集体知识。可以说前者更为基本，因为集体知识寓于(或至少发端于)个体知识之中。[①] 我们是将语言作为认知的一部分来研究的，就这一目的而言，表达式的意义首先在于其对个别(代表性的)说话者的意义。这并非意在否认或贬低语言意义的社会方面。个体对表达式意义的认识是通过交际互动发展起来的，包括对其在言语社区中的规约度的评估。再者，就其本质而言，某些问题需在群体层面展开研究(如规范是如何建立并得以维持的，在多大程度上可以达成共识，实际所遇到的变异范围)。尽管如此，除非把个体说话者的知识考虑进来，否则这些问题便无望得到完整回答。

最后，对认知语义学的诘难是：鉴于概念固定不移、静止不变的本质，认知语义学无法容纳实际语言使用的动态性。与之对立的立场是：语言成分的意义并非固定不移，而是积极协商的产物；复杂表达式的意义也并非静止不变，而是自语篇中涌现出来，并在语篇中得以发展。虽然这一诘难在认知语义学中时有耳闻，但不过是空穴来风。首先，意义并不等同于概念(concept)，而是等同于**概念化(conceptualization)**；选用这一名称正是意在凸显意义的动态本质。在广义上，可将概念化界定为涵盖心理经验的任何方面。它囊括以下内容：1)新创概念与已固化的概念；2)并不囿于"智识"概念，还涉及感知、动觉及情感经验；3)对物理语境、语言语境及社会文化语境的把握；4)随加工时间展开(而非同时呈现)的概念。因此，即便"概念"可视为静态的，"概念化"则不然。

接下来的问题是，语言意义是固定不移、预先确定的，还是交

① 社会知识也存储在书本、数据库、人造物的设计等媒介中，但最终可归结为其创造或使用时的个体心智活动。

际双方主动协商的产物？后一种立场完全合乎概念语义学的旨趣，这应当是显而易见的。谁会假定概念化必须是僵化不变的呢？我们再来考虑一下两种均站不住脚的极端立场，或许有助于澄清问题。位于一个极端的观点是，意义毫无灵活性可言：词项具有固定不移的意义，句子的意义完全可凭语义组合规则推导出来。认知语义学明确拒斥这种立场。位于另一个极端的观点是，没有任何东西可凭规约得以确立：在每次使用时，语言表达式的意义均需从头协商，不存在任何事关其可能意义的预先期待。我怀疑信奉这一立场的是否真有其人（尽管交互主义的论调偶或暗示了这一点）。显然，头脑之内必有所藏。对其所用语词惯常可预期的意义，说话者必定抱有某种先见。否则，其所协商的意义就毫无一定之规，cat 表示‘猫科动物’的几率就与表示‘核桃’‘书’或‘通过’的几率相差无几了。尽管任何东西均可协商，但某些东西须加掌握并立为规约，以资作为协商的基础。

2.1.2 意义的构成要素有哪些？

承认意义寓于概念化之中，本身并未解决任何问题，不过是对问题作了表述。“概念化”的真正意义何在？其一般本质与具体属性何在？如何对概念化展开研究？如何对其加以描述？目前，对于此类问题尚无定论。不过，在更大的认知科学背景下，认知语言学正在取得可观的进展。我要主张的是，CG 对概念化进行了连贯一致、合情合理的观照，可为语义与语法结构的诸多方面作出合乎原则的描述。

归根结底，概念化发端于认知加工之中。心理经验的本质即在于某种神经活动的发生。因此，概念化既可从**现象学（phenomenological）**视角加以审视，又可从**加工（processing）**视角加以观照：我们既可尝试描述心理经验本身，又可聚焦于构成概念化的加工活动。认知语义学家专注于前者，因心理经验显然更易企及，更适于借助语言证据加以观照。至于加工，其研究可在不同层面展开（包括功能层面与神经层面），借助不同手段进行，如心理学实验、临床研究（主要关于失语症）、神经成像技术，目前甚至可采用计算机模拟（Holmqvist，1993；Regier，1996；Lakoff and Johnson，1999：附录）。尽管如此，这些研究进路还有赖现象学描述为其提供指引，并为其结果提供解释性基础。关于具体语言结构如何在神经层面得以实施，目前已取得迅速进展，但要对其获得确凿而具体的了解，还有很长的路要走。

尽管当前尚处于起步阶段，我们还是可以尝试在现象学层面与神经层面设定合理的连通。对于我们经历到的构想实体的突显性，有理由将其归结为高度的神经激活。[①] 扩散激活是透视联想发生的显著依据，因此可能在许多语言现象中有所映现（Deane，1992）。我进而主张，任何概念上的排序或有序的心理通达，必然蕴含了在其加工构成层面上对应的有序性。比如，在默诵字母表时，我们依次跳到不同的字母，每个字母均会提示下一个字母是什么。显而易见的是，这种有序的概念发端于表征各个字母的神经操作的有序发生，我们关于这种恰当排序的知识寓于加工程序中，

① 切夫（Chafe，1994：第 6 章）从激活层次来描述语篇地位：对于“已知”（given）信息、“可及”（accessible）信息及“新”（new）信息，他分别设定了不同的激活层次，即“活跃”（active）、“半活跃”（semi-active）及“不活跃”（inactive）层次。

即表征某一字母的神经操作先行发生，并激活表征下一个字母的操作。

作为神经活动，概念化具有时间维度。即便是最简单的概念化，其发生也需要一定的时间；对于较复杂的概念，其时间进程往往可为意识所企及。复杂句的意义（如这句话）难以瞬时把握；它更可能是一个小句接一个小句地展开的，并不存在某一瞬间其所有方面并行激活、同时可及的情况。概念化具有**动态性（dynamicity）**，不仅在于它是随加工时间展开的，还在于这一具体的展开过程是我们心理经验的重要一面。因而(1)(a—b)尽管调用了同样的词语描述同一客观情景，其语义并不等值：

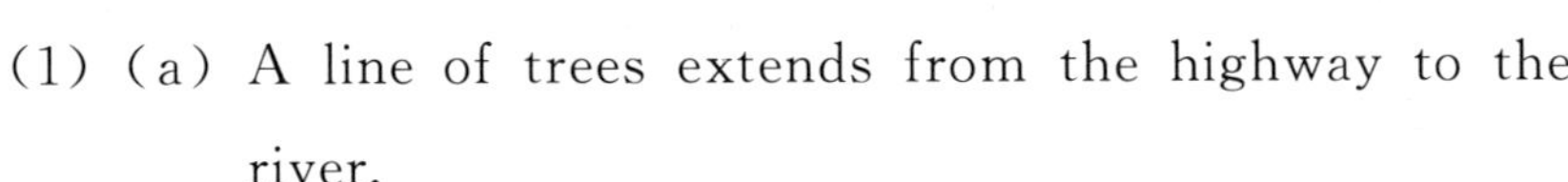

(1) (a) A line of trees extends from the highway to the river.
(一排树木从高速公路延伸至河边。)
(b) A line of trees extends from the river to the highway.
(一排树木从河边延伸至高速公路。)

尽管所描述的情景是静态的，两句唤起的却是动态的概念化，涉及我们对一排树木沿正反方向加以心理扫描的情况。沿加工时间逐步建立起完整概念的两条路径背道而驰，从而导致了心理经验的细微差别，并造就了不同的语言意义。

动态性关乎这样一个根本问题：概念结构本质上主要是**命题式的（propositional）**，还是**意象式的（imagistic）**？我们应当为思想与概念赋予何种表述方式，尤其是在较低的组织层次上？它们本质上是公式化的、由离散符号串构成的，还是更趋近对其所表征结构的直接描述？[①] 目前依然占主导地位（即便不是统治地位的话）的命题式观点，将概念视为以“思维语”（language of thought）的方式存在的表达式（Fodor，1979），包含一系列概念“初始元”（primitive）（词汇）及其组合原则（句法）。例如，关于 enter（进入）的意义的心理表征或如下面的公式（Jackendoff，1983）：

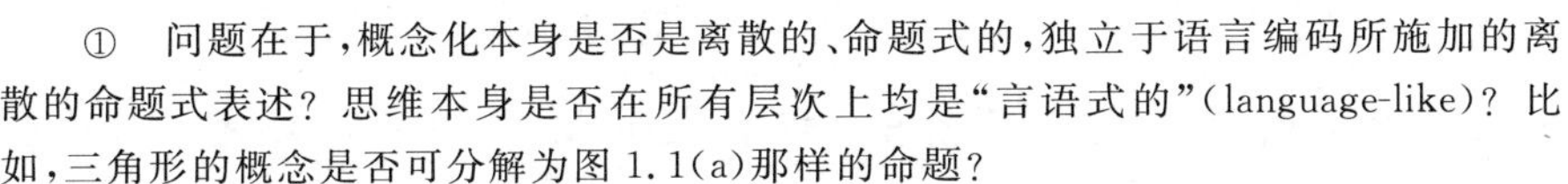

(2) [$_{Event}$ GO([$_{Thing}$ X],[$_{Path}$ TO([$_{Place}$ IN([$_{Thing}$ Y])])])]

([$_{事件}$ 走([$_{事体}$ X],[$_{路径}$ 朝向([$_{地点}$ 在……内([$_{事体}$ Y])])])])

认知语言学更倾向于意象式表征。最为熟知的主张是设定一套**意象图式（image schemas）**，可表述为从日常身体经验中抽取的图式化模式，主要涉及视觉、空间、运动及力。意象图式被视为基本的“前概念”（pre-conceptual）结构，通过组合及隐喻投射产生更为复杂抽象的概念（或至少为其提供组织框架）。[②] 例如，ENTER

---

① 问题在于，概念化本身是否是离散的、命题式的，独立于语言编码所施加的离散的命题式表述？思维本身是否在所有层次上均是“言语式的”（language-like）？比如，三角形的概念是否可分解为图 1.1(a)那样的命题？

② 参见约翰逊（Johnson，1987）；雷科夫（Lakoff，1987、1990）；哈姆珀（Hampe，2005）。约翰逊所举的例子有容器（container）、阻塞（blockage）、使成（enablement）、路径（path）、周期（cycle）、部分-整体（part-whole）、满-空（full-empty）、重复（iteration）、表面（surface）、平衡（balance）、反作用（counterforce）、吸引（attraction）、连接（link）、远-近（near-far）、融合（merging）、匹配（matching）、接触（contact）、物体（object）、强迫（compulsion）、解除限制（restraint removal）、物质-可数（mass-count）、中心-边缘（center-periphery）、量级（scale）、分裂（splitting）、叠加（superimposition）、过程（process）、集合（collection）。需要注意的是，类似图 2.1 中的图解不应等同于意象图式本身（后者属于心理活动模式），仅仅意在唤起它们并表明其本质。

这一概念可分析为数个意象图式的组合，包括物体(object)、源点—路径—目标(source-path-goal)以及容器—容纳物(container-content)，如图 2.1 所示。

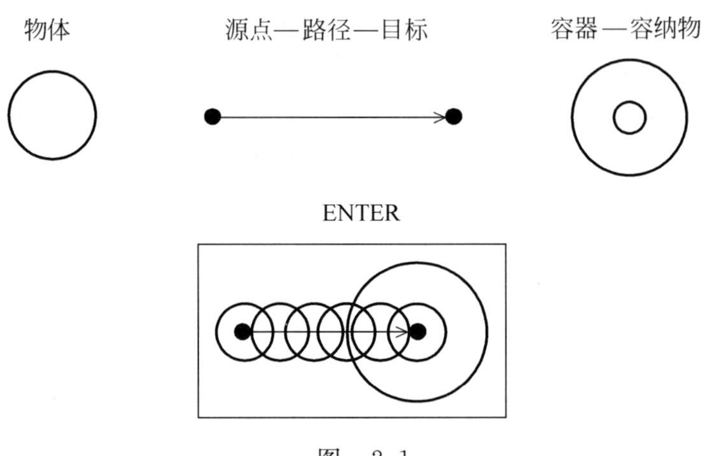

图 2.1

在借助简单概念成分描写复杂结构方面，意象观的精确性并不亚于命题观。可以说意象观更胜一筹，因为心理经验的本质在复杂意象中比在复杂公式中反映得更为直接(比较(2)的表述与图 2.1)。此外，意象对概念的某些方面尤为适用(而公式则不适合)。例如，位于笛子的概念核心的，是有关其形状的视觉意象，以及有关其声音的听觉意象。再者，将意象图式表述为活动模式与概念化的内在动态性是完全合拍的。因而我更认同概念结构的意象图式观。当然，我认为被视作意象图式的概念本身亦可充当更复杂概念构造的成分。

尽管如此，关于意象图式这一概念、其完整清单及判断标准，尚有些不甚明确之处。惯常引用的例子(61 页注②)是否构成了一个连贯自足的或自然划定的范畴，对此我丝毫没有把握。虽说我倒向了意象观，出于研究目的我更愿意区分几类根本概念，其中每类概念均有自身的“基础性”（basicness），有助于描述更为复杂的结构：

1. 一种基本概念涉及特定经验域中**最低限度的概念（minimal concept）**。我所想到的有空间域中的线、角度、曲度；视觉域中的亮度与焦点色；时间域中的前后关系；动觉感知中肌肉的施力。

2. 另一种最低限度的、但不依赖任何具体经验域的概念，是高度图式性的**构造性概念（configurational concept）**，如对比、边界、变化、连续性、接触、包孕、分离、临近性、多重性、组，及点-延展。这些概念具有抽象性，几乎适用于任何域，最趋近意象图式的意蕴。

3. 一些通常列为意象图式的概念属于我区分的第三类，即**概念原型（conceptual archetype）**。作为植根于经验中的概念，概念原型在我们的日常生活中高频复现，具有根本性地位，因而原型一说不谓不当。相关例子如：实物、某物处于某一位置、某物在空间中移动、人体、人面、整体与部分、物理容器及所盛内容、看见某物、持有某物、将某物交付某人、施力以导致预期变化、面对面的社会互动。这些概念具有相当的图式性（不过远不及构造性概念），某些可作为成分融入其他概念中。尽管概念原型可以相当复杂，难于明确描述（试着解释一下何谓实物！），其基础性体现在：在早期发育阶段，我们即可毫不费力地将其感知为连贯的概念格式塔。

对于这种三分法，我并不认为其间界限分明，或是唯一有用的分类法。的确，不同类别的成员间可以建立起关联。比如，显而易见的是，关于线的最低限度的概念与延展这一构造性概念密切相关，同时也与物体沿空间路径移动的概念原型相关。再者，由于所有概念均具有动态性（发端于加工活动中），简单概念与某些基本**认知能力**之间并无明晰的界限。我们既可将焦点红色描述为最低限度的概念，又可描述为感知该颜色的能力。除了将对照、组合、延展描述为构造性概念，我们同样可以谈论发现差异、将一系列成分实体分组，或是沿某域进行心理扫描的能力。

关键在于，概念可在不同意义上具有“基础性”。有鉴于此，CG 可就某些具有根本性甚至是普遍性的语法概念提出一个概括主张。在最低限度上，这些概念包括名词、动词、主语、宾语、所有格。该主张可表述如下：

1. 在语义上，每个概念均可描述为包含一个适用于核心例示的**典型成员（prototype）**，以及一个适用于所有例示的**图式（schema）**。

2. 典型意义由某一根植于经验的概念原型充当。

3. 图式性意义发端于某种独立于经验域的认知能力。

4. 基本能力首先反映在与其对应的概念原型中。这些能力可能是先天的，正是它们使建立在原型之上的结构化经验成其为可能。

5. 在后期发展阶段，同一套能力被扩展至其他经验域，此时其运用呈较少无意识特征（因而更显而易见）。

我们来看看这些概念是如何用于名词范畴的。①

① 此处所引概念，在随后章节中均会给出语义描述（关于名词，参见第四章）。

1. 名词范畴兼有一个语义典型成员与一个语义图式。

2. 典型成员是一个实物概念。

3. 图式性描述来自我们的概念组合能力。

4. 在发展顺序上，概念组合首先体现在对实物（即名词范畴的典型成员）的把握上。

5. 概念组合而后反映在对同样由名词编码的诸多其他实体类型的把握上。

我们感知离散实物（如球）的能力可视为某种认知能力低层次的、无意识的表现。同样的能力在对构成成分加以组合形成单一实体（如果园、团队、一摞东西、字母表或群岛）的心智操作中体现得更为明晰。就大部分语言表达式而言，ball（球）与 orchard（兰花）之类的名词在功能上大致相似（均属单数普通可数名词）。尽管在 orchard 中，其构成成分与概念组合体现得更为明晰，两种情况下，统一实体的概念均自某一层面的认知加工中涌现出来。世界并不以一个完好的、预先决定的结构呈现在我们眼前，把握世界更不似复印文件。即便是在具体的现实领域，对其把握同样寓于动态的、交互性的加工活动中。这并非意在否定世界是高度有结构的，由此特定的把握手段于个体于种群而言都更有可能成功。由于我们的种群已进化到足以成功应对世界，因而我们对世界的把握方式是大致相通的，均植根于我们的日常身体经验。我们都能够感知实物，并用同一套组合能力去识别集合性实体，如果园或群岛。

因此，我们对世界的感知本质上是积极的、动态的、建构性的。由此带来的一个举足轻重的后果是：作为语言意义而唤起的概念

是**不透明的**:它们不是直截了当地简单反射或对应于世界,也无法从客观环境中直接或自动推导出来。相反,概念语义学首先必须承认想象力与心理建构是普遍存在的,甚至是无处不在的。我们不只是频频谈论虚构世界(诸如电影、童话、神话、肥皂剧及语言学理论所涉足的世界),我们还通过建构并操纵林林总总的**心理空间**(**mental space**)(Fauconnier,1985、1997),以此作为自身想象力的明证。不同心理空间表征的或是假想的情景,或是某人的信念,或是存在于某一时间、地点的情形,或是报道性言语的内容,分别如例(3)所示:

(3) (a) If we were rich, we could fly first class.
(要是有钱,我们就能飞头等舱了。)
(b) My lawyer thinks that the judge is incompetent.
(我的律师觉得法官无能。)
(c) Meanwhile, back at the ranch, a heated discussion was going on.
(与此同时,在后面的牧场上,正进行着一场激烈的讨论。)
(d) She indicated that they were having trouble with termites.
(她表示,他们正在遭受白蚁之苦。)

诸多其他想象力之于概念化与语言意义同样不可或缺。对心智世界加以强化乃至建构的重要手段之一便是**隐喻**(**metaphor**)。

在隐喻中，一个概念域的基本组织特征（通常更直接植根于身体经验之中）投射至另一概念域（Lakoff and Johnson，1980、1999；Turner，1987）。在（4）中，**源域（source domain）**的某些方面（涉及对实物的操纵）被隐喻性地投射至**目标域（target domain）**（涉及思想的理解与交流）。

（4）（a）I couldn't grasp what she was saying.
（我抓不住她讲话的要领。）
（b）We were tossing some ideas around.
（我们刚刚正掂量着一些主意。）
（c）The message went right over his head.
（消息从他头顶正上方溜走。）
（d）He didn't catch my drift.
（他没有抓住我的大意。）

隐喻构成了**整合（blending）**的一个源头。在整合中，两个概念的一些选择性特征彼此结合生成第三个概念（Fauconnier and Turner，1998、2002）。作为混合心理建构体，整合通常有点儿异想天开的味道，但确属概念化与语言表达的真正对象。（4）中的实体被形容为被抓到、被抛掷，或被捉住，它们结合了思想的抽象本质与球或其他投掷物的物理属性，在现实中无法实际存在。其他经整合而来的生物如美人鱼、狼人亦是如此（更遑论那些按照英语语句思维、却设想自己是一战中的飞行员的猎兔犬），然而这并不妨碍我们思考并谈论它们。即便对于那些确实存在的实体而言，我们借助语言来指称的通常是一个**非实在的**(或**虚拟的**)例示,即出于某种目的而“臆想出的”(conjure up)的某一虚拟或虚构例示。例如,车是真实存在的,但(5)(a)中所指的车则不然(类似 Which car doesn't your brother have?(你弟弟没有的是哪部车?)的发问是毫无道理的)。其所唤起的是一个虚构的例示,目的在于说明被否定的情况。

(5) (a) My brother doesn't have a car.
(我弟弟没有车。)
(b) A kitten likes to chase a piece of string.
(小猫喜欢追逐绳子。)

同样,(5)(b)中所提到的小猫与绳子均属虚拟实体,是为作出某种宏观概括而“捏造”出来的。这一论断既不涉及具体的小猫或绳子,也不涉及具体的追逐事件。

2.1.3 意义止于何处?

每时每刻,我们都在进行概念化活动,这些活动发生于不同的意识层面及心理经验的不同领域。概念化调用多种能力(感知的、动觉的、智识的)及广泛的知识(具体及一般知识;物理、社会、文化知识;个体、规约及语境知识)。我们在此探讨的问题涉及“语言”知识与“语言外”知识的边界。在林林总总的知识中,哪些算得上**语言知识**?哪些特殊技能和知识片段可明确归入**语言范畴**?任何语言表达式的生成或理解均伴随着复杂而多维的概念化,其中有多少当视为**语言意义**？

正统观点认为，边界应当是离散的。语言通常被视为一个自主的心智“模块”（module）（Fodor，1983），因而语言知识可由一系列庞大但数量有限的陈述加以充分描述。即便是拒斥这种模块论的语言学家，也倾向于在语言知识与非语言知识之间设立明确边界，将表达式的整体理解分解为纯语言意义及语用推论。然而，普遍认同的观点往往被证明是大谬不然的。我们要问的是，这些离散边界是由语言学家**发现**的，还是出于理论上的先入为主**强加**在语言上的？我相信，答案显然是后者：语言知识与语言外知识仅有程度之别，而非各自为政。尽管语言意义存在边界，而且可在两者间作出有效的区分，但强加具体边界的做法不仅是任意而为，而且是误入歧途。

这些问题存在于语言的方方面面（参见 FCG1：§2.1.2），不过我们在此关注的是意义。我们先从词汇说起，有两个问题需要考虑。其一，对特定词项应赋予多少可区分的意义（通称“**涵义**”（**sense**））？其二，这些涵义应涵盖多少信息？

一个高频使用的词项往往具有**多义性**（**polysemous**）：词项通常具有多个彼此关联的义项，每个多多少少均已规约化。其中，某些义项更为核心或**典型**，某些属于图式，由其他义项加以阐释（或例示）。这些义项在某种程度上依靠**范畴化关系**（**categorizing relationships**）连接而构成一个网络。[①] 图 2.2 是我们为名词 ring

① 关于实例与讨论，可参考如下文献：Geeraerts（1993）；Tuggy（1993，2003a，2003b）；Tyler and Evans（2003）；Riemer（2005）。这种网络模型有一定的用处，但可能暗含较大的离散性和具体性，因而未能兼顾心理真实性。我将在 §8.1.3 部分给出复杂范畴的另一种隐喻式表征。

提出的较为合理的局域网络(§1.3.1部分曾有简短讨论)。粗线标记的框盒表示最典型的义项,箭头代表范畴化关系,其中实线箭头表示对图式的阐释,虚线箭头表示基于核心意义的引申。

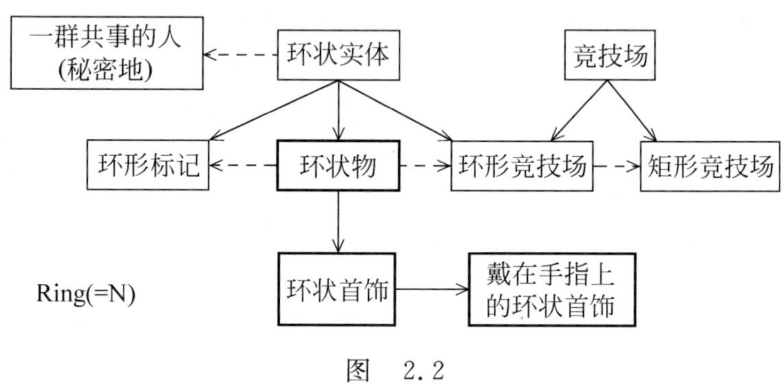

图 2.2

与之相对的一种观点是:词项具有**单义性(monosemou)**,各自含有一个抽象的意义,其所有用法均可从中加以预测(Ruhl,1989;Huffman,1997)。这种观点声称,设立更为具体的义项会导致公认"意义"的过度增生,这些"意义"更宜于看作词项的抽象语义的语境化解释。对此我表示反对,理由是单一的抽象意义不足以充分明确地推导出词项惯用的所有具体意义。对于ring,我可以设想出一个高度图式性的意义(或许是某种抽象的闭合概念),足以容纳图2.2中描述的所有具体义项。然而,仅凭这一点很难预测,ring具有其实际所体现的各种特殊用法,而完全排除其所不具备的(同样为认知与交际因素所促动的)无数用法。为何ring可用于指称竞技场和走私团伙,却不能用于表示橡皮筋之类的东西?

因此,单一的抽象意义不足以充分描述词项的稳固语义特征。

这样的意义理当去寻求，并且（一旦找到）将其纳入多义网络中去。然而，单凭这种意义不足以表征说话者关于表达式的常规用法与理解的知识。这种知识（当然也是通晓一门语言必不可少的）寓于整个网络中。为了减少畏惧情绪，我声明设定这样的网络不至造成义项泛滥。只有当意义（其他语言结构亦然）满足以下两个条件时，才可视为语言的一部分：1）在个体说话者的头脑中业已固化；2）在言语社区的成员中业已约定俗成。只有数量有限的义项满足这些标准，具备稳固**语言单位（linguistic unit）**的资格。不过，由于固化与规约性均是一个程度问题，对于哪些意义具备稳固单位的地位，哪些则不具备，其间并不存在离散的边界。我们实际发现的是一个有程度之别的现象：从新创解释到新生意义，再到稳固的语言意义。

一个具体词项的意义包含什么信息？如果说词项（在某个义项中）指称某种实体，我们关于这些实体的全部知识中，有多少构成了其语言意义？这些知识中，是否有某一部分说话者仅仅是因操某种语言而得以掌握的？

传统上，关于最后一个问题的回答是肯定的。一般认为，词项的意义包含数量有限的语义特征或描述性说明，本质上是独属于语言的，迥异于关于其所指实体类型的一般知识。比如说，bull（公牛）的基本意义通常由[MALE]（[雄性的]）、[ADULT]（[成年的]）、[BOVINE]（[牛科动物]）这些语义特征来标记，而排除我们关于这种生物的其他可能的知识（如它们在斗牛与骑术表演中所扮演的角色）。在此意义上，词项的意义更似词典中的词条，而非百科全书中的条目。这种取向因而被隐喻性地描述为语义学的

词典观(dictionary view),如图 2.3(a)所示。圆代表说话者关于该类实体的全部知识。粗线标记的框盒代表有关该词项意义的说明构成的一个有限、离散的集合。

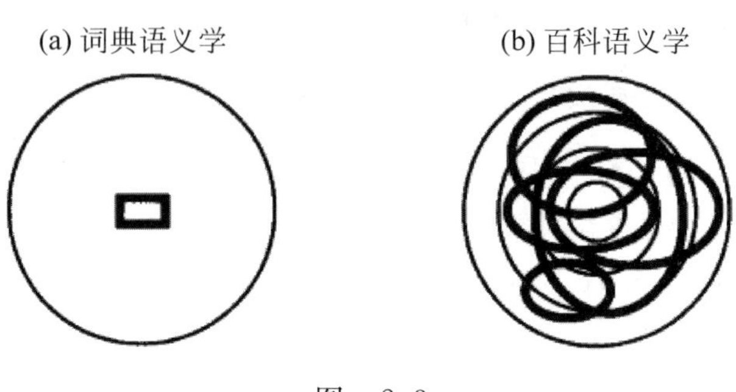

图 2.3

这些"纯语言"意义委实难以捉摸。尚无证据表明可在原则上划定精确边界(Bolinger,1965;Haiman,1980),也无证据表明类似[MALE ADULT BOVINE]([雄性 成年的 牛科动物])的描述在语言上是充分的。与之相对的一种观点可隐喻性地表述为**百科语义学(encyclopedic semantics)**,为认知语言学家广为接受(FCG1:§4.2;参见 Wierzbicka,1995)。按照百科语义观,词项的意义寓于与某类实体相关的浩瀚知识领域的特定通达(access)方式中。在图 2.3(b)中,这种知识可表示为一组同心圆,表明其成分具有不同程度的**中心性**。这种中心性等级构成了词项规约意义的一面。对于特定词项的意义而言,某些细节占据核心位置,因而在表达式的运用中几乎总是被激活,而某些细节的激活则不那么稳定一致,另有其他细节占据边缘位置,仅在特殊语境中可通达。在图 2.3(b)中,各个粗线标记的椭圆代表了在个别场合被激活细节的集合。无需存在任何细节在每个场合均被激活,表达式的每次使用涉及的均可能是一个独一无二的激活模式。

根据百科观，词项的意义既非全然自由，又非固定不移。词义无法全然自由，这是因为表达式激活一定范围的知识，明示某种特定的通达方式。词义无法全然固定，这是因为中心性（优先通达）是一个程度问题，可为语境因素所压倒。这一理念（将在§2.2部分展开论述）兼具语言与心理上的现实性。由此带来的一个后果是：在语言知识与语言外知识之间无法划定离散边界。不过，倘若定要划定边界，则应以经验为据，而非先验地设定。

对于复杂表达式（如句子）的意义，同样存在类似问题。当一个句子在语境中说出，其所激活或传达的信息可能远远超出了实际所说的内容。由于先前语篇、解释能力、常识与语境知识的作用，对句子的完整理解可能远比从显性成分意义中可推出的东西更为复杂。在这种整体理解中，有多大一部分可恰如其分地视为表达式的语言意义呢？或者按照一般的发问方法，这种理解的哪些方面属于**语义学**的范畴（反映的是语言本身），哪些最好留待**语用学**去研究？

传统的立场是：语义与语用之间存在确定不移的边界。这代表了语言的**模块（modular）**观。这种所谓的模块性始自词汇层面。词项被视作积木（building block），即可按不同排列方式堆积、从而构成复杂表达式的离散单位。复杂表达式的意义完全可由单位及单位的排列模式而定。这在语义学中被冠名为**“完全组合性”（full compositionality）**（即表达式的意义可从其成分意义中推知）。完全组合观的假设意味着语义学（依组合而定的意义）与语用学（语境化解释）之间存在明晰的界限。这一假设进而造就了更高层次上(即相对于语言整体而言)的模块论主张:语言是一个边界明确的自足系统,与认知的其他方面渺不相关。[①]

虽说模块观位居正统,这一立场既毫无依据,(在我看来)又有违真实。我不相信,语义与语用之间原则上可划出之于语言研究有意义的固定边界。

不过,语义与语用之间的确可划出边界。一个表达式完整的语境化理解超出了稳固语言单位所能决定的意义。假定我们正看着一只猫,这时我说道:The bird is safe(小鸟是安全的)。做出这个陈述时,我可能**暗含**的是这只猫懒惰或是无能(这取决于语境、我们关于猫的百科知识,以及一般的关联假设),但我并不把这看作其语言意义的一部分。因此,我反对莱文森(Levinson,1997:19)把我形容为一只"顽固的鸵鸟"(stubborn ostrich),"拒不正视语用学的存在"(refuse[s] to countenance the existence of pragmatics)。[②] 他误解了我关于"语义与语用的区分……在很大程度上是人为的"的论断,而忽视了后面的进一步阐述,即一种行之有效的语义学需要避免"这种虚设的二元对立"(FCG1:154)。

由此,问题即在于,语义与语用之间能否找到(而不仅仅是任意设定)离散的边界?我们是否有充分理由赋予复杂表达式一个纯之又纯的语言意义层面,即可从其成分意义严格推导出来的意义?综合一系列因素考虑,答案是否定的。一方面,这一问题本身预设了成分具有明晰界定的语言意义,即预设了词汇语义学的词

① 该主张还进而假定:语言系统可分解为离散的"成分"(component)(如词汇、形态、句法),对此我在§1.3部分提出了反对意见。

② 倘若我确实是一只顽固的鸵鸟,也是另有他故。

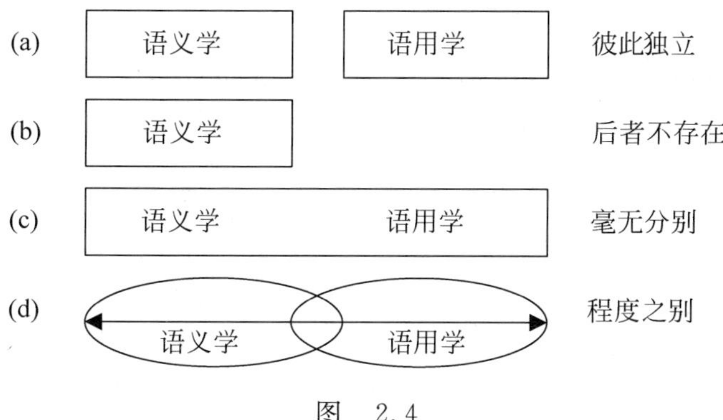

图　2.4

典观，我们此前已注意到这是大有问题的。与之相对的百科观则认为，即便是普遍公认的“积木”，其识解方式同样是灵活多变的。词项并非全盘预制的模块，含有固定、有限的内容，而是寓于知识领域（并不囿于语言知识）的常规通路中，这些知识的激活既带有可变性，又带有或然性。即便是在这一层面上，我们依然发现语言知识与语言外知识之间存在着过渡现象。

谈到语义组合，经典的积木隐喻就更显得捉襟见肘。这并不是要否认组合模式的存在（在 CG 中，它们构成了图式性象征集合的语义极）。问题在于，从词项的意义出发，单凭这些模式能否生成足够连贯自足的语义表征，从而具备某种独立的认知地位，或可近似识别为复杂表达式的意义。我倒是赞同莱文森（Levinson，1997：18—19）的观点（这一点饶具讽刺意味），他认为这类无可争议的“语义”表征（从词汇积木组合派生而来）不过是“发育尚不充分的心智孤儿，它们要有效地完成人类交际，还有赖于我们在其发育过程中所赋予的丰富的解释性原则。”

这些解释性原则包括上一节谈到的隐喻、整合、心理空间构造，以及唤起虚拟实体的情况。把我称作 stubborn ostrich 或许并非意在进行生物学归类，而是一种隐喻的说法。通过将源域中的选择性特征（鸵鸟）投射到目标域（人）上，这一隐喻创造了一个复合概念，即一个表现出将头埋到沙子中这一假想的鸵鸟式行为的人。这个杂合生物不过是虚拟的；没人会相信它真的存在。不过，该表达式并未对其加以明确描述，仅仅意在隐喻性地唤起这一概念。再者，这个虚构的鸵鸟/人"拒不正视语用学的存在"这一陈述引发了一个表征某一信念及态度的心理空间的建构。它将语用学并不存在这一信念赋予这个整合的生物体，目的是将其（不恰当地）归咎于目标域中的对应物（我），其态度是甚至不情愿考虑语用学存在的可能性。由于不情愿隐含了至少需考虑某种情况，这一表达式建立起了一个包含这一情况的心理空间，只不过是一种假想的潜在情况。因此，这个生物对语用学存在可能性的考量，是作为一个虚拟实体唤起的，仅为说明某种本可成立但实际并不存在的情况而捏造出来的。

这个例子并无甚非同寻常之处。在生成或理解语言表达式时，我们调用各种各样的资源进行精细的、高度复杂的**概念建构（conceptual construction）**。这些资源包括传统上所认同的词汇意义与组合模式，此外还有我们极其丰富的想象力，主要包括隐喻、整合、虚拟性与心理空间等手段。再者，常规语言使用中所体现的心理建构，严重依赖常识及语境知识。比如说，把我描述成一个 stubborn ostrich 利用了我们的文化中盛行的一种通俗观念，即鸵鸟将头埋到沙子中以避免直面问题。正是这一观念（很难说得上是词典定义的一部分)通过在 ostrich 与 refuses to countenance the existence of pragmatics 之间建立联系,使整个表达式得以连贯。

或者,不妨再考虑一下看着一只猫时说出 The bird is safe(小鸟是安全的)这句话的情况。safe(安全的)一词意味着存在潜在危险,在这种语境中言者与听者均能理解为源自那只猫。由此 safe 或可分析为 safe from the cat(猫对其没有危险)的缩略说法,正是语境的容许达成了这种省略。尽管参照猫作出解释仅属默认情况,但可不无恰当地视为该表达式语言意义的一部分;毕竟它对应于 safe 的意义中某种内在的东西(一个危险源)。[①] 此外,在同一语境下,说出下述句子同样是贴切的:The bird is safe, because it's smarter(这只小鸟是安全的,因为它更聪明)。此时猫不仅作为危险源加以唤起,更显而易见的是作为比较标准。排除这一点,概念化能否实际发生,或可识别为话语的意义,对此我存疑。

表达式的意义预设了一个广泛而多维的**概念基底(conceptual substrate)**,对其加以支撑、塑造并使之得以连贯。这一基底包括如下方面:1)通过先前语篇唤起或创造的概念;2)参与言语事件本身的情况,这是交际双方社会互动的一部分;3)对物理、社会及文化语境的把握;4)任何可能相关的知识领域。对概念基底及其阐释功不可没的还有想象与解释性现象(如隐喻、整合、虚拟性及心理空间构造)。这一切均为词汇解释与语义组合提供

---

① 如果可能的含义是那只猫懒惰或无能,情况就另当别论了。前面举过此例,是将其作为超出语言意义的语用推论的。

了发生场。与传统的模块观相反，这些过程并非自动发生的，也并非发生于真空中。词项的意义并不完全确定，而是寓于通向浩瀚知识领域的常规通路之中（某些走得较多，某些则较少）。一个词项在具体场合表示何种意义——这些百科知识的哪些部分被激活，在多大程度上被激活——有赖于上述列举的所有因素。同样，语义组合模式不过是在概念建构过程中所调用的资源之一，服务于复杂表达式意义的生成。这一整体过程造就了高度复杂的概念化，词汇意义与组合模式所扮演的角色不过是**促发**（**prompt**）其建构过程，其本身通常不足以**推导出**（**derive**）整体意义。因此，我将语言描述为仅仅体现出**部分组合性**（**partial compositionality**）特征。

那么，什么当视为表达式的**语言意义**呢？我提出如下不太严格的定义：除毫无疑问的语义成分外，表达式的意义还包括任何对于概念化的连贯必不可少、并反映说话者关于意义和言说的朴素认识的附加结构，而排除毫无疑问的语用因素，以及对于理解语言编码的成分并非必不可少的因素。诚然，这一定义显得含糊不清，无法借此划出任何具体界限，即便对于具体表达式也不例外，但我认为这种表述是恰如其分的。相对于一个本质上精确界定的、具有完全组合性、但认知地位相当可疑的语义观，我更推崇一个现实的只可模糊界定的、仅有部分组合性的语义观。我觉得专注于前者不过是一种人为的做法，其所探究的对象可能并不存在，即便真的存在也不具有自主地位。无论如何，相对于整个问题而言，此种解决方案不过是杯水车薪。

2.2　概念内容

语言意义寓于概念化之中。截至目前，我将概念化描述为动态的、交互的、意象式的（与命题式的相对）以及想象性的（涉及隐喻、整合、虚拟性及心理空间构造）。虽说这些宏观特征很重要，但其本身不足以对概念结构作出明晰而具体的描述。接下来，我们需要考虑更具体的解决方案，作为语义与语法描述的基础。

广义上讲，意义既包括概念**内容**，又包括对该内容加以**识解**的特定方式。**“识解”（construal）**一词表示我们明显具备以不同方式对同一情景加以构想与描写的能力。[①] 图 2.5 给出了一个初步的例子。此处的内容为玻璃杯所盛之水仅占其容积一半的概念。在概念层面，我们或许有能力以某种不偏不倚的方式唤起这一内容。但是，一旦将其加以语言编码，我们就必然将特定的识解方式施加于其上。图中列举了四种识解方式，各自对应于一个不同的表达式。所描述的语义对立（由粗线标记）在于同一构想情景中表达式所指对象的差别：[②]1）the glass with water in it（装了水的玻璃杯）指向容器；2）the water in the glass（玻璃杯中的水）指向容器内所盛液体；3）the glass is half-full（玻璃杯是半满的）指向某种关系，即液体的容量仅是玻璃杯潜在容量的一半；4）the glass is half-

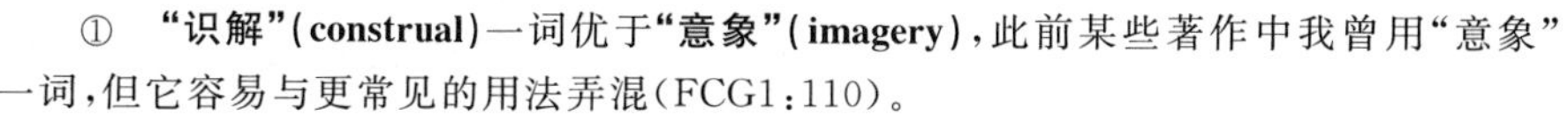

① **“识解”（construal）**一词优于**“意象”（imagery）**，此前某些著作中我曾用“意象”一词，但它容易与更常见的用法弄混（FCG1：110）。

② 此种情况称为**“侧显”（profiling）**，这一识解维度将在 § 3.3.1 部分展开讨论。

empty(玻璃杯是半空的)同样指向某种关系,即空余部分的容量仅为玻璃杯潜在容量的一半。

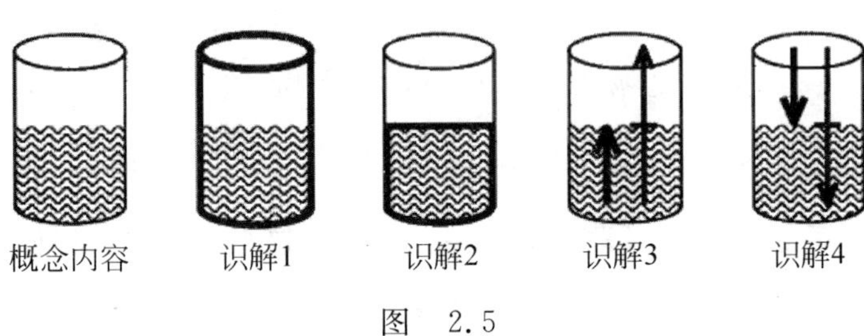

图 2.5

内容与识解的差别绝非泾渭分明。例如,**详略度(level of specificity)**——识解的一个维度——对所激活的内容有直接影响。正因存在详略度的差异,the glass with water in it(装了水的玻璃杯)比 the container with liquid in it(装了液体的容器)包含了更多内容(对图 2.5 中情景的另一种编码方式)。不过这一区分有助于说明问题,因其突出强调了这一要义:概念内容涉及的不只是真值条件或所描述的客观情况。的确,许多语言成分(尤其是那些被称为"语法"的成分)的意义主要在于其所施加的识解,而非任何具体的内容。然而,所有成分均要唤起某种内容(即便是相当图式性的);反过来讲,任何被唤起的内容必然会以某种方式加以识解。本节的论题是内容,识解将留待第三章讨论。

2.2.1 域

语言意义同时涉及概念内容与施加于其上的识解方式。为便于对内容有一个统一的称名,CG 采用**"域"(domain)**这一概念。一个表达式唤起一系列认知域作为其意义的基础(即识解所作用的内容)。[①] 这些域的集合统称**“矩阵”(matrix)**。对于大部分表达式而言,矩阵均是**复杂的**,因其包含多重域。

究竟何谓域?就其目的而言,该名称可宽泛理解为任何类型的概念或经验领域。比方说,图2.5中的内容所涉及的域,有空间、对湿度的感知、具体概念‘水’(部分参照其湿度来定义)、更具图式性的概念‘液体’(寓于‘水’之中)、容器及其容纳物的概念、更复杂的往容器内注入液体的概念、容积和等同关系的概念(由此谈论相同的容量),以及我们关于往杯中注水用来喝的文化习俗的知识。我们无法指望对某一矩阵中的所有域加以穷举,也无法指望仅有唯一的方式将表达式的内容分配至各个域中。我们能够识别出多少域,识别出哪些域,取决于我们的目的何在,带有一定的任意性。重要的是认识到表达式所唤起的概念内容是丰富而多维的。

显而易见,许多概念包孕了其他概念,或在某种意义上可归结为更基本的概念。不具有此种特征的域被称为**“基本域”(basic domain)**。因而基本域在认知上是不可还原的,既不能自其他概念衍生而来,又不能分解为其他概念。虽然我无法给出一份明确的清单,不过可举出一些典型例子,如空间、时间,以及与各种感官相关的一系列不可分析的经验:颜色空间(我们能够经验到的颜色范围)、音高(我们可感知到的音调范围)、温度、味觉与嗅觉,不一而足。就其本身而言,基本域并不构成概念或概念化。最好是将

① 域的选择本身即是识解的一面,这进一步支撑了内容与识解的区分并不绝对的观点。

其视为经验潜势的领域,概念化得以在其中发生,具体概念得以从中浮现。例如,颜色空间——可感知到的颜色范围——不同于具体场合经历到的具体颜色(这是一种概念化),也不同于颜色概念(如'红')。同样,空间支撑着空间构造的概念,时间支撑着变化的概念。然而,作为基本域,时空本身并非概念,而不过代表了时间和空间上的延展性,构造得以在其中显现,变化得以在其中展开。[①]

大部分域均属于**非基本(nonbasic)**域的范畴。[②] 以上所列图2.5中的各域,除空间域而外,其余均为非基本域。任何类型的概念化均可视为一个非基本域,可服务于语义表达。无论概念是感知还是智识方面的,静态的还是动态的,固定的还是新创的,简单的还是复杂的,均可纳入这一范畴。属于非基本域的如即时的感知、情感及肌动-动觉经验(如对湿度、恐惧或吹爆气球的感知),以及精神活动的抽象产品(诸如'正义''脊椎动物'及'安打率'的概念)。非基本域还包括在有意注意层面稍纵即逝的概念(如关于圆的意象),以及只能沿加工时间逐步加以概念化的复杂场景(如复杂食谱处方中的各道工序)。非基本域无须是固化的、地位稳固的,或常规下可识别的。由此,对情景语境的理解同样有资格充当认知域,对先前语篇的理解亦然。

---

① 这些基本域本身并非 time(时间)和 space(空间)等词语的意义,其意义是更高层次的概念,其中维度本身充当了概念化对象,而非仅用于支撑时间与空间的概念化。同样,对基本域的隐喻性识解(如 in a moment(片刻之后)、bright sound(洪亮的嗓音)、sharp taste(浓烈的味道))所造就的概念并非不可还原,因而属于非基本概念。

② 我在此前论著中曾用到**"抽象域"(abstract domain)**一词,但这一用法并不贴切,因为许多非基本概念涉及物理环境。

非基本域在概念复杂度上大相径庭：从最低限度的概念（如‘红’）到更为复杂的概念（如人体构造），再到整个知识系统（如我们关于棒球的全部知识）。这些域在某种程度上自成等级，由此，处于特定层次的概念可预设并包孕一到多个低层概念。例如，‘苹果’这一概念包孕了‘红’；‘脖子’唤起了整个身体形状；‘安打率’同时预设了某些算术与棒球知识。当一个概念——不对称地——预设另一概念作为其描述的一部分时，即可说它们分别占据**概念组织**的较高与较低层次。即便在简单例子中，也可以窥到多重概念组织层次。就‘进入’而言（图 2.1），实物概念是物体沿空间路径从源点移至目标这一高层概念的一部分。后一概念又与容器——容纳物图式一道，在更高层次上融合为‘进入’的一部分。‘进入’反过来又被激活并参与到‘入口’的描述中去，如此以至无穷。

这些层级是概念结构的一个根本方面，因而在语义学中有着举足轻重的作用。鲜有语言意义可单纯依赖基本域或普遍接受的初始概念直接作出描述。[①] 对于大部分表达式而言，最好是参照高层概念加以描述，高层与低层之间可容许为数众多的中间层次。表达式所唤起的概念化可位于任何组织层次，体现出任何复杂度，这些概念化构成了其意义的基础，进而也构成了语义描写的起点。

以 sophomore（[〈美〉高中及大学]二年级学生）一词为例，其

① 韦尔兹毕卡（Wierzbicka，1996）显然认识到了这一点，她的描写正是建立在一套不可约简的语义初始元（semantic primitives）之上（被视为词汇共相（lexical universals））。同时她还设定了等级关系，因而任一层次上的概念均涵盖此前所累积的简单概念。

语义要素有基本域如时空，低层概念‘人’‘知道’‘年’及‘二’，以及高层概念‘学习’‘钻研’‘学生’及‘学校’。不过，显而易见的是，sophomore 的意义还必不可少地唤起了更高层次的概念。菲尔墨(Fillmore，1982)称之为**“框架”(frame)**，雷科夫(Lakoff，1987)称之为**“理想化认知模型”(idealized cognitive mode，ICM)**。这是一个理想化的概念，在我们的文化中可谓司空见惯，涉及非基础教育机构提供学制四年的课程学习情况。尽管它包孕了低层概念，这一 ICM 作为整体构成了语义描述的自然起点：参照这一 ICM，只消明示 sophomore 指向处于第二学年的某个人即可。可以说，这一 ICM 提供了该表达式的概念内容，构成了其意义的基础，其完整意义则源自以某种方式识解这一内容。具体而言，sophomore 被识解为指向(侧显)处于第二学年的学生(与之相对的是 freshman(一年级学生)、junior(三年级学生)及 senior(四年级学生)，它们具有与之相同的基本内容，但指向其他学年的学生)。

这里，或许一些术语上的澄清有助于说明问题。似乎我们有一大堆名称用于描述同一概念现象：具体概念(concept)、概念(conception)、概念化(conceptualization)、(非基本)域((nonbasic)domain)、框架(frame)以及理想化认知模型(idealized cognitive model)。虽说其用法各异，差别微妙，我至少应该交代一下自己对这些术语的理解。

前三个名称和后三个名称的区分基本上是一个视角问题：前者是对某个概念加以独立观照，后者则凸显其在描述语言意义中的地位。在第一组词语中，“概念”中和了“具体概念”与“概念化”的差别，后两者暗示的分别是静态固定的概念与动态的概念。然而，若置于足够精微的时间层面上观察，每个概念均不乏动态性。因此，“概念化”也可作为完全意义上的概称。第二组中的名称通常可以互换。比如，我们可以说 sophomore 的意义来自将识解方式施加在某个域、框架或理想化认知模型提供的内容上。[①] 但这些术语并不等价。域最具概括性，因为框架或理想化认知模型都不能很好地容纳基本域（如时间或颜色空间）。框架可大致对应于非基本域。如果仔细推敲“理想化的”与“模型”两个词，“理想化认知模型”的适用范围最窄。比方说，它并不适用于实时语篇或言语事件的物理环境。[②]

2.2.2　域的通达

一个表达式所唤起的域的集合被称为其**“概念矩阵”（conceptual matrix）**。通常同时存在多个域，此种情况下矩阵可谓**复杂**。在描写一个表达式的矩阵时，仅列举其成分域是不够的。域与域之间如何彼此连接，以及在心理上如何通达，是语言意义的一个重要维度。

为便于说明问题，我们先从例子切入，这里我们选取 glass（玻璃杯）一词加以具体分析。通常情况下，glass 指向一个用来喝水的容器。在其概念描述中，明显起作用的有如下一些域：

1. 空间[一个基本域]。

2. 形状[大致呈圆柱形，一端闭合]。这一非基本域预设了空

① 自然，由此得到的概念或概念化本身又可充当另一表达式的域/框架/ICM（如“二年级学生年鉴”（sophomore yearbook））。

② 当然，还存在其他名称。例如，脚本（script）指一个理想化的行为序列。域与心理空间的异同将在 § 2.2.3 部分加以比较。

间域,形状概念即是在空间中体现出来的。

3. 典型空间方位[较长的维度沿垂直轴分布,闭合的一端位于底部]。其所包孕的其他域有空间、垂直分布及形状概念。

4. 功能$_1$[用于盛装液体的容器]。这预设了典型方位、液体及容器概念(其本身又预设了空间包含、潜在移动、力及时间恒定性等概念)。

5. 功能$_2$[在喝水中扮演的角色]。这囊括了功能$_1$,以及关于人体、抓握、胳膊的移动、吞咽等概念。

6. 材料[通常是结实的玻璃]。

7. 尺寸[便于一只手端住]。

8. 其他[涉及花费、洗涤、贮存、滑落及打碎、就餐时在餐桌上所处位置、配套杯具、制造方法等域]。

根据百科语义学(§2.1.3),具有潜在相关性的域构成了一个开放的集合。上述例子清晰表明,复杂矩阵的各个域并非毫不相干,而是彼此交织,通常可以是完全包含。图式化的表述如图 2.6 所示,其中椭圆代表域,粗线标记的圆代表表达式指向的实体(其显面),它在矩阵的所有域中均扮演着某种角色。

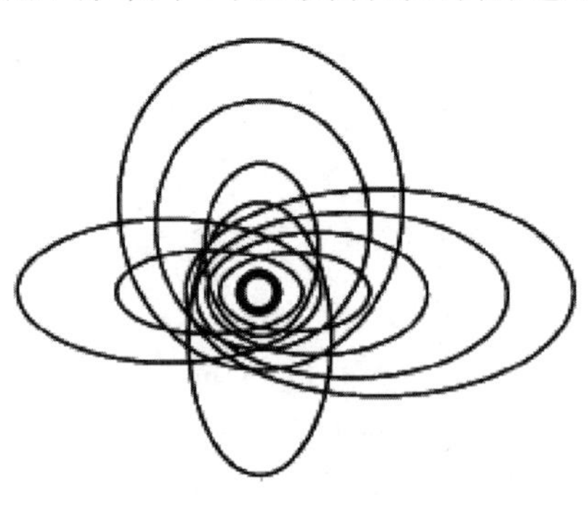

图 2.6

图 2.6 未能揭示出的是复杂矩阵的各个域被赋予的不同中心度。[①] 中心度(degree of centrality)(FCG1：§4.2.2)指表达式用于某一场合时特定域被激活的可能性。某些域的中心度很高,但凡用到该表达式时几乎都会被激活;某些域的激活不具有恒定性;某些域则相当边缘,只有在碰巧相关的特殊情况下才能唤起。在以上例子(glass)中,域 1 到域 7 显然具有相当的中心性,8 中所列之域则更为边缘。图 2.7 中对中心度进行了排序。在这个"爆炸型"图解中,矩阵内各域被单独呈现(不考虑彼此间的大幅重叠)。虚线用于标记**对应情况(correspondence)**,表明粗线标记的圆均代表同一实体(即该表达式的所指,在图 2.6 中仅标记了一次)。

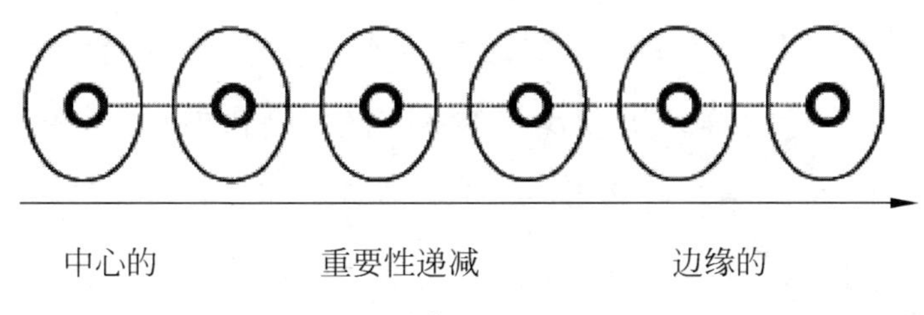

图　2.7

成分域的相对中心度构成了语言意义的一面,这在词项的描述中相当重要。词项不仅通达一系列的域,而且其通达具有选择性,使得某些域更有可能被激活。这是词汇常规语义的一部分。在某些情况下,语义上的对立更多地体现在域的可通达程度上,而非可通达的域的种类上。尽管同一物体既可称之为 knife(刀),又可称之为 dagger(匕首),而两者均可用于刺伤某人,这一潜在功

① 在图 2.3 中,中心度以同心圆表示。图 2.6 中的椭圆代表域(在前一图解中未单独呈现)。

能对 dagger 而言中心度要大得多。或者不妨对比一下 snail（蜗牛）与 escargot（食用蜗牛）（如今已成为一个英语词）。百科语义学表明，两个表达式潜在通达了同一套域：蜗牛有时被烹饪和食用（尤其在法式餐馆中），而我们知道 escargot 跟菜园里猖獗的那种生物实属同出而异名，这是我们关于蜗牛的百科知识的一部分。然而，snail 与 escargot 意义显然有别，其差别在于域的不同排列方式（即中心度）。对于 escargot 而言，精美菜肴域的中心度非常之高，该词主要通达的正是此域，其他域（如菜园害虫域）只有存在特别动因的情况下才可被激活。相反，对于蜗牛而言，精美菜肴域处于边缘，但还是不难通达。因此，说 The snails were delicious（蜗牛很好吃）是自然的，但很难说 * My garden is crawling with escargots（ * 我的菜园里爬满了食用蜗牛）是自然的了。[①]

中心度的排序意味着词义即便是开放的，也不是完全自由或毫无限制的。词项部分是由其特定的域被激活的可能性界定的（有时近乎绝对），因而蕴含了通达某一百科知识领域的常规通路。与此同时，词义从来都不是全然固定、一成不变的，原因有以下几点：其一，特定的域被激活的倾向是或然性的，而非绝对性的。其二，这些可能性还要受到语境的调控。最后，这些可能性随词项用法的消长而发生历时演变。

这些观点似乎是不言自明的。域的激活带有一定的或然性，这正是中心度的意蕴所在。同样毫无疑问的是，概率可为语境和

① 按照语言学中的通行做法，星号（有时也用问号）表示某一表达式在某些方面显得异常或“不合语法”。关于其评价标准将在第八章展开讨论。

用法所修正。显然，语境因素可将注意力集中至特定的域，该域在常规情况下根本无法通达，或仅在较低层次上被激活。这反过来又会降低某一原本突显的细节的激活水平。如果说(6)(a)唤起的是 glass 的常规识解，通达的域包括 1 至 7 条，(6)(b—d)则扭曲了这一模式，依次对各种中心度较低的域如打碎、匹配、放置及洗涤加以凸显。

(6) (a) He took another sip from his glass.
(他对着玻璃杯又呷了一口。)
(b) This antique glass is quite fragile.
(这只古董玻璃杯很容易碎。)
(c) The glasses on that table don't match.
(那个桌子上的玻璃杯不配套。)
(d) Plastic wine glasses are hard to wash.
(塑料酒杯不好洗。)

将注意力导向这类概念，更为中心的细节(如玻璃杯在喝水中所扮演的角色)即被推至背景位置，甚至被抑制或压倒。在(6)(d)中，wine(酒)与 plastic(塑料的)压倒了关于 glass 的形状与材料的默认说明。此外，如今这些词与 glass 高频共现，这些信息的默认地位趋于被削弱。使用情况对域的排列不断施加影响，对其概率或加以强化，或作出调整。

在其他条件相同的情况下，域的中心度排序决定了其被通达或强烈激活的可能性。然而，其他条件从不曾真正相同，因为语言使用从不曾真正脱离语境：表达式的呈现方式总是受到物理、语言、社会及心理环境的影响。如图 2.7 所示，对特定的排序而言，这种影响可造就特定的激活模式，代表词项在具体用法事件中的语境化实现。这可表示为图 2.8，其中线条的粗细表示某个域被激活的程度。所通达的域及其激活强度可能随用法事件而异。这种可变的激活模式部分解释了为何同一表达式在不同场合似乎呈现不同意义。或许，严格上讲，一个词项在两次使用中从来不会呈现全然相同的意义。

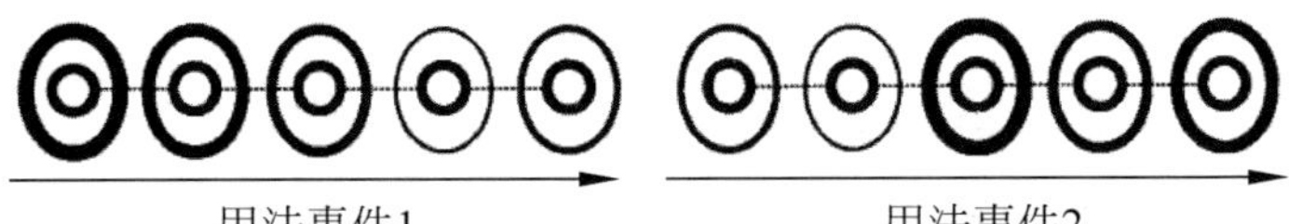

图 2.8

如引向其逻辑推论，这些发现便具有了理论上的启发意义，我认为这些启发是自然而然的（尽管有人将会视其为一种不幸）。这些发现意味着并不存在任何具体的分界线，可将语言意义与一般知识或语境化解释严格区分开来。由于充当语言意义的概念化既不独立于这些因素，又无法明晰界定，因而对语义结构无望作出穷尽描述。普遍接受的积木——词汇意义——并无一成不变的价值。单从这一点来看，语义便不具备完全的组合性。再者，由于语言必然包括语义，这意味着语言也不是一个自主、自足的“模块”(module)或“心智官能”(mental faculty)。①

① 参见福多(Fodor，1983)。CG 仅设定语义结构、音系结构及象征结构，后者寓于语义结构与音系结构的配对之中。因此，若无语义学，就仅剩音系学了。

2.2.3　域与心理空间

此前我将认知**域(domain)**定义为任何类型的概念或心理经验。这一定义相当宽泛,意在为用作语义概念基础的任何事物提供一个统一的称名。出于类似原因,福柯奈尔(Fauconnier,1997:11)关于**心理空间(mental space)**的定义同样宽泛:“心理空间……是我们在思考与谈话时增生的局部结构,从而容许我们对语篇及知识结构作出精细切分。”是否有任何概念结构可严格排除在两者的定义之外,这一点并不明显。两个名称在应用范围上同样存在交叉之处。那么,两者的关系何在?两个名称是否真的均属必不可少?

我的看法是,任何被称为“域”的概念同样可称为“心理空间”,反之亦然。因此,纯粹从指称的角度来看,一个名称已经足够。然而,指称范围并非衡量一个名称用处大小的唯一准绳;即便是在专业领域,同一实体通常也可由不同表达式加以描述,用以凸显其不同侧面。[①] “域”与“心理空间”两个名称代表了对概念结构的不同观照方式,分别反映了分析上的某种侧重。“域”聚焦于一个概念的用途及其内在一致性。作为一种指称概念内容的手段,它通常用于与词项意义相关的稳固概念。相比之下,“心理空间”强调概念上的不连续性,将概念结构分割成半自主的区域。它通常用于分析想象建构的产物以及语篇中动态生成的结构。然而,这些不

① 例如,对同一实体的指称,开发商谈论“单位”,承包商论及“结构”,房地产商则称之为“家”(购买者则干脆称其为“房子”)。

过反映了某些倾向;两个名称都比较含糊,均可用作概称。

心理空间理论经常讨论的现象及所主张的分析思路,可轻而易举地纳入CG的框架中。这实际上是显而易见的,因为任何类型的概念均可看作某种域,而对于一个矩阵内的各个域如何相互关联,并不存在任何限制。由此,任何心理空间构造(包括空间及空间之间的连接)均可作为某一矩阵的一部分直接囊括其中。

为阐释这一点,不妨考虑一下如下隐喻表达:

(7) The thought just flew right out of my head.
(那个想法刚刚飞出了我的脑袋。)

隐喻寓于**源域空间(source space)**、**目标域空间(target space)**及**整合空间(blended space)**的一系列**连接(connection)**之中。[①] 目标域空间即被隐喻性建构的空间。在(7)中,这一空间涉及某一惯常经验,即持有某种想法但随后——待要表达时——无法提取的情况。源域空间包括一个充当隐喻投射基础的概念(通常较为具体)。对于(7)的一种解释是:源域是一只鸟儿从笼中飞出的概念,结果是再也看不到鸟儿。整合空间是将源域投射到目标域的产物,是一个杂合概念,本质上是虚拟的,结合了从各输入空间中遴选出的特征。

① 这是基于心理空间的整合理论中采用的术语(Fauconnier,1997;Fauconnier and Turner,1998、2002)。此前(始自Lakoff and Johnson,1980),认知语言学关于隐喻的研究谈论**源域(source domain)**与**目标域(target domain)**之间的**映射关系(mappings)**,并不另设整合空间,不过与此种说法是对等的。

(7)中所唤起的空间与连接大致可表述为图2.9。输入空间的成分包括鸟儿(B)、笼子(C)及观察者(V)。鸟儿位于笼中,可为观察者看到(如虚线箭头所示),但后来飞走了(实线箭头),再也看不到了;目标域空间的成分包括一个想法(T)、一个人的头脑(H)及其"主体"(S)——亦即主观的意识中心(Lakoff,1987)。虚线箭头代表拥有某一想法的经历,主观地发生于头脑之中。尽管图中未做交代,目标场景还包含一个想法随后消失的阶段。各空间之间的连接以虚线表示。如图所示,在鸟儿与想法、笼子与头脑、观察者与意识主体之间分别建立了对接。两空间的内部关系之间同样存在关联(为简化起见,图中未加明示):观望鸟儿被比作拥有想法;鸟儿飞走被比作想法变得不可企及。这些连接构成了隐喻识解的基础。

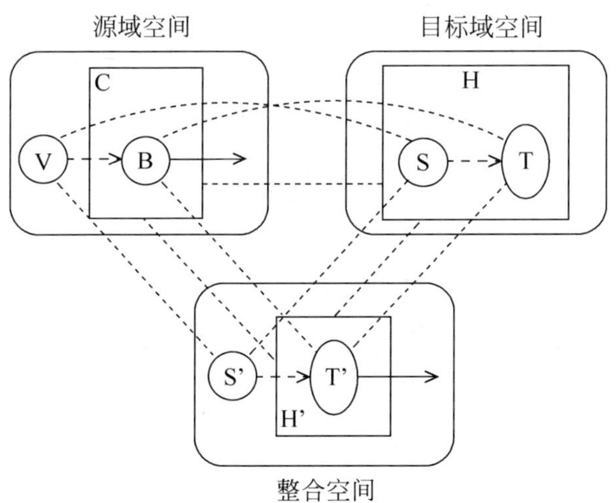

图　2.9

整合空间由其他两个空间融合而成，彼此连接的成分融合成新的杂合实体，但同时保留了自身的部分属性。这些想象性建构体本质上是虚拟的，甚至有点儿异想天开的味道，但这并不意味它们神秘莫测，或是无足轻重。恰恰相反，它们在概念和语言层面均占有举足轻重的位置。图中标记为 T' 的实体整合了想法的抽象本质与鸟儿的物理属性，即其展翅飞翔的能力。H' 表示一个头脑，更确切地说是一个被视作容器的头脑（正如笼子可容纳鸟儿一样）。尽管 S' 依然是一个“主体”（或意识中心），但结合了朝笼中观望 H'、查看内部情况的观察者的特征。整合空间提供了（7）中的主要内容：尽管这一事件带有虚拟色彩，但整合空间内发生的事件正是句子直接描述的情况。

按照 CG 的说法，图 2.9 中的每个空间均可视为一个域，整个空间构造亦然。这些空间是构成表达式概念内容的复杂矩阵的一部分。各空间之间的连接与我们的概括表述是一致的，即矩阵中的各个域以各种方式彼此连接，而非相互独立、毫不相干。连接属于一类特殊的**对应（correspondence）**（由虚线标记），这在 CG 中有诸多体现（FCG1：§2.3.2）。

这个例子提出了一个更大的问题：域是如何与具体的语言表达式关联起来的？上一节讨论的一类关系——即固定表达提供了通达一系列特定域的常规手段——绝非唯一可能的情况。除简单词项（如 glass）外，整体表述还需同时囊括新创表达式与复杂表达式，及其在语境和语篇中的具体解释。

大致而言，域并不依赖任何具体的表达式而存在。域并不确切属于语言，而是可用于语言表达的概念资源，因而特定的域可用于为数众多的表达式。对诸如时空之类的基本域而言，情况显然如此：时间与空间在数不胜数的表达式意义中均有体现，但其认知地位并不依赖任何表达式。对许多基本概念（如人、运动、实物）而言，情况亦是如此。高层概念也在较小层面上体现出域的灵活性。例如，将鸟儿关在笼中的惯常做法同时是有关 bird（鸟）和 cage（笼子）的百科知识的一部分，均可轻易通达，在 birdcage（鸟笼）的意义中更是具有核心地位。再者，这种惯常做法通常用于隐喻表达中，即便并未涉及显性指称时也不例外，如例(7)及图 2.9 中的情况。

简单表达式结合生成复杂表达式时，会发生什么情况？理论上讲，整体表达式的矩阵包孕了其成分的所有域，然而并非成分矩阵的简单合并。一方面，复合表达式本身提供了通达各成分域的独特方式，如 birdcage 的情况。单独来看，将鸟儿关在笼中的概念对于 bird 和 cage 来说均不算边缘性的，在复合词整体的意义中却处于绝对的核心地位。[①] 同理，某些域对其成分而言相当核心（如对 bird 而言，从卵孵化而成；对 cage 而言，动物园），但在 birdcage 中仅可间接通达。此外，复合表达式可能唤起某个特定的域，它在任何成分的意义中均不甚显著。例如，复合词 lipstick（唇彩）涉及女性将彩色物质涂抹于唇上的文化习俗，通常是装在一个小巧的、以塑料或金属包装的圆柱体内，置于手提包中随身携带。这一文化模式不能归结为 stick（条状物）的域矩阵，对于 lip（嘴唇）而言也是无足轻重的（在中性语境中，lip 很少能唤起这一

① 单凭 bird（鸟）或 cage（笼子）均未必能激活这一惯常做法，但 birdcage（鸟笼）几乎肯定会。两个成分彼此强化了各自的这一百科语义特征。

模式)。一个更明显的例子是:'英国士兵'这一概念在 redcoat(18 和 19 世纪的英国兵)的意义中占有核心地位,但在 red(红的)和 coat(大衣)的矩阵中却全然缺失了。同样,(7)中的任何一个词本身均不足以唤起某人朝空鸟笼中窥望的概念——这一概念只能通过整体表达式所促发的概念建构过程浮现出来。

许多域尽管作为意义的基础被唤起,但与成分要素并无常规意义上的关联。这包括说话者对当前语篇语境的把握。假定你在帮我摆放物品,我看到你站在餐具储藏室里,手里拿着几罐番茄酱,一脸的困惑。在这种语境下,我或许可用(8)中的任何一句话来传达本质上相同的信息:

(8) (a) I want you to put the canned tomatoes on the top shelf of the pantry.
(我想让你把罐装番茄放在餐具储藏室的顶层架上。)
(b) Put the tomatoes on the top shelf of the pantry.
(把番茄放在餐具储藏室的顶层架上。)
(c) Put them on the top shelf.
(把它们放在顶层架上。)
(d) Tomatoes, top shelf.
(番茄,顶层架上。)
(e) On the top shelf.
(顶层架上。)
(f) On top.
(顶上。)

我们对于情景语境的共同把握提供了某种概念基底，其中的不同方面获得了显性表达。出于这一基底的存在，即便是再半半截截的表达式也是连贯的、有意义的（的确，前两句属于无谓的啰唆）。我曾对表达式的意义作如下定义：它不仅包括显性成分直接编码的内容，还包括诸多必要的附加结构，以使概念化得以连贯，并反映说话者关于意义与言说的朴素知识（参见§2.1.3）。照此标准，(8)中所有表达式的意义至少均包括(8)(a)中所表达的内容。[①]

这一点与正统观点背道而驰，后者是建立在语言意义与语境化解释的明确区分之上的：表达式的意义仅限于能够从其成分中严格推导出来的（非百科）意义，因而是明晰界定的、自足的、与语境无关的，并具有完全的组合性。因此，类似(8)(d—f)这样半半截截的句子传统上均被略去不提，这绝非偶然，因为只有语境才能使其得以连贯，或提供足够的内容，使之成为概念或交际上有用的资源。然而，这些片段在日常语言使用中不仅属于常态，而且高频出现。再者，从(8)(a—f)来看，就其核心内容中有多大部分是由语境促发的，多大部分是被显性编码的而言，表达式的类型可谓无所不涉。对各类表达式的处理应尽可能做到一视同仁。表达式总是需参照某种实在或假想的语境才能得以理解。只有避免在语言意义与语境化解释之间设立人为界限，才有望对所有语言表达式作出统一处理。

① 即便说(8)中的表达式均含有相同的内容，出于识解因素的作用，其语义也是不等值的。其对立集中体现在整体内容的哪些方面被显性提及，从而相对于默认成分更为突显。

第三章　识解

表达式的意义并不囿于其所激活的概念内容，同等重要的是这一内容以何种方式被识解。象征结构无一例外地以某种方式识解其内容，这构成了其常规意义的一部分。内容可比作一个场景，识解则可比作观察这一场景的特定方式。我们几乎情不自禁地会用到这一视觉隐喻。CG **并不**声称所有的意义均基于空间或视觉感知，[①]这一点是很重要的。不过，视觉隐喻的确提供了对识解的诸多维度加以梳理的思路，即便是仅为阐释之用。在观察某一场景时，我们实际看到什么，取决于我们观察的仔细程度，选取什么作为观察对象，注意力集中在哪些成分上，以及选取什么作为观察的出发点。对于这些宏观的识解现象，我选用的相应名称分别是：**详略度（specificity）**、**聚焦（focusing）**、**突显性（prominence）**及**视角（perspective）**。这些名称对任何域中的概念均是适用的。

① 虽说实际情况如此，不明就里的评论家依然声称 CG 如是主张。就**概念（conception）**与**感知（perception）**确有共通之处而言，我用**“观察”（viewing）**一词兼指两者（GC：第七章）。托勒密（Talmy，1996）则将两者统称为“觉知”（ception）。（CG 系兰艾克（Langacker，1999）的《语法与概念化》（Langacker，R. W. 1999a. *Grammar and Conceptualization*. *Cognitive Linguistics Research 14*. Berlin：Mouton de Gruyter.）（下同）——译注。）

3.1　详略度

识解的一个维度是对情景描述的精细及具体程度。在描述气温时，我可以说"今天很热"，但还可以说——依次更为具体："有90多度""大约95度""确切是95.2度"，等等。同样，aunt（伯母）比relative（亲戚）更具体，large brown rat（大灰鼠）比rodent（啮齿目动物）更具体。其他说法有**"精度"（granularity）**与**"解析度"（resolution）**。一个详略度高的表达式对某一情景作出细致的描述，具有很高的解析度；而详略度低的表达式仅限于对其做粗略描述，低解析度只能反映出其粗略特征与总体组织。

与之相对的说法是**图式度（schematicity）**，因此说relative比aunt更具图式性，rodent比large brown rat更具图式性。一个图式性的描述可为众多的具体描述所**例示（instantiate）**，每个例示均对其所作的粗略表述加以**阐释（elaborate）**。以不同方式、在不同程度上对rodent加以阐释的有rat（老鼠）、large brown rat（大灰鼠）、vole（田鼠）、curious mouse（稀奇的老鼠）、ground squirrel（黄鼠）、ferocious porcupine with sharp quills（凶猛的有尖刺的豪猪），如此以至无穷。阐释关系以实线箭头标记：A→B。表达式通常可排列为阐释等级，如(1)，其中每个表达式相对于其后的表达式均具有图式性。

(1) (a) rodent→rat→large brown rat→large brown rat with halitosis

(啮齿目动物→耗子→大灰鼠→有口臭的大灰鼠)

（b） hot → in the 90s → about 95 degrees → exactly 95.2 degrees

（天热→90 多度→大约 95 度→确切是 95.2 度）

参与阐释关系的既可以是词项，又可以是任意长度的新创表达。在词汇中，这种关系构成了**分类层级(taxonomies)**，即常规识别的**类型**构成的等级，如(2)(a)。包含新创表达的阐释等级还可以由整句构成，如(2)(b)。

（2）（a） thing→object→tool→hammer→claw hammer

（事体→物体→工具→锤子→拔钉锤）

（b） Something happened. → A person perceived a rodent. →A girl saw a porcupine.

（发生了一件事→一个人察觉到一头啮齿目动物→一个女孩看见一头豪猪）

An alert little girl wearing glasses caught a brief glimpse of a ferocious porcupine with sharp quills.

（一个警惕的戴眼镜的小女孩猛然瞥见了一头凶猛的披有尖刺的豪猪）

我们可以将一个表达式描述得尽可能具体，因其在长度上可以不受限制。增加表达式的长度，即可把一个情景描述得更精确、更具体。不过存在着一些实际限制。由于特定表达式在长度上总是有限的，因而其详略度只能是一个程度问题，并且仅仅是相对于整体情景的某些方面而言的。(2)(b)中的句子听起来相当别扭，因为句中各个主要成分的详略度均大致相当。更典型的情况是，表达式体现出图式性描述与具体描述混合的情况，如(3)：[①]

(3) Somebody saw a ferocious porcupine with sharp quills.
(有人看见了一头凶猛的披有尖刺的豪猪。)

同样，词义仅在某些方面是具体的，在其他方面则体现出图式性特征。例如，carnivorous(食肉的)与 nocturnal(夜行的)各自相对于动物行为的一个方面均是具体的，在其他方面则是高度图式性的。动词 crush(挤压)指向一类相当具体的互动，但对所唤起参与者的表述却很含混：一个施事(或能量源)及一个变形的物体。

图式化在认知中占有举足轻重的地位，并反复出现在每个经验领域中。图式的提取无非是对寓于多重经验中的东西加以强化，其共性可在任何详略度上得以浮现。因此，图式应视为**内蕴于(immanent in)**形形色色的例示中，而非独立自主的存在(即便是为分析之便而单独呈现)。就其本质而言，图式充当的是**范畴化(categorize)**功能：通过捕捉先前某些经验中的共性，可将其用于呈现为同一构造的任何新经验中。

图式与阐释关系在语言结构的方方面面均有根本性地位。CG 主张，所有的语言概括均源自更具体结构的图式化。在语义

① 在即兴谈话中，存在着一种强烈倾向：单个小句或"语调单位"(intonation unit)中仅有一个成分引入相当数量的新信息及重要信息(Du Bois，1987；Chafe，1994：第 5 章)。

学中，图式与范畴化关系（或基于阐释，或基于引申）构成了表征多义词项的网络（图 2.2）。在音系学中，图式描述的是“自然范畴”（natural class）（如[VOICELESS STOP]（清塞音））及音位结构模式（如[CCVC]明示一类许可的音节）。表达语法规律的图式具有象征性，各自包含一个语义极与一个音系极。此处图式描述的同样是自然范畴（如动词）与组合模式（如被动式）。最后，图式作为对常规模式的表征，可为判断语言表达式的可接受性提供依据。当表达式与用于其范畴化的图式之间存在阐释（而非引申）关系时，即可将其判为合法。

3.2 聚焦

经由语言表达式，我们可以通达概念世界的特定区域。此处称作“聚焦”（focusing）的识解维度，涉及如何**选取**概念内容用于语言表达，并按广义上描述的（隐喻式的）**前景（foreground）**与**背景（background）**加以排列。[①]

词义的百科观同时阐释了聚焦的两个方面。词项提供了直接通达按中心度（被激活的可能性）排列的一系列认知域（其矩阵）的手段。域的清单代表了可供选择的概念内容。与此同时，处于中心的域相对于更为边缘的域获得了前景化（即更为可及）。聚焦还进而体现词项在用法事件中如何被实际理解。在矩阵的所有域

① 聚焦的这些维度需要统一起来，同时需要注意的是，选定的内容相对于未选定的内容总是前景化了的。此外，突显性的某些表现形式（如侧显）可视为聚焦/前景化的极端情况。

中,特定场合下只有为数不多的域可被激活(图 2.3(b))。这本身即是一种选择。再者,被选定的域可在不同程度上被激活(图 2.8)。高度的激活即构成了一种前景化。

因此,聚焦是一个程度问题。同时,它也是相对于特定的目的、特定的结构维度以及特定的组织层次而言的。在复杂矩阵中,一个处于前景位置的域——因其具有中心地位(极易激活)——在特定场合可能依然处于背景位置(仅被微弱激活)。如前所述,对复合词 lipstick(唇彩)而言,在唇上涂抹颜色这一文化习俗在两个结构组织层次上具有不同地位。在较低层次上,该域并未被 stick(条状物)选定,在 lip(嘴唇)中也处于相当边缘的位置。但在更高层次上,该域处于高度前景化状态,被整体表达式 lipstick 强烈激活。

3.2.1 前景与背景

许多不对称性均可隐喻式地描述为前景-背景(foreground-background)的差别。虽说两者可彼此区分开来,但均反映出认知的一个高度概括的特征。宽泛而论,两者均涉及对某一基准的偏离,涉及调用先前经验(业已确立的情况)解释后续经验的情况。[①] 这种不对称性在感知中的表现之一即所谓的**图形(figure)-背景(ground)**现象。例如,在安静的背景下,突如其来的噪音充当图

① 尽管诸如"前景"(foreground)、"背景"(background)及"基准"(baseline)等概念出自视觉与空间域,其所体现的不对称性很可能在认知加工中存在时间基础。即便是在视觉域中,将某物感知为相对于背景凸现出来,即预设了以背景作为比较基础,从而捕捉到某一对照(FCG1:§3.1)。

形；相对于更为稳定的计算机屏幕，移动的光标则充当图形。其表现之二为范畴化。当范畴化结构在被范畴化的经验中得以识别时，范畴化即告成功。范畴化结构处于背景地位，被视为预先确立的用于评估的基础，本身并非关注的对象；目标则处于意识的前景位置，充当着被观察和评估的结构。

在任何情况下，当一个概念先于另一个概念出现，并在某种意义上促动后者时，我们均可合乎逻辑地谈论前景与背景。在此宽泛意义上，可以说表达式唤起背景信息作为其理解的基础。即便是在一个表述详细的句子中，这种知识也是预设了的，如：I want you to put the canned tomatoes on the top shelf of the pantry（我想让你把这些罐装西红柿放在餐具储藏室的顶层架上）。其默认解释看似显而易见，但首先有赖于我们关于食物储藏及餐具储藏室布局的知识。在缺乏这一背景知识的情况下，我们可能将该句理解为：西红柿要先从罐子里取出再放到架子上，或者罐子应当黏在架子上而不是搁在其表面上。处于更背景地位但同样不可或缺的，是关于我们所经历的物理世界的基本知识（如向上够的经历、物体若无支撑就会掉到地上的知识）。

类似地，隐喻的源域相对于目标域具有某种初始性。源域通常更为具体，或更直接植根于身体经验，它提供了目标域得以观察和理解的概念背景。在此背景下观照目标域，即会生成一个杂合域，或曰整合空间（图 2.9）。我们可以同样确凿地说，源域与目标域共同构成了整合概念得以浮现的背景。整合空间不仅同时继承了源域与目标域的选择性特征，而且是最直接被语言编码的成分。在此意义上，整合空间也被前景化了。在 The thought just flew right out of my head(那个想法刚刚飞出了我的脑袋)这句话中，能够飞翔的仅仅是一个杂合体，一个类似鸟儿的想法。

前景与背景在语篇中有诸多体现(第十三章)。例如，在叙事中，对人物与情节的静态描述充当了背景，使得“故事线索”(story line)(即一系列有界事件)作为某种图形得以凸显(Hopper and Thompson，1980)。沿着另一个轴，我们可以区分说话者作为实际谈论的对象而予以突显的重要内容，与有关该内容的地位及评价的从属性评论。我想到的是类似(4)(a—b)的例子，其中小写体代表这一交际背景化的情况；在音系上，其对应表现是相关短语的弱读及音调的降低。

(4) (a) Victoria would, I think, make a good candidate.
(维多利亚啊，我想，会是一名优秀的候选人的。)
(b) Victoria would make a good candidate, I believe.
(维多利亚会是一名优秀的候选人的，我相信(这一点)。)
(c) I think Victoria would make a good candidate.
(我想维多利亚会是一名优秀的候选人的。)
(d) I definitely anticipate that Victoria would make a good candidate.
(我预料维多利亚肯定会是一名优秀的候选人的。)
(e) Jason stated that Victoria would make a good candidate.
(贾森曾断言维多利亚会是一名优秀的候选人的。)

在句(c)中,我们发现,即便"主句"(main clause)(即在结构上被前景化的成分)也可按这种方式背景化。当主句情景被描述得更为详细时(如(d)),或当其观点是由说话者之外的个体所赋予时(如(e)),便跃居前景位置。

在语篇展开的每一阶段,当前表达式总是以先前表达式为背景得以建构和理解。先前语篇是所谓的**"当前语篇空间"(current discourse space,CDS)**的主要决定因素(同时还有语境与背景知识)。CDS是一个心理空间,包含一切假定为说话者和听话者共享的知识,作为特定时刻语篇生成的基础。在此基础上,后面的每句话均以某种方式对CDS加以更新。例如,在(5)中,说话者A的问题通过引入一个留待考虑的命题("维多利亚同意当候选人"),并预期听话者会对其有效性作出反馈,从而实现了对CDS的更新。这构成了说话者B应答的基础,而其应答又创造了新的CDS,使得C可将话题延续下去。

(5) A:Will Victoria agree to be a candidate?
(维多利亚会同意当候选人吗?)
B:She may not.
(或许不会。)
C:But Stephanie will.
(但斯蒂芬妮会的。)

一如这一语篇片段所表明的情况,对CDS的参照寓于许多语言成分的意义之中。人称代词(如 she)承载了这样的假设:其意指对象是已定的、显著的，且在 CDS 中可唯一认定的（van Hoek，1997）。否定唤起了对被否定项的肯定陈述作为其背景。[①] 由此，说话者 B 对 not 的运用应解释为作用于先前引入的概念，即 agree to be a candidate。but 表明与先前概念形成对照，说话者 C 运用该词，意在将斯蒂芬妮同意当候选人的情况与 B 刚刚引入的维多利亚可能不同意的情况加以对照。

CDS 在各种统称**“信息结构”(information structure)**的现象中也有所体现。信息可分**已知的–新增的(given-new)**，这取决于其是否业已呈现出来；如果是已知信息，有时可隐去不提。尽管“同意当候选人”对说话者 A 而言属新信息，而出现在 A 的问话中，便使其对 B 和 C 而言成为已知信息，因而在后者的回答中可略去不提。表达一个新命题时，对先前已定内容的偏离部分被称为**“焦点”(focus)**。在 C 的话语中，Stephanie 是焦点，因其是命题“有人同意当候选人”（已处于 CDS 中）和“斯蒂芬妮同意当候选人”（C 的省略回答的语境化解释）的差别所在。最后，(5)中的整个序列可识解为指向特定的语篇**话题(topic)**，话题一经建立，即无需再显性提及。例如，从先前陈述中，可能已经明确的情况是：整个语篇片段关涉美国公民自由协会地方分会的下一任主席。

3.2.2 组合

接下来，我们转向个体表达式意义中所蕴含的聚焦现象。大部分表达式在**象征结构上均是复杂的(symbolically complex)**，由

① 没有道理说 My car isn't purple（我的车不是紫色的），除非它是紫色的可能性前面已提及或考虑过。

较小的象征成分累积而成(参见§1.3.1)。例如,lipstick(唇彩)以lip(嘴唇)与stick(条状物)作为其象征成分,因而后者是**成分(component)**象征结构,前者作为有机整体是**复合(composite)**象征结构。同样,make(制造)与-er(**施动者后缀**)是复合表达式maker(制造商)的象征成分。复合结构本身可充当具有更大象征复杂度的表达式的成分结构。lipstick和maker因而是高层复合结构lipstick maker(唇彩制造商)的成分。语言学家称这种层级排列为**"构成要素"(constituency)**,以树形图加以表征(如图1.3)。图3.1给出了lipstick maker的一种树形图。

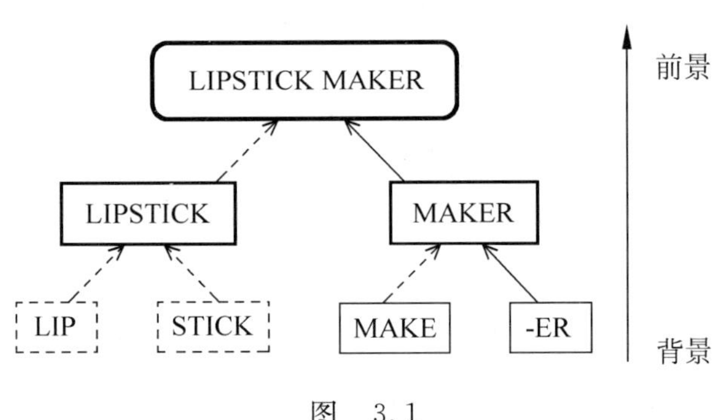

图 3.1

如图所示,成分结构与复合结构之间是一种背景-前景关系,前景化的相对程度此处以线条的粗细来表示。[①] 使用复合表达式lipstick maker时,我们当然会唤起lipstick与maker的个体意义,但并非为唤起而唤起,而是作为"到达"新创复合结构LIPSTICK

① 同样,由于LIPSTICK MAKER'唇彩制造商'属于新创概念,其所在的框盒标记为圆角。连接框盒的虚线及实线箭头表示范畴化关系(分别为引申及阐释关系)。其理据将在第六章展开讨论。

MAKER'唇彩制造商'的一种手段。由于 LIPSTICK'唇彩'与 MAKER'制造商'的概念均获得独立符号化,因而有助于复合概念的生成,它们体现出背景所具有的概念上的优先性。依此类推,概念成分 LIP'嘴唇'与 STICK'条状物'相对于 LIPSTICK 是背景化的,MAKE'制造'与 -ER'**施动者后缀**'相对于 MAKER 而言亦然。当然,存在多重组合层次时,相对于所有低层结构而言,最高层复合结构(此例中为 LIPSTICK 与 MAKER)处于前景化状态。

复合结构体现出不同程度的**可分析性(analyzability)**;即是说,它们在成分结构相对于复合结构的显著性,及其在复合结构的生成中所起的作用上存在差异。新创表达如 lipstick maker 具有完全的可分析性,正是其新创性使然。由于 LIPSTICK MAKER 并非预先包装的概念单位,因而必须基于已获单独符号化的概念 LIPSTICK 与 MAKER 积极建构而成。这使得两者在整体表达式中被高度激活,具有相当的突显性。相反,在固定表达中,复合结构本身构成了一个预先包装的单位,只消被激活即可,无需重新建构。象征成分的识别及其个别意义的提取已显得无关紧要。因此,对于固定表达,可设定不同程度的可分析性,这取决于成分概念在多大程度上可稳定一致并显著地与复合概念一道被通达。例如,maker 似乎比 lipstick 具有更大的可分析性(如图 3.1 中的虚线框盒所示)。这种偏差在 complainer(牢骚满腹的人)、computer(电脑)、propeller(螺旋桨)等例子中体现得淋漓尽致。我们立马就能理解 complainer 指'某个 complain 的人',但 computer 未必可理解为'某种用于 compute 的东西',而 propeller 中的 propel 或许根本无从识别。

表达式的意义如何(在依次更高的组织层次上)与其成分意义联系起来,这称作其**“组合路径”(compositional path)**。图 3.1 粗略勾勒了 lipstick maker 的组合路径。CG 的一个重要主张是:表达式的意义并不限于复合语义结构,还进而包括组合路径,两者处于图形-背景关系之中。虽说复合概念具有第一性,它只能置于所有低层成分语义结构的背景下加以观照。特定成分在这一次要意义维度上所起作用的大小,取决于它在组合路径上与复合结构距离的远近,以及该表达式在各个层次上的可分析度。由于 lipstick 与 maker 充当了 lipstick maker 的**直接成分(immediate constituent)**,因而较为接近复合结构;同时,由于复合结构在该层次上具有完全的可分析性,LIPSTICK 与 MAKER 因而具有较高的显著性。MAKE 与 -ER 在整体表达式中的显著度较低,因其相对于 MAKER 处于背景地位,而 LIP 与 STICK 的显著度又次之,因为 LIPSTICK 的可分析性更低。

为何要在表达式意义的定义中包括其组合路径?一方面,这样做看似合情合理——这是概念组织中一个实实在在的维度,对其忽略不计是毫无道理的。更重要的是,这样做有助于解释一种司空见惯的现象:没有任何两个表达式具有完全相同的意义。一个经典的例子是 pork(猪肉)与 pig meat(猪的肉)。为便于讨论,我们姑且假定其复合语义结构是等同的。然而,两者在语义上并不等值,因为它们是经由不同的组合路径到达这一复合概念的:pork 循的是一条**降级(degenerate)**路径(仅包括复合结构,因为并不存在单独符号化的成分);pig meat 循的则是一条同时囊括 PIG‘猪’与 MEAT‘肉’的路径。由此,两者的语义差别在于,相对于

pork 而言，pig meat 更显著地唤起了成分概念 PIG 与 MEAT。类似的例子不胜枚举。cousin（堂表亲）一词不可分析，因而是从整体上加以观照的，直接激活了特定的亲属关系构造。相反，parent's sibling's child（父母的兄弟姐妹的孩子）则是按部就班地到达同一构造，颇有点儿沿家谱图按图索骥的味道。同理，triangle（三角形）与 three-sided polygon（含三条边的多边形）的意义并不等值，且不论其复合语义结构是否相同。THREE'三'与 ANGLE'角'的概念在两个表达式中均有所体现，但在 TRIANGLE'三角形'中不甚显著，因其可分析性较低。在 three-angled polygon（含三个角的多边形）中，POLYGON'多边形'这一图式性概念获得了单独符号化，因而必然被激活，但在 triangle 中依然隐而不现。还有一点应当明确的是，尽管 three-angled polygon（含三个角的多边形）与 three-sided polygon（含三条边的多边形）指称上具有同一性，语义上却是有别的。

承认了组合路径在语义中所起的作用，我们还可以解释为何**语义异常(semantically anomalous)**（即缺乏连贯的复合结构）的表达式却貌似有意义。以 * four-sided triangle（ * 含四条边的三角形）为例。它在语义上是异常的，因为成分概念 FOUR-SIDED'含四条边的'与 TRIANGLE'三角形'在语义上互不相容；当我们试着按照语法构式说明的方式将其组合起来时，复合语义结构要么是异常的，要么是空泛的（取决于我们如何看待）。然而，该表达式的语义并不空洞：其语义极包含了一条组合路径，涉及有意义的成分按某种构造加以排列。由于其组合路径不尽相同，不同的异常句并不同义。虽说 * four-sided polygon（ * 含四条边的多边形）与

＊four-angled polygon(＊含四个角的多边形)在复合结构层面均缺乏连贯性,其意义依然有别,因其组合路径分别包括不同的成分(SIDE'边'、SIDED'有边的'、FOUR-SIDED'有四条边的'与ANGLE'角'、ANGLED'有角的'、FOUR-ANGLED'有四个角的')。

3.2.3 辖域

除前景化之外,聚焦还包括初步选取概念内容用于语言表达的情况。无论是就一般情况还是具体场合而言,选择的一个方面涉及表达式通达一系列认知域的方式,另一个方面涉及某一表达式在所通达域中的"覆盖面"(coverage),即实际激活并调用了这些域的哪些部分,作为其意义的基础。在其矩阵内的每个域中,表达式均有一个**辖域(scope)**,涉及它在该域中的覆盖面。[①]

辖域具有明显的认知基础:在任一时刻,我们的心智所能容纳的成分是极其有限的。例如,我们的视觉器官限制了我们在任一时刻所能看到的东西。在经验上,我们有一个高度受限的"观察框"(viewing frame)——视野,它框定了我们"向外看"世界时视觉所能容纳的东西。在任一时刻,周围空间仅有有限的部分落入我们的视野。在其他经验领域,我们也可发现类似的限制。相对于其所唤起的每个域而言,表达式的辖域是寓于其理解的主观注意框中的概念内容。

辖域总是**有界的(bounded)**,这是就其仅能作有限延伸这一抽象意义而言的。诸如glass(玻璃杯)这样的词唤起了空间域对其

① 完全覆盖的情况(即辖域与域具有相同范围)作为特例也是容许的。

典型形状加以明示。承载这一形状概念需要一定的空间范围,这一空间辖域应足以支撑其表征,但不至涵盖整个宇宙。同样,对一个事件(如 stumble(蹒跚而行))加以概念化时,要求我们在心理上通达一定的时间。这一时间辖域应足以囊括整个事件的发生,但不至趋于永恒。再如,cousin(堂表亲)唤起了一个涉及亲属关系网络的非基本域,尽管该网络可朝任意方向无限延伸,取其一点便足以对 cousin 关系加以概念化。

划界(在此种抽象意义上)并不意味着辖域的边界是客观可感的。边界可能仅仅是隐性地由主观观察框所赋,也不必精确之极。的确,我们的主观观察框在大小上是恒定的,但可以导向观察领域中的几乎任何区域。主观上讲,我们的视野大小是固定的(试着放大它!),然而,通过距离调整,即可大大修正其所划定的周围环境。比起近处欣赏一幅画,眺望远处的山脉时,我们的视野更为开阔。这种不因辖域而移的主观恒定性在语言上具有重要意义。正因如此,同一表达式通常可适用于在**任何**比例上观察到的情景。X is close to Y(X 靠近 Y)用于描述两个神经元、两个城市或是两个星系之间的距离都是恰如其分的。对于 horse(马)一词,我们不仅可将其用于标准体型的马科动物,同样可用于小型玩具马,或是由一座山斧凿而成的巨型马雕。实际情况并非仅仅感知其相同形状,而忽视尺寸上的巨大差异;相对于主观的观察框(抑或视野,抑或其概念对应物),事实上它们可能尺寸相当。

我们之所以可在同一框架下进行组合选择与前景化(聚焦),乃是因辖域(属于选择问题)本身可按前景-背景的方式加以排列。有时,在表达式的某个域中,需要区分**最大辖域(maximal scope)**

（即其最大覆盖面）与有限的**直接辖域（immediate scope）**（即与特定目的直接相关的部分）。因此，直接辖域相对于最大辖域是前景化了的。我们可将其隐喻性地描述为“台上区域”（onstage region），即观察注意的宏观区域。

以 elbow（肘）一词为例。很明显，其所选择的辖域之一——在其矩阵中具有中心性——是人体的概念。① 但同样明显的是，elbow 并非直接参照人体这一不加区分的整体来描述的。身体有其主要构成部分，其中包括胳膊，肘首先是胳膊的一部分。在对肘加以概念化时，胳膊这一概念尤为直接相关（“位于台上”（onstage））。存在着一个概念等级，其中“身体”在“胳膊”中直接体现出来，“胳膊”又在“肘”中得以直接体现，但“身体”在“肘”中仅有间接体现（通过“胳膊”）。由此，对于 elbow 而言，可以说“身体”充当着最大辖域，“胳膊”则充当着直接辖域。如图 3.2(a)所示。

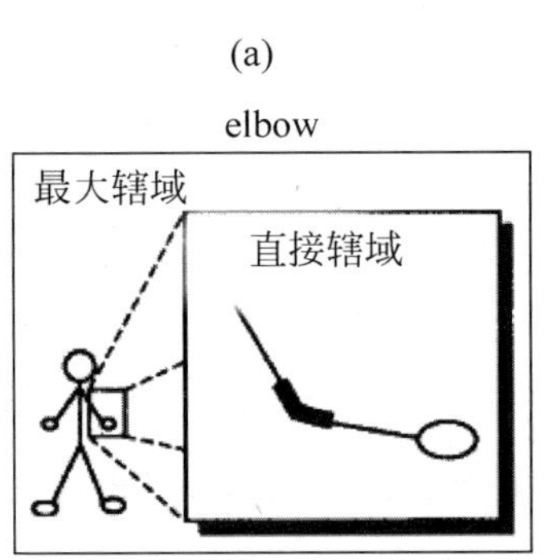

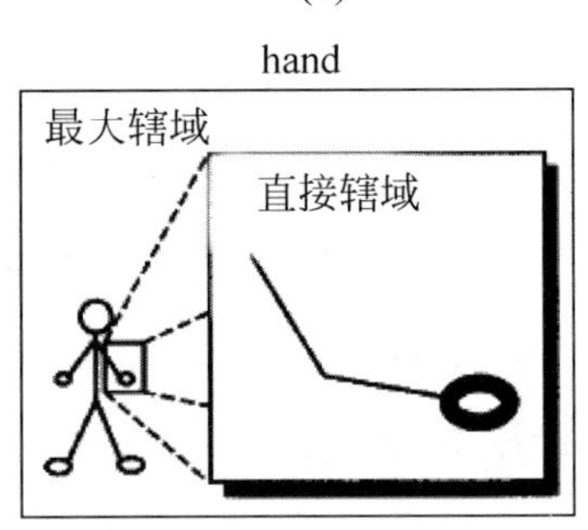

图 3.2

最大辖域与直接辖域的区分，在包含连续的整体-部分关系的

① 语言学家因而将此类表达式称之为“身体部位名称”（body-part terms）。

等级中具有举足轻重的作用。身体部位概念可谓最明显的例子，但其他经验领域中也不乏类似的等级：

(6) (a) body＞arm＞hand＞finger＞knuckle

(身体＞胳膊＞手＞手指＞指关节)

(b) body＞head＞face＞eye＞pupil

(身体＞头＞脸＞眼睛＞瞳孔)

(c) house＞door＞hinge＞screw

(房子＞门＞铰链＞螺丝)

(d) car＞motor＞piston＞ring

(轿车＞发动机＞活塞＞环)

这类等级的一个明显特征是：每一部分均充当了整个序列中下一名称的直接辖域。因而 elbow 的概念构成了 hand(手)的直接辖域(图 3.2(b))，hand 构成了 finger(手指)的直接辖域，finger 则构成了 knuckle(指关节)的直接辖域。这种排列可通过图 3.3(a)抽象体现出来，其中 MS 与 IS 分别代表最大辖域与直接辖域，粗线标记的框盒代表了每个后续表达式指向的实体(其显面)。表示对应的虚线将每个表达式指向的实体等同于下一个表达式的直接辖域。因此，每个名称的矩阵均涵盖了等级中前面所有名称的重要内容，其结果是一系列连续内嵌的辖域分层排列，如图中关于“部分$_3$”的图解。对于特定表达式而言，内嵌程度与前景化及心理可及度呈正相关。例如，knuckle 为 finger 提供了直接的心理通路(充当其直接辖域)，finger 又激活了 hand，不一而足。手指、手、胳膊及整个身体的概念均在 knuckle 的意义中有所反映，但依次处于更为背景的位置。

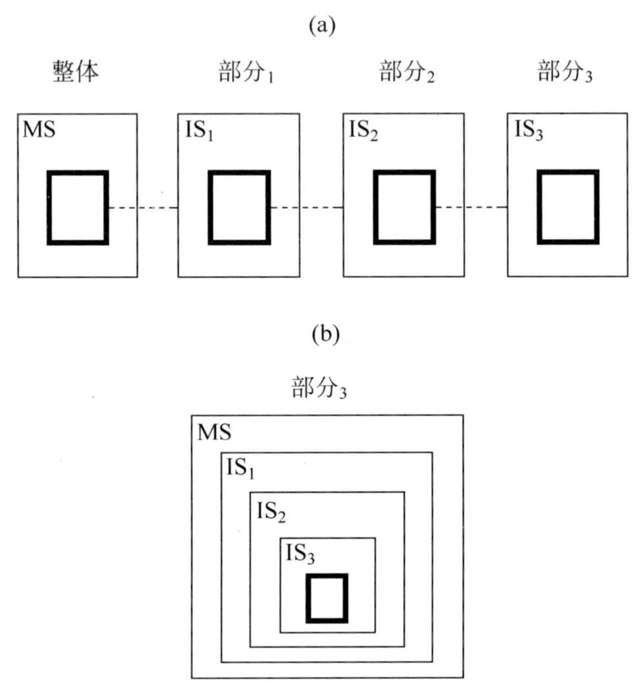

MS= maximal scope(最大辖域); IS= immediate scope(直接辖域)

图 3.3

这种分层在语言中有众多表现。兹举一例：部分通常可由复合词来标记，如 fingertip（手指头）、ear lobe（耳垂）、eyeball（眼球）、toenail（脚趾甲）、bellybutton（肚脐）、kneecap（膝盖）、thigh bone（大腿骨）、door knob（门把手）、window pane（窗棂）、toilet seat（坐便）、piston ring（活塞环），诸如此类。这些复合词的一个显著特征是：成分名词代表整体-部分等级中的相邻层次。具体而言，第一个成分所指向的实体同时构成了第二个成分和复合表达式的直接辖域。例如，toilet(厕所)的所指同时构成了解释 seat(座位)和 toilet seat(坐便)的直接辖域。跳过中间层级通常会导致表达式不可接受。因而我们可以说 door hinge(门铰链)或 hinge screw(铰链螺丝)，但同一实体很难被形容为 * house hinge(房铰链)或 * door screw(门螺丝)。作为 fingernail(手指甲)、eyelash(眼睫毛)及 shoulder blade(肩胛骨)的另一种说法，* armnail(胳膊甲)、* facelash(脸睫毛)及 * body blade(体胛骨)等复合词均是说不通的。

最大辖域与直接辖域的区分并不限于整体-部分等级。一个截然不同的例子是指称有界事件的动词(如 examine(检查))与其对应的进行体(be examining)(通过添加 be...-ing 构成)之间的对立。此处关键的域是时间，在图 3.4 中以标记为 t 的箭头表示。

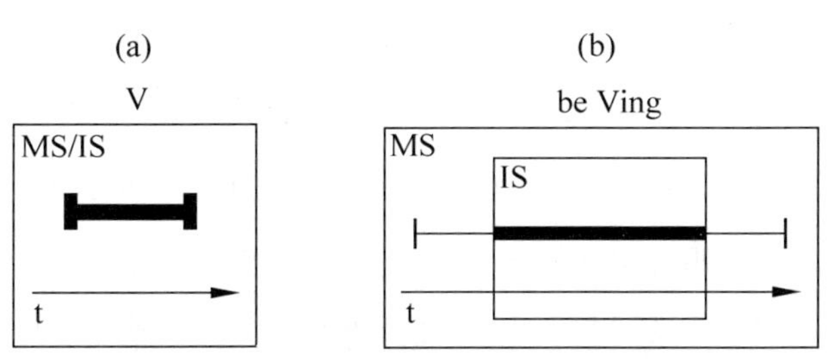

图　3.4

对于动词(V)本身而言，并无理由区分最大辖域与直接辖域，因而图(a)中划定时间辖域的框盒同时被标记为 MS/IS。粗线代表动词指向的事件类型，可观察到其随时间的进展情况。整个有界事件(包括其终端)出现在时间辖域的“台上区域”，图(b)表明的是添加进行体的效果。进行体的意义在于其加在动词所提供的内容之上的识解。具体来讲，它实施"镜头推进"(zoom in)策略并施加有限的直接辖域，而排除了有界事件的终端。因此，复合表达式 be Ving 在时间域中兼有最大辖域与直接辖域：其最大辖域涵盖整个有界事件，其中仅有某些内部区域落入直接辖域内。由于直接辖域被前景化，整体事件中仅有这一台上部分在复合表达式的所指中凸现出来。She examined it(她检查过它了)指向的是一个完整的检查行为，并说明该行为发生在过去。相比之下，She was examining it(她当时正在检查它)仅表明这一行为当时正在进行中。

3.3 突显性

语言结构呈现出的众多不对称性，均可合情合理地看作突显问题。**"突显性"(prominence)**与**"显著性"(salience)**这对概念(此处可换用)并非一目了然。由于同一事物可在诸多不同方面呈现出显著性，仅作如此描述是不充分的，不过是作为分析的起点。

突显性有哪些维度呢？聚焦显然属于这一范畴，因为但凡被选定之物，相对于未选定之物均具有突显性；前景相对于背景具有突显性。在范畴内部，典型成员相对于各个引申成员具有更大突显性。① 相对于其他经验域而言，空间与视觉域具有优先的认知地位。概括而言，显著性体现了某种内在的不一致性。这在各种对立的成

① 同样，在分类等级中，较之于**下位范畴(subordinate category)**(如 claw hammer(拔钉锤))或**上位范畴(superordinate category)**(tool(工具))，**基本层次范畴(basic level category)**(hammer(锤子))具有更大的认知显著性(Taylor，2004：§ 3.3)。

员间体现得尤为明晰。如具体-抽象、真实-虚构、显性-隐性，不一而足。这些不对称性是否可置于同一概念之下，这并无关紧要；重要的是对其作出恰当区分，并断定哪些在特定现象中有所反映。

这里主要关注两种特殊的突显性：**侧显(profiling)**与**射体-界标联结(trajector/landmark alignment)**。两个概念并不对等，但不乏相似之处，均涉及注意力的聚焦（一种高度的前景化）。从语义上讲，两者均有设定的必要性；在语法描写中，两者同样是不可或缺的。

3.3.1　侧显

一个表达式选择一定范围的概念内容作为其意义基础，权且称之为**"概念基体"(conceptual base)**。广义上讲，一个表达式的概念基体(base)是其矩阵中所有域（或在某一场合通达的所有域）的最大辖域。狭义上讲，概念基体是一个表达式中活跃域的直接辖域，即置于"台上"(onstage)作为宏观的观察注意场加以前景化的部分。在台上区域内部，观察者的注意力指向特定的次结构，称为**"显面"(profile)**。因此，表达式的显面在直接辖域中作为具体的注意**焦点(focus)**凸现出来。① 显面也可描述为表达式在基体中所指向或指称的内容（其概念所指）。

以 elbow(肘)为例。如图 3.2(a)所示，相对于空间构造而言，其最大辖域为整个人体形状。② 在其内部，胳膊的概念被置于台

① 直接辖域与最大辖域未必是彼此分离的（参见图 3.4）。

② 在 elbow(肘)的矩阵中，空间与时间构造未必是唯一的域，但显然具有高度的中心性。需要强调的是，此处所作的语义描述并不声称具有穷尽性，不过是对所讨论现象的一种阐释而已。

上作为直接辖域,或宏观的注意场。在直接辖域内部,表达式挑选出特定的次结构作为其显面或所指。显面(图中以粗线标记)是台上区域内的具体注意场。

对 elbow 与 hand(手)加以比较(如图 3.2(b)所示)就会发现,两者的最大辖域与直接辖域相同,但显面有所不同。事实上,一个司空见惯的现象,即是两个或多个表达式激活了同一概念内容,但因突显这一基体的不同次结构而造就了不同的意义。例如,Monday(周一)、Tuesday(周二)、Wednesday(周三)均激活构成一周的七天周期这一概念作为其基体,但侧显的是不同的部分。同样,如图 3.5 所示,轮子的概念充当了 hub(轮毂)、spoke(轮辐)与 rim(轮辋)的基体,但三者语义各不相同,因其指向轮子的不同部分。当然,轮子侧显的是整个构造。

(a)

hub

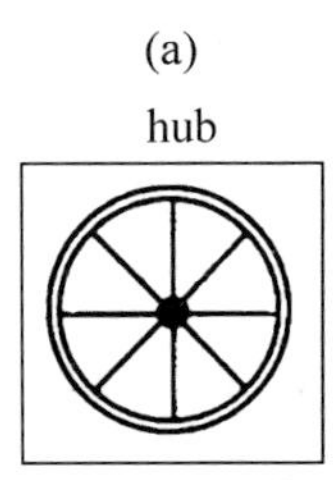

(b)

spoke

(c)

rim

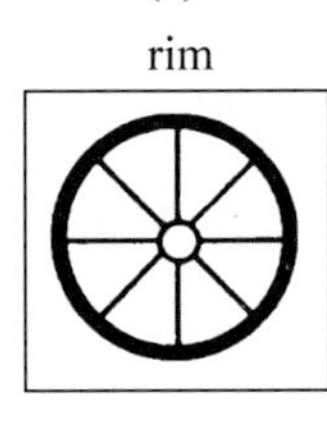

(d)

wheel

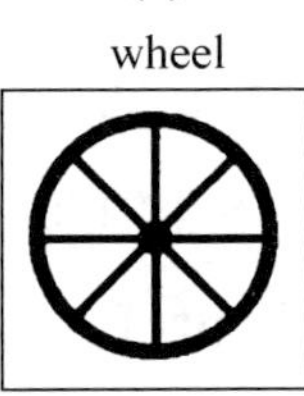

图 3.5

一个表达式侧显的可以是**事体(thing)**,也可以是**关系(relationship)**。[①] 目前所举之例侧显的均是事体,尽管关系也可能囊括在其基体中(典型的如整体-部分关系)。的确,即便是侧显

---

① 这一概念区分至关重要,将在第四章展开讨论。暂且只需注意到,对这些概念的定义是相当抽象的(因而事体并不限于实物,关系也未必涉及多个参与者)。

事体的表达式,也往往唤起某一关系作为其核心概念内容。一个典型的例子是亲属称谓,如 aunt(伯母)(如图 3.6 所示)。这一词项的主要内容是一位女性与某一参照个体(reference individual,R)(前者相对于它而成其为伯母)之间的关系。对该女性加以描述的关键之处正在于这一关系。然而,aunt 并不侧显这一关系,而是借其得以认定的实体——尽管它被描述为一个 female relative(女性亲属),但其所指是一个人。这里需要注意的是,对显面的界定标准并非最重要或最独特的内容,而是表达式指向的实体,即其在所唤起内容中的所指对象。

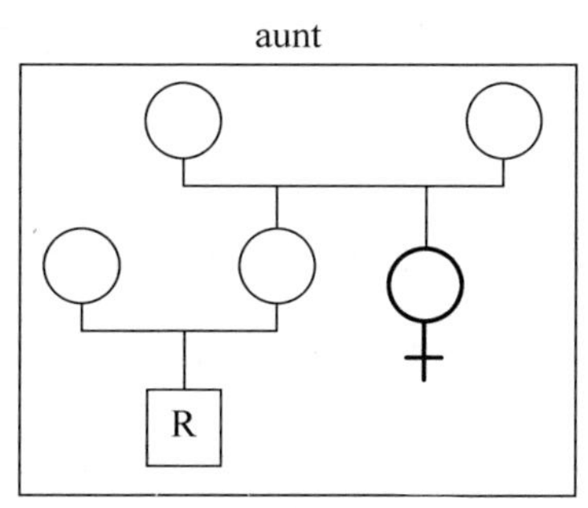

R = reference individual(参照个体)

图 3.6

必不可少地唤起某一关系,有别于实际对其加以侧显,这一差别在图 3.7 中有所交代。四个表达式均唤起了核心亲属关系的概念(涉及生殖的一个实例)。它们在语义上并不等值,这源于将不同显面加在同一基体之上。parent(父母)和 child(孩子)(从后代意义上说)与 aunt 类似,因各自侧显的均是在关系中扮演着重要角色的事体。这一关系并未获得侧显,因为 parent 或 child 指称的是人而非关系。不过,在复合表达式 have a parent(有父母)或

have a child(有孩子)中,这一关系是侧显了的。两者指向的是关系本身,一个随时间推移得以延续的稳定关系。have a parent 与 have a child 的语义对立在于,两者在方向性上背道而驰,分别将该关系描述为始自其所指亲属称谓的参照个体。①

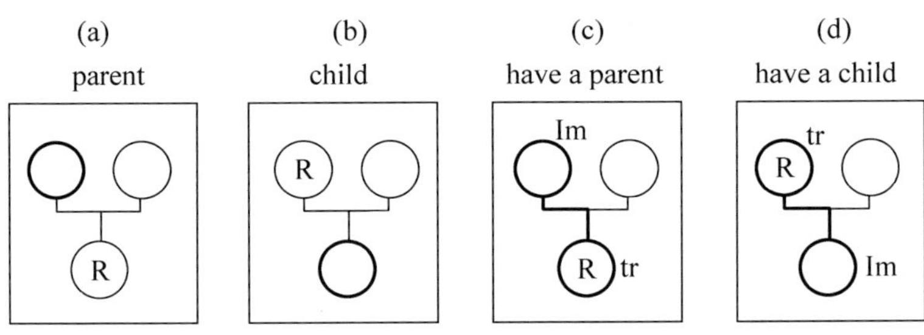

tr = trajector(射体); lm = landmark(界标); R = reference individual(参照个体)

图 3.7

虽说 have a parent 与 have a child 在方向性上背道而驰,其显面并无不同之处。一个表达式的显面即是其所指,这里所描述的关系在指称上具有同一性,不受心理通达方向的限制。不过颇为常见的是,侧显关系的表达式(同侧显事体的表达式一样)尽管含有相同的概念基体,但因侧显基体的不同方面而呈现语义上的差别。语法方面的例子如动词与相应的进行体的对立(如 examine 与 be examining),如图 3.4 所示。该动词指向一个完整的有界事件,而其进行体(在不改变总体内容的前提下)仅从该事件中抽取任一内在部分作为侧显对象。词汇方面的例子如 come (来)与 arrive(来到)的对立,如图 3.8 所示。两个动词均唤起某

① tr 与 lm 分别表示 **trajector(射体)**与 **landmark(界标)**,随后将会谈到。对射体的选择是造成方向性差异的原因。

(a)
come

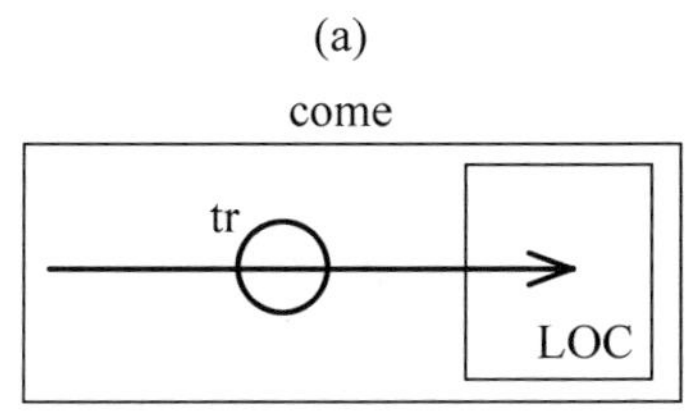

(b)
arrive

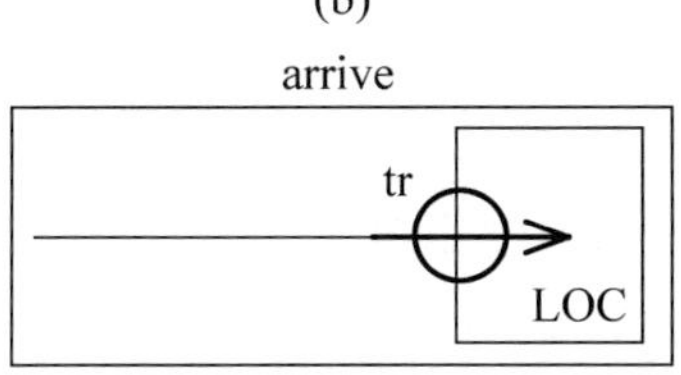

tr = tracjetor(射体); LOC = loction(地点)

图　3.8

一事体（以圆表示）沿空间路径（以箭头表示）移至终态处所（LOC）的概念。同时，两者均唤起某种关系，即一个移动者随时间推移依次占据路径上的所有位置。两者的意义差别仅在于，come 侧显整个运动事件，移动者穿越了整条路径；而 arrive 仅仅指向其中一个片段，即移动者最终到达目的地。

侧显在所谓的**"转喻"(metonymy)**概念中具有突出地位。转喻可谓无处不在。狭义上，可将其描述为一种显面转移。例如，一个对侍者说出(7)(a)的顾客并非称自己是一种意大利点心。虽然这是提拉米苏通常的所指，但在餐馆语境下，其显面即从点心转移至点点心的人。同样，在(7)(b)中，电话簿中缺失的并非那位著名的高尔夫球手本人，而是其名字、地址及电话号码。Tiger Woods(泰格·伍兹)的显面从其人转移至与其相关的信息(或有关其书面记录)：

(7) (a) I'm the tiramisu.
(我是提拉米苏。)
(b) She couldn't find Tiger Woods in the phone book.
(她在电话簿里找不到泰格·伍兹。)

负责调节显面转移的是在两个实体间建立某种关联的认知域:关于顾客点菜的餐馆场景,或关于电话簿用处的知识。由此,更确切地讲,转喻可看作这样一种情况:在某个域中,一个常规侧显某一实体的表达式,转而用于侧显与之相关的另一实体。

单个表达式可作为数众多的转喻引申,反映出不同的关联方式。[①] 例如,通常情况下,Miró(米罗)被理解为指称某个人,如例(8)(a)。由于米罗身为著名的艺术家,指称其人往往会唤起其作品的概念,以及作为艺术家代表作的画展或书等更为复杂的概念。在这些域的调控下,Miró 在(8)(b-d)中分别可转喻式地理解为一件艺术品、一部作品集或一本书。

(8) (a) Miró died in 1983.
(米罗于 1983 年逝世。)
(b) She bought an original Miró.
(她买到了原版的米罗。)
(c) Miró is in Gallery B, at the end of this corridor.
(米罗在 B 展厅,在这条走廊的尽头。)
(d) Miró is at the bottom of the stack, right under Tamayo.
(米罗在这一摞的底部,就在塔马约下面。)

转喻存在多种常规模式,如从艺术家到艺术品的引申关系。

① 转喻基于的是单域中的联想关系;隐喻则有所不同,涉及双域(源域与目标域)间的抽象共性。

这种模式具有能产性。倘若泰格·伍兹不再打高尔夫球，而改行从事雕塑，我们即可用 This is Tiger Woods（这是泰格·伍兹）来指称其雕塑作品。转喻通常构成了多义性的一个来源。当一个具体的转喻用法得以固化并约定俗成时，多义现象就产生了。因而 church（教堂）既可凸显用于宗教集会的建筑物，又可凸显在这种建筑物内集会的宗教组织。

(9) (a) They built a new church just out of town.

(他们就在城边上建了一座新教堂。)

(b) The church he belongs to has very odd beliefs.

(他所在的教会有着怪异的信仰。)

尽管转喻的常规例子涉及事体，但在侧显关系的表达式中也可见一斑。以 come 的如下两种用法为例：

(10) (a) They came all the way from Los Angeles.

(他们从洛杉矶远道而来。)

(b) He came at precisely 7:45 PM.

(他晚上 7 点 45 分准时来了。)

在(10)(a)中，come 侧显沿某一空间路径移动的整个事件，如图 3.8(a)所示。但在(10)(b)中仅指向到达目的地这一最后阶段（这就使其类似于图 3.8(b)中的 arrive）。因其侧显同一基体中的不同次结构，两个义项之间存在转喻关联；又因两者均已约定俗成，因而 come 具有多义性。

意义的差异可来自于在同一概念基体中选取不同显面，我们已经看到许多这方面的例子。由于其内容大致对等，这些语义对立因而是一个识解问题——尤其是将注意力导向某一事物或关系，从而将其挑选出来作为某一表达式的概念所指。然而，侧显并非唯一与注意焦点相关的描写机制。不难发现，某些表达式虽有相同的概念基体，并凸显基体中的同一关系，但语义依然有别。因此我们需另设一个概念，对关系表达式的意义加以恰当区分，这就是**射体-界标联结(trajector/landmark alignment)**，是突显性的另一种形式。

3.3.2 射体-界标联结

当某个关系被侧显时，其参与者可被赋予不同的突显度。最为突显的参与者称为**“射体”(trajector, tr)**，是识解为被定位、被评价或被描述的实体。射体可映象式地描述为所侧显关系中的**首要焦点(primary focus)**，通常还需有一个次要参与者作为**次要焦点(secondary focus)**加以凸显。倘若存在，则可称之为**“界标”(landmark, lm)**。不同表达式可具有相同的内容，并侧显同一关系，但因射体与界标的选取有别而呈现语义上的差异。[①]

介词 above(在……上方)与 below(在……下方)的差别即在于此。显然，两者并非同义，但其语义差别何在呢？两者具有相同

---

① 在早期论著中，我将射体与界标看作包含在每个关系表达式中，并定义为承载所侧显关系的实体(FCG1：§6.3)。照此定义，射体或界标未必彼此分离，也无需具有独立的显著性。如今我对这些名称有所保留，仅将其用于具有焦点突显的实体。

的内容，均表明两个事体的相对空间位置，主要是相对于垂直轴而言的。此外，如图 3.9 所示，两者侧显的关系也毫无二致：在指称上，X above Y(X 在 Y 上方)与 Y below X(Y 在 X 下方)涉及的是同一关系。其语义差异只能归结为对关系参与者赋予的突显度问题。我们用 X above Y 来确定 X 的位置(处于高位的参与者)，用 Y below X 对 Y 加以定位(处于低位的参与者)。由此，两种情况下，X 与 Y 分别充当射体，另一参与者则充当为其定位的空间界标。这种射体-界标联结的差异是一个识解问题，是 above 与 below 语义差别的唯一来源。

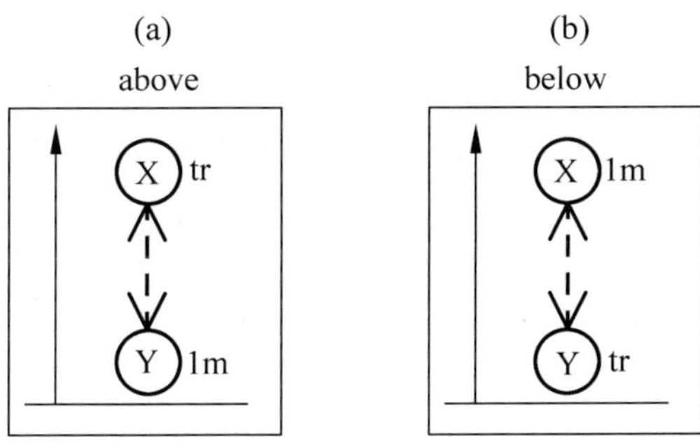

tr = trajector(射体); lm = landmark(界标)

图　3.9

如果说 above 与 below 的差别在于射体(即被定位或评价的实体)的选取上，语篇语境有时应可决定选用哪个介词。下面的例子可表明我们的预测是成立的：

(11) (a) Where is the lamp?

(吊灯在哪儿?)

(i) The lamp (**tr**) is above the table (**lm**).

(吊灯(**射体**)在桌子(**界标**)上方。)

(ii) * The table (**tr**) is below the lamp (**lm**).

(* 桌子(**射体**)在吊灯(**界标**)下方。)

(b) Where is the table?

(桌子在哪儿?)

(i) The table (**tr**) is below the lamp (**lm**).

(桌子(**射体**)在吊灯(**界标**)下方。)

(ii) * The lamp (**tr**) is above the table (**lm**).

(* 吊灯(**射体**)在桌子(**界标**)上方。)

(11)(a)中的问题表明,吊灯被解释为被定位的实体。在此背景下,只有当 the lamp 充当射体(如应答(i))而非界标(如应答(ii))时,回答才是恰如其分的;在(11)(b)中,当桌子充当被定位的实体时,这些判断自然就发生了逆转。

许多关系表达式仅有一个焦点参与者。默认情况下,唯一的焦点参与者必须是首要焦点参与者,这就意味着它只能充当射体。对于 come 与 arrive 这样的动词而言,移动者具备这种地位(图 3.8)。其所侧显的为移动者移经空间的情形,显然涉及射体依次占据一系列处所的情况。尽管这些连续的处所支撑着空间移位概念,却依然处于背景位置,并未作为聚焦成分凸现出来。[①] 因此,这些动

① 即是说,处所仅被看作运动发生的空间介质的一部分。尽管终态处所(作为目标)具有一定的突显性,但依然不具备界标的焦点突显,因此通常不加表达(They finally came(他们终于来了);we just arrived(我们刚到))。

词有射体而无界标。

射体无需是移动者(移动者也无需是射体),认识到这一点很重要。对射体与界标的定义依据的是首要与次要**焦点突显(focal prominence)**,而非任何具体的语义角色或概念内容。这些概念因而适用于任何认知域。这一点从非运动表达式如 have a parent 与 have a child 可见一斑,如图 3.7 所示。尽管两者均侧显同一关系——一个静态、抽象的关系,但却存在语义之别。这源于其射体-界标联结的对立:have a parent 描述的是孩子,have a child 描述的则是父母。我们还可进而注意到,焦点突显并不限于事体,关系同样可作为射体或界标加以聚焦。例如,在(12)中,before(在……之前)与 after(在……之后)侧显的是两个事件的时间前后关系,因而事件是其关系参与者;但由于它们是以限定小句的形式表达的,因而本身即是关系表达式:

(12) (a) The other guests all left before we arrived.
(我们到之前,其他客人悉已离开。)
(b) We arrived after the other guests all left.
(其他客人悉已离开后,我们到了。)

在图 3.10 中,我们再次看到,before 与 after 指向的关系在指称上是同一的。其语义对立在于对射体与界标的选取上,而不在于内容或突显。

作为对突显性论述的收尾,我们不妨思考一下:突显性来自何处?倘若特定成分具有显著性,或为显面,或为焦点参与者,那么

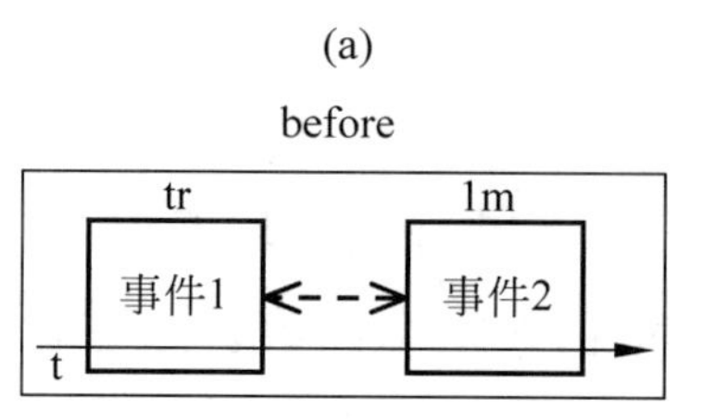

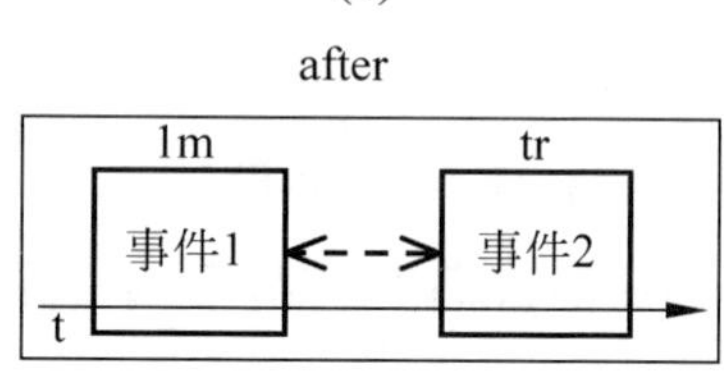

tr = trajector(射体); lm = landmark(界标)

图 3.10

其显著性究竟何在？它并不存在于外部世界中。环顾周遭，我们并看不到某些物体的边界带有粗线标记，用于表明其射体地位，也不存在任何事物内在地充当射体或界标。同识解的其他维度一样，突显性是一个概念现象，植根于我们对世界的把握中，而非存在于世界本身中。① 然而，单单承认其概念本质是不够的。即便在概念层面，我们的内心世界之物也并不内在地充当显面、射体或界标。它们具体涉及的是作为语言表达式的意义而唤起的概念化。一个实体具有多大突显性——是充当显面、射体，还是界标，抑或三者皆非——取决于根据所调用语言成分的常规语义特征而施加的识解方式。

以 The lamp is above the table(吊灯在桌子上方)为例。吊灯的射体地位仅仅是由该情景的语言表达方式造就的。它表明说话者意在谈论的是吊灯的位置，因而采用 above 一词，将首要焦点赋予垂直维度上更高的实体。然而，并无任何因素迫使说话者按此

① 这并非意在否认，世界自身施加了某种特殊的方式，由此我们在对其把握方式上存在某种限制及偏好。出于语言目的而唤起的概念化，同样受到常规的概念化模式的限制，并体现出某种偏好。然而，我们具有相当的概念灵活性，因而每一层次的偏好均可轻易被压倒。

种方式识解与描述该情景。在另一语篇语境中(如在谈论特定一张桌子时),说话者可能会说 The table is below the lamp(桌子在吊灯下方),此处该吊灯仅仅充当界标的角色。

重要的是,这种突显性存在于结构组织的特定层次上。当我们将成分依次组合而成更大的表达式时,每一层次的复合结构有其自身的显面;倘若该表达式侧显某种关系,则有其自身的射体-界标联结。例如,就其本身来讲,table 侧显某一事体,the table 亦然。但在更高结构层次上,above the table 侧显某种空间关系。只有及至这一层次时,the table 才充当界标。在更高层次上,介词短语修饰名词,后者将自身的显面加在复合表达式之上:the lamp above the table(桌子上方的吊灯)侧显吊灯,而非桌子或 above 表示的关系。由此,整个名词词组可用作主语或宾语,如在 She detests the lamp above the table(她讨厌桌子上方那盏吊灯)中即是如此。在句子层面,所侧显的关系为 detest(而非 above),其射体为 she,界标为吊灯(而非桌子)。总之,象征集合中的每个结构均赋予了自身的焦点,因而在某一结构中处于焦点位置的实体,在另一结构中无须具有同样的显著性。

3.4　视角

如果说概念化(在隐喻意义上)涉及对某一场景的观察,视角则构成了**观察格局(viewing arrangement)**,其最显著的一面在于所持的视点。**动态性(dynamicity)**也可归入视角的名下,涉及概念化如何沿加工时间展开。

3.4.1 观察格局

观察格局(viewing arrangement)指观察者与观察对象之间的关系。就我们所谈论的目的而言,观察者是对语言表达式的意义加以把握的概念化主体,即言者与听者。

在日常谈话互动中,通常预设了一个具有近乎默认地位的特殊观察格局,除非另行说明。在默认格局中,交际双方共处某一固定场所,观察和描述周围实际发生的情况。在语言学家杜撰的供阐释之用的例句中,如 The lamp is above the table(吊灯在桌子上方)或 John kissed Mary(约翰吻了玛丽),隐性唤起的即是此种默认格局。

正因其具有默认地位,这种格局通常无法为我们察觉到。虽然我们视其为理所当然,默认格局却是概念基底的重要组成部分。概念基底不仅支撑着表达式的意义,还对其形式起着塑造作用。当考虑各种偏离情况时,默认格局即变得更为明晰,因而时可注意到由此发生的形式和意义上的改变。最明显的莫过于实施某一行为而非简单描述的例子,如询问与命令:

(13) (a) Is the lamp above the table?

(吊灯在桌子上方吗?)

(b) Kiss her!

(吻她!)

在语义上,这些句子并不报道发生的情况,而是构成了一类特殊的言者-听者互动，传统上称之为**“言语行为”(speech act)**。这一特殊意义有单独的形式加以标记（涉及词序、音调和/或显性主语）。然而，不仅仅是“特殊”句型如疑问句、祈使句蕴含其形式所标记的言语行为，简单描述同样代表了一类言者-听者互动，基本陈述句（在缺乏特殊标记的情况下）即可视为一种标记手段。[①] 对于此种标记，我们往往漠然置之，仅仅因其反映了默认的观察格局。对于这一格局而言，零位标记既合乎自然，又具有象似性（Haiman，1985）。

只消比照一下非基本观察格局就会发现，默认观察格局实际上不过是一种特例。首先，我们所描述的相当一部分现象并未实际发生或成其为真。我们所说的很多情况不曾发生过，将来也未必会发生。我们可以毫不费力地唤起假想的情景，并追踪其发展进程，即便我们明知为假（如 If you had asked for directions we wouldn't have gotten lost（你要是问了路，我们就不会迷路了））。此外，我们还能指称形形色色的虚拟的、虚构的、整合的、抽象的和（或）内在矛盾的实体（every flea（每只跳蚤）、Santa Claus（圣诞老人）、pet rock（宠物石）、compassionate conservative（富于同情心的保守派）、four-sided triangle（四边三角形）、the square root of minus one（负一的平方根）、the last digit in the decimal expansion of pi（圆周率小数点后的最后一位数字）。

与之大不相同的是对默认格局的偏离情况，这与观察者的相

① 简单描述通称“断言”(assertion)（但带有误导性）。我们注意到，询问、命令及断言不过代表了疑问句、祈使句及陈述句型（作为形式来看）的典型意义。同样的形式可用于其他言语行为，而同一言语行为也可以其他方式来表达。（参见 § 13.2.3）

对位置有关。比如说,观察者通常并不占据某一固定位置,而是被构想为处于运动状态。在(14)(a)中,through this valley(穿越这个峡谷)描述的是观察者的移动路径,它在常规下呈隐性状态。在(14)(b)中,只有在预设了某一旅途的情况下,我们才能合乎逻辑地用空间距离来描述一个小憩的路径:

(14) (a) It's pretty through this valley.
(已经基本穿越这个峡谷了。)
(b) She's been asleep for 30 miles.
(她一路睡了三十里地。)
(c) The trees are rushing past at 90 miles per hour.
(树木以 90 里的时速飞驰而过。)
(d) The forest is getting thicker.
(森林变得稠密起来了。)

观察者的运动也可引发对变化的感知,尽管这一变化本质上是虚拟的,却被描述为貌似真实的情况。在(14)(c)中,虽然树木有可能确实处于运动状态,更可能的解释是:一个移动着的观察者(或许乘坐在火车上),从默认格局中静态观察者的视角出发,对其视觉印象加以描述。同样,对(14)(d)更可能的解释是:森林并未发生任何变化,而是观察者移经森林的过程中与森林的不同部分建立接触。当这些部分被虚拟识解为同一实体时,观察者感知到的即是其密度的增加。尽管观察者的运动在这些表达式中并未明确体现出来,却构成了其概念基底的一部分,其概念与形式上的连贯也应主要归功于此。

另一种可能的情况是，交际双方在空间或时间上处于分离状态。以 It's warm here(这儿暖和)这一平淡无奇的陈述为例。在面对面谈话中，here 指称言者与听者同时所处的位置。但在打长途电话的情况下，其所描述的邻近区域仅仅是参照说话者来界定的：It's warm here，but it must be cold where you are(这儿暖和，但你那儿肯定冷吧)。表明时间上的错位的例子如录音电话中听到的留言。这些内容多半是以 I'm not here right now(我现在不在这儿)开头的。若是在默认观察格局中(本质上，我此刻所处的正是 here)，这种说法是自相矛盾的。然而在录制这一消息时，说话者将 right now 解释为来电者随后听到消息的时刻，届时说话者并不在家(here)。该信息不乏连贯性，并可轻易被理解，这应归功于我们对整体情况的把握，它是默认概念基底的一部分。表示时空错位的极端例子是标牌或警告标识。如 Shake well before using(用前摇匀)(Sadock，1974)。此处的表达媒介是书写而非言语。作者也可能并非具体的人，而是一个虚化的权威的声音(兴许是制造商)，读者是任何可能用到该产品的人。无论何时何地，这一标识被读到时，用法事件即告发生。对于写下标识的时空环境，我们不得而知，也毫不相干。

观察格局的成分之一，是一个预设了的**视点(vantage point)**。在默认格局中，视点是言者与听者实际所处的位置。同一客观情景可从多个不同的视点加以观察和描述，由此造就不同的识解方式，并可能带来形式上的差异。许多表达式无疑唤起了某一视点作为其意义的一部分(或可说所有表达式均是如此)。例如，在 in front of(在……之前)及 behind(在……之后)的非基本用法中,射体相对于界标的位置有赖于视点加以说明。这可粗略表示为图3.11,其中 VP 表示视点,虚线箭头表示说话者的视线。两种情况下,均有一个焦点参与者介入从视点到另一参与者的视线之间。同先前的例子一样,其语义对立体现在射体与界标的选取上,在内容或显面上并无显著差异。

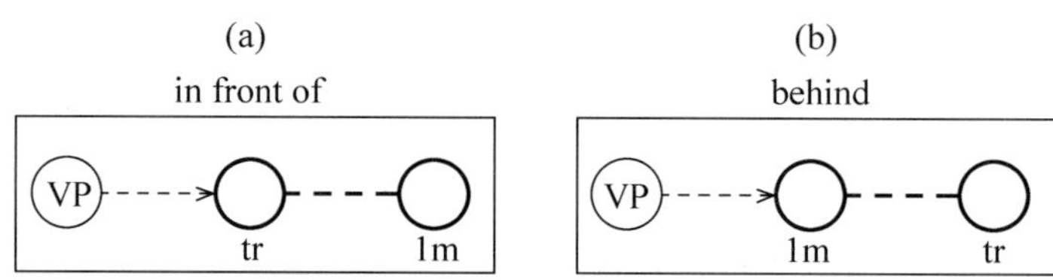

图 3.11

不妨想象一块大石头和一棵树的情形。我们如何对其加以语言编码,取决于我们采取什么样的视点。姑且假定石头、树与视点大致一致,如图(15)(a),如果视点是石头挡住了视线(VP_1),(15)(b)中的两个句子均是贴切的;如果视点是树挡住了视线(VP_2),则(15)(c)是恰当的。

(15) (a) VP_1--->(**rock**)——(**tree**)<---VP_2

(石头)　　(树)

(b) VP_1:The rock (**tr**) is in front of the tree (**lm**).

The tree (**tr**) is behind the rock (**lm**).

(石头(**射体**)在树(**界标**)前面。)　(树(**射体**)在石头(**界标**)后面。)

(c) VP_2: The tree (**tr**) is in front of the rock (**lm**). The rock (**tr**) is behind the tree (**lm**).

(树(**射体**)在石头(**界标**)前面。)　(石头(**射体**)在树(**界标**)后面。)

用于语言描述时,视点无须是说话者实际所处的位置。我们可毫不费力地采取某一虚拟视点,想象如此观照时情景将会呈现何种面貌。处在 VP_1 时,说出下面的句子即是合适的,对此也不难理解:

(16) VP_1: If you were standing over there [at VP_2], the tree would be in front of the rock.

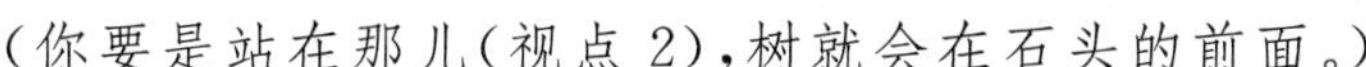
(你要是站在那儿(视点 2),树就会在石头的前面。)

我们有能力采取某一虚拟视角,或至少囊括某一非现实视角,因而可站在听话者或其他个体的立场上描述某一情景。

"视点"一词尽管暗含空间和视觉概念,在对其他域的描述中同样不乏用武之地,以时间域为最。如图 3.12 所示,next year(来年)这一短语唤起了一系列年份概念作为其基体。在基体内部,其所侧显的是紧随时间视点所在年份的下一年。默认情况下,视点等同于说话时间,如(17)(a):

(17) (a) Next year will be full of surprises.

(来年将是意外迭出的一年。)

(b) Joe believed that next year would be full of surprises.

(乔一度相信来年将是意外迭出的一年。)

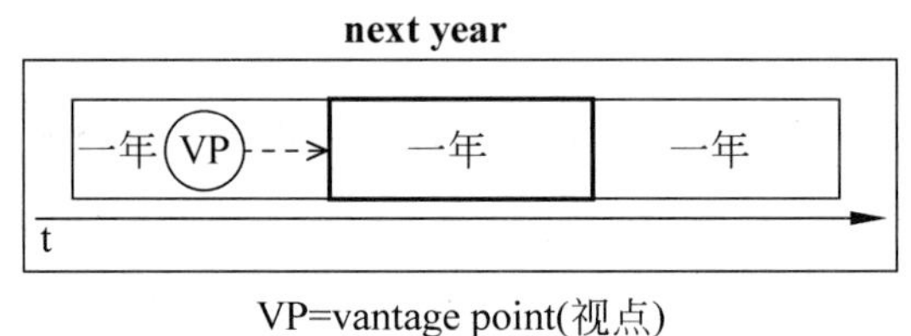

图 3.12

但即便在这里，我们也不难采取一个有别于言语事件所界定的视点。在(17)(b)中，next year 唤起了一个等同于主句发生时间的时间视点：相关年份紧随的是乔持有其信念的年份(而非句子说出的年份)。

与视点密切相关的是一个微妙但重要的识解维度，在 CG 中称为**“主观性”(subjectivity)**与**“客观性”(objectivity)**。这一概念的应用范围相当广泛，不过最好是联系视觉感知加以说明。不妨设想自己是剧院观众中的一员，正在观看一个扣人心弦的剧目。你全部注意力集中在台上，更确切地说集中在当时发话的演员身上。由于全神贯注于剧情，你对自身及邻近周围环境几乎察觉不到。由此，这一观察格局将**观察者(viewer)**与**观察对象(viewed)**(也称感知**主体(subject)**与感知**客体(object)**)间的不一致最大化了。在这种两极格局中，观察角色的不对称性被推向极致：观察主体被识解具有最大**主观性(subjectivity)**，观察对象则被识解为具有最大**客观性**(objectivity)。主观识解是观察者角色的典型特征，即自身并未被感知到的台下的感知经验场。与之相反，客观识解描述的是台上的注意焦点，自身并不参与观察(至少就这一角色而言)。作客观识解时，某一实体是作为注意对象而存在的，因而比起主观识解时显然更为突显。①

就语言描述而言，我们关注的是这一感知上的不对称性在一般概念中的反映。概念主体为言者与听者，他们对表达式的意义加以把握。当其仅扮演着这一角色，作为默认的概念化场所而自身不被表征时，对其识解最具主观性。在另一种极端情况下，对其识解最具客观性，此时它充当的是注意聚焦的对象，即表达式置于台上加以侧显的实体。因此，客观识解与显性提及相关，主观识解则与隐性的意识场相关。然而，隐性存在并不意味着全然缺失。构成表达式意义的概念化超出了其台上内容(并不孤立存在)，还进而包括在整体观察格局中，位居台下的概念化主体以何种方式对其加以把握。

在其概念化主体的默认角色中，言者与听者始终是支撑表达式意义的概念基底的一部分。② 倘若这是其唯一角色，他们始终是隐而不现的，对其识解最具主观性。然而，其自身多多少少也可充当概念客体。此种情况下，言者与听者因识解更为客观而获得

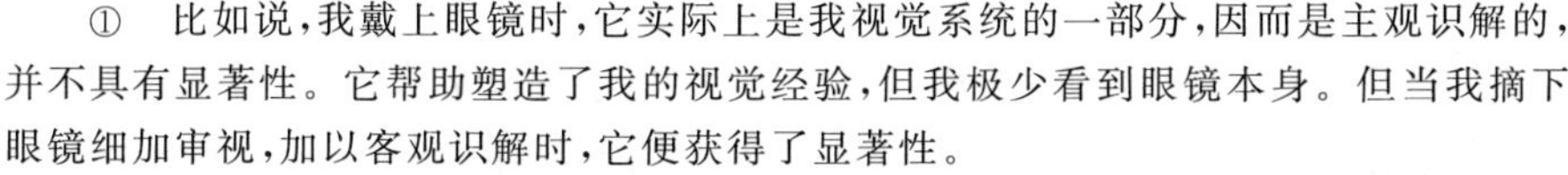

① 比如说，我戴上眼镜时，它实际上是我视觉系统的一部分，因而是主观识解的，并不具有显著性。它帮助塑造了我的视觉经验，但我极少看到眼镜本身。但当我摘下眼镜细加审视，加以客观识解时，它便获得了显著性。

② 若独立于具体用法事件对表达式加以抽象观照，言者与听者的主观角色便仅限于此——每当该表达式被实际用到时，该角色便由特定个体加以例示。

了更大显著性。极端情况是将其置于台上作为注意焦点：对于第一人称与第二人称代词(I、you、we 及其变体)而言，言者与听者均是侧显的对象，被显性提及并客观识解。此外，还存在中间情况。在(15)中，言者与听者不只是概念主体，同时也是观察者，其视点与视线是由 in front of 及 behind 唤起的(图 3.11)。就这一点来看，它们在所描述的情景中有所体现，因而其角色并非全然主观；但也并非全然客观，因为即便在这一额外的观察角色中，它们也是未加侧显的，隐性地位于台下。

“场境”(ground)一词用于指言者与听者、其所参与的言语事件及当前环境(如说话的时空环境)，作为对所唤起内容加以把握的“平台”，场境反映在每个表达式的意义中，即便是作最主观识解时也不例外。然而，通常场境的某些方面本身作为该内容的一部分而被唤起，因而在某种程度上充当了概念客体。它们通常属于侧显的对象，因为我们自然而然地关注自身及周围环境。诸如 I、you、here 与 now 之类的词出现频率相当之高。然而更典型的情况是，场境的某些方面位于台下，对其识解仅有最低限度的客观性。它们往往充当着隐性参照点，对相对更客观表征的实体加以定位。在(15)及(17)中，我们已经看到这样的情况：正如在 in front of 及 behind 中，说话地点被隐性唤起作为空间视点，在 next year 中，说话时间隐性地充当了时间参照点。

事实上，场境作为默认参照点的角色无所不在。即便当其处于隐性状态，被识解为具有相当的主观性时，场境的这种功能依然体现在每个完整名词短语及限定小句中(参见第九章)。例如，时态通常是从场境中推知的：was、is 及 will be 相对于说话时间分别处于过去、现在与将来。在名词短语领域，一个类似的参数是有定性（definiteness），如 a rock 与 the rock 之间的对立。有定性与说话者及听话者相关，因其决定因素在于，对交际双方而言，名词短语的所指在当前语篇语境中是否是唯一显而易见的。我们注意到，时态与有定性的语法化标记唤起了场境的某一方面，但并未显性提及：now 并未包含在时态标记中（如 -ed、-s、will），有定性标记也并未包括代词（如 I 和 you）。

3.4.2 时间维度

概念化本质上是动态的——不是某种静态的存在，而是某种发生的情况。概念化发端于心智加工（或神经活动）之中，因而随时间推移而发生。当时间充当这种概念化**媒介（medium）**的功能时，可称之为**"加工时间"（processing time）**。每个概念化的发生均需一定的加工时间。即便是那些我们感知到稍纵即逝的现象（如针扎的感觉），当置于足够精微的层面上观照时，同样有一定的持续时间和发展历程。作为识解的一面，动态性涉及概念化如何沿加工时间发生并展开，尤其是在较大的时间层面上，此时其影响可经由内省察知。①

加工时间应区别于**表征时间（conceived time）**，即被视为概念**客体（object）**的时间。当一段时间被侧显时，对其识解最为客观，诸如 moment（片刻）、period（时期）、week（星期）及 next year（来年）等表达式的情况即是如此（图 3.12）。当时间充当所侧显关系

① 这一动态概念化观点，与基于**心理模拟（mental simulation）**的心理学意义论是完全合拍的（Barsalou，1999）。

得以呈现的认知域时，并不充当注意场，但对其识解同样是客观的，如 before（在……之前）和 after（在……之后）的情况（图 3.10）。时间同样反映在任何事件概念中，因事件是随时间的推移发生的。比如说，动词 enter（进入）指向某种空间关系（图 2.1），但构成所侧显事件的空间构造的改变情况只能落在时间轴上。表征时间与加工时间难以截然区分，至少是因为对时间的概念化必然是**随时间展开**的。虽说如此，出于语义描述之便还是要将其分开。在理解（18）这样的例子时，只需一小段加工时间（或许不过一秒功夫），便可对一长段独立的表征时间（或许是一小时）加以扫描。

(18) The long procession slowly entered the city.
（长长的行列缓缓进了城。）

表征时间与加工时间存在着联合的自然倾向，由此在对事件的感知中，其发生顺序与其被概念化和描述的顺序是一致的。这种**时间象似性（temporal iconicity）**在（19）（a）中体现得淋漓尽致。对该句的理解通常是：辞职发生在结婚之前，结婚则发生在生孩子之前，虽然这一点在句中并未明说。

(19) (a) I quit my job, got married, and had a baby.
（我辞了职，结了婚，并有了孩子。）
(b) I had a baby, got married, and quit my job—in reverse order, of course.
（我有了孩子，结了婚，并辞了职——当然，顺序是反过来的。）

然而，这种象似性不过是一种倾向。在对事件加以心理通达及语言描述时，我们依循的顺序可以与其发生顺序不尽一致，甚至是背道而驰。因此，(19)(b)置于恰当的语境中完全可以说通(如在回答 What are the most important things that happened to you last year?(你去年经历的最重要的事情是什么?)这一问题时)。

(19)(a)中所体现的时间象似性如图 3.13(a)所示。上方和下方的箭头分别表示表征时间(t)与加工时间(T)。E_1、E_2 与 E_3 代表三个事件(如辞去工作、结婚与生子)。A、B、C 代表对各个事件的概念化，这发生于对描述该情况的语言表达式进行建构或理解的过程中。对应的小写体代表表达式本身(例如 I quit my job, [I] got married, and [I] had a baby——我辞了职，[我]结了婚，并且[我]有了孩子。)说出(19)(a)这样的句子时，成分表达式是按一定的顺序说出的(a>b>c)，它们或是反映、或是激活其所符号化的概念化的顺序(A>B>C)。表达式与概念化均沿加工时间(T)展开(并呈联合之势)。只有当被概念化的事件进而被构想为沿加工时间(t)按同一顺序发生时($E_1>E_2>E_3$)，才会呈现出象似性。事件的排序、事件的概念化及事件的描述实现了充分的和谐一致。

图 3.13(b)表示的是(19)(b)等体现出的非象似联结。通常情况下，成分表达式发生的顺序(a>b>c)与其所符号化的概念化的排序(A>B>C)呈正相关。然而，此例中加工时间两极上的联合并未扩展至表征时间中的对应事件。经由语言表达式，这些事件在心理上沿 $E_1>E_2>E_3$ 顺序得以通达，但其实际发生顺序全然相反：$E_3>E_2>E_1$。诚然，我们在概念和语言层面完全可以做

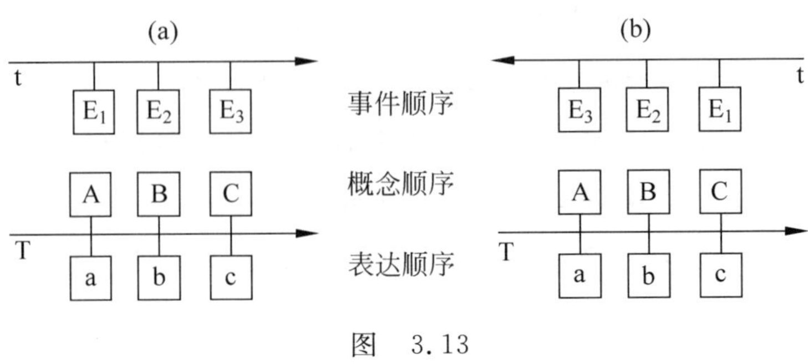

图　3.13

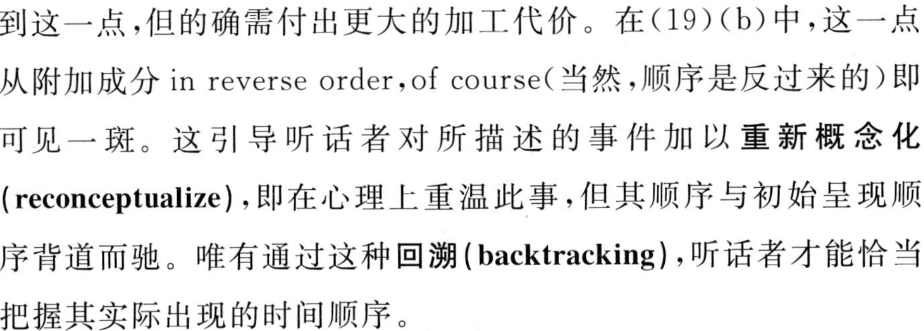

到这一点，但的确需付出更大的加工代价。在(19)(b)中，这一点从附加成分 in reverse order, of course（当然，顺序是反过来的）即可见一斑。这引导听话者对所描述的事件加以**重新概念化**（**reconceptualize**），即在心理上重温此事，但其顺序与初始呈现顺序背道而驰。唯有通过这种**回溯**（**backtracking**），听话者才能恰当把握其实际出现的时间顺序。

即便在并不涉及事件顺序的情况下，这种呈现顺序在概念与语义上同样有重要影响。一个例子是将处所成分提前的语义效果，这可由下列对照加以说明：

(20) (a) A dead rat lay in the middle of the kitchen floor.
(一只死耗子躺在厨房地板中央。)
(b) In the middle of the kitchen floor lay a dead rat.
(厨房地板中央躺着一只死耗子。)

尽管两句成分完全相同，其意义依然有别。其语义对立不在于所描述的客观事件，而在于其心理通达方式。(20)(b)中的非典型词序反映了语篇中的一般倾向，即将已知信息置于新信息之前，同时容许将新的参与者作为语法主语引入（参见 Birner，1994）。该句首先将注意力引向一个已经可及的处所，而后将一个新的参与者（a dead rat）置于该处所，从而将其引入语篇。（20）（b）中的构式传达了这一特殊语义，其证据是：在信息结构上与之冲突的表达式往往显得不可接受。[①] 例如，（21）（b）听起来很别扭，因为主语指称说话者，而说话者总是被视为已知信息，即语篇中业已确立的信息。相反，（21）（c）难以接受的原因在于前置处所成分代表的是新信息。相比之下，（21）（d）中的车库在第一个并列项中已经提及，因而在第二个中即可视为已知信息。

（21）（a）I lay in the middle of the kitchen floor.
（我躺在厨房地板中央。）
（b）? * In the middle of the kitchen floor lay I.
（? * 厨房地板中央躺着我。）
（c）? * In a garage sat an old truck.
（? * 一个车库里放着一辆旧卡车。）
（d）There was a garage behind the house, and in this garage sat an old truck.
（房子后面有个车库，车库里放着一辆旧卡车。）

① 许多学者会说，（20）中的对立并非语义上的，而是语用上的。然而我要主张的是：信息结构本质上是概念性的，其特别之处仅在于，相关认知域即是对语篇本身的把握。

呈现顺序在诸如下面的例子中同样具有显著的语义效果：

(22) (a) Your camera is upstairs, in the bedroom, in the closet, on the shelf.
(你的照相机在楼上,卧室里,壁橱内,架子上。)
(b) Your camera is on the shelf, in the closet, in the bedroom, upstairs.
(你的照相机在架子上,壁橱内,卧室里,楼上。)

尽管两句包含相同的成分,描述相同的客观情景,在语义上依然有别。它们代表了两类“嵌套式处所构式”(nested locative construction)(GC:60—61),其所明示的是主语在一系列处所成分中的位置,将其逐一细化至下一个嵌套的空间区域。其差别在于,第一类表达式属于“镜头推进”(zoom in)的情况,即从最大区域依次过渡至较小的区域;第二类表达式则从最小区域开始,“镜头”不断“推出”(zoom out)。尽管两者成功唤起了同一整体空间构造,却是按不同方式逐步建立起来的,因而提供的是大不相同的概念经验。它们之所以在语义上呈现对立,正因每个概念化有其自身的时间历程,按一定方式沿加工时间展开。

一个表达式中的词语以特定的时间序列呈现,语言学家(并未意识到使用了空间隐喻)称之为“线性顺序”(linear order)。这种时间排序奠定了被符号化的概念的某个显著通达路径。无论是说话还是理解时,我们必然是有序地接触到这些词的,因而线性顺序传达出某种语义效果——词序上的差异总是意味着语义上的对立

（尽管在实际情况下，这一差异可能微乎其微，甚至可以忽略不计）。但线性顺序并非影响心理通达顺序的唯一因素，句子的认知加工也不限于"自左向右"的一次性通过。加工同时发生于多重结构维度、不同的组织层面，作用于大不相同的时间层面。即便是处理单个词语时，我们必定同时在句法甚至语篇层面进行更为宏观的投射。许多相关的概念结构根本未能由显性成分表达出来；显性成分不过是用于提示所需的意义建构的手段。有必要时，对于已表达出的概念，也可通过回溯重新通达或重新概念化（如(19)(b)）。

因此，概念层面的有序性未必是由话语中显性成分的顺序促动的，(23)这样的例子可说明这一点。两句描述的是同一空间构造，但却呈现出语义对立：

(23) (a) The hill gently rises from the bank of the river.
（河岸微微仰望着山峰。）
(b) The hill gently falls to the bank of the river.
（山峰微微俯瞰着河岸。）

这一差别体现在**心理扫描(mental scanning)**的方向上。在逐步建立起所侧显关系的完整概念的过程中，概念化主体沿某一心理路径向上或向下追踪，从而构造出山的意象。然而，扫描方向并非由词序而是由其意义而定：rises from 促发一个向上的心理扫描，falls to 则促发一个向下的心理扫描。我们还可进而注意到，rise 与 fall 的基本意义涉及空间移动，此处却用于描述一个客观上静止不动的情景。尽管这里的确涉及运动的情况，对其识解却是主观的。在客观识解的运动(如 It fell(它掉了下来))中,一个台上实体在表征时间中沿某一空间路径移动。相比之下,(23)中的移动者是台下的概念化主体,其所做的是沿加工时间对空间中某一心理路径加以追踪。

心理扫描并不限于空间领域。沿非空间域进行的方向性扫描构成了众多表达式意义的核心,并往往在其形式中有所反映。通常,心理扫描涉及依次跳跃一系列有序排列的表征项。兹举数例:

(24) (a) Gestation period varies greatly from one species to the next.
(从一个物种到另一个物种,妊娠期存在很大差异。)

(b) I'll never get into a size 8, and a size 9 is probably still too small.
(我从来都穿不进8码的,9码兴许还嫌太小呢。)

(c) Don't mention calculus—elementary algebra is already too advanced for him.
(微积分就别提了——基础代数对他来讲已经太高深了。)

在(24)(a)中,候选项是一系列假想的物种,当我们主观上从一个跳跃至另一个(from one...to the next)时,即可观察到妊娠期方面的差异。在(24)(b)中,我们沿一个由各种可能尺寸构成的量级正向扫描。这一心理扫描由 still 加以标记,它在常规情况下表示的是时间上的持续性(如 Is she still asleep?(她还在睡吗?))。除其识解为主观的之外，两者在语义上是等值的。该句并非把不足的尺码描述为在表征时间中持续下去，而是概念化主体在加工时间中沿一系列不同尺码进行扫描。对这种时间持续性的扫描是主观的，因其寓于概念化活动本身。同样，在(24)(c)中，概念化主体主观上沿某一量级移动，涉及数学科目按难易度排列的情况。already 表明遇到太高深这一情况的时间早于预期(如 Are you done already?（你已经搞定了吗?))。然而，这一假想遇到的情况仅发生于加工时间中:沿科目清单扫描时，概念化主体在基础代数这一层次上遇到它，远远早于遇到微积分的时间。

心理扫描所循的路径既可以是连续的，又可以是离散的。在(23)中，概念化主体沿连绵的山峰追踪某一连续路径，从而逐步建立起整个构造的概念。相比之下，(24)中的扫描循的是一条含离散阶段(物种、尺寸或数学科目)的路径，但即便在这里，有序的心理通达也是逐步建立起某一复杂整体概念的手段。它们是我称之为**“总体扫描”(summary scanning)**的一般过程的两种不同表现。随着我们沿某一复杂场景展开扫描，依次对其不同显面进行加工，每一阶段涉及的成分被集总或叠加起来。由此，一个翔实的概念逐步建立起来，在一定的加工时间段中作为同时可及的整体得以激活。①

富于语法意义的是一种特殊的扫描方式，可称之为**“参照点关系”(reference point relationship)**。这一名称最适合的情况是:心

① 我们沿词语的出现顺序对其进行加工时，或多或少伴随着这种模拟。上述例子表明，它是一种独立于词序的一般概念现象。第四章将会谈到总体扫描在语法中的表现。

理路径具有离散性，每一个通达的成分均具有独立的显著性。沿此路径扫描的初衷主要是发现或识别出最终企及的成分。用一个感知方面的例子最能说明问题。我们通常将注意力导向一个感知上显著的实体，将其作为参照点，以助于找到另一个常规下难以定位的实体。例如，在(25)(a)中，说话者欲将听话者的注意力引到鸭子身上，但在远距离情况下更容易认出的是船。听话者一经成功对船加以定位，在附近搜寻便不难发现鸭子。

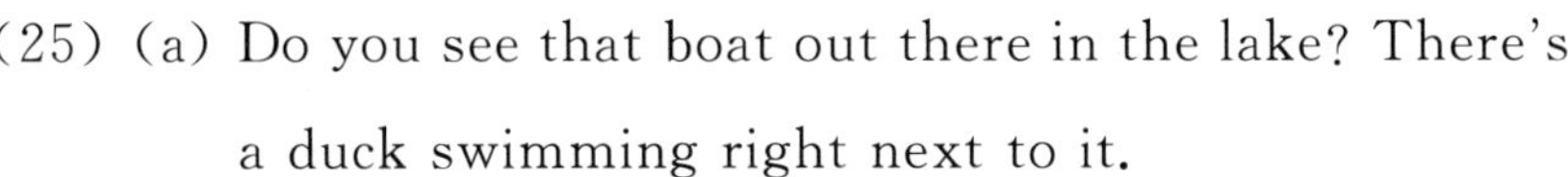

(25) (a) Do you see that boat out there in the lake? There's a duck swimming right next to it.
(你能看到湖对面那条船吗？有只鸭子正在船边游呢。)

(b) Do you remember that surgeon we met at the party? His wife just filed for divorce.
(你可记得我们在宴会上见到的那位外科医生？他妻子刚刚正式提出离婚。)

这一感知现象具有一般的概念表现，如(25)(b)。说话者首先将注意力导向某一构想实体(外科医生)，目的在于对可经其心理通达的另一实体(外科医生的妻子)加以定位。

由此，显而易见的是，我们有能力唤起某一实体概念，从而与另一实体建立"心理接触"(mental contact)。首先唤起的实体被称为**"参照点"(reference point)**，经由参照点得以通达的实体被称为**"目标"(target)**。特定的参照点可潜在通达许多不同的目标。

一系列潜在目标构成了参照点的**领地(dominion)**。因此,参照点关系包括图 3.14 中描述的成分。就(25)(a)而言,参照点是船,目标是鸭子,领地为船附近的所有物体,包括鸭子。在(25)(b)中,参照点是外科医生,目标是他的妻子,领地则是任何可由该医生轻易联想到的东西。

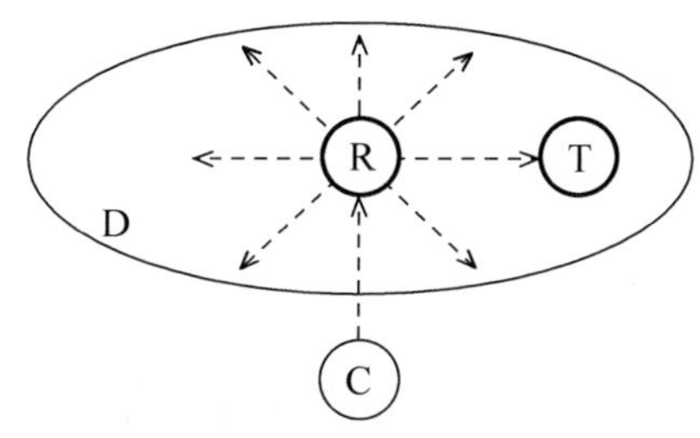

T = target(目标); D = dominion(领地); ···> = 心理路径
C = conceptualizer(概念化主体); R = reference point(参照点)

图　3.14

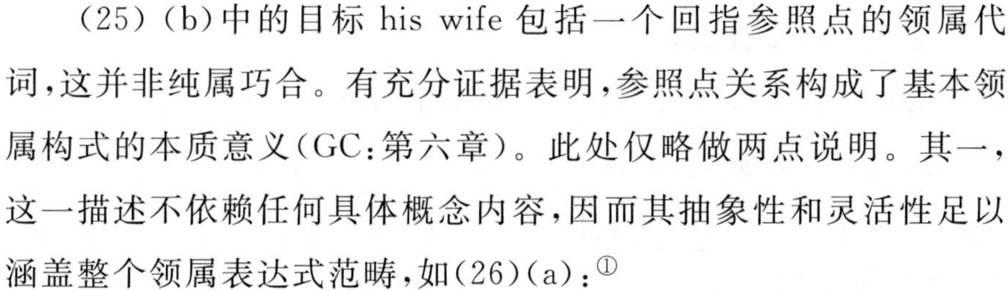

(25)(b)中的目标 his wife 包括一个回指参照点的领属代词,这并非纯属巧合。有充分证据表明,参照点关系构成了基本领属构式的本质意义(GC:第六章)。此处仅略做两点说明。其一,这一描述不依赖任何具体概念内容,因而其抽象性和灵活性足以涵盖整个领属表达式范畴,如(26)(a):①

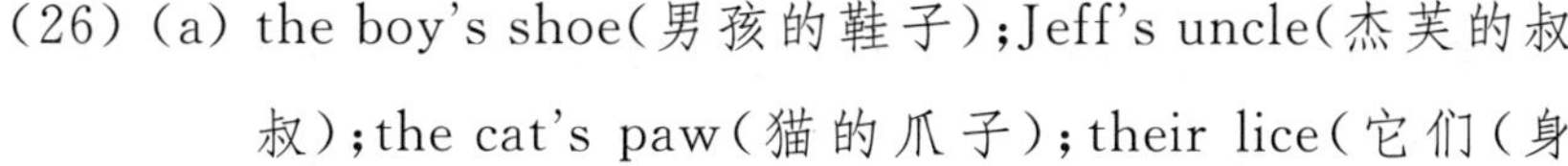

(26) (a) the boy's shoe(男孩的鞋子);Jeff's uncle(杰芙的叔叔);the cat's paw(猫的爪子);their lice(它们(身

① 作为概括描述,"所有权关系"这一概念过于狭窄,仅适用于所举的第一个例子。尽管"所有权关系"(以及与"亲属关系""整体-部分关系")对领属构式而言确属典型,但适用于所有例示的图式性描述需抽去具体内容。

上）的虱子）；the baby's diaper（婴儿的尿布）；my train（我的火车）；Sally's job（萨丽的工作）；our problem（我们的问题）；her enthusiasm（她的热情）；its location（它的位置）；your candidate（你（支持）的候选人）；the city's destruction（城市的破坏）

(b) ＊the shoe's boy（＊鞋子的男孩）；＊the paw's cat（＊爪子的猫）；＊the diaper's baby（＊尿布的婴儿）；＊ the destruction's city（＊破坏的城市[①]）

其二，这一描述解释了为何调换领有者与领有对象的位置，句子往往趋于不可接受。这种不可逆性反映了参照点关系的内在不对称性，即想到一个实体时，便有可能在心理上通达另一实体。由此，我们主张领有者充当参照点，领有对象则充当目标。这可作为一个具有充分概括性的描述。

参照点关系通常与具体概念内容合而为一，如(25)(a)中的空间邻近性。虽说如此，其语义本质上寓于心理扫描行为本身，即首先唤起参照点，而后唤起其所通达的目标。参照点本质上是动态的，沿加工时间的展开方式正是其意蕴所在。如图 3.14 中的箭头所示，参照点关系涉及两个被聚焦的意识阶段，时间顺序界定了其方向性与内在不对称性。第一阶段涉及在心理上通达参照点，从而将其置于焦点位置。参照点的激活为通达其领地内的成分创造了条件，其中一个作为目标得以聚焦。随着焦点转移至目标，参照

① 此处“破坏”作名词讲。——译注

点的功能即告完成，于是退居背景位置。因此，参照点与目标均具有显著性，只不过体现在加工的不同阶段。

当然，目标一经聚焦，便可通达自身的领地，而后可能作为参照点去通达另一目标。如此，我们通常沿一系列参照点**链条**(**chain**)进行扫描。一个例子是领属关系链，如 Harry's cousin's lawyer's therapist(哈里的堂表亲的律师的理疗师)。另一个例子是嵌套处所构式所体现的连续处所链，如(22)(a)：upstairs，in the bedroom，in the closet，on the shelf(楼上卧室里的壁橱架子上)。特定的处所一经挑选出来，便可轻易通达其内部任何较小的处所，其中一个被置于焦点位置充当目标，并充当下一处所的参照点。

3.5　有关语义主张的证据

概念语义学使我们得以明白语言是如何表义的。然而，就其本身而言，概念主义的立场并不会使语义描写容易一点点(恰恰相反)，也不承诺我们对意义所做的描述是合乎原则、恰如其分的。我们何从知道所主张的描写是否具有信度呢？

我们不能仅仅依赖直觉与内省。概念语义观并不意味着语义结构可经由内省直接察知。参与概念化并不等于深谙其运作方式，正如看得见东西并不等于通晓视觉的运作机制。我们能够领会意义(即我们能够理解所用的表达式)，但这和对其加以显性分析是两码事。的确，在有意识的分析层面，我们往往对识解浑然不觉——包括我们对所唤起的内容加以识解这一事实，以及我们对其识解的具体方式。在常态的、不加反思的语言运用中，我们主要关注的是所说的内容，而非其潜在运作机制。任何情况下，这些机制均无法为有意注意所企及，正如视觉机制本身无法为我们所见。

只有通过细致的语言分析，我们才有望对语义结构作出合乎原则、富于启发性的描述。CG 所主张的语义描写调用了一套特殊的理论概念——诸如域、显面、射体、视点、扫描、心理空间、直接辖域及参照点关系等概念。这些概念的采用均基于丰富多样的经验证据之上。CG 所采用的一般策略是寻求汇聚性证据，其汇聚有三大源头：1）我们关于认知的知识（无须依赖语言而存在）；2）有效的语义描述所需的成分；3）这些概念是否足以对语法作出恰如其分的解释。

就第一条而言，CG 所主张的描写概念均基于公认的或易于证明的认知现象。许多在视觉中有直接对应表现，不过也明显扩展到了认知的其他方面。例如，注意力的聚焦在视觉及听觉感知中均可见一斑，在非言语思维中亦然。毫无疑问，我们是从特定视点对周围环境加以把握的，也完全有能力在心理上采取与其有别的视点。正如我们能在视觉上沿某一场景展开扫描，我们同样能在心理上迅速跳过一系列候选项。参照点的运用在感知中体现得淋漓尽致，在一般概念中同样具有根本性地位。因此，从心理学角度看，CG 中采用的描写概念绝非异想天开，甚至是成问题的。事实上，认为这些概念在语言意义中无足轻重，倒才是奇谈怪论。

就第二条而言，在经验上，论证概念有效性的首要途径是表明，它们之于语义的充分描写是不可或缺的。例如，有些表达式尽管唤起相同的内容，但意义彼此有别（如 parent vs. child、come vs. arrive、examine vs. be examining），区分这些表达式的必要性是对侧显这一概念的有力支撑。有些表达式的内容和显面均是相同的,但语义并不等值(如 before vs. after、precede vs. follow、have a parent vs. have a child),区分这些表达式的必要性也支撑了射体-界标联结的概念。在我看来,对于内容相当的表达式之间的异同,CG 所采用的概念足可作出合乎原则的表征。再者,为数不多的一套概念可系统用于极其多样的语言现象。

第三个证据来源是:所采用的概念是否足以对语法作出恰如其分的解释。在接下来的章节中,我将表明 CG 所设定的概念足可做到这一点。例如,侧显之于基本语法范畴的描述是不可或缺的。主语和宾语是参照射体-界标联结加以定义的。这些概念在具体语法构式的描写中也是游刃有余。如前所述,直接辖域在进行体构式(图 3.4)与整体-部分复合词(如 eyelash(眼睫毛)-＊facelash(＊脸睫毛)、shoulder blade(肩胛骨)-＊body blade(＊体胛骨))中扮演着重要角色。

接下来,我们将从一般概念转向对具体表达式的描述。对于所主张的某一语义描述,如何寻求经验上的支撑?至少在这一层次上,我认为本族语者的直觉并非毫不相干。显然,我们无法指望对语言学完全外行的本族语者做出语义描写,甚至清晰说明表达式之间的细微差别。虽说如此,说话者还是具备对描写富于启发意义的语义直觉,其信度很可能不亚于(或许也不高于)形式句法学传统上采用的合乎语法的判断。例如,借助大规模语料与恰当的统计技术,说话者的判断可帮助决定 ring'环状珠宝'与 ring'竞技场'是否代表一个多义词的不同义项(而非互不相关的同形异义词),或者 computer(计算机)是否实际上比 propeller(螺旋桨)具有更大的可分析性。说话者对复杂语义描述作出的反应同样不乏相关性。倘若我们所主张的描述在说话者的直觉看来是合乎自然、富于启发性的，这至少鼓励我们在判断标准的取舍上更偏向这一描述。[①]

有些支撑性证据也可通过观照其他语言来寻求（Haiman，1978）。不妨思考一下这样一个问题：出现在条件句中的 if（If it rains we'll stay home（要是下雨，我们就呆在家里）），与出现在疑问句中（I wonder if it will rain（我琢磨着会不会下雨））的 if 在语义上有无关联？对多义观的支撑来自这样一个事实：在众多其他语言（如法语）中，一个形式兼有这两种用法。倘若这不过是纯属巧合的同形异义，就不该有如此大的跨语言普遍性。另一个证据来自语言变化。例如，我们知道，在历史上，特定类型的语法标记是从特定类型的词项演化而来的。这种**语法化（grammaticalization）**路径可望为相关成分的意义提供一些线索。一条常规路径是实义动词发展为助动词：如词汇动词 have 起初用于领属表达（She has a cat（她有只猫））时，而后发展为一个标记完成体的助动词（She has finished（她已经搞定了））。这在某种意义上可支撑这样一个主张：领属构式是基于参照点构式的。一般认同完成体构式涉及某个时间参照点。例如，He had left by 3 PM（他下午三点前已经离开）将 3 PM 作为时间上的参照点，将离开描述为先于这一时间发生。将领属动词本身

① 这种正面反应在认知语言学中可谓司空见惯。饶具讽刺意味的是，这正是认知语言学不受重视的一个原因。辛辛苦苦做出的别具匠心的语义描述，往往显得如此自然而富于启发性，竟至于给人这样一种印象：一切早已一目了然，似乎并无任何值得称道之处。

描述为涉及某种参照点关系，即可轻易对这种语法化路径作出分析。

更为稳定一致的经验证据是某个语义描述容许我们所做的预测。任何语义描述均暗含这样的期待：某些类型的表达式在语义上应是可接受的，其他的则当视为语义异常。不妨假定，在(27)(a)中，无生的主语是参照人体加以隐喻识解的，因而在 sit(坐)、stand(站)及 lie(躺)三者间的取舍即取决于主语的指称对象是较为紧凑(如坐着时)，还是可明显沿垂直轴或水平轴扩展(类比某个保持这些姿势的人)。[①]

(27) (a) The clock is{sitting/standing/lying} on the table.
(钟表{坐在/站在/躺在}桌上。)

(b) The {vase/? pen/? football/? * water-melon/ * mat/ * peach}is standing on the table.
({花瓶/? 钢笔/? 足球/? * 西瓜/ * 垫子/ * 桃子}站在桌上。)

这一预测事实证明是成立的，这从(27)(b)之类的例子即可看出。对于 vase 而言，用 stand 来形容是毫无问题的，因为这类物体通常高而细。pen 和 football 则是成问题的，因 stand 所暗示的垂直维度在实际中难以体现出来。不过，倘若想象钢笔倒立着(对某些

① 实际情况稍稍更复杂些：sit(坐)还可用作概称，即含有一个图式性的意义，抽去了姿势上的差别，因而适用面较广。

钢笔而言是可以的)，或者足球置于球座上，这种说法倒也是行得通的。由于西瓜的底部是圆的，所以只能 lie 在桌上，除非我们编造出一个异乎寻常的情景(如用长钉固定着)。垫子或桃子的形状均不适合用那些要求明显呈垂直分布的动词来形容。当然，百科知识告诉我们，垫子有时会被卷起，而卷起的垫子完全可以立起来。照此解释，完全可以将其描述为 standing。而桃子大致是球形的，并无显眼的长度，因而无论处于何种方位均只能 sit。

还有些预测涉及表达式可出现的语篇语境。不妨回顾一下对射体-界标联结的描述，以及关于 above 和 below 的描述，其差别均在于此，这验证了(11)中的分布情况：The lamp is above the table(吊灯在桌子上方)这样的句子作为 Where is the lamp?(吊灯在哪儿?)的回答是贴切的，The table is below the lamp(桌子在吊灯下方)作为 Where is the table?(桌子在哪儿?)的回答也是贴切的，但反之则不然。再回顾一下对(20)(b)中 In the middle of the kitchen floor lay a dead rat(厨房地板中央躺着一只死耗子)这样的句子所做的基于语篇的描述。这一描述正确预测出，如果后置主语代表旧信息(* In the middle of the kitchen floor lay I (*厨房地板中央躺着我))，或前置方位词代表新信息(?* In a garage sat an old truck(?*一个车库里放着一辆旧卡车))，表达式即变得难以接受。

有时，我们所做的预测可求助于经验检验。例如，我主张，(28)(a)与(28)(b)的语义对立寓于总体扫描的方向中。概念化主体通过在心理上沿伤疤的走向沿正反方向扫描，逐步建立起关于伤疤构造的完整概念，由 from 与 to 短语加以明示。另外，话语中的词序促使我们按相应顺序通达其所符号化的概念。在(28)(a—b)中,两种概念排序是彼此一致的:我们首先遇到 from 短语,用于明示心理扫描的起点,而后是 to 短语,用于明示其终点。这种路径的联合从加工角度来看是恰如其分的。

(28) (a) An ugly scar extends from his wrist to his elbow.
(一个丑陋的伤疤从他的腕部延伸至肘部。)
(b) An ugly scar extends from his elbow to his wrist.
(一个丑陋的伤疤从他的肘部延伸至腕部。)
(c) An ugly scar extends to his wrist from his elbow.
(? 一个丑陋的伤疤延伸至他的腕部从肘部。)

然而,在(28)(c)中,两条路径却背道而驰。沿伤疤的扫描始自肘部,但词序首先将我们的注意力引向腕部,它位于扫描路径的终点。因此,基于动态性的概念描述意味着回溯的必要性:在对整个表达式进行初步加工后,概念化主体需要折回来,按照恰当的顺序对整个扫描路径加以重新概念化,从而对整个构造加以恰当描述。这就作出了一个经验上的预测,即较之于其他表达式,对(28)(c)的加工理当花费更长时间,耗费更多的努力。

对认知语言学频频做出的一个诘难是:它无从做出预测,因而大谬不然。然而事实是:其所做的预测往往是相对的,而非绝对的。例如,确切哪个名词能出现在(27)(b)这一构式中,我们无从做出严格预测。尤其是仅仅考察名词短语的所指客观可感的特征,不足以对一个名词与 stand 共现的情况做出非此即彼的预测。

关键在于一个情景是如何加以识解的。识解不仅涉及常识、一般知识与语境知识，还涉及我们的整套想象与解释能力。识解不是对特定组合是否合乎语法做出明确决断，而是综观所有相关因素确定该组合具有什么动因，并在多大程度上是有理可据的。因此，认知语言学所奉行的是：尽管几乎一切皆**有动因可循**，鲜有现象能够做出**严格的**预测。

语义理论中一个长期占主导地位的正统观点是：对意义的概念解释要么是毫无可能，要么必然是不科学的。在其看来，一个称得上科学的语义学本质上是客观主义式的，可做出离散的形式化表述，亦可做出严格的预测。然而，我力图表明的是，这种意义观并非不二的选择。概念语义学同样是可能的，并且正日益形成一门严密的科学。理想情况下，认知语义描写应基于细致的分析，有经验证据加以支撑，并借助有据可依的描写概念加以表述。这在实践中也日益得到贯彻。而在很大程度上，对概念语义学的支撑，即在于其在语法结构描述上的有效性。这将是接下来的章节所要关注的内容。

第二部分

基本主张

第四章　语法范畴

当不同成分出于某种目的被看作大致相同时，我们称之为“类”(class)（或“范畴”(category)）。若无范畴化，我们就无从识别模式或规律，因其涉及被判断为“相同”构造的反复出现。范畴可在语言结构的任何方面建立起来。比如说，音系学中设定了诸如辅音与高前元音之类的范畴。此处我们关注的是与语法相关的范畴，如名词、动词、形容词。

一个根本问题是，基本语法范畴是否可据其意义来定义。我首先主张这种定义是切实可行的(§4.1)，而后为名词与动词(§4.2)及其他范畴(§4.3)设立具体的意义。接下来，第五章探讨一个重要的概念区分，将名词与动词分出两个次类。

4.1　概念表述有无可能？

上小学时，老师教我：名词是人、地点或事物的名称。上大学时，老师教我：基本的语言学主张是名词只能参照其语法表现来定义，从概念层面对语法范畴加以定义毫无可能。而今，几十年过去了，我主张：名词是某一事体的名称，以此来证明语法理论的进步是势不可挡的。[①]

4.1.1 传统观点及谬论

语法范畴**无法**依语义标准加以定义，这构成了现代语言学理论的一个根本教条。诸如下面的论断声称概念描述毫无可能，几乎所有的入门教材及通俗语法书中均会如数家珍：

> 一个词素是充当名词、动词，还是其他词类，并不涉及恒定不变的语义效果(Langacker，1968:83)。
>
> 我们不妨发问：每种词类是否真的指向一类稳定的意义……任何对某一物体加以命名的词均属名词，情况确乎如此。然而，并非每个名词均为某物命名。如果说 earthquake(地震)有所命名，其所命名的是一个行为，concert(音乐会)亦然；redness(红)和 size(尺寸)命名的是属性；place(地点)和 location(方位)显然命名的是处所。事实上，对于我们所能想到的任何一类实体，均存在对其加以命名的名词。由此，名词这一语法概念不能依其所命名的实体类型加以界定……特定的实体类型无需对应于单一的词类……我们的结论是：词类从意义方面加以定义是行不通的(Jackendoff，1994:68—69)。

平心而论，这些文章中所批判的传统定义固然不可取，但在那

① 我对“事体”(thing)的定义是相当抽象的，不仅将人及地点作为特例囊括其中，而且不限于物理实体。

些语言理论家鄙夷的评论中，不时流露出的自鸣得意及科学确定性的态度，也并非明显有据可依。我认为，事实上关于语法范畴的语义描述尚缺乏有说服力的反对证据。某一定义的不充分性（如名词命名某一物体）并不意味着基于概念的描述原则上毫无可能——兴许还存在其他切实可行的描写方案。再者，对概念论表示异议的正统观点充其量是简单化的，其赖以建立的假设是大可怀疑的。

刚刚引自杰肯道夫（Jackendoff）的文章可谓代表了这类论调的典型。它过于简单化，因为作为可能的概念性定义，它仅考虑了代表特定概括层次的有限概念范畴，诸如“物体”“行为”“属性”及“处所”之类的概念。尽管这些概念已经相当概括，绝非我们所能处理的最为图式性的概念，每一类均含有别于他类的具体概念内容（如实物包括物质的连续分布，而行为本身则是非物质性的，包含随时间展开的变化，通常涉及施力）。这些概念代表了植根于经验的**概念原型（conceptual archetype）**（§2.1.2），因而适合作为语言范畴的**典型（prototype）**。例如，实物与行为分别构成了名词与动词范畴的典型成员。然而，有待商榷的是，这些范畴可否充当适用于**所有**成员（不只是中心成员）的**图式性（schematic）**定义。对所有范畴成员均适用的表述，显然需要远比这里的原型概念更为抽象。正统观点在对概念定义表示反对的同时，甚至未能考虑有无可能存在更抽象的表述。

之所以说正统观点过于简单化，还因为它预设了一个司空见惯但站不住脚的语义观——客观主义语义观。它对心智视而不见，无视我们以不同方式识解同一情景的能力（第三章）。在所引文章中，表达式的意义被视为依其所指实体的客观属性而定，而非由概念化方式而定。例如，一般认为，其假设是，地震作为一种行为（或事件）的客观属性意味着 earthquake（地震）这一名词必然命名某种行为。该假设并未考虑认知在确定这一表达式的意义中有何用场。例如，它忽视了我们将事件识解为抽象物体的能力。如能认识到这种概念物化（conceptual reification）的能力，或可主张，地震的确命名某种事件，即一个在概念上物化了的事件。表达式的意义总是包括对其所唤起的内容加以识解的特定方式。

动词 explode（爆炸）与名词 explosion（爆响）均可指称同一事件。在正统观点看来，这证明了动词与名词范畴无法凭语义标准加以界定：要是可以的话，explode 与 explosion 便属于同一范畴了，因为两者的意义并无二致。这种推论是建立在如下错误假设之上的：两个表达式如指称同一事件，便意味着它们在语义上是等值的。然而，事实并非如此。虽然两者唤起了同一概念内容，其意义依然有别，这要归结为其识解方式的差异：explode 直接反映了该事件的过程性本质，explosion 则有所不同，它将该事件识解为经概念物化而来的抽象事体。正是出于这一概念上的对立，两个表达式分属不同的语法范畴。

基于可行性和研究兴趣上的考虑，我们的起点是这样一种期待：诸如名词、动词这样的基本语法概念可基于意义标准来定义。[①] 我摈弃正统观点——事实上是唯一的观点，理由正在于它

① 关于与该论题相关的心理学证据，参见 Gentner（1981，1982）及 Kellogg（1994，1996）。

们既不切实可行，也不合乎我们的旨趣。当然，拒斥正统观点并不足以证明概念表述的确是可取的。接下来我将为名词、动词及其他范畴给出足够明晰的语义定义，这至少应足以表明这种定义在原则上是可能的。

4.1.2 该主张的实质

CG 主张基本语法范畴可基于语义标准来定义，其用意究竟何在？有几点问题需要澄清。

首先，这一论断涉及描写的图式层面，而非典型层面。① 而今已广为接受的是：对于基本范畴的中心或典型成员而言，从概念上作出描述是不无可能的。因而典型名词是命名实物的名词（如 spoon（汤匙）、car（轿车）、dog（狗）、umbrella（伞））；类似地，典型动词指向行为或事件（run（跑）、explode（爆炸）、hit（打）），典型形容词则用于描述性状（blue（蓝色的）、tall（高的）、intelligent（聪明的））。是否存在一个适用于所有范畴成员的图式性定义？这一点并不明了。例如，就名词而言，图式性描述不仅包括实物，还必须囊括其所指向的形形色色的实体，如 air（空气）、beauty（美丽）、team（队）、integer（整数）、concert（音乐会）、earthquake（地震）、orbit（轨道）、explosion（爆响）及 philosophy（哲学）。CG 向正统主张发难，主张这种描述事实上是可以实现的。

这一主张有多大的适用范围？对于哪些语法范畴，图式性的

① 第八章给出了一个范畴化的整合模型，同时囊括图式与典型（另见 FCG1：第 10 章）。关于典型范畴化，参见 Taylor（2004）；Lakoff（1987）；Rosch（1978）。

概念定义是可能的?对此,初步回答是:这一主张仅限于少数体现出**普遍性**和**根本性**的范畴(分别由其所出现的语言数量及构式数量而定)。最显著的情况是名词和动词。在另一个极端上,我们无从期待,个别语言中基于语法特异性的范畴可从语义上加以定义。例如,我们无从期待英语中以 -ought/-aught 充当过去式的动词(如 bring(带来)、seek(寻求)、fight(打架)、buy(买)、catch(追赶)、teach(教))可基于意义作出表述。当然,将这一主张限于带有普遍性及根本性的范畴,提出了一些理论上的问题,至少是因为这一标准不过是个程度问题。

即便是对名词和动词作为普遍范畴的地位问题,也不时有人表示矢口否认。这种否定是基于如下观察之上的:在有些语言中,几乎所有的词项均可同时用于两种范畴;只有在高层语法构式中,词项才呈现出名词或动词的属性。然而,这一发现仅仅是相对于名词和动词作为普遍**词汇**范畴的地位而言的,即特定词项是具体作为名词或动词习得并加以存储的。在 CG 看来,词汇与语法构成了一个连续统,因而这是无关紧要的。其核心主张仅仅是:名词与动词在每种语言的语法描述中均占有一席之地。这并不排除某一词项的意义可能仅包括概念内容,而某些范畴的典型识解方式是由词项所在的语法构造施加于其上的。但在我看来,常规出现在某种构造中,即可造就其所促发的识解方式的固化和规约化。这本身即意味着词项有一变体属于该范畴。语言间的差异可能仅仅在于,对于其中多少词项而言,特定范畴化方式具有稳固地位。

CG 与传统"词性"(part of speech)或传统语法术语所暗含的词类毫无瓜葛。传统名称在意义上有失精确,在运用中缺乏一致性，宏观上对于语法描写也是不充分的（遑论恰如其分）。虽说如此，某些正统概念（如介词、副词、分词）自有其用处，且被频频用到，因而其设定几乎无可避免。CG 关于这些概念的描述，意在捕捉其描写实用性背后的概念基础（至少就第一逼近（first approximations）而言）。不过，即便是沿用了传统术语，CG 对范畴边界的划定依然有别于传统范畴，其所基于的是自身设定的基本概念。

涉及语法范畴的一个核心问题是：它们是如何与语法构式联系起来的？正统观点认为，基于概念层面的定义毫无可能，进而主张所有范畴——甚至名词与动词——需由每种语言量身定做，需参照其语法表现（如名词与限定词、修饰性形容词共现，动词含有时态屈折）来定义。由于各种语言在具体的语法构式清单上大异其趣，完全基于成分所在构式对其加以定义，结果是没有任何范畴是真正普遍的。事实上，有人主张构式（而非范畴）是语言结构的基本单位（Croft，2001）。在某种语言中，每个构式均界定了一个独属于该语言的范畴，范畴成员仅限于出现在构式中的成分。从这一视角来看，或许并无必要设定传统词类的一般范畴。[①]

的确，一个描写框架必须对哪些成分容许出现在某一构式中作出说明。CG 提供了作出此种说明的手段（第八章），由此囊括了仅由出现在特定构式中的情况隐性界定的范畴。对于这些范畴而言，语义描述既无必要，也不必指望（过去式为 -ought/-aught 的动词即

① 倘要设定的话，这些范畴即构成了对一系列构式的抽象。这与 CG 的观点不无合拍之处，CG 同样将词项的范畴成员地位视为源自其参与语法构式的情况（第八章；GC：第四章；Langaceker，2005b）。

是一例)。同时,这些范畴的成员地位往往并非完全任意的。最另类的情况莫过于,在某一构式中,成员间的唯一共性仅在于出现在该构式中这一事实。实际上,基于构式的词类体现出不同程度的语义及音系凝聚力。范畴成员间的相似性可能微乎其微(如大部分 -ought/-aught 动词涉及某种'获得'概念),或者某些有效的概括并不足以区分成员与非成员(如 -ought/-aught 动词是单音节的)。极端情况下,范畴成员地位(即出现在构式中的能力)可基于意义和/或形式加以完全预测。

这些规律所凸显的语义属性并非一个任意的集合。跨语言中存在一系列相当普遍的概念,它们界定了语法上的表现,也增强了基于构式的词类的凝聚力。显而易见的是,特定概念具有充分的认知显著性,因而在语法描述中被频频唤起,促使范畴围绕其聚合起来。这些概念的认知显著度决定了其对应范畴在多大程度上具有普遍性与根本性。最为普遍和根本的范畴,是围绕一个高度显著的概念原型以及某种基本认知能力聚合起来的。这一认知能力率先在原型中体现出来,并构成了其生成理据。前者充当范畴原型,后者则为其提供图式性描述。例如,就名词而言,其原型是某一实物的概念,生成动因是此处称为"概念物化"(conceptual reification)的基本能力(§4.2)。

由于认知显著性是一个程度问题,CG 并未设定任何固定、明确的普遍范畴清单。就其显著性而言,锚定名词与动词范畴的概念类似于山峰的顶点:尽管它们具有突出之处,但并不孤立存在。我们还可进一步识别出其他范畴,它们在普遍性与语法上的重要性方面仅次于名词与动词,如形容词(Dixon,1977)。我们可区分出多少词类，取决于我们在这些量级的切分上能走多远。在任何一点上采取一刀切的做法，都只能是任意而为。

此种基本范畴未必与基于构式的范畴完全重合。不妨假定某一构式主要用于名词，因而要作出有说服力的描述，必须参照该范畴。不过，该构式包含的某个语义说明可能与某些名词的意义格格不入，因而排除了它们出现在构式中的情况。反过来，该构式可能被扩展至典型（名词）之外，进而囊括其他范畴的成员。[①] 语法构式通常相当复杂，至于哪些成分可确切出现其中，存在许多决定因素。因此，基本范畴用于各种构式的描述，可能存在强烈的动因，即便仅凭自身的概念描述未必可说明一个基于构式的范畴的成员构成情况。

4.1.3　初步描述

倘若基本范畴的确可从语义上加以定义，为何这一点从不曾引起注意呢？为何以往不曾有有效的范畴定义提出并广为接受？这在很大程度上要归咎于客观主义语义学，它将意义等同于所描述情景的客观特征。这种长期占统治地位的观点恰恰将本可解决问题的良方排除在外。只有认识到认知的重要地位——即情景如何被理解及概念化——语义描述才会行之有效。尤为相关的是识解的两个维度：侧显及详略度。

我注意到了详略度的相关性，认为通行的概念（如“物体”“事

① 关于典型例子，前者如专有名词指称的唯一性可能排斥它们与限定词共现。后者如复数标记不仅可体现在名词上，还可体现在形容词上。

件”及“处所”）过于具体，难以用作对基本范畴的所有成员均有效的图式性描述。如果确能找到概括性定义，也只能存在于更高的图式性层面。

侧显具有举足轻重的作用，这是因为，**表达式的语法范畴并不取决于整体概念内容，而是取决于具体显面的性质。**因而有理由说，显面在范畴化中起着决定性作用，因其是表达式所指向的内容；显面是其所唤起内容的注意焦点。例如，bat（抡打）的内容包括某人挥动一根细而长的木头去打一个球。这个域在其意义中占据核心位置，无论是充当名词（He uses a heavy bat（他〈给球〉来了个重重的一击））还是动词（It's your turn to bat（轮到你击〈球〉了））。将 bat 范畴化为名词还是动词，取决于其所侧显的是木制器械，还是使用这一器械的行为。

为定义基本范畴，设定一个用法上最具概括性的概念不无用处。为此，我采用**“实体”(entity)**一词。因此，实体适用于任何在描述概念结构时可构想或指称的东西，如事物、关系、数量、感受、变化、处所、维度，诸如此类。并无确切规定实体必须是离散的、可独立识别的，或具有认知上的显著性。在较为粗略的图解中，实体以矩形标记，如图 4.1 所示。

至此，我们可以呈现某些基本范畴的初步定义。每一范畴均是参照表达式所侧显的对象来界定的。由此，名词可图式化地定义为侧显某一**事体(thing)**的表达式。这里的事体应理解为一个专业术语，具体意义将在 §4.2.2 部分展开论述。暂且只需注意到，这一描述相当抽象（任何概念物化的产物），因而事体并不限于实物。在图中，事体由一个圆或椭圆标记。

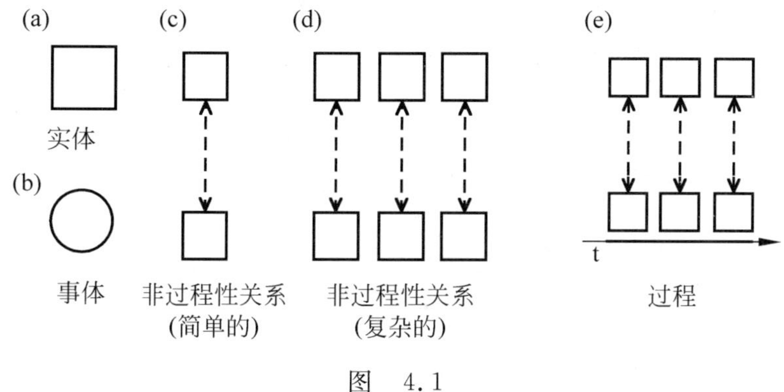

图　4.1

其他基本范畴的成员用于侧显关系。**“关系”(relationship)**一词也可用于抽象的专业意义，后面会有进一步论述。在图解中，关系通常以连接各参与者实体的直线或箭头标记。关系参与者**无需**是显著的、离散的或可单独识别的，这与对实体的描述是一致的。

我们可区分出各种关系用于描述基本范畴。最基本的是关于**过程(process)**与**非过程性关系(non-processual relation)**的区分。按照CG中的定义，过程是随时间展开的，如图4.1(e)所示，以t标记。沿时间轴的标杆表示时间进程被置于焦点而非背景位置。过程的**复杂性**还进而体现在它在任一时刻的表现——在整个关系中的“时间剖面”——本身即是一个关系。[①] 由此，缺乏这些属性的关系便是非过程性的。这种非过程性可能是其简单性使然，即寓于单一时刻即可一目了然的构造中。虽说简单关系可随时间得以延续，但时间进程对于其描述或认定并非必不可少。例如，(1)

① 图4.1(e)中仅给出了三个成分关系。但由于过程是沿一个连续时间段展开的，明确表示出多少时间点为好，并无一定之规(出于图解的方便考虑为宜)。

(a)中 on 所侧显的空间关系可能无限期持续下去,但在任何单一时刻均可完整呈现出来(因而在照片中可识别出来)。

(1) (a) She is sitting **on** the roof.
(她正坐**在**屋顶**上**。)
(b) She climbed up **onto** the roof.
(她爬**到**屋顶**上**去了。)

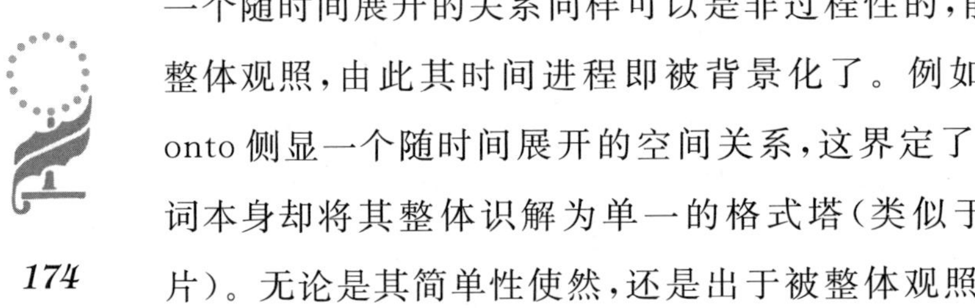

一个随时间展开的关系同样可以是非过程性的,前提是对其加以整体观照,由此其时间进程即被背景化了。例如,在(1)(b)中,onto 侧显一个随时间展开的空间关系,这界定了运动的路径,介词本身却将其整体识解为单一的格式塔(类似于多次曝光的照片)。无论是其简单性使然,还是出于被整体观照,非过程性关系均是**非时间性的(atemporal)**,因其随时间展开的情况并不处于焦点位置。

至此,我们可将动词图式化地定义为侧显某一过程的表达式。一系列其他传统范畴——包括形容词、副词、介词及分词——均可描述为侧显非过程性关系。基于其他特征,可进而将彼此区分开来(参见 §4.3)。不过在 CG 看来,它们共同构成了一个总体范畴,每个范畴均可作为特例囊括其中。由于传统上并未认识到这一范畴的存在,因而尚无现成名称可用,我姑且称之为"非过程性"(non-processual)(或"非时间性"(non-temporal))关系表达式。

4.1.4　初步阐证

在进入详细讨论之前，先举几个例子或许有助于澄清问题，使这些描述更为具体可感。我们先讨论 choose（选择）及其派生名词 chooser（选择主体）与 choice（选项）。作为动词，choose 侧显某一过程，粗略如图 4.2（a）所示。其所指向的是某一射体（tr）（即选择的主体）与某一界标（lm）（即被选择的实体）之间的关系。就当前目的而言，只需表明射体参与某一心理活动（以虚线箭头表示），意在从一系列选项（以垂直双向箭头表示）中挑选出一个界标。显然，choose 所侧显的关系随时间展开，因而是过程性的，尽管图中时间是省略了的。[①]

名词 chooser 与 choice 派生自 choose，并唤起后者所指向的过程作为其概念基体。它们是名词，因其派生的实质即在于将显面从过程转移至参照该过程加以描述的事体。就 chooser 而言，所侧显的事体为选择主体（即动词的射体）。[②] choice 有三个基本义，一种解释是指向被选择的事物（过程性的界标），如（2）（a）；另一种解释是侧显一系列选择项，如（2）（b）；而在（2）（c）中，其所侧显的是基体过程经概念物化而来的抽象事体。这一物化的事件涉及一个选择行为，在图 4.2（e）中以椭圆标记。

① 为便于表述，与所讨论问题无关紧要时，尤其是在成分关系（时间片段）均集中在一个图解中时（如此处的情况），时间箭头通常略去不画。即便如此，仍应将成分所侧显的关系想象为随时间展开，如图 4.1（e）所描述的那样。

② 有些读者可能会想起 chooser（选择主体）用于指称苹果电脑的桌面配件，此处指向的是选择发生的地点。

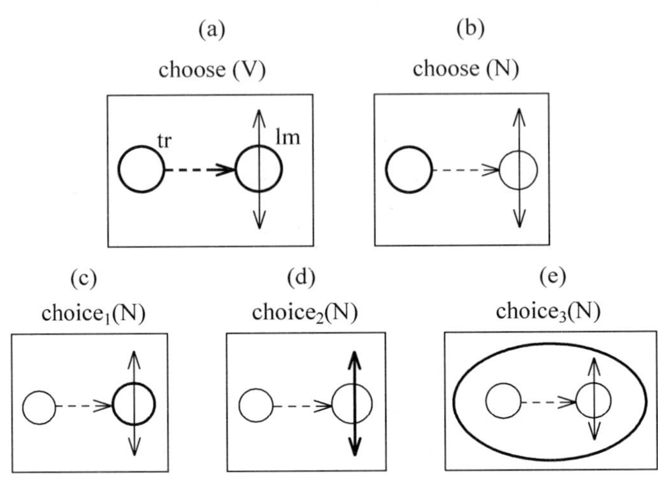

图 4.2

(2) (a) Unfortunately their top choice proved incapable of doing the job.

(很倒霉,按照他们的首要选择方案实施这项工作不力。)

(b) They offer a wide choice of investment options.

(他们提供了广泛的投资门路可供选择。)

(c) She made her choice in just seconds.

(几秒钟的功夫,她便做出了抉择。)

接下来,不妨考虑一下(3)中的粗体部分。它们享有大致相同的概念基体作为其基本内容,粗略如图 4.3 所示。圆代表移动者,实线箭头代表移动路径,不完整的框盒代表有开口的容器。移动者从容器外起步,最终进到其内部。代表终态处所关系的是一个虚线双向箭头。图(a-e)分别代表(3)(a-e)中突出标记的形式施加于这一内容上的显面。

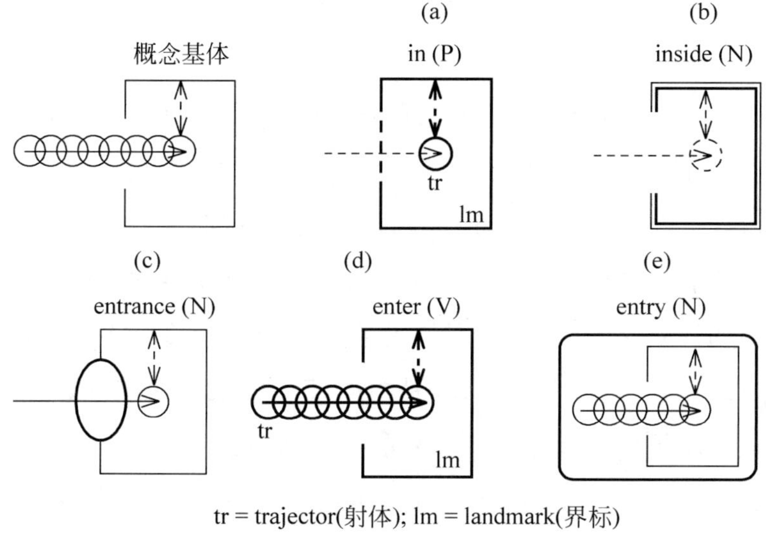

图　4.3

(3) (a) The anthropologist is now **in** the tomb.

(人类学家现在**在**墓穴**内**了。)

(b) The **inside** of the tomb was elaborately decorated.

(墓穴**内部**装饰精致。)

(c) The **entrance** to the tomb is narrow.

(墓穴**入口**很窄。)

(d) He reluctantly **enter**ed the tomb.

(他不情愿地**进**了墓穴。)

(e) His **entry** into the tomb took only a few seconds.

(他**进**墓穴只花了几秒钟功夫。)

在(3)(a)中,in 侧显射体与界标的简单空间关系,两者均被描述为事体。这使其成为一个介词,本身是非时间性的。虽然射体可能已移至指定地点,介词本身并不指向(甚或必然唤起)这一运动。inside 一词同样可充当介词,大致相当于 in,但在(3)(b)中充当的是名词。在这一特定用法中,其所侧显的是容器的内表面。虽说容器即暗示内有某物,此处这一概念处于高度背景化状态。当然,entrance 是一个名词。它有一个抽象的意义(如(3)(e)中的 entry),但(3)(c)中仅仅指向容器的开口,从这里可进到容器内部。在(3)(d)中,动词 enter 侧显的是射体沿某一空间路径移至界标内部这一过程。最后,(3)(e)中的 entry 是指向某一抽象物的名词,是通过概念物化自动词派生而来的,其显面包括动词性过程的一个例示。

最后一个例子是关于 yellow 的各种意义,如(4)中各例,分别图示如下:

(4) (a) **Yellow** is a nice color.

(**黄色**是一种漂亮的颜色。)

(b) This **yellow** would look good in our kitchen.

(这种**黄**放在我们厨房里看起来会不错的。)

(c) The ball is **yellow**.

(那个球是**黄颜色的**。)

(d) Gradually the paper **yellow**ed.

(纸张渐渐**泛黄**了。)

(e) There's a lot of **yellow** in this painting.

(这幅画用了很多**黄色颜料**。)

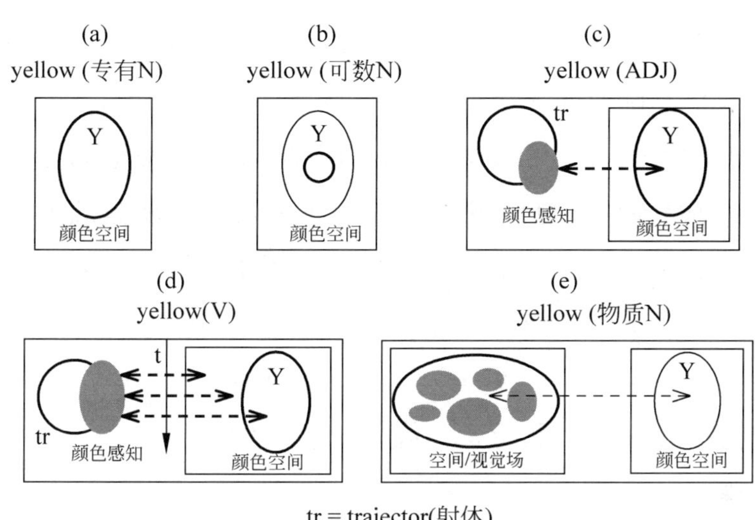

图　4.4

在(4)(a)中,yellow充当某种专有名词,因其指称对象是独一无二的。其所侧显的是一个抽象事体,包括颜色空间基本域中的特定区域(标记为Y)。在(4)(b)中,yellow指向区域Y内的一个有界区间,对应于特定的黄色色调。由于存在许多可能的色调,此种用法中yellow是一个普通名词(而非专有名词)。又由于所侧显的区域是有界的,yellow被范畴化为可数名词(而非物质名词)。

在(4)(c)中,yellow充当的是形容词,侧显的是一个非时间性关系,其唯一焦点参与者(射体)是一个事体。这一关系的实质(由虚线箭头标记)在于,与射体相关的颜色感知落入颜色空间的黄色区域。[1] 不妨假定这一颜色随时间而变,从区域Y外进入其内部,

---

① 颜色感知无需与射体重合,两者只消相关即可。例如,一个yellow croquet ball(黄色的槌球)的黄色部分可能仅限于球上的一圈条纹。此种情况下,该条纹即是槌球相对于黄色关系的活跃区。

如(4)(d)。当 yellow 被归为动词时,侧显的是这一复杂的整体关系,凸显的是随时间发生的变化。最后,在(4)(e)中,yellow 充当的是物质名词,带上了物质名词量词 a lot of。此处它合指呈现于画布空间的各种黄色区域。物质名词所侧显的事体既无内在边界,也无内在形状,更无需具有空间连续性(如 There's a lot of mud on this carpet(这块地毯上有很多泥巴))。

4.2 名词与动词

CG 提出了一个颇具争议(若不是离经叛道)的主张:基本语法概念可借助语义来描述,不仅在典型层面如此,在图式层面亦然。其典型成员包括植根于经验的概念原型,图式性描述(对所有例子均适用)参照的则是基本的认知能力。这些能力率先反映在原型中,而后扩展至其他例示。这一主张最终的适用范围尚不确定,但对于某些可谓根本而普遍的概念,如名词、动词、主语、宾语及所有格至少是适用的。我们在此关注的是名词与动词。

4.2.1 典型层面

对于名词而言,充当其范畴典型的概念原型是一个实物。对于动词而言,其概念原型涉及参与者在“动力性”(force-dynamic)事件中的能量交互(Talmy,1988a)。两者在我称之为“弹子球模型”(billiard-ball model)的复杂概念原型中均有鲜明体现:

在我们看来,世界由离散的实物栖居其中。这些物体可在空间中移动并彼此建立接触。运动是由能量驱动的，某些物体具有内在的能量源，其他物体则需从外界接收能量。当运动造就强有力的物理接触时，能量即从移动者转移至受影响之物，从而可能引发该物体的运动，参与到下一步互动中去(FCG2:13)。

这一认知模型代表了我们观察世界的根本方式。名词与动词原型在其中扮演的典型角色，与其作为最根本的语法范畴的地位存在着天然联系。

在范畴化中，两个范畴的成员间最大的分化往往体现在典型成员中。由此，在弹子球模型中，典型名词与动词构成了极性对立，在所有基本特征上均截然相背。名词的概念原型如下：

1. 实物是由物质材料构成的。

2. 物体主要存在于空间中，在该域中是有界的，有其自身的处所。

3. 另一方面，物体在时间中可无限期持续下去，在该域中并无固定的位置。

4. 物体在概念上是自主的(**conceptually autonomous**)，因其概念化无须依赖所参与的事件。

在各个方面，动词的概念原型均与之截然对立：

1. 能量互动本身并非物质上的，而是涉及变化及能量转移。

2. 由此，事件主要存在于时间中；在时间上是有界的，有其自身的时间坐标。

3. 相比之下，事件的空间方位更具弥散性和派生性，因其有赖于事件参与者的位置。

4．这是因为事件**在概念上是依存的（conceptually dependent）**；不对彼此互动构成事件的参与者加以概念化，事件的概念化就无从谈起。

这些原型在我们的经验中如此根本而普遍，甚至于我们往往对其漠然置之。不过，这些概念得以生成，还是预设了某些基本的认知能力。有四种认知能力尤为重要：**组合（grouping）**、**物化（reification）**、**把握关系**以及随时间**追踪关系**的能力。毋庸置疑，我们具备这些能力。一旦认识到这一点，借助这些能力，便可对名词与动词范畴作出合乎逻辑的图式性描述。

4.2.2 名词图式

我们的分组能力在基本感知层面体现得淋漓尽致。不妨先看图 4.5(a)。看图时，我们自动感知到两组黑点，左边一组有两个，右边一组有三个。这种组合倾向相当强烈，我们不会只是将五个黑点看作一束，而是存在着特定的聚合模式。同样，不付出额外的心智努力，我将无法按另一种方式组合（如左边三个黑点，右边两个黑点）。

(a)

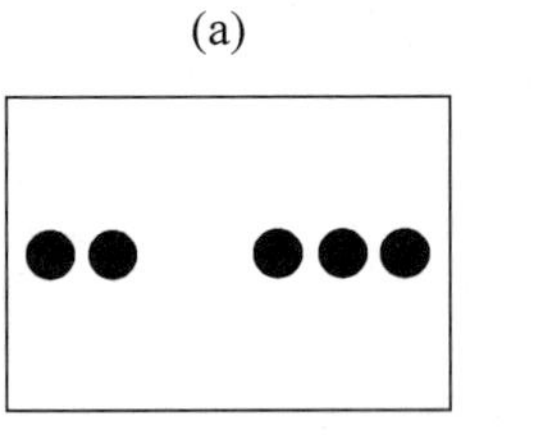

(b)

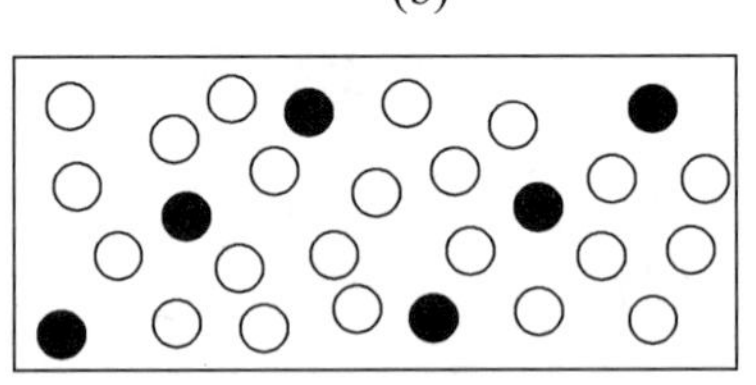

图 4.5

促成分组的因素有几个，主要是**邻近性（contiguity）**与**相似性（similarity）**。[①] 图 4.5(a)基于空间相邻明显构成了两个组，分别含有两个与三个成员。另一方面，图 4.5(b)中的黑点基于相似性自成一组：尽管它们在空间上是混合的，我们可轻易感知到一个含有六个黑点的组，其颜色将它们与更大的白色组区分开来。我们还可基于空间相邻将黑点感知为两组，每组各含三个成员。这种进一步的聚合阐释了一个重要观点，即分组（同许多认知现象一样）可发生在**概念组织的多重维度**。此种情况下，高层基于邻近性的概念自基于相似性的低层组合中浮现出来。

分组的另一个基础是识别出熟悉的构造。关于这类结构的概念化均发端于心理操作中，它们将作为构成成分的实体结合在一起，或在彼此间建立关联。这些相互关联将构成实体挑选出来并确立为一个组。例如，在图 4.5(b)中，左边三个黑点被感知为构成了一条直线，右边三个亦然。对线的感知形成了一个相互关联的操作，两种情况下均强化了基于空间邻近性的组合。关于以此种方式形成的组，一个更复杂的例子是星座。当我们仰望夜空，观察北斗七星时，构成这一星座的星星并不因任何特别的相似性（所有的星星看起来相差无几）、甚至不因空间上的邻近性（因为有其他星星点缀其中）而从群星中凸现出来。它们之所以得以作为一个组浮现出来，原因在于可视为共同构成了一个熟悉的图式性意象。我们对其识别寓于将个别星星彼此相连的心理操作中。

① 相似性或可视为一种抽象的相邻关系（属性空间（quality space）中的相邻，这将在第五章展开讨论）。

一个组一经建立,即可在高层概念化层面充当单一实体。例如,图 4.5(b)中经组合而浮现出的两条线(每条均含有三个黑点)进而被感知为具有平行关系。就这一高层目的而言,它们充当着**单一**实体。对平行关系的判断并不涉及个别的点,而是其所构成的线。这种将整个组作为单一实体加以操纵、用于高层认知目的的能力,我称之为**"物化"(reification)**。因此,在图 4.5(b)中,在对平行关系的感知中,得到的每条线均被视作单一元素,在其他唤起它们的任何概念中亦然(如数线的条数、比较其长度,或观察其倾斜度)。由此,每条线均被物化了。

至此,我们可将**事体(thing)**定义为任何组合及物化的产物。[①]由于后者属于一般的认知现象,并不限于空间或感知,因而在任何域、任何概念组织层次上,事体均可从其构成实体中浮现出来。以 recipe(菜谱)为例。虽说可将其写下来,菜谱本身并不存在于空间中。不过,根据我们的抽象定义,菜谱是一个事体,其构成实体为准备一道菜依次涉及的各道工序。这些工序彼此关联,但因被构想为以一定次序出现,遂得以确立为一个组。由于它们被概念化为一套统一的程序,整体用于菜肴的制作,因而获得了物化。同样,即便 committee(委员会)的构成实体(其成员)从不曾集合在一起,依然有资格称为事体。其组合或物化正是通过协商及致力于共同目的的实现的。另一个性质迥异但仍不失为事体的是 moment(片刻)。作为一个连续的时间段,其构成实体(时间上的

① 我也曾将事体定义为某一区域(region),可抽象描述为一系列相互关联的实体,与此处给出的定义是对等的(FCG: § 5.2)。由于略去了这一中介概念(及其包括的空间隐喻),此处给出的定义稍嫌累赘。

点)基于时间临近性得以组合。通过被构想为时间经验的一个单位,这一组合获得了物化,尽管整个持续时间不过片刻而已。

经组合与物化生成的事体,本身又可充当高层事体的构成实体。通过这些心理操作的连续运作,便可及至位于任何概念组织层次上的事体。例如,plate(盘子)是一个事体,a stack of plates(一摞盘子)同样是一个事体,是通过将此类物体依次叠加得到的。倘若四个这样的摞按某种构造排列在一起,即可感知为一个square(正方形)。一系列这样的正方形又可置于一起,形成一个row(排)。而想象数排平行排列,便造就了three parallel rows(三个平行的排)的概念,其本身又可视为单一的array(方阵),如此以至无穷。尽管如(5)这样的表达式相当复杂,但并未造成特别的概念问题(它完全可作为现代美术作品的目录)。

(5) an array of three parallel rows of squares each consisting of four stacks of plates
(由三个平行的排构成的方阵,每排包括四摞排列成正方形的盘子)

更为抽象的情况是,一个体育league(联盟)可包括两个conference(联合会),每个conference(联合会)有三个division(分组),每个division(分组)又有数个team(队),而每个team(队)又由一些player(队员)构成。

在对事体作了较为专业的定义后,接下来,我们可以比较成熟地考虑CG关于**名词侧显事体**的基本主张了。可以表明,这一图式性描述是切实可行的。首先可以注意到,许多指称多个可单独识别成分的名词,可直接置于这一范畴下。此处仅举一些有代表性的例子:group(组)、set(集合)、pair(对)、collection(集)、stack(摞)、team(队)、orchestra(管弦乐队)、row(排)、archipelago(群岛)、trio(三人组)、constellation(星座)、list(清单)、association(协会)、library(图书馆)、silverware(金属餐具)、repertoire(全部节目)、herd(一群(牲畜))、flock(一群(禽类))、colonnade((一列)柱廊)、tribe(部落)、family(家族)、bunch(一束/串)、alphabet(字母表)、chord((乐器的)弦)、squadron(中队)、forest(森林)、six-pack(六包)、deck [of cards](一副[纸牌])、choir(合唱团)、[offensive] line([进攻]路线)、colony(移民区)、place setting(排名)、litter [of kittens](一窝[猫仔])、fleet(车队)、triptych(三幅相连的图画或雕刻)、convoy(护运车队)、lexicon(词库)、audience(听众)。对于这类名词而言,我们所主张的描述——在高层概念组织层次上,构成实体经组合、物化而构成单一实体——看来不仅是切实可行的,也是完全必要的。

倘若该定义对于此类例子是成立的,对于指向实物的所谓典型名词又当如何?这里似乎遇到了问题,因为我们并不将 rock(石头)、board(木板)、mattress(垫子)、cat(猫)或 potato(番茄)视为一个组。其构成实体是什么?这一点同样不甚明显。[①] 然而,怀疑该定义有问题,本身即是有问题的,因为一个定义要是有效的

① 成分实体不应等同于部分。许多物体均无可识别的部分,所谓的部分充其量只能参照整体加以描述,但反之则不然(§3.2.3)。

话，用于典型成员应当是丝毫不成问题的。困难不过是表面上的。事实上，我们有充分理由表明，构成实体的组在典型成员中是最不明了的。

所谓事体，即在高层概念组织中充当单一实体的一系列相互关联的实体。关键在于，事体（如§4.1.3部分定义的那样）无需是离散的、具有认知显著性，或可单独加以识别。因此，即便是某个连续的呈同质效果的物体，如board（木板），同样可看作具有构成实体，而不失描写上的一致性。或可将其视为大片的木头，其数量不定，划界任意，共同占据其所波及空间的整个范围。木板包括此种物质构成的一大片连续区域，这在其概念中显然具有核心地位。[①] 对这一连续性加以把握，并在每个点上捕捉到物质的存在，这一行为本身足可将构成实体彼此关联起来，并确立为一个组。这并不意味着任何加工层次上均存在离散化倾向，从而将木板感知为彼此分离的成分构成的聚合体。可以说，正因其缺乏个体化，实物才成其为典型。它们代表了这样一种特殊情况：组合与物化趋于自动化，因而构成实体无法再为意识所企及。只有当这些操作扩展至其他情况，即不再自动发生时（即便不是非典型情况），其效果才可为我们察觉到。

因此，对于实物而言，在意识层面占主导地位的是单一实体的概念，它是组合与物化的产物。典型物体兼具连续性与明确的空间边界。不过，两种属性在事体的抽象定义中均未作说明，因而缺

① 我们可以猜测，其概念的这一面寓于某种心理扫描之中（处于有意注意层面之下），其作用在于捕捉木板的整个空间分布中物质的连续性（FCG1：§3.1）。

乏这些属性的物质同样有资格称为事体。由此，这一范畴图式囊括了典型情况下指称物质的物质名词。尽管物质可在空间中得以呈现，本质上我们是从质的方面对其加以界定的。当然，一类物质的任何例示，如一个水坑，均可以是连续的、有界的，并呈现出一定的形状。然而，这些空间属性对于识别这一物质并非必不可少，也不明确蕴含在物质名词的意义中。即便周围全部为水所包围，看不出明确边界，我们依然可识别出水。同理，彼此分离的水坑无法识解为该物质的单一例示，如 all that water on the floor（地板上那一摊水）这一表达式中的情况。这些离散的水滩在空间上是不连续的，但却基于质的相似性构成了一个组。[①]

当然，这一图式性描述还需囊括多种指向抽象实体的名词。有些会在第五章谈到（另见 FCG2：§1.2）。这里我只说明一点：我所主张的图式并不直接参照物理实体，仅仅参照认知能力，因而将其用于抽象事体并不存在内在困难。诚然，这种看法并不足以表明，名词图式就其本身而言是正确或充分的。虽说如此，鉴于主流观点认为语法范畴无从参照语义来定义，存在一种看似可行的主张本身就是很有意义的。至少它或许证明，原则上讲，从语义角度对名词作出描述是不无可能的。

4.2.3 动词图式

动词图式预设了两种根本的认知能力：把握关系的能力及随

① 与之十分接近的是 yellow（黄色）的物质名词义，如 There's a lot of yellow in this painting（这幅画用了很多黄色颜料），如图 4.4(e)所示。其构成实体是数量不定的一块块颜色，基于相似性它们作为一个组得以浮现（投射至颜色空间的同一区域）。

时间追踪关系的能力。这些能力相当基本且显而易见，因而对其加以论证显得多此一举。尽管如此，还是涉及一些细节需要展示。

在最基本的意义上，把握某一关系涉及将多重实体概念化为同一心理经验的一部分。它们应共同置于单一的处理“窗”中（无论是通过回忆、想象，还是直接观察）。同时需要的还有某种兼涉两者的心理操作，从而在其间建立某种关联。以对两个声调的感知为例。如果听到两者的时间间隔为一小时，它们几乎必定构成了彼此独立、毫不相干的经验。[①] 然而，如果间隔时间仅有一秒，我们难免会通过某种心理评估将两者关联起来。例如，我们可能会注意到，第二个声调比第一个更高，或者持续相同的时间，或者仅仅是彼此相邻。因此，我们感知到两者并非彼此分离，而是相互关联。

两个实体被感知为**彼此关联**，是通过连接两者的心理操作实现的。因此它们隐性地构成了一个组，即一系列相互关联的实体。这与对事体的描述所用的是同一套概念。问题即在于，当前所作描述能否恰当区分事体与关系。事实上这一点是可以做到的，因为其他因素如聚焦与物化也参与进来。当实体彼此关联时，我们既可聚焦于将其关联起来的操作，又可聚焦于由此建立的组。聚焦于前者时我们概念化的是一个关系。聚焦于后者时我们概念化的则是一个事体，并将其识解为服务于高层目的的单一实体。

同事体一样，关系也可在多重组织层次上加以把握，每个层次

① 自然，如果第一个声调经回忆得以再度被激活，所有声调即可同时被感知。这通常仅在心理学实验中才能发生。

上浮现的组均可潜在地被聚焦或物化。回顾一下图 4.5(a),我们不能单纯将其看作一些点的集合。通过评估其邻近性,我们自动地将左边两个点、右边三个点分别连接起来,并将其确立为两个组。在更高组织层次上,我们可能会注意到,两个组大小不尽相同,或在垂直轴上占据相同位置。在图 4.5(b)中,在数个层次上存在着显著关联:某些点因颜色相同而从背景中凸现出来;在由此建立的组中,次组通过对空间邻近性的评估得以浮现;在对每个次组加以扫描时,将各点连接起来的路径被视为一条直线;最后,由此感知到的数条直线被判断为具有平行关系。

此种关系是**简单的(simplex)**,因其各自包含一个单一构造,在单一时间点上即可完整呈现出来。我们同样可以对**复杂(complex)**关系加以把握,它们包含多个成分关系,通常在连续的时间段中循序渐进地呈现(图 4.1)。事件概念具有这种特征。不妨想象一个简单的(而非复杂的)事件,比方说一个球沿斜坡滚下,如图 4.6 所示。该事件随时间推移而展开。在每一时刻,球占据空间中某一位置,但每一时刻各不相同;这些位置共同界定了球的空间路径。每一时刻得到的情景构成了一个简单关系,即球占据特定处所的简单构造。整体事件包含数量不定的这种关系,因而是复杂的。

在经验上,把握事件类似于观看动画片,而非欣赏一叠静态的照片。事件概念是连续而非离散的,即便每一时段仅包括一个简单关系,情况也不例外。这些成分关系(可称之为**"状态"(state)**)既未实现个体化,也未在有意注意层面获得单独观照。我们将事件概念化为持续不断地展开,每一状态均从前一状态自然发展而

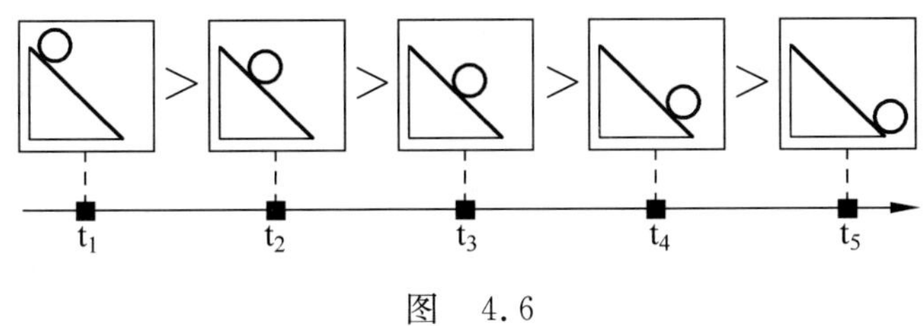

图　4.6

来。在图 4.6 中，这种连续性以楔形（>）标记（这抵消了静态图解所暗含的离散性）。

在事件持续不断的展开中，其成分状态（简单关系）与构成实体的物质片段颇具共通之处。其成分实体未能实现个体化，结果是物体与事件均被感知为连续的。① 对连续性的感知意味着某种心理操作，用于记载成分实体连续不断扩展开来的情况，可不无恰当地形容为**“扫描”(scanning)**。正是通过扫描（对物体而言是沿空间，对事件而言则是沿时间），其构成片段或状态得以整合，从而造就了空间或时间延展性的完整概念。伴随事件的扫描构成了我们随时间追踪某一关系的能力。

此处的关键是先前关于**表征时间(conceived time)**与**加工时间(processing time)**的区分（参见 § 3.4.2）。图 4.6 中的箭头代表表征时间(t)，即作为概念**客体(object)**的时间。每当对事件（其本质上是在时间中呈现的）加以概念化时，我们即可感知到时间。当然，由于概念化是一种心理活动，因而**于**时间中发生，并持续一定的时间段。充当概念**媒介(medium)**的时间被称为“加工时间”

① 这些评论涉及的是低层次的加工，其成分实体是基础性的。不可否认，许多物体均有可识别的部分，许多事件甚至有可识别的阶段。这些成分有可能在更高的概念组织层次上得以浮现。

(T)。对于每个概念——即便是静态场景概念,其发生均需一定的加工时间。自然,两种时间在事件概念中均扮演着某种角色。当我们随时间追踪某一关系时,这一追踪发生于加工时间中,事件则发生于表征时间中。

现在我们将前一个图加以细化,以同时囊括表征时间(t)与加工时间(T)。图 4.7 中再度描述了对球滚下斜坡的概念化情况。概念化活动本身发生于加工时间 T_1-T_5。每个较大的矩形对应于在特定时刻活跃的概念,即球在特定时间点上占据特定位置。这些点共同构成了表征事件发生的时间段 t_1-t_5。①

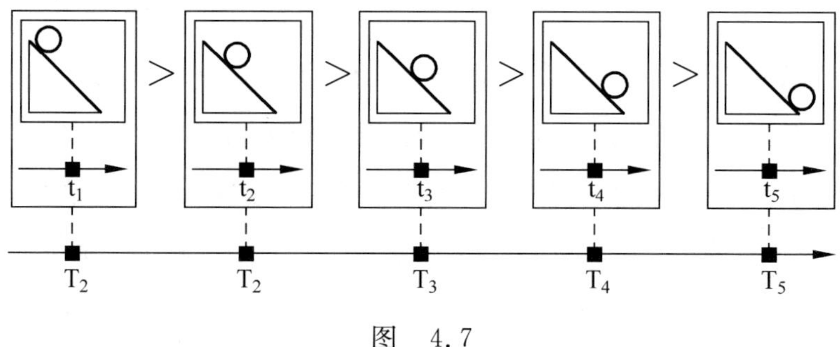

图 4.7

我们对事件加以概念化的途径之一,是直接观察其实际发生的情况。此种情况下,表征时间与加工时间的区分或许是多此一举,因为两者的时间段彼此重合。倘若图 4.7 代表的是实时观察到球滚下斜坡的实际情况,概念化发生的时间段(T_1-T_5)恰恰是事件发生的时间段(t_1-t_5)。然而,对实际事件的直接观察,不过是构成语言表达式的概念基底的诸多观察格局之一(§3.4.1)。

① 涉及图解中应标记多少成分状态及时间点,同样并无一定之规,因为概念化实际上是连续的。

不妨假定，图 4.7 中的概念化或是涉及追忆往事，或是想象将来之事。此种情况下，概念化的时间与事件的发生时间迥然不同。它们甚至在持续时间上也有所不同：对某一事件加以概念化所需的时间，与事件实际发生所需的时间完全是两码事。

由此，原则上我们需将事件的概念化时间与事件的发生时间区分开来，即便在两者恰好完全重合的情况下。对于 T_1 — T_5 与 t_1 — t_5 是否代表相同时段，其持续时间是否相当，图 4.7 中的标记法中并不作说明。关键在于，成分状态沿处理时间被心理通达的顺序，与其沿表征时间发生的顺序完全一致。该图进而表明，在特定加工时刻，仅有一个成分状态被强烈激活。更专业的表述是：成分状态在加工时间中是有序通达的，由此，在给定时刻 T_i，唯一处于焦点的状态是在相应时刻 t_i 呈现的状态。这相当于事件随时间展开时，在心理上对其加以追踪，即沿时间轴对事件加以有序扫描。相应地，可称之为**“顺序扫描”(sequential scanning)**。

顺序扫描看似神秘，实则司空见惯。事实上，每当我们观察某一事件时，即是在进行这种扫描。不妨假定我们实际观察一个球滚下斜坡的情形。在实时观察中，任一时刻我们看到球所处的位置均有所不同。我们对这些成分状态的通达顺序，必然与其在时间中的呈现顺序完全一致。顺序扫描因而寓于这种观察格局中(但并不限于此)。倘若某一关系随时间展开，对其加以把握的最自然途径，即是按此种方式沿时间对其加以追踪。因此，无论是对观察到的事件，还是回顾或想象的事件，顺序扫描均是适用的。

但我们还可按另一种方式观察事件，如图 4.8 所示。在这种扫描方式中，实际情况不再是在加工时间的特定时刻，仅有一个成分状态被聚焦。尽管各状态依旧按其自然顺序通达,但经历了**总括(summation)**;即是说,它们在心理上被叠加,从而得以同时激活。因此,在加工时间的每一时刻 T_i,被聚焦的概念包括沿表征时间段 $t_1 - t_i$ 扫描至此遇到的所有构造。最终结果是,所有成分状态同时处于活跃状态,同时在场。它们构成了单一的格式塔,可比作多次曝光的照片。我们具备**总体扫描(summary scanning)**的能力,这是毋庸置疑的。例如,每当我们观察物体移动(如绿地上滚动的高尔夫球),而后用一条线及对应的球形对其轨迹加以表征时,总体扫描即告发生。的确,电视转播有时对球在每个位置的意象进行连续叠加,将这种总括效果明确呈现出来,直至最后一个图片显示球同时处于所有位置,正如图 4.8 中的情况。

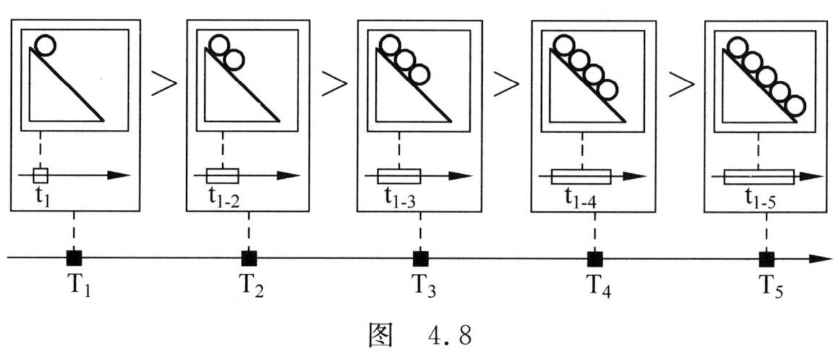

图 4.8

顺序扫描与总体扫描不应被看作彼此相斥,它们是对事件的常态观察的两个方面。顺序扫描代表了实时观察经历的实质:在任一时刻,仅有一个成分状态可以通达。当我们对某一事件加以有序观照时,各个状态在短时记忆中得以留存,生成了一个稍纵即逝的记录,随后又可以总体方式通达。因此,在对事件加以概念化时,可以选择性地聚焦于任一种扫描方式。我们既可凸显其内在的有序性，又可施加某种整体性识解，这取决于哪种方式占主导地位。

“过程”（process）一词用于某种复杂关系随表征时间展开，而后沿该轴加以顺序扫描的情况。这一描述不仅参照了图式性的概念内容（一个随时间展开的复杂关系），还参照了特定的心理通达方式（顺序扫描）。因此，同一内容既可识解为过程性关系，又可识解为非过程性关系，这取决于其通达方式是顺序扫描（图 4.7）还是总体扫描（图 4.8）。CG 的一个基本主张是：**动词侧显某一过程**。由此，顺序扫描即意味着被范畴化为一个动词。[①] 当同一内容以整体方式加以观察时，得到的便是另一语法范畴（如不定式或分词）。

4.3　关系表达式范畴

名词与动词的典型——实物与能量互动——在弹子球原型中呈最大化对立（§4.2.1）。观察图 4.1 就会发现，名词图式与动词图式构成了极性对立。这些图式分别基于不同的认知能力之上（组合与物化-把握及追踪关系）。其对立在于显面的性质（事体-关系）、阐释度（简单-复杂）以及扫描方式（总体扫描-顺序扫描）。两极之间还存在着中间范畴，它们有别于名词，因其侧显关系；同时也有别于动词，因其是非过程性的。接下来，我们需考虑对这些

① 在类似图 4.1(e)中，沿时间轴的标杆代表顺序扫描。对该关系依次加以追踪所经历的时间段可称为“时间显面”（temporal profile）。（我承认这一概念可能带有误导性，因为动词并不侧显时间段本身，而是其中加以顺序扫描的关系。）

中间范畴加以描述及分类，它们分别对应于传统上的介词、形容词、副词、不定式及分词范畴。

4.3.1 焦点参与者

在语言成分中做出所有必要的区分，并捕捉到所有重要的相似性，没有任何单一的分类系统可做到这一点。范畴化可基于不同标准，由此产生相互交叉的范畴，这些范畴并行不悖，均不乏有效性。用于描述名词与动词的要素可自然分出一些类别（类似音系学中的“自然范畴”），这种分类与传统范畴并无重合之处。其中一类为侧显关系的表达式，既包括动词，又包括指向非时间性关系的表达式。后者本身同样构成了一个自然范畴，同样自然的还有基于总体扫描的范畴（涵盖动词以外的所有词类）。对于这些分类，均可找到某些证据。

对于关系表达式而言，分类的另一个基础是焦点参与者的数量和性质（§3.3.2）。一个被侧显的关系可在不同突显层面上对其参与者加以识解。通常有一个参与者充当首要焦点，即被定位、被评价或被描述的实体，可称作**“射体”（trajector，tr）**。此外，通常存在一个次要焦点参与者，可称作**“界标”（landmark，lm）**。[①] 最初

① 由于对关系的描述（§4.2.3）并未明示彼此关联的实体的焦点突显，某些关系表达式完全可分析为含两个以上焦点成分，或是不含焦点成分。前者如动词 give（给），它仅与两个具有宾语特征的名词短语共现，如 She gave us a kitten（她送给我们一只小猫）（§11.3.3）。后者如柯拉语（犹他——阿兹特克语系的一种墨西哥语）中出现在无主句中的某些动词：nyeerii‘全部点燃了’、suuna‘水倒出来了’、tyee‘很长’、kun‘空的’（CIS：第二章）。（CIS 系 Langacker 1990 年出版的《概念、意象、符号》一书（Langacker, R. W. 1990. *Concept, Image, and Symbol: The Cognitive Basis of Grammar. Cognitive Linguistics Research 1*. Berlin: Mouton de Gruyter.）（下同）——译注）

采用这些概念纯粹是基于语义上的考虑。对于区分许多成对出现的、语义大致相当的表达式，如 above 和 below（图 3.9），这些概念是必不可少的。因此，射体-界标组织寓于关系表达式的意义中，即便被聚焦的成分并未获得显性表述。例如，动词 swallow（吞咽）兼有一个射体（吞咽主体）和一个界标（被吞咽物），这是其内在语义结构的一部分。在 He swallowed it（他吞下了它）这样的句子中，两者分别是由主语和宾语代词加以明示的。然而，即便在主语及宾语名词短语缺失的情况下（如 Swallow it!（吞下它！）；the pill he swallowed（他吞下的药片））动词本身依然图式化地唤起这些参与者，并为其赋予焦点突显。

因此，对关系表达式进行范畴化的依据之一，是它们含有一个还是两个焦点参与者（本质上为射体）。对于仅涉及一个参与者的关系的情况，并无任何自相矛盾之处。§4.2.3 部分所做的抽象表述，仅仅说明了关系涉及彼此关联的情况。由于并未规定相互关联的实体必须是显著的、明确的，甚至是个体化的，“单参与者关系”的说法是完全合乎逻辑的。例如，动词 rise（升起）指射体自下而上移经空间的某一过程。所侧显的关系包括一个在任一时刻占据某一空间位置的射体，以及这一位置如何随时间而改变。但与移动者有所不同的是，这些处所既未被个体化，又未被挑选出来独立充当焦点。同样，诸如 pretty（漂亮的）、tall（高的）或 stupid（愚蠢的）的形容词将其射体置于某一量级上，代表其呈现某一特征的程度。此时仅有一个焦点参与者，因形容词本身既明示其属性，又明示其在量级上的位置。两者均未被识解为需单独识别的、独立存在的实体。

当所侧显的相互关联存在于射体本身的不同方面(而非射体与另一独立界标之间)时,关系表达式同样仅含一个焦点参与者。以形容词 square(方形的)为例,它描述的是其射体呈现为特定的形状。对这一形状的概念化,发端于一系列考量各部分之间关系的心理操作中,如存在四条边、每条边均是直的、对立的边相互平行、相邻的边构成垂直关系,且所有的边长度相同。这些概念共同造就了所侧显的关系,体现于单一参与者内部。这一参与者(形容词的射体)与 square 用作名词时侧显的是同一成分。如图 4.9 所示,名词与形容词具有相同的概念内容,同时涉及一个事体与有关其形状的说明。其差异仅在于在这一基体内部侧显的内容:名词侧显的是事体,形容词侧显的则是对其构造的评估(图中两者均由虚线箭头表示)。

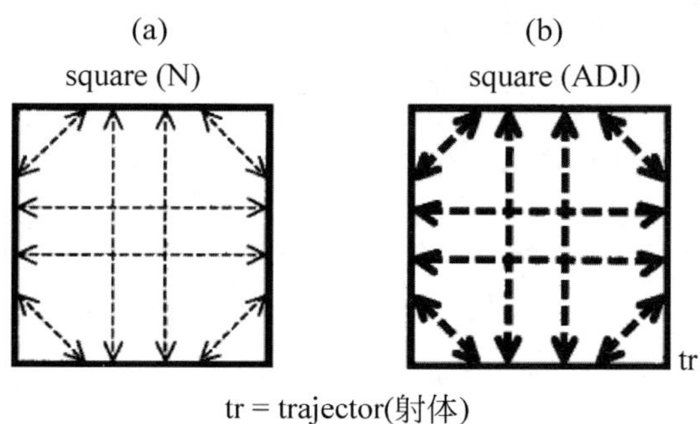

图 4.9

关系在概念上依存于其参与者;它唤起参与者的概念(即便仅仅是图式性的)作为自身概念内在的一部分。因此,所侧显关系中的焦点参与者本身即是关系性显面的一部分,如图 4.9(b)中 square 的情况。需要牢记的是,焦点突显是识解的一个维度,涉及情景的构想及描述方式，而非情景中客观可感的东西。因此，同一情景通常可由不同表达式加以描述，从而将焦点突显赋予不同成分，甚至是处于不同概念组织层次的成分。例如，(6)中的句子均可用于描述同一事件：

(6) (a) The bride hugged the groom.
(新娘拥抱了新郎。)
(b) The groom hugged the bride.
(新郎拥抱了新娘。)
(c) The couple embraced.
(夫妻相互拥抱。)

即便新娘与新郎的参与度是相同的，说话者依然可有不同的选择：或聚焦于新娘的行为，由此生成(6)(a)；或聚焦于新郎的行为，由此生成(6)(b)。这一差别如图 4.10(a-b)所示，其中标记为 B 与 G 的圆分别代表新娘与新郎，双箭头代表施力情况。选择任何一方作为射体(首要焦点参与者)，即意味着选择其行为作为侧显的过程(此种情况下，另一方充当界标)。不过，说话者应留神因妄加选择而被指责为有性别歧视倾向。更保险的选择是(6)(c)，如图 4.10(c)所示。这里，所侧显的过程不仅包括两人的行为，还包括将其描述为对称的情况。由此，射体地位并不单独赋予任何一方，而是双方所在的整个组。这个组——浮现于更高概念组织层次上的事体——是所侧显的关系中唯一的焦点参与者。[①]

① 这是所侧显的关系存在于单个焦点参与者内部的另一种情况。

(a)

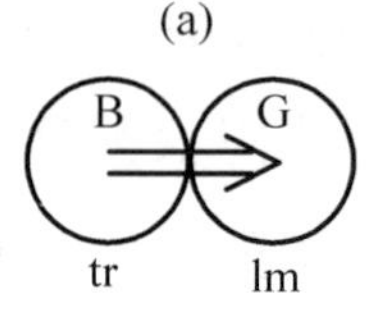

(b)

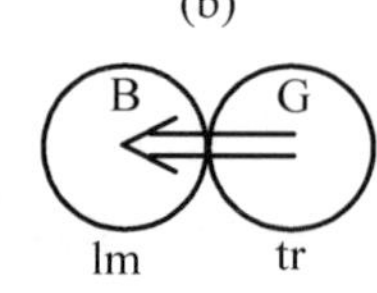

(c)

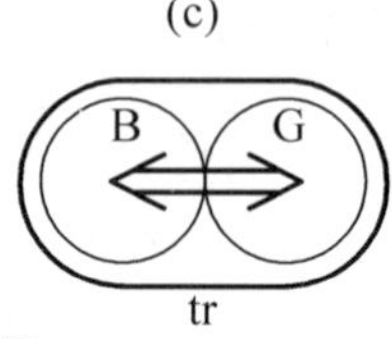

B = bride(新娘); G = groom(新郎)
tr = trajector(射体); lm = landmark(界标)

图 4.10

因此,一个关系中被聚焦的参与者并不限于任何特定的概念组织层次,同样也不限于事体:关系表达式的射体或界标本身即可为某一关系。(7)中粗体标记的成分表明了各种可能情况。在(7)(a)中,in 的射体是一个过程,由从句表达式 their baby was born 加以例示。(7)(b)中 intend 的界标是由 to complain(一个指向某一复杂的非时间性关系的不定式)加以明示的。在(7)(c)中,before 的射体与界标均为过程,分别由从句 the guests all left 与 she got there 加以表达。

(7) (a) Their baby was born **in July.**
(他们的孩子是**七月间**出生的。)
(b) I **intend** to complain.
(我**得**发发牢骚。)
(c) The guests all left **before** she got there.
(她赶到那儿**之前**,客人悉已离去。)

焦点参与者对于描述几种传统的词性至关重要,包括形容词、副词及介词。每一类均侧显一个非过程性关系,三者间的区别在于各自的射体-界标组织,如图 4.11 抽象描述的情况。形容词与

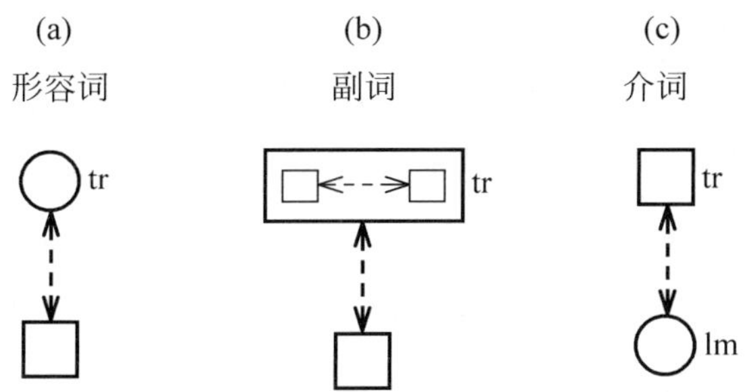

图　4.11

副词均不同于介词,仅有一个焦点参与者(有一射体,但无可聚焦的界标)。两者间的差别则在于射体的性质:对形容词而言是事体,对副词而言则是关系。相比之下,介词有两个焦点参与者,其界标为一个事体。由于介词的射体既可为事体,又可为关系,我们将其图式化地描述为实体(由矩形表示)。①

传统上认为,形容词修饰名词,因而其射体是一个图式性的事体,由被修饰名词做出具体说明。例如,在 square tablecloth(方形的桌布)中,tablecloth(桌布)对 square(方形的)的图式性射体加以阐释。形容词所侧显的关系存在于其射体与某一实体之间,出于某种原因,该实体未能作为独立的、被聚焦的参与者凸现出来。原因可能在于,该关系存在于射体的各部分之间,如 square 即是如此(图 4.9)。另一种情况是,非射体实体可能是抽象的,完全由

① 同样,这些传统范畴对 CG 而言既非根本性的,也非必不可少,不过 CG 可望揭示出其概念上的一致性,正是这种一致性使其在语法描写中大有用武之地。这些描述是为基本词汇范畴量身定做的,因而要将其拓展至传统标记用于的所有现象,免不了要做一番调整。

形容词本身加以明示。程度形容词如 tall(高大的)将射体在某一量级上加以定位,表明该射体多大程度上表现出某种属性。颜色形容词如 yellow(黄色的)将某一事体与颜色空间的特定区域相连,如图 4.4(c)所示。此种情况下,形容词本身对非射体实体(某一量级区域或某种质地)加以唯一认定,后者既不具有独立显著性,也未被单独聚焦。

传统上,副词被界定为修饰动词(如 work **fast**(干活儿**很快**))、介词(**directly** into the fire(**径直**冲进火海))、形容词(**exceedingly** handsome(英俊**无比**)),或另一副词(**almost** excessively brilliant(**简直**聪明过头了))。这些正是被描述为侧显关系的(过程性的或非过程性的)基本范畴,因而在 CG 中构成了一个自然组。图 4.11(b)中的标记法意在表明某一关系充当射体,对关系所属类型则不予说明。副词与形容词间的微妙差别从 work **fast**(干活儿**很快**)与 **fast** worker(**快**工)的对立中可见一斑。两种情况下,fast(快的)均将某一活动置于某个量级的正轴上,对其实施效率加以评估。两者的唯一差别在于,副词将焦点突显(射体地位)赋予行为本身,形容词则将其赋予行为者。[①]

与形容词及副词有所不同的是,介词对其射体的性质不作区分。该范畴的特别之处在于,它将次要焦点突显赋予某一事体。这一界标是由介词宾语表达的(如 in **August**(**八月**间);under **the bed**(在**床**下);with a **screwdriver**(用**螺丝刀**))。通常情况下,同一

---

① 必须承认,只有相对于行为者参与的活动,才能对其速度加以评估。这一活动对行为者在量级上的定位中起着中介作用,是其相对于所侧显关系的活跃区(active zone)。

介词兼有“形容词”用法与“副词”用法。就前者而言，射体是某一事体（**the last weekend** in August（八月的**最后一周**）；**the dust** under the bed（床下的**灰尘**）；**a boy** with a screwdriver（手拿螺丝刀的**男孩**））。就后者而言，射体是某种关系（**They got married** in August（他们八月**成婚**）；**It's hot** under the bed（床下**很热**）；**She opened it** with a screwdriver（**她**用螺丝刀**撬开了它**））。这种交叉现象是我们认为传统范畴划分不甚理想的原因之一，因其将形容词、副词与介词视为截然相斥的范畴。

4.3.2　复杂关系

介词侧显的关系既可以是简单的，又可以是复杂的。就空间表达式而言，简单介词明示单一处所：in the garage（车库里）；under a tree（树下）；near the exit（出口附近）。与之相对，复杂介词描述一系列相当于某一空间路径的处所：into the garage（进到车库里去）；along the river（沿河）；through a tunnel（穿过隧道）。一个具体例子是 in（在……内）与 into（进到……内部）的区别，如图 4.12（a-b）所示。由于 in 侧显的是单一的空间构造，因而仅有一个成分状态。相比之下，into 的显面包括多重构造，因而构成了一系列连续状态（图中仅表示出了三个）。表示对应关系的虚线表明射体始终保持不变，界标亦然。需要注意的是，in 所侧显的单一构造与 into 的终态完全相同。

由于动词侧显的关系同样是复杂的，我们必须回答这样一个问题：动词与路径介词的差别何在？其差别不可能仅仅在于概念内容，因为两者在这方面有时并无二致。例如，在某些用法中，动词 enter(进入)似乎与介词 in 及 into 具有相同的内容,如图 4.12(c)所示,其成分状态与图 4.12(b)中的完全相同。在 CG 的分析中,两者的关键差别不在于内容,而在于识解。动词对内容的识解是**时间性的(temporal)**,介词对内容的识解则是**非时间性的(atemporal)**。这体现在两个方面:首先,动词明确唤起表征时间(t),并将复杂关系描述为沿该轴展开。虽然时间维度并未排除在介词意义之外,但并不被聚焦——它仍处于背景位置,甚至于完全消失。[①] 其次,动词凸显时间性,这是通过对成分状态加以顺序扫描实现的(由沿时间轴的标杆表示)。介词实现的则是总体观照,这是通过对其加以总体扫描实现的(比较图 4.7 与图 4.8)。

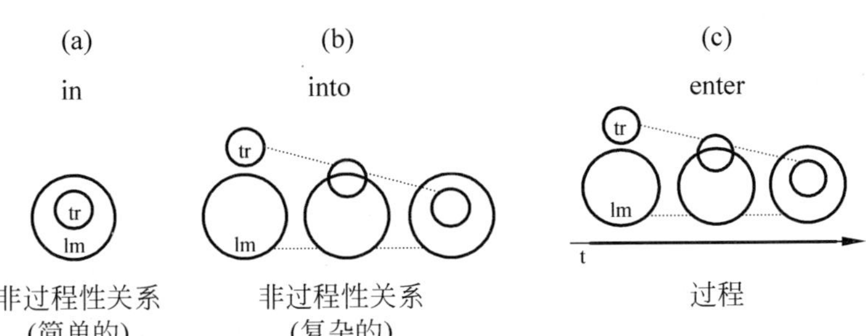

图 4.12

侧显复杂关系的表达式并不限于动词及路径介词。具备此种特征的还有某些传统上称之为"分词"(participle)与"不定式"

① 在 the road into the forest(通往森林深处的路)之类的表达式中,沿空间展开的射体(路)同时占据界标中明示的所有位置。此处并不存在随时间的进展情况,因为整个空间构造在任一时刻均是一目了然的。(该表达式的确往往唤起某物沿该路径移动的概念,但仅仅是微弱的,并未被侧显。)

(infinitive)的成分。[①] 在英语中，这些包括(8)中所列的几类表达式：to 不定式(如 to enter)、现在进行时(finding)、出现在完成体及被动式中的过去分词(前者如[have] painted，后者如[be] demolished)。

(8) (a) The firemen tried **to enter** the burning building.
(消防员试图**进入**熊熊燃烧的大楼。)
(b) They kept **finding** errors in the manuscript.
(他们在稿件中不断**发现**纰误之处。)
(c) I have already **painted** the fence.
(我已经**粉刷过**篱笆了。)
(d) The building was completely **demolished** by the explosion.
(大楼在爆炸中悉**被摧毁**。)

我们可暂将注意力限于不定式。类似 to enter 这样的不定式短语意义何在？尤其是它何以一方面与动词 enter 构成语义对立，另一方面又与介词 into 构成语义对立？两者在概念内容上并无明显差异，其成分状态完全相同，如图 4.12(b—c)所示。因而其对立必然在于识解，其中时间性是一个相关因素。然而，仅将 to

① 实际上，分词与不定式种类繁多，且同一形式通常可充用不同范畴。因此，目前讨论的情况并不适用于所有带这些传统标记的成分。

enter 描述为时间性的或非时间性的是不够的，还需能够将其与 to enter 及 into 区别开来。不过，有一个现成的解决办法。由于动词在两方面有别于介词——一方面是明确具体地唤起表征时间，另一方面是沿该轴进行顺序扫描——不定式可视为处于中间状态，一方面类似动词，另一方面类似介词。由于不定式自动词派生而来，其成分状态显然是参照时间加以观照的。因此，其非时间性必然源自扫描方式。显而易见的是，不定式 to 将总体扫描加在动词上。因此，不定式 to enter 保留了 enter 的成分状态，仍将其视为随时间展开，但以总体方式加以扫描。除时间轴上代表顺序扫描的标杆被移去之外，其图解与图 4.12(c)并无不同之处。

由于被称为不定式及分词的各种成分均源自动词，因而动词词干所指向的过程在其意义中处于显著地位。它们的共享特征还进而包括将总体扫描加在动词性过程上。因此，这一派生结构代表概念组织的更高层次，是非过程性的。尽管不定式与分词均以动词为基体，但本身并非动词。典型情况下，它们侧显的是非过程性关系。

不定式形式在语法上充当名词的情况也不鲜见。例如，to 不定式所出现的某些环境(至少可以说)是名词性表达专用的：

(9) (a) **To complain** would be futile.

(**发牢骚**是无济于事的。)

(b) What I really want is **to live forever.**

(我真正想要的是**长生不老**。)

作为名词，其所侧显的事体可视为动词性过程的概念物化形式。①

在CG关于基本范畴的描述框架内，这种扩展至名词性用法的情况是相当直接的。事体与非过程性关系代表了一种自然组合，因为两者均将某一情景加以整体识解。因此，由不定式或分词标记施加的整体观照，构成了从动词派生出名词的两大要素之一。另一必要条件是将显面从关系转移至事体。不妨假定不定式或分词经历了这一转移。若无附加标记显示这一点，同一形式侧显的将是事体，从而被归入名词范畴。这种做法既不无道理，又不无可能。显面的隐性转移，正是我们称之为**“转喻”(metonymy)**的无处不在的语言现象(§3.3.1)。

这些步骤可抽象表示为图4.13。② 图(a)代表一个过程。其显面是一个复杂的被顺序扫描的关系。图(b)表明派生不定式或分词时作出的微调：赋予总体扫描(由时间轴上标杆的缺失来标记)。这本身并不意味着显面的变化。不定式或分词仍可侧显包含动词性过程的所有成分状态的复杂关系，如例(8)。不过，总体扫描确实构成了名词化的关键一步。另一步是将显面转移至某一事体，它既可以是初始过程的某一参与者，又可以是过程本身的概念物化。后一种情况如图(c)所示。

① 更明显充当名词短语的是携带所有格的标记为 -ing 的分词：**Your being so stubborn** really complicates matters(**你这样顽固不化**，实在是把事情复杂化了)；The judge's leniency was attributed to **his having a clean prior record**(法官对他从轻发落，这是因为他**尚无前科**)。这些成分侧显的同样是由物化而来的抽象事体。基于分词的名词并非对过程的物化，其所侧显的往往是某一过程的参与者。英语中这种策略的运用可谓凤毛麟角(the damned(该诅咒的)；his betrothed(他的订婚对象))。

② 按照本卷中的惯例，为简化图解起见，对应线从略。我们假定关系参与者在所有成分状态中是同一的。

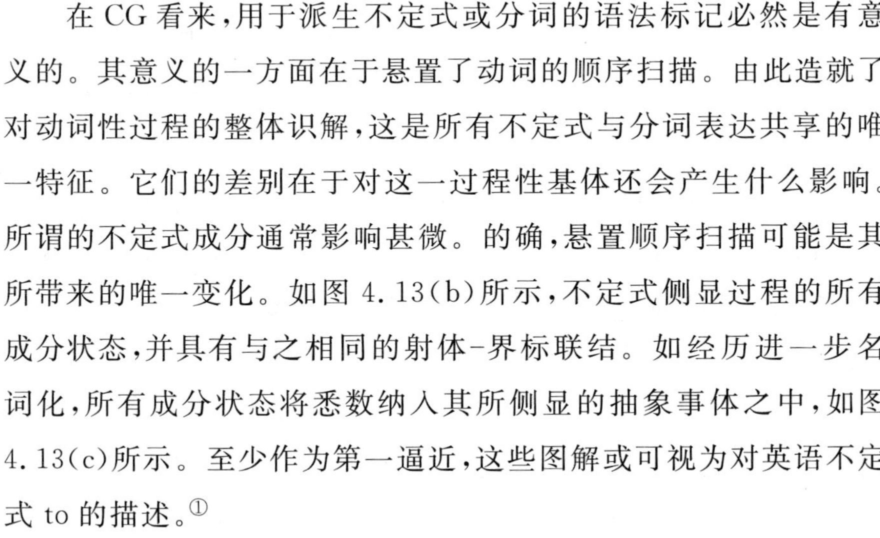

图 4.13

在 CG 看来,用于派生不定式或分词的语法标记必然是有意义的。其意义的一方面在于悬置了动词的顺序扫描。由此造就了对动词性过程的整体识解,这是所有不定式与分词表达共享的唯一特征。它们的差别在于对这一过程性基体还会产生什么影响。所谓的不定式成分通常影响甚微。的确,悬置顺序扫描可能是其所带来的唯一变化。如图 4.13(b)所示,不定式侧显过程的所有成分状态,并具有与之相同的射体-界标联结。如经历进一步名词化,所有成分状态将悉数纳入其所侧显的抽象事体之中,如图 4.13(c)所示。至少作为第一逼近,这些图解或可视为对英语不定式 to 的描述。①

比较而言,被称为分词的成分对过程性基体的影响更为显著。受影响的不仅有扫描方式,更有其他因素,如侧显与焦点突显。在某种意义上,分词唤起了对过程性内容加以观照的特定视角。这在英语中体现得淋漓尽致。所谓的现在分词(由 -ing 派生而来)对动词性过程采取“内部视角”(internal perspective)。所谓的过

① 当然,实际包括的因素更多。最明显的是,相对于主句事件而言,to 不定式往往着眼于将来(参见 Wierzbicka,1988:第一章)。

去分词（由 -ed 派生而来），则是采取某种“事后”（retrospective）视角。

在其核心用法中，现在分词可出现在进行体中，或充当名词修饰语，或充当小句层面的副词：

(10) (a) A monkey **is climbing** the tree.
(一只猴子**正在爬**树。)
(b) The monkey **climbing the tree** is very cute.
(**正在爬树**的那只猴子挺可爱的。)
(c) **Climbing the tree**, the monkey lost its grip.
(猴子**正爬着树**，抓着树枝的爪子松开了。)

在这些构造中，分词侧显的是一个复杂关系，其典型特征是表征某一更长过程的内在部分。按照 CG 的说法，-ing 在时间域中施加了一个有限的**直接辖域（immediate scope，IS）**（§3.2.3）。由于直接辖域为“台上”（onstage）区域，是观察注意场，因而处于其管辖外的过程性基体部分即被排除在显面之外。如图 4.14 所示，动词性过程的起点与终点位于直接时间辖域外，这一辖域限定了分词所侧显的关系。省略号（……）表示 -ing 的另一重效果：抽去被聚焦状态间的一切差异，将其视为呈大致相同的效果。因此，所侧显的关系被识解为类似于物质，并呈现出同质效果。

过去分词可出现在完成体构式中（与 have 同现）、被动式中（与 be 同现），还可充当由及物动词与不及物动词派生而来的形容词：

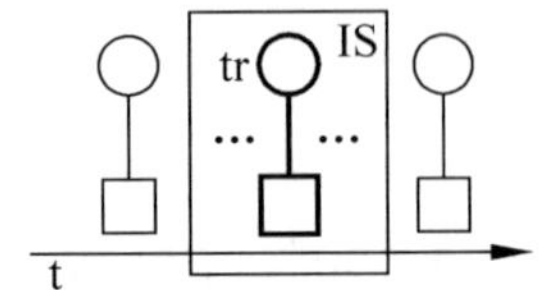

tr = trajector(射体); IS = immediate scope(直接辖域)

图 4.14

(11) (a) The students **had collected** a lot of money for the trip.
(学生们为这次旅行**筹集了**很多资金。)
(b) This building **was designed** by a famous architect.
(这座大楼是**由**一位著名的建筑家**设计**的。)
(c) The pond is **frozen.**
(池塘**封冻了**。)
(d) The **demolished** cathedral took a century to rebuild.
(**被摧毁的**大教堂花了一个世纪得以重建。)

完成体表明所侧显的关系早于指称时间出现,图 4.15(a)中指称时间以 R 标记。从这一事后视点对其加以把握,这将其与其他构式中 -ed(及其形态变体)所体现的意义关联起来。它们均凸显了动词性过程的终点,或聚焦于终端参与者,或聚焦于终端状态。被动式 -ed 将首要焦点突显赋予终端参与者。图(b)中的粗线箭头代表影响力作用的方向:上方的参与者作用于下方的参与者,或以某种方式引发两者的互动。常态下,更活跃的参与者入选为射体。

然而，分词词素压倒了动词词干的射体-界标组织，将射体地位赋予更为被动的、通常情况下入选为界标的参与者。

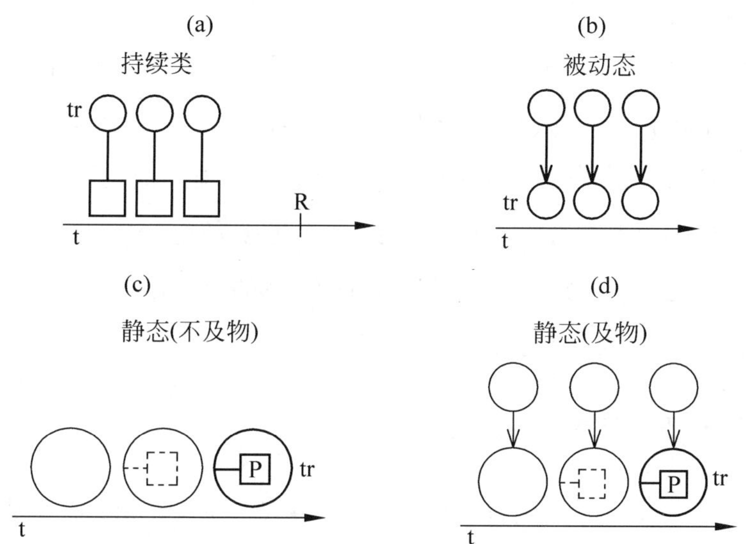

图　4.15

(11)(c-d)中的分词形式可恰当描述为“静态-形容词性的”(stative-adjectival)，因其将显面限于单一状态，且在语法上充当形容词。动词词干指向某一过程，其中参与者经历了状态变化(就freeze/frozen 而言，从液体变为固体)。其结果是这一参与者(在图(c)与(d)中以大圆标记)呈现出原本不具备的属性 P。静态-形容词性的 -ed 将显面施加于其过程性基体上，该显面仅限于参与者呈现这一属性的情况。由于仅有一个参与者被侧显，因而其所充当的是射体的角色。甚至对于及物动词，情况也不例外(如demolish)，其中动词的射体作用于界标(分词的射体)，导致其发生某种变化。两种情况下，分词的界标均限于单一参与者表现出某种属性的终态情形，因而所侧显的关系符合 CG 关于形容词的描述(如 4.11(a))。

在上述考察的所有情况中，分词或不定式的形成均体现出将源动词指向的过程**去时间化(atemporalize)**的效果。这一过程性基体以各种方式失去其时间性，如名词化、将显面限于单一成分状态，或仅仅是赋予总体扫描。无论是通过哪种途径，由此得到的表达式不再是一个动词，因其不再是时间性的(temporal)，即不复侧显沿表征时间顺序扫描的复杂关系。

4.3.3 结构动因

倘若不至走到极端，传统语法范畴在各种语言的描写中均大有用武之地。诸如名词、动词、形容词、副词、介词及分词一向不可避免地为各派语言学家所采用，这并非毫无道理。我们主张对这些范畴作出概念描述，不仅是对其描写上的有效性的诠释，而且可使其服务于语法的象征观。就其兼具有效性和实用性这点来讲，CG 是可以借用这些概念的。

然而，对于这些概念，CG 并非不加批判地采纳。将其置于 CG 的框架下来审视，传统分类将词性视为互不相干的词汇范畴的局限性即暴露出来。例如，倘若接受名词侧显事体的说法，可以表明，这一描述对代词、指示代词及冠词也是同样适用的。因此，最合理的做法不是将这些词类看作各自为政，而是同属名词范畴，它们是通过其他特殊属性与“实义”名词区分开来的(第九—十章)。同样不无问题的是传统关于形容词、副词及介词的区分(图

4.11)。将其视为彼此分离、平起平坐的做法，无法捕捉到这一事实：介词(与介词短语)的功能要么是形容词性的，要么是副词性的，这取决于其射体是事体还是关系。更可取的做法不是设定毫无关联的范畴，而是承认存在一个更大的指向非过程性关系的表达式范畴。而后，存在部分重合的次范畴(有必要时)可基于交叉特征加以定义，如复杂性、射体的性质及界标的有无。

CG 对范畴化的表述满足了如下要求：具有灵活性、容许交叉分类、将基于构式的范畴与基于意义的范畴兼容并蓄(第八章)。尽管如此，分类本身的重要性不及阐释其背后的概念动因。在描述基本范畴时，我们关注的是有理由被视为根本性的概念现象。基于同一类现象，也可对其他可能具有重要语法意义的范畴加以描述，尽管传统上未曾认识到这些范畴的存在。有三种现象尤为值得考虑：侧显关系(而非事体)的表达式；侧显非过程性关系的表达式；以及基于总体扫描(而非顺序扫描)的表达式。对于这些高层分类，每类均不难找到某种动因。①

如不考虑其他情况，第一个潜在范畴——侧显关系的表达式——可对副词作出扼要描述：副词侧显某种关系，其射体同样是关系性的(图 4.11(b))。需要承认的是，这种描述不甚可靠，也无法保证这种分类具有强烈动因。实际情况或许是：关系表达式范畴内容驳杂，总体上难以呈现出任何有别于名词的共享特征。

另两种分类方式为名词短语与小句组织的一般特征所支持。

① 对基于复杂度(简单的-复杂的)的组合而言，我尚未发现值得一提的证据。或许这一因素本质上不甚显著。

不妨先考虑名词性表达，它通常被（不甚贴切地）称为“名词短语”（noun phrase）。名词短语侧显某一事体，通常由称为“中心词”（head）的名词表示。诸如冠词（a、the）、指示代词（this、that、these、those）的成分用于将所侧显的事体与言语语境关联起来，从而将其入场（ground）（参见第九章）。各种修饰语也可包括进来。在（12）中，修饰语以粗体标记。

（12）（a）an **expensive** dress

（一件**价格不菲的**衣服）

（b）the box **on the top shelf**

（**顶层架上的**盒子）

（c）the only student **to hand in her assignment**

（唯一一个**得交作业的**学生）

（d）that man **complaining to the waiter**

（**向服务员发牢骚的**那个男人）

（e）the brand **preferred by most customers**

（**备受顾客青睐的**品牌）

（f）this **broken** cup

（这个**碎了的**杯子）

（g）* the **break** cup

（* 这个**打碎**杯子）

（h）* that man **complain to the waiter**

（* 那个**向服务员发牢骚**男人）

存在一个很明显的模式:可用于修饰名词的成分,正是那些被描述为侧显非过程性关系的成分。其中包括以下列成分充当中心成分的表达式:形容词(expensive)、介词(on)、不定式(to hand in)、现在分词(complaining)及过去分词(被动的 broken 及静态-形容词性的 preferred)。然而,名词不能直接被动词(break)或以动词为中心词(complain to the waiter)的复杂过程性表达式修饰;(12)(g-h)显然“不合语法”。因此,对于英语名词短语的结构,可作如下概括:**名词修饰语指向非过程性关系**。它可用于捕捉这一规律,表明此类表达式构成了一个自然组合。[①]

同样的例子也表明,基于总体扫描的组合是自然而然的。这种高层范畴包括名词与其可能的修饰语,即除动词外的关系表达式。倘若名词可为众多关系表达式所修饰,缘何独独将动词排除在外?显然,名词与其修饰语存在某种天然的联系,某种使它们有别于动词的共性。这便是它们的总体扫描方式。名词短语侧显某一实体,作为其首要焦点。该实体将其整体视角加在其他名词性成分的识解之上。因此,当其他成分与之共享这一视角时,整个名词短语在概念上最为连贯(也最易于处理)。由于动词的有序特征与总体观照不尽一致,一般来说各种语言均不允许动词直接修饰名词。[②] 要获得这一功能,动词首先必须通过不定式或分词的作

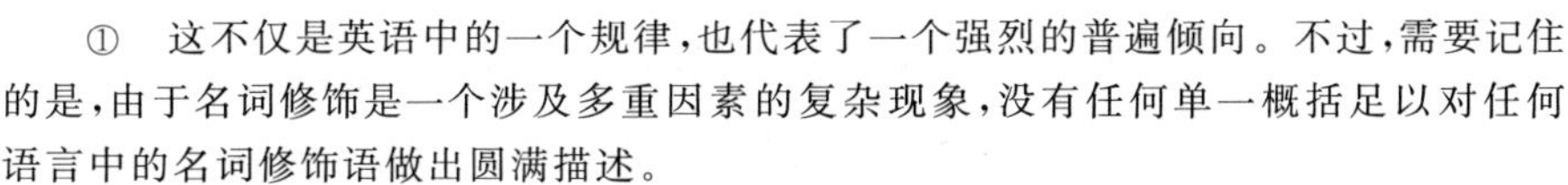

① 这不仅是英语中的一个规律,也代表了一个强烈的普遍倾向。不过,需要记住的是,由于名词修饰是一个涉及多重因素的复杂现象,没有任何单一概括足以对任何语言中的名词修饰语做出圆满描述。

② 那么,为何动词与小句可被基于总体扫描的关系表达式修饰呢?我想这可能反映了某种内在的加工上的不对称性。在顺序扫描的任何时刻,完全可激活某一整体概念。相反,动词或小句的有序性无法在总体扫描所实现的同时观照中得以呈现。

用,转变为非时间性成分。

名词与完整名词短语的关系,在诸多方面同动词与完整"限定"(finite)小句的关系呈现出平行特征。我们暂且可将限定小句描述为一个明示了时态(现在-过去)的小句。CG 的一个基本描写概括是:**限定小句侧显某一过程**。在(13)这样的简单例子中,实义动词是中心词,因其指向的动词同样为整个小句所侧显。时态标记通过使该过程与说话时间联系起来,从而将其入场。

(13) (a) His new hairstyle **resembles** a porcupine.
(他的新发型**活像**豪猪。)
(b) My cup **broke**.
(我的杯子**打碎了**。)

由于动词是过程性的,本身无法修饰名词,我们在(12)(g-h)中已看到这一点。反过来,修饰名词的成分无法独自充当小句中心词,因其侧显的是非过程性关系。因此,下列句子是不合语法的:

(14) (a) * Her dress **expensive**(s).
(她的衣服**价格不菲**。)
(b) * The box **on**(s) the top shelf.
(盒子**在**顶层架子**上**。)
(c) * The students **to hand in their assignments**.
(学生们**得交作业**。)

(d) * That man **complaining to the waiter.**

(那个男人**正在向服务员发牢骚**。)

(e) * This brand **preferred by** most customers.

(这个品牌**备受**顾客**青睐**。)

(f) * The cup already **broken** when I found it.

(待我发现时,这个杯子已经**碎了**。)

我们注意到,每种情况下,通过添加 be 动词,即可生成合格的句子:

(15) (a) Her dress **is expensive.**

(她的衣服**价格不菲**。)

(b) The box **is on the top shelf.**

(盒子**在顶层架子上**。)

(c) The students **are to hand in their assignments.**

(学生们**得交作业**。)

(d) That man **is complaining to the waiter.**

(那个男人**正在向服务员发牢骚**。)

(e) This brand **is preferred by most customers.**

(这个品牌**备受顾客青睐**。)

(f) The cup **was** already **broken** when I found it.

(待我发现时,杯子已经**碎了**。)

be 是一个动词,因此侧显的是一个过程,尽管该过程是高度图式

性的。在(15)中,正是 be 充当了小句中心词——其所指向的图式性过程为整个小句所侧显。当其添加到非时间表达之上时,便将自身的过程性显面赋予后者的具体内容,从而使其可出现在小句中。两者共现于这一构式中,这一共性进而支撑了我们的观点:高层表达式范畴侧显的是非过程性关系。

支持 CG 如此描述的另一个理由在于,借此我们可以理解英语中的"助动词"(verbal auxiliary)系统。在限定小句中,实义动词可伴随诸如被动式、进行体、完成体标记,或是三者间的任意组合。每个标记均含两个成分:一个图式性的动词(要么是 have,要么是 be)以及一个伴随动词的分词屈折形式(-ing 或 -ed)。

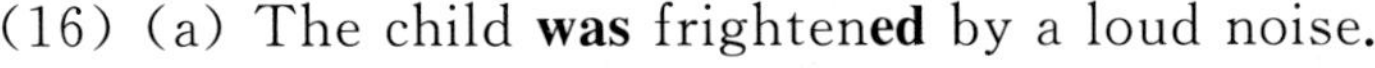

(16) (a) The child **was** frighten**ed** by a loud noise.
(孩子**被**一声巨响吓着了。)
[passive: be+-ed]
[被动式: be+-ed]

(b) My father **is** contemplat**ing** retirement.
(我父亲**正**思量**着**退休。)
[progressive: be+-ing]
[进行体: be+-ing]

(c) **have** silenc**ed** all their critics.
(令所有的评论家哑口无言**了**。)
[perfect: have+-ed]
[完成体: have+-ed]

尽管这种双重标记久已被注意到（如 Chomsky，1957），但通常被视为任意而毫无原则，纯属语法特异现象。的确，通常的看法是：其构成成分（have、be、-ing、-ed）单独而论毫无意义。这些观点是大错特错的。CG 的分析不仅为每个成分设定了具体的、有理可据的意义，而且为其成对出现的现象作出了合乎原则的解释。

-ing 与 -ed 的意义前面已做过描述（图 4.14 与图 4.15（a-b））。两者均从特定视角观照某一过程，并将成分状态按总体方式加以扫描。因此，其效果是将一个动词性过程去时间化了，进而得到一个指向复杂非过程性关系的分词表达式。出于其非过程性，这一表达式可修饰名词，如 a child frightened by thunder（一个被雷声吓着的小孩）或 a person contemplating retirement（一个思量着退休的人）中的情况。[①] 然而，出于同样的原因，分词不能独自充当限定小句的中心词。小句侧显一个过程，因此，要充当限定小句的中心词，分词表达式首先必须变为过程性的。动词 have 与 be 即充当着这一目的。尽管其内容是高度图式性的，但蕴含了动词与小句典型的时间性特征（沿表征时间展开的顺序扫描）。当 have 或 be 与分词结合时，前者将自身的时间性加在后者的具体内容上。由此得到的复合表达式侧显的是一个具体过程，因而可充当小句中心词。

为何要费此周折？由于分词原本自动词派生而来，何不干脆

① 在这方面，过去分词是个例外（参见 FCG2：232）。（FCG2 系 Langacker 1991 年出版的《认知语法基础 II：描写应用》（Langacker，R. W. 1991. *Foundations of Cognitive Grammar*，*vol. 2*：*Descriptive Application*. Stanford：Stanford University Press.）（下同）——译注）

以动词充当限定小句的中心词？我们要费此周折，是因为分词的形成涉及将特定视角施加于动词性过程上。X frightened Y（X 吓到了 Y）与 X was frightening Y（X 刚刚正在吓 Y）并非一回事，后者对该事件持内部视角；与 Y was frightened by X（Y 被 X 吓着了）也并非一回事，后者将经事而非刺激物置于焦点位置。因此，为采取这些特殊视角，我们求助于涉及多层概念与语法组织的复杂表达式。动词首先激活一类过程（如 frighten），在更高组织层次上，分词屈折形式将某一视角加在该过程之上，对其加以非时间式地（atemporally）观照（frightened）。通过与 have 或 be 的结合，分词表达式又可被“重新时间化”（retemporalize），从而在最高组织层次上生成另一过程（be frightened）。然而，这一高层过程与原来的过程并非一回事；尽管其内容并无二致，派生出的过程在显面及射体-界标联结上均有别于后者。

因其所体现的视角彼此相容，被动式、进行体及完成体构式可两两任意组合。当三者共现时，即按如上顺序依次作用于更高的组织层次，各自作用于业已累积起来的基本或高层结构。此外，每个构式均涉及去时间化（借助分词词素实现）而后重新时间化（借助 have 或 be 实现）的情况。其所能组成的最大序列如（17）所示，其中粗体部分代表每一层次上新增的成分。

（17） criticize（processual）> critici**zed**（atemporal）> **be** criticized（processual）> be**ing** criticized（atemporal）> **be** being criticized（processual）> **been** being criticized（atemporal）> **have** been being criticized（processual）

批评（过程性的）>**被**批（非时间性的）>**挨**批（过程性的）>挨**着**批（非时间性的）>**正**挨着批（过程性的）>**一直**挨着批（非时间性的）>**已经**在一直挨批了（过程性的）

而后，最高层的过程可（借助时态）获得入场，其参与者可获得明示，从而构成完整限定小句：

(18) The disgruntled employee had been being criticized by his coworkers.
（心怀不满的雇员刚刚已经在被同事不住地批评了。）

总之，我们主张对基本语法范畴加以概念描述，这对于揭示、描述并解释名词短语与小句结构的重要规律具有重大意义。特别需要指出的是，这种描述容许我们做出两类大的（或许是普遍性的）概括：名词修饰语指向非时间性关系，限定小句侧显某一过程。该描述还进而表明，英语中的被动式、进行体及完成体的双重标记是合乎原则的，解释了为何不定式与分词在用于从句时仅与 be 或 have 组合（修饰名词时则不然）。

最后一点针对的是上述概括（即名词修饰语是非过程性的）的一个主要例外情况。明显违反这一点（在此所作的概括）的是限定关系从句。关系从句即修饰名词的小句。在诸多语言中，关系从句可以是限定性的，这意味着它们是过程性的（基于第二条概括）。例如，(19)中的关系从句是通过其过去时及现在时屈折入场的：

(19) (a) the documents **that I shredded**

(**叫我撕得粉碎**的文件)

(b) a woman **who loves adventure**

(**热衷冒险的**女人)

为囊括这一例外,可将此处的概括修正如下:**未经入场的名词修饰语指向非过程性关系**。由于限定小句已经入场,因而可排除在该论断的范围之外。

将限定小句排除在外并不构成任何问题,而是有合乎原则的依据的。名词修饰语是非过程性的,因名词所侧显的事体(即名词性表达的首要焦点)将其整体视角施加在修饰成分所指向的关系上。限定关系从句在这方面是个例外,正是它们在内部已经入场使然(不同于其他修饰语)。通过时态标记,它们将自身的明示融入其中,说明所侧显的关系如何与言语语境挂钩,进而与言者及听者相联系。由于入场为小句内容提供了一个独立的切入点,所侧显的过程因而首先作为入场了的小句获得独立观照,其次才是相对于被修饰名词加以观照。内部入场将其与名词施加的整体观照隔离开来,使其具备足够的自主性实现顺序扫描。

第五章　主要次范畴

名词与动词作为最根本的语法范畴，在概念特征上呈极性对立。在典型层面上，构成实物的空间上密集的材料，与构成动力性事件的发生于时间中的互动形成了对照。在图式层面上，事体和过程是从心理操作方面加以定义的。组合与物化的统合效果，与把握某一关系并追踪其时间进程的扩展性本质形成了对照。

尽管名词与动词在这方面呈最大化对立，两者依然存在诸多共性。它们分别充当着中心词的高层语法结构——名词短语与限定小句呈现广泛的平行关系（后面的章节将会展开讨论）。此外，每一范畴均可分出两大次类，次类间同样体现出广泛的平行关系。基本名词类型，即传统所称的**可数**（**count**）名词与**物质**（**mass**）名词，分别对应于**物体**与**物质**这些概念原型。基本动词类型，即此处所称的**非持续类**（**perfective**）与**持续类**（**imperfective**），分别对应于**事件**和**状态**这些原型概念。我们如下将会看到，可数-物质与非持续类-持续类的区分本质上无异。①

① 尽管如下讨论主要基于英语中的情况，类似区分在大部分语言（倘若不是全部的话）中均有可能找到。

5.1 可数名词与物质名词

为何名词分出了两个基本次类？语法学家起初作出这一区分时，依据的是两者对立的语法表现。然而，对于传统上冠名为“可数”(count)与“物质”(mass)的说法，有望从概念角度作出区分。本节先探讨语义描述的组成部分及其应用方面的诸多细节问题。可数名词与物质名词表现各异的语法属性，最终证明不过是一个根本的概念对立的表象。

5.1.1 语法基础

沿着一个轴，英语名词可分出两大范畴，如例(1)中的情况。[①] 典型可数名词充当的是有形物体的名称(如 diamond、book、cup)，典型物质名词充当的则是有形物质的名称(gold、meat、water)。但每个范畴均不乏用于表示其他类实体的名称。例如，可数名词也可标记有生物体(cat)、更大整体的一部分(tail)、地理区域(county)，以及模糊的(cloud)或抽象的(idea)实体。同样，物质名词所指向的实体，其物质属性相当微弱(air、electricity)，或全然是非物质的(nonsense、righteousness)。

① 横跨这一区分的是关于普通名词(common noun)与专有名词(proper noun)的区分(第九章)。(1)中的例子均为普通名词。专有名词同样既可归入可数名词范畴(WalMart(沃尔玛)、Connecticut(康涅狄格州)、Tiger Woods(泰格·伍兹))，又可归入物质名词范畴(Coca-Cola(可口可乐)、Clorox(高乐氏〈清洁用品〉)、Tylenol(泰诺〈药名〉))。

（1）（a）**Count nouns(可数名词)**:diamond(钻石)、book(书)、cup(杯子)、pencil(铅笔)、house(房子)、tree(树)、apple(苹果)、cat(猫)、tail(尾巴)、pancreas(胰腺)、edge(边缘)、county(国家)、lake(湖泊)、cloud(云)、question(问题)、idea(想法)、integer(整数)、complaint(怨言)……

（b）**Mass nouns(物质名词)**:gold(金子)、meat(肉)、water(水)、wood(木头)、coal(煤)、glue(胶水)、beer(啤酒)、skin(皮肤)、steel(钢)、air(空气)、moisture(水汽)、electricity(电)、nonsense(胡言乱语)、anger(怒气)、righteousness(正义)、complaining(牢骚)……

因此,对于任何一个范畴,是否可作出对所有成员均适用的语义描述(即图式性描述),这一点绝非显而易见。我们易于想到的描写标签——物体与物质——仅直接适用于**典型**成员,而非**所有**成员。一般所得出的结论是:可数-物质的区分只能参照语法表现加以确立和描述。实际情况是:范畴的设定和范畴成员的分配确实是基于各不相同的语法属性的。

其中一些属性在(2)中可见一斑,diamond(钻石)与gold(金子)分别代表可数名词与物质名词范畴的典型成员。首先,(2)(a)表明,仅有可数名词可独立充当完整的名词性表达,无需附加限定词。其他对立特征涉及各自容许的限定词类型。仅有可数名词容许不定冠词。反过来,许多限定词(包括量词most、all与a lot of)仅与物质名词共现。这些判断对(1)中的所有例子均是适用的。

(2) (a) They're looking for{ * diamond/gold}.
(他们在淘{ * 钻石/金子}。)
(b) a{diamond/ * gold}
(一个{钻石/ * 金子})
(c) most{ * diamond/gold}
(大部分{ * 钻石/金子})
(d) all{ * diamond/gold}
(所有{ * 钻石/金子})
(e) a lot of{ * diamond/gold}
(许多{ * 钻石/金子})

之所以称"可数名词",是因为它们指向的实体可加以列数,如 one diamond(一个钻石)、two diamonds(两个钻石)、three diamonds(三个钻石),诸如此类。与可数特征相关的是构成复数(如 diamonds)的可能性,即指向单数名词(diamond)所明示类型的多个例示。与之相反,物质名词并不构成复数(* golds),其指称对象也是不可列数的: * one gold(* 一个金子)、 * two gold(s)(* 两个金子)、 * three gold(s)(* 三个金子)。顾名思义,典型物质名词的所指缺乏识别并列数多重例示所需的离散性。

那么,复数在可数-物质的区分中占据何种地位?只有可数名词方可构成复数。然而,一个明显的现象是:复数在语法上充当的是物质名词。考察(2)中的属性,我们发现,每种情况下 gold 与 diamonds 表现相当,与 diamond 构成对立:

(3) (a) They're looking for{ * diamond/gold/diamonds}.
(他们在淘{ * 钻石/金子/钻石[**复数**]}。)
(b) a{diamond/ * gold/ * diamonds}
(一个{钻石/ * 金子/ * 钻石[**复数**]})
(c) most{ * diamond/gold/diamonds}
(大部分{ * 钻石/金子/钻石[**复数**]})
(d) all{ * diamond/gold/diamonds}
(所有{ * 钻石/金子/钻石[**复数**]})
(e) a lot of{ * diamond/gold/diamonds}
(许多{ * 钻石/金子/钻石[**复数**]})

diamonds 的表现类似 gold,而不似 diamond,还进而体现在其自身不可携带复数: * diamondses。因此,语法表现支持了图 5.1 中的分类。物质名词范畴广义上同时包括复数与典型物质名词(如 gold)。

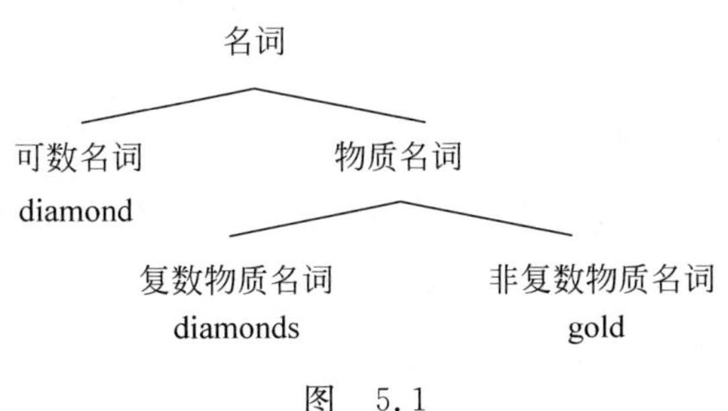

图　5.1

然而,复数与其他物质名词的表现有所不同。就其本质而言,复数(如 diamonds)指称同一类型(diamond)的多重例示。因此,它将所指称的物质描述为包含单个“粒子”(particle)。它们具有足够的显著性,从而可加以列数。由此,复数可与数词共现,其他物质名词则不可(eight diamonds(八个钻石)- * eight gold(八个金子))。同样敏感于“粒状”(particulate)-“连续状”(continuous)物质的对立的是指示代词与某些量词:

(4) (a) those diamonds vs. that gold
(那些钻石——那[块]金子)
(b) these diamonds vs. this gold
(这些钻石——这[块]金子)
(c) many diamonds vs. much gold
(许多钻石——许多金子)
(d) few diamonds vs. little gold
(没几个钻石——些许金子)

因此,关于复数与其他物质名词的区分,及其在高层范畴中的组合情况,具有明显的语法基础。

然而,我依然要主张的是:这些语法属性不过是底层概念差异的表象。此前的讨论已暗示了图 5.2 中粗略勾勒的语义对立。可数名词侧显的事体被识解为具有某种离散边界,物质名词的指称对象则是无形的,并无内在限制。出于方便考虑,前者以圆标记,后者以椭圆标记。在物质名词范畴内部,复数凸显的是被侧显物质的粒子特征,与非复数构成了对立。并不排除非复数物质名词或有可识别的粒子。比如我们知道,sand(沙粒)包含粒子,甚至有专门名称对其加以指称(grains(颗粒))。关键在于,此类名词凸显的是物质感知上的连续性,对其构成实体则忽略不计。其实现手段是将物质作为一个不加区分的整体,直接加以命名,复数则是将这一名称用于指称单个粒子。

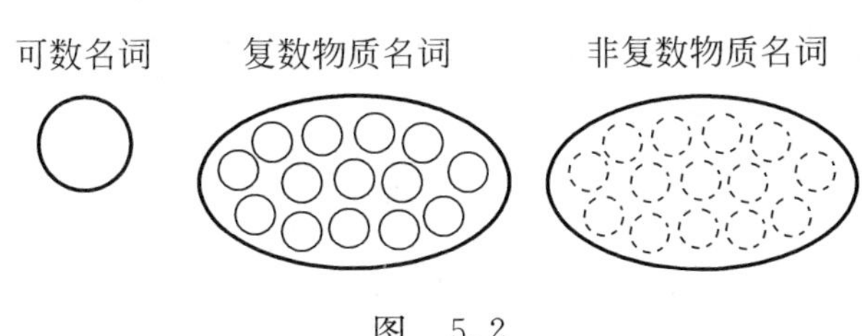

图　5.2

范畴化取决于事体如何被概念化,而概念化在一定程度上独立于事体的客观属性。这一点值得大加强调。我们完全可按不同方式对构想的同一实体加以识解,每种识解方式均凸显实体的某些方面,同时遮蔽其他方面。例如,总体上看,一些长方形的木块既可称之为 boards(木板),又可称之为 lumber(木料)。尽管两者的指称对象相同,复数的 boards 凸显的是单个的构成实体,lumber 则压缩了其个体化,将其理解为呈同质效果的物质:three boards(三个木板)- * three lumber(* 三个木料)、these boards(这些木板)- this lumber(这(块)木料),如此等等。这些不同的识解方式被纳入这些形式的固定意义中,构成了共享的语言规约。我们拥有概念上的灵活性,可按其中任一种方式对该情景加以识解,并选择其意义最适于传递我们交际意图的形式。

我们的概念灵活性进而造就了这样一种后果:可数-物质的区分具有很大的不确定性。这并不构成严整的词汇上的对立,即特定名词可清晰无误地归入某一范畴。对于某一形式所唤起的内容，只消对其识解方式作出微调，足可改变其范畴化方式，进而改变其语法表现。例如，我们看到，在(5)(a)中 diamond 充当物质名词，此时我们并不关注其构成实体是否含有离散例示，而仅仅关注其物质方面的属性。相反，在(5)(b)中，gold 充当的是可数名词，因其指称的是**一类**金子(某种离散但抽象的实体)，而非这种物质本身。

(5) (a) Diamond is a very hard substance.
(钻石是相当坚硬的物质。)
(b) I'm looking for a gold that is just the right color for a ring.
(我在物色一个颜色正适合作戒指的金子。)

在不同程度上，特定的形式可作为可数名词或物质名词(或两者兼而有之)渐趋固化、约定俗成。掌握一门语言的任务之一，即在于掌握这种规约。然而，我们总是有选择某种新创识解方式的余地，进而改变其语法潜势。的确，由于一般模式的存在，既将可数名词扩展至物质名词用法，又可反其道而行之。这保证了几乎每个名词原则上均可按两种方式使用。

并非每个名词均可恰如其分地融入图 5.1 中的分类模式中。[1] 例如，cattle(牲畜)形式上并非复数(不存在对应的单数形

① 对于这些不甚典型的名词而言，其众多特异性大体上可忽略不计，但在 CG 中对其做出描述是不成问题的，因 CG 同时照顾到了一般现象与特异现象(第八章)。

式),语法表现却颇似复数名词,如 those cattle、few cattle、several cattle。反过来,许多名词虽形式上为复数,但意义及语法表现与典型复数名词相去甚远(参见 Wierzbicka,1985)。一个广为人知的例子是 oats(燕麦饼),它看似 oat(燕麦)的复数形式,这个词根确实存在(如 oatmeal(燕麦饼饭))。但该词根不能用作单数可数名词,用于指向其中一个显著的构成粒子(* an oat、* this oat),这些粒子也不可数(* five oats、* numerous oats)。稍有不同的是 scissors(剪刀)、pliers(老虎钳)、tweezers(镊子)、binoculars(双筒望远镜)及 shorts(短裤)这样的词,其所指向的是含两个显著部分的单一物体。语法上,它们或多或少呈现出单数与复数名词的混合表现(如 a scissors,但却是 These scissors are broken)。因此,尽管关于复数形态的研究通常表明,名词短语的所指对象内部构成相当复杂,这一复杂性的实质并不囿于典型名词,即存在多个个体、每个均可由单数词干加以描述的情况。

5.1.2　概念基础

可数名词与物质名词的语法区分不过是一个基本的概念区分的表象。此前,我对这一对立所做的描述是相当含混的,涉及名词短语的所指是具有某种离散边界,还是无固定形状且不存在内在限制。显然,这一描述尚需加以细化和澄清。

更具体的定义可表述为:名词侧显事体,涉及任何组合与物化的产物(§4.2.2)。就可数名词而言,这一事体被识解为**在例举域的直接辖域中是有界的**。就物质名词而言,其显面并不被识解为呈现这种有界特征。由此,关键概念在于划界、直接辖域及例举域，每个术语均需做一番交代。

直接辖域（immediate scope）这一概念在§3.2.3部分已做过介绍。就某一给定的域而言，表达式的直接辖域（immediate scope，IS）是其最大辖域（maximal scope，MS）中与某种目的直接相关的部分。用隐喻的说法就是：它属于台上区域，即宏观的注意场（locus）。表达式的显面——注意的具体焦点（focus）——仅限于其直接辖域。

可数-物质的区分取决于直接辖域内是否存在划界情况，如图5.3所示。我们暂将注意力限于实物上（其例举域为空间），每个图中的阴影区域均代表大片的物质。对于可数名词而言，这一区域是有界的，其边界处于直接辖域内部。例如，名词board（木板）侧显的是在每一空间维度上均有界的大片木头，从而赋予其典型的长方形形状，这是由平滑的表面、笔直的边及直角界定的。重要的是，边界（及其所界定的形状）的存在是我们需要把握的，从而将该物质认定为board的一个例示。边界概念被board置于台上，作为某种需加注意之物。因此，它被囊括在名词的直接辖域中。

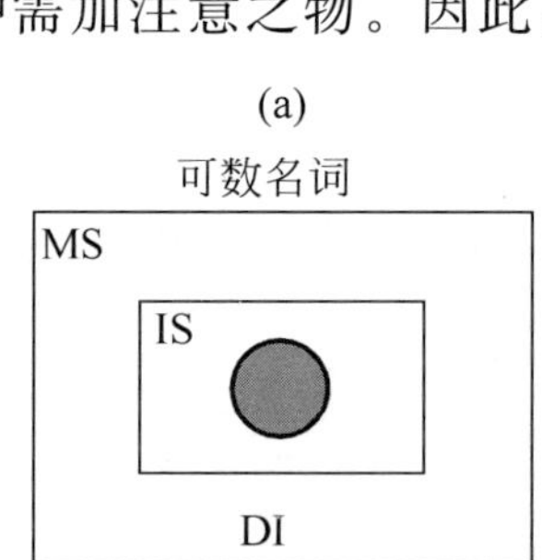

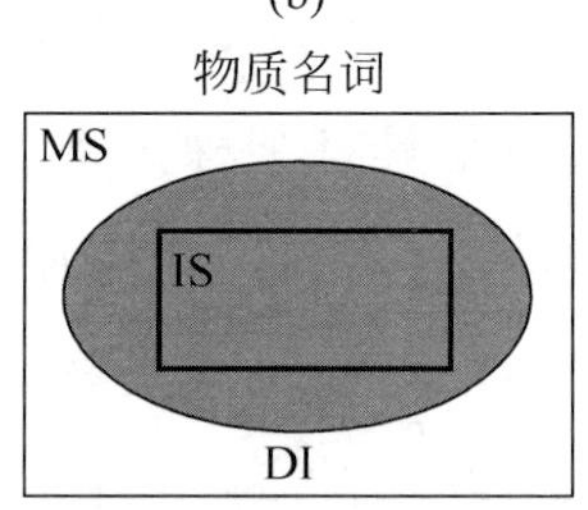

DI = domain of instantiation(例举域)
MS = maximal scope(最大辖域); IS = immediate scope(直接辖域)

图 5.3

然而，认出某一边界，对于将某物识别为 wood（木头）的一个例示并非必不可少。若将墙上的一部分灰泥刮去，即会看到背后光滑的表面。看不出有明显的边界；透过窟窿依稀可见材料沿各个方向扩展开去。不过，凭观察和感觉，你能（仅从看到的那一部分）断定这种材料是木质的。诸如 wood 的名词命名某种物质，它在**质**方面区别于其他物质。其区别性的质在所取样本的任何一部分均可见一斑，而不受样本的形状或大小的限制。在某一有限的辖域（如灰泥中的一个窟窿）中可见的部分，即可视为所描述物质类型的一个例示。

由此，物质名词的组织如图 5.3(b) 所示。诚然，物质可以是有界的，但这对于其识别并非必不可少；物质名词本身并不唤起某一边界，作为需加注意的台上成分。因此，在其直接辖域内并不存在划界的情况。再者，只有在直接辖域内部（宏观的注意场），才有可能实现聚焦观察。表达式的显面——其具体注意焦点——因而仅限于这一区域中。尽管其所命名的物体边界可能是不定的，物质名词侧显的仅仅是被置于台上作为观察焦点的区域。你若从灰泥中的小孔向内看，说道：I see wood!（我看见木头了！），你所指的仅限于其可见部分。

名词命名某一事体**类型**，并明示一个实体充当该类型的**例示**必备的特征。通常这种**类型明示（type specification）**唤起一系列认知域，合称其矩阵（matrix）（§2.2.2）。在这一矩阵内部，一个特定的域凸现出来，构成了同一类型的例示的大本营，因而可称之为**“例举域”（domain of instantiation）**。在概念上，使得例示有别于类型的是：例示被明确看作占据该域中的特定位置。同一类型不同例示间的差别，正在于占据不同的位置。① 例举域可进一步描述为：在该域中，划界的有无决定了一个名词是被范畴化为可数还是物质名词。

不妨再考虑一下可数名词 board。对于有形物体与物质而言，其例举域为空间。一块木板兼有空间和时间上的存在：它占据一定的空间，并在时间中延续下去。不过，显然我们主要将木板看作存在于空间中，而将其在时间中的持续不变视作当然之事。因此，Where is the board?（木板在哪里？）的问法是大可说通的，但我们从来不会想到问 * When is the board?（ * 木板在什么时候？）这样的问题。② 诸如 board 这样的类型含有多重例示，在特定时刻每个例示占据不同的处所（而作为从所有这些例示中抽取出的共性，类型本身不过是无从定位的“漂泊不定的”实体）。即便两块木板可以完全相同，但因处于不同位置，还是构成了该类型的不同例示——倘若它们占据完全相同的位置，就会是一块木板了。相反，一块在不同时间占据相同位置的木板却可看作同一例示（即便是经历了变化）。空间构成了 board 的例举域。由于其类型明示包括空间划界的概念，因而充当的是可数名词。尽管 board 未能对时间划界加以明示，时间并非其例举域，因而不至将其转变为物质名词。

不过就名词而言，例举域的确存在差别，时间即是其中一个变

① 这并不意味着我们能够对其位置加以认定（identify）。想象两块岩石时，只消想象它们在空间上彼此分离（因而占据两个不同位置），而无需关注其实际所处位置。

② 若将 the board（木板）转喻式地解释为指称该物体预期会运送过来，这一问题或可成立。

量。在众多唤起时间概念的名词中，包括 time(时间)本身，以及表示不同时间段的名称，如 moment(片刻)、minute(分钟)、hour(小时)、month(月份)、year(年)及 century(世纪)。time 的意义之一是充当物质名词(如 We have a lot of time(我们有很多时间)；Time passes slowly(时间过得很慢))。其抽象所指被视为沿各个方向无限扩展开来，因而在内在意义上是无界的。time 还可用作可数名词，此时其所指向的仅仅是一个时间点(What time is it?(现在是什么时候?))或有限的时段(a short time(一会儿工夫))。当然，描述特定时间段的诸多名称均属可数名词。moment 侧显的时间段被识解为相当短促，但未加精确度量。相比之下，minute、hour、month、year 及 century 之类的词预设了复杂的概念框架，参照这些框架我们即可度量时间的流逝，标明不同的时间点(图 3.12)。每个名称均指称这一框格中的一个有界单位。同样唤起时间作为其例举域的还有指称事件的名词，如 beep(戛然作响)、flash(闪光)、shout(喊叫)、birth(出世)、sneeze(喷嚏)、bath(沐浴)、explosion(爆响)及 earthquake(地震)。它们均属名词，原因在于，通过概念物化，其所侧显的事件被识解为抽象事体。它们还是可数名词，因其所指向的发生情况在时间上是有界的。例如，一辆功能不良的小汽车喇叭发出的连续杂音很讨厌，但称不上 a beep。一个声音只有在持续时间相当短，且可观察到起点与终点时，才够得上 a beep。

尽管绝大部分名词均唤起空间或时间作为其例举域，还存在许多其他可能的情况。一个例子是颜色空间，它构成了另一个基本域。如前所述，颜色词 yellow 有两种可数名词用法。作为专有

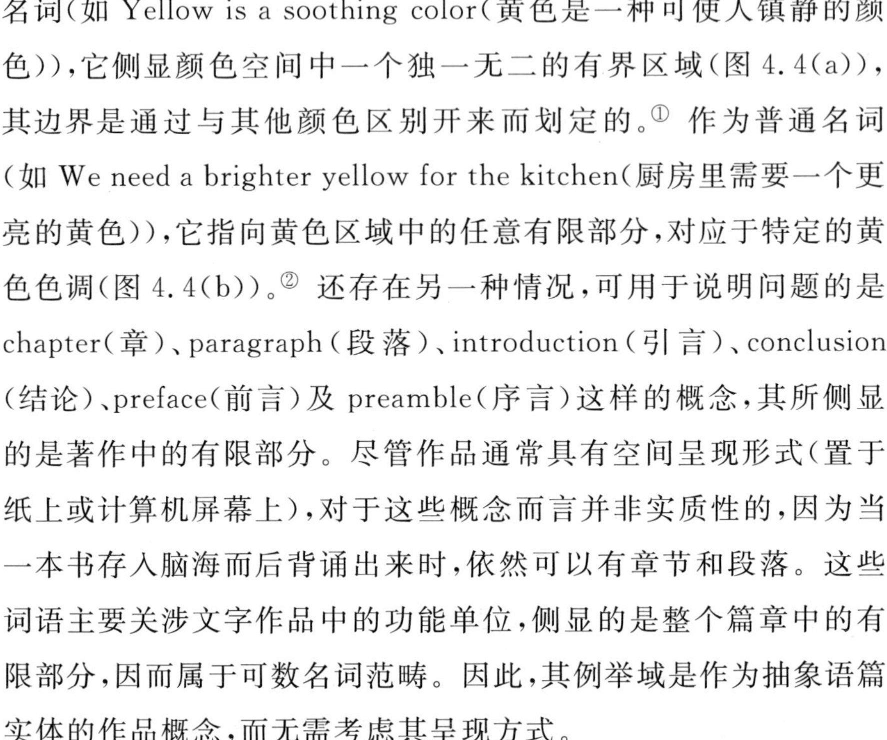

名词(如 Yellow is a soothing color(黄色是一种可使人镇静的颜色)),它侧显颜色空间中一个独一无二的有界区域(图 4.4(a)),其边界是通过与其他颜色区别开来而划定的。[①] 作为普通名词(如 We need a brighter yellow for the kitchen(厨房里需要一个更亮的黄色)),它指向黄色区域中的任意有限部分,对应于特定的黄色色调(图 4.4(b))。[②] 还存在另一种情况,可用于说明问题的是 chapter(章)、paragraph(段落)、introduction(引言)、conclusion(结论)、preface(前言)及 preamble(序言)这样的概念,其所侧显的是著作中的有限部分。尽管作品通常具有空间呈现形式(置于纸上或计算机屏幕上),对于这些概念而言并非实质性的,因为当一本书存入脑海而后背诵出来时,依然可以有章节和段落。这些词语主要关涉文字作品中的功能单位,侧显的是整个篇章中的有限部分,因而属于可数名词范畴。因此,其例举域是作为抽象语篇实体的作品概念,而无需考虑其呈现方式。

在确定名词的例举域时,存在着一些微妙的问题。原因在于这样一个事实:名词的意义调用了多重认知域,某些域包孕在其他域中,在不同场合涉及不同程度的激活(§2.2.2)。例如,我们往往忽视了 paragraph(段落)作为篇章单位的角色,而是将其概念化为一个呈现于空间中的实体,由首行的左缩进及尾行的右缩进划

① 由于时间构成了 beep(戛然作响)的例举域,在不同时刻听到的完全相同的声音,当视为该类型的不同例示。

② 反过来,专有名词所侧显的区域又可充当普通名词的直接辖域(参见图 3.3)。因而,后者的显面在其例举域(颜色空间)的直接辖域(黄色区域)中是有界的(有限的)——这正是对普通名词的定义。

定界限。同样，book既可描述为一个物理实体，又可描述为一个语篇实体（Her book took five years to write and weighs two pounds（她的书花了五年时间写成，重达两磅）。我们可将walk一词用于某一有界的空间路径（It's a five-mile uphill walk（这是一段五里长的上坡路））、某一事件（I took a walk（我散了个步）），或是与众不同的走路方式（His walk is peculiar（他走起路来很特别））。在这些情况下，每种解释均预设了一个独特的例举域，各个例示被视为占据彼此有别的位置。

当一个域包孕在另一个域中时，要认定唯一的例举域就有问题了。以身体部位名词arm（胳膊）为例。之于其意义必不可少的一个域是整个人体构造的概念，arm可视为可数名词，因其侧显的是这一整体中的一个有界区域。然而，由于身体存在于空间中，说胳膊占据一定的空间并含有空间边界，同样是成立的。那么，空间是否应视为其例举域呢？即便如此，胳膊却是参照其在整个身体构造中的位置来描写和划界的。时间表达式如hour（小时）也存在类似问题。应将其例举域视为基本的时间域，还是施加于时间上、对其加以分割和度量的概念框架？这种选择似无一定之规，因为一个被度量的时段无论是在其基本域、还是在包孕该域的概念框架中均是有界的。同样，octave（八度音）相对于音阶和基本的音高域均构成了一个有界片段。此种情况下，并无明显基础将某个域挑选出来作为唯一的例举域。

5.1.3　划界

与直接辖域和例举域相比，“划界”（bounding）这一概念或许看似不言自明，但同样需要加以澄清。许多可数名词均有可察知的边界，从这个意义上讲，其所侧显的实体是有界的。例如，lake（湖泊）是一个四面八方均为陆地所环绕的水域。此外，湖的边界（即水与陆地的分界线）为其赋予了特定形状。然而，并非每个可数名词的所指均有常规意义上的边界或形状。对于划界的概括需要更为抽象。

我们通常仅就呈现于空间中的实体谈论其形状。hour（小时）、introduction（引言）、beep（戛然作响）、octave（八度音）或yellow（黄色）的形状是什么呢？"边界"（boundary）一词的用法更为灵活，但对非空间事体而言仍显得别扭。hour（小时）兼有起点和终点，但它是否含有边界？尽管黎明或可（在隐喻意义上）描述为黑夜与白昼的分界线，说night（黑夜）含有边界则不那么自然。team（队）的成员可能分散在整个运动场上，至于它是否含有边界或形状，这一点并不明显。alphabet（字母表）又当如何？尽管它可有首位和末位字母，但这些很难视为边界。与alphabet隔开的又是什么呢？即便对board这样的实物而言，边界这一概念也不无问题。类比lake，或许有理由主张，board是一块四面均为某种东西围住的连续木头。被什么东西围住呢？不是空气，因为我们可轻易想象一块木板浸在水里，或悬浮于外界的真空中。大体上，我们只能说其边界是由木头的缺失造就的，兴许是某种范围。我们可以认为board具有表面和形状，但不会认为它含有边界。

更为抽象的定义是：**当事体的一系列构成实体存在某种限度时**，该事体即是有界的。从概念上讲，这意味着什么呢？如前所述，事体可图式化地描述为一系列相互关联的实体，出于高层认知目的经组合、物化形成一个统一实体（§4.2.2）。我们不妨想象在心理上沿一系列构成实体扫描的情形——按某种自然顺序对其加以通达——从而逐步建立起该类型某一例示的完整概念。在实施这一扫描操作时，若最终可穷举所需的整个实体集合，该事体即是有界的。沿构成实体的进一步扫描相当于对同一类型另一例示的概念化，由此可以说这一例示概念是完整的。要而言之，这意味着已到达一个例示的边界，从而有可能启动对下一个例示的概念化。

要认识到边界已经达到，可以有多种方式。划界最显著的依据是**与周围环境的对立**。例如，对 board 的概念化的一个方面是某种心理扫描，用于捕捉其构成材料的连续分布。其构成实体为一片片的木头（数量不定，划界任意）。不论沿哪个方向扫描，我们最终将及至某一点，届时该物质不再出现。边界（沿任一方向）是由这一临界点划定的，在此我们察觉到从木头向非木头的过渡。同样，beep 是指两端均由安静无声所界定的某种噪音。在听到或想象某个戛然作响时，我们首先感受到噪音从无到有的过渡，而后是从有到无的过渡。倘若沿时间进一步扫描可继续感受到这种声音，则意味着另一个戛然作响的开始（而非前一例示的延续）。

划界也可**基于内部构成**得以实现。例如，bicycle（自行车）包括一系列以特定方式相连的部分，它们构成了一个有结构的整体。要识别出该类型的一个例示，只消注意到其恰当构造所需的部分——与周围环境的对照（从自行车到非自行车的过渡）是无足轻重的。再者，如果所有的部分同时存在且构造得当，即获得了完整的例示概念。引入新的部分（第二个座位、第三个脚踏板，等等）很难扩充或强化这一概念；我们更可能将其视为启动了另一个例示概念。alphabet(字母表)这一名词体现了一个更抽象的由构造划界的情况。字母表由一系列字母构成,我们早已按特定顺序记诵并烂熟于心(A>B>C>...>X>Y>Z)。这些字母数量有限,其边界是由序列中的首位和末位字母提供的。沿字母表进行心理扫描时,我们大可期待可以完成任务:我们从 A 起步,确信一经到达 Z 便 OK 了。

第三种划界依据是可数名词所指的**功能**。以一个木质棒球拍为例。对其进行实际观察时,我们并看不到被称为 handle(手柄)和 barrel(球筒)部分之间的明显边界。从 handle 扫描到 barrel,球拍的厚度不断增加,但依然是连续的,两者之间感觉不到明显的过渡。这一分界主要依据的是二者的功能:handle 是我们抓握球拍的地方,barrel 则是用于击球的部分。同样,文章的 introduction(引言)部分和其余部分可能在视觉上呈连续特征,在排版布局上也难以分辨,但仍可据其扮演的篇章功能加以识别和区分。team(队)又当如何?其构成实体(队员)组合的基础是为实现共同目标相互合作的行为。除了参与这一活动本身的情况外,无需任何东西将队员与非队员区分开来。

各种划界手段(基于与周围环境的对照、基于内部构造及基于功能)绝非相互排斥。alphabet 的划界不仅基于其构造(一个含首位及末位字母的固定序列),同样基于其功能(它是所有字母的集合,是对某一语言中语音的表征)。形式与功能当然是互为依存的。bicycle 的构造正是其作为交通工具这一功能所需;倘若自行车是用来晾衣服的,其形式就大不相同了。在某种程度上,我们也可看到自行车基于与周围环境的对照而得以划界。它沿空间的各个方向扩展开来，止于构成各部分的物质从有到无的临界点。

将某个物体构想为有界的，无须依赖可在特定位置给出精确无遗的分界线。边界通常是“模糊的”(fuzzy)的，但边界模糊的实体仍不失为有界实体。在棒球的 handle 和 barrel 间并无精确边界，但两者构成了彼此独立的有界区域。我们将一篇文章的 introduction 概念化为仅有有限长度，尽管它可能不知不觉融入了文章的主体部分。此外，你究竟在何处划定 shoulder（肩膀）与身体其他部位的界限呢？尽管并不存在具体某一点肩膀让位于非肩膀，这一区域显然是有界的，比如它不会沿着胳膊一直延伸到肘部。

许多边界是模糊不定的，这表明，它们无需是可客观识别的。归根结底，之于语言分析“有意义”的划界通常是在概念层面施加的。这并不是说，我们到处任意地仅为施加边界而施加边界。为可数名词的所指赋予边界往往是有理可据的，因为不然的话，倘无划界的自然基础，我们就无由谈论它们。关于划界最具说服力的依据，来自我们可轻易感知到的物理上的不连续性。当有界实体整体上具有某一文化中公认的功能或意义时，情况尤其如此（如 knife（刀）、lake（湖泊）或 goat（山羊））。但这不过是个程度问题，没有任何因素是固定不移或不可或缺的。

即便是对于物理实体，在缺乏具体可感的不连续性时，划界通常也是基于功能或社会文化因素施加于其上的。例如，通常情况下，由政治规约所确立的疆域（如两个 nations（民族）、states（州）、counties（郡）、districts（区）或 precincts（分区）之间）并无内在物理基础，因而是不可见的（自然界中并不存在地图上给出的分界线，或是不同区域由不同颜色标记）。但这并不妨碍我们对其加以精确界定，而且其所带来的法律和社会后果可谓相当真实。更明显来自外界施加的、但在我们的心智和社会生活中同样不乏真实性的，是由时间度量单位实现的划界。例如，hour（小时）可起始或终结于任一点，因为时间及其流逝具有内在同质性。尽管存在着这样的任意性，一个时辰依然可精确度量，通过"物理锚"（physical anchor）（如计时器、钟表）而变得可观察到，并在我们的日常生活组织中扮演着多重功能。

即便是存在强烈客观动因的情况下，划界也是在概念上施加的，可进一步表明这一点的是：在许多情况下，边界的某一部分本质上是虚拟（virtual）的。一个例子如 tub（桶）、bin（箱）、pitcher（陶罐）、cup（杯子）或 fish tank（鱼缸）之类的容器，尽管其上方是开口的，依然可看作在空间上呈闭合效果。我们的确将容器概念化为含有上部边界，不过并非有形的，因而在图 5.4(a)中以虚线标记。[①] 不无相似之处的是 hole（窟窿）、dent（凹痕）、depression（凹陷）、pit（坑）或 cavity（腔）的虚拟划界情况，如图 5.4(b)所示。我们在心理上做如下推定：要不是因为"凹陷"（concavity）的话，预期会有一个表面。由此，我们为每条边赋予一个边界。基于类似的推断，我们同样可为"凸面性"（convexity）设定边界，如 bump（肿块）、welt（（衣服的）嵌条）、hump（驼峰）、mound（土堆）或 swelling（肿块），如图(c)所示。在极端情况下，边界可以是纯然虚

① 唤起这一虚拟边界是为了计算容器的容积，同时也是为了给被看作处于其中的物体划定区域。

拟的。一个例子是为相邻的不同实体构成的集合划定空间边界，如 swarm（一群（昆虫、鸟））、herd（一群（牲畜））、forest（森林）、mob（乌合之众）或 archipelago（群岛）。如图（d）所示：

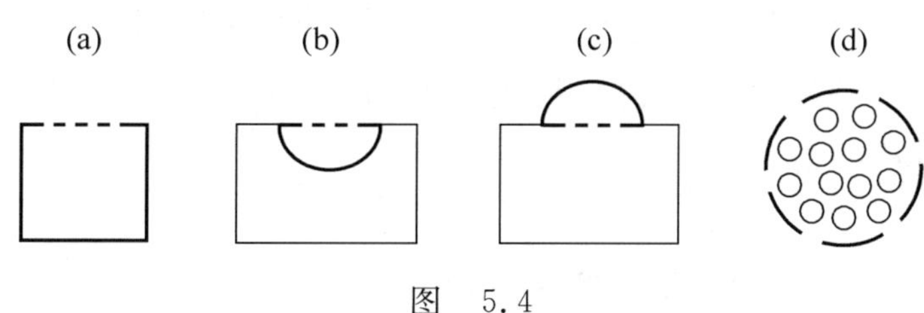

图　5.4

以此种方式划定虚拟边界的集合，是另一个心理操作的产物，即基于空间邻近性的概念组合（§4.2.2）。这种空间上的相邻本身可能是虚拟的（即由心智创造的），而非实际观察到的。例如，我们可以谈论 a herd of cattle（一群牲畜），即便其构成实体（个别的牛科动物）散布于整个牧场中。的确，即便它们从来没有、也永远不会聚拢在一起，只要存在某种组合的基础（如共同构成了一个大牧场的牲畜），我们即可做到这一点。不过，我们强烈倾向于将其视为一个空间上连续、视觉上有界的实体，如图 5.4（d）所示。[①] 在处理抽象实体如数字时，我们进行虚拟组合和划界的自然倾向即可见一斑。例如，通常将素数描述为构成了一个集合，在书写形式上呈现为空间上彼此相邻，并以括号充任边界：{1、2、3、5、7、11...}。尽管这种视觉表征不乏用处，但完全是虚构的产物。素数并无空间方位且不可见，在数的序列中也并非彼此相邻。再者，由

① 即便是出于将其构想为单一实体的目的，这一假想的空间聚类可能也是必不可少的。

于存在不计其数的素数,它们实际上是无界的。括号所代表的划界是虚拟的,是由视其为一个集合这一事实施加于其上的。用语义学的话说,"集合"这一可数名词侧显的是一个有界实体,被隐喻性地识解为容器(Lakoff,1987)。因此,即便一个集合进而(在另一层次上)规定其成员数量是无限的,它在这一概念组织层次上依然是有界的。①

5.1.4 问题的其他方面

在区分可数与不可数名词的任务中,划界并非独当一面。与其一道分担重任的还有另外三个概念因素:同质性(homogeneity)、可收缩性(contractibility)及可复制性(replicability)。这些因素密切相关,我倾向于将其视为同一枚硬币的四条边。

物质被识解为内部呈同质效果(homogeneous)。典型物质名词如 water(水),指向一种可根据各种**属性**加以识别的物质,如为黏滞度低的液体,大体上是透明、无色、无味、不含酒精的,等等。理想情况下,就物质的任何一部分取样,均足可表明这些属性。因此,同质性涉及质方面的始终同一。可将其与典型可数名词如 pencil(铅笔)加以对照。这里并不存在质的同一性的假设,而是通常不同部分(如铅芯、笔杆、橡皮)由不同物质(分别为石墨、木头、橡胶)构成。就质的属性而言,典型可数名词的所指呈现出内部异质性。

① 这种对无限集合的隐喻式划界之于现代数学是根本性的(Lakoff and Núñez, 2000)。我从心理操作角度对名词所做的描述与基于空间隐喻的描述是并行不悖的。

当然，之于语言表达有意义的是构想的而非实际存在的同质性。客观上讲，没有任何物质是真正同质的。在足够细微的层面上加以观照，任何两份水的样本均会存在某种质的差别（如药物浓度 PPB）。然而，我们依然天天使用 water 一词，而无需先进行化学分析。通过忽略质方面的细微差别，我们将物质识解为呈同质效果，以便于识别它们，并在语言上加以称名。

对于诸如 sand（沙子）、corn（谷物）、grass（草）、gravel（砾石）及 lumber（木料）这样的名词，这一点何以能成立？它们所指向的物质包括离散的、易于识别的微粒，我们将其标记为 grain（颗粒）、kernel（谷粒）、blade（叶片）、piece（片）及 board（木板）之类。当某一物质可清晰识别为不连续的、其构成实体间存在间隙时，称某种物质是同质的或许不无问题。不过，如前所述，概念化具有多面性和高度灵活性。任何语言成分的意义，均内在包含了对概念内容的特定识解方式，由此某些方面被聚焦，其他方面则依然处于背景位置。因而由微粒构成的物质既可视为同质的，又可视为异质的，这取决于这一复杂概念的哪些方面被置于焦点位置。某些名称如 sand、corn、grass、gravel 与 lumber 被当作物质名词，这表明其规约意义强调的是同质性的一面。①

由微粒构成的物质呈现出若干同质性特征。首先，其构成粒子通常无法被单独感知，在功能上无足轻重。行走在沙滩上时，我们看到的似乎是连绵不断的沙子；只有细加审视才会注意到个别

① 同质性在复数名词中同样普遍存在（如 boards（木板）、pebbles（鹅卵石）、blades of grass（草叶）），但程度较低，因为我们更为关注的是其粒子性特征（图 5.2）。

的沙粒。对于草,我们在视觉上同样有连绵不断的印象。倘若单片草叶触目便可见,那你的草坪就太稀疏啦。由微粒构成的物质是同质的,还在于其不同部分本质上毫无分别。仔细观察沙滩上任何一片沙,或是草坪中任何一片草叶,你所发现的情况相差无几:数不胜数的粒子密密匝匝地排列在一起,你甚至懒得去数它们。再者,这些粒子在效果上大同小异。我们对其个体差异几乎不加注意,对其认识仅仅是参照其所构成的整体而言的。也只有共同作用,这些粒子才呈现出物质在功能和质方面的典型特征。我们难以走在一粒沙子或一片草叶上面,难以仅用一块木板建造房子。单颗鹅卵石缺乏卵石小路的粒状感,单颗玉米粒也不足以让我们尝到玉米的味道,感受到其质地。

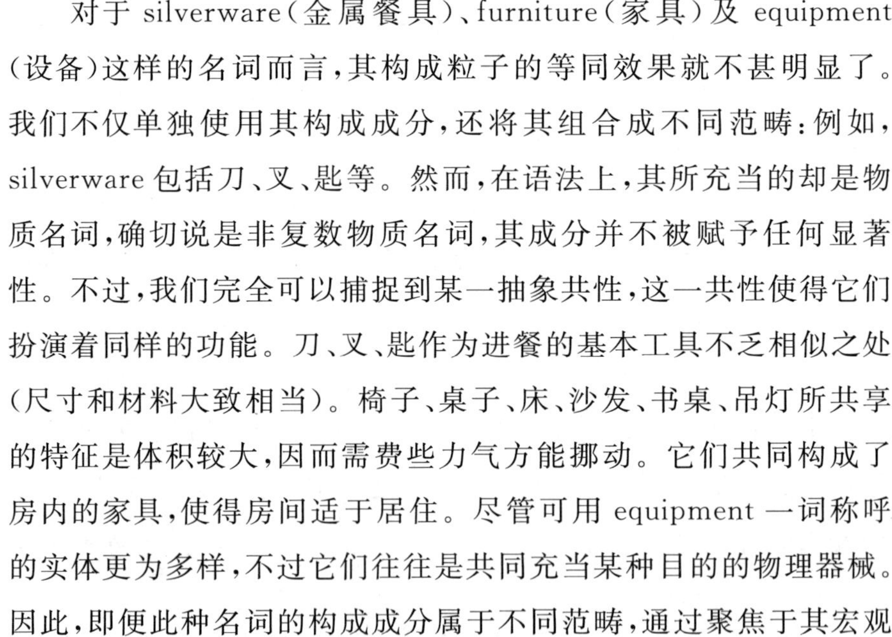

对于 silverware(金属餐具)、furniture(家具)及 equipment(设备)这样的名词而言,其构成粒子的等同效果就不甚明显了。我们不仅单独使用其构成成分,还将其组合成不同范畴:例如,silverware 包括刀、叉、匙等。然而,在语法上,其所充当的却是物质名词,确切说是非复数物质名词,其成分并不被赋予任何显著性。不过,我们完全可以捕捉到某一抽象共性,这一共性使得它们扮演着同样的功能。刀、叉、匙作为进餐的基本工具不乏相似之处(尺寸和材料大致相当)。椅子、桌子、床、沙发、书桌、吊灯所共享的特征是体积较大,因而需费些力气方能挪动。它们共同构成了房内的家具,使得房间适于居住。尽管可用 equipment 一词称呼的实体更为多样,不过它们往往是共同充当某种目的的物理器械。因此,即便此种名词的构成成分属于不同范畴,通过聚焦于其宏观的相似性(包括共同的功能),即可施加某种同质性识解。此种识解所需的抽象度，并不比高层范畴如 animal（动物）更高。尽管猴子、大象、鳄鱼差异甚大，置于一定的抽象层次上观察时，却是毫无二致的。animal 一词即是在这一层面上对其加以描述，其复数形式 animals 将其识解为同质之物，依赖的正是这一共同的图式性描述。

如果说物质名词惯常将其所指识解为同质的，这是否意味着可数名词的所指总是异质的呢？乍看这似乎值得怀疑。例如，lake（湖泊）整个儿包含的均是水，并不存在任何质方面的差别。然而湖不仅仅是一片水域而已。其另一本质特征体现在，水需为陆地所环绕——lake 是可数名词，正是出于这一划界的存在。因此，关于湖的概念，一个足可对其加以界定的概念，必须包括其直接辖域内的边界。然而，边界与其所划定的实体是全然不同质的东西。其所体现的事实上是不连续的情况：物质存在与缺失间的临界点。湖的边界并不在于水，而在于水与陆地的界面。因此，即便物质可能是同质的，边界的存在便在整个概念中引入了些许异质性。诸如 lake 这样的名词代表了极端的情况，其唯一的异质性仅在于边界本身。这类名词为数众多：lawn（草坪）、puddle（水坑）、meatball（肉丸子）、brick（砖头）、stain（污迹）、beep（戛然作响）、hour（小时）、hole（窟窿）、intermission（间歇），等等。每个均例显了一个常态下呈同质性的有界实体，无论其所包含的"物质"是有形的，还是较为抽象的（如声音、时间，抑或某种东西的缺失）。

因此，物质的同质性有赖于内在划界的缺乏。这两种因素继而造就了第三种属性，即可收缩性（contractibility）。这一概念表明的不过是：一类物质的任何部分本身均构成了该类型的有效例示。若从湖里的 water 开始，任何被抽检的部分本身均可描述为

water。这一样本的大小可以是任意的：无论是一公顷、一加仑，还是一滴，它仍不失为 water。[①] 对于可数名词 lake，这一点并不成立，因其缺乏为整个陆地所环绕的特征。就其本身而言，一个脚踏板和一个座位并不成其为自行车，MNOP 这一序列并不成其为字母表；同样，猫的尾巴也不成其为猫。

物质特有的同质性及划界的缺乏也可造就相反的属性，即**延展性(expansibility)**：将特定类型的任意两个例示相加，所得的物质同样是该类型的一个有效例示。在面碗里加进些面粉，所得的更大物质依然是 flour(面粉)的一个例示——可将其描述为 that flour(那些面粉)或 the flour in the bowl(碗里的面粉)，但不可描述为 * those two flours(* 那两个面粉)。相反，将可数名词如 bowl(碗)的两个例示相加，所得的并非一个更大的例示，而是多个例示：those two bowls(那两个碗)。由于可数名词是明确划界了的，也即明确了对构成实体而言存在某种限制，因而提供了判断一个例示何时结束、下一个例示何时开始的手段。我将这种属性——延展性的对立面——称之为"可复制性"(replicability)。物质名词与可数名词所指的这些对立特征分别可由 more 和 another 加以说明：将两个例示相加，所得的是 more flour(更多面粉)，但却是 another bowl(另一个碗)。

由于物质是从质的方面作出描述的，因而识别出一个例示无需划界或任何特定形状，甚至无需空间上的相邻。以千岛湖(又称

① 显而易见，样本在大小上应足以保全其本质属性。或许，一个水分子依然称得上该水的一个例示，但一个氧原子则不然。就复数名词而言，至少需有两个成分才能对其所属类型加以例示。

明尼苏达湖)为例。对于这些湖而言,构成 water 的例示的,是我们意图挑选出来加以如此识解的任何部分。在(6)中,名词性表达侧显的例示可能来自一个湖、多个湖,甚至是所有的湖;它可能包含一个湖的全部或部分水;或是这些因素的任意组合。显然,存在着无穷多样的可能性。

(6)(a) the water in that lake
(那个湖里的水)
(b) the water near the surface of that lake
(那个湖靠近湖面部分的水)
(c) the water in those two lakes
(那两个湖里的水)
(d) the water in the lakes in the northern part of Minnesota
(明尼苏达州北部诸湖的水)
(e) the water in all the lakes of Minnesota
(明尼苏达州所有湖泊的水)
(f) the water near the surface in most of the lakes in the southern part of Minnesota
(明尼苏达州南部大部分湖泊靠近湖面部分的水)

5.1.5　可变识解

可数名词-物质名词的区分本质上是从概念层面作出的,折射出我们以不同方式对同一情景加以构想及描述的能力。我们在此方面表现出的灵活性，造就了范畴化灵活多变的特征。在某种意义上，几乎每个名词均可同时用于两种情况。

这并不是说一切均无一定之规，或纯属主观臆断。特定的范畴化方式已为说话者所谙熟，并在语言规约中稳固确立。将 lake 用作可数名词，或将 water 用作物质名词时，我所做的并非独创发明，或是不曾预料之事。尽管许多用法均偏离了这些基本的范畴化方式，但往往遵循着约定俗成的模式。(7)(a)中 lake 的物质名词用法尽管属于新创，反映的不过是将有界实体识解为无界物质的一般模式。相反，(7)(b)中 water 的可数名词用法遵循的是将物质识解为有界实体的一般模式。此种情况下，范畴化及其造就的引申义均已固化并约定俗成。

(7) (a) You need **a lot of lake** for a speedboat race.
(要有**很多湖**才能举行快艇比赛。)
(b) I want two lemonades and **a water.**
(我要两份柠檬汁，**一份水**。)

对于为数众多的名词而言，其可数名词与物质名词变体均已稳固确立为规约语言单位。任一变体均可能固化得更彻底，从而被视为基本义，另一种变体则构成了其语义扩展。对于 water 而言，物质名词义显然是第一性的。相反，diamond 首先是一个可数名词，其物质名词用法则是第二性的(如 Diamond is one of the hardest substances known(钻石是业已发现的最硬的物质之一))。还存在许多名词,两种变体在地位上不相上下:rock(岩石)、stone(石头)、brick(砖头)、tile(瓦片)、glass(玻璃)、hair(毛发)、fur(皮毛)、cloth(布料)、rope(绳子)、string(线绳)、cake(蛋糕)、squash(西葫芦)、steak(牛排)、meatloaf(肉块)、thought(想法)、insight(创见)、pain(疼痛)、rest(休息)、law(草坪)、principle(原则),不一而足。作为物质名词,每个均命名某种有形的或抽象的"物质"(substance),而其可数名词变体则指向由该物质组成的某一有界实体。

(7)(a)中 lake 的物质名词用法体现了一个一般模式,可用于指称对象的形状或边界不甚相关的情况:

(8)(a) In my dream I attempt the winning shot and hit nothing but **net**.
(在睡梦中,我试图做出决胜的一个击球,但只打中了**球网**。)

(b) You'll have to stand—there's not enough **bench** for another big person.
(你得站着——**长椅**坐不下另一个大块头儿了。)

(c) After he dug through the wall with his knife, there was very little **blade** left.
(他用刀子挖通墙后,**刀刃**几乎没了。)

(d) With pre-owned vehicles, you get a lot of **car** for your money.
(先买**车**再付款,将会物有所值。)

这种模式的效果，是将注意力从有界实体的整体轮廓转移至某一可量化的区域，正是这一区域造就了其特有的功能。从概念上讲，这是一种“镜头推进”(zoom-in)策略，由此边界从注意焦点中淡出。更专业的表述如图 5.5 所示。从可数名词义出发，物质名词义是通过施加某一有限的直接辖域得到的，该辖域将可数名词显面的轮廓排除在外。本质上，表达式的显面仅限于其直接辖域(台上区域)。因此，物质名词的显面仅限于其对应的可数名词指称对象的某一内部区域(被识解为同质的)。

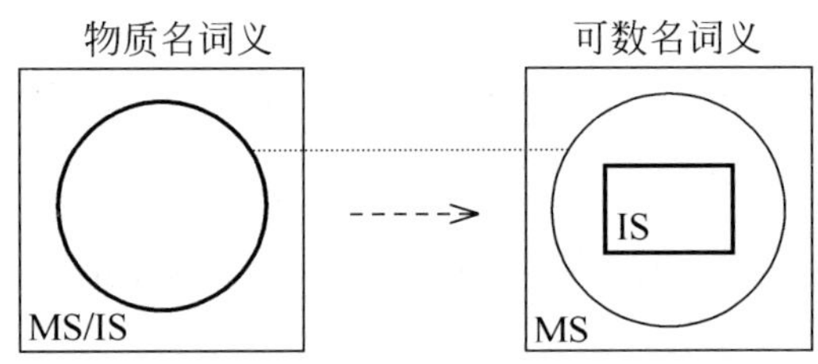

MS = maximal scope(最大辖域); IS = immediate scope(直接辖域)

图 5.5

另一个从可数到物质(count-to-mass)的转换模式反映了日常研磨、捣烂、碾碎、粉碎一个或多个离散物体的日常活动，从而将其转化为一个呈同质效果的物体。用于命名此种物体的可数名词转而用于指向其物质构成，这是通过破坏其形状或结构上的完整性得到的。如(9)。

(9) (a) By mashing a dozen potatoes, you get enough **potato** for this recipe.

(捣碎十二个土豆，就足够这个食谱用的**土豆**了。)

(b) After a cat got in the way of our SUV, there was **cat** all over the driveway.

(一只猫挡住了我们的 SUV 的去路,过后车道上净是**猫**。)

(c) Putting powdered **rhinoceros horn** on his cereal failed to enhance his virility.

(将研成末的**犀牛角**加到他的谷类早餐食物中,也未能起到壮阳之效。)

同样,将物质名词扩展至可数名词用法的最简模式,反映的是我们的日常吃喝活动。(7)(b)体现了 water 的普通名词用法,它不过是将所侧显的物质限制在一定的量中,通常是构成一客的量。对于某些食物(主要是甜点及各种饮料)而言,这一引申义已稳固确立,如 an ice cream(一客冰激凌)、a crème brûlée(一客焦糖布丁)、a tiramisu(一客提拉米苏)、a cherries jubilee(一客樱桃禧)、a clam chowder(一客蛤蜥杂烩)、a beer(一听啤酒)、a coke(一听可乐)、a soda(一份苏打水)、a lemonade(一份柠檬汁)、an iced tea(一份冰茶)、a whiskey(一份威士忌)、a Grand Marnier(一份大水手)、a gin and tonic(一份杜松子酒),诸如此类。

另一种常见的从物质到可数的转换模式涉及的不是量,而是质。谈论 a dry wine(无甜味的酒)、a tasty beer(可口的啤酒)、a hard steel(硬钢)或是 a good glue(黏性好的胶水)时,我并不指向一定量的物质,而是关注一种品牌区别于另一品牌的质的属性。说得更专业些,这里的意义转移涉及例举域内部发生的变化。所谓例举域(domain of instantiation),即例示主要存在并依其位置得以彼此区分的域。对于 a dry wine 这样的表达式而言,所侧显的例示与其他例示的差别不在于空间位置(有形物质通常的例举域),而在于属性。因而可将例举域隐喻式地描述为**“属性空间”(quality space)**。构成这一多维“空间”的,是与各种物质的描述相关的所有质的属性。对特定物质的描述是参照其在各个维度上的典型值域作出的。

这些值划定了属性空间的一个有界区域,如图 5.6 所示。左图代表指向某种有形物质的物质名词的基本义。尽管其特征是属性空间中含有一个有界区域(用于将其与其他物质区分开来),其例示却出现在物理空间——例举域中,该域中并未设定任何界限。因此,无需具备任何显著边界、特定形状,甚至是空间连续性,一个例示即可为我们识别出来(不妨回顾一下(6)中的例子)。其识别是基于质的属性作出的(如虚线所示),表明取样的任何部分均投射到属性空间的核心区域。

图 5.6 的右侧描述的是诸如 a dry wine 与 a tasty beer 等表达式的引申义。本质变化在于,例举域从物理空间转移到了属性空间。因此,例示是在属性空间中出现并占据区分性位置。每个例示代表了从相关物质的所有可能类型中选择的特定一类,因此侧显的是界定其属性的区域的一部分。由于这一区域包含了该物质的显面,因而构成了其直接辖域。因此,物质名词的性质义完全符合可数名词的专业定义:其所侧显的事体在例举域的直接辖域内是有界的。

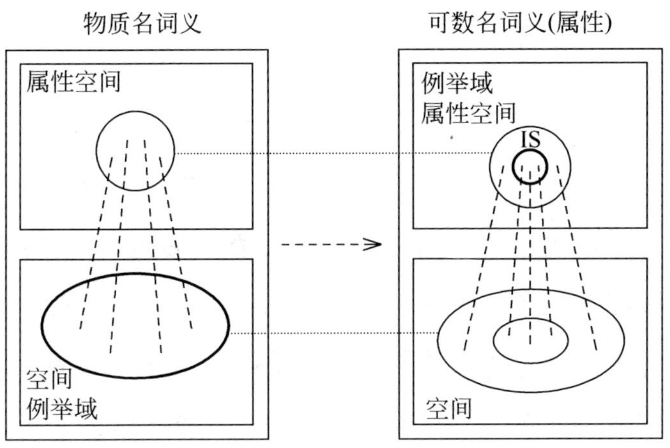

图　5.6

物质名词义与可数名词义之间的关系，对更为抽象的例子同样是适用的。此前我们注意到，对于命名颜色的名词，情况即是如此：

(10) (a) **Yellow** is a cheerful color.
(**黄色**是一种明快的颜色。)
[proper noun; fig. 4.4(a)]
[专有名词，图 4.4(a)]

(b) We need a bright **yellow** for the baby's room.
(需要一种亮**黄色**来装饰婴儿的房间。)
[common(count) noun; fig. 4.4(b)]
[普通(可数)名词，图 4.4(b)]

(c) There's a lot of **yellow** in this picture.
(这幅画用了很多**黄色颜料**。)

[mass noun;fig. 4.4(e)]

[物质名词,图 4.4(e)]

对于颜色词而言,属性空间即是颜色空间(我们可感知到的颜色范围)。当 yellow 用作专有名词时,侧显的是颜色域中的某一有界区域,该域即充当了其例举域。其普通名词用法对应于图 5.6 的右图,它将该区域视为其直接辖域,并侧显其中某一部分。因此,a bright yellow(亮黄色)指向的是一种黄色色调,正如 a dry wine(无甜味的酒)指称某一种酒。其物质名词义对应于图 5.6 的左图。此处的例举域为空间(也可能是视野)。其显面是一种具有空间分布的物质(可能是不连续的),一个仅根据其所生成的视觉印象的性质加以界定的抽象物。

类似 anxiety(焦虑)、hate(仇恨)、anger(愤怒)、happiness(高兴)及 depression(抑郁)的情感名词体现出大致类似的三重意义,如(11)。此种情况下,属性空间包含对各种情感经验作出描述及区分的维度。时间与空间共同充当了其例举域:无论何时何地,有人经历此种情感时,便生成了某一情感"物质"片段。众多的离散片段可构成这种抽象物质的一个例示。

(11) (a) **Anxiety** is one of the hardest conditions to treat.

(**焦虑**是最难医治的病症之一。)

[proper noun]

[专有名词]

(b) I feel a very intense **anxiety.**

(我感到十分紧张**焦虑**。)

[common (count) noun]

[普通(可数)名词]

(c) There's a lot of **anxiety** around here.

(这里充斥着**焦虑情绪**。)

[mass noun]

[物质名词]

类似的还有(12)中的名词,每个均从动词 walk(走路)经不同的**名词化(nominalization)**模式派生而来。这里,属性空间包括对不同类型的行为(更确切地讲是不同类型的运动)加以区分和描述的各种参数。专有名词命名某种概括的运动方式,侧显该域中的一个有界区域,其中的有限部分构成了表示某种走路方式的普通名词的所指。对于物质名词而言,空间与时间再次共同充当了例举域。无论何时何地,有人进行这种活动时,便生成了这种walking"物质"的一个片段。众多这种片段(或许是不连续的)又可构成这种类型的单一例示。

(12) (a) **Walking** is very good exercise.

(**步行**是大有裨益的锻炼方式。)

[proper noun]

[专有名词]

(b) He has a peculiar **walk.**

(他的**走路风格**很特别。)

[common (count) noun]

[普通(可数)名词]

(c) There's a lot of **walking** going on in this neighborhood.

(附近人**来人往**。)

[mass noun]

[物质名词]

对于 walk 这样的动词,这些不过代表了众多可能的名词化模式中的三种。作为动词,它侧显的是一个随时间(其例举域)展开的过程。其中射体以常规的双足运动方式移经某一空间路径。通过将显面转移至介入该过程的某一事体,便派生出了一个名词。(12)中所侧显的事体是抽象的、微乎其微的("属性空间"(quality space)中大小不同的区域,包含活动片段的"物质",继而投射至更大的区域)。不过一般而言,显面转向某种更为可感的、显著的事物。它可以是活动者、走路工具,或是所走过的路径,如(13)。其所侧显的还可以是涉及该过程某一例示的事件(参见图 4.2(d)及图 4.13(c)),或者是涉及多重例示的有组织的社会事件。

(13) (a) Tell that **walker** to keep off the grass.

(告诉那个**路人**勿踏草坪。)

(b) My **walker** is broken again.

(我的**学步车**又出毛病了。)

(c) It's a very difficult **walk**—7 miles and uphill all the way.

(**路**很难走——一路七里全是上坡路。)

(d) Did you enjoy your **walk**?

(您**散步**还愉快吗?)

(e) We're organizing a 5 K run and **walk** to support cancer research.

(我们正在组织一个五千米的竞**走**,以表示对癌症研究的支持。)

5.2　持续类与非持续类动词

同名词一样,英语中的动词也分出了两个基本次范畴,这一区分起初是基于其语法表现作出的。得知这两个次范畴可从语义上定义,你会不会感到吃惊?或许更令你吃惊的是我的进一步主张:动词次范畴间的语义对立与名词的情况毫无二致。促成可数-物质区分的概念因素既适用于事体,又适用于过程。

5.2.1　灵活的范畴化

动词侧显某一过程,后者可图式化地定义为在其时间进程中被顺序扫描的关系。其两大次类在 CG 中称为"持续类"

(imperfective)动词及“非持续类”(perfective)动词。[①②] 这些名称分别映照出两者的概念特征：非持续类动词在时间中是有界的，持续类动词则不具有明确边界。再者，非持续类动词将所侧显的关系识解为内部呈异质效果，涉及某种随时间推移发生的变化，持续类动词则将其识解为同质的，涉及一个稳定情景在时间中持续不变的情况。一些典型例子如(14)：

(14) (a) **Perfective verb(非持续类动词)**：fall(下落)、jump(跳)、kick(踢)、bite(咬)、throw(扔)、break(打破)、ask(询问)、tell(告诉)、persuade(奉劝)、learn(学习)、decide(决定)、cook(烹调)、melt(融化)、evaporate(蒸发)、die(死)、kill(杀死)、create(创造)、calculate(估算)……

(b) **Imperfective verb(持续类动词)**：be(**系动词**)、have(有)、know(知道)、doubt(怀疑)、believe(相信)、suspect(怀疑)、like(喜欢)、love(爱)、detest(憎恶)、appreciate(欣赏)、hope(希望)、fear(害怕)、resemble(相像)、contain(包括)、reside(居住)、exist(存在)……

---

① 考虑到汉语的行文习惯，除涉及与名词次类的对比外，“持续类”置于“非持续类”之前，与原文顺序有变。——译注

② 惯用的还有其他名称，如“active”(活跃的)vs.“stative”(静态的)。另一种常见分类是：“accomplishment”(完成类)、“achievement”(实现类)、“activity”(活动类)及“stative”(静态类)动词(Vendler，1967)。相对而言，非持续类囊括了前三类，持续类则对应于第四类。

这一概念区分是显而易见的。(14)(a)中的动词指向一个兼涉起点与终点的事件。某件事发生了——某种变化在所描述情景中被观察到。例如，fall 即是沿垂直轴迅速变更处所，learn 某种东西即是从不知变为知之。相比之下，(14)(b)中的动词侧显的是某种无限期持续下去的稳定情景。既无任何事物发生变化，也无任何情况发生。这并不是说所侧显的关系无始无终，只是说动词本身将其排除在用于聚焦观察的台上区域成分之外。称某物存在并不意味着其早已存在，或将永远存在下去，但确实将该情景描述为在任何相关时间段(时间上的直接辖域)中体现出恒常特征。learn 某种东西构成了某种变化，know 这种东西却代表了某种稳定情景，并无内在起点与终点。

尽管持续类-非持续类的区分具有概念基础，对其关注则首先源于两者对立的语法表现。通常的诊断标准是能否出现在一般现在时(第三人称单数为 -s)及进行体(由 be...-ing 标记)中。非持续类动词(如 learn)不能出现在现在时中，但可携带进行体，如(15)所示。持续类动词(如 know)的表现则截然相反。[①] 这些语法属性源自持续类与非持续类成分各自的概念特征，这一点我们接下来将会看到。

---

① 为诊断这一特征，只消考虑一下“真正的”现在时，它表示的是所侧显的过程发生于说话时刻。需要排除的有各种涉及其他概念因素的“特殊”用法，如用于类指句(generics)(A cat chases birds)(猫追逐小鸟)、习惯表达(habituals)(She works out every day)(她每天在外干活儿)及预期将来事件的情况(We leave next week)(我们下周离开)。

(15) (a) * He learns the poem.
(*他学习这首诗。)
(a′) He is learning the poem.
(他正在学习这首诗。)
(b) He knows the poem.
(他知道这首诗。)
(b′) * He is knowing the poem.
(*他正在知道这首诗。)

许多动词看似指向稳定关系,在语法上却充当着非持续类动词。因此,指称此时此刻发生的事情时,(16)中的动词拒斥现在时,但可携带进行体:

(16) (a) * She{sleeps/swims/dreams/perspires/meditates/wears a very expensive gown}.
(*她{睡觉/游泳/做梦/出汗/沉思/穿着一件相当名贵的礼服。})
(b) She is{sleeping/swimming/dreaming/perspiring/meditating/wearing a very expensive gown}.
(她正在{睡觉/游泳/做梦/出汗/沉思/穿着一件相当名贵的礼服。})

此处的过程可轻易识解为内部呈同质效果。即便是对于swim(游泳)这样涉及活动、力及运动的动词,情况也不例外。该过程是同质的，因为游泳的任意两个片段均大致相当，涉及手脚的重复运动，从而在水中稳步前进。然而，实际情况中，我们并不将这些过程视为发生于有界时段中。因此，它们与可数名词如 lake（湖泊）、lawn（草坪）、brick（砖头）、beep（戛然作响）及 hole（窟窿）所侧显的事体大致相当，体现出同质但有界的特征。两种情况下，边界本身均造就了些许异质性。边界包括在表达式的直接辖域中，即足可将其范畴化为可数名词或非持续类动词。

同可数-物质的区分一样，非持续类-持续类的对立也绝非有关词项的刻板说明。关于动词，一个常见的基本分类是：它要么是持续类的，要么是非持续类的。然而，许多动词在用法上均是两可的。范畴化是灵活多变的，受多个细微概念因素的影响。

（17）中所举动词，在持续类及非持续类的用法上均已相当稳固。每种情况下，第一个例子侧显的是有界事件，第二个侧显的则是稳定情景。第二列动词是持续类的，因而可出现在简单现在时中。第一列的非持续类动词则不可，因而例证采用的是过去时。如要将同样的事件描述为发生于当前时刻，就只能采用进行体（如 The SWAT team is surrounding the house（特警队正在包围房子））。

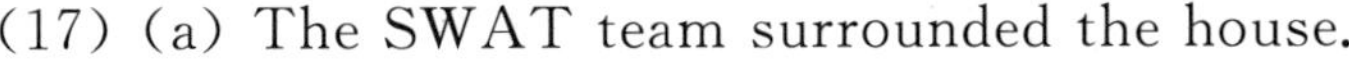

（17）（a） The SWAT team surrounded the house.

（特警队包围了房子。）

（a′） A hedge surrounds the house.

（树篱包围着房子。）

（b） She covered the hole with a picture.

（她用一幅画遮住了窟窿。）

(b′) A picture covers the hole.

(一幅画遮着窟窿。)

(c) He demanded my resignation.

(他要我辞职。)

(c′) That problem demands attention.

(那个问题要引起重视。)

(d) We connected the wires.

(我们把电线连了起来。)

(d′) A tunnel connects the two buildings.

(一条地下通道连着两栋大楼。)

(e) I realized the enormity of the problem.

(我认识到了这个问题的严重性。)

(e′) I realize the enormity of the problem.

(我对这个问题的严重性有所认识。)

范畴化的灵活性可由 sit(坐)、stand(站)及 lie(躺)等基本姿势动词予以说明。三者均可用于非持续类,侧显保持特定姿势的行为。此种情况下它们通常与 down 或 up 共现,如(18)(a);三者还均可单独出现在另一种非持续用法中,如(18)(b)。此时动词指向的是保持特定姿势的一个有界时段。同(16)中的动词一样,这种用法要求进行体描述一个现时情景,即便所侧显的过程内部呈同质效果。姿势动词还可用于持续类中,如(18)(c)。该句表明公园是该塑像的永久性处所。然而,假定该塑像仅仅是暂时置于公园中,其永久性处所尚在筹建中,那么,这一矗立情况就只能识解为构成了一个有界时段——因而属于非持续类,所以(18)(d)中采用了进行体。对于人类主体(如(18)(e)中的 Sam)而言,姿势动词通常被识解为非持续类,原因很简单:人是活动的,因而任何姿势构造在持续时间上均是有界的。相反,对位于两国之间的第三国而言,其位置关系是永久性的,因而(18)(f)中的 lie 表现出持续类的特征。[①]

(18) (a) Rebecca sat(down), then she stood(up)again.
(利蓓加刚坐[下],又站了[起来]。)
(b) He is{sitting/standing/lying} on the couch.
(他正{坐在/站在/躺在}沙发椅上。}
(c) A statue of the president stands in the middle of the park.
(总统的塑像矗立在公园的中央。)
(d) A statue of the president is standing in the middle of the park.
(总统的塑像正矗立在公园的中央。)
(e) Sam{ * lies/is lying} on the beach right now.
(萨姆现在{ * 躺在/正躺在海滩上。})
(f) Belgium{lies/ * is lying} between Holland and France.
(比利时{位于/ * 正位于}荷兰与法国之间。)

① 使用进行体可标记某种非持续类识解,由此暗示比利时可能被廉价购买并移至他处(自然,在玩拼图游戏时,假定每块图形均代表了欧洲的一个国家,这是完全可以说通的)。

这些例子阐释了这样一个基本观点：动词的**参与者(participant)**(即参与所侧显关系的实体)影响动词是范畴化为非持续类还是持续类。(18)(e—f)中动词的择用折射出主语的属性。宾语施加影响的例子则可由基本感知动词予以说明。首先，我们注意到，这些动词可用于持续类：I see light(我看见亮光)；I hear music(我听到音乐)；I feel pain(我感到疼痛)。这本身就很有意思，因为知觉通常相当短暂，不是典型的"无限期持续下去的稳定情景"。然而，在语言中，稳定性与持续性并不绝对，而是相对于某种情况而言的。关键问题在于，就当前目的(无需是固定不移的)而言，某一情景是否被识解为稳定不变，以及这一稳定性是否会在相关时段中持续下去。这一相关范围构成了动词的直接时间辖域，即置于台上加以聚焦观察的时间段。其绝对长度因而具有相当的可变性，这取决于所谈论的是何种事件(如太阳系的形成、帝国的兴衰，或是去商店买东西)。由于感知是一种稍纵即逝的现象，对于see、hear及feel这样的动词而言，用于评估变化或稳定性的时间框架非常之短。

诸如light、music及pain这样的宾语名词暗含了一个可持续一定时段(即便仅有几秒钟工夫)的感知经历。因此，在与即时感知的描述相关的短暂时段中，这一经历可呈现出稳定不变的特征。这使得感知动词可用于持续类。然而，有时持续类识解被排除在外：* I see a flash(* 我看见闪光)；* I hear a shot(* 我听到枪响)；* I feel a twinge of pain(* 我感到剧痛)。此处的宾语名词短语施加了一个瞬时性(punctual)解释。因其本身具有时点性，其所生成的感知经历亦然；它本质上仅含起点与终点，不含中间状态。这一感觉稍纵即逝,即便在有限的时间内也难以看作稳定不变。但它依然构成了一个有界事件,由此形成了非持续类解释:I saw a flash(我看见了一道闪光);I heard a shot(我听到了一声枪响);I felt a twinge of pain(我感到了一阵剧痛)。①

诸多其他因素也可影响一个动词是识解为持续类,还是非持续类。例如,通常情况下动词 like 描述一种稳定的态度,因此属于持续类,如(19)(a)中的情况。但在(19)(b)中,状语 more and more 通过引入变化的概念,促发了非持续类识解。

(19) (a) She likes her new teacher.
(她喜欢新来的老师。)
(b) She's liking her new teacher more and more.
(她对新来的老师好感与日俱增。)

另一个因素是辖域。在(20)(a)与(20)(b)中,wind 体现出持续类与非持续类用法的对立。其决定因素在于,空间构造是按整体方式感知(如查看地图的情况),还是按局部方式感知(如路上行人的视角)。一方面,在整体观照下,整个路-山构造在直接空间辖域内尽收眼底。这一构造在时间中稳定不变,因而对其加以描述的动词属于持续类,出现在简单现在时中。另一方面,在沿途驱车

① 尽管这些表达式在概念上属于非持续类(因其侧显的是有界事件),但不可用于进行体:* I'm seeing a flash(* 我正看到一个闪光)。出于其瞬时性特征,它们在语义上与进行体互不相容,因进行体侧显的是某一有界事件内一个持续不断展开的情景(并排除了事件的起点与终点)。

的局部观照下,在任一时刻,整体构造中仅有一小部分是可见的。在(20)(b)中,该部分被识解为主语名词短语的直接空间辖域——构成 this road 的,是任一时刻整条路中显而易见的部分。因此,在山间驱车行进时,构成 this road 的物体被感知为处于移动状态,更确切地说是沿群山 winding(蜿蜒而过)(犹如我们感知蛇沿草丛蜿蜒前行)。wind 属于非持续类,并携带进行体,因其侧显的是随时间展开的变化,而非稳定不变的构造。

(20) (a) According to the map,this road winds through the mountains.
(从地图上看去,这条路在群山中蜿蜒而过。)
(b) The way this road is winding through the mountains,we'll never get there on time.
(这条路在群山中蜿蜒前行,看样子我们是绝对准时到不了的。)

对于持续类与非持续类识解的选择,未必是由所描述情景的任何内在因素决定的。这往往取决于常识或语境知识,或仅仅关涉说话者意图以何种方式对情景加以描述。倘若在公园里偶然瞥见一尊雕像,你将如何对其加以描述?选择(18)(c)还是(18)(d),取决于将雕像置于此的人用意何在。或者,假定你们老师明显处于沉思状态,碰巧摆出一副罗丹的著名雕像《思想者》中的姿势。你完全可以用(21)(a)来形容这一情形。这种非持续类识解反映了我们的一个常识:端坐下来沉思默想,通常是发生于有界时段中的。然而，对于雕像本身而言，用(21)(b)来形容更为合适。

(21) (a) Our prof is sitting and meditating.
(我们老师正坐在那里沉思。)
(b) Rodin's Thinker sits and meditates perpetually.
(罗丹的《思想者》恒久坐在那里沉思。)

(22)中的对照则反映了另一种情形：采用持续类还是非持续类识解，完全出自说话者的选择。如前所述，see同时容许两种识解方式，这取决于宾语的性质：I see light(我看见亮光)- * I see a flash(*我看见闪光)。对于light而言，持续类识解是完全可能的，但对flash而言则很难实现，因为只有前者的持续时间足够长，即便是对于构成其直接时间辖域的短暂时段，也可形成稳定的感知经历。因此，see a flash常态下属于持续类，尽管其瞬时性排除了使用进行体的可能：* I'm seeing a flash(*我正看见闪光)。然而，我们关于闪光所知的一部分是：它们有时会唤起一个事后意象，与闪光本身不同的是，它可能会持续一段时间。因此，我们既可说(22)(a)，又可说(22)(b)，此时对于flash的理解是转喻式的。两种情况均可说通，因为相对于直接时间辖域而言，事后意象并无固定长度。(22)(a)中的非持续类识解将这一视觉经历明确描述为一个有界时段。相反，在(22)(b)中，说话者意在关注的是该情况在相关时段中持续不变的特征。尽管说话者对其瞬时性特征或许并非一无所知，但选择对其不予理会。

(22) (a) I'm still seeing that blinding flash which occurred a moment ago.
(刚才出现的眩目的闪光,我现在还看得见。)
(b) I still see that blinding flash which occurred a moment ago.
(刚才出现的眩目的闪光,我现在还看得见。)

5.2.2 可数-物质名词类比

名词侧显某一事体,可抽象定义为任何组合或物化的产物。动词侧显某一过程,可抽象定义为在时间进程中被顺序扫描的关系。尽管名词与动词在概念上呈最大化对立,两者依然表现出某些平行特征,其中之一是均可分出两大次范畴。值得注意的是,对于每个范畴而言,这种宏观区分均有相同的概念基础:关于名词的可数-物质区分与关于动词的非持续类-持续类区分是完全一致的。两种情况下,该区分均涉及划界、同质性、可收缩性及可复制性这些彼此关联的因素。

可数-物质的区分,取决于在名词例举域的直接辖域中,其所侧显的事体是否被识解为有界的。对于实物(该范畴的典型)而言,其例举域是空间,划界是由界定物体形状的空间边界实现的。但整体而言,名词的例举域千差万别,对划界的描述需更为抽象:当其成分实体构成的集合是有限的时,某一事体即是有界的。

对于动词而言,时间始终是其例举域。因此,持续类-非持续类的区分,取决于所侧显的过程在直接时间辖域中是否有界。如果其成分实体构成的集合是有限的，那么它是有界的。然而这些实体是什么呢？过程的哪些方面类似于构成实物的物质片段，抑或一个组（如 stack（摞））或多重物质中的离散粒子？答案隐藏在将过程描述为**复杂**关系这一点上，其复杂性之一体现在**成分**关系沿连续时间段分布的情况（图 4.6）。这些时间剖面——过程的**成分状态**——自然而然可视为其构成成分。当然，大部分情况下，我们不是单独对其加以把握，而是将其视为构成了一个连贯的整体，每个成分均顺畅地融入下一成分。在这方面，它们颇似构成实物的任意划定的物质片段，这些片段同样被感知为连续的。不妨回顾一下前面关于**实体（entity）**的定义：它无需是离散的、显著的，或可单独加以识别的。

持续类与非持续类的本质区别如图 5.7 所示。作为一个简化表述，线条代表随时间演化的关系，因此线上的每一点均对应于一个成分状态，即在单一时刻存在的关系。[①] 在图（a）中，对于非持续类动词而言，垂直标杆表示所侧显的关系在时间进程中是有界的。这些构成了界定该关系的起点与终点的临界点。关键在于，其完整呈现均落入了直接时间辖域内部，因而所侧显的过程在其例举域（时间）的直接辖域中是有界的。这种划界对于持续类动词的描述而言并非内在的。在图（b）中，省略号（……）表示该关系将会无限期持续下去。直接时间辖域将这一持续展开的情景的一部分分割出来，置于台上加以聚焦观察。动词的显面仅限于这一

① 可将其与 4.13（a）中更完整的版本做一比较，在后者中，代表性成分状态被明确表示为关系。就当前目的而言，无需对每个状态的内部结构做出刻画。同时略去的还有表示顺序扫描的沿时间轴的标杆。

部分。尽管所侧显的关系受直接辖域所限，但并非有界的，因其呈现并无起点与终点——该关系沿两个方向均延伸到了直接辖域之外。这一限制并非寓于所描述的情景中，而是外在的，与观察情景的方式有关。因此，所侧显的关系在其例举域的直接辖域中并无明确边界。

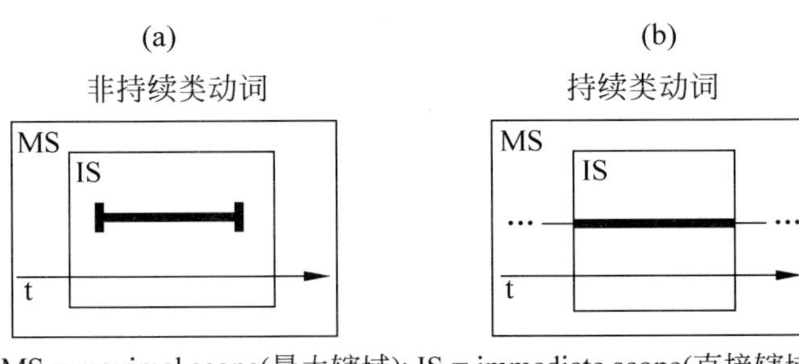

图　5.7

图 5.3 中表现的是可数-物质的对立，将其与图 5.7 中非持续类-持续类的对立作一比较，即可看出两种区分本质上相差无几。其唯一差别在于，第一种情况是作用于事体，第二种则是作用于关系。当我们翻转到铜钱的其他边，如同质性、可压缩性以及可复制性，对其加以审视时，这种划界上的平行关系依然存在。

非持续类过程被识解为内部呈异质效果，这一点类似于可数名词的所指。持续类过程则被识解为内部呈同质效果，这一点类似于物质名词的所指。动词的同质性-异质性事关过程的诸成分状态是否被构想为呈等同效果。非持续类是异质的，因其侧显的关系随时间而变。持续类则是同质性的，因其侧显的是某一稳定情景在时间中延续下去的情况。比较图 5.8 的左图与右图，即可看出两者间的平行关系，其中波浪线表示异质性，直线表示同质性。中图表明名词与动词的平行关系还可作进一步扩展。每个范畴均不乏内部同一但被识解为有界的显著例子：lake（湖泊）、lawn（草坪）与 beep（戛然作响）之类的可数名词，以及 sleep（睡觉）、swim（游泳）与 meditate（沉思）之类的非持续类动词。这些代表了异质性的极端情况：除边界本身引入些许异质性之外，该事体或过程内部是同质的。

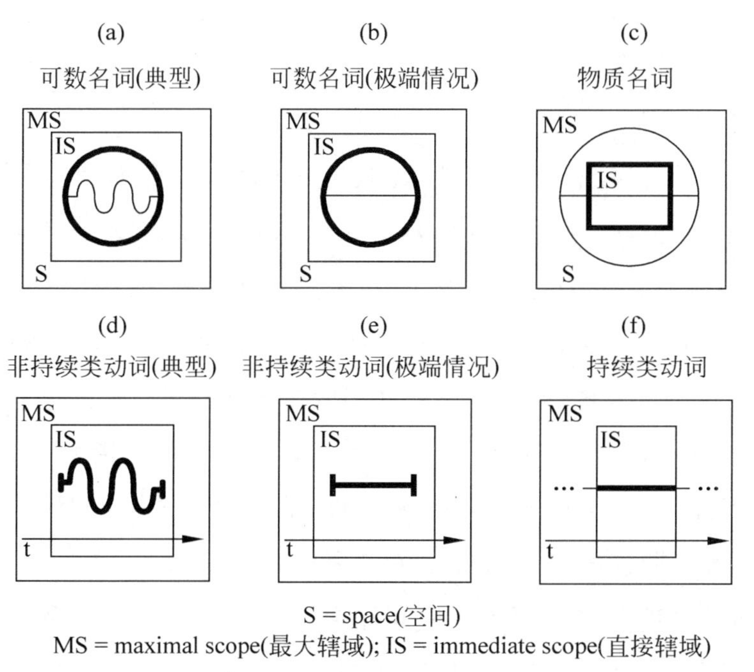

图 5.8

物质是可收缩的，这是因为，例示的任何部分本身即是物质名词类型的有效例示。持续类动词同样存在类似特征。假定我在学一首诗，花了一个多月功夫终能熟记于心。在这段时间内，I know the poem(我知道这首诗)这一陈述对其中任意长度的时间段均是适用的(I knew the poem last week(我上周知道这首诗)、I know it right now(我现在知道这首诗)以及 I will still know it tomorrow(我明天依然知道这首诗))。无需考虑整个一月之久的情形——无论选择哪一时段加以聚焦观察(作为时间上的直接辖域),均足以呈现所侧显过程的一个例示。可收缩性并非可数名词或非持续类动词的典型特征。lake(湖泊)的一部分本身并不成其为湖。同理,如果我花了整整一个月功夫学会一首诗,则 I learned the poem(我学会了这首诗)这一陈述对于描述一天或一周所取得的进步并不合适。

物质不仅具有可收缩性,还具有延展性,这是因为,两个例示相加得到的是一个更大的例示。可数名词则缺乏这一特征,因其划界限制了例示的范围。它们实际呈现的是所谓的“可复制性”(replicability),这意味着将各个例示相加得到的是多个例示。因此 the water in those two lakes(那两个湖里的水)唤起的是 water 的一个例示,但却是 lake 的两个例示,尽管两者在指称上是同一的。因此,持续类成分具有可延展性,非持续类成分则具有可复制性,这与预期情况是一致的。倘若我三月间知道一首诗,四月间依然知道,说我在整整两个月期间知道这首诗同样是成立的。然而,如果一个完整的学习例示发生在三月份,另一个发生在四月份,它们构成的则是两个独立的学习例示:我一度 knew(知道)这首诗,但 learned(学了)两遍。

复制的一个具体表现如副词短语 again and again(反反复复)。它只能与非持续类同现,这与预期情况是一致的。尽管一个相当健忘的人完全可以说 I learned the poem again and again(我反反复复学过这首诗),对于一首诗一会儿捡起一会儿忘记的情况,用?? I knew the poem again and again(?? 我反反复复知道了这首诗)来形容,则多少显得有些怪异。learn 是可复制的,因为学习事件具有内在的有界性,而且(天哪!)无法保证所学知识终生不忘——或许需要在诸多场合反复学习。但由于 know 为持续类,因而唤起了无限期持续下去的期待。要使 know 变得可复制,则需对其语义作出调整,将所侧显的关系识解为发生于有界时段中。若能想象出一个合理的场景,我们的概念灵活性是大可做到这一点的,出于人类记忆的脆弱性考虑也是如此。同样,?? She resembled her mother again and again(?? 她反反复复与母亲相像)语义上显得异常,不过我们依然能够想象出合理的解释。只消想象这样一个情形:与某人相像构成了一个可重复出现的有界片段。的确,由于人的容颜会发生变化,我们可以想象某人在一生的不同阶段与其母亲相像,但中间穿插着不甚相像的阶段。或者,她可能仅在某一方面与母亲相像,如生气时的声调,这种相似性在许多场合表现出来。

这些例子阐释了几个基本观点。首先,句子在语法上的合格性(“合语法性”(grammaticality))不能独立于其语义解释作出判断。再者,语义解释并非纯粹是语言上的,而是有赖于我们关于世界所知或可想象到的情况。最后,由于语言范畴化受这些因素的影响,因而是灵活多变的。

5.2.3　与时体的互动

通常情况下,关于持续类与非持续类动词的区分是基于其语法表现作出的，主要是它们与时体的互动：英语中的非持续类可携带进行体，但拒斥一般现在时；持续类则是反其道而行之。在 CG 看来，持续类与非持续类的表现不过是其概念特征的表象。这不仅可以解释基本分布模式，还可以解释某些看似例外的现象。

要作出语义解释，必须首先对相关语法成分的意义作出描述：进行体（由 be...-ing 标记）与时态（含现在时与过去时）。顾名思义，进行体结合了 -ing 与 be 的意义。前者在 § 4.3.2 部分曾有扼要论述。它构成了对过程加以整体性识解的诸要素之一（其他包括分词 -ed 及不定式 to），这种识解将所侧显的关系转变为非过程性的。再者，-ing 对这一关系采取了某种“内部视角”（internal perspective）加以观照。说得更正式些，这意味着 -ing 施加了某一直接时间辖域，划定了整体关系中的某一内部区域，并选择对其加以聚焦观察。因而仅有这一部分获得了侧显，如图 4.14 所示。这也表明了 -ing 的第三种属性：将所侧显的关系识解为同质的。即便当 -ing 附着的动词描述某种变化时，情况也不例外。尽管成分状态或有不同，但当被置于一定的抽象层次上加以观照时，却呈完全相同的效果。尤其是，它们均有资格代表同一过程基体的内部状态。①

从动词 climb（爬）出发，-ing 派生出了一个分词表达 climbing。其所侧显的是一个关系，涵盖动词性过程的某一内部区域，并将其识解为呈同质效果。所侧显的关系是以总体（而非顺序）方式扫描

① 将其识解为呈同质效果所需的抽象层次，并不比物质名词（如 furniture（家具）、equipment（设备）、silverware（金属餐具））高，也不比将复数名词 animals（动物）用于指称猴子、大象或鳄鱼所暗含的抽象层次高（§ 5.1.4）。

的，因而是非过程性的。这种整体识解使其可修饰名词，如 the monkey climbing that tree（正在爬树的猴子）。另一种情况是与 be 结合构成进行体，如 be climbing。作为一个图式性动词，be 将自身的过程性本质加在分词所侧显的关系上，从而使进行体可充当限定小句的中心词（§4.3.3），如 A monkey is climbing that tree（一只猴子正爬着那棵树）。

因此，进行体的总体效果，是将非持续类过程转化为持续类的，如图 5.9 所示。前者侧显的有界情况充当了后者的概念基体，后者侧显的是排除了起点与终点的内部区域。这里有两点细微之处需要强调。首先，尽管动词与其进行体均为过程性的，侧显的却是**不同的过程**，后者是参照前者加以描述的。其次，尽管进行体表明其所作用的动词是非持续类的，表达式总体上却是持续类的。[①]

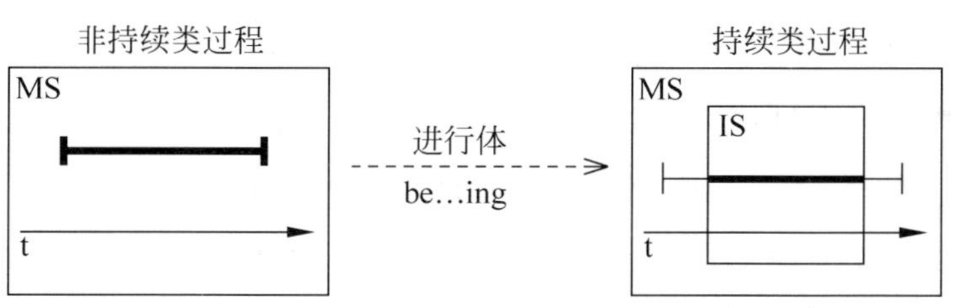

图　5.9

这种语义描述解释了为何进行体只能与非持续类同现。原因很简单：进行体的功能即在于将动词持续化，因而没有道理将其用

① 进行体的语法表现类似于其他持续类表达：两者均出现在现在时中（A monkey is climbing that tree）（一只猴子正在爬那棵树），且本身并不携带进行体（＊A monkey is being climbing that tree）（＊一只猴子正在着爬着那棵树）。

于一个本已是持续类的动词。由此，英语中的规约将这种情况排除在外，是完全说得通的。尽管我们无法断言，语言实现了效率最大化，并总能避免羡余，进行体持续类并无明显用处，不过徒增复杂性而已。[①]

同时得到解释的还有这样一种现象：进行体不可与瞬时性的非持续类表达共现，如 * I'm seeing a flash（ * 我正看见闪光）。瞬时性事件稍纵即逝，无从允准内部视角。它本质上仅包含起点与终点，并无中间状态，因此若将两者排除在外，其直接时间辖域内便所剩无几，无法再作观察和侧显。当然，这种例外情况本身也不乏例外，对此同样可作出解释。在(22)(a)中，我们注意到，当 see a flash（看见闪光）指称事后意象时，即可携带进行体。另一个例子是 blink（眨眼）。对于常态下看到的一次眨眼，我们不能说 * He is blinking（ * 他正在眨眼）。我们根本来不及说这句话，或注意到事件的内部阶段。然而，He is blinking 却是完全正常的、合乎语法的表达。对此通常的理解是：其所指称的不是一次眨眼，而是一连串的眨眼，它被识解为发生于有界时段中的单一整体事件。按照这种**重复性(repetitive)**解释，blink 侧显一个高层非持续类过程，其持续时间足够长，从而可容许进行体。此时句子侧显的是这一有界序列的某一内部区域。或者，不妨设想一次眨眼事件由高速频谱仪记录下来，此时正投射到一个设置为正常放映速度的显

① 尽管进行体总体上仅限于非持续类，-ing 本身与两类动词均可共现：the monkey **climbing** that tree（正在**爬**那棵树的猴子）；a monkey **resembling** my uncle（**活像**我叔叔的一只猴子）。-ing 自有其用武之地，因为无论是持续类还是非持续类过程，当用于修饰名词时，均需从整体上加以观照（§4.3.3）。

示屏上。由此，我们可以看到一次眨眼事件发生于几秒之中的情况。由于 blink 不再是瞬时性的，He is blinking 是大可说通的。

接下来的问题是：为何非持续类不能出现在简单一般现在时中？的确，在时态与持续性情况的全部组合方式中，单单现在非持续类是有问题的：

(23) (a) He learned the poem.
(他学过这首诗。)
[PAST PERFECTIVE]
[过去非持续类]
(b) * He learns the poem.
(*他学习这首诗。)
[PRESENT PERFECTIVE]
[现在非持续类]
(c) He knew the poem.
(他一度知道这首诗。)
[PAST IMPERFECTIVE]
[过去持续类]
(d) He knows the poem.
(他知道这首诗。)
[PRESENT IMPERFECTIVE]
[现在持续类]

为何其组合方式呈这种分布，而非其他情况？同样需作出解释的

还有各种例外，即非持续类的确出现在现在时中的情况。

首先，我们需要对英语时态屈折的意义加以考察。[①] 按照传统观点（就当前目的而言是够用了），时态将发生的情况与说话时刻联系起来。换用 CG 的说法即是：时态施加了某一直接时间辖域，参照言语事件对其加以定位，所侧显的过程必须呈现在这一辖域中。显而易见的是，对于过去时而言，其直接辖域早于言语事件。可能不甚明显的是，对于英语中的现在时而言，直接辖域恰好是与说话时间重合的（Langacker，2001a）。如图 5.10 所示，其中含有折线的框盒表示言语事件，所侧显的过程单纯以一条线表示（不带标杆或省略号），因为这些结构本身并不呈现出持续类-非持续类的对立。过去时表示过程的某一例示出现在说话时间之前，现在时则表示某一例示与说话时间完全重合。

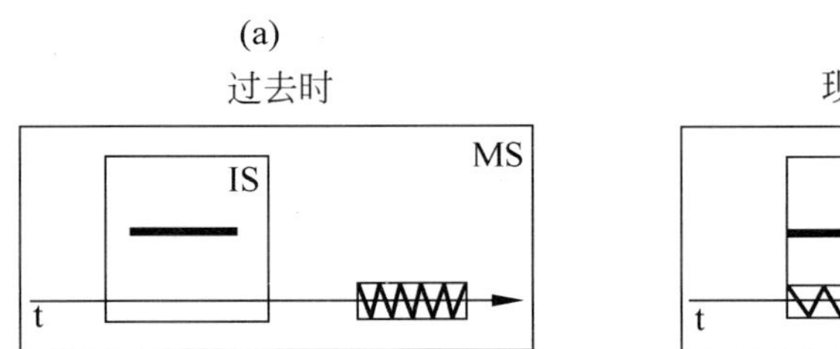

MS = maximal scope(最大辖域); IS = immediate scope(直接辖域)

图 5.10

接下来，不妨考虑一下，若将这些时态词素用于持续类或非持

① 由于将来时 will 是非屈折性的（而是属于情态系统），通常将英语分析为仅含两种语法时态。此处仅能作扼要描述，第九章将进一步展开，以表明其逻辑理路。在此之前，我们仅关注“真正的”现在时，即涉及发生在谈话时刻的情况（参见 261 页注①（原注 14））。

续类动词，结果又当如何？对于过去时而言，其直接时间辖域在长度上可以不受限制——唯一的要求是发生于说话时间之前。因此，这一时段总是足可囊括一个非持续类过程的例示，包括其起点与终点，如图 5.11(a)所示。过去持续类也是不成问题的，因为持续类本质上类似于物质，具有可收缩性。不妨假定一个稳定情景无限期延续下去，因而其起点与终点均超出了直接辖域，如图(c)所示。鉴于其可收缩性，落入直接辖域内的部分即构成了持续类过程类型的有效例示。这一部分被分离出来加以聚焦观察，满足了例示出现于言语事件之前的要求。对于现在持续类，道理是一样的，如图(d)所示。说话时间是相当短促的（说出一个限定小句大概一秒钟功夫），因此一个稳定的现时情景的起点与终点通常均超出了这一范围。尽管如此，由于持续类过程具有可收缩性，因而足可保证，与言语事件重合的小小一部分构成了该过程类型的一个有效例示。

这就只剩下现在非持续类了，如图 5.11(b)所示。看不出这一构造有什么问题；从概念上讲，一个有界事件与言语事件重合的情况是完全合乎逻辑的。那么，为何现在非持续类给人一种语义异常的印象呢？这并不是因为它缺乏内部一致性，而是因为图(b)中的构造在常态语言使用中难以实现。我所指的“常态使用”(normal use)是默认的观察格局，即说话者对实际发生的事件及存在的情景作出观察与描述（§3.4.1）。相对于这一格局，图(b)代表了对实际观察到的有界事件的描述。这在两个方面是有问题的。首先，观察到事件的发生与言语描述的说出在持续时间上鲜有相同的情况。说出 He learns the poem（他学习这首诗）或 She

(a)

过去非持续类

MS IS t

(b)

现在非持续类

MS IS t

(c)

过去持续类

MS IS … … t

(d)

现在持续类

MS IS … … t

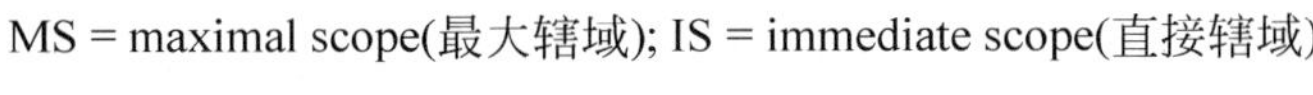
MS = maximal scope(最大辖域); IS = immediate scope(直接辖域)

图 5.11

changes the tire(她更换车胎)只消一秒钟功夫,但是这些事件的实际发生时间鲜有如此之短。第二个问题可表述为一个问句:说话者知道些什么?他又是何时知道这些的?要对观察到的事件加以描述,说话者必须首先观察到它,或者观察到足够的部分,才能知其然。然而,待到说话者完成这些才发话,要做到言语描述与事件的发生完全重合,已为时晚矣。

因此,现在非持续类的问题,并不在于任何内在的概念上的不一致性,而在于图 5.11(b)中的构造与默认观察格局显得格格不入。然而,同样的问题在其他许多观察格局中并未出现。事实上,一般现在时是极为常见的。如果说它们通常被视作异常,这仅仅是因为我们理所当然地将默认格局视为理解一般现在时的基础。

一种偏离默认格局的情况是:说话者不只是描述一个行为,还通过言语事件本身实际将其付诸实施。(24)中的表达式被称为**"施为句"(performative)**(Austin,1962;Searle,1969)。order(命令)、promise(允诺)或 sentence(宣判)之类的动词命名一类**言语行为(speech act)**,因而是非持续类的。一句话要够得上对其所描述行为的实施,动词必须为一般现在时,说话者必须编码为主语。此外,说话者必须有意向实施动词所侧显的行为,其得以成功实施的条件均需满足(如(24)(c)中的说话者须有相应的权力)。

(24) (a) I order you to leave at once.
(我命令你马上离开。)
(b) I promise to stop smoking.
(我保证戒烟。)
(c) I hereby sentence you to 30 days in the county jail.
(为此我判你在镇上的监狱里蹲一个月。)

在其施为用法中,非持续类动词最适合出现在现在时中。当说话者实际实施其所描述的行为时,默认观察格局的问题不复存在,持续时间不再成问题。的确,所侧显的事件与言语事件持续时间必须相同,这是因为施为句代表了一个特例,即句子所侧显的事件即是言语事件本身,如图 5.12 所示。也不存在任何有关说话者知识的问题。由于说话者将所描述的行为付诸实施,并且必然有实施的意向,因而无需等观察到其发生再对其加以认定。他所做的,不过是实施他意图实施的行为。由于他是通过言说来实施的,因而该行为与说话时间完全重合。

施为动词

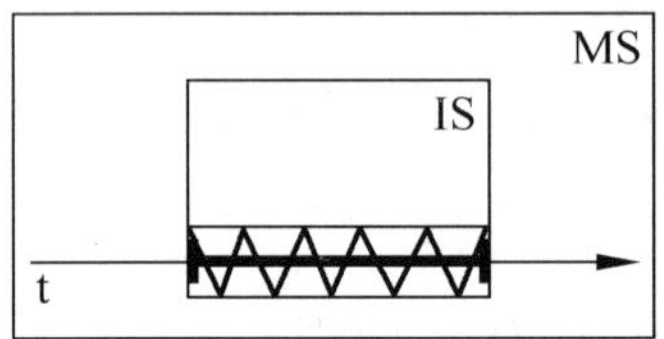

MS = maximal scope(最大辖域); IS = immediate scope(直接辖域)

图 5.12

现在非持续类在体育播音员采用的“现场报道”(play-by-play account)言语模式中相当普遍：

(25) He hits a high fly to left. Jones comes in a few steps... he shades his eyes...he grabs it for the final out.
(他把一个高抛球朝左边打去。琼斯几步赶上来……他遮住眼帘……在最后关头抓住了它。)

这显然趋近默认观察格局，因为报道员一边观察赛事，一边对其加以描述。但它在某些方面具有特殊性，从而消除了(或至少减轻了)持续时间与说话者知识的问题。一方面，所描述事件的典型持续时间与其描述所用时间大致相当。① 另一方面，这些事件是高度程式化的，因此播音员或可预料到它们，或可立马识别出它们。

① 一个本垒打无法仅在一秒钟功夫观察到，因为球需要运行相当一段距离，也需要观察到其整个运行过程才能确信它绕开了篱笆。因此，报道员说的不会是 * He homers to left!(* 他本垒打到左边了!)，而是类似下面的表达：He hits a long fly to left...it's going, going, gone!(他把一个很长的飞球朝左侧击去……它正在过去，正在过去，过去了!(而非 * It goes!(* 它过去了!))

由此，体育赛事的现场报道与所描述的赛事通常仅有很小的时差。在理解这种话语模式时，我们惯常忽略可能存在的时差。同样可以说这种虚拟的并行描述融入到了我们关于这种体裁的认识中。

关于其他允准现在非持续类的非默认格局，后面将会加以考察（§9.4.2 与 §14.2.2）。然而，默认观察格局又当如何？我们该如何对当前实际发生的非持续类过程作出描述呢？对此，我们采用的是进行体，如 He is learning the poem（他正在学习这首诗），如图 5.13(a)所示。我们从一个有界过程(learn)开始，其整个发生情况包括说话时间。进行体从这一非持续类过程衍生出了一个持续类过程（图 5.9）。这是通过施加一个直接时间辖域 IS_1 实现的，它排除了有界事件的起点与终点，并将其台上部分识解为呈同质效果。在初始非持续类过程内部，所得到的持续类过程（be learning）侧显 IS_1 所划定的片段，这一片段同样包括说话时间。现在时所作用的正是这一持续类过程，将自身的直接辖域 IS_2 施加于其上，该辖域恰好与言语事件重合（参见图 3.3(b)）。因此，复合表达式（is learning）侧显的仅限于这一片段，出于其可收缩性，该片段构成了持续类过程类型（be learning）的一个有效例示。

对于发生在过去的有界事件，则无须使用进行体（He learned the poem（他学过这首诗））。唯一需要的是施加一个大到足以囊括整个情况的直接辖域（图 5.11(a)）。不过，使用过去进行体也是不无可能的：He was learning the poem（他当时正在学习这首诗）。如图 5.13(b)所示，有了过去进行体，我们即可聚焦于整个事件在先前某一时刻可见的部分。

(a)

现在进行体

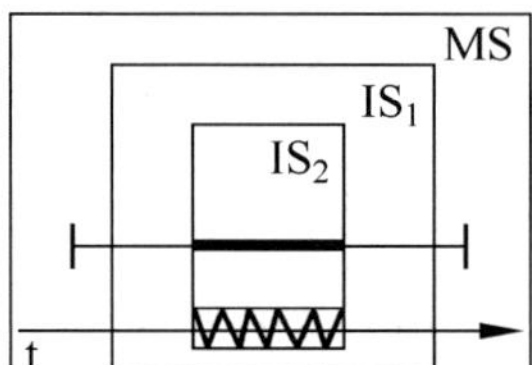

(b)

过去进行体

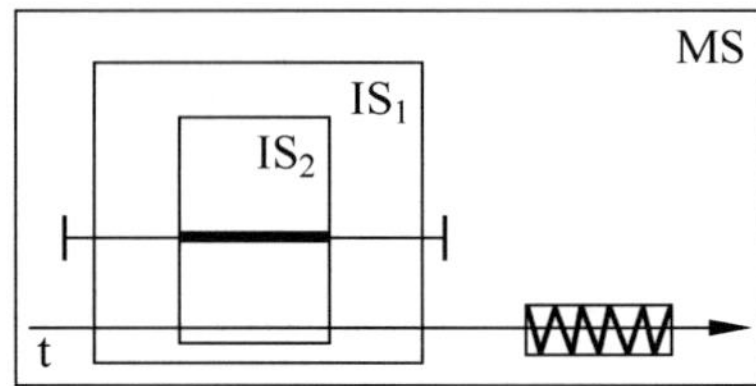

MS = maximal scope(最大辖域); IS = immediate scope(辖域)

图　5.13

第六章　构式：概括描述

我们所调用的表达式，大部分在象征结构上是复杂的，或多或少可分析为较小的象征成分。语法即体现为用于建构（construct）这些表达式的模板。由此，这些表达式与模板可称之为**“构式”（construction）**。本章先探讨构式的一般本质，下一章中将对涉及其描写的一些基本方面加以考察。

6.1　象征集合

CG 提出了一个根本的、颇具争议的主张：语法本质上具有**象征性（symbolic）**。具体来讲，它主张语法与词汇构成了一个**连续统**，仅仅包含象征结构的**集合（assembly）**。大大小小的构式构成了象征集合。语法分析的目的即在于对这些集合作出清晰准确的描述。

6.1.1　组合、整合及符号化

象征结构（Σ）体现为语义结构（semantic structure，S）与音系结构（phonological structure，P）的配对：$[[S]/[P]]_{\Sigma}$，因而是双极性的，其中 S 是其语义极，P 是其音系极，如图 1.2 所示。象征结构彼此结合，进而生成更为复杂的象征结构：$[\Sigma_1]+[\Sigma_2]=[\Sigma_3]$。

这三种结构构成了一个象征集合。在更高组织层次上，Σ_3 本身又可与另一象征结构结合，构成一个更为复杂的象征结构：$[\Sigma_3]+[\Sigma_4]=[\Sigma_5]$，如此以至无穷。照此方式，即可循序渐进地组合出具有任何象征复杂度的表达式，如词、短语、小句、句子，甚至语篇。

在特定的组织层次上，可以说**成分结构(component structure)**$[\Sigma_1]$与$[\Sigma_2]$**整合**而成**复合结构(composite structure)**$[\Sigma_3]$。例如，成分表达式 jar(罐子)与 lid(盖儿)可整合而成复合表达式 jar lid(罐子盖儿)。三个结构均是象征性的。由此，该构式可表征如下：[[JAR]/[jar]]＋[[LID]/[lid]]＝[JAR LID]/[jar lid]]([[罐子]/[guànzi]]＋[[盖儿]/[gài'er]]＝[[罐子盖儿]/[guàn zi gài'er]])，①其中大写字体和小写字体分别表示语义极和音系极。这些结构及彼此间的关系构成了一个象征集合。

图 6.1(a)中抽象说明的是寓于简单构式中的结构与关系。成分象征结构$[\Sigma_1]$、$[\Sigma_2]$与复合结构$[\Sigma_3]$各自包含一个语义结构和一个音系结构，中间以**符号化(symbolization, s)**关系连接。在每一极上，两个成分结构参与彼此间的**整合关系(integration, i)**，以及与复合结构的**组合关系(composition, c)**。再者，P_1 与 P_2 的整合是对 S_1 与 S_2 的整合的符号化。具体就 jar lid(罐子盖儿)而言，同样的结构与关系以图(b)表示。当然，这一表征依然相当抽象。要对该构式(或其他任何构式)作出认真分析，还需详细描述各个结构和关系。

---

① 在公式化表述中，为方便起见，成分结构从略。由此，jar lid(罐子盖儿)可表述如下：[[[JAR]/[jar]]-[[LID]/[lid]]]([[罐子盖儿]/[guànzi gài'er]])。尽管这种标记法简化了某些因素，复合结构依然作为独立实体而存在，对此应时刻有所意识。

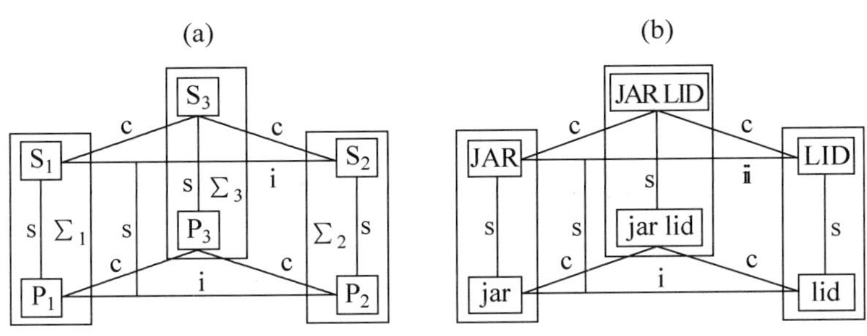

图　6.1

不妨先考虑成分语义结构[JAR]([罐子])与[LID]([盖儿])。要对任一结构作出完整语义描述,均需对众多按中心度排列的认知域的语义特征作出说明(回顾一下§2.2.2部分关于glass(玻璃杯)的讨论)。为实用起见,我们需将注意力限制在这些复杂意义在相关构式中起作用的部分,即便这样,还是难免一番简化。就[JAR]而言,相关具体说明包括它侧显某个事体,可确切描述为一个上端开口的有形容器。图6.2(a)中所示的图画式表征,不过是为出于记忆之便而对各种特征作出的非正式、省略性描述。这并不意味着jar(罐子)的意义即是一幅画。同样,图6.2(a)右侧的描述也简化了[LID]的相关说明。它同样侧显某个事体,可确切描述为用于遮盖容器上部开口的东西。[LID]本身并未明示任何类型的容器(如pot lid(壶盖儿)、box lid(盒盖儿)、coffin lid(棺材盖儿)),因而仅仅是图式化地唤起这一概念。图6.2(a)中的虚线表明了[JAR]与[LID]的整合方式,表示[JAR]所侧显的容器**对应于(correspond to)**[LID]唤起的图式性容器:即它们是对同一构想实体的两种不同表征。对应成分彼此叠加,其所明示的内容得以融合,从而构成复合概念。

(a)

成分语义结构的整合

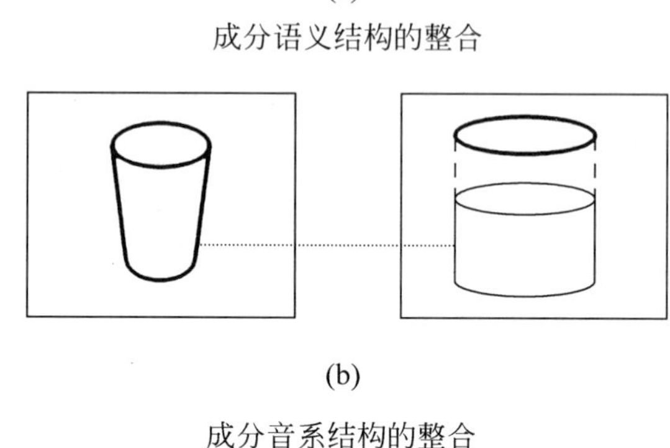

(b)

成分音系结构的整合

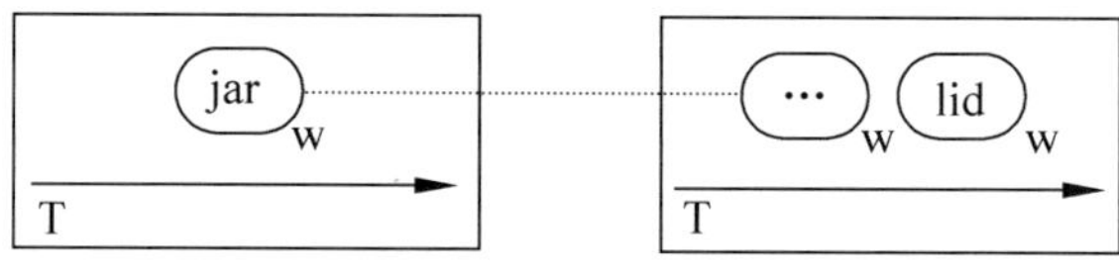

w = word(词); T = time(时间)

图 6.2

同理，图 6.2(b)表明的是成分音系结构[jar]([guànzi])与[lid]([gài'er])的整合情况。这里的表述同样是高度简化的，并非关于音系结构的全面描述(参见 FCG1：§ 9.1)，仅仅表明[jar]与[lid]均属于词，各自发生在话语语流的某一点上。标记为 T 的箭头为加工时间——确切说是发话时间。在关于一个词的描述中，一个方面即是其他词沿该轴出现在其前后的潜力。这为其音系整合提供了基础。在 6.2(b)中，借助对应线，[jar]等同于在时间序列中紧邻[lid]之前的词。[①] 因此，对应成分的融合在复合结

① [lid]([gài'er])本身仅潜在地、图示化地(以省略号标记)唤起该词。是它在构式中的角色将其推向前台。这种标记法带有一定的随意性，因为我们同样可以将[lid]([gài'er])标记为对应于[jar]([guànzi])之后的词。

构层次上造就了 jar lid([guàn zi gài'er])这一词序。

大体来讲,组合涉及成分结构的彼此结合,其所依据的是各要素在语义极与音系极上的对应。在成分结构中彼此对应的要素,在复合结构层次上亦然。由此,图 6.2 中所示的结构与对应造就了图 6.3 中代表整个构式的构造。复合语义结构侧显的对象不仅被图式性地认定为容器盖儿,还被具体认定为一个罐子盖儿。复合音系结构是一个双词序列 jar lid,其中第一个词接受重读:[jár lid]([guànzi gài'er])。这些复合结构彼此处于符号化关系中,与各自的成分结构则处于组合关系中。

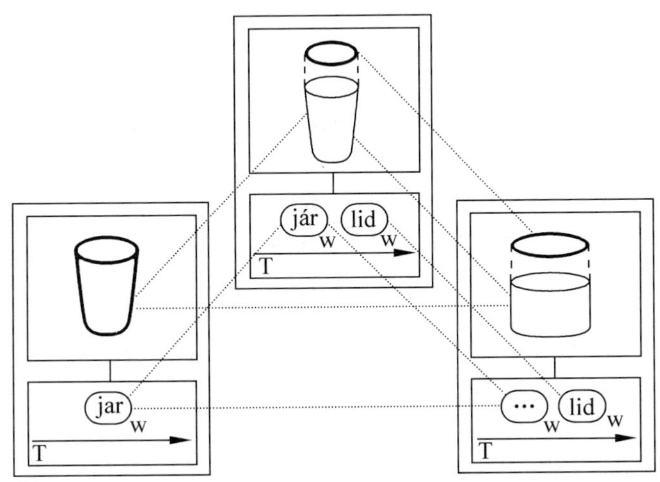

w = word(词); T = time(时间)

图　6.3

6.1.2　作为范畴化的组合

关键在于,在任一极上,复合结构尽管建立在成分结构之上,并不等于成分结构的简单加和。复合结构自成实体,通常呈现出涌现性特征，这些特征无法从成分结构及成分的彼此对应继承而来，也无法从中加以严格预测。单从图 6.2(a)中，我们无从预测，复合表达式 jar lid(罐子盖儿)侧显 lid(盖儿)而非 jar(罐子)。同样，从图 6.2(b)中也无从预测，重音落在复合词的第一个而非第二个词上。这些均属整体表达式的特征，仅在复合结构层次上得以涌现。总体上讲，成分结构(与其他结构一道)应视为复合表达式的生成中可资调用的资源。尽管它们或多或少促动了复合结构，并可能为其贡献了大部分内容，但不应将其视作积木，只消堆积在一起即可构成复合整体。如§2.1.3 部分所述，两者间的关系体现为部分(而非完全)的组合性。

由于复合结构是一个独立实体，无法还原为其成分，因而与成分一道构成了象征结构的**集合(assembly)**。之所以说构成了一个集合(而非彼此独立，各自为政)，正是两者间的对应连接使然。“水平”(horizontal)对应构成了整合关系，将成分结构彼此连接起来。“垂直”(vertical)对应则构成了组合关系，将成分结构与复合结构挂钩。如图 6.1 所示，音系整合是对语义整合的符号化。就 jar lid 而言，jar 在时间序列中紧邻 lid 之前出现，是对 lid 唤起的容器正是 jar 所具体侧显的容器这一事实的符号化。尽管这一点很容易被忽视，语义与音系整合中的这种符号化关系是构式意义中举足轻重的一环。它保证了两极上的整合得以协调一致，从而保证了复合结构层次上[S_3]与[P_3]的象征联系。若无这一联系，就无从保证在类似 They found a jar lid under the coffin(他们在棺材下面发现了一个罐子盖儿)这样的句子中，盖儿应解释为属于罐子而非棺材。

在象征集合中,结构间的关联不仅源自对应关系,同样源自**范畴化关系(categorization)**(§1.3.1)。例如,在 jar lid 的语义极上,成分结构与复合结构体现出范畴化关系,如图 6.4 所示。首先,粗线箭头表明,[LID]([盖儿])相对于[JAR LID]([罐子盖儿])具有图式性:尽管两者在具体说明上存在一致性,后者则更为具体。这种"垂直"阐释关系源于"水平"阐释关系,即[JAR]为[LID]唤起的图式性容器提供了更精细的描述。最后,虚线箭头表明,[JAR LID]作为整体构成了[JAR]的语义扩展:即两者的具体说明存在不一致。这种不一致的情况源自侧显的差异。尽管[JAR]侧显容器,但复合结构从[LID]那里继承了其显面,因此[JAR LID]指向的是盖子。

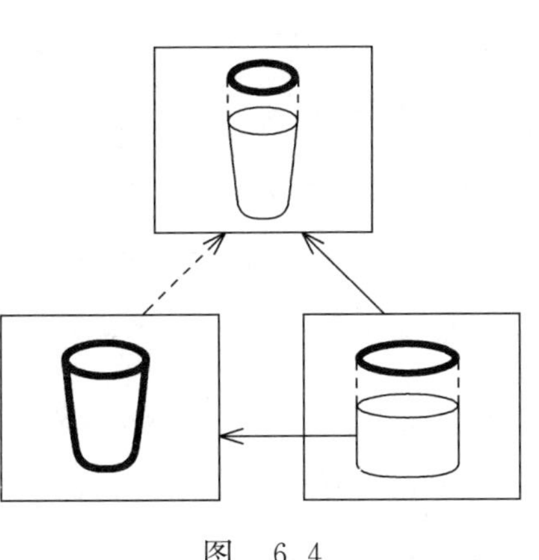

图　6.4

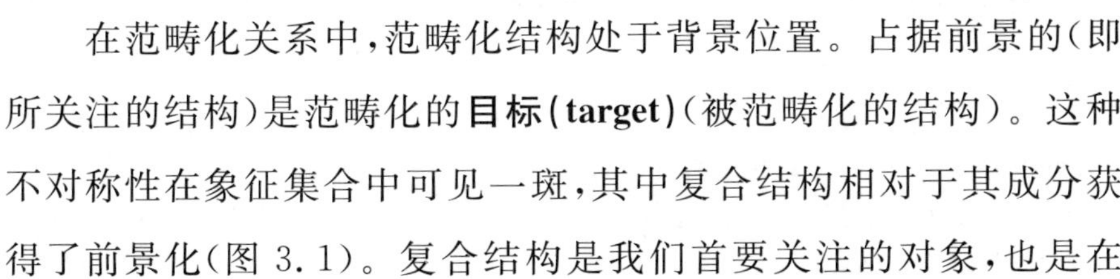

在范畴化关系中,范畴化结构处于背景位置。占据前景的(即所关注的结构)是范畴化的**目标(target)**(被范畴化的结构)。这种不对称性在象征集合中可见一斑,其中复合结构相对于其成分获得了前景化(图 3.1)。复合结构是我们首要关注的对象,也是在更高组织层次上用于进一步组合的结构。成分结构并非为唤起而唤起，而是作为“到达”复合概念的“垫脚石”。再者，范畴化结构通常无法穷尽其目标，而不过提供了对其加以把握的手段。[①] 如此一来，我们即为复合结构大于成分结构之和这一观点找到了一般依据。类似“建构”(construction)、“组合”(composition)这般的名称所蕴含的隐喻尽管已成正统，并不可避免，但不宜过度放大。尽管成分结构用于唤起复合结构，并提供了对其加以把握的手段，但后者不应被视为——在任何严格或字面意义上——由前者建构而来。垫脚石与积木不可同日而语。

因为存在被“建构”这一隐喻误导的可能性，我们才说成分结构与复合结构构成了一个象征“集合”。在集合内部，复合结构处于前景位置，因其是范畴化的目标。[②] 当然，截至目前，我们仅考虑了代表单一组合层次的简单象征结构。但集合可以是任意大小，可以代表语法组织的多重层次。在一个复杂集合中，典型情况下，特定组织层次上的复合结构转而充当了另一“更高”组织层次上的成分结构。如果说成分结构充当了到达复合结构的垫脚石，后者又可充当到达另一复合结构的垫脚石，如此以至无穷。由此，在一个复杂象征集合中，大大小小的结构界定了一个可为任意长度的**组合路径(compositional path)**(§3.2.2)。

关于仅含两个语法组合层次的集合，一个例子是复合词 jar

---

① 例如，尽管[DOG]([狗])对[POODLE]([鬈毛狗])加以范畴化，但后者在语义上更为翔实：[[DOG]→[POODLE]]。

② 出于书写纸张二维空间的局限性，这种前景化效果通常是通过将复合结构置于成分结构之上来体现的。

lid factory(罐子盖儿工厂)。在第一(低层)组织层次上,成分结构jar(罐子)与lid(盖儿)整合而成复合结构jar lid(罐子盖儿)。在更高层次上,jar lid充当了成分结构,与factory(工厂)结合生成完整的表达式。我们还可以继续组合下去,如添加supervisor(监工)进而生成更为复杂的表达式jar lid factory supervisor(罐子盖儿工厂的监工)。后者反过来又可与复合词training school(培训学校)结合,生成更为复杂的jar lid factory supervisor training school(罐子盖儿工厂监工培训学校),如此等等。

为使问题便于操作,我们暂将注意力限制在jar lid factory上。其语义极如图6.5所示,仅表示出了对应关系(而未交代范畴化关系)。[①] 集合jar lid的情况如图6.3所示。其复合结构又充当了高层组织层次上的两个成分结构之一。另一成分结构factory侧显的是一个用于生产某种产品的建筑物或设施,图中以圆表示。实现jar lid与factory整合的因素,是前者的显面与后者唤起的图式性产品之间的对应:jar lid factory即生产jar lid的factory。其结果是顶部所示的结构,即整个表达式的复合结构。其所侧显的是一种设施,因为jar lid factory是一种factory,而非一种lid或jar。

图6.5所示的五种结构构成了一个不甚复杂的象征集合。在集合内部,成分结构充当了到达复合结构的垫脚石,这在依次构成

① 出于实用性考虑,每个图解描述的内容均是选择性的,仅限于对说明当前问题必不可少的因素。图6.5中的标记(jar(罐子)、lid(盖儿)、jar lid(罐子盖儿)等)表明的是其音系极,但并未像图6.3那样甚至做最低限度的描述。尽管音系极很少明确表示出来,但始终应将其视为象征集合的重要组成部分。

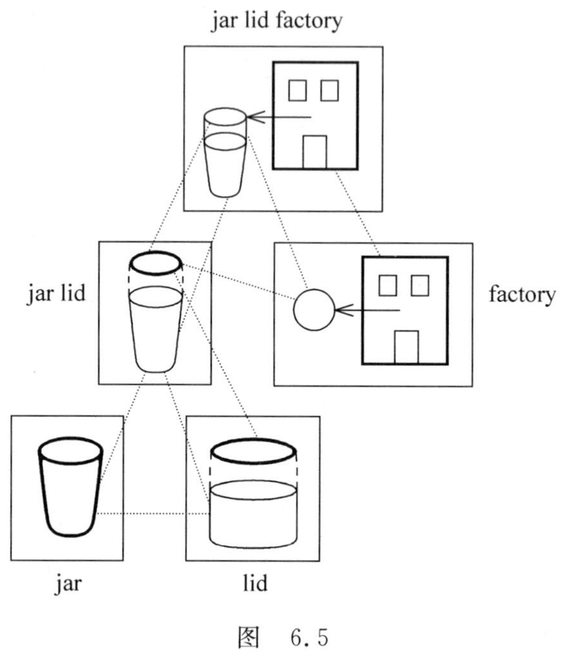

图 6.5

的两个组织层次上均是如此。最终达到的目标如顶部所示，包括整体表达式的复合形式及意义，它们处于前景位置。在任一极上，其他结构界定了通往最终目标的组合路径。尽管这一路径处于背景位置，但并非无足轻重。到达最终的复合结构所循的路径，对表达式的形式与意义而言尽管是第二位的，却是功不可没的。

6.2 构式图式

象征集合既可以是具体的，又可以是图式性的。具体集合构成了语言表达式（如词、词组、小句及句子）。更具图式性的集合在 CG 中称为**“构式图式”（constructional schema）**。这一切为语义及语法组合提供了基础。

6.2.1　在组合性中的地位

当一个表达式的复合结构可按常规、可预测的方式从成分结构派生而来时，表达式即被视为组合性的。组合性是语言的一个重要特征，它使我们得以生成并理解无数新的表达式。因此，对于其性质及局限性，需要有一个清醒的认识。

最简单的假设，莫过于将表达式的复合意义等同于其成分意义的集合。由此，组合无非是对成分意义加以整体观照。照此思路，jar lid factory 的复合意义不过是未加排序的集合{[FACTORY]([工厂])、[LID]([盖儿])、[JAR]([罐子])}。然而，显而易见的是，组合不止于简单加和。否则，含有相同成分的不同表达式在语义上便总是对等的了。但事实并非如此。例如，jar lid factory(罐子盖儿工厂)、lid factory jar(盖子工厂中用的罐子)及 jar factory lid(露天罐子工厂的顶棚)之间的语义差别不容忽视。复合表达式的意义不是成分意义的简单堆砌，而是构成了一个整合的结构，其中各成分以具体而微的方式彼此相连。这些结构关系由对应、范畴化以及象征集合语义极的侧显加以充实，如图 6.5 中 jar lid factory 的情况。同样的成分要素出现在其他构造中时，即会造就不同的意义。[1]

是什么引导我们将集合彼此组合？我们何以知道哪些成分

① 对 lid factory jar(盖子工厂用的罐子)与 jar factory lid(露天罐子工厂的顶棚)的语义极的描写(采用与图 6.5 类似的图解)，留给读者作为练习。

彼此对应，哪个成分在复合概念中被侧显？是什么昭示我们，图 6.5 中的语义组合不仅是可能的，而且代表了 jar lid factory（而非 lid factory jar 或 jar factory lid 这一音位序列？我们之所以对这些情况了然于心，是因为我们谙熟自己语言的语法。语法即在于将象征集合组织起来的约定俗成的**模式（pattern）**。在 CG 看来，这些模式本身即是象征集合，与其描述的复杂表达式大同小异，唯一差别仅在于它们是图式性的而非具体的。由于它们既是构式，又兼有图式性，因而可自然而然称作**"构式图式"（constructional schema）**。它们是通过**图式化（schematization）**过程获得的，是自实际出现的表达式中抽取而来、作为共享组织特征的框架式表征。图式一经习得，即可充当生成同一模式下的新表达式的模板。

截至目前，所举例子说明的均是英语中的基本复合构词模式。描述该模式的构式图式粗略如图 6.6 所示。除了对语义成分与音系成分的描述更为概括外，该图与图 6.3 并无二致。在音系极上，其所指称的仅仅是词(并非具体的 jar 与 lid)；在语义极上，成分结构与复合结构均是图式性的：它们仅仅侧显事体(这使之成其为名词)。唯一进一步的说明——相当概括，近乎空泛——是第二个成分侧显的事体与另一事体存在某种关联。通过彼此对应，这一关联实体等同于首位成分侧显的实体。

这一构式图式是通过接触无数同类复合词而学会的（如 toothbrush（牙刷）、alarm clock（闹钟）、pear tree（梨树）、peanut butter（花生黄油）、tablespoon（汤匙）、baby sitter（照看婴儿者）、belly button（肚脐）、can opener（罐头起子）、cowboy（牛仔）、

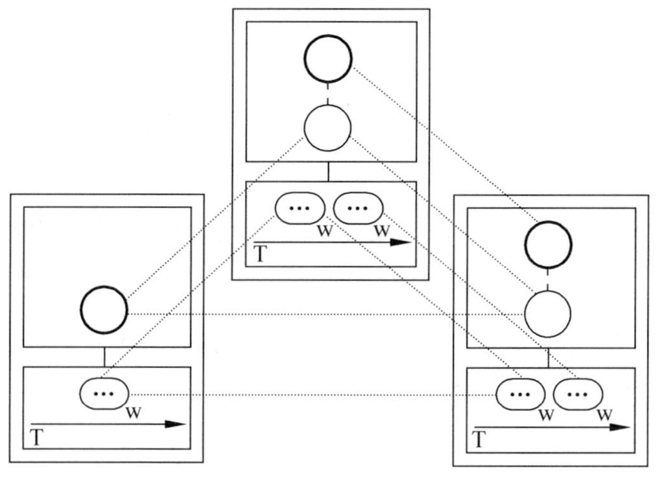

w=word(词); T=time(时间)

图 6.6

fingernail(手指甲)、pie crust(馅饼屑)、ski-plane(飞机滑橇)、birthday party(生日宴会)、football(足球),等等),并可进而引导新的复合词的生成与理解。[①] 我们此前已注意到,单从成分结构间的对应连接来看,这些复合表达式的某些特征并非显而易见:单从 jar 和 lid,我们无从得知复合词整体上侧显的是盖儿而非罐子,也无从得知第一个词承载主重音:jár lid。然而,这些特征具有相当的规律性。其所反映的并非该表达式独有的特征,而是一般复合构词模式的典型特征。这一模式本身明示的是:首位成分承载重音(tóothbrush、alárm clock、péar tree 等),第二个成分则负责决定显面(因而 toothbrush 是一种 brush,alarm clock 是一种

① 某些复合词书写为单个词,有些书写为双词,还有些书写为由连字符连接的词。这倒无关紧要,不过是一种正字法习惯,与实际的音系差别并不存在忠实对应。

clock,诸如此类)。这些具体说明由此被纳入构式图式中,所有这些表达式均构成了其例示。

那么,可否说 jar lid 是组合式的呢?其复合形式与意义可否从其成分 jar 及 lid 中推知?这取决于我们假定什么作为推知的基础。由于组合不止于简单加和,仅有成分结构是不够的;推知的基础尚需包括业已约定俗成的组合模式。因此,组合性问题必须表述为:复合结构是否以构式图式明示的方式从成分结构推衍而来。据此定义,jar lid 趋近完全组合性。[①] 当然,在 CG 看来,组合性是一个程度问题。如果说 jar lid(罐子盖儿)与 tabletop(桌面)趋近完全组合性,laptop(便携式电脑)则不然,其预期意义(大致是"膝盖顶部")仅转喻式地与实际意义("便携式电脑")相连。在极端情况下,成分意义与复合意义之间或许并无任何关联。例如,under(在……下面)与 stand(站)的意义在 understand(理解)的组合意义中并无明显作用。尽管这个动词形态上是复杂的,语义上却是不可分析的(参见 § 3.2.2)。

之所以会出现表达式的预期意义与实际意义不一致的情况,是因为成分结构与构式图式并非生成或理解表达式时唯一可调用的资源。同样可资调用的是常识、对语境的把握,以及诸如隐喻、转喻、虚拟性、整合之类的想象力。其效果小到对成分结构的意义起到辅助作用,到对其作出大幅调整(如转喻迁移(参见 § 3.3.1)),大到复合概念与每个成分均大相径庭。由此,大部分表达式均体现出

---

① 可以说 jar lid(罐子盖儿)算不上具有完全组合性,因为构式图示无从保证,两个成分的联系属于盖子充当罐子的罩子这一显著关联。比方说,不难想象,jar lid(罐子盖儿)或可解释为由一幅画有罐子的画装饰的盖子。

部分组合性，其实际意义在某些方面偏离了可由严格的组合手段推衍出来的意义。不过，通常情况下，组合意义在实际意义的确定中的确起着主导作用，出于许多目的其间的不一致往往可忽略不计。因此，尽管组合与整合模式存在着这样那样的不足，也理当在语言研究中占据中心位置。本章和下一章关注的要点即是意义的组合方面。

与正统句法自主论相一致（参见§1.2.1），语言学家一般明确区分语法组合模式（"语法规则"（grammatical rule））与语义组合模式（"语义解释规则"（semantic interpretation rule））。与之相反，CG认为语法本质上具有象征性，因而是有意义的。因此，CG提出了一种迥然不同的组织方式，主张语法（与词汇一道）仅包括象征集合。据此观点，语法组合模式是由图式性集合（即构式图式）加以描述的（如图6.6中的情况）。语义组合模式不过是这些集合的语义极，因而与语法并非彼此分离，而是寓于其中，是语法不可或缺的一部分。

6.2.2　表达式的范畴化

表达式的生成与理解中所唤起的构式图式，与表达式一道参与范畴化关系。如果表达式与图式的说明完全吻合，从而对图式加以完全**例示**（**instantiate**），两者间即是**阐释**（**elaboration**）关系：[SCHEMA]→[EXPRESSION]（[图式]→[表达式]）。如果两者在具体特征上存在某些冲突，其间则是引申（extension）关系：[SCHEMA]--->[EXPRESSION]（[图式]--->[表达式]）。两种情况下，范畴化均构成了表达式参照业已确立的语言规约作出的解释，这些规约即寓于图式之中。阐释关系即代表了合乎规约（通称

“合乎语法”(grammatical))的判断。当表达式与图式存在特征冲突时,即是不合规约的(“不合语法”)(ungrammatical)),但没有理由将其视为不光彩之事。说话者醉心于语言新创,加之实际语言运用中的压力,我们总在将已确立规约的边界不断向前推进。因此,存在些许非常规现象实属常态,说话者对此也欣然接受。

以 jar lid(罐子盖儿)为例。该表达式与复合构词模式相吻合,因而构成了对描述它的构式图式的阐释。这一范畴化关系涉及图6.3及图6.6中的所有集合,如图6.7所示。当然,整个构造本身即是某种象征集合,涉及语言组织的不同维度。在其内部,图式性集合(构式图式)与具体集合(表达式)所描述的,均是简单象征结构如何结合生成更复杂的象征结构。这种关系(存在于构式内部)传统上称之为**“组合关系”(syntagmatic relation)**。与这一名称相对的是**“聚合关系”(paradigmatic relation)**,其所涉及的是范畴化关系。聚合关系存在于图式与各种例示之间,因而处于构式外部。[①]

尽管图6.7中的细节在描写上均不乏重要性,通常可将就采用不那么累赘的图解。同一集合可更粗略地表述为图6.8。构式图式的成分结构与复合结构分别以 N_2、N_2、N_3 标记(每个均侧显某一事体,因而同属名词)。图中并未标记对应情况,因对应成分并未作单独表征,但表示出了范畴化关系,兼涉构式内与构式间的范畴化。无论是构式图式还是其所例示的表达式中,第一个与第二个成分结构对复合结构的范畴化依次体现为引申关系和阐释关

① 因此,所有的构式均为象征集合,但反之则不然,因为后者兼涉组合与聚合关系。

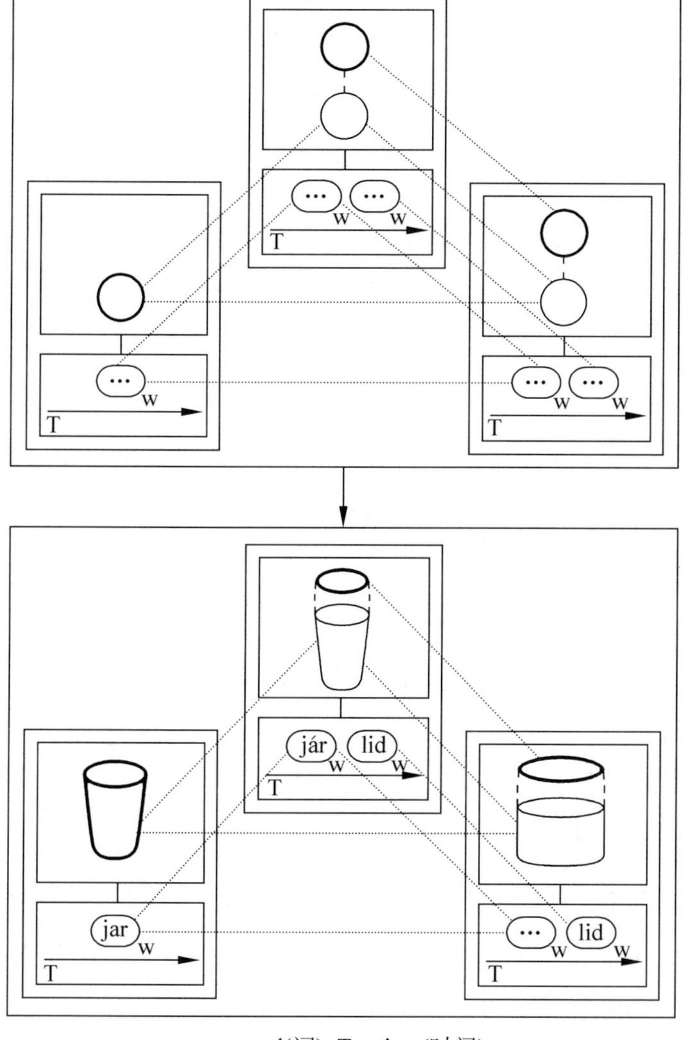

w= word(词); T = time(时间)

图　6.7

系(参见图 6.4)。这些关系是组合性的。在聚合层面上，构成构式图式的整个集合对构成表达式的整个集合加以范畴化。这种整

体范畴化关系可分解为局部关系，因而图式的成分结构和复合结构分别对 jar lid(罐子盖儿)的对应结构加以范畴化。

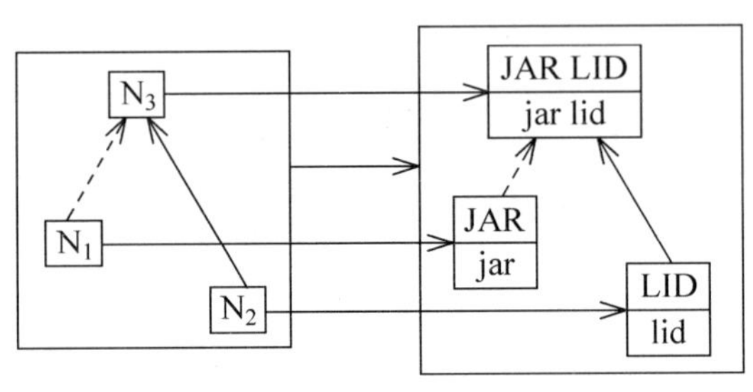

图 6.8

若采用公式化的表述，将复合结构隐去，整体范畴化即可表示为：[[N_1]-[N_2]]→[[JAR]/[jar]]-[[LID]/[lid]]。这一整体关系包含了局部范畴化[N_1]→[[JAR]/[jar]]、[N_2]→[LID]/[lid]]，以及[N_3]→[[JAR LID]/[jar lid]]。当然，每个均可进而分解为语义极与音系极上的范畴化关系。例如，如 N_1 被表征为[THING]/[...]]([[事体]/[...]])，第一个局部范畴化即可分解为[THING]→[JAR]及[...]→[jar]。

当复合结构与其中一个成分结构例示同一语法范畴时，在更高组织层次上，前者可能充当同一构式的成分结构。在英语的基本复合构词模式中，首位成分通常调用这一潜势：复合表达式 jar lid(罐子盖儿)是一个名词，因而可充当高层复合词 jar lid factory (罐子盖儿工厂)的首位成分。图 6.9 表明，同一构式图式同时可在两个组织层次上对复合词加以范畴化。[①] 原则上讲，这一过程

① 为容纳诸如此类的例子，构式图示实际上要比图 6.6 中的版本稍微概括一些，尤其是需要容纳两个成分结构均包含多词而非单词的情况。

可无限进行下去，依次将每个复合结构作为下一个复合词的首位成分：jar lid factory（罐子盖儿工厂）的业主是 jar lid factory owner（罐子盖儿工厂主）；若干业主可形成 jar lid factory owner association（罐子盖儿工厂主协会）；如存在许多这样的协会，或许有必要汇集一个 jar lid factory owner association list（罐子盖儿工厂主协会花名册）；从事这一工作的人即可称为 jar lid factory owner association list compiler（罐子盖儿工厂主协会花名册编纂者）。只要在我们的想象力容许的范围内，此种组合可无限进行下去。此例虽算不上最佳例证，但足可阐释这一基本观点：一个有限的构式集合（此例中仅含一个）可允准一个无限开放的潜在例示表达式的集合。

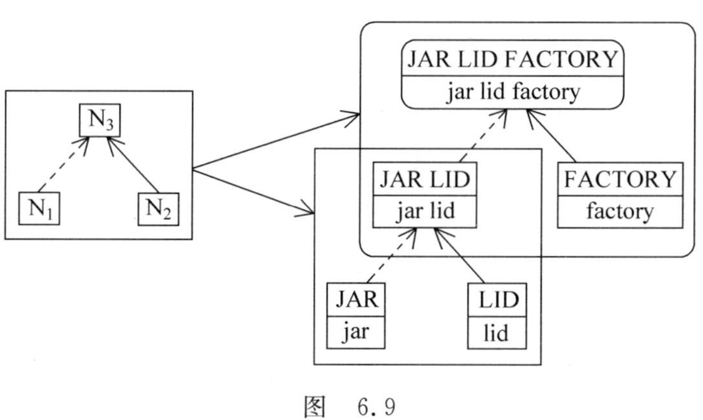

图　6.9

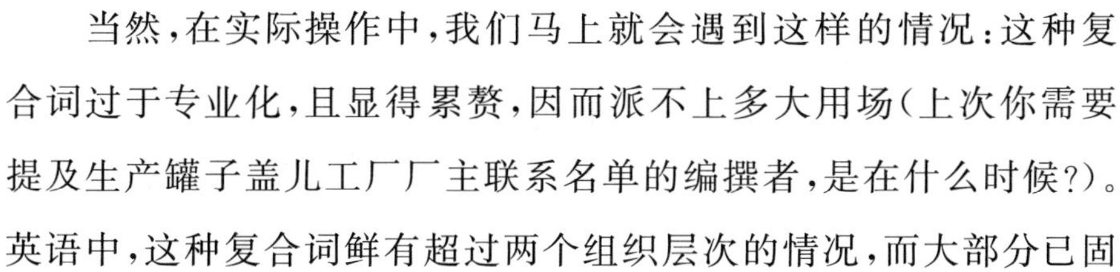
当然，在实际操作中，我们马上就会遇到这样的情况：这种复合词过于专业化，且显得累赘，因而派不上多大用场（上次你需要提及生产罐子盖儿工厂厂主联系名单的编撰者，是在什么时候？）。英语中，这种复合词鲜有超过两个组织层次的情况，而大部分已固化为词项单位的复合词仅含一个组织层次。因此,尽管 jar lid 具有一定的熟悉度和规约度,jar lid factory 则不然。两者在固化与规约化程度上的差异如图 6.9 所示,分别由包含两个构式的框盒表示。有必要加以区分时,以圆角框盒标记新创表达式,以正方形框盒标记已获规约单位地位的表达式。

不过,两级复合词在英语中颇为常见,且许多已约定俗成,成为固定表达(如 baseball bat(棒球拍)、toothpaste tube(牙膏管)、birthday party(生日宴会)、pancake batter(煎饼面糊)、football helmet(足球头盔)、laptop user(便携式电脑用户)。因此,在语言的诸多规约单位中,我们需要识别出一个两级的复合构词模式,如图 6.10 左侧所示。代表这一模式的构式图式包括基本图式的两个例示,其中一个例示的复合结构充当另一例示的首位成分。因此,对于 jar lid factory 这样的形式而言,其规约性基础并不限于图 6.9 中框起来的个体成分及单层构式。在使用这一复杂表达式时,说话者依循了业经确立的先例,将一个复合词作为首位成分嵌

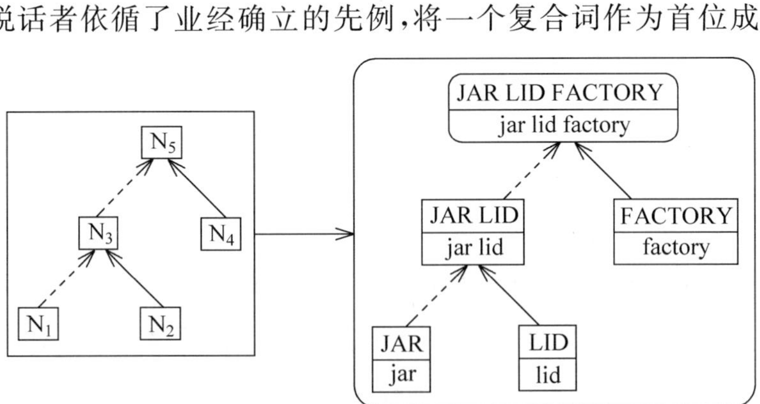

图 6.10

入另一高层复合词。当复杂表达式与涵盖多重组织层次的组合模式相吻合时,即可设定构式图式,对这些规律加以捕捉。原则上讲,同表达式一样,构式图式也可体现出任何象征复杂度。

在本节结束时,需要告诫读者的是每种标记法均有其局限性,在某个方面也必然带有误导性。此处的图解一个可能的误导之处在于,图式及其例示(概括来讲,还涉及范畴化构式与范畴化的目标)被表征为彼此分离、互不重叠的框盒。虽说出于分析目的有此必要,不宜将这些成分视为离散的、彼此独立的,或存储于大脑不同部位的有界容器。确切地说,它们并非以此种方式被"存储",而是发端于神经加工模式之中。因此,假定图式要么是自足的,要么是与例示完全处于分离状态,是有失偏颇的。最好是将图式视为内蕴于(immanent)例示之中(即"潜伏在"它们之中)。我意欲表明的是,图式栖身于例示所发端的加工活动之中。

6.3　单极-双极组织

CG所设定的规约单位受制于内容要求(§1.3.4),仅限于语义结构、音系结构及象征结构。象征结构可归结为语义结构与音系结构(象征结构的两极)的配对。象征结构彼此连接构成集合,为词汇、形态、句法提供了缜密的描述。由此,CG对语言组织的表征做到了自然而又不失限制性,并对各个层面作出了统一处理。它直接反映了语言的符号化功能,即容许意义由声音加以符号化。

如果说每个象征结构均包含语义结构与音系结构,反之则不然。并非每个语义或音系结构均直接参与到象征关系中去。对于语义学和音系学，我们均需区分两种组织结构和维度：基于象征因素的（因而是**双极性的（bipolar）**）以及基于纯语义或音系因素的（**单极性的（unipolar）**）。

6.3.1 结构的切分

语言中的音系单位并不限于在象征结构中充当音系极的成分。需要认识到，存在为数众多的仅扮演着音系角色的单位，它们在音系结构的形成中功不可没，但本身并不参与到符号化关系中来。此类单位如单个语音（[p]、[ɪ]、[k]、[e]、[n]等等），以及容许的语音组合，如辅音串（[bl]、[mp]、[str]）与音节（[pɪk]、[bley]、[nɪks]）。同时囊括其中的还有音系图式，它们代表诸如语音范畴之类的抽象实体（[VOICELESS STOP]（[清塞音]）、[HIGH FRONT VOWEL]（[高前元音]））。其他如容许的音节类型（[CV]、[CCVC]），以及重读模式（如[(...όσ)$_{w}$]，其中重音落在一个词的倒数第二个音节上）。

以 picnics（野餐）为例。基于纯音系方面的考虑，可将其描述为一个双音节词，重音落在第一个音节上：([pík]$_{σ}$[nɪks]$_{σ}$)$_{w}$。每个音节均例示了一个音节图式（[CVC]与[CVCC]），包含一系列属于不同范畴的语音，如此等等。显然，无需知道一个词，也无需求助于语法分析，语言学家即可做到这一点。此处的结构成分是基于严格的音系因素设定的，并未参照象征关系或语义极。这种成分可称之为**单极性的（unipolar）**，因为仅有一极在其划分和描述中起作用。

因此，基于单极因素考虑，picnics 一词可分为两大部分：pic

与 nics。但显而易见的是,还可将其分析为 picnic 与 s 两个基本成分。不过,此种分析理据并非音系上的。尽管 picnic 与 s 确实构成了音系结构,将该形式分成这两部分的唯一理由在于意义:两者分别对语义结构[PICNIC]([野餐])与[PLURAL]([复数])加以符号化。这些部分之所以被视为具有重要的结构意义,正因其充当了象征单位的音系极。在这些成分的区分和描述中有两极起作用,因而说它们是**双极性的(bipolar)**。

由此,在音系极上,可区分出单极与双极组织,这取决于结构成分的划分是基于严格的音系因素(如 pic 与 nics),还是基于其符号化功能(如 picnic 与 s)。存在着一种明确的倾向:具有双极动因的音系结构,往往与具有单极动因的结构彼此重合。[①] 然而,由于单极与双极音系结构充当着不同功能,具有不同理据,这种倾向可轻易被压倒。同时,即便一个音系结构的确参与了符号化关系,也未必在所有出现场合均是如此。例如,音节[pɪk]在 pick(捡起)中具有双极动因,但作为 picnics(野餐)或 picture(图片)的一部分时则不然。同样,[nɪks]在 nix(不是)、nicks(累累伤痕)与 Nick's(尼克的)中具有符号化功能,但作为 Phoenix(凤凰城)的一部分时也不然。音节本身属于单极结构,因而用于象征目的纯属偶然。尽管[bley]在 blatant(公然的)、blazon(盾徽)及 blazing(光彩夺目的)中作为音节出现,其本身在后者的意义中并不起作用(即它并非一个词素)。

① 在 toothless(牙齿掉光的)、unhelpful(徒劳无益的)、jar lid(罐子盖儿)中,它们是彼此重合的。在大部分多词表达式中,情况也确乎如此。这种重合无疑减轻了言语加工上的负担。

在语义极上，同样需作出单极与双极组织的区分。含有双极动因的语义结构指那些直接参与到象征关系中去（充当象征结构的语义极）的结构。另一方面，当语义结构常规用于语义建构，但并未实现单独符号化时，即可视为具有单极动因。① 一个例子是直接部分（immediate part）的概念，即整体-部分等级中相邻两个层次的关系（图 3.3）。例如，头是身体的直接部分，耳朵是头的直接部分，如此等等。这一关系在英语的结构中所起的作用虽然不大，但并非无足轻重。显而易见的是，它在许多名词复合词的 N_1 与 N_2 间提供了联想纽带：fingernail（手指甲）、tabletop（桌面）、tree branch（树枝）、bicycle seat（自行车车座）、window pane（窗玻璃）、weekend（周末），等等。当整体-部分关系并不直接时，这种复合词通常难以接受；我们说 ear lobe（耳垂）、door knob（门把手）与 book chapter（书章），但不说 * head lobe（ * 头垂）、* house knob（ * 房把手）或 * book paragraph（ * 书段）。然而，直接整体-部分关系的概念在这些表达式中并未明确符号化，尽管它在诸如此类的模式中均不乏其用，但依然是隐而不现的。

6.3.2 组合的维度

词汇与语法本质上具有象征性，因而主要涉及双极组织。这种组织不仅包括最简的象征结构，还包括它们在象征集合中的排列方式，这些集合可体现出任何的复杂度。在每一极上，它同时囊

① 单极与双极组织的区分，与语音学-音系学的区分或概念化-语义学的区分并不等价。音系学与语义学代表了对一般的语音及概念潜势的常规运用，它与某一语言中的结构呈现出一致特征。单极与双极组织则是这一语言结构在每一极的两个方面。

括了终端成分结构与每一组织层次上的复合结构。在这些结构所界定的组合路径中,单极与双极组织不一致的情况体现得尤为明晰。组合路径充当着垫脚石的功能,用以企及复杂象征表达式的复合形式与意义。

这种不一致的情况始于词素,它在象征结构上是最简的,因其无法分解为更小的象征成分。由于词素参与的是一个不可约简的象征关系,因而从双极性的角度来看是微不足道的。然而,在单极层面上,其语义极与音系极通常是复杂的。例如,从音系上看,picnic(野餐)包括两个音节,每个音节包括三个音段,但这一复杂结构只有作为整体才能参与到象征关系中来。picnic 的语义极同样相当复杂,涉及许多概念(如社交事件、某种食物、在户外自然环境下进餐,等等),这些概念均未实现单独符号化。语言巨大表现力的一个主要来源即在于这样一个事实:具有符号化功能的结构并不限于单个声音(因为这将意味着有限的清单),而且每个这样的结构均可唤起无比复杂的概念化。

在复杂象征表达式中,这种不一致的情况涉及语义或音系组合路径。在单极结构中,我们可将什么视为组合路径呢?最有可能的情况是依次将较小的成分组合成较大的成分。在音系极上,音段组成音节,音节组成词,词又组成短语。[①] 在语义极上,一个明显的对应表现是:构成实体在依次更高的组织层次上构成大大小小的组合。例如,在美式职业足球运动中,队员组成队,队组成

① 要做出更完整的描述,尚需考虑其他类型的结构及单极音系组织的其他维度(如韵律)。同样,该层级并不意味着,我们主张结构在语言发展中是以此种顺序浮现的,或在言语加工中是以此种顺序通达的。

团，团再组成联合会，联合会构成了联盟。还存在其他自然路径可依次建构出“更大”的概念。我们通常按恰当次序一次唤起一个片段，从而建立起一个复杂的路径概念（不妨想象一下安排圣地亚哥—堪萨斯城—芝加哥—密尔沃克的单程航班）。另一个自然过渡循的是整体-部分等级（如从身体到腿再到膝盖），其中构想出的每个实体均提供了下一步概念化所需的构造，因而将后者囊括其中。

在语义极上，双极成分的组合通常与此种自然、单极路径的本质背道而驰。例如，对一段旅程的描述无需反映出其内在的链状序列特征。(1)(a)将其加以象似性地呈现，与之相反，(1)(b)中概念组合施加于其上的城市，与其在复合概念中的通达路径存在冲突。

(1) (a) I traveled from San Diego to Kansas City to Chicago to Milwaukee.
(我从圣地亚哥到堪萨斯城到芝加哥，再到密尔沃基。)

(b) I traveled between San Diego and Milwaukee via Chicago and Kansas City.
(我穿梭于圣地亚哥与密尔沃基之间，途经堪萨斯城与芝加哥。)

第二个例子涉及如何将较小成分组合成较大成分的情况。在复数名词的双极结构中，反映出成分实体构成组时体现的内在组织方式。从 pea(豌豆)到 peas 的组合路径，依循的是从单一粒子到包含这些粒子的物质的自然概念过渡。然而，这种路径的联合在 corn（谷物）中并未体现出来。尽管在单极层面上，peas 与 corn 指称的物质大同小异，每个均包含大小相当的粒子，两者的双极路径却背道而驰。就 peas 而言，其组合路径是从粒子（pea）到物质（peas），corn 则以物质为起点。要谈论单一粒子，我们的方法是求助于成分中包含 corn 的复合表达式，如 corn kernel（谷粒）。单极与双极组织的差异从下列情况也可见一斑：不同的组合路径造就不同的复合概念，但这些概念在单极层面上并无二致。（1）中的句子即可阐释这一点。再如 corn kernel 与 kernel of corn。与前者不同，后者唤起了“内在关系”这一概念作为其组合路径上的一步。of 所实现的单独符号化强化了组合概念的这一方面（GC：第三章）。[①]

就音系组合而言，单极与双极组织不一致的情况在此前提到的 picnics 中已可见一斑。单极组合路径始自音段，进而到音节 pic 与 nics 作为垫脚石，以复合形式即整词 picnics 告终。[②] 相比之下，双极路径到达复合形式是一步到位的，其起点是不可还原的象征结构 picnic 与 s。这种不一致情况进而表现在：象征组合的两种不同路径可造就全然相同的复合形式（在内在音系属性（如音段及将其组合为音节）上，两者并无分别）。例如，tolled 与 told 在发音上全然相

① 更复杂的例子如 triangle（三角形）、three-sided polygon（含三条边的多边形）与 three-angled polygon（含三个角的多边形）构成的表达式三组合。它们最终均通向同一复合概念（图 1.1(b)），但所循路径大相径庭。

② 如同任何隐喻一样，路径隐喻自有其局限性，并不意味着这些垫脚石是按严格的线性顺序排列的。这是因为，在任何层次上，两块或多块垫脚石需同时通达才能到达下一块。这个隐喻捕捉到了组合的方向性（从范畴化结构依次到各个范畴化目标），但未能捕捉到多源汇聚（convergence from multiple sources）这一概念。

同。在单极意义上，两者均为单音节词：$((towld)_{\sigma})_{w}$。但在双极层面上，其音系组合大相径庭。tolled 可直接分解为 toll(鸣钟)与 -ed，told 的象征组织则更为抽象。其中一个成分是 tell(告知)，但在 told 中并非直接可见。另一个成分(对过去时的符号化)不仅仅涉及词尾 -d，还涉及常规情况下出现的元音核[ow]与元音[ɛ]的对立。用于标记过去时这种实现形式的，是成分结构$((t\varepsilon l)_{\sigma})_{w}$与复合结构$((towld)_{\sigma})_{w}$总体上不一致的情况。

这阐释了一个重要的基本观点：较之于单极结构，双极结构本质上更为多变，通常也更为抽象。在实施其符号化功能方面，双极结构并不限于提供自身明晰的音系"内容"，还可寓于另一成分提供的加在该内容上的"操作"之中。对这一成分所做的修正(即复合形式与其常态形式不一致的情况)本身即可构成一个具有符号化功能的结构。[①] 例如，动词 sat 并不能自然一分为二，一半意义为[SIT]([坐])，另一半意义为[PAST]([**过去时**])(类似于 tolled 可切分为 toll 与 -ed)。我们并不把[s...t]单独作为对[SIT]的符号化，[PAST]也并非由元音[æ]本身加以符号化。我们实际想说的是，[sæt]在形态上包括[sit]与一种元音修正模式[[...i...]--->[...æ...]]。因此，sat 的音系极粗略如图 6.11(a)所示。过去时标记的这种变体(同样体现在 sang(唱歌)、began(开始)、swam(游泳)、rang(打铃)与 spat(吐痰)中)同时图式化地参照了词干[...i...]与复合形式[...æ...]。这些图式性成分分别对[sit]与[sæt]加

① 这一修正可能包括音段的置换、顺序的调整、删除，或是韵律特征的添加或改变(如重音、音调)，抑或是这些要素的任意组合(FCG1：§9.1.3)。这些修正模式所符号化的往往是高度图示性的意义("语法"成分的典型意义)。

以范畴化，后者则对其加以阐释。图中表现出的范畴化（以及未表现出的对应情况）用于在音系集合（即象征集合的音系极）中将这些符号化结构彼此关联起来。

图 6.11(b)中给出了一个关于 rose（rise 的过去式）的类似集合。可将其与图(c)作一比较，后者代表了与其同音异义的名词的音系极。作为单极结构，两者的复合形式毫无二致，但从双极层面来看，在动词中[rowz]的路径中间经过了[rayz]，在名词中则是直接通达的。[①] 图(d)与(e)体现了 told 与 tolled 截然对立的双极路径，其复合形式同样是难以甄别的。对 tolled 所做的标记意在表明，加缀本身可视为修饰操作的一个特例，此时唯一的修饰体现为在词干首位添加音段。另一个特例是零位修饰，这可由 hit（击打）的过去式加以说明。在极端情况下，当一个成分结构与复合结构完全一致时，另一成分所实现的修饰相当于某种同一性映射。

为便于说明问题，可将单极与双极组合看作沿两个不同的轴展开。图 6.12 中表示的是 picnics 的情况，其中水平方向与垂直方向的箭头分别表示音系组织的这两个维度。在垂直轴上，获得符号切分的成分 picnic 与 s 对复合形式 picnics 加以范畴化。如图 6.11(e)中的情况，复数后缀 -s 通过添加[s]作为尾音段，实现了对一个图式性词干的修饰。所有这些结构——从其内部来看——也可在单极

---

① 我们依然可以谈论某一组合路径——它不过是一条退化了的路径。就正常路径而言，最终到达的复合结构即是实际发音的成分。沿该路径的其他结构具有默认地位，但其代表的是该表达式音系价值的次要方面。由此，名词 rose（玫瑰）与动词 rose（上升）在音系上彼此有别，正如 pork（猪肉）与 pig meat（猪的肉）因殊途同归于复合概念而在语义上彼此有别。

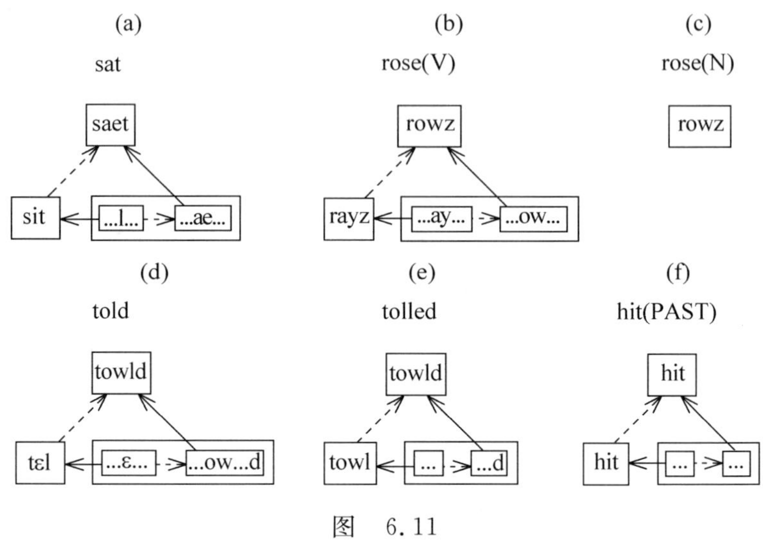

图 6.11

层面上加以分析；这涉及其音段组合，即将音段组成音节，再将音节组成词。因此，从单极层面来看，每个结构均是复杂的。对成分结构 picnic 及复合结构 picnics 而言，对这一单极组合的表征部分是沿水平轴展开的：picnic 一词分解为（pik）与（nik），picnics 则分解为（pik）与（niks）。当然，这些音节均可进而分解为音段。

因此，随着双极组合在依次“更高”的组织层次上由成分结构及至复合结构，沿组合路径的每个结构均获得独立的单极构造，这种构造与该语言的“默认”(default)模式是一致的。即是说，每个结构的内部组构方式，均有构式对其加以明示，这些构式描述了常规许可的成分（如音段、音节与词）及成分间的结合方式。这种组构在各个层次上无需具有一致性，因为每添加一个符号化成分，即可导致单极结构的重组。在图 6.12 中，从 picnic 与 picnics 不一致的音节组织中，此种重组即可见一斑。确切地说，[nik]这一音

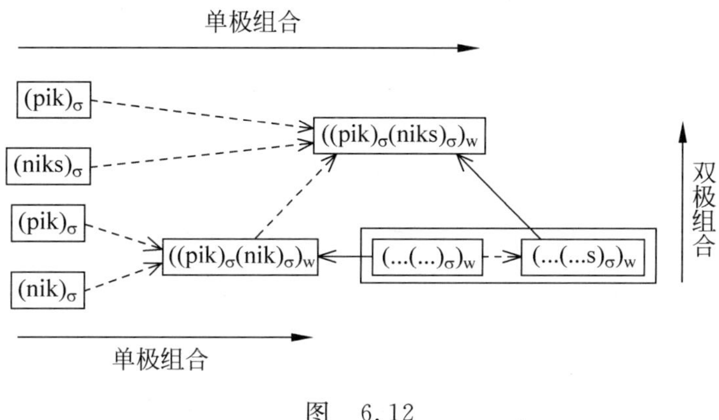

图　6.12

段序列在前者中构成了完整音节,在后者中则不然,此时它仅仅是$(niks)_\sigma$的一部分。添加末位的[s]用于对复数概念加以符号化,结果是在复合结构层面造就了新的音节切分。

6.3.3　错配是不成问题的

通过清晰认识到单极组织与双极组织的区分,CG 表明,那些时常被认为有问题的现象,事实上很容易作出解释。以所有格短语 the king of Denmark's castle(丹麦国王的城堡)为例。这里貌似存在的问题是所有格词尾 's 的位置:尽管城堡的实际领有者为国王,所有格却体现在 Denmark(丹麦)一词上。因此,表达式的形式和实际意义间似乎存在着“错配”(mismatch)现象。另一类例子涉及 the big dog((**定指**)大狗)之类的表达式中的定冠词。在日常谈话中,the 失去音系独立性,附着在后一个词上(仅有松散连接):th'big dog。我们再次看到形义间的明显错配:尽管 the 音系上与 big(大的)相连,语义上却指称 dog(狗)。

然而,这里并不存在真正的问题。貌似存在的形义错配不过反映了单极与双极组合的情况,它们代表了音系结构的两个不同的轴。事实上,此处所举的例子与 picnics 的情况(通常并不认为是有问题的)仅有程度之别。我们在图 6.12 中看到,在严格的音系意义上,复数词尾 -s 明确与 nic 结合构成扩充的音节 nics。某些情况下,出于语义及语法上的需要,复数 -s 与整个 picnic 加以组合。这与单极组织的情况是并行不悖的。这些成分各自在符号上实现了切分,因而需沿双极组合的"垂直"轴发生整合。确切来讲,picnic 对复数词素唤起的图式性词干加以阐释,后者则通过添加尾音段[s]对其加以修饰。将[s]融入词干的尾音节是出于这样一种考虑:在每一层次上,音节构造情况均需与一般的单极模式保持一致。

依此类推,the king of Denmark's(丹麦的国王)的象征成分可毫无疑问地看作 the king of Denmark(丹麦国王)与 's,尽管两者在长度上大相径庭(属于单极结构问题)。其双极整合体现了这样一种模式:'s 被添加到领属名词短语的末位词上。这一构式的音系极如图 6.13(a)所示。[①] 对于 th'big dog,我们同样可将象征成分视为可基于语义及句法因素加以预测的成分:the 与 big dog(大狗)。这种貌似存在的错配源于这样一个事实:在单极层面上,冠词被描述为紧随其后的词语的附缀,即便当后者由多个词构成时也不例外。仅为讨论之便,我将附缀(clitic)描述为这样一种成

① 为方便起见,采用正字法表征,音节切分从略。为表明词序的相关性,我重新引入了代表发话时间的箭头(T)。即便未加明确表示时,音系空间的这一维度也是始终存在的。

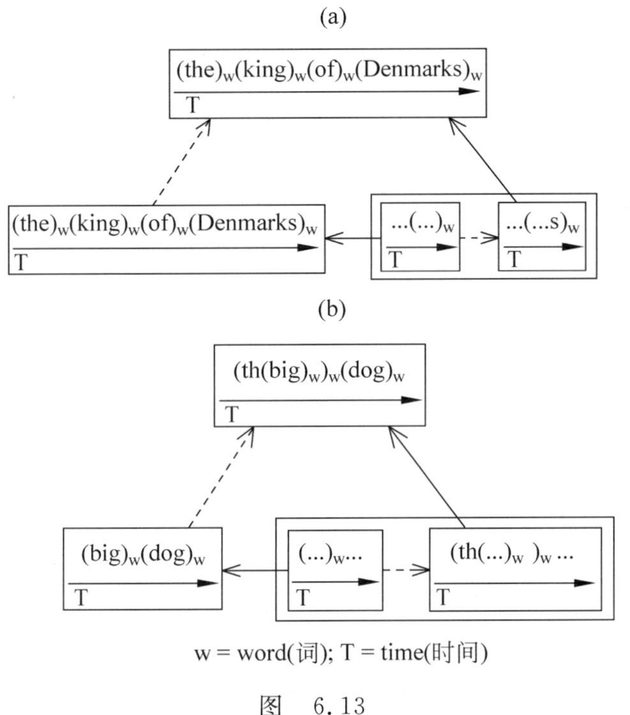

图　6.13

分：它与一个词结合构成更大的结构，该结构同样可分析为单个的词。th'big dog 的音系极如图(b)所示。

在单极性等级(如音段＞音节＞词＞其他)中可见的组合，基本上均属于累加性的。在每一层次上，长度大致相当的音系成分组合成更大的结构，在高层结构中仍依稀可见，仅呈现出微弱的失真效果。双极组合也可呈现出这种特征。其实现方式通常不过是将长度和复杂度大致相当的结构并置，如 jar lid(罐子盖儿)的情况(图 6.2(b))。不过，一般而言，双极组合更为灵活、抽象。简单并置并非从成分结构衍生出复合音系结构的唯一手段。各成分通常在长度、大小、复杂度或类型上参差不齐，在复合结构层次上我们可能无法识别出其“真面目”。例如，sit 在 sat 中仅有部分体现。

这种不一致和失真的情况并不限于形态学。就句法方面的类似情况，可以路易森诺语（Luiseño）为例。① 在路易森诺语小句中，典型情况是一个附缀紧随句首的单词或短语出现。在（2）中，＝nil 出现于小句第一个词后，该小句常态下的形式本为 Noo'owo'aquṣ（我之前一直在干活儿）（这同样是说得通的）。附缀基本说明了小句过程及其射体是如何与言语情景挂钩的。这里，它明示射体是第一人称单数，所侧显的过程发生在过去。此种情况下（尽管并非总是如此）信息变得羡余，因为同一信息同时由代词主语 noo“我”和过去持续体后缀（past durative suffix）-quṣ 提供。

（2）Noo＝nil 'owo'a-quṣ.

我＝**第一人称单数：过去时**干活儿-**过去时：持续体**

（我之前一直在干活儿。）

这一构式应当如何描述？我们想说的是：在语义及语法上，两个成分结构为基本小句 noo'owo'aquṣ 与附缀＝nil，后者图式化地唤起一个小句。然而，在音系上，附缀出现在代词主语之上。说得更概括些，附缀出现在小句内部，始终紧随第一个词或短语。这里似乎存在着错配现象，因为在音系上与附缀结合的成分并非其在语义上指涉、在语法上结合的成分。然而，现在应该清楚的是，这

① 路易森诺语是一种美洲土著语，属犹他-阿兹特克语系，先前其说话者分布在加利福尼亚州南部地区。

不过是一个假象,仅仅源于未能区分单极与双极组织。成分结构确实是 noo'owo'aquṣ 与 =nil,其整合情况如图 6.14 所示。尽管 =nil 在双极层面上与整个小句结合,这一组合操作却将其置于首位词之后。结果,在单极组织层面上,=nil 出现在小句内部。就显性音段内容而言,两个成分结构在长度上大相径庭,两者不是并置关系,而是一个包孕在另一个中。结果,小句成分 noo'owo'aquṣ 在复合结构层次上无法原原本本地保留下来,因为附缀打破了其连续性。不过,这一构式在 CG 中可作出直截了当的描述。

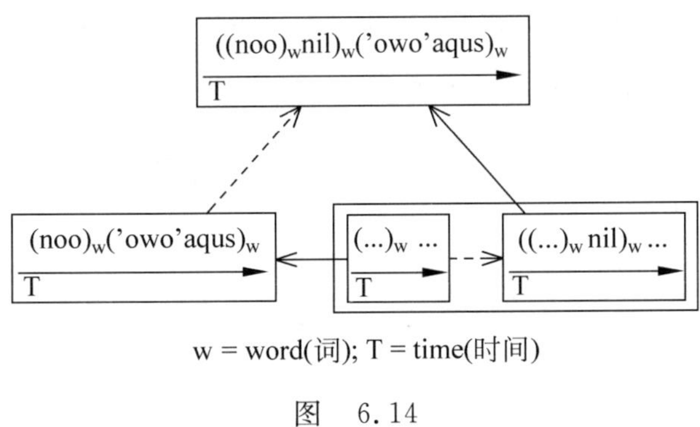

图　6.14

第七章　构式：描写因素

描写一个语言的语法，主要任务即在于对其中大大小小的构式加以描写。因此，要对语法有深入理解，必须对各种构式加以详细观照。如下几节将考察构式描写中的四个基本因素：**对应**(correspondence)、**侧显**(profiling)、**阐释**(elaboration)及**构成要素**(constituency)。尽管音系极基本略去不提(定然让你大松一口气)，不过需要牢记的是，此处讨论的语义结构只不过代表了象征集合的一极。

7.1　对应

在需要考虑的四大描写因素中，对应也许是最为根本的。其所表明的是成分结构与复合结构如何彼此协调，构成一个连贯一致的集合(而非互不相关的成分构成的任意集合)。在语义极上，其所明示的是成分结构间的**概念重叠**(conceptual overlap)，从而为其整合提供基础。同时明示的还有每个成分结构与复合结构的重叠情况，从而表明它在由此浮现的单一概念中所起的作用。反过来看，这些“垂直”对应代表的是选取复合概念的某些方面，用于对成分结构加以单独符号化。

关于标记法问题，有一点需要说明。此处用于标记对应的虚线，充其量不过是一个钝拙的描写工具。尽管对于说明问题是够用了，但它们（包括其所在的图）在形式上有失精确。要对其作出恰如其分的理解，聪明的使用者还需借助某种默认但不失自然的解释性原则。例如，图 6.2(a) 中的对应线意在表明，整个罐子等同于整个图式性容器。即便该线事实上连接的不过是罐子的一边与容器的一边（确切说仅仅是各自的某个部位），你兴许仍可毫不费力地作此解释。究竟明确表示出多少对应为好，同样并无一定之规。例如，图 6.2(a) 中的总体对应完全可分解为多个局部对应，将两个容器的各个部位（如底部、四边与上部开口）等同起来。通常所呈现的数量仅需最低限度地满足恰当解释。明确了不同结构是如何彼此重叠的之后，各种对应甚至可完全略去不提（如图 6.11—6.14 所示）。

7.1.1　多重对应

通常，在成分结构要素中表示出一个总体对应即可（如图 6.5），但对于某些构式则需设定多重对应。从标记法来看，对应线并无大碍，而将其用到构式上，即可收到可观的语义及语法效果。我们不妨扼要考虑两个例子。

第一个例子涉及法语（及其他罗曼语）中一个司空见惯的构式，如(1)。其所描述的是致使运动，其中被移动之物是身体的一部分。被移动部位由定冠词与身体部位名词构成的名词短语来表示。这类句子可直译为 I raise the hand（我举起手）、She closes the eyes（她闭上眼睛），等等。在英语中，对其通常的理解是：被移动的身体部位属于活动者以外的某个人。[①] 在法语中，对其通常的理解则是：所涉及的身体部位确属行为者本人身体的内在一部分。但句子本身并未明说这一点。英语以 my 或 her 之类的代词明示领有者，而法语仅采用 the hand 或 the eyes 的对应说法。说话者何以知道，该身体部位属于主语所指向的人呢？

(1) (a) Je lève la main.
我 举起 **定指** 手
(我举起手。)
(b) Elle ferme les yeux.
她 闭上 **定指** 眼睛
(她闭上眼睛。)
(c) Il ouvre la bouche.
他 张开 **定指** 嘴
(他张开嘴。)

首先必须承认，这并非唯一可能的解释。在恰当语境中，这些句子或许的确表示主语作用于他人身体的某一部位。此种情况下，它们体现的不过是法语中一般的直接宾语构式，其中宾语是在语境中可加以确认的某一身体部位。然而，一个强烈的默认解释是：该句的确暗含行为者是身体部位的领有者。同样可为法语设

① 例如，理疗师可能对虚弱得连手都抬不起的病人说 I raise the hand(我举起手)。或者，该句也可能指称人体模型的一只手，甚至是出于某种原因需抬起的一只无形的手。

定一个囊括默认解释的更具体构式,作为一般宾语构式的特例。相对于描述一般模式的图式而言,描述这种模式的构式图式构成了一个具体的、约定俗成的阐释。一般图式和更具体的子图式分别如图 7.1 的(a)和(b)所示(仅标出了成分结构及其整合情况)。

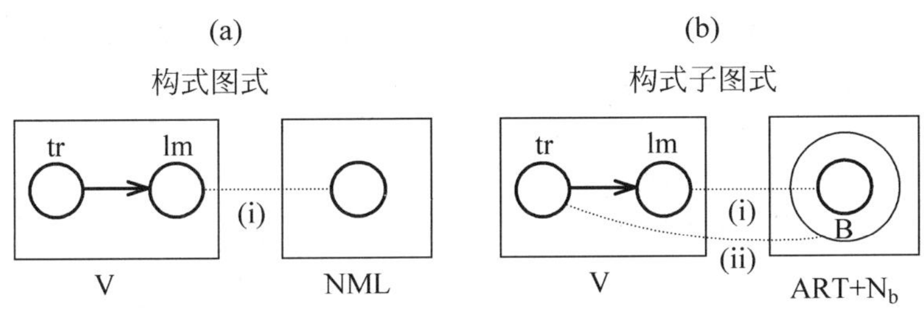

图　7.1

一般图式的成分包括一个动词(V)及一个宾语名词短语(NML)。动词侧显射体与界标间的互动(以箭头标记),名词短语侧显某一事体。宾语构式的核心特征是标记为(i)的对应,它将动词的界标等同于名词短语的射体。同时,这些成分均出现在更具体的构式子图式中。确切来讲,名词短语可描述为包含定冠词(ART)与一个身体部位名词(N_b)。[①] 标记为 B 的大圆代表整个身体,显面是其中某一部位。这一子图式的另一个特征——一个核心特征——是对应(ii)。它将动词的射体等同于宾语名词短语唤起的身体,正是这一对应造就了默认解释。

第二重对应的语义效果在图 7.2 中体现得更为明晰,图中将

① 这一描述采取的形式是低层组合(未加表示),由此得到的复合结构在这一子图示中充当成分结构。

分别由唤起一般图式与子图式得到的复合结构做了比较。该图表征的是具体表达式 lever la main“抬起手”，它既可例示一般模式，又可(默认情况下)例示子模式。动词 lever“抬起”侧显一个事件，涉及射体施力(双箭头)促使界标向上移动(单箭头)。H 是对 main“手”的多重语义明示的缩略。定冠词的意义尽管不无相关，但此处从略(参见第九章)。

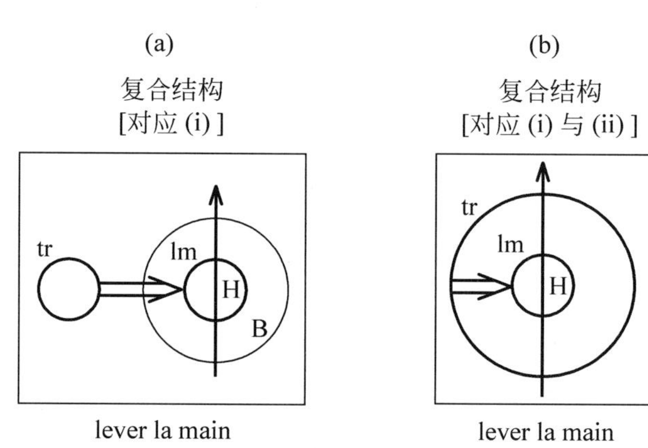

图 7.2

lever la main(抬起手)的构造是与一般图式相吻合的，仅基于对应(i)，表明射体引发了一只手向上移动，这只手在语境中是可以认定的。除共同参与这一关系外，行为者与手之间无需存在其他关联。这在图(a)中有所表示。相比之下，图(b)的效果来自添加了对应(ii)，这与子图式是相吻合的。动词与宾语的整合更为密切，从而造就了一个更紧凑的复合概念，同一个体同时充当了行为者与身体部位的主体。该构式暗含射体促发了自己的手向上运动。

实际的整合情况更为密切。默认解释进而明示,致使力是在内部传递的,界标体现的是相关身体部位的典型移动方式。因此,倘若说话者是用右手抓住左手往上拉伸,则不宜使用(1)(a)。[①]需要注意的是,这些进一步的说明未必源于添加对应(ii)的情况。严格上讲,它们代表了另一重对应,即动词侧显的力等同于寓于我们的认知模型中的力,涉及该身体部位及其惯常的移动方式。这些具体说明悉被纳入描述默认解释的构式子图式中。它们构成了**构式义(constructional meaning)**的一部分,由图式施加于例示表达式上。

同时阐明添加对应的效果的,还有类似 tall giraffe(高大的长颈鹿)、intelligent ape(智力发达的类人猿)及 honest politician(正直的政治家)的短语。它们包含一个由分级 scalar 形容词修饰的名词,形容词赋予其射体某一属性,该属性的体现仅仅是一个程度问题。问题在于,tall giraffe 之类的短语可有两种截然不同的意义。一方面,它可以表明,相对于人类所经验到的正常尺寸,长颈鹿是高大的。例如,在动物园,儿子可能对父亲说:Look at that tall giraffe!(快看那头高大的长颈鹿!)这仅仅意味着相对于儿子经常遇到的东西,长颈鹿是高大的。较之于典型长颈鹿,这头可能实际上相当矮小,但在小孩子眼前却显得很高大。另一方面,tall giraffe 可能意味着 tall for a giraffe(对于长颈鹿而言属于高大型

① 此种情况下,恰当的说法是:Je me lève la main(字面意思为“我举起我的手”)。

的)(一种高到足可打篮球的长颈鹿)。

tall giraffe 的成分结构粗略如图 7.3 所示。tall 是一个形容词,侧显某种非过程性关系,其射体是一个缺乏可聚焦界标的事体。射体被图式化地描述为在典型方位上具有显著垂直走向的物理实体。因而可将其用于纵向分布的实体,如人、建筑物、山川、树木、旗杆(但不包括蛇之类)。箭头代表量级,其所度量的是从水平表面(通常为地面)沿纵轴延伸的幅度。沿此量级,标记为 n 的区域为常态取值范围。tall 侧显的关系为射体(处于直立状态时)投射至量级上超出常态的某个位置。就名词 giraffe 而言,我粗略将其表示为一个呈垂直分布的事体。同时表示出的还有一根箭头,代表我们关于长颈鹿的知识,即其高度通常处于特定范围(n)内。字母 G 代表构成该名词百科意义的所有其他说明。

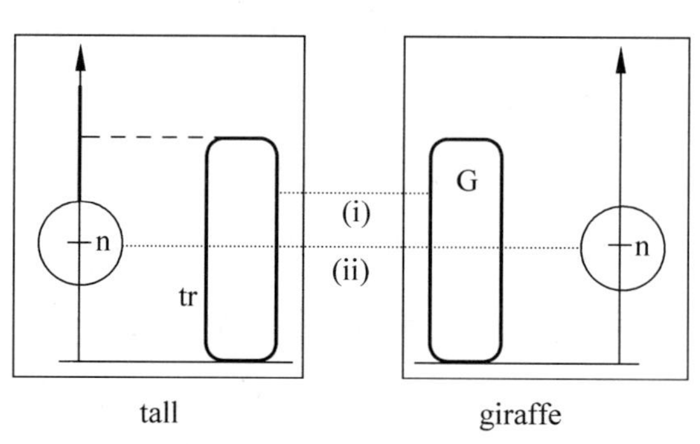

tr = trajector(射体); G = giraffe(长颈鹿)

图 7.3

tall giraffe 可作两种解释,原因并不在于成分结构意义间的任何差别,而是涉及成分结构如何整合的问题,如图所示。对应(i)代表的是位于 ADJ+N 构式核心的概念重叠情况。倘若仅存在这一重对应，则形容词与名词所唤起的量级之间并未建立起任何关联。tall 所明示的高度即可参照任何可能的标准加以解释，默认情况为人类所经验到的典型高度。但更可能的情况是：形容词表示的常态属性确切等同于长颈鹿的典型高度。这一等同关系是由对应(ii)实现的。这种对应反映了在分级形容词与名词的组合中，存在一种完全固化、约定俗成的模式。该模式构成了构式子图式的一部分，子图式本身又例示了 ADJ＋N 构式的一般图式。

7.1.2 冗余与不一致

对应线是对概念重叠的图解式表征。成分结构与复合结构可存在任意程度的重叠，甚至可以完全重合。一个例子是上一章提到的路易森诺语中的 Noonil'owo'aquṣ“我之前一直在干活儿”。此处附缀＝nil 并未唤起任何比小句成分 noo'owo'aquṣ(我之前一直在干活儿)更为具体、甚至同样具体的成分。构式的语义极粗略如图 7.4 所示(其音系极如图 6.14 所示)。小句成分侧显干活儿的具体过程，以粗线箭头表示。其射体由代词主语 noo(我)认定为说话者(S)，过去持续体后缀 -quṣ 将其置于说话时间之前。附缀＝nil 同时唤起一个过程，但仅仅是图式性的(因而标记该过程的箭头含省略号)。它将射体认定为说话者，将过程定位至过去。因此，一个成分的所有基本要素在另一成分中均有对应。特别需要指出的是，小句侧显的具体过程对应于附缀侧显的图式性过程。[①]

① 包含这些过程的内部框盒，本身又包含在其他框盒中，这仅仅意在表明，各个过程是作为整体参与这一对应的。

这意味着过程性射体之间同样存在对应。但附缀并未为小句提供新信息,因而当对应成分彼此叠加构成复合概念时,后者与小句成分体现出同一效果。

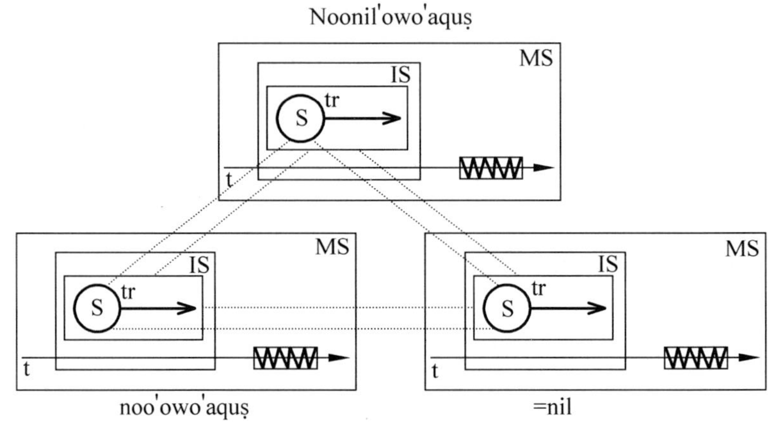

tr = trajector(射体); S = speaker(说话者)
MS = maximal scope(最大辖域); IS = immediate scope(直接辖域)

图 7.4

因此,附缀是冗余的。但冗余并无可鄙之处,因为每种语言均大量用到冗余,尽管其表现手段各异。通过为听话者提供额外线索,冗余有助于保证被遮蔽的一部分信息仍可被理解。它容许说话者通过重复对某一概念大加强调,或是多角度对其加以描述。路易森诺语的二位附缀(second-position clitics)体现了从一般到具体的"镜头推进"(zoom in)的自然认知策略。这类词素锚定于首位成分上,引入了一个关于所侧显的过程、中心参与者,及其与言语情景关系的图式性描述,从而"框定"(frame)了整个小句。通过引入一个有关总体情景的框架式表征,附缀为理解后续小句成分提供了便利,后者则对其加以充实。

语法成分所造就的冗余信息传统上称之为"一致"(agreement)。由此，路易森诺语中的附缀可描述为：在人称和数上与主语保持一致，在时态上与动词保持一致。然而，传统的一致概念是大有问题的；通常"一致"成分并无一致内容可言，也不足以为所描述的实体提供新的信息(Barlow，1992)。CG 则采取了有别于传统的立场。对于此种冗余情况，CG 的处理方式不是将信息从表达式的一部分"复制"到另一部分，而是仅仅将其视作多重符号化的情况。即是说，在同一象征集合内部，关于某一实体的信息由多个成分结构加以符号化，因而在一个复杂表达式中具有多重体现。关于该实体(类似图 7.4 中的射体)的表征彼此对应，并映射到复合概念的同一成分上。

因此，所谓的一致成分可分析为拥有独立的语义价值，不过恰好与别处提供的信息存在重叠之处。但这一重叠有程度之别，有时"一致"成分是相关信息的唯一来源。例如，在路易森诺语中，主语可以省略，因而在(2)这样的句子中，附缀是唯一用于对射体加以认定的成分。此种情况下，每个成分结构均唤起了一个高度图式性的实体，由另一成分加以具体说明。小句成分 waxaam'owo'aquṣ(昨天一直在干活儿)唤起了一个图式性的射体，附缀＝nil 将其认定为说话者。反过来，附缀唤起了一个图式性的过程，小句将其认定为干活儿。当两个成分结构拼接在一起时，即为所侧显的过程提供了完整描述。

(2) Waxaam＝nil　　　　'owo'a-quṣ.
昨天＝**第一人称单数：过去时**　干活儿-**过去时：持续体**
(昨天我一直在干活儿。)

两个成分结构的各要素彼此对应时，各自均对应于复合结构的同一要素，此时每个成分结构均提供了与之相关的某些信息。通常一个描述是图式性的，另一个则是具体的。两者往往表现出一致性及某种互补性，不过这一点无从保证。两种描述可能未必互补，而是完全等价，如 noo（我）中的射体与 Noonil'owo'aquṣ（我之前一直在干活儿）中的＝nil。同样，并无任何神力或语言力量阻止两种描述不一致的情况。例如，操路易森诺语者可能造出类似（3）这样的句子，且不论是出于心不在焉，还是别有用心，或仅仅是行为反常。此处代词主语和附缀关于射体的说明相互抵触：noo 将其描述为第一人称单数（“我”），附缀＝chamil 明示的则是第一人称复数（“我们”）。在路易森诺语中，这个句子造得并不好。但“造得好”的意蕴究竟何在？

(3) ＊Waxaam＝chamil　　noo'owo'a-quṣ.

昨天＝**第一人称复数：过去时**　我　干活儿＝**过去时：持续体**

（＊昨天我/我们一直在干活儿。）

语言学家以星号标记这种表达式，并将其形容为“不合语法”（ungrammatical）或“不合格”（ill-formed）。在大部分如此标记的表达式中，问题实际在于语义上的不一致。这里，不一致性（同冗余一样）派上了用场。我们可以想象，特殊情况下，类似（3）这样的句子倒可能用得恰到好处。[①] 但它们经使用不断处于演变之中，

① 例如，它可能容许说话者隐晦地承认，自己患有多重人格这种精神错乱。

典型情况下，语言规约为交际高效性所塑造，因而一般避免明确作出公然自相矛盾的表述。路易森诺语的规约，自然而然反映了这一常规情形，即意图以单一、稳定的方式描述小句射体。这意味着主语和附缀在射体的人称和数方面具有一致性，用于这种描述的构式图式的确是存在的。并不存在任何构式图式用于描述两者不相一致的情况。类似(3)的句子被视为不合常规(不合语法)，原因即在于与允准它的唯一现存图式相冲突。

7.1.3　自主观的谬论

与相关构式图式相吻合？本身并不足以保证表达式在语义上具有内在一致性。一个耳熟能详的例子如(4)：

(4) Colorless green ideas sleep furiously.
(无色的绿色思想狂怒地睡觉。)

乔姆斯基(Chomsky，1957：15)援引此句以捍卫句法自主论(autonomy)(§1.2.1)——句法独立于语义而存在。他声称，尽管(4)在语义上是不合逻辑的，在句法上却是完全合格的。(4)与(5)(a)在语法表现上大同小异。反过来，从(5)(b)中可以看出，语义上完美无缺的句子却全然可以不合语法：

(5) (a) Friendly young dogs bark harmlessly.
(友好的小狗毫无恶意地叫着。)

(b) * Dogs harmlessly young bark friendly.[意思与(5)(a)相同]

(*狗毫无恶意地小叫着友好地。)

乔氏由此得出结论:语法本质上无需借助语义即可作出恰如其分的描写。

自主论的批评者试图否认(4)在语义上是异常的。他们正确指出,说话者力图理解语义上看似不合逻辑的表达式,即便在此种极端例子中,也是不无可能的。例如,green 或可解释为“新的、未经证实的、不成熟的”(如 greenhorn(新手)、green banana(青香蕉)),colorless 则可理解为“平淡的、无趣的”(如 colorless personality(毫无个性))。同样,我们可以想象 sleep furiously(狂怒地睡觉)形容一个人酣然大睡,任凭怎么叫都叫不醒。由此,此句或可隐喻式地识解为:形容无趣的新思想尚在酝酿之中,任凭怎么努力都难令其广为接受。

然而,我相信这种批评是文不对题的。如果每个词均赋予其常态默认解释,则类似(4)这样的句子在语义上是异常的。在这一点上,乔氏当然是正确的。此种情况下,尽管这些词委实无法拼合在一起造就连贯之义,该句的组合方式却是符合常规句法模式的,这一点我们是可以认识到的。乔氏的错误之处在于,他声称这证明了句法的自主性。作为关于语法的象征性解释,CG 代表了自主论的反面。通过表明这些事实可轻易纳入 CG 的框架中,乔氏的问题即可见一斑。

(4)的语义罪过在于违反了**选择限制(selectional restriction)**。

例如，green（绿色的）要求被修饰名词为某种有颜色的实体，但 ideas（思想）未能满足这一限制。因此，只消考察一个例子，即足以说明问题（而无需对付（4）中的所有复杂问题）。以短语 tall idea（荒诞不经的主意）为例。当然现在我们可以为其赋予一个合乎逻辑的解释。或可将其解释为指称一个“大的”、大胆的观点（如 tall tale（难以置信的故事））。但此处相关的是其字面义，即每个词均按其最基本的意义来严格理解。如此解释的话，tall idea 就是语义异常的。

在严格的字面意义上，形容词 tall idea 将其射体形容为一个物理实体，该实体存在于空间中，在典型方位中呈显著垂直分布。当 tall 修饰 idea 时，形容词的射体与名词侧显的事体经由对应等同起来，如图 7.5 右侧所示。但 idea 是抽象的，因而并不存在于空间中，也无形状或空间方位（在标记法上，椭圆意在表明其无定形、非物理特征）。tall idea 是异常的，因为名词未能满足形容词对其射体的限制。当对应成分彼此叠加构成复合语义结构时，各成分提供的具体信息彼此冲突，无法融合为一个连贯的概念——试图将其统一起来，无异于将椭圆形的锚钉置于矩形的洞中。图中加了星号标记，以凸显这种概念上不一致的情况。

尽管 tall idea 存在语义异常，却是“合乎语法”的。它依循了英语中形容词修饰名词的常规模式（如 tall giraffe（高大的长颈鹿）、good idea（好主意）、green apple（青苹果））。按照 CG 的说法，这意味着 tall idea（荒诞不经的主意）构成了用于描述该模式的构式图式的例示。形容词侧显的是非过程性关系，有一事体充当其射体，但并无可聚焦的界标。如图 7.5 左侧所示，形容词的射体与名词侧显的事体经由对应等同起来，后者在复合结构层次上

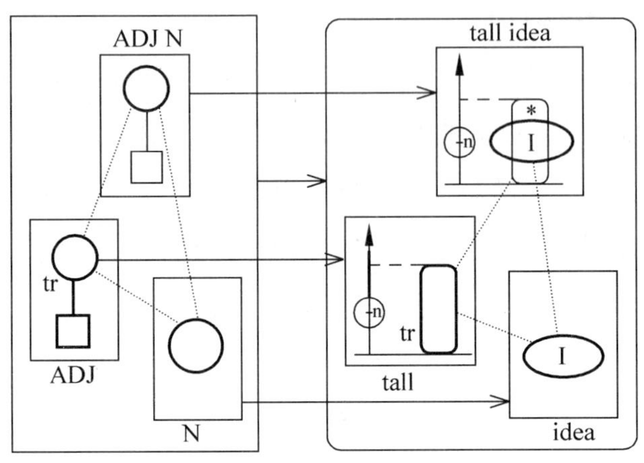

tr = trajector(射体); I = idea(主意)

图 7.5

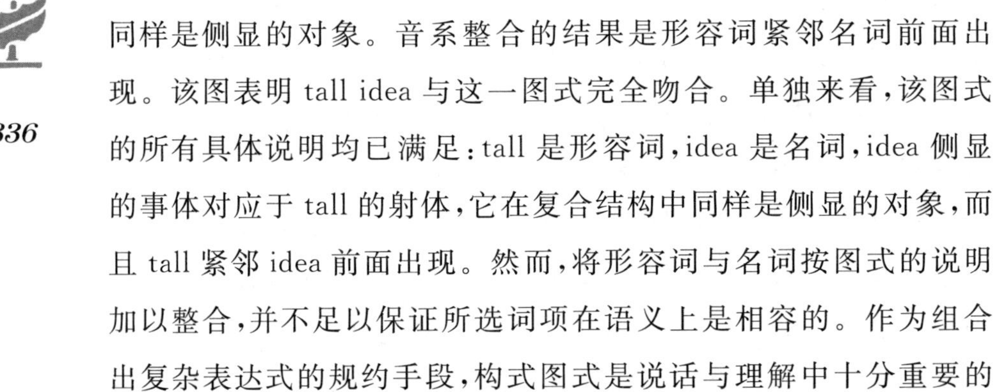

同样是侧显的对象。音系整合的结果是形容词紧邻名词前面出现。该图表明 tall idea 与这一图式完全吻合。单独来看,该图式的所有具体说明均已满足:tall 是形容词,idea 是名词,idea 侧显的事体对应于 tall 的射体,它在复合结构中同样是侧显的对象,而且 tall 紧邻 idea 前面出现。然而,将形容词与名词按图式的说明加以整合,并不足以保证所选词项在语义上是相容的。作为组合出复杂表达式的规约手段,构式图式是说话与理解中十分重要的资源。但它们并非所调用的唯一资源,也无法指望说话者对其使用总是具有概念上的一致性。

现在回到我们前面的例子上来。句(5)(a)完全合乎语法,在语义上也是合乎逻辑的。在语义极与音系极上,它均符合恰当的构式图式,与这些图式相吻合的语义整合造就了一个前后一致的复合概念。另外两个句子是“不合格的”,尽管其体现方式有别。

一方面，句(4)与 tall idea 具有共通之处：它在语义及音系上均与允准它的图式相吻合，因而合乎语法；但当构成要素按其说明加以整合时，在概念上则无法做到连贯一致。另一方面，(5)(b)在语义上是可接受的，其假设是它调用了与(5)(a)相同的构式图式，并具有与之相同的复合意义。但它明显不合语法，问题出在概念结构在音系上的整合方式上。词的出现顺序，与构式图式关于其语义整合的符号化方式的说明不相一致(例如，形容词未出现在被修饰名词前)。①

我的结论是：可以对语义异常与“不合语法”作出区分，并不能说明句法自主观的成立。这种对立情况在语法的象征观中可得到直截了当的处理。

7.2　显面决定因素

典型情况下，构式的复合语义结构侧显与其中一个成分结构相同的实体。例如，作为一个复合整体，jar lid(罐子盖儿)侧显与 lid(盖儿)相同的实体：jar lid 是一种 lid，而非一种 jar(罐子)(图 6.3)。同样，jar lid factory(罐子盖儿工厂)具有与 factory(工厂)相同的显面(图 6.5)。再如，tall idea(荒诞不经的主意)指向的是观点，而非形容词所侧显的关系——尽管存在语义异常(图 7.5)。隐喻上讲，我们可以说复合结构的显面通常自成分结构的显面“继

① 为完整起见，还可注意到另一种不合格现象，此时表达式违反的是构式图示语义极的具体说明。一个例子即是 * happily girl(* 快乐地女孩)(而非 happy girl(快乐的女孩))。此处使用的是副词，而非图 7.5 中的构式图示所明示的形容词。

承”而来。将其显面“遗赠”给复合结构的成分结构，在 CG 中称为**显面决定体(profile determinant)**。

显面决定体的标记方法，通常是将其置于以粗线标记的框盒内。图 7.6 中首先采用了这种标记法，表明介词 in(在……内)与名词短语 the closet(壁橱)整合生成介词短语 in the closet(在壁橱内)。名词性成分侧显的是某一事体，以矩形标记，既表明其充当处所，又(出于记忆之便)代表其常规形状。字母 C 是所有其他语义明示(与房间的关系、大致尺寸、存储功能，等等)的缩略。在此阶段，我们尚不打算包括定冠词的意义(参见第九章)。介词 in 侧显一个简单的、两个事体间的非过程性关系，通常是射体在空间上包含在界标中。[①] 通过前者的显面与后者的界标之间的对应，名词短语与介词得以整合。粗线标记的框盒表示介词在该构式中充当显面决定体。作为复合整体，in the closet 指向某种空间包含关系，而非壁橱。

粗线框盒可将注意力导向显面决定体，因而在处理复杂图式时大有用武之地。不过，为此加以单独标记，实属多此一举。显面的确定基于的是象征集合中独立说明的其他特征，即侧显与对应。因此，通过考察成分结构与复合结构及彼此间的对应连接，可对显面决定体加以确认。本质上，显面决定体是其显面对应于复合结构显面的成分结构。lid 是 jar lid 的显面决定体(如图 6.3 所示)，因为 lid 与 jar lid 的显面彼此对应(而两者均不对应于 jar 的显

① 这充其量是一种高度简化的描述，因为即便是“空间”介词的语义特征也包括其他维度，主要是功能维度。就 in 而言，界标充当着射体的容器的功能，可以说比单纯的空间关系更为基本(Vandeloise，1991，集中体现在第十三章)。

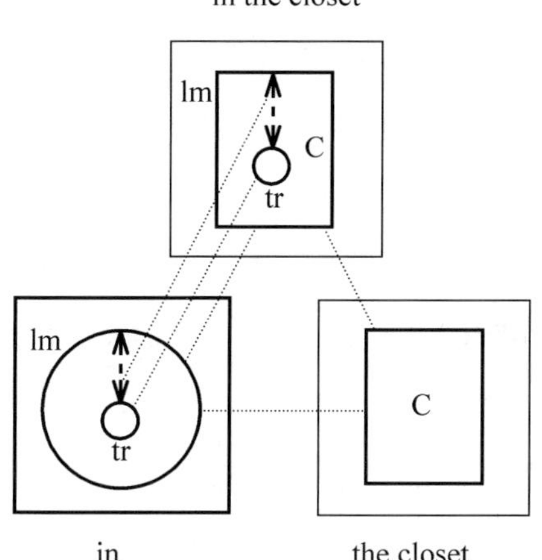

tr = trajector(射体); lm = landmark(界标); C = closet(壁橱)

图　7.6

面）。从图 7.6 中可以判断，in 充当显面决定体，因其所侧显的关系与 in the closet 所侧显的关系彼此对应。[①] 因此，粗线框盒所做的，不过是对构式的一个可独立确定的方面加以凸显而已。

构式的显面决定体与传统上称之为**"中心词"(head)**的概念大致对等。根据通行的定义，中心词（在特定的组织层次上）是与复合表达式代表同一语法范畴的成分要素。[②] 中心词和显面决定体的对等关系寓于 CG 的一个基本观点中：表达式的语法范畴依其显面的性质而定。照此推论，将自身的显面遗赠给复合表达式的

① 这由连接其射体、界标及代表两者间关系的箭头的对应线加以标记。为简化图解，后一对应通常省略（如图 7.5 与 7.8 中的情况）。参与者间的对应是两个关系间对应的产物，因而可作为表示该对应的速记法。

② 此外，中心词也可定义为提供整体表达式的核心语义内容的词项。两种定义偶有冲突。例如，在进行体 be playing（正在玩）中，be 决定整体表达式的范畴（持续类动词），但其"词汇中心词"(lexical head)为 play（非持续类动词）。

成分要素，进而决定后者的语法范畴。因此，对中心词的定义，是在概念上参照象征集合的语义极作出的（而非如自主论所言，是一个不可约简的语法概念），这与CG的一般原则是相吻合的。

尽管通常是由单一成分结构充当显面决定体，并非每个构式均符合这一典型。对典型格局的偏离可分为三大类：**对应显面（corresponding profile）**、**合并显面（conflated profile）**及**离心性（exocentricity）**。

可用于说明对应显面的例子，如路易森诺语中包含附缀的小句，如Noonil'owo'aquṣ"我之前一直在干活儿"。从图7.4中可以看出，小句与附缀均侧显某一过程，分别是说话者过去干活儿的具体过程，以及附缀唤起的图式性过程。该构式的核心特征之一，是两个过程存在着等同关系：对于指称上完全相同的情况，小句与附缀分别提供了具体描述与图式性描述。由于成分结构的显面彼此对应，这意味着各自均对应于复合结构的显面。因而并无根据将其中一个挑选出来作为显面决定体，而将另一个排除在外。

另一个这样的例子为名词性同位关系（apposition），涉及两个表达式的并置，各自均侧显一个事体。名词同位语存在多种模式。两个成分结构可以是简单名词，如pussycat（猫咪），也可以是完整名词短语，如Billy the Kid（比利这孩子）、my son the doctor（我当医生的儿子）及our good friend Hillary Clinton（我们的好友希拉里·克林顿）。在一个这样的模式中，如his strange belief that chickens are immortal（他关于鸡是长生不死的这一怪念头），第二个名词性成分代表了一个小句的概念物化。这里，由第二个成分表达的物化命题（that chickens are immortal（鸡是长生不死的一说))正好构成了第一个成分所侧显的信念(his strange belief(他的怪念头))。此处我们并不关注这些构式间的细节差异。关键是它们均例示图 7.7 中的抽象构造:两个成分结构均侧显事体,且显面彼此对应,这意味着各自的显面均对应于复合结构的显面。因此,复合表达式指向一个含两套语义特征(X 与 Y)的单一实体。然而,由于两个成分结构的显面均对应于这一实体,哪个成分当属中心词呢?

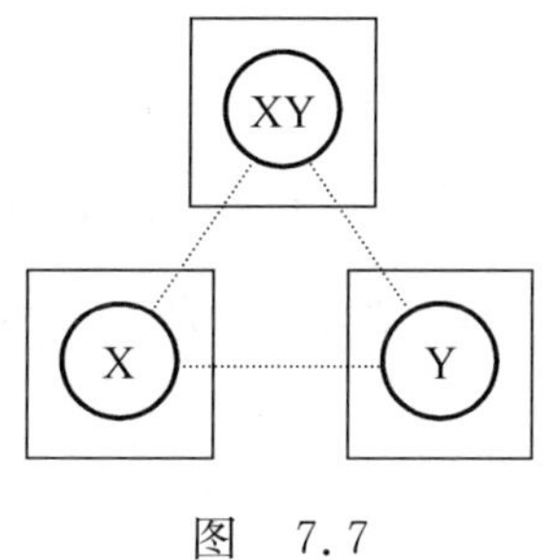

图　7.7

对应显面造成的问题在很大程度上不过是术语上的。面对图 7.4 或图 7.7 中的构造,或许我们会说,两个成分结构均是中心词,因为各自的显面均对应于复合结构的显面。或者,由于两个成分结构的显面均不唯一充当中心词,或许我们会说,两个成分结构均非中心词。选择哪一种说法是无关紧要的。我选择第二条方案,将"显面决定体"这一概念留作仅有一个成分结构与复合结构显面相同的情况。当然这其中有一定的随意性。

对于合并显面的情况,同样存在类似的术语问题。问题即在于,复合结构的显面并不等同于任一成分结构的显面单独考虑时的情况,而是等同于两者合二为一得到的更复杂实体。因此,尽管成分结构的显面各自对应于复合结构显面的某一方面，它们只有共同作为整体，才可与复合结构旗鼓相当。那么，是否应该说，所有成分均足以充当显面决定体，抑或任何成分均不足以充当显面决定体？我再次选择第二种方案。

这方面的一个例子是嵌套式处所构式（此前在§3.4.2中已讨论过）。句(6)通过依次将镜头推进至越来越小的区域，为其射体加以定位。各处所成分分别将射体置于一个有限的处所，该处所进而充当了解释下一个处所成分的直接辖域。在这种搜索路径中，upstairs（楼上）将射体限制在房子的上层。下一个处所成分 in the bedroom（卧室里）参照这一处所成分获得了解释：定冠词暗示仅有一个卧室——只有楼上的卧室是相关的。只有该卧室被唤起用于解释 in the closet（壁橱内），也只有卧室内的壁橱被唤起用于解释 on the shelf（架子上）。

(6) Your camera is upstairs, in the bedroom, in the closet, on the shelf.
(你的照相机在楼上卧室里壁橱架子上。)

为简化问题起见，我们仅关注后两个处所成分。因此，我们必须考虑 in the closet 与 on the shelf 如何整合而成一个复杂的处所成分。如图7.8表示，其中两个成分结构是各自所在的介词短语的复合结构。in the closet 侧显空间包含关系（图7.6），on the shelf 则侧显另一种关系：射体与对其加以支撑的架子上表面建立接触。在(6)这样的整体表达式中，同时表示出直接空间辖域(IS)

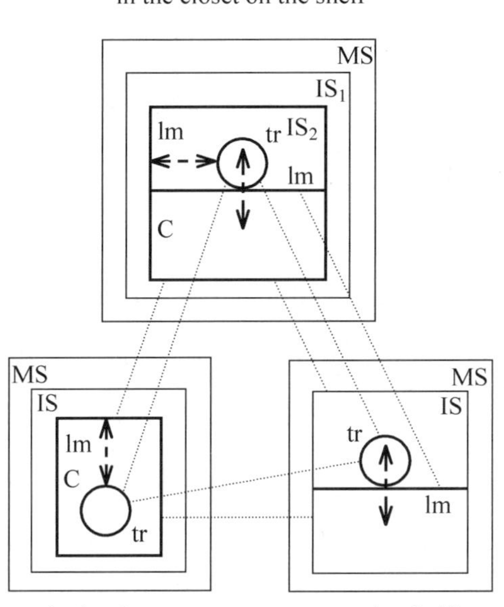

图　7.8

与最大辖域(MS)并无不当之处。对于每个介词短语而言,所侧显的关系体现于从更大的空间场景中选取的一个有限注意辖域("台上"(onstage)区域)内。

二重对应造就了成分结构的整合。首先,它们的射体彼此对应。同一实体——在(6)中为照相机——同时位于(楼上卧室的)壁橱中及架子上。第二种对应解释了嵌套式处所成分的"镜头推进"效果。需要说明的是,第一个成分的射体所限定的区域充当了解释第二个处所成分的直接辖域。第一个处所成分 in the closet 将射体限制在壁橱内,基本上与壁橱本身具有相同范围。借助对应线，该区域与代表 on the shelf 的直接空间辖域的框盒彼此相连。由此，复合结构体现出两个嵌套的直接辖域，反映出两个成分结构连续的注意场。IS_1 是 in the closet 的直接辖域，在其内部，IS_2 又构成了 on the shelf 的直接辖域。

在这种复杂的处所成分中，复合结构侧显的是什么呢？声称其指向某一成分结构关系，而将另一个排除在外，不仅有随意之嫌，也有违我们的直觉。实际上，所侧显的关系本身即是复杂的，代表了成分关系合二为一的情况。射体的定位同时参照了两个界标，即壁橱和架子。[①] 由此，就其本身而言，两个成分与复合表达式均无相同显面。每个成分结构的显面所对应的，仅仅是在复合结构层面观察到的合成显面的一个方面。因此，两个成分结构均未被挑选出来充当显面决定体。

还有一种显面决定体无法识别的情况，如某些构式中，两个成分结构的显面与复合结构的显面均无对应关系。在传统术语中，这种表达式被视为**离心式的(exocentric)**。这个名称是恰如其分的，因其表明其“中心”(即复合表达式的显面)是“外在的”(不被任何一个成分侧显)。

一个简单的例子如复合词 pickpocket(扒手)。它是复合构词模式的一个例示(其他如 scarecrow(稻草人)、breakwater(防波堤)、killjoy(败兴者)、cureall(万灵药)、turnkey(全承包的)及 spoilsport(败兴者)等)。在该模式中，两个成分分别为动词及对

---

① 就句(6)整体而言，照相机的位置是由复杂处所成分明示的，它包括四个成分关系及四个界标。

应于其界标的名词(参见 Tuggy,2003b)。pick 具有多种意义,但在这一复合词中,其所侧显的是将某物从某一处所移开的行为(如 pick up(捡起))。因此,图 7.9 表示射体施力(双箭头)从而引发这一运动(单箭头)。与之相关的是一个更具体的例子,其中初始处所(以框盒表示)被聚焦为界标。[①] pocket(口袋)是一种处所。在图中,小圆与大圆分别表示口袋所装之物及其所在的整件衣服。通过彼此对应,口袋与 pick(扒窃)的界标等同起来,口袋所装之物则等同于移走的物体。

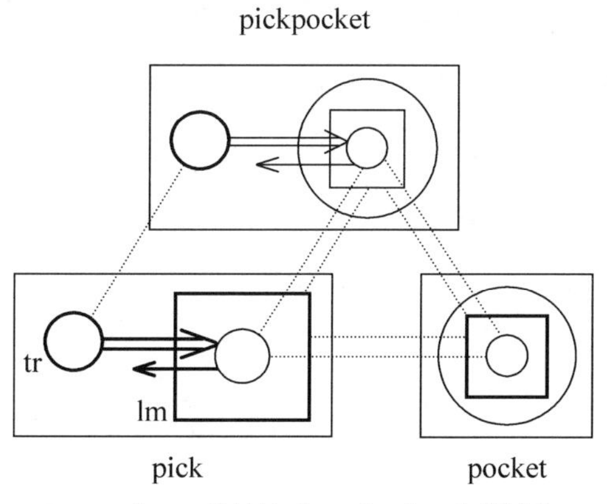

图　7.9

在英语中,通常是由复合词的第二个成分充当显面决定体。

① pick 的意义在如下表达式中也可见一斑:Buzzards had picked the bones clean(美洲鹫将骨头啄得干干净净);He was picking his teeth with a knife(他刚刚正用刀子剔牙);Don't pick your nose!(不要挖鼻孔!);There wasn't much left on the bargain shelf—shoppers had pretty much picked it over(廉价商品货架上所剩无几——购物者们已经挑拣得差不多了)。该动作通常涉及用一个细长工具(如鸟的喙、手指或牙签)的尖端刺探。

前面提到的[[N_1]-[N_2]]复合词(如 jar lid(罐子盖儿))情况即是如此,它代表了复合构词的基本模式。[[ADJ]-[N]]复合词亦不例外(如 blueberry(蓝莓)、happy face(幸福的脸庞)、Big Bird(大鹏鸟))。在这方面,[[V]-[N]]是个例外:pickpocket 不是 pocket,scarecrow 也不是 crow。它们指向的也不是动词侧显的过程类型。因此,两个成分结构均未将自身的显面施加在复合结构层面上。实际上,复合表达式指向的是行为者:pickpocket(扒手)是掏包的人,而 scarecrow(稻草人)预期能吓走乌鸦。尽管复合结构的显面并非从任何一个成分继承而来,但其选择依循了一个常规模式,始终对应于动词的射体。这一对应因而在[[V]-[N]]复合词的构式图式中作出了说明。这并不是说,这些表达式具有完全组合性。的确,复合结构的具体意义,源自两个成分结构均无法单独唤起的认知域(如掏包的惯常行为)。

7.3 阐释

构成象征集合的各个结构,同时由对应和范畴化关系得以连接。截至目前,我们强调的主要是对应,其次才是成分结构与复合结构间的范畴化关系。后者界定了表达式在语义极与音系极的组合路径。尚未考虑的是连接不同成分结构的范畴化关系。

7.3.1 阐释位

典型情况下,构式中的一个成分结构包含一个图式性次结构,由另一个成分加以**阐释(elaborate)**,即作出更精细的描述。例如,在 jar lid 中,lid 唤起的是一个图式性的容器,由 jar 作出详细说明(图 6.3 与 6.4)。同样,giraffe 对 tall 的图式性射体加以阐释(图 7.3),再如 pickpocket 中,pocket 对 pick 的界标加以阐释(图 7.9)。被另一成分阐释的图式性成分称为**“阐释位”(elaboration site)**,简称**“e-位”(e-site)**。

与显面决定体的情况一样,对 e-位作显性标记不乏用处,尽管对于已得到完整描述的集合而言,这种标记实属多此一举。此处采用的标记法是阴影,如图 7.10 所示。图(a)代表的是介词短语构式(如 in the closet(壁橱内))的成分结构(图 7.6)。介词侧显两个事体间的某种非过程性关系,通过彼此对应,介词的界标等同于后面的名词短语的显面。含阴影的框盒将界标认定为 e-位。该成分在介词本身中仅仅是图式性的,由名词性成分作出更详细的说明。粗线箭头表示这一图式性次结构对另一成分加以范畴化,具体表现为阐释关系。

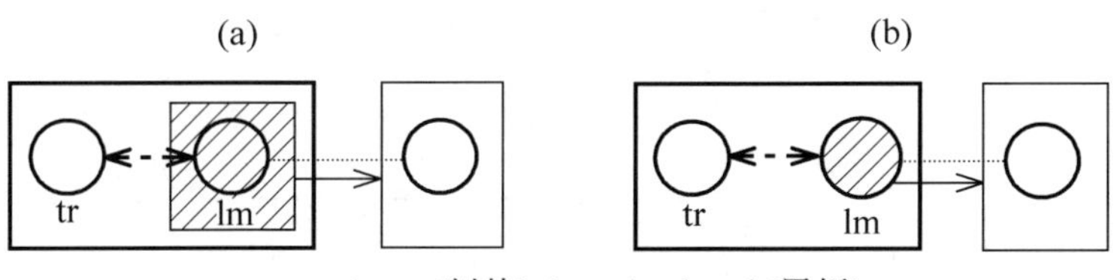

图　7.10

可以注意到,图(a)中的对应线连接的是两个圆,表示阐释关系的箭头连接的则是两个框盒。存在这一差别的原因在于,对应涉及的是概念**指称(reference)**,阐释则是一种**描述(characterization)**。一方面,对应线表示介词的界标与名词短语的显面指称同一实体:它们是同一实体在复合概念中的两种表现。另一方面,框盒代表有关对应实体的全部信息——用于对其描述而唤起的概念基体(conceptual base),在此基体内它们作为显面凸现出来。从指称上讲,确切地说是名词短语的显面等同于介词的界标,但名词短语的整个概念基体在界标的描述中均发挥着作用。不过,出于图解明晰性的考虑,加进一个单独表示阐释位的框盒有时显得很别扭。因而为简化起见,此处采用图(b)中的标记法。

在音系层面,同样可以识别出阐释与阐释位。图 7.11 中给出了两个例子。图(a)表示的是 jar lid(罐子盖儿)中 jar(罐子)与 lid(盖儿)的音系整合情况(参见图 6.2(b))。每个词整体描述的一部分,即是其居于其他词前后的潜力,因而后者可作为 e-位被唤起。在这一构式中,居于 lid 之前的词充当了 e-位,由 jar 加以阐释。图(b)描述的是 toll(鸣钟)与 -ed 在过去式 tolled 中的整合情况(参见图 6.11(e))。-ed 的表征反映了词缀描述中的一个本质特征:它内在参照某一词干,概括说明这一词干如何为附

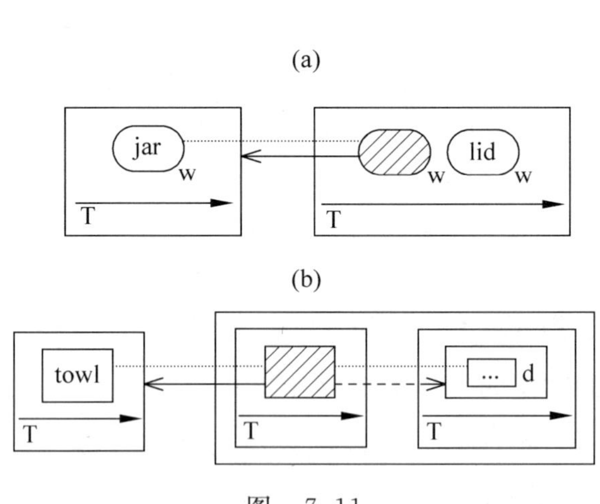

图 7.11

加音段所修饰。此处 -ed 唤起的图式性词干是一个 e-位，由 toll 加以阐释。

7.3.2　自主与依存

阐释位涉及语言组织的一个根本方面。其所表明的是，某些结构本质上无法孤立存在，而是需要其他结构的支撑——其自身的呈现**依存于**（**dependent**）其他更为**自主**（**autonomous**）的结构。因此，依存结构自身无法独立加以描写，而必须参照对其加以支撑的自主结构。依存结构图式化地指称一个自主的支撑性结构，作为自身描述的一个内在方面。依存结构和自主结构彼此结合时，这一图式性的次结构充当着 e-位的功能。

自主结构与依存结构的不对称性被称为**"自主-依存联结"**（**autonomy/dependency alignment，下略为"A-D 联结"**），是语言架构的一般特征之一。在单极组织与双极组织、语义极与音系极中，均可觅到其踪迹。就单极音系组织而言，一个明显的例子是声调或重音之类的韵律成分，它们需要音段内容的支撑才能得以显现（我们无法将高声调或主重音置于静寂无声之上）。在音段层面，元音是自主的，同一音节中的辅音依存于它们。鉴于其自主、自足的特征，元音可作为完整音节单独出现。相比之下，辅音主要用于对元音提供的响度加以调试或干涉，因而需有元音支撑才能得以完整呈现和清晰感知。词干-词缀的区分可用于说明双极音系组织中的 A-D 联结。词干与词缀均包含语音片段，同一音段或音段序列可兼司两种功能。两者间的差异在于，词干是自主的，因而可潜在地独立存在；词缀则需内在地参照词干，如图 7.11(b)所示。[①] 明显更具依存性的是实际改变词干音段构成的词素，如通过变 sit 为 sat 对过去时加以符号化(图 6.11a)。只有相对于常态下出现的元音，sat 的元音才具有符号化功能。

在语义极上，单极 A-D 联结的一个典型例子是事体与关系的区别。就典型情况而言(有些过度简化了)，可以说事体在概念上是自主的，关系在概念上则是依存的。一个物体(如岩石、桌子、猫)可被独立概念化，无需考虑它与所唤起的其他实体的关系，无论这种唤起是必不可少的，还是显而易见的。相比之下，关系在概念上依存于其参与者。例如，不或多或少(即便只是概括地)唤起参与某一空间关系(如 on、under 或 near)的实体，就无从对这一关系加以概念化。顾名思义，把握某一关系的要义即在于构想彼此关联的实体，因而关系无法脱离这些实体独立存在。

我们主要关注的是双极语义组织中的 A-D 联结，它位于语法构式的语义极。这里，一个成分结构的显面对应于另一成分的某一图式性部分，即称其对这一部分加以阐释。因此，在图 7.10 关于介词宾语构式的表征中，名词性成分阐释介词的界标。由于界标本质上是显著的，并由宾语名词短语作出更详细的说明，因而介词相对于其宾语而言是依存成分。一般说来，这一名词短语相对于介词是自主的。倘若不是用作介词宾语，它也不会在概念上有

① 关键因素在于，某一成分是否内在参照另一成分，而非在实际中是否独立发生。据此标准，即便词干从来都是与词缀共现，依然可将两者区分开来。同理，即便在有些语言中，最小音节形式为 CV，因而元音从不独立构成音节，元音相对于辅音仍是自主的。

“不完整”的感觉。

因此，在类似 near the door（在门边）这样的介词短语中，成分结构 near（在……旁边）相对于更自主的成分 the door（门）是依存性的，后者对其图式性界标加以阐释。然而，由于 near the door 比单纯的 the door 代表了一个更为具体、复杂的概念，可否说 near 同样阐释 the door 呢？当然可以。我们关于门的百科知识的一部分，即是它们作为物体，与其他同类物体参与到空间关系中去。因此，near 可视为对这一图式性说明加以例示。这两种阐释关系如图 7.12 所示。near 将其射体定位至界标的某一邻近区域，以椭圆表示。图（a）表明其界标由 the door 加以阐释。反过来，图（b）表明 near 对隐含在名词短语意义中的某一图式性处所关系加以阐释。

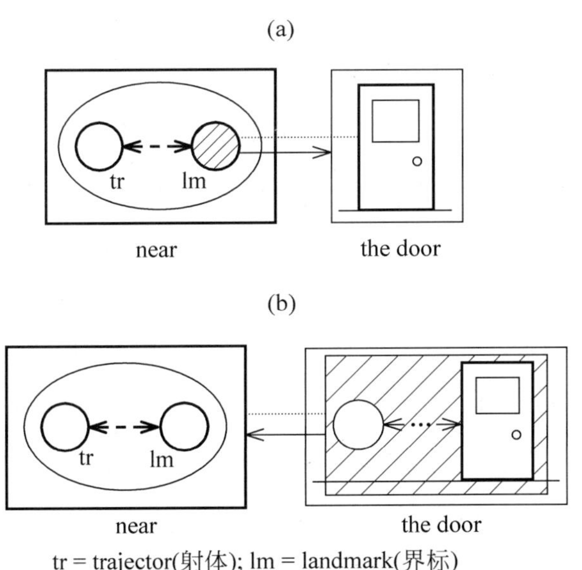

tr = trajector(射体); lm = landmark(界标)

图　7.12

然而，这两种阐释关系并非平起平坐。它们在e-位的显著性及依赖另一成分加以阐释方面，均有程度之别。near的e-位是相当显著的（界标是一个焦点参与者），相对于the door而言也是高度图式性的。相比之下，赋予near the door的e-位在其语义描述中是无足轻重的。门与其他物体的空间关系并非其名词性显面的一部分，在使用该表达式时，我们甚至不会想到它。再者，near所能阐释的程度是有限的。尽管比起隐含于名词性成分中的关系，near表达的关系更为具体，但前者在界标上更为具体。这个例子不谓不典型。通常情况下，每个成分结构可视为阐释了另一成分结构至少潜在唤起的某种东西。因此，每个成分结构均或多或少依存于另一个成分结构。不过，往往存在着明显的不对称性，由此沿某一方向的依存性更强烈，更显而易见。就这个例子而言，较之于the door对near的依存度，near对the door的依存度更高。

因此，A-D联结是一个相对概念。当一个结构有一显著次结构由另一个结构加以阐释时，前者即依存于后者。此处的关键概念是**显著性(salience)和阐释(elaboration)**，两者均是一个程度问题。基于这些因素，当沿一个方向的依存度远远大于另一个方向时，我们即可仅聚焦于前者，以图简化问题。倘若构式是一场审讯，被赋予这些指令的陪审团将会根据压倒性证据，把near判为"依存的"，把the door判为"自主的"。然而，在有些审判中，陪审团意见分歧，无法作出判决。在许多情况下，成分结构呈现的自主-依存不对称性(A-D asymmetry)微乎其微，这要么是因为每一方均在很大程度上依存于另一方，要么是因为两者均在很大程度上是自主的。

可用于说明双向依存的是路易森诺语中的句子,如(2),Waxaamnil'owo'aqus“昨天我一直在干活儿”。沿着一个方向,小句成分 waxaam'owo'aqus(昨天一直在干活儿)有赖于附缀对其图式性射体加以明示。=nil 的首位音段将其认定为说话者。然而,如图 7.4 所示,附缀本身唤起了某个图式性过程,由小句成分(除其射体而外)加以阐释。总体观之,附缀体现出更高的依存度,它对小句射体的阐释也远非微不足道。[①]

在某些情况下,判断趋于中立,并不存在压倒性证据。一个例子是复合词如 jar lid(罐子盖儿)的音系极。在图 7.11(a)中,jar(罐子)阐释的是 lid(盖儿)图式化地唤起的位于其前的词。不过这一选择带有随意性。本可同样将 lid 表示为阐释 jar 之后的词。尽管沿两个方向的阐释度同样之高,然而正是出于显著性的因素,任何一方对另一方均不具有强烈的依赖性。词在音系上是自主的,可作为一个自足的整体单独发音。再者,由于类似 jar(罐子)与 lid(盖儿)的词并不限于任何特定的语法环境,在双极层面上,它们在音系上同样彼此独立。因此,出现在其前后的词算不上其音系描述的显著特征。图中所示的阐释位反映了词语的“百科”(encyclopedic)描述的一个方面:词语彼此连缀成词串,因而沿其他词前后分布。由于 e-位不甚显著,其结果是 jar 与 lid 对彼此的依赖相当微弱,在很大程度上均是自主的。

① 附缀体现出更高的依存度,因为比起它对图示性射体的阐释,小句对图示性过程的阐释度更高(即小句提供了远为详细的信息)。此外,小句射体仅由附着形式的首位成分明示(n 标记的是第一人称单数),但在语法上,小句是作为整体与附缀结合的。

7.3.3 补语与修饰语

为更好地把握 A-D 联结的语法意蕴，最好先考虑一个典型例子。图 7.13 描述的是名词性表达 a table near the door（门边的一张桌子）的语义极（暂不考虑冠词）①。

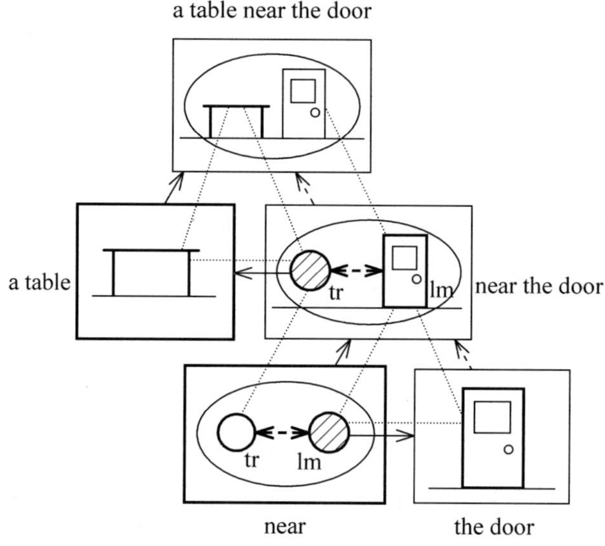

图 7.13

在较低组织层次上，the door（门）阐释 near（在……旁边）的界标，由此两者构成介词短语 near the door（在门边）。因而 the door 是自主成分，near 则是依存成分。由于 near 的显面为复合结构所继承，因而是显面决定体。在更高组织层次上，(a)

① 不定冠词是直接与 table（桌子）结合（如此处表示的情况），还是与复杂表达式 table near the door（门边的桌子）结合，对于这个问题我不做表态。

table((一张)桌子)阐释 near the door 的射体,由此得到完整表达式。因而前者是自主成分,后者则是依存成分。在这一层次上,table 充当了显面决定体,因为整个表达式指向的是桌子(而非空间关系)。

在传统术语中,near 与 table 在各自的组织层次上充当**中心词(head)**。在较低层次上,the door 被视为 near 的**补语(complement)**;在更高层次上,near the door 是 table 的**修饰语(modifier)**。在 CG 看来,这些概念在描写中不乏实用性,意味着它们必然可以从概念上作出描述。我们已经看到,参照象征集合的典型特征,中心词可描述为显面决定体,即其显面对应于复合结构显面的成分结构。补语及修饰语概念同样可参照象征集合加以界定。两者均代表了这样一个常见构造:中心词参与了与另一成分结构的阐释关系。两者的差别在于阐释的方向,如图 7.14 所示。补语是**阐释(elaborate)**中心词某一显著次结构的成分结构。因此,中心词是依存成分,补语则是自主成分。相反,修饰语是含有一个显著次结构的成分结构,该次结构为中心词所阐释。此种情况下,中心词是自主成分,修饰语则是依存成分。

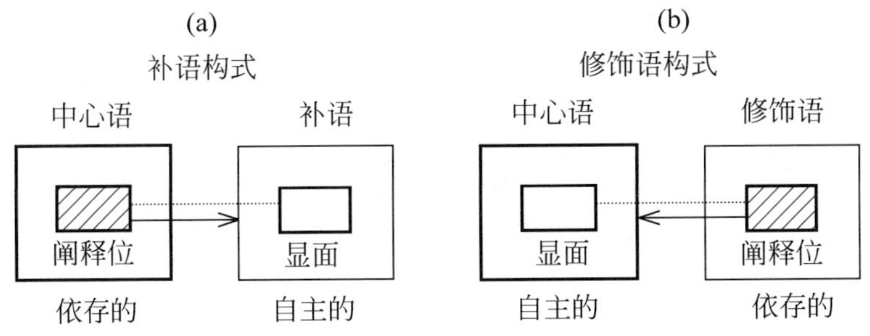

图　7.14

据此定义，在图 7.13 中，the door 是补语，因为 near 是中心词，the door 则对其界标加以阐释。在更高层次上，near the door 是修饰语，因其射体为中心名词 table 所阐释。这些定义可直接扩展至补语与修饰语的一般例示中去。在类似 tall giraffe（高大的长颈鹿）的短语中（图 7.3），tall（高大的）被视为修饰 giraffe（长颈鹿）。这是因为名词是中心词，并对形容词的射体加以阐释。同介词宾语一样，动词的宾语为补语，因为动词充当中心词，名词短语则对其界标加以阐释（图 7.1）。将此类定义扩展至这些名称通常的用法之外，并不构成什么问题。[①] CG 的策略并非不加批判地因袭传统概念，而是对其作出明晰的概念表述，保留其合理洞见而避免其局限性。

一个成分充当补语或修饰语的情况，在许多语法现象中均有体现。一个简单的例子如下面的对立：

(7) (a) He tried to annoy his mother.
(他试图惹母亲心烦。)
[complement construction]
[补语构式]
(b) He cried to annoy his mother.
(他用哭来惹母亲心烦。)
[modifier construction]
[修饰语构式]

---

① 例如，在 jar lid（罐子盖儿）中，jar（罐子）充当的是 lid（盖儿）的补语（图 6.3）。为何是这样的情况？原因现在应该很清楚了。

两句的表现看似相当平行,却存在一个关键差异:非限定小句 to annoy his mother(惹他母亲心烦)对 try(试图)而言充当补语,但对 cry(哭)而言却充当修饰语。它是 try 的补语,因其明示的是一个之于该动词的意义必不可少的图式性活动,是主语的努力导向的目标。相比之下,cry 指向一个典型的即时情感反应;为实现某一目的而做的有意识努力并不寓于其意义中。句(7)(b)确实表明,哭闹意在激怒母亲,但这并未反映出动词的意义;它实际体现的是一个语法构造,即用于表达某一行为目的的不定式小句。因此,to annoy his mother 是小句核心 he cried(他哭)的状语修饰语,后者对该行为加以明示。在这些例子中,补语-修饰语区分的一个效果涉及词序。由(8)可见,不定式小句作修饰语时,可轻易出现在句首位置,但作补语时则很难。

(8) (a) * To annoy his mother he tried.
(* 为惹母亲心烦他尝试。)
[preposed complement]
[前置补语]
(b) To annoy his mother he cried.
(为惹母亲心烦他哭。)
[preposed modifier]
[前置修饰语]

并非每个构式均涉及补语或修饰语。图 7.14 中的构造可谓典型,但不过是象征集合所能体现的诸多形式中的两种而已。例如，据其定义，补语或修饰语的地位是相对于中心词而言的。因此，对于缺乏显面决定体的构式，如名词同位语（图 7.7）与嵌套式处所成分（图 7.8），这些名称并不适用。当两个成分结构均无显著次结构与另一成分的显面对应时，这些名称同样也不适用。这方面的一个例子是 go away angry（愤然离去），涉及一个复杂动词与一个形容词的结合。其整合情况粗略如图 7.15 所示。

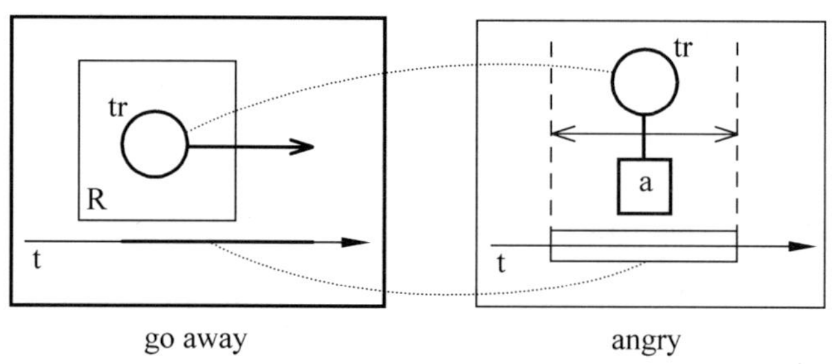

tr = trajector(射体); R = reference(参照点); a = angry(生气的)

图 7.15

go away（离去）指向一个事件，即射体从充当参照点（R）的初始处所移出。沿时间轴的标杆表示所侧显的过程被顺序扫描。angry（气愤的）侧显一种非时间性关系，即射体呈现出某种情绪状态（a）。这一关系是非过程性的，其随时间的进展情况并不被侧显。然而，angry 的概念基体确实包括如下说明：这一情绪发生于有限的时段中。go away 与 angry 通过二重对应得以整合。首先，两者的射体彼此对应：离开的人同时也是生气的人。第二，两者的时间跨度彼此对应：生气的时段与离去的时间在范围上同一（或至少包含后者）。go away 是中心词，因为复合表达式是过程性的。

在这一表达式中，angry 相对于 go away 既非补语也非修饰语，因为并无任何一方阐释另一方的某个图式性次结构。尽管我们知道，一个人离开时完全可以带着某种情绪，这对该动词的意义而言是无足轻重的，因为通常不会单独被唤起。同样，空间运动在 angry 的意义中也不具备核心地位，尽管我们知道，一个处于此种状态的人往往可做到这一点。既不能阐释中心词又不能被其阐释的成分结构，如这里的 angry，有时被称作**“附加状语”(adjunct)**。

虽说 CG 有能力对传统语法概念如中心词、附加状语及修饰语作出描述，但在 CG 中，这些概念本身并非描述的基本单位。更准确的是将其视为特定构造类型的方便标签，这些构造通常出现在象征集合的语义极。因此，我们不必期待每个构式均有中心词，或者每个与中心词结合的成分结构均可明白无误地认定为补语或修饰语。一如用于界定它们的因素，这些概念同样存在程度之别，并非彼此相斥。

7.4　构成要素

无论是在传统语法还是现代句法理论中，构成要素(constituency)均是一个根本性概念。它在 CG 中也得到了认可，并可直接囊括到其框架中。然而，事关构成要素的本质及其在语言结构中的地位问题，CG 持有全然不同的立场。

7.4.1　两种构成要素观

句法学家针对构成要素的描写策略，通常是设定固定的层级结构，可隐喻式地表征为倒栽的“树”。虽然其体例有变，细节各异，名词短语 a table near the door(门边的一张桌子)的经典表述类似图 7.16 中的树形图。[①]

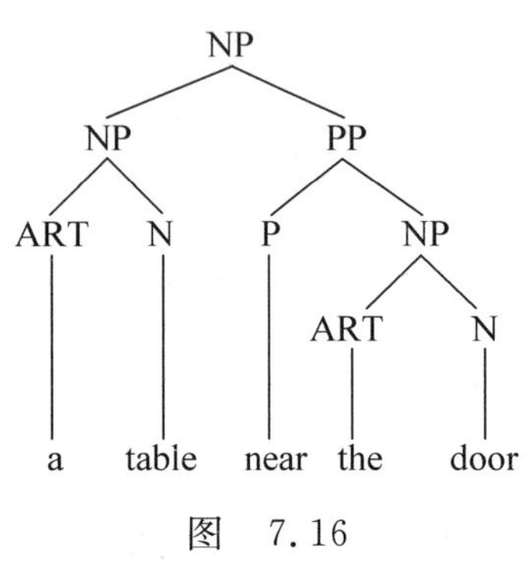

图 7.16

在持句法自主论的理论中，这些树形结构被视为纯然的句法之物，并无内在的语义或音系内容。尽管这些树在语义与音系“解释”中自有其用武之地，这一解释基于“插入”其中的词项所提供的内容，但句法结构本身被视作一个独立的表征层次，有别于语义学与音系学。CG 的限制则更为严格；出于内容要求(§1.3.4)，这种自主的句法成分不容设定，同样也无设定的必要。完全基于象征集合对语法作出解释，不仅具备充分性，也更富于启发性。

句法树形结构代表了三类信息：语法范畴(由 N、P、NP 等加

---

① 这是图 7.13 的对应表达，但前者并未表明 a table((**不定指**)桌子)与 the door((**定指**)门)分解为冠词加名词的情况。NP 代表的是 noun phrase(名词短语)，这个名称尽管已成正统，但并不贴切，CG 以 nominal(名词短语)取而代之。(更贴切的译法应为“名词性成分”，但一方面考虑到目标读者可能均已习惯“名词短语”的称呼，另一方面考虑到术语的简约性，故依然沿用“名词短语”的说法。但是提请读者注意，本书所论的“名词短语”兼含大于短语与小于短语的成分。——译注)

以标记)、“线性顺序”(linear order)(在书写中自左向右)及构成要素(constituency)(层级组合)。这些在CG中同样是均由象征集合提供的。

关于范畴成员地位的信息，是集合中每个象征结构的语义极所固有的。这些信息寓于显面的本质中，范畴图式主要即是据此定义的。依其显面而定，象征结构对诸如此类的某个范畴图式加以例示，如[[[THING]/[...]]→[[JAR]/[jar]]]([[[事体]/[...]]→[[罐子]/[guàn zi]]])。如前所述，图式内蕴于其例示中，即便是为分析之便单独呈现时也不例外。

关于线性顺序的信息是每个象征结构的音系极所固有的。“线性顺序”(linear order)实际上指时间顺序，即成分在话语语流中的排序。时间是音系结构的一个基本维度，因而**内蕴于(immanent)**其描述之中，即便在图中未加呈现时也是如此。当明确提到时间时，由标记为T的箭头表示，如图6.3所示。[①]

位于某一组织层次上的复合结构，反过来可充当更高层次上的成分结构，此时即可在象征集合中观察到构成要素的存在。虽说构成要素在语法中占有一席之地，但认为它完全是、甚至主要是一个语法现象，则是大错特错了。它不过是层级组织的一种体现，

① 需要注意的是，这些箭头同时置于集合中每个象征结构(兼涉成分结构与复合结构)的音系极上。在任何层次上，时间及时间排序均是象征结构自身内部描述的一部分。因而对复杂表达式的成分而言，时间排序是在组合结构层次上得以明示的。因此，要从图解中确定其排序，就必须考察复合结构的音系极——它并非由成分结构在书页上的相对位置表示的。当然，如果成分结构自左向右的排序映照出其音系排序，的确可使图解的解读更为便利。但这并非问题的关键，有时出于图解之便情况恰恰相反。例如，在图6.13(b)中，更简单的图解是将big dog(大狗)置于左侧，the置于右侧，但发音顺序却与其背道而驰：th'big dog((**定指**)大狗)。

几乎在人类活动的各个领域均有体现。例如，它在感知分类（图4.5）、对整体——部分等级（身体——胳膊——手——手指——指关节）的把握、层级范畴化（事体——物体——工具——卡车——装载卡车）、计划一个复杂活动（含目标——次目标——次次目标等）、对大小不等的集合进行加工（军＞师＞旅＞团＞连＞排＞兵），甚至在复杂的肌动程序（可分解为次程序——次次程序，等等）中均有鲜明表现。这些范畴的共性表现为在多重组织层次上运作的能力，即某一层次上的单个实体在某种意义上来自另一层次上的多个实体。

因此，树形结构提供的所有信息均寓于象征集合中。在CG看来，抽取这一信息并将其独立表征为一个自主的纯形式之物，不仅是多此一举，更是一种不公正的划分。当然，在其层级排列中，象征集合确实酷似句法树形结构（如图7.13所示）。然而，两者的根本属性却大相径庭：集合中的每个成分兼有语义极与音系极，树形结构中的“节点”（node）（NP、P、PP等）却被看作无内在语义或音系价值的纯语法成分。两者的进一步差别体现在，句法构成要素被视为语法描写中一个基本的、一成不变的方面，因而特定类型的表达式应始终被赋予同一个确定的树形结构。然而在CG中，构成要素是灵活多变的、非本质性的。“经典的”组构层级（类似图7.16）对于语法描写而言并非根本，而是源自其他现象，不过代表了象征集合所能呈现的一种组合方式（GC：第三章）。

具体而言，“经典成分”代表了一种特殊情况，即特定类型的概念组合由特定类型的音系组合加以符号化。概念组合即两个成分结构通过显著次结构（主要为显面、射体与界标）的对应而得以整合。音系组合则是基于时间上的相邻，即成分结构在话语语流中的彼此邻接。由此形成的组合——复合语义结构及音系结构——本身又可参与更高组织层次上的进一步组合。当这种情况发生于多重层次上，而每种情况下音系组合均可对语义组合加以符号化时，即可得到类似图 7.6 中标准的句法树形结构表征的构造。

7.4.2　经典观的局限性

或许，经典成分享有的特殊地位，是其普遍性使然，也是组合成分的显著性使然。即便如此，我们还是应该认识到，语义及音系组织层次具有多重维度，将大小不同的成分加以组合、划分出大小不同的结构，也存在多种依据。因此，同样的语义及音系内容可按互不相容但并行不悖的方式加以组合和组织。复杂表达式的结构具有多面性，非任何一个组构层级所能穷尽表征。

例如，我们已经看到，单极组织与双极组织呈现了组合的两个维度，无法合并为一个层级结构（图 6.12）。除此而外，单极与双极组织本身均体现出多维特征。对于单极结构，我只顺带提及在音系极上区分韵律和音段组合的必要性。对于双极组织，不妨扼要考虑一下通常被排除在狭义“语法”之外的两类语言结构：词项与焦点成分。它们代表了在象征结构上有理可据的组合，通常横跨句法分析中所设定的不同组构层级。

词项属于固定表达，为说话者所熟知，并在言语社区中享有规约地位。大部分词项在象征结构上均是复杂的。我曾在 §1.3.2 部分指出，词项无需与句法成分重合；的确，构成词项的成分甚至无需彼此相邻。一个例子是 take it for granted that（理所当然地以为），它无疑是一个具有自身整体意义的固化单位。[①] 倘若将其对 that 从句的图式性参照也包括其中，这一词汇单位在(9)(a)中便算得上句法成分；但在(9)(b)中则不然，因为其中的成分各不相邻：

(9) (a) Most commentators **take it for granted** [that money is the primary source of political influence].
(多数评论员**理所当然地以为**，[金钱是政治影响力的首要来源]。)

(b) **It has been taken** more or less **for granted** by most commentators [that money is the primary source of political influence].
([金钱是政治影响力的首要来源]，多数评论员或多或少均**视之为理所当然**。)

该词项代表了一个连贯一致的概念组合，各成分在语义极上彼此对应连接，并由音系成分单独符号化。因此，它是一个象征集合，可由语义结构、音系结构及两者间的象征连接完整界定，即便是——在最概括的描述中——音系成分并不构成一个基于时间相邻的组合。尽管该词项本质上具有象征性，但其划定依据是固化

① 当然，它可以分解为更小的有意义的结构——主要是 take...for granted（如 You've been taking me for granted!（你一向把我做的一切都视为理所当然！）），以及一个包含 it 与 that 从句的独立构式（如 I resent it that he treats us so badly（他如此虐待我们，令我感到愤慨））。这与整个序列固化为一个独立单位的情况是完全一致的。

与规约性,跨越了经典意义上的不同组构层级。

在这方面与之相似的是焦点,它是信息结构的一个方面(§3.2.1)。相当粗略地讲(大部分描述均相当粗略),一个表达式的焦点是说话者意在凸显的部分,构成了对先前语篇中既定成分的显著偏离。在英语中,未获聚焦的成分往往在重音上呈弱化之势,焦点由于重音得以原原本本地呈现而凸现出来。例如,(10)中的第一句提供了一个语篇语境,(a)、(b)属于可能的接续成分。(a)中的焦点是 likes,因为其他成分无非是对先前所述内容的重申。(b)中的焦点为 sister 与 coffee,因为两个成分均作为新增的重要信息而凸现出来。

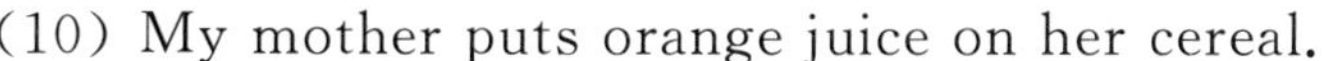

(10) My mother puts orange juice on her cereal.

(母亲将橙汁浇在她的全麦早餐上。)

(a) She LIKES it that way.

(她**喜欢**那样。)

(b) My SISTER puts it in her COFFEE.

(我**妹妹**则把它加进她的**咖啡**中。)

类似(b)中的焦点并非经典意义上的句法成分,但在 CG 中,它依然被视为一个象征结构,是表达式语法组织的一部分。在语义极上,其构成要素被看作一个组,因其共同构成了语篇中新增的重要信息。在音系极上,它们是基于完整重音得以组合的,这种区分性的音系属性(关涉韵律)是对区分性的概念属性(关涉信息结构)的符号化。[①] 尽管由此划定的结构往往与经典意义上的句法成分重合，并无理由期待情况总是如此。

因此，组构层级所捕捉到的结构与关系(类似7.13与7.16中的情况)仅仅道出了部分事实。尽管它们占据核心地位且不可或缺，但绝非穷尽了语言结构的完整描述所需的语义结构、音系结构及象征结构。它们均可纳入CG的框架中，限定在内容要求的范围内。这一要求容许的语义与音系组合可以是任何大小、建立在任何基础上、以任何方式划定的。代表任何组织层次或维度的语义及音系结构，均可彼此连接构成象征结构。进而容许的还有范畴化关系(兼涉组合与聚合层面)，据此可生成结构的集合。在由此造就的林林总总的结构与关系中，经典的组构层级仅仅作为一个特例浮现出来。

当这些层级确实浮现出来时，本身并不包括在表达式的完整描述中起作用的每个语义结构、音系结构及象征结构。比如说，它们并未对焦点加以表征，也无法囊括未能实现单独符号化的语义结构。例如，(9)中的两句均唤起了词汇单位take it for granted that(理所当然地以为)的整体意义，但(9)(b)中并无音系结构对作为单一整体的词项意义加以符号化。经典的组构层级的问题还在于，在某些情况下，音节整合并非通过在时间序列中的并置实现。一个例子来自路易森诺语。在附缀与小句的整合中，附缀并

① 它们既体现为象似关系，又体现为象征关系，因为在每一极上，就突显的某一自然维度(响度或信息量)而言，聚焦的成分均从背景中凸现出来。尽管韵律与信息结构通常被排除在外或被边缘化，但在CG看来，它们构成了音系学与语义学的有机组成部分。同样，基于其上的象征结构构成了语法的有机组成部分。

不出现在小句前后,而是出现在其内部(图 6.14)。

7.4.3　语法关系

在自主句法理论中,通常唤起构成要素用于表征基本的语法关系。典型例子为**主语(subject)**与**宾语(object)**关系。在早期的一个颇有影响的论述中(Chomsky,1965),这些功能是参照特殊的树形构造来界定的,其意义预设了如图 7.17(a)所示的构成要素,其中 S="sentence"(句子),VP="verb phrase"(动词短语)。主语被定义为作为"女儿"附着在 S 上、并作为"姊妹"附着在 VP 上的名词短语(noun phrase,NP),宾语 NP 则是 VP 的女儿和 V 的姊妹。由此,在句子 Alice admires Bill(爱丽丝爱慕比尔)中,Alice(爱丽丝)是主语,Bill(比尔)则是宾语。这些定义纯粹是从语法角度作出的,并未内在参照意义。

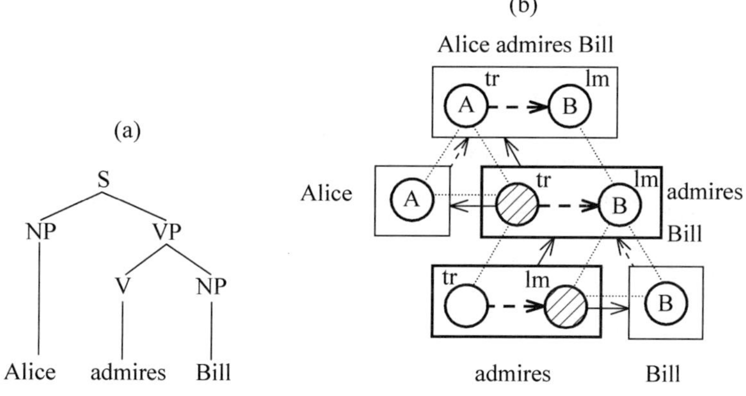

图　7.17

不妨将其与 CG 的描述作一对比。在 CG 中,主语与宾语是从概念上加以描述的,其定义参照了若干可在象征集合的语义极观察到的因素,如对应、侧显及射体-界标联结。在图 7.17(b)中,以 Alice admires Bill 为例对此作出了说明。[①] 主语被界定为一类名词短语,其显面对应于所侧显关系中的射体;宾语则被界定为另一类名词短语,其显面对应于该关系中的界标(第十一章)。这些定义仅仅唤起了概念因素。

图 7.17 中的两个图表示的是同样的构成要素,其中 admires(爱慕)与 Bill 构成了一个组合,该组合遂与 Alice 结合而成一个整体。这或许代表了默认的组合方式(这可从最自然的停顿中得到印证):Alice/admires Bill。然而,关于主语与宾语的句法定义,与其在 CG 中的定义存在本质区别:前者**依赖**构成要素,后者**则不然**。由于要依赖句法树形结构定义语法关系,这就有必要为特定类型的表达式设定固定不移的树形结构。在 CG 中则无此必要,因为在其看来,所涉及的关系本质上并非纯句法的,而是概念的。它们要在象征集合中得以显现,无需借助任何具体的构成要素。由此,CG 容许体现出相同语法关系的表达式具有不同的构成要素。尽管这些关系通常与特定的构成要素构造存在关联,对其描述无需依赖后者。因此,实无必要将表达式强行塞进它们不曾体现的刻板的组构层级中。

不妨考虑一下 Alice admires Bill 的另一种发音情况,或许是

① 此处时态从略,admire(爱慕)侧显的过程以虚线箭头标记,这种箭头通常用于表示心理关系。

在慢速、刻意的发话中：Alice/admires/Bill。音调模式暗示的是一种“扁平”(flat)构成要素，即三个成分在单一组织层次上彼此结合，并不存在内部组合。如图 7.18 所示，其中 Alice 与 Bill 在同一层次上分别阐释 admires 的射体与界标。这里并不存在构成要素组合，但出于对应的存在，Alice 依然被视为主语，Bill 依然被视为宾语。对主语和宾语的句法定义却不允许这种情况：由于两种音调模式中 Alice 均为主语，Bill 均为宾语，因而两者均应设定图 17(a)中的构成要素。

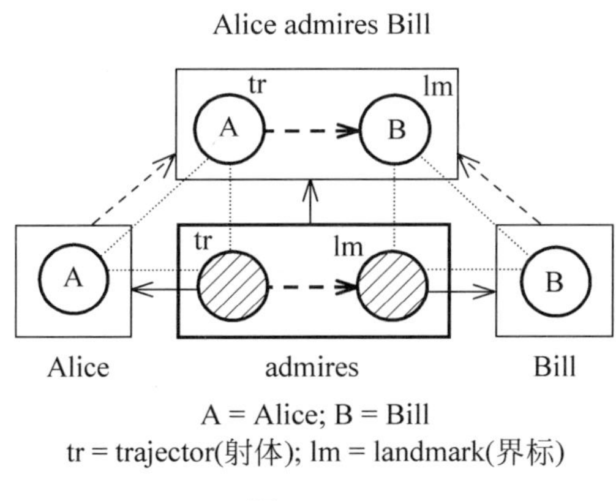

图　7.18

只要假定 Alice 阐释的是射体，Bill 阐释的是界标，即便存在第三种可能的构成要素，前者依然可作主语，后者依然可作宾语。此种情况下，Alice 首先与 admires 组合而成 Alice admires，而后在更高组织层次上，Alice admires 与 Bill 加以组合。主语与动词组成一个成分，而将宾语排除在外。这种情况在英语中事实上是可以见到的，至少可存在于某些更大的构式语境中。例如，在(11)(a)这样的小句内主题构式中，以及某些并列结构如(11)(b)中，均可发现这种组合方式。在(11)(c)这样的关系从句中,主语与动词同样构成了一个成分。

(11) (a) Bill Alice admires (Harvey she doesn't).
(比尔爱丽丝爱慕,哈维她不感冒。)
(b) Alice admires, but Sharon detests, their new teacher.
(爱丽丝钦慕、但莎蓉讨厌新来的老师。)
(c) The teacher [Alice admires] speaks fluent Arabic.
([爱丽丝钦慕的]那个老师操一口流利的阿拉伯语。)

对语法关系进行概念描述,可体现出构成要素灵活多变的优势,关系从句可进而阐明这一点。通常,英语中的关系从句紧随其所修饰的名词出现,如(12)(a)。此种情况下,它们明显构成了经典意义上的句法成分。那么,对于(12)(b)这样小句与中心词分离的句子,我们又当说些什么呢?

(12) (a) **The package** [**that I was expecting**] arrived.
([**我正盼着的包裹**]已到。)
(b) **The package** arrived [**that I was expecting**].
(**包裹**已到,[**我正盼着它呢**]。)

在自主句法观中,一个惯常的主张是,(12)(b)这样的句子由类似(12)(a)的“底层结构”(underlying structure)“派生”(derive)而来，是通过某一规则将关系从句“移位”(move)至句尾的。这种分析思路源于这样一个假设：语法关系可由句法树形结构体现出的特定构造作出恰如其分的表征。在(12)(a)与(12)(b)中，由于关系从句与中心词具有相同的语法关系，因而在两个表达式中必然构成同一个句法成分。这在前者中显然如此，但在后者中则不尽然，因为两者是彼此分离的。为保全这一假设，因而必须主张，在某个假想的底层结构中，(12)(a)与(12)(b)具有相同的句法树形结构，还需进而假设存在一个对关系从句加以移位的规则，以解释它在“表层结构”(surface structure)层面并未与中心词合二为一的事实。

CG 认识到，语法关系皆有概念基础，因而无需求助于底层结构与转换操作这样值得推敲的理论概念，即可囊括这些现象。(12)中的两个表达式均非“派生”自另一方。实际上，它们代表的是以不同方式对相同成分要素依次加以组合，最终得到同一复合概念的情况。这些不同的组合路径分别如图 7.19 中的(a)、(b)所示。与此前做法一致，不甚相关的细节(即时态、定冠词、进行体及从属标记 that)被压缩了。对于关系从句而言，只有复合结构得以表征。其所侧显的是一种心理关系(以虚线箭头标记)；在较低组织层次上，通过阐释，其射体被认定为说话者(S)，不过界标依然是图式性的。

在图(a)中，这一界标是由 the package(包裹)加以阐释的，它充当了显面决定体。由此得到复合表达式 the package that I was expecting(我正盼着的包裹)，这是中心名词被关系从句修饰的典

(a)

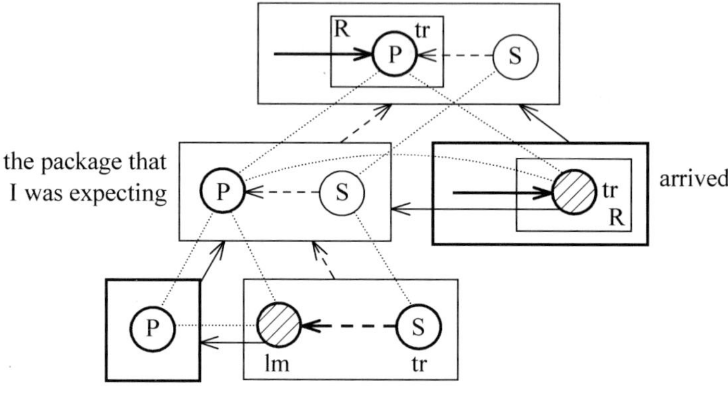

(b)

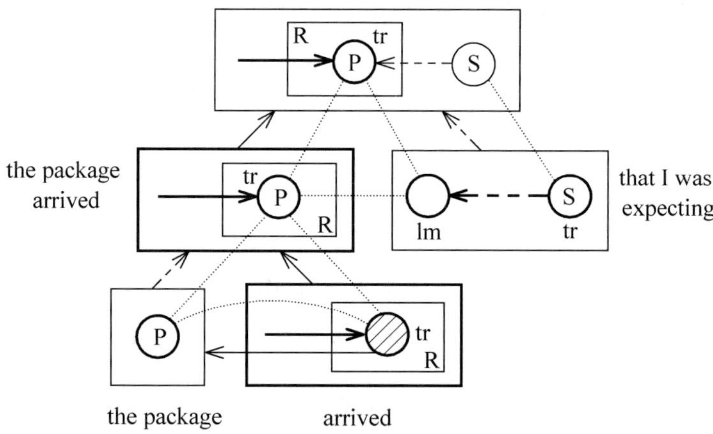

tr = trajector(射体); lm = landmark(界标)
P = package(包裹); S = speaker(说话者); R = reference(参照点)

图 7.19

型例子。需要注意的是,the package 在语义上充当小句宾语,因其显面与 I was expecting(我正盼着的)的界标彼此对应。在更高组织层次上,复杂名词短语 the package that I was expecting 对 arrived(到达)的射体加以阐释,因而是其主语。arrived 是这一层次上的显面决定体,因为(12)(a)整体上指向到达的一个例示(而非包裹或期待的过程)。

在图(b)中,我们发现的是同样三个成分:the package、arrived 及 that I was expecting。同样可以看到,这些成分与图(a)中具有相同的对应关系,其复合语义结构也毫无分别。唯一的差别仅在于组合次序,即构成要素。此处 the package 与 arrived 结合生成复合表达式 the package arrived,这与一般的主语构式是一致的。在更高组织层次上,the package arrived 与关系从句发生整合,这是通过前者的射体(the package)对应于后者的图式性界标实现的。这一对应保证了包裹在语义上被理解为关系从句的宾语,尽管(12)(b)并非经典意义上的关系从句构式(因为 the package 与 that I was expecting 并未直接结合生成高层名词短语)。

图 7.19 中的两个集合尽管在构成要素上有别,但均提供了所有关键的语义及语法信息。由于复合语义结构完全相同,(12)中的两个句子在语义上大同小异。唯一的语义对立在于意义的一个次要维度,即通往最终的复合结构的组合路径:在(12)(a)中,路径上的其中一步为名词性表达 the package that I was expecting;在(12)(b)中,我们发现的则是小句表达式 the package arrived。两者均代表了自然的概念组合。the package 与 that I was expecting 构成了一个概念组合,因其共同为小句的核心参与者提

供了完整描述。同样,the package 与 arrived 构成了一个概念组合,因其共同对所侧显的事件作出了具体说明。每句均选择了其中一种自然组合,通过并置加以显性符号化,从而造就了一个经典成分。但仅有一个成分可按此种方式符号化,因而无论选择哪一个,另一个均是隐而不现的。尽管未实现符号化可能会削弱一个组合的显著性,这并不意味着它在概念层面全然缺失。不妨回顾一下先前提出的一个基本观点:复杂表达式的结构所涉及的内容,较之于单一组构层级中所能表征的更为丰富。

第八章　规则与限制

借助语言，说话者得以构造并理解无数新的表达式。或可说，语言**批准**(**license**)或**允准**(**sanction**)了这些表达式的生成。然而，语言并未特许说话者随心所欲，任意而为。表达式要被视为正常或正确的话，即须以特定方式加以组合，而排除其他的组合方式。因此，语言学家们谈论语言“规则”(rule)，以及对可能的表达式所作的“限制”(restriction)。然而这究竟意味着什么呢？类似“规则”与“限制”的概念用到语言中不过是一种隐喻说法，因而带有潜在的误导性。由此，我们需要考虑的是如何对其作出合乎实际的解释。语言规则与限制的本质何在？它们源自何处？如何对其加以描述？它们又是如何与实际的语言运用挂钩的？

8.1　网络与图式

对于上述提出的问题，此前我们已经初步作答。语言中的规则与限制寓于众多以网络(networks)方式排列的图式(schemas)中。图式自实际出现的表达式中抽取而来，而后又可用于建构并理解新的表达式。接下来，必须对这些问题作深入考察。理想的开头是提出另一个带有根本性的问题。

8.1.1 何谓语言？

实际上，并不存在所谓的“语言”，至少按照惯常的理解（无论是按语言学家还是按普通大众的理解），情况即是如此。在很大程度上，这种理解是隐喻式建构的。一个相当概括的隐喻，是将语言实体识解为物理实体，该隐喻在语言中有众多表现形式。我们可以不费吹灰之力 pick up a language（“捡起”一门语言）（犹如我们的衣服 pick up 猫毛），或是 acquire（习得）它（犹如我们 acquire 一件艺术珍藏）。语言学家们则谈论 linguistic structure（语言结构）及 constructing sentences（构造句子）。当我们谈论 empty statements（空洞的陈述）、putting ideas into words（将想法付诸于语词）以及 getting something out of what someone says（弄懂某人所说的话）时，我们即是将表达式视为容器，将意义视为其容纳物（Reddy，1979）。同样，语言也被视为容器，一个包含许多隔层的精致容器，每个隔层均装有一系列独立的物体。因此，语言学家可能会问（在 CG 看来则是毫无意义的）：某个规则是 in the lexicon（在词库中）还是 in the syntax（在句法中）？另一个隐喻将懂得一门语言比作知道一系列事实。这造就了一个常见的假设，即语言可由语法书及词典作出充分描写，因而这些材料一旦齐备，即可用于对其加以审视。语言理论家论及 linguistic knowledge（语言知识）（似乎懂得芬兰语犹如谙知美国历史）或是语言的 internal grammar（内部语法）（语言学家笔下的描写语法，即语法的心理对应物）时，同样借助了这一隐喻。

此类隐喻反映并支撑了这样一种观念：语言是一个独立的、含

有离散边界的、明晰界定的实体，在言语社区中基本上是稳定而统一的。由此，语言学家论及"语言系统""一种语言的语法"，将其视为独立的心智"成分"，并惯常以标记为L(language)的框盒加以图解式表征。这些概念背后隐藏的理想化与物化倾向几乎无可避免，而且倘若不太较真的话，兴许还可派上用场。的确，我在此接着谈论"语言"或"语言系统"，偶尔以标记为L的框盒加以表征。但这一概念不过是为描述之便而设的虚构体，对此我们必须有所认识。语言并不存在于语法书与词典中，我们朝说话者的脑袋中观望，并找不到一个标记为L的框盒。[①]

人们参与到谈话活动中去，各人的谈话方式或多或少具有相似性，基本事实不外乎这些。谈话是一个复杂的**活动**，因而终须对语言加以动态观照，将其视为人之所为，而非人之所有。这一活动的不同方面(肌动的、感知的、心理的)或受制于神经加工活动，或是由其构成，因而广义上讲，谈话是一种**认知**活动。再者，由于语言的习得和使用均是在社会文化语境中通过与他人互动实现的，这一活动本质上亦是**社会-文化的(socio-cultural)**。

由此，谈话可描述为植根于社会文化中的认知活动。同任何复杂活动(如建房子、做生意，或打棒球)一样，它调用了一系列广泛的资源，有赖于一套复杂的一般及具体能力。构成更具体的能力的，是反复出现的活动模式，这些模式是在不断的发展和完善过程中，伴随强度的递增而涌现出来的。这其中涵盖了那些我们将其物化并界定为语言单位的模式。这些单位由此体现为加工活动

① 倘若我们的头脑中的确存在语法，要企及它的话，该以谁的头脑为准呢？

中反复出现的方面。在不同程度上，这些神经加工模式融合为稳固的常规认知路径，一经需要即可激活。或可将其视为心理技能或由心智引导的技能，可按各种方式加以组合，服务于复杂的交谈任务。懂得一门语言，即意味着能够控制一系列广泛的技能，共同作用于在特定社会文化语境中交谈的情况。

倘若语言单位本质上是动态的，发端于认知加工的某些方面，接下来必须考虑的问题是：它们相对于认知的其他方面具有何种地位？在隐喻意义上，语言被视为一个装有离散、独立物体的有界容器，我们需要提防受其误导。这一隐喻唤起了数个几乎错误无疑的期待。物理容器的一个不能归诸语言单位的特征——无论单独而论还是整体而论——是其占据了一个确定、有限的处所。尽管大脑的特定区域明显与语言相关，构成语言单位的加工活动却无法严格地定位至任何区域。语言结构与非语言现象既无本质之别，也非彼此独立。相反，它们吸收并融合了并不独属于语言的知识与能力，离开这些知识与能力，语言结构便无从显示。[①] 它们只能自更广阔的加工矩阵中浮现出来，作为彼此交织的神经活动束，进而构成一个具有凝聚力的结构。最后，语言单位并非彼此分离，各自为政；不同单位之间可能存在重叠之处，或是一些单位包孕在其他单位中。同时，图式并不独立于其例示而存在，而更适于被看作例示所发端的加工活动的内在一部分。图式寓于其例示中，正如字母的图式性形状寓于其呈现在不同铅字模板中的所有具体形

① 回顾一下前面关于概念语义学（§2.1.3）及充当语言范畴典型的概念原型的讨论（第四章）。同样服务于语言目的的还有各种基本心理现象，如感知、联想、抽象化、范畴化、物化、节奏、时间序列及肌动控制。

式中。

各人的谈话方式均存在细微差别。比如，你找不到任何两个说话者拥有全然相同的词汇量，为每个词项赋予毫无二致的意义。倘若我们将发话中调用的技能加以物化，单称为“语言单位”，合称为“语言系统”，我们必须认识到，每个说话者的语言系统与其他说话者均有所不同。当两套系统足够相似时，其间的差异并不至于妨碍交际，甚至往往不被意识到。说话者在交谈和相互理解方面均能应付自如。由于语言系统本身无法为意识所企及，他们转而将注意力集中在表达式及支撑其出现的语境上。然而，倘若每个人均有一套与众不同的语言系统，我们该将什么界定为“一种语言”呢，比如说英语（随机选择一种）？

客观上讲，并不存在可以如此界定的单一实体。存在的仅有许多谈话方式大致相似的人（有时确实只是粗略相似）——成千上万的人。严格上讲，每个人均有一套与众不同的语言系统（或“个人言语”（idiolect））。然而，这些个体系统的确呈现出强烈的家族相似性，犹如一个大家庭的成员，某些系统间的相似度较高，某些则较低。基于此，我们可将其组合成大小不等、聚合度各异的“方言”（dialect）。不过，只有抽去个体差异，施加人为边界，方可做到这一点。若将其视为一个明晰界定、边界明确的实体，无论方言抑或语言均不能存在于旷野中，只能作为一个心理建构体而存在——它是理想化、物化及隐喻的产物。语言的心理建构本身又植根于社会互动与文化态度中。关于语言的思维与交谈中惯常用到的理想化与隐喻策略，是在社会中传递的文化知识的一部分。称某一成分属于“某种语言”，即意味着在讲这种语言时它会被常规且不可避免地用到。这种隶属概念本身即构成了该成分的一个常规语义维度。

语言本质上是认知的，还是社会-文化的？这种发问毫无意义，因为语言明显兼具二者的属性。语言系统包含交谈时调用的一系列广泛技能。归根结底，这些技能发端于神经及神经引导的加工活动的复现模式中。语言的发展并非孤立进行的，而是文化语境中社会互动的产物(Tomasello，2003)。在学习交谈的过程中，学习者的语言系统同参与互动的其他个体的语言系统得以汇聚。习得从不曾真正完成，因为个人习得的系统不断被加以修正、调整，并贯穿于整个谈话生涯的始终。这些调整同样是通过社会文化互动实现的，因而或多或少是在彼此互动的个体间取得协调一致的。

因此，在茫茫说话者人海中，始终存在着一种结构涌现并自我维系的倾向。个体通常被组织为可自我延续的群体，其谈话方式大同小异，并自视为操同一语言或方言的个体。这些“言语社区”(speech community)在规模、社会凝聚力及语言统一度上均大相径庭。当然，关键词是“逼近”(approximate)，因为即便是最密集的社区，也同样呈现出语言变异特征。然而，个体语言系统间的差异可能为广泛存在的共性所掩，这种共性使同一言语社区的成员得以畅通无碍地交流。在此意义上，说话者和语言学家均倾向于抽去差异，聚焦于广泛存在的相似性。正是通过这一理想化与物化过程，语言与方言作为心理与社会建构体得以浮现。

8.1.2 图式

对这些因素视而不见、声称语言及语言单位是完全离散的，当视为一种误区。恪守另一种极端立场，将语言视为完全连续的——一个无限变异、毫无可察知的结构的汪洋——同样是一种误区。实际情况是：代表不同强度、确定性及稳固性的结构的确得以浮现。语言是模式化的、有组织的、呈现出广泛规律性的活动，这些规律需要加以发掘和描述。不过，对其描述应兼顾语言结构内在的动态性和变异性。

我们所物化并合称为"语言"(language)的规律是由规约语言单位构成的。它们是"单位"(unit)，因其构成了固化的常规认知路径；它们又是"规约性的"(conventional)，因其代表了特定言语社区中业已确立的语言习惯。这些规约单位代表了语言中的规则以及施加于语言表达式上的限制。由于这些单位原则上可呈现为多种形式，因而必须对语言规则的基本属性及其限制性的来源加以考察。[①]

语言学家将规则构想为如下三种一般形式：**构成性规则(constructive rule)**、**过滤器(filter)**或**图式(schema)**。构成性规则犹如指令，需按部就班地遵循，从而组合出表达式（将其作为"输出"(output)）。典型例子如经典生成语法的"短语结构规则"(phrase structure rule)与"转换"(transformation)(Chomsky, 1957、1965)。短语结构规则是建构如图7.16、7.17(a)中的句法树形结构的指令。转换操作具体说明由此建构出的"底层结构"(underlying structure)如何依次被修改——通过插入、删除、移位

① 此处采用的"规则"(rule)是一个中性概念，用于表示造就语言中的模式及规律的任何因素。在理论家那里，其使用范围通常更窄，仅限于此处所称的"构成性规则"(constructive rule)。

之类的操作——从而生成表达式的"表层"(surface)形式。由此观之,规则和表达式性质大相径庭。打个比方,倘若规则是计算机的程序步骤,那么表达式就是其在显示屏上生成的图像。因此,没有理由指望个体规则与其协助生成的表达式彼此相像。唯一的要求是规则共同作用,其输出仅包括合格的表达式。

语言规则还可呈现为否定形式,即关于什么不容出现在合格表达式中的说明。例如,这样的规则可将任何动词和主语在数方面不一致的小句冠名为不合格(* it are; * they is)。理论家们偶尔也会冒出这样的念头:语法包括的兴许全是诸如此类的过滤器。这种立场的出发点是从语言的词汇中提取的所有可能的词"串"(string)。大部分这样的词串根本就不相一致——仅有微小的一部分(但还是不计其数!)可作为合法表达式被接受。这一结论是通过与一长串禁令对照得出的,语言中的语法就寓于这些禁令中。大部分词串皆因违反规则而加上标记被过滤掉了,未加标记的表达式则被判为合乎语法。[①]

与构成性规则(**无需**与表达式相似)及过滤器(本质上**无从**与表达式相似)相反,图式必须与其所描述的表达式呈相似特征。通过强化表达式在某一抽象层次上所表现出的共性,图式得以从表达式中涌现出来。或者,更确切的表述是:图式自表达式中生成,体现为构成表达式的加工活动中反复出现的方面。它们与所描述的表达式仅有具体程度之别,代表了从细颗粒的细节中显现出的

① 这种过滤方法,不禁让我们想起那个古老的关于如何雕刻大象的蹩脚笑话:找来一块巨大的大理石,凿去任何不像大象的部分就是了。

粗颗粒的相似性。

在CG中，规则是以图式的形式加以体现的。代表任何类型、任何详略度的模式与规律，均寓于自实际出现的表达式中抽取的图式性单位之中。甚至词项也不乏这种特征。虽然词项往往被看作充斥着特异性的范畴，①但更适合看作适用范围有限的规律。例如，词项cat(猫)代表了某种概括，即某种生物常规由这一形式加以指称。将词项描述为具体的固定表达，与将其描述为图式是并行不悖的。较之于描述可数名词或整个名词范畴的图式，类似cat这样的词项固然是具体的。然而，较之于实际语言使用中cat的任何具体表现，它又是图式性的。词的特定用法可能是相当具体的(即便不是独一无二的)，因其意义有赖于语境而定，在发音上具有各种细节表现。但词项作为一个稳固单位——在心理上业已固化，在言语社区中已成规约——中和了各种因场合而异的细节特征。

语言使用的实际例示是高度复杂而具体的，被称为**"用法事件"(usage event)**。用法事件的本质一面在于，所用表达式是如何为言者和听者所把握的——包括对其意义的完整语境化理解，及其语音表现的完整细节。重要的是，相关语境囊括的远不止即时的物理环境。言语互动在交际双方意识的所有层面得以展开，包括物理的、心理的、社会的、文化的、情感的及评价的。因此，表达式的部分语境含义源自交际双方关于彼此的评估，包括对方已知

① 对那些主张词汇与句法各自为政的理论家而言，词项即是如此，句法则被视为包含概括性的规则。由于CG在所有概括层次上均认可语法模式的存在，因而将词汇与语法视为一个连续统。

的信息与当前关注的信息，及其态度、意向和愿望。进而囊括其中的，还有他们关于当前展开的语篇本身的意识，以及当前表达式如何融入语篇的意识。

CG 是一种关于语言结构的**基于用法的模式**(**usage-based model**)(Barlow and Kemmer，2000；Bybee and Hopper，2001；GC：第 4 章)。如此称呼的动因之一来自如下主张：用法事件是一切语言表达式的源泉。单位与其所发端的用法事件之间的关系受到**内容要求**(**content requirement**)的严格约束(§1.3.4)。根据内容要求，单位仅限于源自用法事件的结构，其产生是通过两个基本认知过程实现的：图式化与范畴化。语义单位自实际出现的表达式的语境化理解中抽取，音系单位自对其语音特征的把握中抽取，象征单位则自两者的配对中抽取而来。每种情况下，单位均是通过构造循序渐进的固化涌现出来的，这些构造在足够多的用法事件中反复出现，从而得以确立为常规认知路径。[①] 由于仅有复现的特征才得以强化，较之于生成它们的用法事件，由此涌现出的单位远非这般全面具体。单位仅对应于从源事件中遴选出的某些方面，其所反映的共性也仅在一定的抽象层次上清晰可见。

因此，相对于源事件及其进一步出现其中的其他事件，单位均是图式性的。单位一经确立，即可充当构造并解释新表达式的模板。它们与后续用法事件的对应方面相当于范畴化关系。当图式在目标中得以原原本本地呈现时，范畴化实现为阐释关系；否则即

① 在某些条件下，单位(如一个新词项)经一次接触即可习得。因此，语法事件的数量在重要性上并不及某种累积起来的心理效果(涉及诸如认知显著性等附加因素)。

实现为引申关系。再者，两种范畴化本身均可反复出现，从而得以确立为规约语言单位。接下来还可看到，范畴化关系本身同样可经历图式化及范畴化。

根据内容要求，语言单位仅限于对寓于用法事件中的构造的图式化表征。由于图式不过表现为实际出现的表达式彼此间强化了的共性，因而相当于对语言使用中实际出现情况的正面描述。鉴于结构与用法的直接关联，原则上讲，这为语言习得提供了直截了当的解释。[①] 相形之下，其他理论所采用的某些手段——诸如过滤器、构成性规则、底层规则——从这一立场来看是大有问题的，因其与实际出现的表达式的联系远非如此直接。出于内容要求，它们被排除在 CG 的理论框架之外。

至此，图式已被赋予两种看似矛盾的描述。一方面，它们是关于实际出现的表达式的正面描述。另一方面，它们被视为语言中的规则和限制的体现形式。貌似存在的困难是："规则"与"限制"基本上是负面称呼，涉及**不该**做什么，如欲避免惩罚**又该**做什么。那么，问题在于，作为正面表述，规则是否足以实现施加于语言系统上的限制？如果仅仅设立图式，说话者何以知道，某些表达式即便符合一般模式，依然是不许可的（如 * mans 充当 man 的复数形式）？将无数潜在表达式斥为"不合法"而加以排除，有何依据可言？

关于这些问题的详细答案，后面几节将作出说明。暂且我们

① 托马塞洛（Tomasello，2003）从基于用法的视角对语言习得作出了充分（尽管难免是初步的）描述。

只需注意到，限制无需源自明晰的禁令。无论在生活中还是在语言中，较之于数量繁多的律令，一个正面的榜样在控制和规范行为方面可能来得更有效。考虑到规约所允准的结构不过代表了广袤的结构可能性空间的一隅，情况更可能如此。图式作为可资调用的现成资源，充当着这一空间的吸附者，从而抑制了朝其他领域探索。由此，对规约模式的正面描述可隐性(且相当有效)表明，处于其范围外的模式是不合规约的，当判为不合格。

8.1.3 图式网络

语言寓于规约语言单位构成的庞大清单中，这些单位均自用法事件中抽取而来。如图 8.1 所示，其中小方框代表个体单位，标记为 L 的大框盒代表整个语言。至此，你肯定已经注意到了这种表征方式的严重失真效果，不过出于有限目的还是可以派上用场的。对于这一图式所隐含的离散性及其所基于的容器隐喻，不应太过较真。

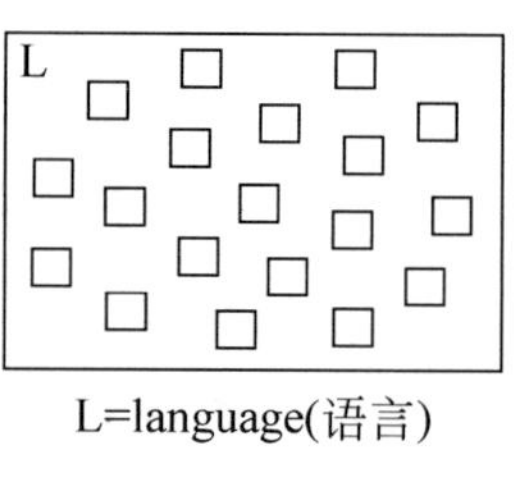

L=language(语言)

图 8.1

特别需要指出的是，语言单位不似盒子里的乒乓球。即便乒乓球是方形的，语言单位依然与其大相径庭，因其本质上是动态的。此处更直接相关的是更进一步的差异：乒乓球是彼此分离、互不相连的，两种属性均不为语言单位所具备。比如，我们已经看到，单位彼此结合构成集合，集合本身又可充当规约单位（图 6.6）。某些单位相对于其他单位具有图式性，且图式并不独立存在，而是内蕴于例示之中。概括来讲，各单位靠范畴化关系得以连接，这同时包括阐释与引申关系。由此，它们可以构成任何规模的**网络(network)**（如图 2.2 中关于 ring 的不同意义）。

基于此，我们可将语言描述为由规约语言单位构成的有**结构的清单(structured inventory)**。这一结构——它将单位组织为网络与集合——与语言使用密切相关。一方面，它塑造了语言使用；另一方面，它为语言使用所塑造。为表明这一点何以可能，我们需要考察实际出现的表达式与语言系统间的互动，后者在表达式的建构和理解中被唤起。表达式并不独立存在，仅仅作为语言的表象而存在。概念化和声音序列本身并不构成表达式，只有通过在语言系统中获得解释，它们才成其为表达式。表达式作为语言描述的对象，其结构与地位有赖于言者与听者对其加以把握时所调用的规约单位。它们与这些单位之间相当于范畴化关系。

接下来，不妨考虑一下语言（language，L）与用法事件（usage，U）之间的关系。用法事件可理解为语言中的一句话。如此解释本身即是一种范畴化：它体现为 L 的特定单位被激活，用以对 U 的特定方面加以范畴化。相当多的单位可被激活，它们代表大小不一的成分，存在于语言结构的多重维度。正因这些范畴化的存在，一句话才成其为语言中的表达式。这些范畴化合力提供了关于表达式的**结构描述(structural description)**，即其参照 L 获得的描述。

此种范畴化的表现形式之一如图 8.2 所示。[A]是 L 中的一个规约单位,(B)是其所范畴化的 U 的一方面。它们可以是任意大小、任何类型的结构(如语音、词项、语法构式)。两者之间既可体现为阐释关系(→),又可为体现为引申关系(--->)。[A]被置于框盒中,以示其单位地位。(B)被置于圆中,其假设是:当其被完全理解为用法事件的一部分时,表达式即是新创的。倘若(B)是新创的,[A]对它的范畴化也应当是新创的。这一点通过将其置于圆角框盒中来体现。在公式化的表述中,分别以方括号和圆括号标记单位和非单位,由此两者间的范畴化关系可表述为([A]→(B))或([A]--->(B))。①

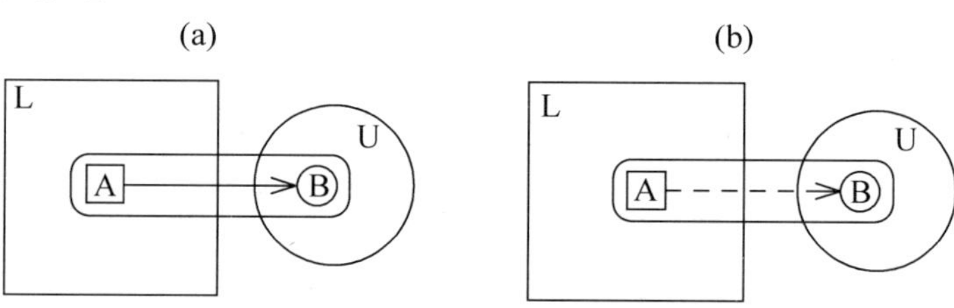

L = language(语言); U = usage(用法)

图 8.2

由此,(B)可理解为[A]在用法事件中的呈现形式。当(B)原原本本地将[A]呈现出来时(如图(a)所示),就其结构的这一方面而言,该表达式即是合乎规约的("合格的")。当(B)对[A]的呈现仅仅是局部的或呈失真效果时(如图(b)所示),表达式在此方面即是不合规约的("不合格")。因此,整个表达式被判为合格的程

① 言者与听者双方均需实现这一范畴化,因两者均将 U(用法事件)解释为 L(语言)的一个例示。在 CG 中,U 与 L 的关系称之为"语码化"(coding),因其在说话者对情景的"编码"(encoding)及听话者对表达式的"解码"(decoding)任务中均有所体现。

度，是所有在其结构描述中起作用的个体范畴化的函项。由于我们总是在语言使用中不断将合格性的边界向前推进，因而即便注意到些微不合规约的情况，也会欣然接受。只有更明目张胆的失真才更有可能引起我们的注意，从而将表达式判为“不合格”或“不合语法”。

无论所涉及的是阐释还是引申，[A]对(B)的范畴化均无需是一步到位的。倘若在某个用法事件中，唤起[A]并将其实现为(B)是有用的，在类似用法事件中或许同样是有用的。而后，(B)与[A]对(B)的范畴化均会出现在多个场合。如果它们出现得足够频繁，即会发生固化并获得单位地位：([A]---→(B))＞[[A]---→[B]]。[①] 接下来，不妨假定它们最终获得了单位地位，不仅对个体说话者如此，对言语社区的大部分甚至所有成员均是如此。此种情况下，[B]与[[A]---→[B]]的范畴化均属规约语言单位之列。由此，它们本质上均已融入语言中。这一总体扩展情况可总结为图 8.3。

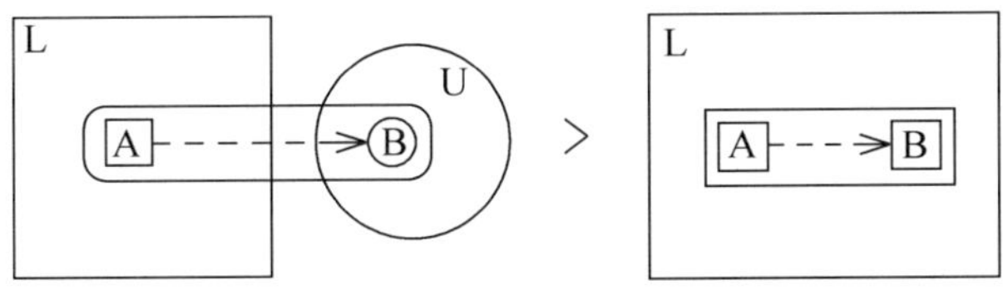
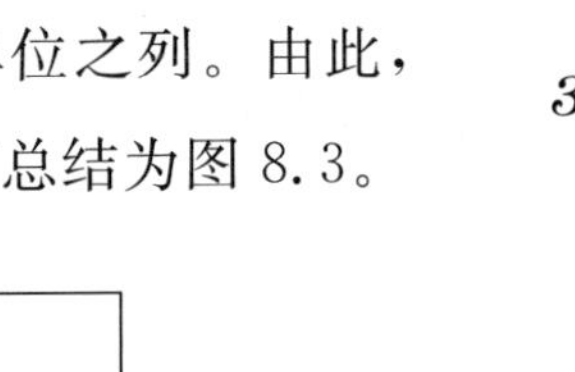

L = language(语言); U = usage(用法)

图　8.3

我们来看几个具体的例子。首先，不妨想象[A]是一个音节

① 严格上讲，相对于出现在任何特定用法事件中的(b)，单位[B]均具有图示性(因为在足够具体的细节下审视时，每个用法事件均是独一无二的)。

[ma],一个可出现在许多词中的音系单位。某个说话者发此音节时,或许偶尔将元音鼻音化(一种自然的语音扩展,本质上无非是延缓口腔与软腭间的闭合而已),这种情况也是大有可能的。由此,在特定用法事件中,[ma]即会呈现为些许失真的形式(mã)。虽说存在这种偏差(可能丝毫不会引起注意),后者可轻易理解为前者的一种实现形式:[ma]--->(mã)。这种发音变体或许会出现在许多场合,为许多说话者所采用。由此,它可能最终得以确立为该语言的规约单位:([ma]--->(mã))>[[ma]--->[mã]]。这种微小的语言变化带来的结果是:如今[mã]已成为[ma]的一个常规可预期的发音。[①]

接下来,不妨考虑一个语义扩展的情况。名词 mail(邮件)起初指称以物理载体通过邮政系统投递的信息,如今已可稳固地用于指称我们称之为 email(电子邮件)的东西——通过电脑以电子渠道发送的信息。在某个阶段,mail 的这种用法是新创的。mail 这一词项——当时仅限于如今所称的 snail mail(蜗牛邮件)或 hard mail(硬邮件)——被唤起用于指称其电子对应物。这一扩展暗含了如图 8.4(a)所示的范畴化情况。mail 出现在话语中,即被理解为[MAIL/mail]这一象征单位的呈现形式,即便在用法事件中对其理解是指称电子信息:(EMAIL/mail)。如今这一用法已稳固确立,因此象征结构[EMAIL/mail]及其被[MAIL/mail]范畴化的情况均已成为规约单位。这可图示为(b),还可更简约

① 这未必意味着[ma]的发音不再可能。两种发音可无限期地共存下去,可能分别充当随意与正式变体。

地表示为(c),其中[mail]的两个表征合二为一。由于初始单位并未丧失,因而 mail 如今具有多义性,"硬邮件"与"电子邮件"均为其固化义。在某种程度上,后一种意义仍可理解为前一种意义的引申,如图(c)所示。然而,这一理据正趋于丧失;[EMAIL/mail]日渐成为一个可独立通达的象征单位。①

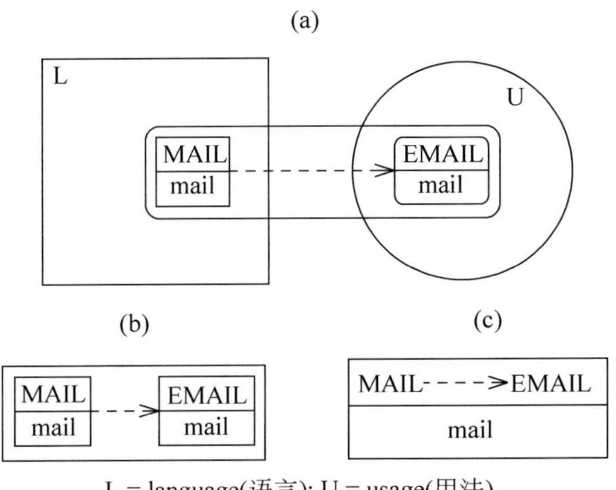

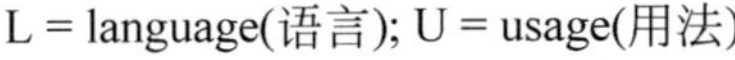

图　8.4

图 8.4 中的范畴化属于引申而非阐释的情况,因为范畴化结构的某些特征在目标中缺失了,或是呈失真效果。信息出现在计算机屏幕上的情况代替了写在纸上的情况,电子传输代替了邮局工作人员的物理投递。但这一引申是直接甚至显而易见的,因为[MAIL]([邮件])与[EMAIL]([电子邮件])依然享有诸多共性:

---

①　两义间的关系可看作隐喻,其中[MAIL]([邮件])为源域,[EMAIL]([电子邮件])则为目标域。理据的丧失是可分析性逐渐减弱(隐喻色彩"褪去")的一个特例(§3.2.2),这在词项中颇具代表性。

信息的核心地位、主要通过语言传输；写下、传送、接收、阅读的顺序；通过某种固定的分配网络来传输。因此，通过悬置[MAIL]的某些具体特征，我们得到了一个在[EMAIL]中得以完整呈现的抽象概念。这一抽取出的共性不仅促动了 mail 扩展至涵盖电子邮件的范畴，而且保证了这一扩展可轻易被理解。事实上，有理由说如今它已构成了 mail 的一个图式性的、可独立通达的意义，将[MAIL]与[EMAIL]作为特例囊括其中。请注意下面的对话：

(1) A：I got a lot of mail this morning.
(我上午收到很多邮件。)
B：Email or hard mail?
(电子邮件还是硬邮件?)

一般而言，引申有赖于对源词项与目标词项的某种共享特征的隐性理解。我们不妨将范畴化理解为：用于范畴化的结构在目标中被“识别”(identify)出来。当其完全寓于目标中时，对其识别是不成问题的，此时两者之间体现为阐释关系：([A]→(B))。当目标在某一方面与范畴化结构存在冲突时，对其识别就会产生一些“张力”(tension)。只有通过悬置或至少压倒[A]的某些特征，得到一个抽象化的可在目标中观察到的结构(A')：((A')→(B))，成功的识别才能实现。如图 5(a)所示，(A')因而是对[A]的引申(作为其简易版本)，且相对于[A]和(B)均具有图式性。因此，我们可以在引申与图式化之间设定密切关联：从[A]到(B)的引申促进了一个更具图式性的结构(A')的生成。[A]和(B)均为对(A')

的阐释。再者,图(a)中的关系提供了范畴化的概括模式。阐释代表了引申的一个特例,即[A]在(B)中无需修正即可被识别出来。[A]和(A')由此合二为一,如图(b)所示。

(A')在多大程度上趋于固化,并成为一个可独立通达的单位,无疑是一个变量。就 mail 而言,其初始义、引申义及图式义均已固化,均可作为其意义被唤起,具体唤起哪个则依语境因素而定。因此,它们是彼此关联的,如图 8.5(c)所示,其中粗线框盒表示初始义[MAIL](即“硬邮件”)属于典型,也最易于被唤起。这一微型网络构成了一个更大网络的一部分,后者代表了 mail 的规约语义特征。说话者学会恰当使用该词,即是掌握了整个网络(不仅仅是图式或典型)。高频使用的词项往往具有多义性,其多重意义由范畴化关系得以连接。各种意义构成了一个由这些关系**组构**的范畴,还可进而将其视为**复杂**范畴,因其成员和构造无法约减为任何一个成分(或从中加以预测)。

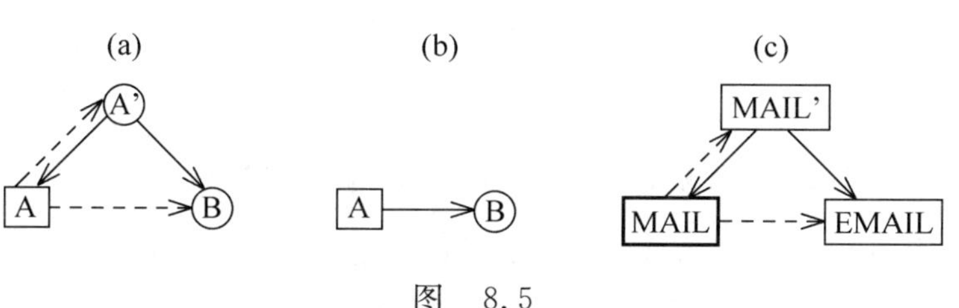

图　8.5

复杂范畴几乎贯穿于语言结构的方方面面:词项的稳固意义、音位的语音实现(“音位变体”(allophone))、词素的音位实现(“词素变体”(allomorph))、语法构式家族,莫不如此。它们反映了语言变异的事实,这些变异可能是由正在上演的语言变化诱发的,也可能出于应对始终存在的挑战的需要,即对现存单位作出调整,以适应更多的语境及不断变换的环境。从一个单位[A]出发,通过如图 8.2、8.3、8.5 所描述的扩展的不断作用,最终相互关联的变体将构成网络,如图 8.6 所示。在这种网络中,单个节点可以是任何类型、表现出任何复杂度的结构(上至(含)多层级的构式)。每个范畴化关系本身即是一个规约语言单位,如图 8.3、8.4 所示。原则上讲,关于该网络描述的一个重要维度——仅以框盒的粗细来暗示——是对各单位的固化程度及激活难易度的度量。最为固化、最易于激活的单位一般是初始结构[A],因而可将其视作范畴的典型成员。①

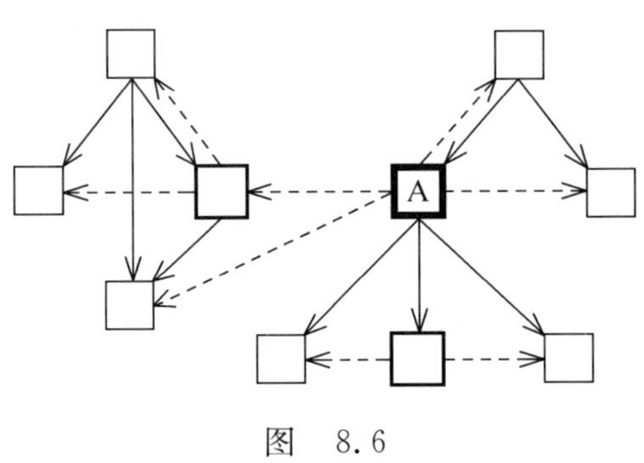

图 8.6

需要牢记的是,复杂范畴的网络结构不过是一种隐喻说法。如同任何隐喻一样,它在某些方面有助于说明问题,但在其他方面则带有潜在的误导性。一方面,网络模型不乏用处,因其捕捉到了复

① 在任何时间点上,复杂范畴的结构未必是对其发展历程的直接反映,无论是在历史演变中还是在语言习得中,情况均是如此。例如,短短二十年间,mail(邮件)的语义网络正在经历一次重组,[MAIL]([邮件])不再是明晰的典型(因此用 hard mail(硬邮件)来指称以免混淆)。可以期待的是,[EMAIL]([电子邮件])终将取而代之成为典型义,届时[MAIL]将会被视为其引申义。在一些小圈子里,这种情况或许已然发生。

杂范畴的某些本质特征：存在诸多变体，以特定方式彼此相连，某些变体比其他变体更具中心性（或更易于激活）。另一方面，若对其所暗示的离散性过于较真的话，该模型就带有误导性了。其所暗含的是，范畴具有为数精确、泾渭分明的成员，体现出由一系列具体的范畴化关系造就的独特构造，且范畴化的目标总可赋予特定的范畴成员。然而，不宜将该隐喻的这些蕴含赋予实际现象——你若在大脑中搜寻某一范畴，并找不到由箭头彼此连接的框盒。实际情况可能是：网络隐喻虽仍然存在，却已基本不起作用。至少，应该有另一个隐喻与之抗衡，更多地强调连续性而非离散性。[①]

或许，可将复杂范畴比作山脉，山峰对应于范畴成员。一座山的群峰并非离散而泾渭分明，而是彼此呈过渡状态，从连绵不断的基底拔地而起，直至高度各异的顶峰。我们无法绝对精确地数出山峰的数量——其数量的多寡，取决于我们决定将多大的突显度视为够得上山峰的标准。此外，山脉上的许多位置无法归入任何一个山峰，而仅仅是使山峰得以凸现的基底的一部分。虽说它基本上是连续的，若要坚持认为山脉毫无离散性，那就大错特错了。山脉之中确实不乏山峰，它们呈现出一定的构造（没有任何两个山脉在地形上毫无分别）。否认这种结构的存在或杜绝使用离散概念（如 peak（山峰）、valley（峡谷）、ridge（山脊）等可数名词）对其加以描述，是毫无意义的。当然，对任何名称的使用均当慎重，并充分注意到其局限性。

---

① 起初存在一个盛行的观念：单一结构足可对范畴加以界定，后被网络模型取而代之。关于连续性-离散性的概括讨论，参见 Langacker(2006)。

8.2 评估规约性

语言学家区分了“合乎语法的”(grammatical)(或“合格的”(well-formed))表达式与“不合语法”(ungrammatical)(或“不合格的”(ill-formed))的表达式。他们这样做并非在**规定(prescribe)**人们应当怎样交谈,而是在**描述(describe)**说话者自身可能作出的评估。“合格”表达式与“不合格”表达式的边界充其量是模糊不定的,而且随着说话者在常规语言使用中不断打破合格性的界限,两者间的边界也处于不断调整之中。虽说如此,只有当有界限可言时,他们才能对其加以破除。在特定时刻、特定言语社区中,存在着众多根深蒂固的规约,说话者将其唤起作为理解表达式的基础。当表达式与用于其理解而被唤起的单位相吻合时,表达式即被视为合乎规约。我们理当对这一过程有一个较为细致的把握。这些单位是如何被唤起的?它们是如何造就不合规约的判断的?此种方案能否施加恰当的限制(排除不许可的表达式)?

8.2.1 交互激活

对规约性的评估过程相当于范畴化。对一个表达式的总体评估可分解为多个范畴化关系,每一关系均寓于语言单位[A]及用法事件(B)的某一方面中(图 8.2)。当这些关系属于阐释性的:([A]→(B)),该表达式即是合乎规约的。然而,接下来我们即面临着一个基本问题。对于给定的目标(B),用于范畴化的单位是如何被选定的?在构成语言系统的不计其数的单位中,为何独独

[A]被选定用于对(B)加以范畴化？这一选择非常关键，因为(B)的地位即由其而定。以短语 tall giraffe(高大的长颈鹿)为例。一方面，如将其解释为对“形容词+名词”这一构式图式的体现形式：([ADJ N]→(tall giraffe))，即可判为合乎规约。另一方面，如将其识解为一个介词短语，则是不合格的，因为 tall(高大的)不是介词，giraffe(长颈鹿)是简单名词而非完整名词短语：([P NML]--->(tall giraffe))。你肯定会反驳说，人们从来不会唤起介词短语的图式对一个“形容词+名词”序列加以范畴化。这固然是事实，但还是面临着一个问题：为何确切用于对 tall giraffe(高大的长颈鹿)加以范畴化的是[ADJ N]，而非[P NML]？毕竟，两个图式均已确立为规约单位。

声明语言学家不必对该问题作出回答，也是合情合理的。图式的选择不仅提出了一个语言问题，也提出了一个更一般的认知问题。因此，这是心理学家的事情。他们所得出的任何一般性的解决方案，对于语言或许是同样有效的。通过考察其在非语言领域(如面孔识别)的体现，便不难看到这一问题的一般性。

仅仅观其面孔，我便可区分并识别出许多个体。对于每个这样的个体，我抽取了一个图式化的意象，构成了我关于该人长相的知识。当我看见并认出某个人，我是通过激活恰当的图式，并将其用于对当前视觉印象的把握而做到这一点的。但我是如何正确做到这一点的呢？假定我有两个面孔图式，一个是关于塞尔达(Zelda,Z)的(圆脸、黑头发、女性)，另一个是关于昆汀(Quentin,Q)的(长脸、黄头发、男性)。两个人我都很熟，也从未认错过。因而当塞尔达走进房间，在我面前呈现其面孔的具体视觉意象(Z)

时，我就成功激活了[ZELDA]这一图式，将其用于实现恰当的范畴化：([ZELDA]→(Z))，如图 8.7(a)所示。然而，有什么能够阻止图(b)中的另一种范畴化方式呢？此时我会激活关于[QUENTIN]的图式，错将我对塞尔达的印象理解为 Quentin 的某种失真效果：([QUENTIN]→(Z))。那么，为何我见到 Zelda 时的反应是 Hello，Zelda(你好，塞尔达)，而不是 Gee，Quentin，you sure have changed?(哇，昆汀，你小子咋变样儿了？)

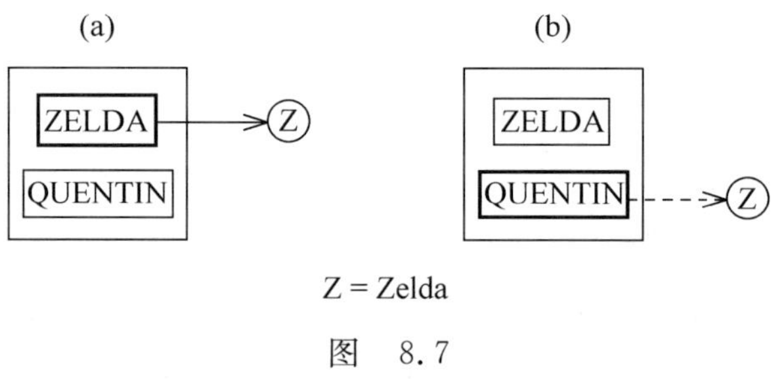

图 8.7

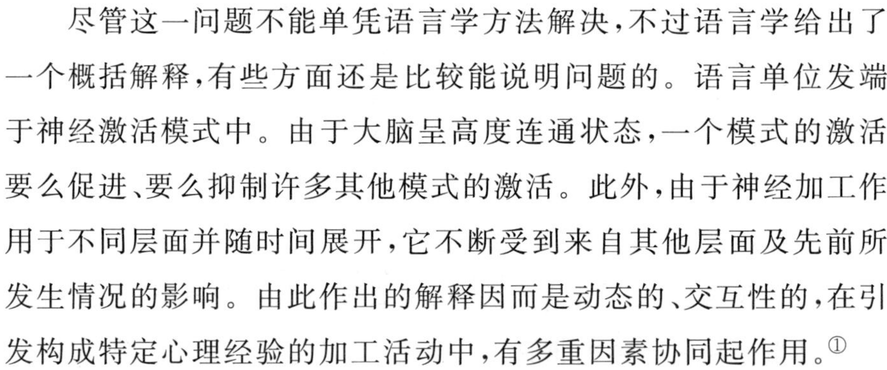
尽管这一问题不能单凭语言学方法解决，不过语言学给出了一个概括解释，有些方面还是比较能说明问题的。语言单位发端于神经激活模式中。由于大脑呈高度连通状态，一个模式的激活要么促进、要么抑制许多其他模式的激活。此外，由于神经加工作用于不同层面并随时间展开，它不断受到来自其他层面及先前所发生情况的影响。由此作出的解释因而是动态的、交互性的，在引发构成特定心理经验的加工活动中，有多重因素协同起作用。①

要使一个单位作为范畴化结构而被唤起，其中一个因素是目

① 宽泛而论，这些特征是“连通主义”(connectionism)(或“神经网络”(neural network))加工模型的典型特征，它是基于扩散激活与抑制之上的(Collins & Loftus，1975；Elman and McClelland，1984；MacWhinney，1987；Regier，1996)。

标本身必须获得初步加工。例如，当我看到一张脸，对视觉印象的低层次加工可能捕捉到一些粗略的特征，如圆圆的、四圈黑黑的（头发）。由于这是我关于[ZELDA]的图式的一部分，多半会被唤起。该单位的激活为更细致地理解视觉目标提供了基础，我通过将该面孔识别为 **Zelda 的**而认出她。另一种情况下，假定目标为 tall giraffe（高大的长颈鹿），tall（高大的）在第一加工阶段已被识别出来。由于 tall 是形容词，因而蕴含了形容词图式，其激活往往会引发构式图式[ADJ N]的激活。将其选为范畴化结构又促进了对随后名词的识别（因为预期伴有名词），从而使得整个表达式**被理解为**[ADJ N]构式的一个例示。

由此，图式的选择可粗略描述如下。特定的目标 T 往往激活一系列单位，每个均有潜力对其加以范畴化。起初，这些单位均多多少少被激活。如图 8.8(a)所示，其中线条的粗细表示激活程度。潜在的范畴化结构相互竞争，争相获得这一资格。它们很可能相互牵制，因而随着某一个趋于高度激活，便往往对其他成员加以抑制。最终（尽管通常是几毫秒的功夫），一个成员将在竞争中获胜，达到高度的激活水平，竞争对手则均受到抑制。而后它用于对 T 加以范畴化，如图(b)所示。

一个单位得以入选为范畴化结构，存在着诸多促动因素。第一个因素是固化程度，换个说法即内在的激活难易度。理论上讲（尽管实际操作有困难），这是关于每个语言单位的描述的一个方面。第二个因素是语境的影响（“语境启动”(contextual priming)）。例如，如果我们刚刚正在谈论 Zelda，我关于她面孔的图式就会被稍稍激活，因而比常态下更易于唤起。因此，倘若一个与 Zelda 有几分相

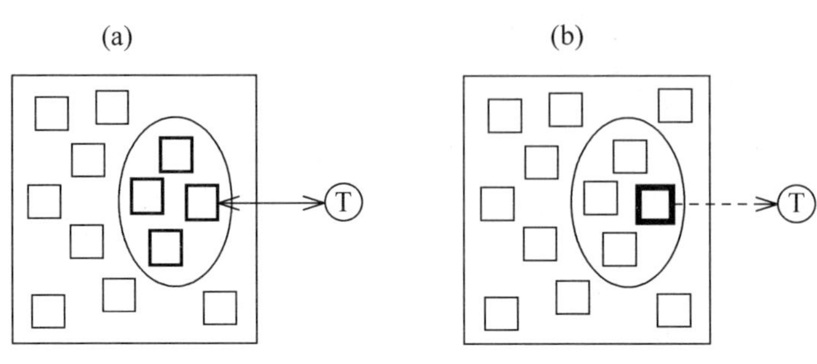

T = target(目标)

图 8.8

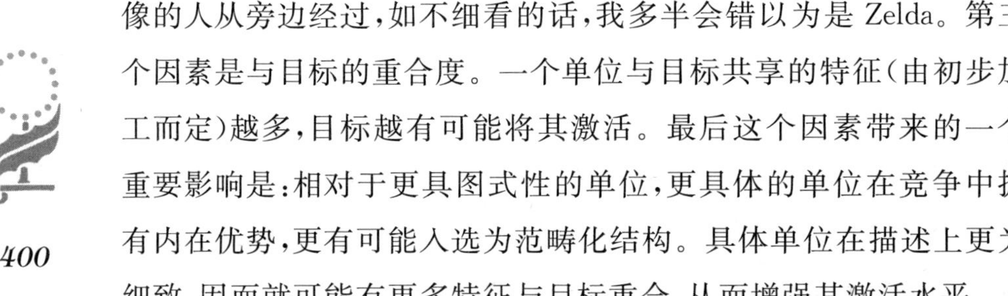

像的人从旁边经过，如不细看的话，我多半会错以为是 Zelda。第三个因素是与目标的重合度。一个单位与目标共享的特征（由初步加工而定）越多，目标越有可能将其激活。最后这个因素带来的一个重要影响是：相对于更具图式性的单位，更具体的单位在竞争中拥有内在优势，更有可能入选为范畴化结构。具体单位在描述上更为细致，因而就可能有更多特征与目标重合，从而增强其激活水平。

当一个单位被激活，用于对某一目标加以范畴化时，并不要求它与目标完全吻合。事实上，被激活的单位可能还不如其对手吻合度高，但出于语境启动效应或其内在的激活易度，而得以入选为范畴化结构。这反映了一个基本观点：范畴化部分为我们的期待（“自上而下”(top-down)的方式）所塑造，而非单单为目标的本质（“自下而上”(bottom-up)的方式）所驱动。的确，目标本身通常在很大程度上由其范畴化构成。当范畴化单位经初步加工（可能仅仅是粗略的）被目标唤起，便将自身的内容与组织施加于其上，可强化、增补或压倒目标内在的内容与组织。例如，当我们在心理上将一系列点连接起来，感知到某一熟悉的形状时（如观察星座时），增补便发生了。压倒目标是校正时的一个通病，此时我们是以自以为正确的写法、而非其实际写法来看待一个词的。且不论其细节的多寡，目标从来都不是按某种不偏不倚的或全然客观的方式来理解的，而总是存在着某种借以理解的**基础**。范畴化单位即提供了这种基础。它与目标的互动造就了一个自成一体的经验——并不单独对应于任何一方——目标被**理解**为该范畴的一个例示。将 Zelda 的面孔视为其面孔的经验，不同于看到其面孔而不加辨认，也不同于唤起其面孔形象而未实际看到面孔。即是说，([ZELDA]→(Z))既有别于(Z)，又有别于[ZELDA]。

8.2.2　限制性

发生在用法事件中的一句话，通过相当数量的范畴化，构成了一个语言表达式(如图 8.2 所示)。这些范畴化代表了赋予表达式的结构，即其参照语言系统所作的解释。当然，一个被理解为例示某一语言单位的目标，未必可将其原原本本地反映出来。当目标偏离了用于其范畴化而被唤起的单位时，表达式即是不合规约的。

因此，由语言系统施加的限制，不仅来自其所包含的规约单位，同样来自它们在用法事件中的通达及运用方式。出于后面这些因素，不计其数的表达式被斥为不合格，尽管这些单位本身属于正面表述，是对语言中实际出现情况的表征。当然，大部分可能的表达式一开始就被排除在外，因为它们与该语言并无显著相似性。比如说，英语中的单位不曾为理解霍皮语或他加禄语提供一丁点儿基础；它们与英语中的模式相去甚远，除了存在少量偶然的相似性，无法唤起英语中的单位作为范畴化结构。由于它们无法参照英语获得结构上的解释，甚至算不上该语言中的表达式（合格的抑或不合格的）。即便某些表达式的确获得了结构上的解释，唤起了该语言中的单位加以范畴化，当某些范畴化涉及的是引申而非阐释关系时，依然可将其判为不合格。

这种用于评估合格性的模式兼具灵活性、动态性与交互性。对容许出现的表达式的限制并非是直接作出的（作为明晰的禁令），而是源自某些程度性因素：固化、重合度、激活水平。对于至少在有些语言结构中显而易见的现象，如鲁棒模式、严格限制及明晰判断，这种系统还是可以作出解释的。先不妨考虑一种特殊情况：这种系统容许出现完全概括的、本质上有规律的模式。其出现环境是：相对于任何优势竞争者，某个单位已充分固化并易于激活，因而几乎总是被唤起充当范畴化结构。此外，这一单位的内部信息可能相当具体，具有保证被目标完全允准所需的特征。

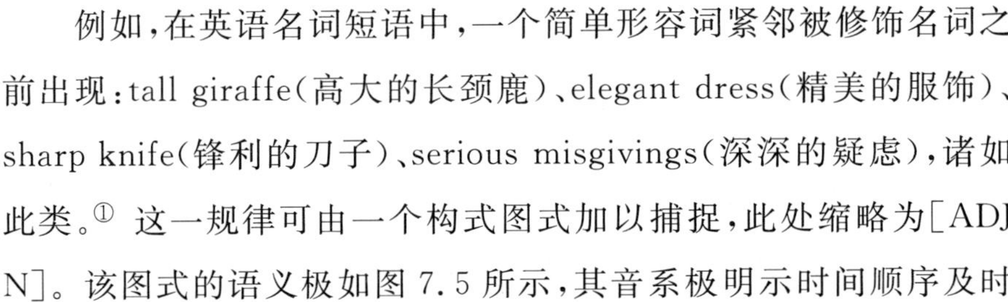

例如，在英语名词短语中，一个简单形容词紧邻被修饰名词之前出现：tall giraffe（高大的长颈鹿）、elegant dress（精美的服饰）、sharp knife（锋利的刀子）、serious misgivings（深深的疑虑），诸如此类。[①] 这一规律可由一个构式图式加以捕捉，此处缩略为[ADJ N]。该图式的语义极如图 7.5 所示，其音系极明示时间顺序及时

① 这一论断涉及名词短语的内部结构，而非形容词外在于所描述名词短语的情况（如 The giraffe is tall）（长颈鹿个子高）。“简单”形容词的意思需加充实；属于该范畴的有前面跟有特定副词的形容词（如 very tall giraffe）（很高大的长颈鹿），但不包括后面跟有介词短语的情况（* tall beyond belief giraffe）（* 高大得难以置信长颈鹿）。同时应容许的还有多重形容词中仅有一个紧邻名词前出现的情况（如 big，bad wolf）（大的坏心眼的狼）。原则上讲，对于几乎所有例子，均可加以如此澄清及限定。但实际上，当其不至于影响当前要说明的问题时，通常略去不提。

间上的相邻。这一模式相当概括，对其判断也是一刀切的：tall giraffe（高大的长颈鹿）是合格的，* giraffe tall（* 长颈鹿高大的）是不合格的。尽管这看似显而易见，我们还是需要明确这些判断何以能成立。不妨假定目标名词短语由初步加工而定，同时包括形容词 tall（高大的）与名词 giraffe（长颈鹿），前者用于说明后者的特征。有了这些具体说明，我们是如何确定 tall giraffe 对其而言是恰当的表达，* giraffe tall 则是不合格表达呢？[①]

构式图式[ADJ N]为做出这些决定提供了一个可资判断的标准，因其已完全固化并易于激活。此外，该图式与目标存在大范围的重合，因为 tall 属于简单形容词，giraffe 属于名词，两者间的关系与图式的说明完全一致。如果[ADJ N]确实被激活而用于目标名词短语的范畴化，就名词与形容词的位置关系而言，只有 tall giraffe 会被视为合乎规约：（[ADJ N]→（tall giraffe））。另一种说法 * giraffe tall 违背了图式在音系极规定的词序：（[ADJ N]--->（giraffe tall））。这些判断能否做到前后一致？这取决于还可能存在哪些单位有潜力入选为范畴化结构。对于简单形容词而言，并不存在强势竞争者。在学英语时，我们并未系统接触到类似 * giraffe tall 与 * knife sharp（* 刀子锋利的）这样的表达式，因此不会抽象出一个用于允准它们的图式。倘若有人造出一个这样的表

① 交际双方均面临这一问题，尽管其表现形式存在细微差别。说话者意指的是 tall（高大的）修饰 giraffe（长颈鹿），并需找到某种惯用手段对其加以表达。同一结构与范畴化在听话者那里同样有所体现，涉及对表达式的理解，并决定是将其视为常态表达还是偏离性表达。此外，交际各方均或多或少扮演了另一方的角色：说话者想象听话者试图理解表达式时所面临的情况，听话者则想象说话者在生成表达式时最有可能的意向。

达式，它将由[ADJ N]加以范畴化，因而会被判为不合格。

对于 * giraffe tall 这类表达式，并不存在任何内在问题——它们充其量是碰巧不合规约，这与语言的演化方式有关。情况或许本不必如此。不妨设想存在一种酷似现代英语的语言，其差别仅在于简单形容词既可置于被修饰名词之前，又可置于其后。tall giraffe 与 giraffe tall 同样是说得通的。在学习这种花哨的英语变体时，学习者如同时接触到两种模式，就会抽象出[ADJ N]与[N ADJ]均作为规约单位。假定两者均已完全固化并易于激活，与目标重合度更高的将在竞争中获胜，入选为范畴化单位。单位与目标重合的一个方面是词序。基于此（在其他因素相同的情况下），诸如 tall giraffe 这样的目标将引发图式[ADJ N]对其加以范畴化，而 giraffe tall 将激活[N ADJ]。两者均被判为合格：([ADJ N]→(tall giraffe))；([N ADJ]→(giraffe tall))。由此例可见，表达式的规约性不能仅凭一个单位而定。所有潜在适宜的单位及其相对可及度均需加以考虑。

当语言中不同单位用于同一基本功能时，往往表现出分工上的差异，由此每个单位均有特定的适用范围（而非可随意互换）。事实上，英语（真实变体）中确实存在一种形容词出现在被修饰名词后的模式。然而，此种模式仅限于表现出一定复杂度的形容词，主要是包孕了一个介词短语或不定式短语的情况：a giraffe **tall beyond belief**（**高大得难以置信的**长颈鹿）；students **anxious about their grades**（**为学分而焦虑的**学生）；anyone **ready to confess**（任何**轻易忏悔的**人）。因而需要设定两个构式图式，一个涉及简单形容词（ADJ）出现在被修饰名词前，另一个涉及复杂形容词（ADJ+X）

出现在名词后。这些不同的单位可描述为图 8.9,同时涉及四个目标表达式。

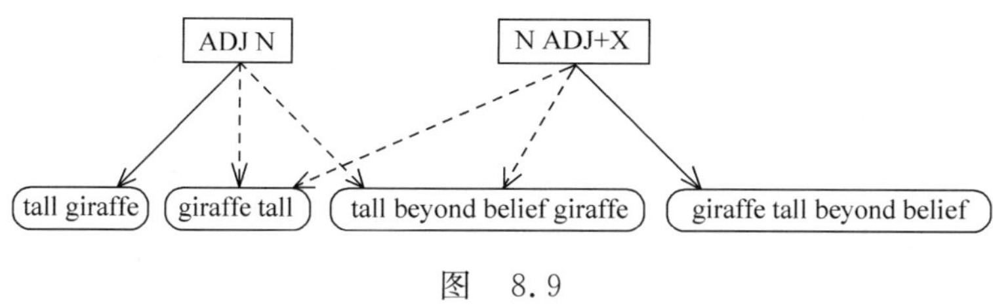

图　8.9

由于两个单位均是可及的,与目标的重合度便决定了范畴化结构的选取。由于所有目标均含有一个名词及一个修饰性形容词,因而其选取有赖于词序及形容词的复杂度。就 tall giraffe(高大的长颈鹿)而言,这些因素合力造就了[ADJ N]的激活从而入选为范畴化单位;对于 giraffe tall beyond belief(高大得难以置信的长颈鹿)而言,其所激活的是[N ADJ+X]。因此,这两个表达式被判为合格。相比之下,* giraffe tall(* 长颈鹿高大的)与 * tall beyond belief giraffe(* 高大得难以置信长颈鹿)均是一方面与各个目标重合,另一方面与其存在冲突。因此,尽管两个表达式均可唤起任一单位用于其范畴化,每种组合生成的结构均不合规约。例如,* giraffe tall 可理解为[ADJ N]的一个例示,但词序不对;也可理解为[N ADJ+X]的一个例示,但形容词类型不对。

出于多种原因,判断往往不那么干脆、分明。一个人尽皆知的例子是英语中"不规则"动词的过去式,说话者对其恰当形式往往举棋不定。我自己对 dive(潜水)的过去式不大确定:到底是 dove 还是 dived? 我知道两者都出现过,虽说我在学校学的是前一个,后一个出现频率似乎更高。两种说法我都认可,但语感上似乎都不大对劲儿。如果非得要我说出 dive 的过去式,我多半会犹豫一番。问题在于,存在两个潜在的范畴化单位,任何一方均不足以完全抑制另一方,在竞争中稳操胜券而获得范畴化能力。一种这样的单位是表征过去式规则模式的构式图式。该图式已经完全固化且易于激活,用于说明以后缀 -d 标记过去时的情况。[①] 另一个单位是 dove 这一象征结构本身,由说话者(至少是用到这一表达式的说话者)将其具体作为 dive 的过去式加以掌握。于我而言,这一单位已足够固化,因而即便在听到 dived 这一形式,并将其识别为规则模式的例示时,dove 还是多多少少会被激活。因此,我并未完全避开 dived 这一次要范畴化,将其视为 dove 的一个失真表现形式。尽管如此,dove 的使用频率不至于高到地位完全稳固。我们不会像想到 drive(开车)的过去式那样轻易想到它,其激活程度也不至于高到完全抑制规则模式。

关于 dived-dove 的这种不确定性之所以存在,是因为决定范畴化结构选取的两种因素彼此冲突。规则模式拥有较大优势,因其固化程度更高,也更易于激活。它在英语中使用相当频繁,对大部分动词均适用,因而对动词过去式而言具有默认地位,总是趋于被激活,除非有强烈动因压倒这一选择。一个具体、固化的选项的存在——此种情况下为 dove——即提供了这种动因。作为一个固化了的单位,dove 本身即可激活用于允准 dived 的过去式用法。较之于一般模式,它在与目标的重合度上拥有较大优势:如果目标

① 更确切地说,它明示的是添加后缀[d]、[t]还是[əd],有赖于词干的音系特征。因此,作为一般模式的图示有三个已固化的子图示用于描述个别变体。

被视为 dived 的一个过去式，它与 dove 重合(完全等同)的方面，显然远胜于一个仅对该动词加以概称的构式图式。在我自己的语言系统中，这两个对立因素多少相互持平，因而令我感到难以定夺。

我们的基本观点是：与范畴化结构的选取相关的诸多因素，在相对强度及所激活单位的性质方面，存在较大的个体差异。所选结构未必是最固化、最具体的，或是与目标最趋于一致的。所产生的结果在不同场合也未必全然相同。这完全取决于网络的具体构造(对于特定的说话者、在特定的时间点)，以及各种成分及因素在具体用法事件中的动态相互作用。

在选择 dove 作为其过去式时，dive 依循了众多其他单音节动词的模式：write/wrote(写字)、break/broke(打碎)、drive/drove(开车)、freeze/froze(冰冻)、rise/rose(升起)、strive/strove(努力)。在这种情况下，过去时是由替换标记的：$[(\ldots \mathrm{Vy}\ldots)_\sigma] \rightarrow [(\ldots \mathrm{ow}\ldots)_\sigma]$，即[ow]代替了[ay]、[ey]或[iy]充当元音音核，后者是常态下预期采用的标记(参见图 6.11(b))。说话者有可能抽取了一个构式图式，用以捕捉这一适用范围有限的规律。即便他们的确做到了这一点，这一图式或许也远未达到固化的地步，难以被唤起用于允准新创表达式。当造出一个新动词时——例如 fease“使其可行”——其过去式应该是 feased 而非 * fose。一般模式业已完全固化，因而对几乎所有动词而言均可默认通达，而遮蔽了其他选项。代表其他模式的图式无法在竞争中取胜，因而通常难以用于允准新的表达式。这些“次要”(minor)模式之所以得以存活下来，仅仅因为特殊例示(如 wrote、broke、drove 等)作为规约单位被具体习得。因其与目标的重合度远远高于一般模式，因而足可与之抗衡。事实上，高频使用的动词均能相当一贯地在竞争中取胜。因此，我们不会将 * writed 这样的形式视为规则模式的一个例示，而是 wrote 的一个失真了的例示。

这种交互模型解决了若干根深蒂固的问题，首先是次要模式如[(...Vy...)$_\sigma$]--->[(...ow...)$_\sigma$]所带来的问题。由于模式可被识别出来，语言学家感到有必要设定规则对其加以描写。然而，倘若这种规则确实存在，为何不可将其用于其他动词，哪怕是新创动词呢？交互模型的解决方案是区分两种情况：一种是图式的单单存在（强化了的共性特征），另一种是在竞争中获胜、从而被激活充任范畴化单位的能力。同时，这一模式还可解释一个明显的历史趋势：次要模式在最高频词项中尤为稳固。具体习得的形式如 wrote、broke 及 drove 经高频出现，变得相当易于通达，从而可抵制一般模式的慢性入侵。使用频率较低的形式，如 dove、strove 及现已废弃不用的 hove，不大易于激活，因此随时间推移往往被其他形式取而代之。[①] 最后，这一模式从根本上解释了被称为**“阻断”(blocking)**的普遍现象，它在语言结构的方方面面均有体现。“阻断”一词表明，一般模式在某些特殊场合不起作用，因为一个更具体的单位预先排除了它。例如，虽说动词过去式 * writed 属于规则形式，但却为完全固化的另一形式 wrote 所阻断而未能出现；出于同样的原因，名词复数 * mans 也为 men 所阻断。同样，可轻

① 出于此因，明显的不规则情况——如 be 的各种形式(am, is, are, was, were)——在最高频使用的词项中存活率最高。

易激活的 thief(贼)、rapist(强奸犯)、arsonist(纵火犯)及 assassin(暗杀分子)预先排除了 * stealer、* raper、* burner 及 * assassinator 的出现(如 killer(杀手)、murderer(谋杀犯)、hijacker(劫机犯)、embezzler(挪用公款者)、smuggler(走私犯)、kidnapper(绑架者))。阻断反映了在激活竞争中,相对于图式性的单位,具体单位拥有内在优势。更因为具体的单位具有为数更多的特征,每一特征均可通过与目标的部分重合而成为潜在的激活源头。

因此,动态交互模型可以解释原本有规律的模式中出现的空缺。另一个例子为路易森诺语中为数不多的"后置式"(post-positions)。顾名思义,这些后置式类似"前置式"(pre-positions,即介词),唯一的差别仅在于它们跟在表达其界标的名词之后(充当后缀),而非位于其前(充当独立词)。(2)中的例子颇具代表性。首先,后置式直接附着在指称无生物体的名词上。描述这一模式的构式图式可表征为如下缩略形式:[N_{inan}-P]。第二,这些尾标记出现在代词上,其指称对象通常是无生的。这种模式可表述为[N_{pron}-P],因为在 CG 中代词是一种名词(其所侧显的是一个事体)。然而,我们在(2)(c)中看到,后置式并不直接附着在"实义"(即非代词性的)有生名词上。因此,我们发现的不是 * hunwu-yk(字面义为"负载到……上")之类的形式,而是更为复杂的表达式 hunwut po-yk,其中后置式附着在一个与其同指的代词上。[①] 我们注意到,这种模式的图式[Nan [N_{pron}-P]]囊括了(2)(b)中的

① 代词 po- 为第三人称单数,因而可译为"他(宾格)""她(宾格)"或"它(宾格)"。hunwut 与 nawitma 的末位辅音为名词词尾,在后置、派生以及名词充当领有对象时通常省略。

模式。

(2) (a) ki-yk“到(**定指**)屋里去”,paa-ngay“从(**定指**)水里[出来]”,too-tal
“用(**不定指**)石头” [Ninan-P]

(b) po-yk“去他那儿”,chaamo-ngay“从我们这儿”,poomo-to“被他们” [Npron-P]

(c) * hunwu-yk“到(**定指**)熊那边去”,* nawitma-ngay“从(**定指**)女孩那里来” * [Nan-P]

(d) hunwut po-yk“到(**定指**)熊那边去”,nawitmal po-ngay“从(**定指**)女孩那里来” [Nan-P]

由于后置式可同时出现在实义名词(倘若是无生的)与有生名词(倘若是代词性的)之上,在有生实义名词中却未能出现,情况有些出人意料。的确,更抽象的构式图式[N-P]对名词类型不加区分,预期完全可作为对[N_{inan}-P]与[N_{pron}-P]强化了的共性特征而出现。(2)(c)本是符合这一高层图式的。但如果它确实本可出现,是什么因素阻断了其出现?答案取决于我们如何对规则加以界定。一个包含构成性规则的理论(§8.1.2)容许生成所有在底层结构上符合[N-P]的表达式。而后,一个强制性规则可作用于那些含有生实义名词的表达式,即插入一个代词来承载后置式:[N_{an}-P]⇒[N_{an}[N_{pron}-P]]。这种转换既可解释类似(2)(c)中表达式缺失的情况,又可解释类似(2)(d)中表达式出现用以填补空缺的情况。然而,这一点却是付出相当大的理论代价换来的,即容许从假想的底层结构作出派生。与之相反，一个包含过滤器的理论将会设定一个过滤器将不出现的表达式过滤掉：*［N_{an}-P］。如此一来，(2)(d)中的模式则需另行处理。

这两种方案在CG中均未被采纳。[①] 出于内容要求，我们只能设定那些直接类似于实际出现的表达式的图式。因此，路易森诺语的习得者将会抽象出图式［N_{inan}-P］、［N_{pron}-P］及［N_{an}［N_{pron}-P］］，但不会是图式［N_{an}-P］，因为类似(2)(c)这样的表达式不曾出现。为便于讨论，我们不妨进而假定，他们同时还抽象出高层图式［N-P］，用于表征前两种模式的共性。关于这些现象的解释即可基于如下假设：在允准新的表达式方面，只有低层结构才是可通达的。这是大可说通的，因为低层图式已完全固化，已在众多场合出现过，因比［N-P］更为具体而拥有内在优势。这使得高层模式难以通达，在图8.10中，这一点通过将其置于虚线框盒中来标记。

这一图解表明了图式是如何用于不同类型的目标的。基于激活难易度及与目标的重合度，低层图式［N_{inan}-P］、［N_{pron}-P］及［N_{an}［N_{pron}-P］］被激活，分别用于对类似(2)(a)、(2)(b)、(2)(d)中的表达式加以范畴化。它们均被判为合格。(2)(c)又当如何呢？类似*hunwu-yk的表达式若能唤起［N-P］对其加以范畴化，的确可以说通。然而，这一高层图式并未出现，因其为更具体的单位所遮蔽。或可推定，［N_{an}［N_{pron}-P］］将会在竞争中取胜，因为hunwut与N_{an}完全一致，但与N_{inan}或N_{pron}不尽一致。而*hunwu-yk与

① CG仅限于正面论断(排除了过滤器)，并非作为严格的主张，而是一个工作假设。若发现说话者有时也会学习明确的禁止性表达，其框架也无需大幅改变。这个例子表明，即便是某些表面看来需设置过滤器的情况，事实上也是大可避免的。

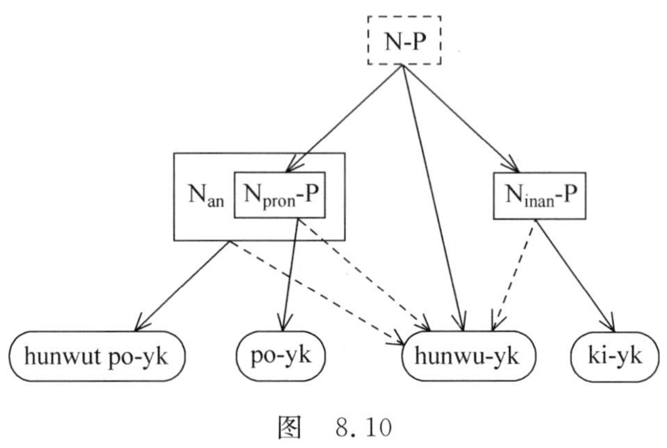

图 8.10

每个低层图式均在某个方面存在冲突,因而无论选择哪一个均是不合规约的。

8.3 构式网络

语言组织的一般特征之一是存在着复杂范畴,其中众多变体以网络方式彼此关联。此种网络中的单个节点可以是任意大小、任何类型的结构。特殊情况下,每个节点均包含一个完整的象征集合。由此,网络对范畴加以界定,范畴成员即彼此关联的构式。此类复杂范畴在词汇和语法描写中均起着重要作用,两者可视为构成了一个连续统。

8.3.1 从语法来观照

要对一种语言的语法作出圆满描述,仅描写一般模式是不够的。同时还需保证恰当的成分出现在这些模式中。在所有可用于特定模式的成分中,被常规调用的成分通常仅限于特定范围,甚至是一个任意的子集。这即是**分布(distribution)**问题。

对许多语法现象而言,分布是通过构式子图式——具有中度概括性的结构——来表示的,它们需和描述一般模式的高层图式一道设定,或是代替这些图式出现。我们在路易森诺语的后置式中已看到这一点(图 8.10)。即便说话者抽取了一般图式[N-P],也并非利用了所有潜在可用的候选项。为阐明实际分布情况,必须设定构式子图式[N_{pron}-P]与[N_{inan}-P],但不包括 *[N_{an}-P]。进而需设定的还有更为复杂的图式[N_{an}[N_{pron}-P]],它填补了一般模式中的空白。实际决定什么出现、什么不出现的,正是这些低层图式,而非[N-P]。

出于其内在的竞争优势,低层图式具有很高的激活频率,因而在语言结构中起着举足轻重的作用。即便当一个高层模式可被识别出来时,它在习惯用法中的实际运用可能仍需由更具体的单位来实现。这些单位可能是相当具体的,甚至可囊括具体词项或语法标记。除了上述提到的图式外,还可为路易森诺语合理设定一系列更具体的单位,将特定的后置式或名词囊括其中。下面列出了两个这样的单位及其例示表达式:

(3) (a) [N-yk] ki-yk“到(**定指**)屋里去”,too-yk“到(**定指**)石头那边去”,po-yk 到“他那儿去”

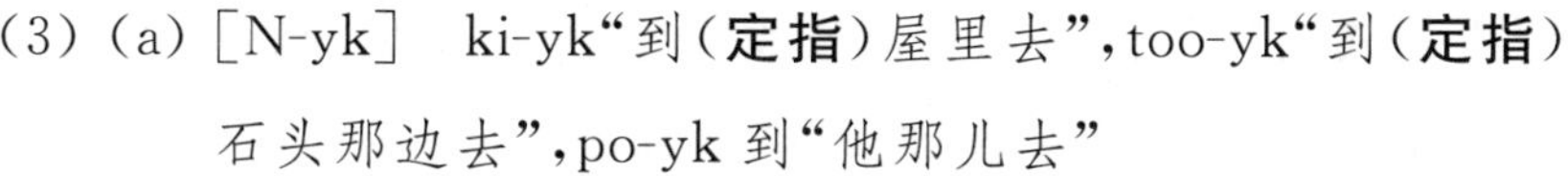

(b) [too-P] too-yk“到(**定指**)石头那边去”,too-ngay“从(**定指**)石头那边来”,too-tal“用(**定指**)石头”

我们还需进而假定,众多符合这些模式的具体表达式出现频率足够之高，从而可确立为规约单位。而后，说话者即可将其作为熟悉的、预先包装的整体加以唤起，无需依循构式图式从成分要素组合而来。例示表达式如 kiyk 及 tootal 完全可因具有足够高的使用频率而融合为单位。我们的确可将单位地位赋予几乎所有的“介词＋人称代词”组合，如(2)(b)。

实际上，对于特定表达式是否已固化为一个单位，我们并非总是了如指掌。尽管这(在事物的大仓库中)可能无足轻重，原则上讲，固化程度可凭经验而定。所观察到的频率为其提供了一个评估的依据。在实证方面，我们可以寻求新创表达式与单位表达式在加工方面可衡量的差异(Harris，1998)。当某一表达式稳定一贯地呈现出某种特异性，无法由任何规则模式推导出时，即有更多直接证据表明其单位地位。例如，倘若 neyk 不具备单位地位，我们就无从知道，在路易森诺语中，“到我这儿来”是由 neyk 而非由预期的 * noyk(对比 noo“我”)表示的。对于次要模式，当无从预测哪些成分参与其中时，同样须将其设定为单位。例如，动词过去式 wrote(写字)、broke(打碎)、drove(开车)、froze(冰冻)、rose(升起)、dove(潜水)及 strove(奋斗)均需作为单位加以习得。我们无从主张，它们不过是需要之时，经由描述[(...Vy...)$_\sigma$]--->[(...ow...)$_\sigma$]这一模式的构式图式建构而来的。这将意味着该图式在允准新表达式方面是可以通达的。然而，倘若它确实是可通达的，我们便无从解释为何它对其他动词并不适用(如 * fose 充当 fease 的过去式，或 * sote 充当 sight 的过去式)。

为表明 write 的过去式是 wrote，语言学家必须在词干上添加一个标记符(或“规则特征”(rule feature))，用于说明它在形态规

则上经历了一个元音[Vy]更替为[ow]的过程。或者,他们兴许会基于这一形态特征设定一个特殊的动词次类,将 write(写)列为其成员之一。然而,对于任何类似标记符或标记某一次类的符号的东西,将其视为语言结构的实际心理表征的一部分,似乎不大现实。[①] 在 CG 的模式中,write 的过去式为 wrote 这一信息,则是通过将 wrote 明确包括在英语的规约单位中提供的。形态规则无非是一个构式图式——象征结构的图式性集合,例示表达式(wrote、broke、drove 等)寓于具体集合中。因此,要对这一动词次类作出描述,只消设定由范畴化关系连接的象征集合,无需他求。

基于用法观的重要一面是:为数众多的复杂表达式均是学而知之的,并作为单位得以存储,其中包括许多符合规则模式的表达式(Bybee,2006)。因此,用于描述整个语法构式的网络,可能还包括具体的单位表达式,它们对处于不同抽象层次上的构式图式加以例示。通常这种网络的结构包括的不止于阐释关系。除了这些"垂直"连接外,我们还可识别出"水平"关系,即基于范畴典型的引申关系。特定的构式图式通常可视为典型,这是因其具有高频用例,且易于唤起用于允准新的表达式。因此,它界定了范畴的"中心",相对而言,其他不大常用的构式变体则构成了对规约的偏离。

图 8.11 是英语复合词网络的一个局部表征。大部分例子均为[N+N]形式的复合词,因而可将其视为典型。其他模式,包括

① 这些手段并无内在语义或音系内容,因而在 CG 中被内容要求所排除。虽然 CG 偶尔也会出于省略原因用到它们,这并不意味着它们在认知中有任何直接对应物。

[ADJ＋N]、[V＋N]及[N＋V]，可视为对这一基本模式的扩充。处于该网络中的还有各种构式子图式（未加标明），以及众多具有单位地位的具体表达式。图中进而表示出的还有某些高层图式，它们可能是自低层模式强化了的共性特征中抽象出来的，如一类复合词图式[REL＋N]，其中第一个成分（形容词或动词）侧显某种关系。在图中所显示的图式中，只有[N＋N]以及[ADJ＋N]（相对次之）常规用于允准新的表达式。其他图式被置于虚线框盒内，以示其相对不可通达的情况。

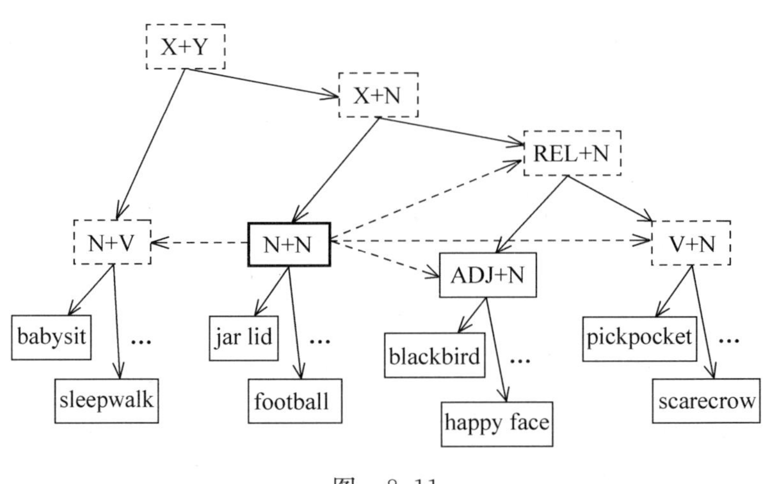

图　8.11

与高层图式对应的是为数众多的可能的例示表达式。通常情况下，这一结构可能性的广袤空间仅仅是局部地甚至是稀疏地为表达式（固定抑或新创）所栖居。再者，这一空间是“扭曲了的”，因为相对于某些区域，表达式更可能盘踞在另外一些区域。实现这些限制的是如图 8.11 所示的构式网络。即便一个高层图式（如[X＋Y]）的确得以涌现，它在具体语言使用中的实施细节依然是由整个网络加以说明的。

8.3.2　从词汇来观照

乍看起来，词项显得简单明了。存在一个形式（如[cat]（[māo]）），它有一个意义（如[CAT]（[猫]）），两者被加以象征配对：[[CAT]/[cat]]（[[猫]/[māo]]）。但接下来细加审视时，足可发现词项在若干方面均呈现出相当的复杂性。[CAT]是一个复杂的概念结构，调用了一系列开放的认知域（§2.2.2）。对于这样的语义单位的内部复杂性，我们暂且忽略不计。[①] 这一内部多重性（任何单个意义的典型特征）需与多义性区别开来。在多义关系中，词项的意义并不唯一，而是构成了相互关联的意义家族（图2.2）。多义性又有别于象征复杂性，即词项在多大程度上可分析为更小的象征结构（图1.2）。

复杂性还存在于另一维度上，涉及词项出现在更大结构环境中的情况。典型情况下，词项在林林总总的语境中得以约定俗成，这些语境既可作具体描述，又可作图式性描述。例如，通常 cat（猫）前面紧邻一个限定词或形容词，或后面紧跟一个复杂的修饰语，如介词短语。因此，我们可以设定图式性构造[DET cat]、[ADJ cat]及[cat PP]，以及为数不少的对其加以例示的熟悉表达式（如 my cat（我的猫）、the cat（这只猫）、any cat（任一只猫）、lazy cat（懒猫）、black cat（黑猫）、cat with kittens（有仔的猫）、cat on a hot tin roof（热铁皮屋顶上的猫））。这些均具有规约单位的地位。

① 词项同样可能包括表现各异的形式构成的家族（FCG1：§10.3.3）。

高频动词如 give(给)作为诸多构式的成分已完全固化,这些构式对各种形态实现作出说明:gives、gave、given、giving、to give。在句法上,作为两种小句的词汇中心词,give 的地位已稳固确立,如例(4)所示。两种小句的区别在于,动词是伴随两个名词性补语(如(a)中的情况),还是一个名词短语外加一个 to 介词短语。两者分别通称"双及物"(ditransitive)构式与"使动"(caused-motion)构式。[①] give 在这两种模式中的出现情况可由右侧公式加以表征。

(4) (a) **Ditransitive:** She gave her boyfriend a new Mercedes. [give NML NML]
(**双及物构式:**她送(给)男友一辆新奔驰车。)
(b) **Caused-motion:** She gave a new Mercedes to her boyfriend. [give NML [to NML]]
(**使动构式:**她送了一辆新奔驰车给男友。)

可以说,词项常规用于特定的**结构框架(structural frames)**中(如[ADJ cat]及[give NML NML]),一系列这样的框架即构成了词项整体描述的一部分。词项可能出现在众多框架中,也可能仅出现在寥寥数个之中。这些框架可大可小(由此一些包孕另一

① 深入论述可参见 Goldberg(1995)。之所以称"双及物"(ditransitive)构式,因其不仅是及物的,而且带有两个宾语补语。"使动"(caused motion)一词用于 He threw the cat over the fence(他把猫扔到篱笆那边去了)之类的句子,其中主语致使宾语沿介词短语所明示的路径移动。

些），可在不同的详略度上作出描述（由此一些例示另一些）。它们相当于构式图式，将词项作为一个成分要素囊括其中。[①]

熟知大量处于结构框架中的词项，是说话者语言能力的一个重要方面。尽管框架代表了对词项加以调用的稳固方式，它们丝毫不能保证、也无助于常态言语交流的流利性和得体性。这就引向了词项与其框架的关系中细微但关键的一环。在正统观点中，词项被看作独立于其框架而存在，这是大错特错的。语言学家在谈论将词项“插入”(insert)句法结构中时，便步入了这一误区。他们所忽视的是词项一开始是如何被习得的：它们自用法事件中抽取而来，这些用法事件构成了其所出现的特定结构语境。这些语境为词项的理解提供了初步基础，因此当说话者在词项的常规使用方面愈益娴熟时，它们依然以图式化的形式保留下来。对于词项的掌握必不可少的因素之一，是有关其使用方式的知识。这一知识的获得并非**后于**词项的习得，而是其习得的一个内在方面。[②]

从这一基于用法的视角来看，需要考虑的问题不是词项如何得以用于具体框架中，而是在多大程度上从这些框架中独立出来。语言单位自用法事件中的抽取过程与**去语境化**(**decontextualization**)过程同时并举。单位的抽取，是通过对一系列事件中复现的共性不断

---

① 当其他成分是具体的而非图示性的，它们即构成了常规搭配。例如，单位表达式 burnt toast（烤吐司）在 burnt（烧烤）与 toast（吐司）的总体描述中均有所体现，这代表了两者常规共现（搭配）的事实。

② 对于动词尤其如此，它们起初是在具体结构语境中习得的，只是后来才得到概括（Tomasello，1992、2003）。当然，这并不是要否认，某些动词是在独立于框架的环境中习得的（比如通过查词典），或在某一框架中习得的形式可扩展至其所在语法范畴的其他典型语境。这里要说明的问题不过是，将词项置于恰当的结构框架中是毫无根据的，因为任何严整的二元对立一开始就带有人为因素。

强化实现的。随用法事件而异的诸多细节因未能获得强化，而被排除在单位之外。因此，在某种程度上，单位的涌现造成了与初始支撑性语境的分离。这一去语境化过程能走多远，取决于语境间的差异有多大。以路易森诺语中 too“石头”的形态实现为例。由于(3)(b)中形式的差别仅在于后置式的选择上，仅此一点就足以支撑[too-P]的涌现。如添加主语形式 too-ta，就有了生成[too-X]的基础，它是一个更具图式性的框架，表示 too 与一个后缀共现。但它同样可与领有者前缀共现(如 no-too“我的石头”)，从而形成另一个框架[POSSR-too]。因此，实际情况不是 too 要么一贯与后缀共现，要么一贯与前缀共现。其形态语境纷繁多变，足可使 too 独立于具体框架得以确立。①

在某种程度上，词项的意义是由其所出现的框架塑造的。尽管其效果往往微不足道——或许路易森诺语中的 too 在 too-ta“石头”、too-tal“用(**定指**)石头”以及 no-too“我的石头”中意义相差无几——但并非总可忽略不计。例如，send(送)有几个差别微妙的意义，这取决于它是用在双及物构式中，还是用作使动动词，抑或是用作复杂谓语 send for(派人去请)的一部分。

(5) (a) They sent me another brochure.

[send_1 NML NML]

(他们送我另一本小册子。)

① 尽管如此，too(石头)总是出现在更大的词中，这使其在形态上的自主性逊于英语中的 rock(石头)。当名词不得不独立出现时，后缀 -ta 即会默认出现。同 hunwut 的词尾 -t 及 nawitmal 的词尾 -l 一样(参见 409 页注①(原注 19))，可将 -ta 的语义分析为等同于名词图示。

(b) We sent the new letter to all the applicants.

[$send_2$ NML [to NML]]

(我们把新信件送到了所有申请者那里。)

(c) You can send for more information at any time.

[[$send_3$ for] NML]

(你随时都可派人捎来更多消息。)

send 在各个构式中的界标均属不同类型，由于焦点突显是意义的重要一面，因而它在这些语境中的语义各不相同。

send 的这些不同意义如图 8.12 所示。小圆表示事件参与者，椭圆代表参与者的**领地(dominion)**，或控制领域(图 3.14)。这三个意义的共享特征是射体引发(双箭头)另一实体从自身的领地移至(单箭头)另一参与者的领地。[①] 其主要区别性特征是赋予后一参与者的突显度。该参与者为“接受者”，它把守着目标的领地。就 $send_1$ 而言，接受者作为界标被聚焦，其结果是所侧显的关系包含移动者随后通达接受者的情况(虚箭头)。相反，$send_2$ 将界标的地位赋予移动者，因此更为强调的是运动的路径。接受者并未被动词聚焦，仅作为 to 短语的界标被间接引入，用于对这一路径加以明示。对于 $send_3$ 而言，接受者甚至未被提及。复杂动词 send for 将注意力从送物和接受者身上转移开来，转而聚焦于某物朝相反方向移动、并进驻射体的领地这一预期结果。第二个

① 方便的做法是，在初始及终态位置均将移动者表示出来。虚对应线表明所连接实体同时占据这两个位置。

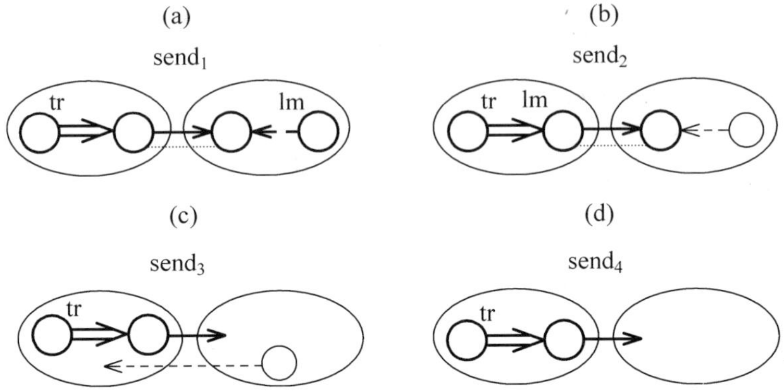

(a) $send_1$ tr lm

(b) $send_2$ tr lm

(c) $send_3$ tr

(d) $send_4$ tr

图 8.12

移动者充当的是整个复杂动词的界标，而非单独充当 $send_3$ 的界标。[①] 然而，在某种意义上唤起这一预期运动（虚线箭头），即为 $send_3$ 本身的意义涂抹了一层色彩。由于 $send_3$ 仅限于出现在这一更大语境中，唤起该词必然在某种程度上激活整个场景。

图(d)表示的是 $send_1$、$send_2$ 与 $send_3$ 的共性。这一更具图式性的意义因而是 send 独立于任何句法框架的意义。倘若这一抽象化的意义得以涌现，也不过是第二位的。从习得角度看，它代表了进一步的发展，即造就 $send_1$、$send_2$ 与 $send_3$ 的去语境化进程被推向极致。从加工角度看，它可能比较为具体的意义更难通达。send 的这些不同意义可构成网络模型，如图 8.13 右侧所示。伴随每一具体意义的是诱发其产生的结构框架。

① 这些描述的证据之一是，每种情况下，被认定为动词界标（或宾语）的名词短语均充当对应被动式的主语：I was sent another brochure（有人送我另一份小册子）；The new letter was sent to all the applicants（新信件送到所有申请者那里去了）；More information can be sent for at any time（随时都可以捎来新信息）。

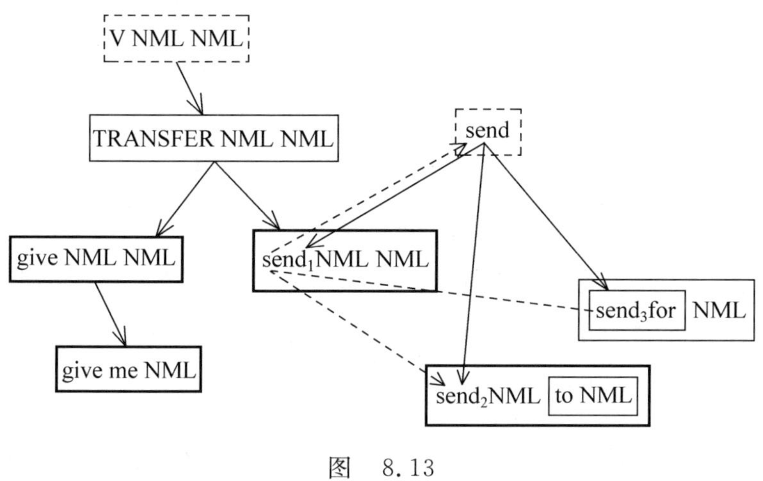

图　8.13

图 8.13 左侧所示的是英语双及物构式网络的一小部分。[①] 在这一模式中处于中心地位的是转移类动词，如 give(给)、send(送)、mail(邮寄)等。因此，我们可以设定一个构式图式[TRANSFER NML NML]，以及[give NML NML]与[send_1 NML NML]之类的子图式。一系列更为具体的结构，如[give me NML]，同样得以固化为单位。尽管对于双及物构式而言，转移模式属于典型，但它也可用于一系列其他场合，如意图转移类动词(promise(许诺)、owe(欠)、grant(同意)、bequeath(遗赠))，许可和否认类动词(permit(许可)、allow(允许)、deny(否认)、refuse(拒绝))，利他型创造类动词(make(做)、cook(烹调)、build(建造)、bake(烘焙))。高层图式涵盖了所有这些可能情况，可表征为[V NML NML]，在允准新表达式方面本身

① 参见戈德堡(Goldberg，1995)。在解读这些图解时，需留意网络隐喻的局限性(在§8.1.3 的结束部分有所提及)。

无法被通达。双及物构式的常规分布是由整个网络、而非任何单个节点来表示的。

居于图 8.13 中央、同时充当两个网络的节点的，是一个具有部分图式性的结构[send_1 NML NML]。它既属于代表 send（及其所唤起的意义）的结构框架的词汇网络，又属于双及物构式的语法网络。这并未造成任何问题，恰恰是意料之中的。词项与语法构式均是自实际出现的表达式中抽象出来的，是对反复出现的共性加以强化的结果。每种情况下，其典型结果体现为一个网络，由处于不同图式性层次、存在相互关联的变体构成。图式化过程能走多远，沿哪个方向行进，取决于源表达式的共享特征。从各不相同但彼此交叉的一系列表达式中，既可涌现出构式图式（自具体词项抽取而来），又可涌现出词汇变体（率先由具体结构框架唤起）。类似[send_1 NML NML]的结构同时代表了两条抽象化路径上的第一步。那么它是属于词汇还是属于语法？答案只能是两者兼而有之。这是词汇与语法构成一个连续体的诸多表现之一。

8.4 规律性

不时可见这样的主张：句法与词汇在本质上大相径庭、迥然不同。照此观点，句法的典型特征是规律性，因而可借助规则加以描写；词汇则是不规则性的大仓库——不可预测的特异现象的集群。在这些问题上，CG 采取了截然不同的立场。它为词汇和语法（兼涉句法与词法）提供了统一的描述，其中每个语言单位代表了一个强化了的模式，因而体现了某种规律性。为了更清楚地表明这一点，我们需要对规律性这一概念加以考察，对其中不甚明显的表现加以观照。

8.4.1　构式义与组合性

尽管语言学家通常懒得去解释何谓“规律性”（regularity），这一概念的意义绝非一目了然。这一名称至少涵盖了三个独立的因素：**概括性（generality）、能产性（productivity）与组合性（compositionality）**。

1. 概括性涉及模式可在多大的图式度上作出描述。例如，较之于明确指称代词的名词短语，一个被描述为名词短语（类型不限）的模式具有更大的概括性。同样，高层双及物构式图式[V NML NML]比[TRANSFER NML NML]（仅限于转移类动词）更具概括性，后者反过来又比[give NML NML]更具概括性（图8.13）。一个高度具体的固定表达，如 Give me that!（把那个给我！）或 cat（猫），代表了一个具有最低概括度的模式。

2. 能产性涉及图式在多大程度上可通达，用于允准新的表达式。我们已经看到，最具概括性的构式图式，如[V NML NML]或路易森诺语中的[N-P]，往往无法满足这一目的。相反，一个具有较小概括性的模式，在其适用范围内却可能具有充分的能产性。例如，路易森诺语中的[N_{inan}-P]可自由用于无生名词与后置式的结合中。但是，较大的概括度难以保证能产性，在 write（写字）、break（打碎）、freeze（冰冻）等动词的过去式中，我们已经看到这一点。描述这一模式的构式图式在动词的音系极上相当具体：[(...Vy...)$_σ$]，但却无法被激活用于允准新的表达式（如将 * fose 用于新造词 fease 中）。虽说默认模式（生成的是 feased）更为概括，但固化程度更高,因而总可在激活竞争中稳操胜券。对应于经典句法概念的模式尽管兼具最大概括性与充分能产性,实际上却相当不典型。这方面的强势候选项为描述基本词序的图式,如描述动词及其宾语顺序的[V NML]。

3. 组合性涉及在多大程度上,复合表达式可从其成分结构与允准它的构式图式中推导而来。CG 的立场是:语义仅具有部分组合性(§6.2.1)。有些表达式(如 jar lid(罐子盖儿))趋近完全意义上的组合性,有些(laptop(便携式电脑))则大幅偏离了其预期意义。某种程度的偏离——即便是隐藏在更大的具体性中——对固定表达及新创表达而言均属常态。因此,同其他两个因素一样,组合性也无法用于支撑"完全合乎规律的句法-毫无规律的词汇"这一二元区分。

组合性仅仅是不完全意义上的,因为语义的决定因素不止于成分结构与构式图式。在实现复合语义结构的过程中,还调用了许多其他资源(§2.1.3)。表达式的意义预设了一个翔实的概念基底,用于对其加以支撑与塑造。此外,语言使用者还调用了一系列丰富的想象与解释能力。严格上讲,复杂表达式的意义无法从词汇意义与组合模式(构式图式的语义极)**运算(compute)**出来,更确切的说法是为其所**促动(prompt)**。[①]

然而,构式图式是有意义的,并为复杂表达式贡献了重要的语义内容。即便它们对于复合意义的实现而言并非全部,这种图式

---

① 斯威茨(Sweetser,1999)证明,即便对于貌似直截了当的情况,如[ADJ N]构式中的形名组合,情况亦是如此。

至少也提供了关键信息，涉及成分概念如何组合在一起，以及经整合得到的内容以何种方式被识解（就其侧显的内容而言）。它们对成分词项的解释施加影响，并可能进而贡献自身的概念内容。这些均是**构式义（constructional meaning）**的一部分。借助这些多样的表现形式，语法在决定复合表达式的意义中发挥着实质性、系统性的作用。

近年来，语言学家才认识到构式图式可在多大程度上强化、补充或压倒成分词项所提供的概念内容（Goldberg，1995、2006）。一个并不包括任何具体词项的图式倒有可能被优先习得，其所基于的是少量共享某些重要内容的词项，因而当图式涌现后，这些词项依然得以保留下来（Tomasello，1992；Sethuraman，2002）。而当词项用于其所界定的构式时，这方面的意义又由构式得以加强。例如，双及物构式起初是基于高频转移类动词，如 give（给）、bring（带来）、send（送）及 tell（告知）。因此，初始构式图式[TRANSFER NML NML]保留了这些动词的共性（粗略如图 8.12（a）所示）。而后，在双及物句中，词项与图式共同提供了这一共享内容，如 She gave him an apple（她给了他一个苹果）或 Tell me a story（给我讲个故事）。

在成人语言使用中，双及物模式被扩展至许多涉及的并非简单转移的情景中。一类现象如句（6）所示：

（6）（a）She made him a kite.
（她给他做了个风筝。）
They built us a porch.
（他们为我们建了个门廊。）

I knitted her a sweater. [creation]
(我给她织了件毛衣。) [创造类]

(b) He wrote me a check.
(他给我开了张支票。)
She baked them a pie.
(她为他们烤了个馅饼。)
Peel me another orange. [preparation]
(再给我剥个橘子。) [准备类]

(c) I bought him a clock.
(我给他买了个钟表。)
Find us some old rags.
(给我们找些旧抹布来。)
She got you a fancy car. [acquisition]
(她给你弄了部高档车。) [获得类]

这些例子与简单转移有所不同,因为接受者所得之物起初并不处于主语控制之下,至少就有使用权而言。实际上,是主语通过诸如创造、准备或获得之类的行动,使得接受者可对其加以利用。需要注意的是,这些动词均有其他更为基本的用法,并不以任何显著方式唤起接受者的概念:

(7) (a) She made a kite.
(她做了个风筝。)
They built a porch.
(他们建了个门廊。)

I knitted a sweater. [creation]

（我织了件毛衣。） [创造类]

(b) He wrote a check.

（他开了张支票。）

She baked a pie.

（她烤了个馅饼。）

Peel another orange. [preparation]

（再剥个橘子。） [准备类]

(c) I bought a clock.

（我买了个钟表。）

Find some old rags.

（找些旧抹布来。）

She got a fancy car. [acquisition]

（她弄到一部高档车。） [获得类]

因此，并非这些动词起初即具有转移义，使其得以用于核心双及物构式。实际情况是，即便在缺乏这一具体内容的情况下，它们也可用于这一构式，因此这一内容必定是由构式本身提供的。句(6)的复合意义结合了创造、准备、获得义——其结果均是某物可加以利用——与转移至某一接受者的意义，这一转移义是由构式图式提供的。

这一扩展情况如图 8.14 所示。上方的框盒是对构式图式[TRANSFER NML NML]的局部表征，表示成分结构及彼此间的对应连接。下方的框盒代表创造、准备、获得类动词，如(7)。这一标记法意在表明,射体实施了某种行为,致使界标出现在其领地中。图中代表的是这种动词在基本双及物构式中的初始用法,这发生在(6)中的模式得以确立之前。在此阶段,用创造、准备、获得类动词来例示一个图式性的转移动词,构成了基于允准它的图式的引申,而不仅仅是阐释。因此,对于构式图式中动词与目标表达式之间的这种范畴化关系,图中以虚线箭头表示;这是该表达式参照图式所作的结构性解释的一部分。鉴于这一用法过去可能并不常见,这一范畴化被置于圆角框盒内。

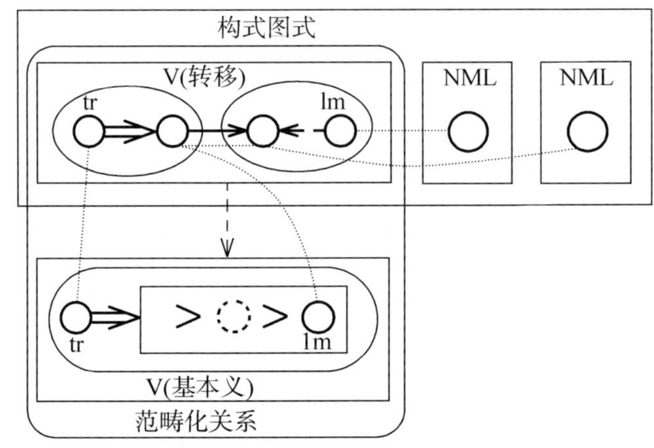

NML = nominal(名词短语)
tr = trajector(射体); lm = landmark(界标)

图 8.14

这种范畴化的结果是,这些表达式中的动词(如 She made him a kite(她给他做了个风筝))被**理解**为转移类动词。范畴化判断构成了一个统一的经验,并不等于单独理解图式与目标的经验(§8.2.1)。因此,在这一使用环境下,(6)中的动词与图 8.15(a)中描述的统一概念相连。这一整合义同时囊括了图式与目标的内容,在界标的选取上依循了前者的模式。当这种动词初步用于这一构式中时，整合义——同引发它的范畴化一样——属于新创意义。但随其反复使用，整个范畴化判断（包括其整合义在内）得以固化，并确立为一个单位，如图(b)所示。在此，我们有理由说动词获得了一个引申义——一个融合了转移概念及创造、准备、获得等基本义的意义。需要承认的是，这一意义仅在象征集合（如图 8.14）的环境中才得以显现。不过一般而言，动词的意义是自其所出现的特定结构框架中抽象出来的，这种出现环境是关于动词的描述的一部分（图 8.13）。说动词具有某个意义，不过是说它在恰当的结构环境中和这一概念相联系，这一联系已确立为一个规约单位。

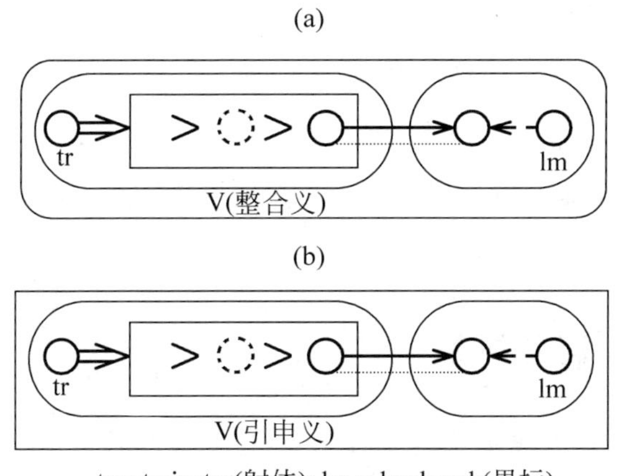

图　8.15

这种扩展并不限于个别动词，而是发生在许多动词中，如(6)。这种表达式经反复运用，可导致整个构造固化为图式化的形式（如图 8.14 所示）。这相当于双及物构式的一个新的构式图式，创造、准备、获得类动词用于其中，并被理解为转移类动词。如果说

[TRANSFER NML NML]属于典型，这一新的变体相对于该范畴而言则更为边缘，是基于典型成员的引申。然而，它已约定俗成，并可用于允准新的表达式，其中有些可能含有更低频的、通常并不用于这一构式的动词。基于此，我们可对(8)中的句子作出解释，并将其判为合格。自然，当这些动词反复用于这一构式中，同样可获得为这一用法所诱发的转移义。正是通过这样的扩展，自典型成员起步，复杂范畴得以逐渐建立起来。[①]

(8) (a) She sculpted him an elephant. [creation]
(她为他雕刻了一头大象。) [创造类]
(b) Skin me another cat. [preparation]
(再给我剥一张猫皮。) [准备类]
(c) I stole her a diamond ring. [acquisition]
(我给她偷来一枚钻戒。) [获得类]

8.4.2 高层概括

图 8.14 中所描述的范畴化，是表达式与用于解释其结构的构式图式间关系的一个方面。例如，在(6)中，动词 make(做)、peel(削皮)或 find(找到)例示了一个图式性的转移类动词，尽管它们在语义上存在不相容之处。基于这一范畴化，此种动词在这一构

① 我无意主张，刚刚描述的情形必然代表了双及物构式的实际发展历程。它仅仅意在阐明，在复杂范畴的演化以及词汇义与构式义的互动中，很有可能唤起这些过程类型。

式语境中即被**理解为**转移类动词。由此产生的整合义反复出现在这一框架中，又可确立为该动词的一个新的引申义。

由于此种情况并不限于个别动词，而是发生在许多动词中，图8.14中的构造（包括已涌现出的整合义）又可经历进一步图式化。即是说，此种语境诱发的语义扩展构成了一个复现的模式，其本身又可在一定的抽象层次上确立为一个单位，其抽象度依生成该单位的动词数量而定。而且一旦确立，这一单位本身又可被唤起，用于允准其他动词的语义扩展（如(8)）。最后这一节关注的是此种单位的性质及其在语言系统中的地位。它代表了一类重要但鲜有被认识到的规律，我称之为**“高层概括”(higher-order generalization)**。

在描写语言系统时，我们在容许设定的单位类型上受制于内容要求（§1.3.4）。唯一许可的是语义结构、音系结构及象征结构，这些结构只能是：i)实际出现的表达式；ii)容许出现结构的图式化；或iii)容许出现结构间的范畴化关系。例如，i)所容许的象征结构有lazy cat（懒猫）、clean air（清新空气）及valid argument（确凿的证据）之类的固定表达，ii)容许它们的构式图式[ADJ N]，iii)则容许范畴化关系[[ADJ N]→[lazy cat]。因此，类似[ADJ N]的图式代表内容要求的第2)部分，是作为对例示表达式的概括得以涌现的，后者代表了i)，两者间的关系又对应于iii)。然而，这并非唯一可能的情况。由于范畴化关系在iii)中可容许作为单位，ii)又容许被许可的结构得以图式化，因此图式化同样可作用于范畴化。[1] 而由于它捕捉到了

① 更进一步讲，图示化的范畴化与任何具体范畴化之间的关系，本身即是(iii)所**允准**的范畴化关系。

一系列范畴间的共性，由此生成的图式构成了一个高层概括。

图 8.14 中的结构因而是内容要求所容许的。我们可从不同方面对其加以观照，这些方面均是行得通的。一方面，它构成了一个**扩充的构式图式(augmented constructional schema)**。它属于构式图式，因其明示了动词与其非主语补语在诸如句(8)中的整合情况，此处调用的动词多属创造、准备、获得类。[①] 再者，在上述所勾勒的情景中，该结构是对双及物构式核心图式(基于转移类动词)的扩充，是通过将核心模式用于其他情景得到的。在这些情景中，所侧显的行为仅将转移视为一个次要结果。虽说该用法与基本图式相冲突，但完全在通常可容许的范围内。而且，随着该用法反复出现，对其共享特征的强化又可造就整个构造的固化和图式化。由此，一个新的构式图式得以涌现，它基于初始图式之上，并将其囊括其中(后者依然可独立通达，仍充当双及物构式的典型成员)。

这一构造同样可视为对(6)中的动词的部分描述。对于每个这样的动词(make、peel、find 等)而言，它代表了一个整合义，被确立为动词的一个义项，同时也代表了从其基本义引发这一语义扩展的结构框架。它图式化地代表了这些动词间的共性，因而界定了双及物谓词的一个特殊子类。

最后，图 8.14 中的构造可视为一种**语义扩展模式(pattern of semantic extension)**。对于每个动词而言，它既代表了基本义(典

① 需要留意的是，图 8.14 在许多方面都是简化了的。构成要素、复合结构及音系极均未表示出来。源自动词经图式性的转移类动词范畴化所生成的整合义也未体现出来(这在图 8.15 中有单独呈现)。尽管该框盒是圆角的(代表新创表达——译注)，我们在此考虑的是整个构造获得单位地位的阶段。

型语义)，又代表了通过被理解为转移类动词而在这一语境中诱发的引申义。该构造的这一方面在图 8.16 中有单独呈现。在图式层面(作为扩充的构式图式的一部分)，它描述的是一个抽象化的模式，非转移类动词基于这一模式获得了转移义。我们在(8)中看到，这一模式还可用于同一构式语境中的其他动词。作为对范畴化的图式化，它构成了一个高层概括。

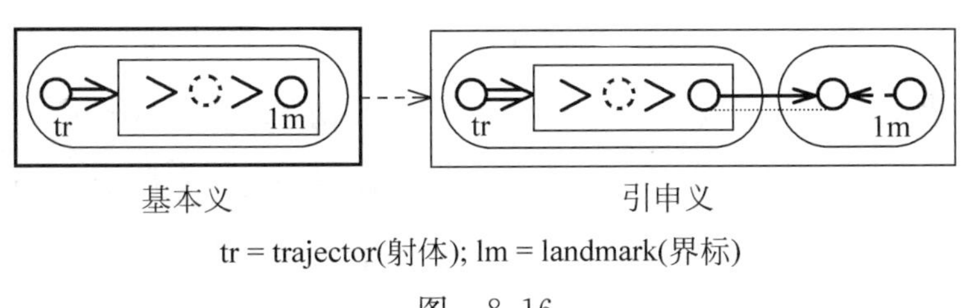

图　8.16

这种高层概括反映了我们心智能力的一个重要方面。抽象出的规律并不涉及个体内容结构(此种情况下为意义)的本质，而是涉及这些结构彼此关联的方式。这一高层抽象化能力在语言中有诸多表现。的确，由于成分结构与复合结构通过范畴化关系得以连接，每个构式图式均代表了范畴化的图式化。这种能力在转喻及音系扩展模式中同样有所体现。

尽管“转喻”一词有多种用法，就当前目的而言，我们可将其描述为显面的转移(shift in profile)(§3.3.1)。一个在其基本意义中侧显某一实体的表达式 A，转而被理解为指向另一实体 B。两者间存在某种关联，因而 B 在心理上可经由 A 得以通达。这在图 8.17 中有抽象表示。

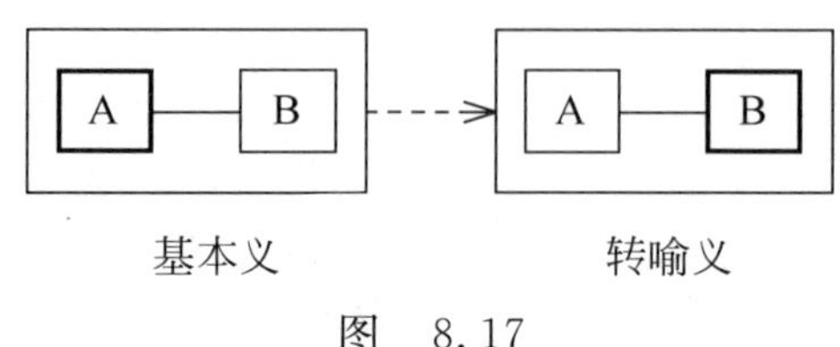

图 8.17

与之相关的情况是：转喻通常依循了约定俗成的模式。兹举一例：地名常被扩展至用于指称发生于该地的显著事件（往往是悲剧性的）：Vietnam（越南）、Chernobyl（切尔诺贝利）、Oklahoma City（俄克拉荷马城）、Wounded Knee（伤膝河）、Hiroshima（广岛）、Waterloo（滑铁卢），诸如此类。特定的转喻用法，代表了具体的[地点—事件]的扩展已固化为一个单位，如[[**VIETNAM**—WAR]--->[VIETNAM—**WAR**]]（[[**越南**—战争]]--->[越南—**战争**]]）[①]。每个这样的单位均代表了[[**PLACE**—EVENT]--->[PLACE—**EVENT**]]（[[**地点**—事件]--->[地点—**事件**]]）这一概括模式的图式化扩展。再者，这一图式经常被唤起用于允准新的表达式。在2000年的总统大选之后，Florida（佛罗里达）一词几乎无可避免地用于指称当地发生的计票风波（如 Florida must never happen again（佛罗里达下不为例））。

可进一步阐释范畴化的图式化的是一种音系扩展模式。回顾此前杜撰的关于元音[a]在[m]之后鼻音化的例子。一经确立为

① 这一扩展发生于地点表达式的语义极。需要注意的是，基本义未必是用法上最高频的或认知上最显著的。尽管对于大部分说话者而言，Chernobyl（切尔诺贝利）唤起的均是核灾难，而非灾难发生地，该词还是被理解为地点的转喻。因此，基本义（由转喻模式的方向而定）与最易于激活的意义并非同一回事。就 Vietnam（越南）而言，两个意义的固化程度似乎不相上下。

常规情况，这一发音变体即可由规约性的范畴单位[[ma]--->[mã]]作出说明。这一模式还可扩展至其他元音，从而生成诸如[[me]--->[mẽ]]、[[mu]--->[mũ]]之类的单位。伴随这些情况的发生，对其共享特征的强化又可生成图式化扩展[[mV]--->[mṼ]]，它代表了任何元音在[m]后均可鼻音化这一概括。当然，这一模式还可扩展至其他鼻辅音，生成诸如[[na]--->[nã]]、[[ŋa]--->[ŋã]]这样的单位，以及指称整个鼻辅音范畴的图式[[Na]--->[Nã]]。随着这一发音变体概括至同时涵盖元音和鼻辅音，图式[[NV]--->[NṼ]]可能最终作为高层概括得以浮现。[①]

范畴化的图式化具有突出地位，因这一概括涉及不同表达式所体现的内容结构之间的关系。例如，转喻模式[[**PLACE**—EVENT]--->[PLACE—**EVENT**]]([[**地点**—事件]--->[地点—**事件**]])所表达的概括，涉及的是某个地名(如 Vietnam(越南))在不同表达式中的意义，体现为不同用法事件的一部分。同样，[[mV]--->[mṼ]]所代表的音系模式，涉及的是同一音节在不同场合的不同发音情况。换句话说，我们有能力对任何表达式或用法事件中并不显著的关系加以概括，此种情况下图式化波及多个表达式。这一能力还有另一个重要的语言表现，即词汇次范畴的涌现，其成员在一系列语法构式中体现出相似的模式。这些次范畴构成了高层概括，因其本质特征分布于多个构式中，在每个构式中次范畴成员的表现大同小异。

① 此种高层图示捕捉到了某些规律。对于这些规律，经典生成音系学的处理方法是设定某些规则，自底层结构派生出语音表征。关于两者的比较，参见 FCG1:443—444 及 GC:第四章。

尽管这一概念应用范围广泛，此处我想到的一个情况是“变位范畴”(conjugation class)，即在时态、人称、数等屈折模式上雷同的一系列动词。这里值得对一个例子深入挖掘，因为在基于语义的语法理论中，屈折词形变化的特异性常被视为是大有问题的。只有在一个毫无根据的错误假设中，它们才是成问题的：此种理论需基于意义对这些特异性作出预测。然而，CG 并不声称它们是**可预测的**，其所声称的不过是：它们可依照内容要求**描述为**象征集合。一整套动词词形变化范围甚广，无法在此面面俱到，一个小类足可表明我们的基本思路。

此处用于说明问题的是西班牙语中最基本的变位范畴，包括以 a 结尾的“规则”动词。还存在另外两类主要范畴及数量可观的次要范畴，但以 a 范畴成员为最。该范畴充当了默认项，因以 a 结尾的新造动词自动依循了这一模式。面对一个从未见过的构造得当的动词词干，说话者立马可以断定，在众多人称、数、时态、情态等组合中应采用何种形式。关键问题在于，说话者何以能做到这一点？是什么使得说话者可直接通达此类范畴任何动词的屈折形式？

此处要考察的语料如图 8.18 所示，截取了三个常用动词(分别表示“爱”、“唱歌”、“工作”的意义)的部分变位形式。我们仅将注意力限制在现在与过去直陈式的单数形式上。这意味着每个动词词干有六种形式：第一、第二、第三人称单数，各自包括现在时与过去时。为便于识别，词干以粗体标记。需要注意的是，末位 a 在含元音的屈折词尾中并未出现：-o“第一人称单数：现在时”、-é“第一人称单数：过去时”及 -ó“第三人称单数：过去时”。还可进而注意到，第三人称单数现在时体现为零形式(Ø)，即词干未经修饰。成分要素——词干及词尾——分列于最后一行及最后一列。

	“love”	“sing”	“work”	
1s:PRES	amo	canto	trabajo	-o
2s:PRES	ams	cantas	trabajas	-s
3s:PRES	ama	canta	trabaja	Ø
1s:PAST	amé	canté	trabajé	-é
2s:PAST	amaste	cantaste	trabajaste	-ste
3s:PAST	amó	cantó	trabajó	-ó
	am(a)	cant(a)	trabaj(a)	

图　8.18

每个形式均构成了一个语法构式。两个这样的构式如图 8.19 所示。词干(am 或 ama)侧显一类具体的过程。词尾(-o 或 -ste)唤起一个图式性的过程，并在两方面将其与言语情景挂钩：其射体被认定为说话者(1s)或听话者(2s)；过程本身与言语事件重合或位于其前(参图 5.10)。两个成分结构在语义及音系上均得以整合，从而生成复合结构。在语义极上，词干侧显的具体过程等同于词尾唤起的图式性过程。因此，与言语情景挂钩的是

(a)

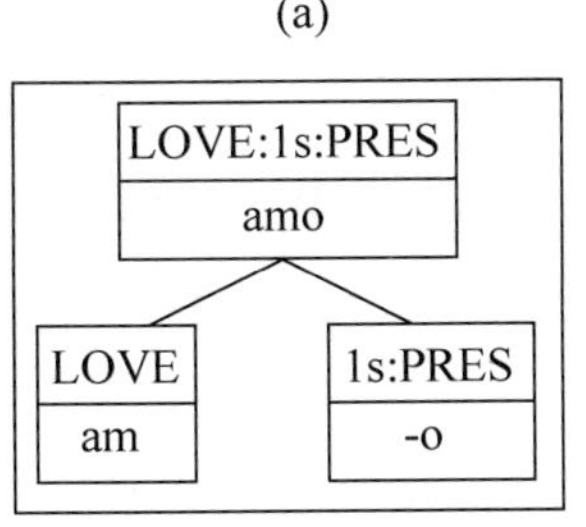

(b)

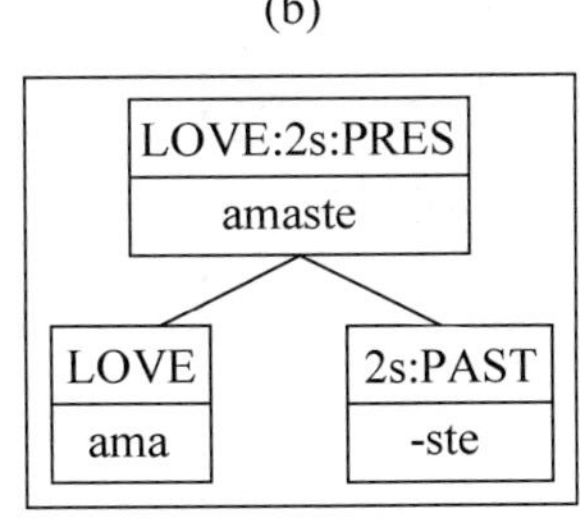

1s: PRES = 1st person singular: present(第一人称单数：现在时)
2s: PAST = 2nd person singular: past(第二人称单数：过去时)

图　8.19

具体过程[LOVE]([爱])。在音系极上,具体词干 am 或 ama 等同于词尾附着的词干(参图 6.11)。

对于类似 am(a)(爱)这样的高频动词而言,很可能的情况是所有考虑在内的形式均获得了单位地位,此种情况下我们可以设定单位构式,置于图 8.20 的底层。[①] 它们均为象征结构的集合,每个兼有语义极与音系极。不过,为简化起见,图中仅标明音系极。对于其他常见动词,包括 cant(a)(不能)与 trabaj(a)(锁),也可设定类似单位。

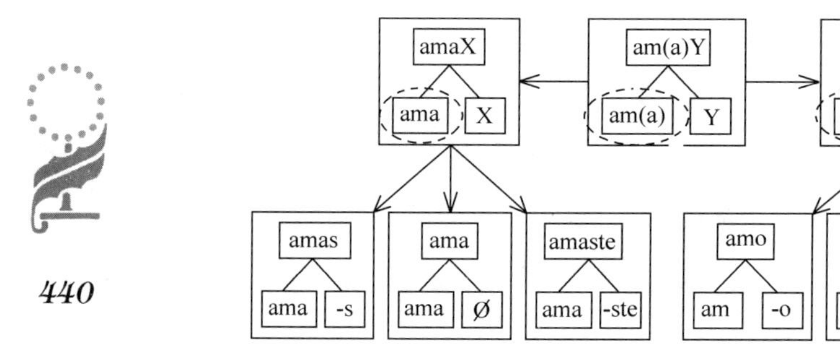

图 8.20

这一系列具体集合可经历不同类型的图式化,反映出不同类型形式间的内在共性。沿着一个轴可形成图式性集合,如图 8.20 顶层所示。左图与右图分别表明,在有些屈折形式中词干体现为 ama,在另一些中则体现为 am。位于中央的是一个捕捉了两者间的共性的高层图式。括号意在表明,图式化的词干不受末

① 从根本上讲,情况是否属实并无大碍。不管个别动词的屈折形式是否均获得了单位地位,界定变位范畴的图示均可得以涌现。概而言之,图示的抽取仅需有足够数量的不同例示,使其共享特征得以强化,无需单一例示经高频使用固化为一个单位。

位a出现与否的限制(未作说明)。对于这些高层图式所提供的信息,语言学家经常用其他理论概念、以其他方式加以描述。他们专注于词干本身,认为存在ama与am**交替(alternation)**的情况,其中ama为基本变体。他们还认为,"主题性的"(thematic)元音a在含有元音的后缀之前"脱落"。概括至整个词干,或许即可设定一个音系规则,将这种后缀之前的词干尾元音"删除"。在CG看来,这种主张并非毫无可取之处,它们不过照应了类似图8.20中的网络的特定方面。

接下来我们更细致地对其加以观照。从图8.20的顶层看起,置于椭圆内的成分被提取出来,在图8.21(a)中加以单独呈现。这一抽象化的图解明确表述了先前图解中一些隐而不现的因素;尤其是表明图式构成了一个复杂范畴,包含词干的各种变体。变体ama出现的语境最广,可视为典型成员。相对于这一典型,am构成了其扩展,仅出现在元音后缀环境中。这等于说ama与am互为变体,其中ama是基本变体,主题性的a在另一元音前脱落。对于其他词干,如cant(a)与trabaj(a),同样可涌现出类似的复杂范畴,其所构成的网络与图8.10大同小异。这一系列平行的复杂范畴本身又可经历图式化,从而生成图8.21(b)中的构造。这一图式性网络代表了词干交替的一般模式。此外,下方的两个结构——代表典型范畴及语境促发的扩展——相当于一条音系规则,即在另一元音前删去词干末位的a。

诸如图8.20中的一系列网络,每个均代表一个词干的屈折形式,又支撑了其他图式的抽取,用于反映一系列其他形式间的共性。兹举一例:图8.22描述的是基于图8.18最上面一排形式(第

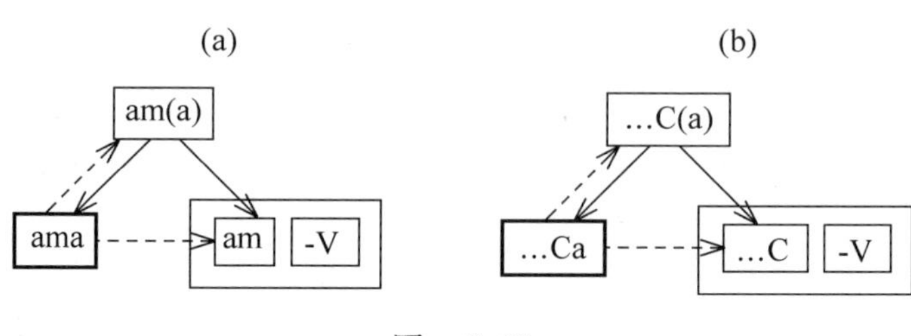

图 8.21

一人称单数、现在时)的图式化情况。可以明确的是,同一词形变化内部或不同词形变化之间可识别的模式,均可借助图式加以捕捉。说话者关于这些模式的知识寓于一个庞大的构式清单中,这些具体及图式性的集合组成了相互交织的网络。具体集合代表的是已习得的形式,其范围涵盖系统中完全规则的形式到完全特异的形式。更具图式性的集合代表的是位于任何抽象层次上的成分所蕴含的系统性特征。

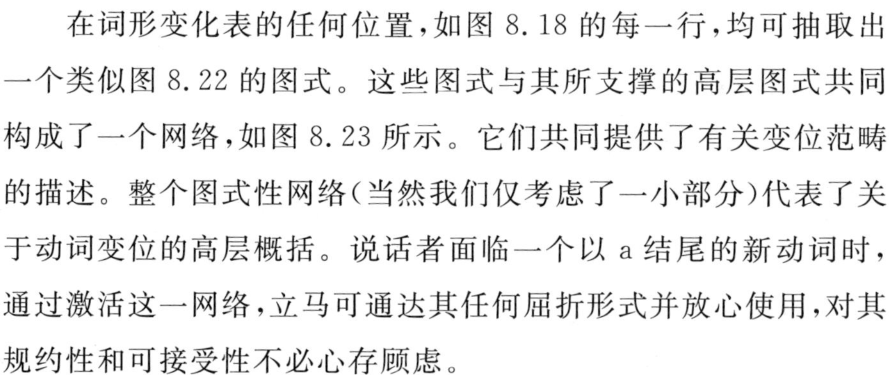

在词形变化表的任何位置,如图 8.18 的每一行,均可抽取出一个类似图 8.22 的图式。这些图式与其所支撑的高层图式共同构成了一个网络,如图 8.23 所示。它们共同提供了有关变位范畴的描述。整个图式性网络(当然我们仅考虑了一小部分)代表了关于动词变位的高层概括。说话者面临一个以 a 结尾的新动词时,通过激活这一网络,立马可通达其任何屈折形式并放心使用,对其规约性和可接受性不必心存顾虑。

这里沉淀下来的信息是:借助 CG 的核心概念,足可有效处理极其广泛的语言现象。内容要求所容许的少量几种结构,可按不同方式结合,并在多重维度、不同组织层次上出现,直截了当地涵盖了各种看似毫不相干的现象,而这在其他框架中往往被单独加

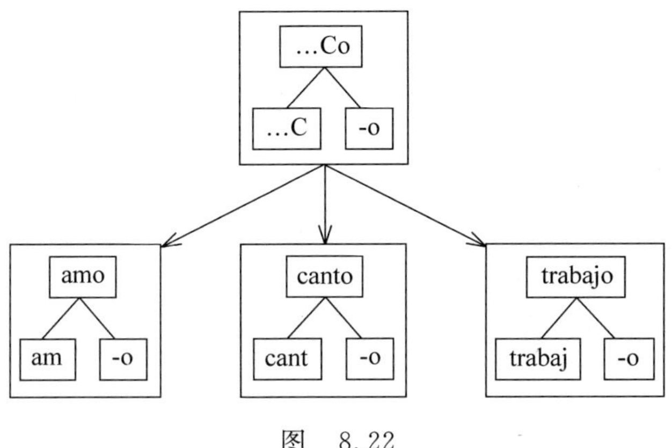

图　8.22

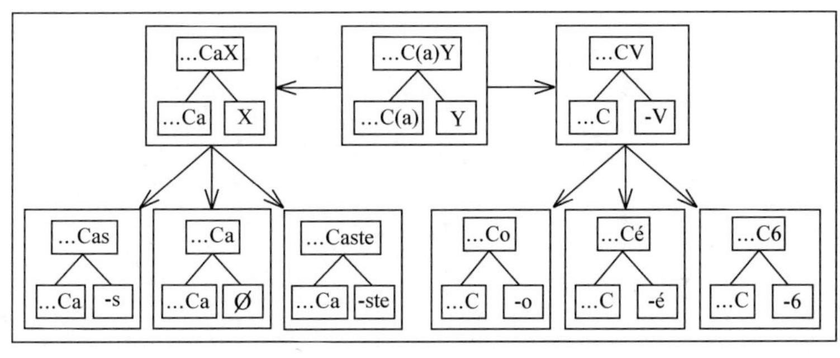

图　8.23

以处理。再者，这些结构所提供的解释与 CG 的基本原则相吻合，兼具统一性、限制性与心理真实性。

珍藏本·增订本

纪念版

汉译世界学术名著丛书

认知语法导论

下卷

〔美〕罗纳德·W. 兰艾克　著

黄蓓　译

刘辰诞　审校

商务印书馆
SINCE 1897
The Commercial Press

第三部分

结　构

第九章 入场

不妨考虑一下某个仅含词项 girl（女孩）、like（喜欢）及 boy（男孩）的框架小句：girl like boy（女孩喜欢男孩），其中 girl 对 like 的射体加以阐释，boy 则对其界标加以阐释。虽说这个小句在概念上是连贯一致的，本身并派不上多大用场。其所侧显的关系捕捉到了无数情景的共性，它们不仅在细节上彼此有别，更重要的是与言语情景的关联方式各异。例如，它在如下表达式中均有所体现：the girl likes that boy（该女孩喜欢那个男孩）；this girl may like some boy（这个女孩可能喜欢某个男孩）；some girl liked this boy（有个女孩喜欢过这个男孩）；each girl likes a boy（每个女孩都喜欢一个男孩）；a girl will like the boy（会有一个女孩喜欢该男孩的）；every girl should like some boy（每个女孩都应该喜欢某个男孩）；no girl liked any boy（没有女孩喜欢过任何男孩），如此等等。尽管这些小句享有共同的词汇内容，其语义却大相径庭，体现的是对同一世界的不同描述。其差异涉及名词短语所指的认定方式，以及所侧显的过程在时间和现实性方面的地位问题。对于两者而言，这一评估均是相对于当前话语语境中的言者-听者互动作出的。

girl like boy 与上述完整表达式之间的鸿沟，是由**入场（grounding）**成分加以弥合的。在 CG 中，**场境（ground）**一词用于表示言语事件、事件参与者（言者与听者）、参与者之间的互动，以及当前环境（主要

是谈话的时间与地点）。[1] 入场成分明示的是名词短语侧显的事体或限定小句侧显的过程在场境中的地位。通过名词性入场（如 the、this、that、some、a、each、every、no、any），说话者将听话者的注意力引向其所意指的语篇所指，这一所指可能对应于某个实在个体，也可能不然。小句入场（如 -s、-ed、may、will、should）参照说话者当前对现实的认识对所侧显的关系加以定位。由此，入场在交际双方与名词短语或限定小句所唤起的内容之间建立了基本关联。这一内容如未经入场，在心理世界中便无直接可感的位置，也无法与其所处情景挂钩。它将不过是一个空想之物，漂泊不定，无所依附。

9.1 主观识解与客观识解

尽管入场成分充当着具体的功能，将所侧显的事体或过程与场境挂钩，本身并不明确指称场境。例如，指示代词 this 意义的一个方面，是将所指之物描述为“临近”（immediate）说话者（未必在空间意义上）。相比之下，非入场表达如 close to me 或 near me 明确提及说话者，并将其作为界标加以聚焦，指示代词则将说话者隐去了。的确，并无直接手段对其加以显性提及——我们可以说 this person，但不可以说 * this me person 或 * the person this me（对比 the person near me）。依此类推，过去时词素 -ed 大致对应于非入场短语 before now，但并未明确提及说话时间。被视作入

① 同一名称更常用于指称图形–背景（figure-ground）这一感知上的对立。尽管两者不无联系，应将 ground 的两种用法明确区分开来。

场成分的表达式，其特征之一正在于场境隐而不现这一事实。它寓于对意义加以支撑的概念基底中，而无需置于台上，充当被聚焦的概念客体。

由此，入场反映了概念**主体(subject)**与概念**客体(object)**（即进行概念化的主体与概念化的对象）之间的不对称性。[①] 主体与客体是概念化关系的两个方面，如图 9.1 所示。主体(S)参与概念化活动，是概念经验的发生场，但其作为主体的角色本身并不被表征。主体活动的一个重要方面涉及注意力的指向。在整个意识辖域内，S 仅仅关注一个区域——可隐喻式地称为“台上”(onstage)区域——并进而挑选出某一台上成分，作为注意焦点。确切地说，这便是概念客体(O)。当整个情景呈极性对立时，S 与 O 泾渭分明，即可说 S 被**主观(subjectively)**识解，O 则被**客观(objectively)**

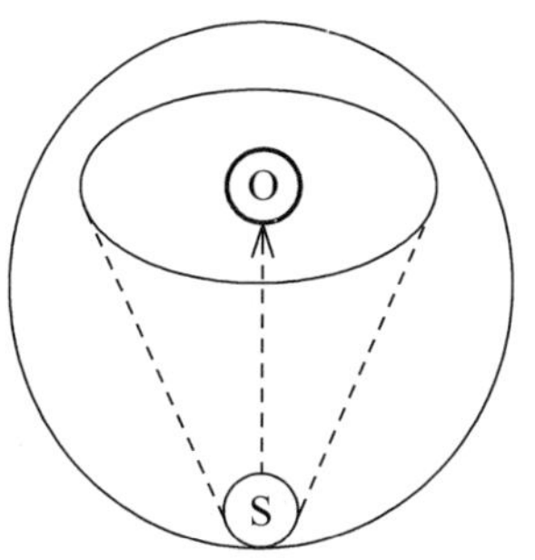

⬭ = 完整意识辖域; ○ = “台上”区域; ----► 注意方向
S = subject of conception(概念主体); O = object of conception(概念客体)

图　9.1

① 概念主体(subject)与概念客体(object)不应混同于具体的语法概念“主语”(subject)与“宾语”(object)。即便是隐而不现时，言者与听者依然是首要的概念主体。而语法主语与宾语属于显性的名词性表达，通常用于指称其他实体。

识解。当S纯粹充当主体时,它并意识不到自身的存在,仅仅作为一个隐性的概念化场所,完全专注于对O的把握。此时,对其识解具有最大主观性。反过来讲,当O可被明显观察到,相对于周围环境与观察者均界限分明时,对其识解具有最大客观性。

联系视觉感知,即可轻易对这些概念加以把握。在视觉表征中,感知主体为观察者——尤其是视觉器官(眼睛等),以及头脑中主观的经验场(我们借以"向外观望"的基于心理建构的视点)。在特定时刻,意识的完整辖域包括落入视觉场的所有东西,台上区域则是当前所关注的部分。感知客体即视觉注意的焦点——具体被观察的台上实体。眼睛被识解为具有最大主观性,因其可看见东西,但本身却是不可见的。当对所见之物细加审视时,对其识解具有最大客观性。对其识解客观性较小的是当前可见的一切其他事物(包括台上与台下之物)。注意辖域甚至还包括观察者自身身体的一部分,它在视觉场的边缘地带依稀可见。

在CG采用的具有包容性的定义中,**概念(conception)**将**感知(perception)**作为一个特例囊括其中。的确,在视觉与非视觉概念中可观察到广泛的平行关系(Talmy,1996;Langacker,1993、2001b;GC:第七章),基于此,诸如**观察(viewing)**及**观察者(viewer)**的名称在CG中兼指两者。我们在此关注的是作为语言表达式的意义而被唤起的概念。对语言意义而言,首要的概念化主体是言者与听者,他们在表达式的生成与理解中的互动构成了场境。在场境之中,他们既可单独充当概念主体,又可共同扮演这一角色。由此,一个表达式的显面、直接辖域、最大辖域可分别等同于注意焦点、台上区域及意识的完整辖域。显面作为被聚焦的概念客体，对其识解具有最大客观性。

因此，图 9.2(a)可视作对表达式意义的基本勾勒。典型情况下，场境(G)包括说话者(S)、听话者(H)及其在言语语境中的互动。[①] 由于意义即为概念化，S 与 H 为概念主体，因而场境在每个表达式的意义中至少均有微弱体现。包含 G 的虚线椭圆表明的即是这一点。虚线箭头代表注意力的指向，它可以发生于两种不同的渠道。首先，交际双方彼此关注，这是言语互动的一部分。其次，他们将注意力指向被聚焦的台上实体——表达式的显面——既可以是事体，也可以是关系。

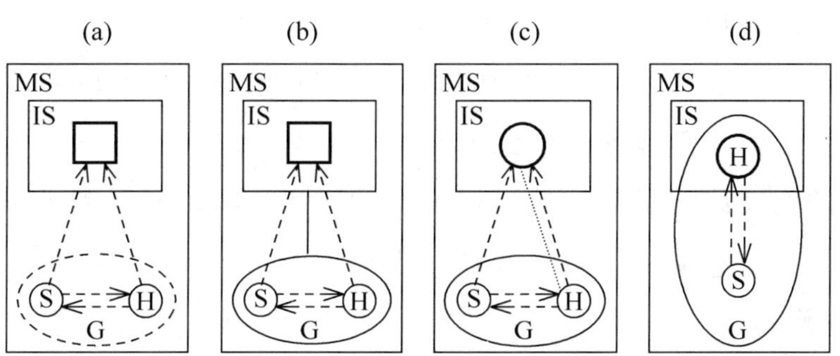

图　9.2

通常情况下，场境的介入超出了这种微弱体现。在实际使用中，除了唤起 S 与 H 作为概念主体的角色外，几乎每个表达式均会唤起场境的某一方面。由此，场境和台上区域之间建立起了进

① 在图 9.1 中，S 表示概念主体，但此处代表说话者(在大部分图解中亦然)。言者与听者在把握语言意义时均扮演着主体角色。

一步关联，如图9.2(b)中的实线所示。这一关联无需是显著的，通常仅将场境置于意识的边缘地带。比如说，tomorrow（明天）一词唤起说话时间作为时间上的参照点，但并不明确对其加以指称。尽管说话时刻被唤起，用于指称所侧显的实体（第二天），但依然隐性地位于台下，因而在很大程度上是主观识解的。与场境的联系同样寓于任何表达式中，其意蕴包括说话者对台上成分的态度（如commie（共产党分子）与communist（共产党员）相比含有贬义色彩），或仅限于特定的社会语境中（如urinate（小便）、pee（撒尿）及piss（尿尿）的正式度依次降低）。

作为特例，场境与台上区域的联系涉及将G的某一方面选为注意焦点，置于台上加以客观识解。例如，人称代词you将听话者置于台上作为其显面。在图9.2(c)中，这是由将H等同于所侧显事体的对应线标记的。这种标记法的优势是可以明确表示出听话者的双重角色，即同时充当概念主体与概念客体。在图9.2(d)中，通过将对应成分加以合并，即可得到另一种表征。此种标记法的优势是可直接表明听话者的台上角色，即充当名词短语的所指。不过，此处稍稍被遮蔽的是听话者同时作为主体的角色。

因此，场境在语言意义中以多种方式体现出来，并呈现出不同程度的有意注意。就9.2(a)中的微弱体现而言，它不过是支撑性概念基底的一部分，因而对其识解具有最大主观性。在另一个极端上（如I、you、we、here及now等形式中），场境的一部分被置于台上，作为被聚焦的概念客体。由此，对所侧显的实体而言，其识解呈现出此种实体所能具备的最大客观性。然而，对其识解从来都不是纯然客观的，因为促成其客观性的因素之一即在于它与场境彼此分离。出于其双重属性，当说话者或听话者被侧显时，对其识解不及与场境完全分离之物客观，但也不及仅充当概念主体时主观。[①]

按照宽泛定义，对于任何一个结构而言，当场境在其中不止有微弱体现时，均可看作具有某种入场功能。虽说这样做不无道理，但如此处理的后果是：几乎每个语言单位或表达式均有资格充当入场成分（参见第十三章）。因而需另设一个名称，用于指称某些在名词短语与限定小句的结构中具有核心地位的具体成分。在CG中，“入场”（grounding）一词专指这类成分及其所建立的关系。这并不意味着我们总是可以明确区分出入场成分，或仅有此种成分与场境存在关联。那么，该如何对其加以认定呢？有几个标准在起作用。首先，虽说场境的体现并非微不足道，但却是位于台下并被主观识解的，如图9.2（b）所示。入场成分侧显的既非场境的一部分，也非场境与被入场实体间的关联。后者正是被置于台上为入场成分所侧显的对象，即名词短语指称的事体或小句指称的过程。因此，完整的名词短语或限定小句与其入场成分在指称上具有同一性，后者通常可单独用于对其加以指称。例如，在阅读时，我可以将手中的书称为 this novel 或仅仅是 this。排除在入场成分（按照狭义定义）之外的，或是仅侧显场境的一部分（如 I、you、now）的成分，或是将其唤起作为聚焦的关系参与者（如 before now、near me）的成分。这些均违反了场境需被主观识解的要求。

① 在同等意义上，我们也可将交际主体描述为：作为概念化主体时是被主观识解的；作为名词性显面时则是被客观识解的。要对其做出完整描述，需融合这两种功能与视角。

第二个标准涉及词项内容。入场成分的意义具有相当图式性,基本上限于某些"认识"(epistemic)意义上的基本对立。关于事件的地位及事件参与者的认定,以及言者与听者知道些什么,它们作出了微弱但根本性的说明。在英语限定小句中,情态词出现与否,表明的是所侧显的事件是被说话者接受为真(如 She is angry(她在生气)),还是仅具有潜在性(She might be angry(她也许生气了))。通过将我们的心智世界分成两大区域:"近指"(proximal)与"远指"(distal),英语指示代词为听话者提供了确定意指名词短语所指的充分基础(如 this novel(这部小说)-that novel(那部小说))。我们可将其与非入场表达如 tomorrow(明天)、several miles away(几里开外)及 indisputably(无可争议地)作一比较。尽管后者同样隐性地唤起了场境,其概念内容远比前者丰富,但远不及前者具有根本性。它们预设了复杂的认知模式:日期的有序出现、用于度量距离的系统、人们关于某一陈述的如实性的争论。它们(所说明的特征)并不构成最小对立,而是取自一个开放的集合。[①]

最后一个标准涉及入场成分的语法地位问题。在语义上,它们趋于词汇-语法连续统的语法一端分布,其图式化意义更多地寓于识解而非任何概念内容之中。此外,它们通常已充分融入语法系统。它们往往排列成封闭的集合,包含相互排斥的、部分由彼此间的对立界定的形式。例如,英语中的小句入场主要涉及现在(Ø、-s)与过去(-ed)的对立,以及情态(may、can、will、shall、must)

---

① 同样不具备入场成分资格的还有蕴含说话者的情感(如 commie(共产分子))或仅限于特定社会语境中(如 urinate-pee-piss)(小便-撒尿-尿尿)的表达式。尽管它们的确唤起了场境,但此种表现本质上并非认识上的。

有无的对立。它们在与其他成分的结合方式上同样存在严格限制。入场成分对于名词短语及限定小句的形成不可或缺,通常是由一个特殊的构式图式引入的,从而将其限制在特定的结构位置。

当入场呈显性状态,并且这些因素均得以汇合时,入场成分即构成了一个清晰界定、边界分明的集合。这在英语中大抵如此。然而,这种情况并不具有普遍性,甚至可能算不上典型。尽管入场是一种普遍功能,它在不同语言中的具体表现千差万别。每种语言均有自己的手段用于满足这一功能。有时它们作为入场成分的地位是隐性的,或处于中间状态,但在某种意义上,每种语言均提供了某些规约手段,用以表明所侧显的事体或过程相对于场境的认识地位。

9.2 类型-例示

入场是 CG 中称为**“名词短语”(nominal)**与**“限定小句”(finite clause)**的成分的典型结构特征之一。具体言之,名词短语或限定小句分别侧显某一事体或过程**类型**的一个**已入场例示(grounded instance)**。因此,要理解入场,首先需要考察类型-例示(type-instance)的区分。

9.2.1 名词短语与小句的组织

名词与动词范畴具有普遍性,之于语言结构具有根本性地位。两者在概念特征上呈最大化对立,这不仅体现在典型成员上(实物-动力性互动),还体现在范畴图式上(事体-过程)。尽管存在着这一极性对立，名词与动词在诸多方面呈现出相当平行的特征。我们在第五章已讨论过，两者均含两个基本次范畴（可数-物质；非持续类-持续类），其区分方式是完全相通的。名词与动词的平行关系，还可进而扩展至它们在高层语法构式中所扮演的角色。尤其值得一提的是，名词与名词短语的关系，同动词与限定小句的关系毫无二致。

名词短语与名词的相似之处在于，它们均具有普遍性，在语法中均具有根本性地位。限定小句与动词亦然。同名词一样，名词短语侧显一个事体；同动词一样，小句侧显一个过程。因其侧显事体，名词短语本身即是名词；因其侧显过程，限定小句本身即是动词。这是符合 CG 的宽泛定义的。它们与通常意义上的“词汇”(lexical)名词与动词的区别，在于具体的语义特征及语篇功能。词项的首要功能是**分类性的(classificatory)**：作为固定表达，它们为把握世界提供了一套固化模板，这一模板是参照文化之维的范畴量身定做的，这些范畴的相关性及实用性业已得到证实。相比之下，名词短语或限定小句的首要功能是**指称性的(referential)**：它将注意力引向特定事体或过程，从而参照场境为其赋予某种认识地位。通过入场，关于被侧显实体的描述将其与其他范畴成员区分开来，并可用于对其加以认定，服务于当前语篇目的。

通过**类型明示(type specifications)**，词项得以履行其分类功能。名词指向某类事体，动词则指向某类过程。凭借语言中的名词与动词，说话者即可毫不费力地通达形形色色的实体与过程，使其一般而言可识别并轻易表达出来。由此，我们可以出于表达目的对所侧显的实体加以分类。因此，名词短语或限定小句表达式的起点，通常是一个词汇名词或动词，它们对所指称的事体或过程类型作出说明。不过，大部分情况下，我们关注的是具体个体，而非一般范畴——我们想谈论的是具体的人、具体的事，诸如此类。我们是通过名词短语与限定小句做到这一点的。除词汇名词与动词外，这些高层结构包括的成分超出了类型明示，将该类型的某一例示挑选出来。这其中主要有入场成分，它在场境与所侧显的事体或过程间建立了认识上的关联。

不妨再度考虑一下 girl like boy（女孩喜欢男孩）这一框架表达式。从英语的角度来看，该句不合格的原因在于未能入场。[①] 由于 girl 仅仅是一个词汇名词，因而明示某一事体类型——一个含有无穷多例示的类型——但未能挑选出任何具体例示作为意指对象。当然，对于 boy 情况也是如此。尽管 boy 唤起了其所例示的类型，但并未明确将注意力定位至无数男孩中的一个身上（真实的抑或虚构的），而我们可能会在某些场合想到和谈论他们。同样，就 like 这样的词汇动词而言，其所做的无非是明示一个含有众多例示的过程类型。不过，动词在概念上具有依存性：过程概念预设并包孕了过程参与者的概念。由此，当其参与者在更高组织层次上得以阐释时，便界定了一个更具体的动词类型。就其本身而言，like 作出了一个高度图式性的类型明示，对其射体和界标并未作任何描述。girl 与 boy 则对其加以阐释，生成了复合表达式 girl like boy。它同样唤起了一个过程类型，显然要更为具体一些。然

① 在有些语言中，与 girl like boy（女孩喜欢男孩）大同小异的表达式却是完整、合格的。这要归功于其隐性入场模式（比英语中的表现更为广泛）。通过隐性入场，词汇名词或动词在语篇中即可理解为代表了其所属类型的某一入场例示。

而，由于焦点参与者仅被描述为类型（而非认定为个体），这一过程类型依然为数不胜数的情景所例示，分别涉及不同的女孩与不同的男孩。

girl like boy 仅仅描述某种情景，相比之下，the girl like this boy 则是指称某个具体情景，涉及的是具体的个体。两者的区别在于入场与否。通过用定冠词 the 将 girl 入场，说话者将听话者的注意力导向该类型的特定例示，有可能是当前话语语境中唯一显著的例示，因而是可唯一认定的。同样，指示代词 this 挑选出 boy 的一个具体例示，其认定是基于唯一性、临近性，或一个伴随性的指向手势。倘若它们能够独立出现（即在缺乏小句入场的情况下），这些名词性入场成分即会将 girl like boy 明确表达为 the girl like this boy。[①] 这提供了一个高度具体的类型描述，将其限定为所提到的特定个体间的关系。然而，它依然是一个类型而非一个例示。同一个女孩可在人生的不同阶段爱上同一个男孩，这些情况构成的是该过程类型的不同例示，彼此间的差别在于发生的时间。通过小句入场，一个特定的例示被挑选出来，并被赋予某种认识地位：the girl likes this boy、the girl liked this boy、the girl might like this boy，诸如此类。

若将心智定义为囊括我们所能概念化的一切东西，我们的“心智世界”将是一个无比广阔的所在。类型描述通过为其赋予一定的秩序，使我们得以把握这一浩瀚的空间。每个类型描述均代表

① 这里有一构式的确体现出仅有名词短语入场而无小句入场的情况：My daughter marry that moron? Impossible!（我的女儿嫁给那个傻瓜？没门儿！）

了一个概括，即某些构想实体被判断为在某一方面呈等同效果。但由此施加的控制具有内在局限性：由于特定类型通常对应于一个包含实在或虚拟例示的开放集合，唤起类型本身并不足以挑选出我们意欲谈论的具体实体。入场则提供了克服这一局限性的手段。从类型明示遴选出的一系列实体中，入场表明了某一例示与场境的关系，从而将注意力引向这一意指对象。场境充当了某种参照点，使我们得以在心理上通达特定个体。

然而，我们并非总是可以如此选择。我们通常关注的是一般而非个别现象，因而常常专注于类型而非例示。在处理这一问题的各种语言手段中，最明显的莫过于将某一名词或动词不加入场。这在英语中通常是通过复合构词或形态派生做到的。为说明这一点，比较下面(1)中的例子：

(1) (a) Jennifer loves her cat.
(詹妮弗钟爱她的猫。)
(b) Jennifer is a cat-lover.
(詹妮弗是爱猫之人。)

句(1)(a)侧显 love(爱)的一个具体例示(由 -s 加以入场)，该例示与 cat(猫)的一个具体例示(由 her 加以入场)相关。句(1)(b)调用的是同样的两个词项，但并未挑选出任何例示。cat 并未入场，而是包孕在复合词 cat-lover(爱猫之人)中，仅仅表明喜欢涉及的事体类型。同样，love 作为 lover(爱好者)的一部分也未入场，仅仅用于明示某一过程类型，一类事体相对于该类型得以描述。被入场实体为高层结构 cat-lover（一个复杂名词）与 be a cat-lover（一个复杂动词）所侧显的实体。因此，小句所指向的是过程类型 be a cat-lover 的一个例示。它将自身的射体等同于事体类型 cat-lover 的一个例示。从(1)(b)中或可推论：詹妮弗实际上的确参与了一个与 cat 相关的 love 的例示。然而，由于对 love 与 cat 的所指依然停留于类型层面，(1)(b)并未直接指称这样的例示。

9.2.2 例举

但愿现在你已经确信，类型-例示的区分，为词汇名词-动词及名词短语-限定小句的区分提供了语义基础。然而，这究竟意味着什么呢？例如，称 cat 仅仅明示了一个类型，而 the cat、some cat 或 a cat 则指向该类型的一个例示，其实际概念意蕴何在？答案或许是：例示这一概念包孕了其所基于的类型。由此，问题即在于**例举(instantiation)**的性质，即类型概念转换为例示概念的心理操作。

我们很容易想到的一个因素是侧显(profiling)。表达式的显面即是其指向或指称的对象。同样可以说，名词词组从某一具体化的类型中挑选出一个例示作为其指称对象。由此，或可主张，例示涉及将一个显面施加于某一类型明示上，后者本身缺乏显面。不过，虽说例示与显面不乏相似之处，稍加思索就会发现两者需加甄别。原因很简单：侧显是类型明示的一个重要组成部分。不妨回顾一下前面关于 hub（轮毂）、spoke（轮辐）及 rim（轮辋）的例子（图 3.5），它们明显代表不同类型的事体，但均唤起了轮子的概念作为其概念基体——其语义对立主要体现在显面的选取上。不参照侧显，就无法对这三种类型作出恰当描述和区分。

类型与例示的差异倘若不在于侧显，或许在于详略度。由于类型代表了自例示中抽取的共性，较之于任何例示必然更具图式性。我关于任何特定一只猫的概念（如 Herschel（赫舍尔）、Racquel（拉切尔）或 Metathesis（马泰休斯）），当然比作为复合词 cat-lover 一部分的 cat 所唤起的类型概念更为精确和具体。然而，具体化是否仅仅使类型概念变得更为具体？对此我们有理由表示怀疑。我们通常在语言上指称一个例示，而无需想到任何具体例示，也无需对其有任何了解。例如，在（2）（a）中，名词短语 a cat 并不指称任何实在的猫科动物，而仅仅是用于描述 Samantha 的愿望而臆想出的虚构体。这一虚构的例示无需比类型明示描述得更为详细。在（2）（b）中，这个名词词组的两个例示的确指称实实在在的猫，但未作进一步描述。虽说交代得不够明确，我们还是将其理解为涉及两个不同的例示。

（2）（a）Samantha wishes she had **a cat.**

（萨曼莎但愿有**一（只）猫**。）

（b）Since Jennifer had **a cat**, Julie also got **a cat.**

（因为詹妮弗有**一（只）猫**，茱莉亚也弄到了**一（只）**。）

因此，例示相对于其所属类型更为具体的情况，可能仅仅出于例示之被视为例示这一事实。由于例举无法约减为其他因素（如侧显或阐释），因而必然构成一个独立的心理操作。有两个事实可用于说明其性质。一个明显的事实是：只有当一个类型有多重例示时,类型与例示的区分才不是空洞的。[①] 第二个事实涉及构成一个表达式矩阵的诸多认知域。就名词和动词而言,一个这样的域——不无巧合的是被称为“例举域”(domain of instantiation, DI)——具有特殊地位。在§5.1.2部分,我们大致将其界定为:在该域中,是否实现划界,决定了是被范畴化为可数名词还是物质名词,持续类还是非持续类。不过,在根本意义上,也可将其描述为一个类型的例示主要存在的域,正是在该域中占据的位置将各个例示彼此区分开来。对于动词而言,这个域总是时间,因而扮演着同一参与者、占据同一位置的两个完全相同的射体,如发生于不同时刻,则构成了同一事件类型的不同例示。对于名词而言,其例举域千差万别,但对于有形物体及物质而言,这个域通常是空间。因此,两只相同的猫因(在特定时刻)占据不同的空间位置而构成了该类型的不同例示,而在不同时刻观察到的一只猫仍可视作同一例示。

由此,我们的主张是,**例示(instance)**(与类型相对)**可视为在例举域中占有一个位置**,该位置将其与其他例示区分开来。从类型概念出发,例示不过是将所侧显的实体视为占据这样一个位置。反过来,从例示概念出发,类型是通过抽去这一位置概念而涌现出来的。由此,类型与例示的本质区别在于,前者将所侧显的实体占据特定的区分性位置这一概念进行了压缩(或至少将其背景化)。

图9.3拟就这一对立作出视觉表征。DI表示例举域,圆点代

① 专有名词代表了一种不甚典型的情况,即某一类型仅含一个例示,此时两者的区分即显得空洞。

表区分性位置，t 是类型明示的缩略。对比图(a)和图(b)可以发现，类型与例示在本质内容上丝毫无别。例如，关于 cat 的描述的一部分，即是该类型含有多重例示这一概念。同样，例示概念也承载了这样的信息：其所例示的类型还存在其他例示。类型与例示概念的差别在于，这一整体构造中的哪一方面被前景化：是抽取出的共性，还是多重性概念（相对于这一概念，单个例示得以聚焦为显面）。两种情况下，抽取出的共性均寓于任何例示概念中，如对应线所示。

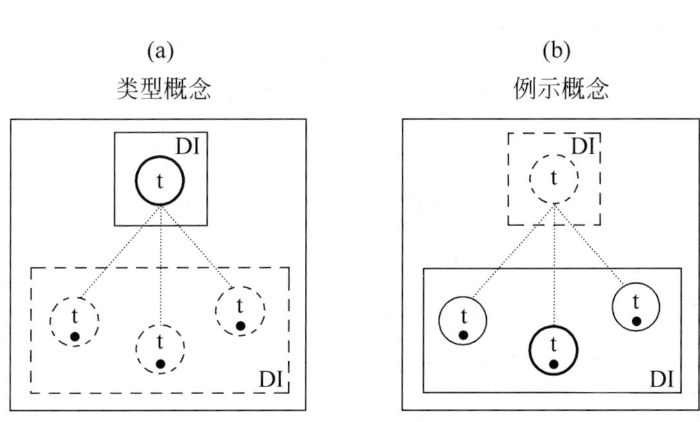

DI = domain of instantiation(例举域); t = type(类型)

图　9.3

声称一个例示在例举域中占据特定位置，并不意味着说话者知道这一位置，甚至并不意味着该位置原则上是可“客观”确定的。例举是一种心理操作，对语言表达而言，例示是构想出来的(conceived)，可能代表实实在在的物体或事件，也可能不然。由于(2)(a)中所指的猫不过是虚拟的，单单询问它在哪儿是毫无意义的。在(2)(b)中，猫被描述为真实世界中的真实生物，因此可能占据真实世界中的真实空间位置。然而，即便交际双方不知道这些猫现在在哪儿，或可能来自何处，这个句子依然可为其使用和理解。说例示占据特定位置，这一描述即道出了例示的意蕴，即使之成其为例示而非类型的东西。它并不直接涉及当前说话者关于客观现实的知识。

我们可以谈论任何想象之物。我们的话语中仅有一小部分涉及真实世界中的真实情景（尽管它们具有优先地位）。即便是在谈论真实情景时，我们所做的描述也是选择性和图式性的。语言意义并不单纯映照其所描述的情景，而是在对其加以识解、理解和描述这一互动过程中涌现出来的，从而服务于交际与表达目的。随着语篇的展开，交际双方彼此配合，对概念结构加以建构、阐释及修正，这些结构充其量不过是对所谈论情景的片面表征。正是这些有关情景的概念表征，而非情景的实际性质，为表达式的意义提供了直接基础。因此，被挑选出来加以语言指称的例示，是其所属类型的构想例示，即便我们可进而将其认定为真实世界中的具体实体。用于区分它们的位置因而也是构想位置，存在于语篇所构建的概念表征中。通常情况下，例示不过是随机赋予语篇表征中的不同位置。[①] 例如，在(2)(b)中，我们只消想象处在不同位置的不同的猫，而无需知道它们在任一时刻可能占据的位置。

9.2.3 虚拟所指

如同许多语言学术语一样，refer（指称）及其派生词 referent

① 这与美国手势语中表征语篇所指的策略不乏相似之处：打手势者指向手势空间的任一方位，从而确立某一指称，而后指向同一方位作为回指手段。在我看来，这是我们在口头语中所实施的概念操作的一个显性证据。

(所指)、reference(指称)、coreference(同指)、referential(指称性的)用法多样,偶尔显得前后不一。[①] 无论是在潜在还是实际意义上,这种用法上的多重性均易造成混淆,对此 CG 也未能完全开脱责任。如前所述,一方面,表达式的显面是其所指;另一方面,名词短语挑选出某一类型的一个例示作为其指称对象;但同时否认例举可约减为侧显(第三方面?)。这几种说法显然存在不一致之处。为了厘清问题,关键在于存在几个不同的指称概念,分别作用于不同的概念组织层次上,在语言中均不乏相关性。通过各种语言手段,我们可以指称存在于概念层面的实体、存在于语篇层面的实体,以及存在于"世界"中的实体。

"侧显"(profiling)一词用于明确指称概念层面的实体。表达式的显面是**仅存在于其概念基体中**的所指。显面正是被挑选出来充当注意焦点的次结构,与同一概念的其他方面形成了对照。例如,对于轮子的概念而言,hub(轮毂)指称其中央部分,意在将注意力引向这一部分,而不去考虑其他部分。侧显本身并不依赖语篇中的任何具体用法。即便是单独加以观照时,hub 侧显的依然是轮子的中央部分。除了其无处不在的微弱体现外,场境并未在其中派上任何用场。将侧显描述为仅涉及"概念"指称(或"概念内部的指称"),其动因正在于这一不依赖语篇的属性。

当然,在语篇中交互建构的概念结构同样是概念性的(只是不限于此)。名词短语侧显某一类型的一个已入场例示,将其挑选出

① 一旦哲学中提出某一概念,语言学便欣然接受,而哲学即是为对某一术语加以系统滥用而发明出来的。

来作为其指称对象。这一论断涉及的即是语篇层面。尽管侧显在语篇指称中功不可没，它不过是这一更复杂概念的一部分（其他如例举、入场）。(3)(a)中的两个名词短语均唤起了我们关于 hub 的知识。它指向的是轮子的中央部分。然而，由于谈论的是两个不同的物体，它们在语篇语境中并不具有相同的所指。当我们说两个名词短语同指时，所暗示的也是语篇层面上的，即是说，它们被识解为具有相同的语篇所指。[①] 例如在(3)(a)中，代词 it 回指其先行词 this hub 的所指。

(3) (a) **This wheel's hub** is cracked. What about **the hub of that other wheel**?
(**这个轮子的轮毂**开裂了。**另一只轮子的(轮毂)**怎么样?)

(b) **This hub** is cracked, and I don't think we can fix **it.**
(**这个轮毂**开裂了，我觉得(**它**)是没法修了。)

在哲学中，指称被理解为表达式与外界物体之间的关系，在语言学中往往也作如是理解。当然，许多名词的确不乏这种所指。例如，常态下(3)中的名词短语会被视为指称真实世界中的真实轮毂。然而，这一经典的指称概念并不适于作为名词短语的概括描

① 通常仅有名词短语被描述为具备语篇所指，但从 CG 的角度看，完全可以说限定小句同样不乏语篇指称。正如在语境中，this hub(这个轮毂)指称 hub(轮毂)这一事体类型的某一具体例示，在语境中，this hub is cracked(这个轮毂开裂了)这一限定小句同样指称 this hub be cracked(这个轮毂开裂)这一情状的某一具体例示。

述。若从客观存在来看,许多名词短语的所指是抽象的,或是有问题的(如 the putative irrelevance of moral considerations(公认与道德因素毫无瓜葛))。它们也不限于真实世界中的实体;如同谈论我们视之为"真实"的世界一样,我们可毫不费力地(并以同样的方式)谈论虚构的世界。无论是指称男孩女孩、阿猫阿狗,还是指称独角兽、龙、霍比特人与绝地武士时,我们使用的均是相似的名词性表达。

因此,就名词短语的语言表述而言,我们主要关注的是语篇层面上的指称。重要的是,语篇所指并不限于实际存在于真实的、想象的或可能世界中的实体。无论是选择谈论哪个世界,我们通常指称的仅仅是虚拟的(virtual)(或虚构的(fictive))而非实实在在的实体。这里有几个含虚拟指称的名词短语的例子:

(4) (a) If she had **a Porsche** she would learn to drive.

(她要是有**(一)部保时捷[车]**,就会学着开了。)

(b) **A hub** is part of **a wheel.**

(**轮毂**是**轮子**的一部分。)

(c) **Every hobbit** owns **a unicorn.**

(**每个霍比特人**都有**一头独角兽**。)

(d) I don't have **any pets.**

(我没养**任何宠物**。)

(4)(a)中指称的 Porsche(保时捷车)并不存在于现实之中,而不过是作为一个反事实假想情景的一部分。作为类指表达,(4)(b)并未提及任何具体的轮毂或轮子。名词短语的所指不过是作为某一虚拟情景中的成分被“捏造”出来，作为对此类物体的概括描述。同样，下一句作出的也是关于其所指世界的概括陈述——它指向的是霍比特人与独角兽栖身的某一虚构世界。同样，名词短语并不指称这些类型的任何具体例示。对于(4)(c)而言，将其作为(5)(a)或(5)(b)的回答是毫无意义的。同样，(4)(d)作为对(5)(c)的回答也是说不通的。由于(4)(d)否定了它们的存在，因而并未提及任何实在的宠物。

(5) (a) ＊Which hobbit is it who owns a unicorn?

[针对(4)(c)的回应]

(＊有一头独角兽的霍比特人是哪个？)

(b) ＊Which unicorn is it that every hobbit owns?

[针对(4)(c)的回应]

(＊每个霍比特人都有的独角兽是哪头？)

(c) ＊Which pets don't you have?

[针对(4)(d)的回应]

(＊你没养的宠物是哪些？)

诸如此类的区分通常被描述为“无指”(non-referential)。然而，这一术语显得差强人意。因为尽管这些名词短语在世界上的确缺乏所指，但依然得以在语篇层面确立其所指。这从(6)中可见一斑，此处它们充当的是先行词，是代词的回指成分：

(6) (a) If she had **a Porsche** she would drive **it** to church.
(要是有**(一)部保时捷[车]**,她要开着**它**去做礼拜。)

(b) **A hub** lies at the center of the wheel **it** is part of.
(**轮毂**位于**其**所在轮子的中央。)

(c) **Every hobbit** who owns **a unicorn** believes **he** takes good care of **it.**
(每个有**一头独角兽**的**霍比特人**都相信**自己**会好好照顾**它**。)

(d) I don't have **any pets**, so I don't have to feed **them.**
(我没养**任何宠物**,所以用不着给**它们**喂食。)

从语言学角度看,这些名词的确是有指的,因为它们挑选出了某一类型的一个入场例示作为其所指。其特别之处在于,所侧显的是一个**虚拟的(virtual)**而非**实在的(actual)**例示。

虚拟性的普遍性与重要性将会愈加清晰起来(尤其在第十四章)。对其作出概括描述殊非易事,至少是因为涉及何为实在、何为虚拟,其界限可在不同地方划定。这里的关键问题在于,某一类型的例示既可以是实在的,又可以是虚拟的(类型在本质上则是虚拟的)。这一区分取决于例示所占据的**心理空间(mental space)**。粗略地说,一个虚拟例示出于有限的特殊目的而被"捏造"出来,在与该目的相关的心理空间之外并无容身之地。(4)与(6)中的(a)例唤起了一个心理空间,代表现实如何从一个假想的反事实情景演化而来。保时捷车的所指仅限于这一非真实情景中,因而不过是虚拟之物。(b-c)例意在描述世界的本质特征,它们是通过指称虚拟情景做到这一点的，构成了自真实情景中抽取出的共性。在例(4)(d)中，我有宠物这一情景仅仅是为将其排除在现实之外而臆想出来的。所指的虚拟宠物仅存在于表征这一情景的心理空间中。

同样的例子也表明，实在-虚拟的区分也可在过程类型的例示中作出。(4)中的限定小句各自侧显一个入场例示，该例示是虚拟而非实在的。每个例子中，所侧显的情况占据一个特殊的心理空间，它仅仅是出于有限的目的而被唤起的，因而在这一空间之外并无容身之地。这一虚拟性有时可加以明确标记。在(4)(a)中，if(要是)建立起了一个代表假想情景的心理空间。[①] 同样，(4)(d)中的否定将所侧显的关系置于一个有别于现实的空间中。由于every与any的所指总是虚拟的，它们在(c)、(d)中的使用即暗示了其所指参与的过程类型同样是虚拟的。尽管如此，虚拟性并非总是明确标记出的(在(4)(d)中，它并未由任何显性形式明确说明)。此外，即便其参与者并非虚拟之物时，一个过程的例示仍可能是虚拟的。例如，在(7)中，尽管名词短语指称实在的个体，she liked her Porsche(她喜欢她的保时捷[车])所描述的情景不过是虚拟的。

(7) If **she** liked **her Porsche** she would drive it to church.

(**她**要是喜欢**她的保时捷[车]**，就会开着它去做礼拜了。)

---

① 因此，if是一个空间建构语(space builder)(Fauconnier，1985)。使该情景成其为虚拟的还有had的“过去时”屈折，它充当的是更为一般的指示与场境的距离的功能。由于场境是真实存在的(至少在默认意义上)，反事实情景在认识上与场境存在一定距离。

9.3　名词短语的入场

毋庸讳言(不过我还是要说),每种语言均有自身的入场系统,必须对其加以单独描述。虽说英语中的系统并无优先地位,甚至未必称得上典型,但其优势在于它是显性的,已有研究对其作过深入挖掘。通过对其细枝末节加以探讨——从本节的名词短语入场到下一节的小句入场,我们便有望获得具有一般信度的启示。

9.3.1　入场成分的语法特征

入场并非属于语法范畴(如名词、动词、介词),而是一种**语义功能(semantic function)**,是概念组织的一部分。凭借入场,一个表达式即可获得充当名词短语或限定小句的资格。在每种语言中,均有一些显性成分明确充当这种入场功能。但入场同样可通过其他途径实现(这在英语名词短语中均有体现)。它可以是隐性的(covert)。在隐性入场中,"零位"(zero,以 Ø 标记)代表了一系列对立的成员之一,对于英语物质名词而言,这是一个高频概念(如 They drank {the/some/Ø} beer(他们喝了{(**定指**)/一些/Ø}啤酒))。入场还可以是**内在的(intrinsic)**,对于人称代词(we、you、they 等)、专有名词(Abraham Lincoln(亚伯拉罕·林肯)、California(加利福尼亚))而言,情况即是如此。由于这些表达式的意义即暗含了其指称对象是可认定的,因而无需单独的入场成分。第三种入场渠道是**间接的(indirect)**,主要是通过所有格实现的。例如在 Sheila's camera(舍拉的照相机)中,camera 所侧显的

例示并不与场境直接挂钩，而是通过 Sheila 的内在入场间接挂钩的。

此处我们聚焦于直接实施入场功能的显性成分。对于英语而言，我们可以界定一个核心系统，包括冠词（the、a）、指示代词（this、that、these、those）以及某些量词（all、most、some、no、every、each、any）。这些表达式在具体语法属性方面大相径庭，甚至在挑选出名词短语所指的策略方面也是如此。然而它们拥有足够的共性，因而有理由将其视为入场成分的不同变式。它们的共享特征包括了此类成分的典型语义特征：1）它们扮演着挑选名词短语所指的角色；2）指称对象与场境之间存在最低限度的、认识上的关系；3）场境本身被主观识解。这些成分进而表现出一系列语法特征，可用于支撑这一语义描述。

第一个语法特征是：这些成分并不明确提及场境。[①] 即便是表示与说话者的临近性或距离关系的指示代词，也未提供对其加以显性提及的手段：我们说 this chair（这把椅子），但不说 * this me chair（ * 这把我椅子）或 * this chair me（ * 这把椅子我）。[②] 它们将场境隐而不现这一事实，正是其位于台下并被主观识解的

① 确切地说，它们并不明确提及说话者、听话者及场境的任何其他部分。为方便起见，我通常仅把场境或 G(ground)作为不加区分的整体加以指称，并不具体说明涉及哪一部分（这种做法体现了整体-部分转喻）。

② 这并非意在否认，对说话者的参照可以仅仅是边缘性的，如 this chair next to me（靠近我的这把椅子），或 this chair which is near me（在我近旁的这把椅子）。此外，某些口语形式通过指示性处所成分 here 和 there 进一步强化了指示代词的效果：this here chair（这把这里的椅子）、that there chair（那把那里的椅子）。尽管它们在内在意义上是入场了的，实际情况依然是说话者——他对距离关系加以定位——处于隐而不现的状态。这种强化构成了新的入场成分的来源。

表象。

第二个特征是：大部分名词性入场成分均可独立充当完整名词短语。[①] 例如在(8)中，它们充当的是小句主语：

(8) (a) {**This/That/These/Those**} should satisfy the inspectors.
({**这个/那个/这些/那些**}该让督查员们满意了。)
(b) {**All/Most/Some**} were badly damaged.
({**全部/大部分/一些**}遭到严重破坏。)
(c) **Each** was more impressive than the previous one.
(**一个**比一个令人印象深刻。)
(d) **Any** will be OK.
(**任何一个**都行。)

这意味着它们本身是图式性的名词短语，因而侧显的是事体，尽管关系在其意义中具有显著地位。最明显的表现是指示代词蕴含了距离关系与指别关系。例如，相当粗略地讲，this chair 表明该椅子靠近说话者，对交际双方而言是可唯一认定的。或可用关系表达式 near me and identified to us(靠近我，且可为我们认出来)对 this(这)加以释义。然而在语法上，它依循的是名词短语的模式，如(8)(a)。它与 near me and identified to us(靠近我，且可为我们认出来)的表现不尽相同，后者侧显的是非时间性关系。

① 为何这对 the、a、no 或 every 而言行不通呢？我们可以举出各种促动因素，如业已存在其他固化表达(对 the 而言为指示代词，对 a 而言为 one，对 no 而言为 none)。尽管如此，其分布并不具有完全的可预测性，需作为约定俗成的情况加以掌握。

(9) (a) The chair was **near me and identified to us.**

(这把椅子**靠近我,并且我们都能认出来**。)

(b) * The chair was **this.**

(* 该椅子是**这把**。)

(c) An attractive chair, **near me and identified to us**, was next to be auctioned off.

(一把好看的椅子,**靠近我,并且我们都能认出来**,差点儿就被拍卖出去。)

(d) * An attractive chair, **this**, was next to be auctioned off.

(* 一把好看的椅子,**这把**,差点儿就被拍卖出去。)

这些语法属性支撑了如下主张:入场成分侧显的是被入场实体,而非场境本身或入场关系。换句话说,它无法获得聚焦,充当所侧显关系中的射体或界标,这就只剩下被入场的事体或过程(位于台上并被客观识解)充当入场成分的显面。

(8)中的例子表明,入场量词侧显的同样是事体而非关系。可支撑这一观点的是其在英语语法的一个基本概括中的表现。在(10)(a)中,我们注意到,be 与多个成分结合,构成了一个复杂的小句谓词,包括形容词(如 beautiful(漂亮的))、介词短语(in a pretty vase(在一个漂亮的花瓶中))、现在进行时(drooping(耷拉着))、过去分词(wilted(枯萎的))及不定式(to cheer her up(为了让她振作起来))。这些成分的共性在于均侧显非过程性关系(§4.3)。接下来在(10)(b)中可以看到,各种量词也可与 be 结合构成小句谓词。它们同样侧显非过程性关系,其中射体被置于某一数量量级上。然而,需要注意的是,被认定为入场成分的量词并末出现在该构式中——(10)(c)中的例子可接受度很低。这是支撑入场量词并不侧显关系的一个有力证据。

(10) (a) The flowers were {**beautiful/in a pretty vase/drooping/wilted/to cheer her up**}.
(那些花儿{**很漂亮/(插)在一个漂亮的花瓶里/耷拉着/枯萎了/将会使她振作起来**}。

(b) The problems we face are {**three/few/many/several/numerous**}.
(我们面临的问题{**有三个/没几个/为数众多/有几个/数不胜数**}。

(c) * The politicians who can be bought are {**all/most/some/no/every/each/any**}.
(*可收买的政治家是{**全部/多数/有一些/没有/每个/个个/任何一个**}。

虽说事实相当复杂,有进一步语法表现(如(10)(b))可证明入场量词与冠词、指示代词属于同一范畴,两者均与非入场量词构成了对立。首先,我们在(11)(a)中看到,冠词、指示代词与入场量词相互排斥。[①] 这反映了它们共同的入场功能——倘若一个出现,其他的就属多余(且往往在语义上不相容)。相反,我们在(11)

① 一种例外情况是all可位于指示代词或定冠词之前:all the(se) oranges(全部橘子/全部这些橘子)。最好是将该构式视作all of the(se) oranges(全部的橘子/这些橘子中的全部)之类表达式的简易变体,后者与most of these oranges(这些橘子中的大部分),each of the oranges(这些橘子中的每个)等具有平行关系(参见CIS:§1.5,GC:第三章)。

(b)中看到，入场成分与入场量词的某些组合确有可能。它们的共现情况合乎语法，表明两组成分具有不同的语义功能。

(11) (a) * **that every** dog; * **an any** lawyer; * **those most** politicians; * **the all** computers
(* **那每条**狗; * **一位任何**律师; * **那些多数**政治家; * **(定指)所有**电脑)

(b) **those three** cats; **the many** teachers I have known; **all seven** hummingbirds; **any three** ballerinas
(**那三只**猫; 我所认识的**(定指)许多**教师; **所有七只**蜂鸟; **任意三个**芭蕾舞演员)

在这些组合中，入场成分总是居于第一位，可以说这一点不无相关性。如同许多语言一样，在英语名词短语中，入场成分往往位于最左侧：**the** three broken chairs((**定指**)三把坏椅子)，但不能说 * three **the** broken chairs(* 三把(**定指**)坏椅子)或 * three broken **the** chairs(* 三把坏(**定指**)椅子)。若将词汇名词看作复杂名词短语的“核心”，那么入场成分即构成了其结构的“最外”层：(the (three (broken (chairs)))) ((**定指**(三[把](坏(椅子)))))。[①] 因而存在着一种强烈倾向：入场成分往往占据名词短

① 对物质名词(包括复数名词)而言，零位是英语入场系统的一员。因此，选择这一成分的结果是，另外某一成员充当了显性首位成分，如(Ø (three (broken (chairs)))) (Ø(三[把](坏(椅子))))、(Ø (broken (chairs))) (Ø(坏(椅子)))或(Ø (chairs)) (Ø(椅子))。

语结构的边缘位置。这一倾向具有强烈的象似动因。入场成分在位置上趋于外层分布，反映了其作为名词短语最外在成分的概念地位。较之于其他成分，如非入场量词（three）、形容词（broken）或词汇名词（chairs），入场成分为名词短语所指本身提供的信息量是最少的。例如，在 the three broken chairs 中，定冠词并未告诉我们任何关于椅子本身的知识，仅仅表明其作为语篇所指的地位（涉及交际双方如何将注意力导向这一指称对象）。

因此，入场成分（至少从功能上讲）可视为构成名词短语或小句功能的最后一步。作为最边缘的成分，它明示了场境与所侧显事体或过程的认识关系，后者是由名词短语或小句表达式的其余部分描述的。关于名词短语的情况如图 9.4 所示。入场成分侧显的是一个仅被图式化描述的事体，但将其置于台上作为直接辖域内的注意焦点。场境位于台下，并被主观识解，因而入场关系（以一条线表示）依然处于未侧显状态。且不论其大小或内部复杂性，

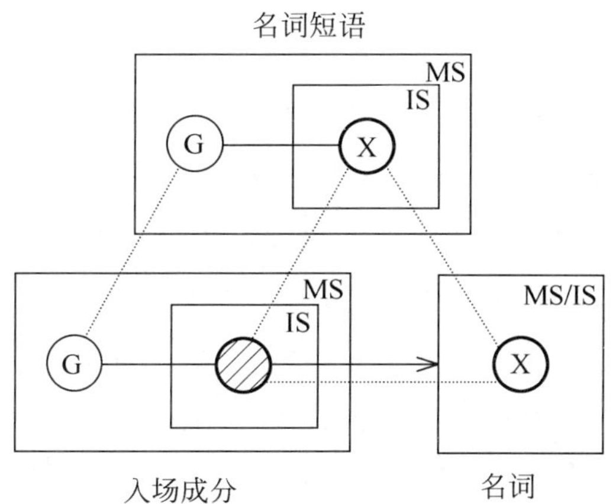

图　9.4

另一个成分均有资格充当名词的一个例示,因其侧显的是一个事体(X是对其附加语义特征的缩略)。[①] 通过彼此对应,两个成分结构所侧显的图式性事体与具体事体等同起来。因此,在复合结构层次上,被入场实体是名词所明示的一个例示,同时融入了自身的语义特征。

9.3.2 基本入场策略

我们的"心智世界"囊括任何我们有能力概念化的东西。这显然是一个无比庞大的集合——列举其成员的任务最好是能免则免。然而,任何我们想要概念化的东西,也是某个我们意欲谈论的东西,而如果意欲谈论它,就需有办法对其加以指称。鉴于我们的心智世界如此浩瀚,其所带来的问题绝非微不足道。任何类型的名词短语均代表了这一问题的尝试性解决方案。名词短语的入场表明指称得以实现,意味着交际双方将其注意力导向(无论正确与否)同一构想实体。

我们不难想象实现名词短语指称的各种策略。一个明显的策略是为我们心智世界的每个事物均贴上一个与众不同的常用标签(如专有名词)。然而,这一明显的策略也是明显不可取的。无论我们掌握了多少标签,对于所有潜在的指称对象也永远是不够的。[②]

---

① 该成分可能区分最大辖域与直接辖域,也可能不然。为简化起见,G在这一成分中未加标明(尽管原则上是可能的),我们假定它除了最低限度地出现外,别无其他。此处并无显面决定体,因为两个显面彼此对应(§7.2)。

② 使用数词的情况又当如何?数词显然是不计其数的,但遗憾的是这尚嫌不够。同样,数词本身也需命名,而如果用所有数词为其本身命名,便一无所剩用于命名其他任何东西了。

此外，许多我们在原则上本可谈论的实体甚至从未被思量过，因此很难找到现成的常用标签对其加以标记。

诚然，我们已经掌握了相当数量的专有名词。不过，大部分情况下，我们依赖的是其他策略的彼此结合。其中一个策略是采用描述（而非仅仅贴上标签），我称之为**“描述策略”(descriptive strategy)**。借助语言中的词汇与语法资源，我们可以构造出数不胜数的表达式，但凡可想象之物，均可对其作出描述。简单的词汇类型明示（如 parrot（鹦鹉））构成了最低限度的描述。有必要时，我们可以组成新的表达式，它们的长度可以是任意的，因此可在任何详略度上对其所指加以描述：parrot（鹦鹉）>Brazilian parrot（巴西鹦鹉）>talkative Brazilian parrot（爱聒噪的巴西鹦鹉）>talkative Brazilian parrot with a lisp（爱聒噪的咬舌的巴西鹦鹉）>talkative Brazilian parrot with a lisp who kept us awake last night（让我们昨晚没睡着觉的爱聒噪的咬舌的巴西鹦鹉）>talkative Brazilian parrot with a lisp who kept us awake last night with a constant stream of obscenities（说着一连串下流话让我们昨晚没睡着觉的爱聒噪的咬舌的巴西鹦鹉）。不论一个描述有多长，通常均可用于一系列开放的潜在所指。即便是看似对独一无二的情况的描述，如 talkative Brazilian parrot with a lisp who kept us awake last night with a constant stream of obscenities（说着一连串下流话让我们昨晚没睡着觉的爱聒噪的咬舌的巴西鹦鹉），原则上也可用于众多个体——兴许一大群这样的小动物曾经骚扰过我们呢。

出于此因，描述通常与另一策略合并使用：不是在严格意义上对所指加以确认（在世界上指称），而是在相对意义上——即在语

篇语境中指称。我称之为**“指示策略”(deictic strategy)**。例如,I与 you 等代词在真实世界中并无恒定指称。它们在不同的用法事件中指称不同个体,这取决于谁同谁交谈。然而,相对于言语情景,它们确有恒定指称,即言者与听者——任何在特定场合可能充当这些角色的个体。同样,尽管指示代词可在语篇中挑选出一个具体所指,它在世界上并无独一无二的所指。的确,甚至其语篇指称也可随时间而改变。一个在糖果店要性子的小孩子完全可以说 I want this and this and this and this and this(我要这个、这个、这个、这个,还有这个),依次指向五个不同的实体。尽管 this 在世界上具有不同指称,但每种情况下,它指称的均是小孩子说出该词时所指向之物。从这个意义上讲,this 的指称是恒定的。

这两种策略——描述与参照语篇语境加以认定——在名词短语中共同起作用,其典型结构如图 9.4 所示。这一描述策略是由名词提供的。在最低限度上,它仅包括明示某一基本类型的词汇名词(如 parrot)。不过,如有必要,它还可以表现出任何我们想要的结构复杂度与语义具体度(如 talkative Brazilian parrot with a lisp who kept us awake last night with a constant stream of obscenities)。参照语篇语境获得认定的情况,是通过入场成分实现的。我们可将其视为一种“言语”手势,借此,言者将听者的注意力引向某一指称对象。这一指称可视为偶有伴随指示代词的物理指向(I want this [→])的抽象对应物。然而,描述仅仅是分类性的(而非指称性的),而言语手势的指向殊难精确,通常它们均不足以单独挑选出恰当的指称。通过将两种策略结合起来,即可克服这一困难。这一双重策略意在提供一个描述,从而缩小可能指称对象的范围，由此，即便是不甚精确的手势也可挑选出意指对象。

名词短语所指的问题在于，在一系列通常是开放的潜在**候选项(candidates)**中，如何将听话者的注意力引向特定事体。如不经语境明确划定界限，这些候选项集合与我们的心智世界在范围上是同一的，包括任何我们可能意欲谈论的东西(即任何可臆想之物)。在图 9.5 中，大圆代表可选对象的最大集合，图(a)与图(b)勾勒的分别是指示与描述策略。入场调用的是指示策略。就其本身而言，入场的效果是将注意力集中至一个仅依其语篇地位得以认定的候选项，不管某个类型有无明确的语言表述。我要说的是，它**挑选出(single out)**一个指称对象。描述的效果——无论是简单的类型明示(t)，还是复杂表达式所赋予的精细描述——即是缩小可选对象的范围。我还要说的是，描述在于**遴选出(select)**一系列候选项，这些候选项因与之相吻合而被视作**合格的(eligible)**。当两种策略协同作用时(如图(c)所示)，入场挑选出一个合格候选项作为名词短语的所指。

图 9.5 中的三个图相当于对入场构造的另一种表征，比图 9.4 中的更为具体。图(a)与图(b)是两个成分结构的表征。两者通过彼此对应得以整合，它将入场成分挑选出的事体例示与名词所明示的类型例示等同起来。[①] 复合结构如图(c)所示，它表明两种策略在决定名词短语所指中所扮演的角色。

① 该名词是将自身显面施加于类型层面(如图所示)还是例示层面，依然是一个悬而未决的问题。由于类型描述中包含关于显面的说明，同时也寓于任何例示概念中，其差别仅在于例示是仍处于背景位置，还是被置于前台(图 9.3)。无论如何，入场会将其推向前台。

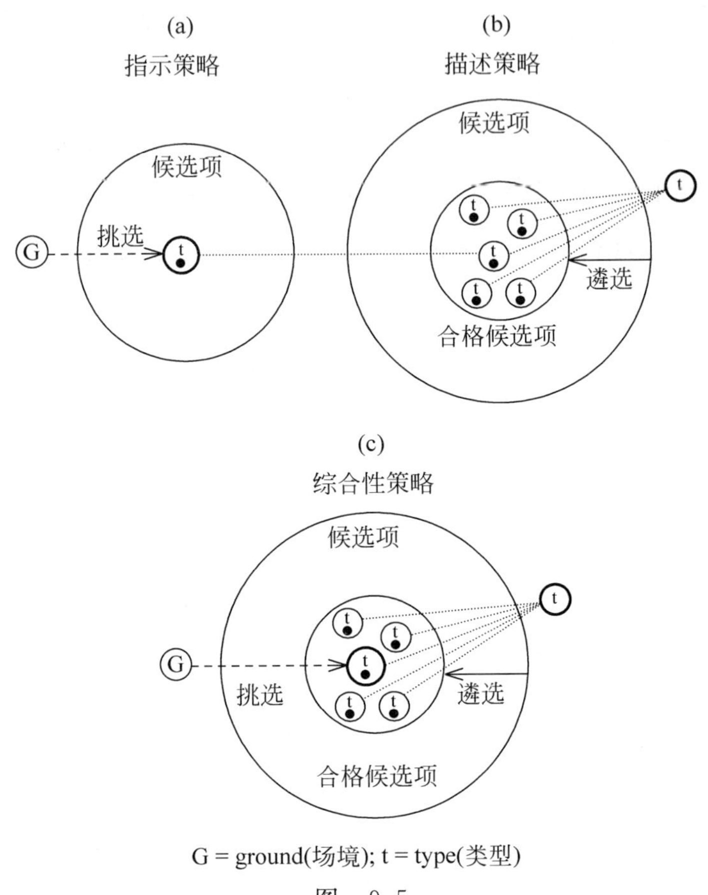

G = ground(场境); t = type(类型)

图 9.5

需要考虑的还有一种更为一般的策略。这对于入场量词尤为重要:all、most、some、no、every、each、any。交际双方在这些成分中的地位不甚显著,相比之下,冠词与指示代词明确唤起交际双方对入场关系加以定位。指示代词唤起交际双方用于明示距离关系,例如 this parrot(这只鹦鹉)被认定为离我较近(或者可能离我们较近)的那只。选用定冠词或不定冠词(如 the parrot 或 a parrot)表明的情况是:在说话者看来,在语篇展开的当前阶段,意指对象对听话者而言是否是唯一显著的。然而量词又当如何？对 most parrots（大部分鹦鹉）、no parrot(s)（没有哪只鹦鹉）及 every parrot（每只鹦鹉）之类的表达式而言，交际双方在其意义中扮演着何种角色？

或许他们的角色与惯常一样仅有微弱体现。即便如此，这些量词基于其功能依然有资格充当入场成分。它们依然用于挑选出某一类型的一个例示，作为言者与听者暂时关注的语篇所指。再者，即便是比起非入场量词，它们所具有的也是基本的认识义，而非具体的词汇内容。非入场量词的意义可以相当具体，也可以相当含糊（如 seven（七个）＞several（几个）＞numerous（多个）＞many（许多）），但即便是最具图式性的非入场量词，也可传达出某种明确的比例概念。对于入场量词（除 no 而外）而言，实际情况并非如此。most、every 或 any 的实际数量意义究竟何在？它们并不暗含任何具体的规模或数量。all unicorns（所有的独角兽）的集合大于还是小于 most angels（大部分天使）的集合？你如何对各个集合加以列数？如果说 every parrot（每只鹦鹉）的意思类似于许多鹦鹉，为何该名词短语采用的是单数而非复数？all months between March and April（三四月间的所有月份）与 any month between March and April（三四月间的任何月份）又当如何解释？两者之间有无任何差别？

这些成分依循的入场策略含有两个关键因素：相对性及虚拟性。非入场量词在**绝对**意义上（尽管含糊而灵活地）明示范围。相反，入场量词是在**相对**意义上做到这一点的——即通过参照另一实体。再者，对于入场量词而言，名词短语的所指总是虚拟的。seven parrots（七只鹦鹉）或 several angels（七个天使）可指称实在个体，every parrot（每只鹦鹉）与 most angels（大部分天使）之类的表达式却只能指向虚拟实体。

同属虚拟范畴的是借以对此类实体的数量加以明示的实体。这一参照实体是什么呢？它正是合格候选项的集合，即与基本的或复杂的类型描述相吻合的任何事物。就 every parrot（每只鹦鹉）而言，它是所有鹦鹉的集合。就 most whiskey（大部分威士忌）而言，它是所有威士忌的总和。对于给定类型（t），可称其为**该类型的最大范围（maximal extension of the type）**，缩略为 E_t。这是一个虚拟实体，是构想之物，并不存在于世界中。[①] 这一心理建构体反映了此前谈到的几种概念现象。通过组合与物化（§4.2.2），构想出的例示被“拉拢”到一起，并视为一个统一实体。这一最大范围进而代表了某种概念整合（§2.2.3），结合了那些无法实际并存的属性——尤其是结合了可数名词与物质名词所指的属性。一方面，它被概念化为一堆范围不定的物质。我们认识到，没有任何特定的鹦鹉群体或威士忌的量可以是最大的，可以穷尽该类型。与此同时，我们将其概念化为一个有界实体，一个在范围上存在某种限制的实体。这一虚拟界限充当了一个基点，一个用于评估名词短语所指数量的参照点。[②]

① 你到哪儿去找所有的鹦鹉或大部分威士忌呢？它们并不内在受制于真实世界或当前时刻——鹦鹉或威士忌或可在任何虚构世界或可能世界中、在过去或将来的任何时刻找到。（尽管特定语篇语境中可能明显存在某些界限，它们并不足以消解这个一般性问题。）

② 因此，E_t 在 FCG2 中被称为“参照物质”（reference mass）。我们无疑有能力进行此种心智操练。例如，在讨论偶数集合并将其表述为{2、4、6、8……}时，我们进行的亦是同样的概念操作。尽管偶数在数的序列中并不连续，却可集中起来置于括号内。尽管该集合是无限的，但括号充当了其虚拟边界。

相对量词依循的基本入场策略，是参照名词短语所指的最大范围对其加以描述。因此，尽管交际双方将注意力引向其所指，在此意义上确实将其挑选出来，这一挑选行为的主要基础却在于一个他们本身并不加以定位的关系。实际情况是所侧显的例示在数量上与 E_t 相连，如图 9.6 所示。由于它将最大范围视为参照点，这一数量仅仅是相对而言的，其绝对值取决于 E_t 的大小。严格上讲，most days of the year(一年中大部分日子)暗示了一个比 most months of the year(一年中大部分月份)更大的数量，而后者又大于 all days of the week(一周中所有日子)(更不必说 all months between March and April[三四月间的所有月份])。

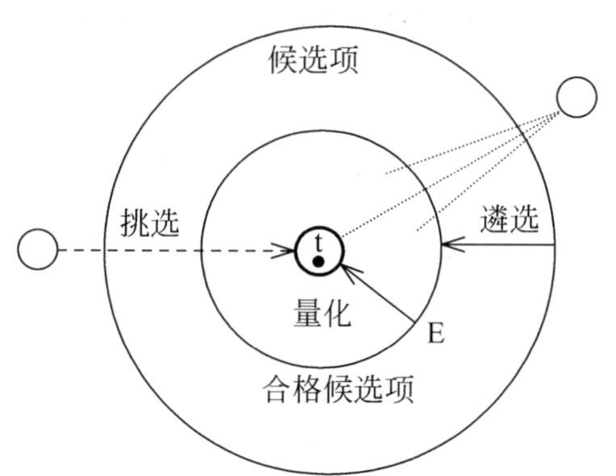

图 9.6

尽管这一**量化策略(quantificational strategy)**具有多种实现途径(§9.3.5)，但它们均带有虚拟色彩：由于 every parrot 是一个虚拟实体，其显面只有相对于 E_t 才能得以界定，因而显面也必然是虚拟的。显然，every parrot 并不指称任何一只鹦鹉，而是仅为作出概括陈述（一个扩展至范畴所有例示的陈述）而臆想出的一个虚拟例示。同理，most parrots 挑选出的并非 parrots 的任何具体例示，而是一个仅视为代表了最大范围的一部分的例示。most parrots 这一陈述并未告诉我们关于任何一只鸟儿的健谈特征。即便是对 all parrots 而言，我们也并未直接指称 parrot 的多个实在例示，或是 parrots 的一个实在例示，而是指向后者的一个虚拟例示，该例示仅被描述为与最大范围完全重合。

对于由相对量词入场的名词短语，其所指仅仅是虚拟的，但它却是我们对实际情景加以思考和谈论的重要手段。因此，它们为我们提供了一个与世界打交道的重要手段。诚然，Polly is loquacious（波利很健谈）之类的陈述有其优势，可告诉我们关于某一具体情景的某一确切情况。相比之下，Most parrots are talkative（大部分鹦鹉爱聒噪）虽说尚欠明确，但可能潜在地有更大用武之地，因为它与一系列开放的情景挂钩。

9.3.3 指示代词

传统上，名词短语被形容为要么是**有定的（definite）**，要么是**无定的（indefinite）**。这一区分尽管难以捉摸，显然涉及名词短语的语篇地位问题。通过探讨名词性入场成分的意义，即可洞悉这一区分的概念基础。这些成分同样和语篇相关，对其而言场境既是发生场，又是指示场。明确言者与听者如何通过互动挑选出语篇所指，是把握其语义的关键。

在英语中，明确的有定入场成分为指示代词（this、that、these、those）与定冠词（the）。尤其是指示代词见证了名词短语入场的动态及交互本质。指示代词往往伴随着物理指向手势。例如，句(12)曾在无数场合被说出(往往是为保证得到看起来最大的一块生日蛋糕)：

(12) I want this [→] piece.

(我要这[→]块。)

通过这句话，言者积极地将听者的注意力引向一个实际存在于语篇语境中的具体所指。这一行为如能成功，将唤起一个暂时的交互注意状态，使得交际双方可共享(且知道彼此共享)这一指称焦点。物理指向手势是此处称为“挑选”的心理过程的显性对应物，这是一般名词短语入场的典型特征。伴随指向的指示代词体现了挑选的“最强”形式——主动的、具有物理表现的、客观识解的；对于其他入场成分而言，这种挑选往往在不同程度上被弱化了(参见 Diessel，1999、2006)。

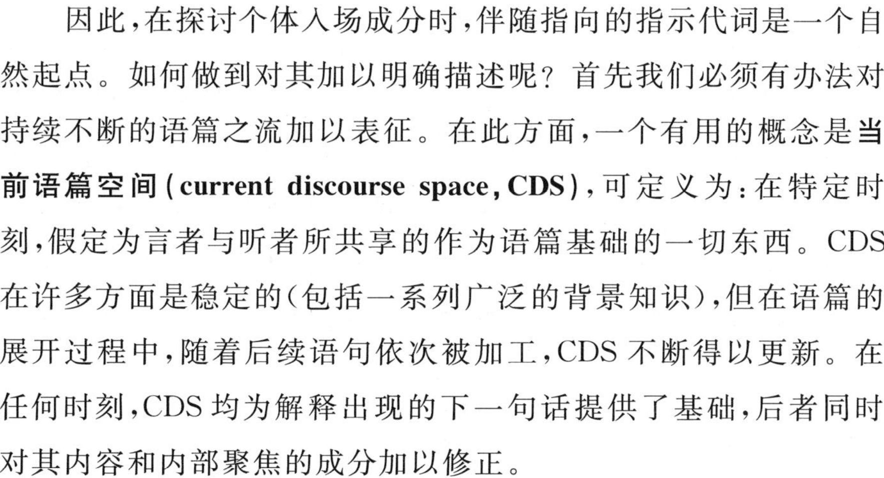

因此，在探讨个体入场成分时，伴随指向的指示代词是一个自然起点。如何做到对其加以明确描述呢？首先我们必须有办法对持续不断的语篇之流加以表征。在此方面，一个有用的概念是**当前语篇空间(current discourse space，CDS)**，可定义为：在特定时刻，假定为言者与听者所共享的作为语篇基础的一切东西。CDS 在许多方面是稳定的(包括一系列广泛的背景知识)，但在语篇的展开过程中，随着后续语句依次被加工，CDS 不断得以更新。在任何时刻，CDS 均为解释出现的下一句话提供了基础，后者同时对其内容和内部聚焦的成分加以修正。

只有 CDS 的某些部分才会被明确唤起，作用于对任何一句话的解释。这些部分——在语篇的特定阶段所关注的范围——构成了一个**语篇框架(discourse frame)**。因此,随着语篇的展开,交际双方就一系列语篇框架进行协商,每个框架均是对前一框架加以更新的产物。这在图 9.7 中有抽象表示。**先前语篇框架(previous discourse frame)**是被唤起用于解释当前表达式的框架。**当前语篇框架(current discourse frame)**则是通过更新先前框架,使其与该表达式的意义保持一致而得到的。当然,场境是当前语篇空间的一部分,处于该空间内的还有持续展开的语篇本身,包括一系列框架及其内容。①

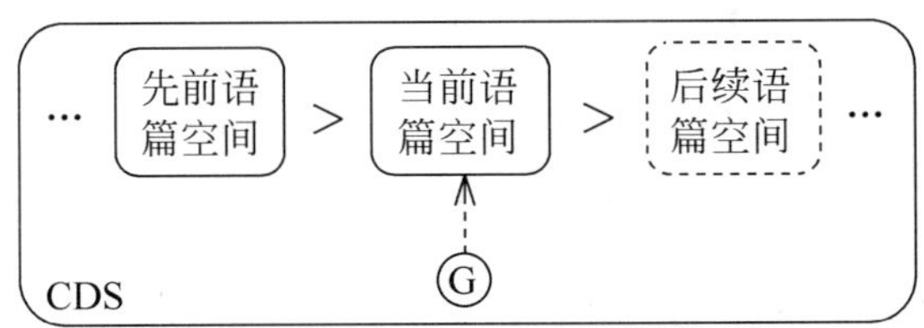

CDS = current discourse space(当前语篇空间); G =ground(场境)

图 9.7

在对语言表达式加以描述时,需要考虑的一个重要因素是:它们是如何与这一宏观框架挂钩的?从这一角度来看,一个表达式的意义即在于其对语篇的贡献:既包括其施加在当前语篇框架上的结构,又包括对其他框架所诱发的期待。尤为明显的是入场成分所扮演的语篇角色。这些成分的内在内容微乎其微,其意义主

① 充当语篇框架的成分是相对于特定结构现象或组织层次而言的,未必可精确界定。在每一阶段,当前表达式的直接辖域均界定了自身的中心。将 G(场境)置于语篇框架之外,尽管在图解上不乏用处,但场境实际上是它的一部分。G 在图解中的定位,可视为反映了场境相对于直接辖域的位置。

要在于挑选出一个名词短语用于指称这一行为本身。图 9.8 相当于对名词短语入场的图式性描述。每种情况下，预期结果均是实现**协同心理指称（coordinated mental reference）**，即言者与听者暂将注意力导向同一事体例示。在实现这一结果方面，不同入场成分调用的具体手段千差万别，一个主要因素即当前框架中挑选出的实体在先前框架中的地位。

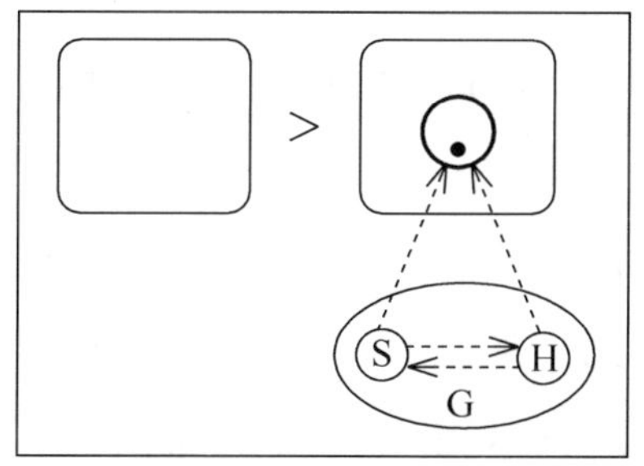

S = speaker(说话者); H = hearer(听话者); G = ground(场境)

图　9.8

就英语指示代词而言，其他因素也参与其中。基于两项二元对立，我们可在 this、that、these 与 those 中作出四位区分。第一项对立涉及名词短语所指的性质。these 与 those 明确将其描述为多重物质（these pens（这些钢笔）、those pencils（那些铅笔）），this 与 that 则充当了默认项，既可与可数名词连用（this pen（这支钢笔）、that pencil（那支铅笔）），又可与非复数物质名词连用（this ink（这瓶墨水）、that graphite（那块石墨））。横跨这一对立的是近指-远指的区分，其中 this 与 that 构成了对照（{this/that} pen、{this/that} ink），these 与 those 构成了对照（{these/those} pens）。这里的距离不必是空间上的，这一点很重要。倘若有人说

I really like this pen(我太喜欢这支钢笔了),这里 this(这支)编码的邻近性可能是空间上的(说话者手握着笔)、时间上的(说话者现在握着它)、功能上的(说话者正用着这支笔)、态度上的(说话者喜欢这支笔),或是其中的任意组合。因此,这一对立可更概括地描述为:相对于注意的各种维度,将相关的场区分为以说话者为中心的近指区域(proximal,PROX)及与其互补的远指区域(distal,DIST)(参见 Janssen 1995)。

所有的指示代词均可与指向手势合用:this [→] pen、that [→] pen、these [→] pens、those [→] pens。图 9.9 表示 this 的指向用法,其中显面临近说话者。伴随指向的指示代词预设了一系列从场境中可由视觉通达的可能目标。图中标明了四个,它们代表了落入相关直接辖域内的合格候选项。[①] 这一构造构成了先前语篇框架,被带有指向性的指示代词唤起作为"输入项"(input)。基于这一输入,指示代词主要是通过物理指向手势挑选出其指称对象,图中以粗线箭头标明。双箭头表明这一手势具有直接效力:说话者的指向伴随着具体的意图,诱使听话者将注意力集中至所指向的实体。倘若一切顺利的话,结果将会是实现协同心理指称。[②]

① 可通过显性类型明示(I want this [→] piece)对这些候选例示加以选择,或者可将类型隐去不加明示(I want this [→])。诸多因素共同决定了直接辖域的大小,从而将名词短语加以入场。对于带有指向标记的指示代词而言,其中一个因素是视觉上的可及性。

② 鉴于书写纸张的静态特征,指示代词的动态本质无法在这种二维框架表征中得以呈现。可以注意到,表示动作(指向)及结果(协同心理指称)的箭头均是相对于当前框架绘制的。更充分(但现实性更低)的表征将直接表明,动作寓于生成结果的不断更新的过程之中。

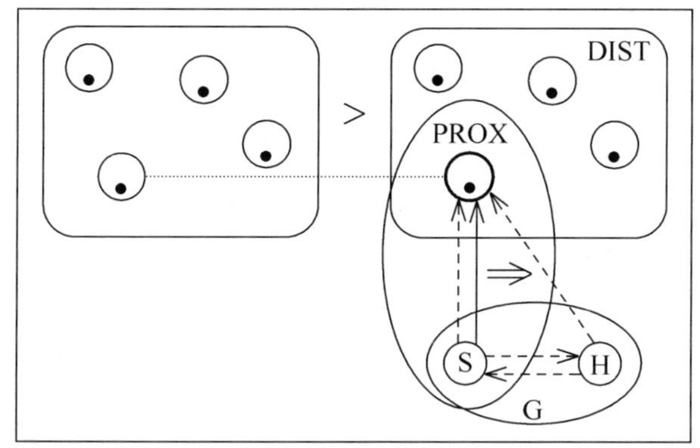

PROX = proximal(近指); DIST = distal(远指)
S = speaker(说话者); H = hearer(听话者); G = ground(场境)

图　9.9

在我们的文化中，典型的指向手势——张开双臂，伸长手指——享有概念原型的地位。其使用通常无需依赖言语，并为方向性路标和图像提供了模板。将其融入指示代词，即生成了典型入场成分。其典型之处至少体现在它代表了最“强式”、最显著的挑选形式，其他入场策略与其存在不同方式、不同程度的偏离。物理手势本身也可发生弱化。我们不必张开双臂，只需将手腕作为支点，以使手指指向正确的方向。与原型偏离更大的是通过点头示意来指向。或许，只消目视我们即可做到这一点。

当然，弱化的极致便是不复存在任何物理手势。例如，在外就餐时我们说 I really like this restaurant（我可喜欢这家餐馆了），或许不必伴随指向的动作。this 可借用图 9.9 来描述，不过粗线箭头是不出现的。此种用法中，指示代词依然具有指向力，构成了一个寻求意指对象的指令（Kirsner，1993）。尤其是如果交际双方刚刚还在谈论各种就餐场所，便仍然存在这样一种假设：协同心理指称尚未实现，因而此处提到的餐馆无需与其他候选项区分开来。在缺乏指向的情况下，重心便转到了近指-远指的对立上。对this-that的选择可视为言语指向手势，言者借此将听者的注意力引向近处或远处区域。这通常已足以挑选出恰当的指称对象——只要该区域仅包含一个合格候选项即可。因此，面对已经切了块的生日蛋糕，小孩子几乎是迫于情况去指称。倘若他只说I want this piece（我要这块）而不以手示意，则无望得到最大的那块蛋糕。

当指向仅仅是言语上的时候，目标无需实际出现。通常它仅在心理上得以呈现，因其在先前语篇中已被唤起。这就产生了指示代词的“回指”（anaphoric）用法，如此称呼是因为——同回指代词一样——它们回指此前所提及的某物。在（13）中，this project（这个课题）回指上一句中刚刚引入的课题：

（13）We've started **a major research project**. The goal of **this project** is to prove the existence of phlogiston.
（我们已经展开了**一项重大课题。这个课题**的目标是证实燃素的存在。）

回指指示代词的情况如图9.10所示。其指向力微乎其微，因为听话者无需搜寻新的语篇所指，只消将注意力重新转向在前一名词短语入场阶段已挑选出的指称对象。虚线标记的圆表示其他候选项的存在是无足轻重的。

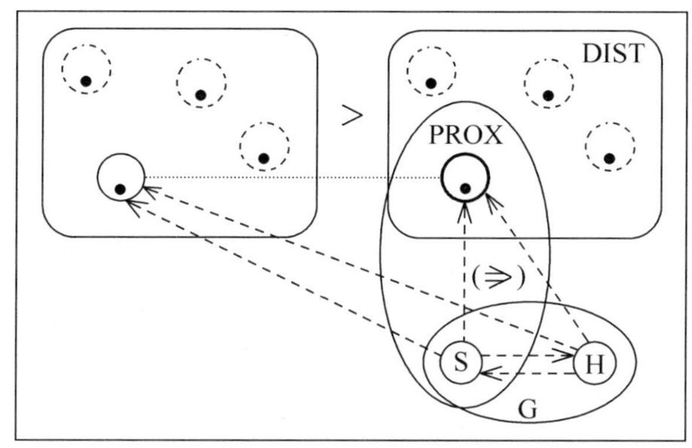

PROX = proximal(近指); DIST = distal(远指)
S = speaker(说话者); H = hearer(听话者); G = ground(场境)

图　9.10

9.3.4　冠词

回指指示代词通常可与定冠词互换。在(13)中,若将 the 替换为 this,则其意义上的差别几乎察觉不到。然而两者在意义上的确有别。一方面,the 中和了近指-远指的区分(无论作何种解释)。它也代表了指向力更大的弱化——近乎将其消除。粗略地讲,它意味着相关范围内仅包含所明示类型的一个显著例示,如图 9.11 所示(参见 Hawkins 1978;Epstein 2001;FCG2:§3.1.1)。由于仅存在一个合格候选项,因而无需借助物理或言语指向,即可将其同其他例示区别开来。因此,the 代表了一种降级的心理指向,此时仅明示类型即足以实现协同心理指称。

与回指指示代词(以及代词)相反,定冠词并不意味着指称对象已被挑选出来,甚至并不意味着它在先前框架中具有特别的显

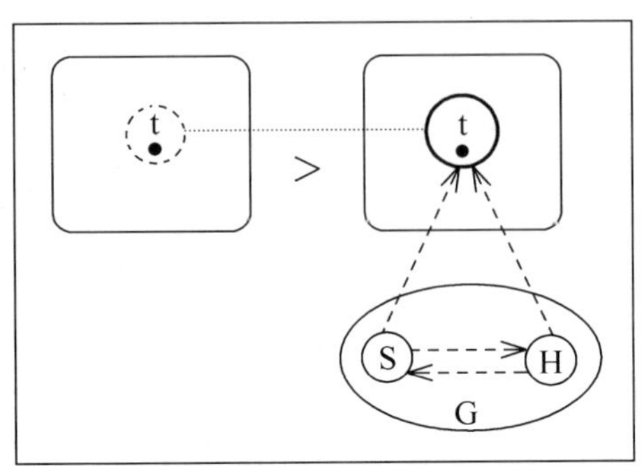

G = ground(场境); t = type(类型)
S = speaker(说话者); H = hearer(听话者)

图 9.11

著性。只要它代表了相关辖域内的唯一例示,就无需是先前的注意焦点。例如,在(14)(a)中,交际双方在空调关闭前或许不曾注意到它。通常其指称对象在先前框架中并未明确唤起,但却是可推导的。(14)(b)的第一个小句并未明确唤起某个调制-解调器,但确实提到了电脑,因而激活了我们关于电脑及其部件的认知模型。这为解释第二个小句提供了先前框架,又由于理想化模型仅包含存在一个调制-解调器的情况,因而在该语境中,该类型的唯一例示是可通达的。由此,第二个小句指称的调制-解调器被认定为属于第一个小句所引入的电脑。

(14) (a) The air conditioner just went off.
(空调刚刚突然断电。)

(b) She has a computer, but the modem isn't working.
(她有台电脑,不过调制-解调器不起作用了。)

(c) The best way to skin a cat.

(剥猫皮的最佳方法。)

The only person to have hit a golf ball on the moon.

(唯一一个在月球上打过高尔夫球的人。)

(d) The month between April and June.

(四到六月间的月份。)

The nation that shares a border with Canada.

(与加拿大接壤的国家。)

就 the 在先前框架中的地位而言,其所挑选出的唯一例示林林总总,既可以是显著而明晰的,又可以是潜在但可直接通达的,还可以是经由推理可通达的,甚至实际上可以全然缺失。因此,它通常是由被入场名词短语本身引入或置于意识层面上的。唯一的要求是:基于其所提供的类型明示,足可在当前语篇语境中认定唯一指称对象。有时,类型明示的本质即可保证唯一性。在(14)(c)中可以看到这一点,这可能是因为表达式包孕了一个形容词最高级,如 best 或 only 之类的词,它明确将类型限制至一个例示。或者,它容许我们基于其他知识推导出唯一性,如(14)(d)。通常 the 所挑选出的指称的确具有唯一性,实际情况往往如此,但这一点并不绝对。其出现条件是:特定的例示具有足够的显著度,足可视为常规情况下唯一值得一提的例示。虽说太阳系中存在众多 moon 的例示,我们依然谈论 the moon,原因即在于此。

如果说伴随指向的指示代词代表了最强的挑选形式,定冠词则可视为代表了有定入场成分中最弱的形式。然而,历史上一个司空见惯

的现象是:定冠词往往从指示代词演化而来。这一演化过程同时涉及语义极及音系极上的愈益弱化,这在**语法化(grammaticization,亦称grammaticalization)**过程中相当典型(Hopper and Traugott,2003)。在音系上,它导致了定冠词的弱读,元音趋于中立,并体现出附着在随后词语上的强烈趋势(图6.13(b))。在语义上,它导致了指向力的丧失:由于所明示的类型仅存在一个例示,因此无需费力搜索。英语中的定冠词与指示代词有所不同,不能单独充当名词短语(I like {this/ *the}),原因即在于此。冠词无法履行指向功能,无论是物理指向,还是近指-远指区分实现的指向。为实现协同心理指称,它转而依赖这一事实:其指称对象是所明示类型中唯一显著的例示。然而,冠词自身的类型明示是最为图式性的("事体"),并未采取任何行动对所指加以确认。因此,要使其用法不至空洞,the 需要一个更为具体的类型描述,这只能由与其共现的成分来提供。

许多语言均缺乏类似英语定冠词的成分,但似乎并未导致任何不良后果。此外,通过广泛采用指示代词,它们在一定程度上填充了定冠词的疆域。名词无需任何显性入场成分即可出现,这同样是一种实现定指的手段。"光杆"名词何以可能是有定的?这是因为,语言不仅提供了**建构**表达式的资源,还提供了将其**用于**持续演进的语篇的资源(参见第十三章)。属于规约单位之列的,还有一些具体模式,负责将名词性表达用于特定语篇语境并作出解释。因此,我们可以设想存在这样一种模式:一个未入场的名词用于某一语篇框架中,其所属类型的一个例示已被挑选出来作为语篇所指。如果该模式而后将该指称对象等同于该名词所侧显的事体,则它不仅可用于对该名词加以例举,还可将所侧显的例示与场境挂钩。因此，它相当于某种隐性入场策略。

对于可数名词而言，the 的无定对应成分是冠词 a(n)，如 an apple、a banana。前缀 in-意味着将**不定(indefinite)**冠词描述为**无定的(not definite)**。这种描述还是蛮有道理的。这两个冠词构成了一个对立体，由此，当使用 the 的条件未能满足时，便使用 a。这意味着在当前语篇语境中，类型描述本身已足可对其指称对象加以认定。之所以能做到这一点，原因可能在于，其类型描述暗示了仅有一个例示(即仅存在一个**合格候选项(eligible candidate)**)，还可能在于，用于解释名词短语的直接辖域中仅包括一个合格候选项(即仅有一个候选项是**可企及的(available)**)。因此，定冠词表示**仅有一个合格候选项是可及的**，不定冠词则表示**不止一个候选项是可及的**。

因而可以预测，不定冠词与 only(唯一的)这样的词或最高级形式互不相容，因后者明示仅存在一个合格候选项，因而需要定冠词：[①]

(15) (a) The United States is {**the**/ * **an**} only nation that shares a border with Canada.
(美国是与加拿大接壤的{(**定指**)/ *(**不定指**)}唯一国家。)

① 我们可以说某人是 an only child(一位独生子女)，此时 only child(独生子女)充当的是一个复杂的词汇中心词。其所明示类型的例示可以是任意数量的：Jill is not the **only child** in her class—Jack is another **only child**.(吉尔并非她们班上唯一的**独生子女**——杰克是另一位**独生子女**。)

(b) Your daughter easily solved {**the**/ * **a**} toughest problem in the chapter.
(你女儿不费吹灰之力解决了这一章{(**定指**)/ *(**不定指**)}最棘手的问题。)

最高级(以 -est 标记)与比较级(以 -er 标记)形成了有用的对照。如果说一章中仅有一个问题是 toughest(最棘手)的,相对于特定问题而言,则可存在许多 tougher(更为棘手)的问题。因此,比较级跟的是不定冠词,如(16)(a)。然而,在(16)(b)中,比较级却带上了定冠词——这种情况是意料之中的,因为语境限定了仅有两个候选项时,仅有其中一个可以是 tougher 的。

(16) (a) This is definitely a tougher problem.
(这无疑是一个更棘手的问题。)
(b) Of the two,this is definitely the tougher problem.
(两者相较,这无疑是更棘手的问题。)

我们通常求助于常识用来判断是否仅有一个合格候选项可以企及。例如,在(17)中,我们关于电脑及其部件的认知模型告诉我们,仅有一个键盘在考虑范围内(因此说 the keyboard),但却存在许多键(因此说 a key)。

(17) (a) I can't use my computer—{**the**/ * **a**} keyboard is malfunctioning.

（我的电脑没法用了——{（**定指**）/ *（**不定指**）}键盘失灵了。）

（b） I can't use my keyboard—{ **a**/ * **the**} key is malfunctioning.

（我的电脑没法用了——{（**不定指**）/ *（**定指**）}键失灵了。）

背景知识与语法构式的意义存在彼此互动。为说明这一点，以下面的嵌套式处所构式为例：

(18)（a） The body was in the suspect's house, in {**a**/ * **the**} closet.

（尸体（藏）在该嫌疑犯房子的{（**不定指**）/ *（**定指**）}壁橱里。）

（b） The body was in the suspect's house, in {**the**/ * **a**} master bedroom, in {the/? a} closet.

（尸体（藏）在该嫌疑犯房子的{（**定指**）/ *（**不定指**）}主卧的{（**定指**）/?（**不定指**）}壁橱里。）

在这一构式中，一个处所成分所明示的处所，构成了用于解释下一个处所成分的直接辖域（图 7.8）。因此，第一个处所成分 in the suspect's house（该嫌疑犯的房子里）将房子视为后续成分的相关解释辖域。下一个处所成分 * in the closet（ *（**定指**）壁橱里）显得怪异，因为按照通行的文化模式，一栋房子里不止一个壁橱。另

一方面，in the master bedroom（在主卧里）折射出这样一种文化期待：一栋房子仅有一个主卧。由此，在（18）（b）中的最后一个处所成分中，选择 the 还是 a，或表示主卧仅有一个壁橱（通常情况是这样的），或表示嫌疑犯相当富有。

仅有一个合格候选项可企及的情况，通常纯粹是或然性的，或取决于言语语境，或取决于先前语篇的内容。在（19）（a）中，选用哪个冠词，取决于有多少只蜗牛在语境中可以企及，即是显而易见的。选用 the 意味着仅有一只蜗牛清晰可见。选用 a 意味着使用 the 的条件未能满足，这在两种情况下可以成立：有许多蜗牛是显而易见的，或没有一只是显而易见的。[①] 当然，这是两种截然不同的情况，其共性仅在于均不支持 the 的使用。

（19）（a）Be careful not to step on {**the/a**} snail.

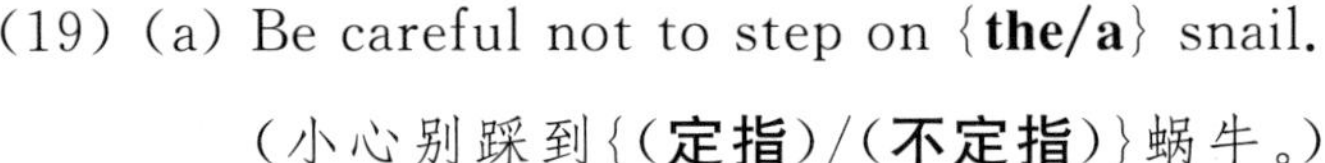

（小心别踩到{（**定指**）/（**不定指**）}蜗牛。）

（b）In the room were a puppy and three kittens. She picked up **the** {puppy/ * kitten/ * frog}.

（房间里有一只小狗和三只小猫。她抱起了（**定指**）{小狗/ * 小猫/ * 青蛙}。）

由先前语篇而定时，选取哪个冠词，取决于所明示的类型中有多少例示被引入，并新近作为语篇参与者得以唤起。（19）（b）的第一

---

① 没有任何一只蜗牛显而易见时，使用 the 表明特定一只蜗牛具有特殊地位，是唯一值得一提的一只（如它可能是一只家养的宠物——如 Don't step on **the** cat（别踩着（**定指**）猫了））。

句引入了 puppy(小狗)的一个例示及 kitten(小猫)的三个例示。其功能在于将它们确立为语篇所指,该情景随后充当了解释下一句的先前框架。在这一语境中,定冠词与 puppy 连用是贴切的,因为框架中仅有一个例示可以企及。但它不能与 frog(青蛙)连用(因为不存在**可企及的**合格候选项),也不能与 kitten 连用(因为存在**不止一个**候选项)。

无论是对于定冠词还是不定冠词,最终结果均是确立了一个语篇所指,而后可用回指代词加以指称:

(20) (a) In the room were **a puppy** and three kittens. **The puppy** was shaking, so she picked **it** up.
(房间里有**一只小狗**和三只小猫。**(定指)小狗**在发抖,于是她把**它**抱了起来。)

(b) In the room were a puppy and three kittens. **A kitten** was shaking, so she picked **it** up.
(房间里有一只小狗和三只小猫。**(不定指)小猫**在发抖,于是她把**它**抱了起来。)

在(20)(a)中,it 的先行词是 the puppy,在(20)(b)中则是 a kitten,因而两个名词短语均成功挑选出了其所属类型的一个例示。然而,它们在这一协同心理指称的实现方式上存在差异。这具体体现在,名词短语所在的小句对于其指称对象的认定是否必不可少。在(20)(a)中,我们无需考虑小狗发抖的情况,即可对其加以认定,而在(20)(b)中,只有发抖这一行为才能将所侧显的

kitten例示与房间里的其他 kitten 区分开来。要是有人问道：她抱起的是哪只小狗？有两种途径可对此加以确认：或是正在发抖的那只，或是房间里的那只。然而，要是有人问道：她抱起的是哪只小猫？就只能将其认定为正在发抖的那只了（因为房间里有好几只）。

有定与无定这一差别并不限于由冠词加以入场的名词短语。对于任何类型的有定名词短语，均可如此假定：无需依赖其所在小句，即可对其指称对象加以认定。因此，在语篇的特定发展阶段，下列表达式中的任意一个均可挑选出某一具体个体，即便该个体可能并不包含在小句中：the puppy（（**定指**）小狗）、that kitten（那只小猫）、your house（你的房子）、Richard Nixon（理查德·尼克松）、the person who sold me this car（卖给我这部车的人）。出于此因，定冠词可充当小句外的**话题（topics）**：

（21）（a）{**The** puppy/That kitten/Your house}, it's shaking.

（（**定指**）小狗/那只小猫/你的房子），它在发抖。）

（b）{Richard Nixon/The person who sold me this car}, he was not to be trusted.

（{理查德·尼克松）/卖给我这部车的人}，他是信不过的。）

每种情况下，第一个名词短语认定某一具体个体，后续小句参照该个体获得解释。[①] 然而,一个孤零零的无定成分不足以将任何一个个体认定为其指称对象:a kitten(一只小猫)、some jello(一些果冻)、no house(没有任何房子)、each president(每位总统)、any salesman(任何推销员)。尽管这类名词短语成功确立了语篇所指,其指称对象正是迫于此种指称目的而捏造出来的——它们并未将注意力引向所明示类型的任何例示。因此,对于关涉这种例示的小句而言,它们无法充当小句层面的话题。[②]

(22) (a) * {A kitten/Some jello/No house},it's shaking.
(* 一只小猫/一些果冻/没有任何房子},它在发抖。)

(b) * {Each president/Any salesman},he was not to be trusted.
(* {每位总统/任何推销员},他是信不过的。)

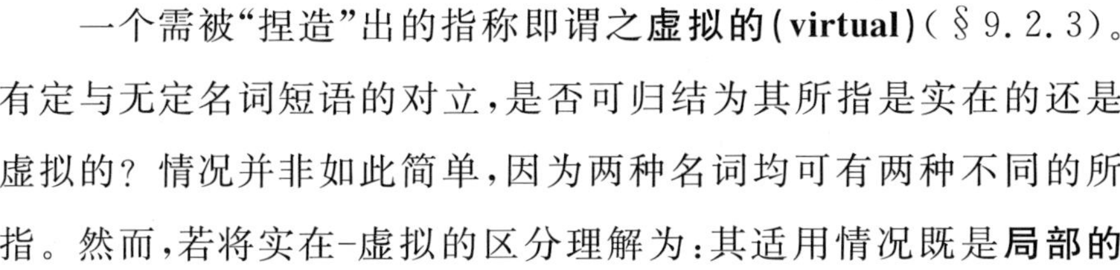

一个需被“捏造”出的指称即谓之**虚拟的(virtual)**(§9.2.3)。有定与无定名词短语的对立,是否可归结为其所指是实在的还是虚拟的?情况并非如此简单,因为两种名词均可有两种不同的所指。然而,若将实在-虚拟的区分理解为:其适用情况既是**局部的**

① 尽管话题名词短语与小句共现,但并不包含在后者中,或在其理解中发挥着作用。实际上,是话题为理解小句提供了基础。

② 无定成分间或可充当小句层面的话题,此时小句并不指向特定个体:A kitten, I really want one(小猫,我真想要一只);Most houses, they need a lot of work(大部分房子,它们都要颇费一番功夫)。

(**local**)，又是**权宜性的**(**provisional**)，那么它确实可作为一个行之有效的描述。我对“局部的”解释是：该所指作用于名词短语本身，无需参照其所在小句及更大的结构。我对“权宜性的”解释是：该所指的实在性或虚拟性在这些更高的组织层次上可被压倒。此即意味着在局部范围内作权宜性考虑时，有定及无定名词短语分别将其所指描述为实在的与虚拟的。

对于有定成分而言，默认情况下，其所指是其所属类型的一个实在例示，因而无需依赖其所在小句即可得以确认。例如，单加考虑时，the puppy((**定指**)小狗)诱发如下默认期待：其所指是一个实实在在的生物(不仅仅是出于特殊目的捏造出来的)。在(23)(a)中，这一期待扩展至小句层面，小狗的存在无需依赖它被想要的情况。然而，这一默认期待在更大语境中可被压倒，如(23)(b)。此处的小狗是虚拟的，是作为假想情景的一部分而臆想出来的，并不被看作存在于现实中的情况。

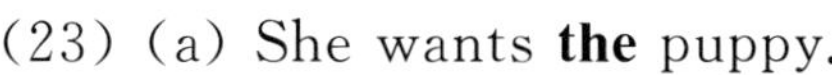

(23) (a) She wants **the** puppy.

(她想要(**定指**)小狗。)

(b) If a girl sees a puppy and she wants **the** puppy, she can usually find a way to get it.

(要是一个女孩看到一只小狗，并且想要((**定指**)小狗)，往往会有办法弄到手。)

对于无定成分而言，对其默认期待涉及虚拟性。的确，对于入场量词而言，其所指总是虚拟的——no house、each president 或

any salesman 之类的表达式无法用于指向其所在类型的实在例示。至少是对不定冠词而言，才存在任何现实性的可能。例如，尽管在(24)(a)中，a puppy 是无定的，指称的却是一只具体的狗。其现实性来自名词短语所在的小句(她不可能实际发现了一个纯粹的臆想之物)。相比之下，在(24)(b)中，无论动词 want 的宾语是实在的还是虚拟的，两者均是相容的，此处的默认解释涉及虚拟性(她不过想要一只小狗，并非任何具体的一只)。不过，更大的语境可造就截然相反的解释，如(24)(c)。

(24) (a) She found a puppy.
(她发现一只小狗。)
(b) She wants a puppy.
(她想要一只小狗。)
(c) She wants a puppy. She saw it at the animal shelter.
(她想要一只小狗。她在动物收容所见过它。)

英语中无定入场成分的数量远胜于有定入场成分，这一事实足可证明虚拟实体在语言中的重要性。一个定冠词与四个指示代词对我们而言已足够，但却用到数个不定冠词及不下七个入场量词。不定冠词 a 仅限于与可数名词连用。对于物质名词(包括复数名词)而言，我们可以选用 Ø 或 sm(非重读的 some)。[1] 有些情

① 完全重读时，some 充当量词(如 Sóme unicorns are lazy(**有些**独角兽很懒))。接受次重读时，它与可数名词共现，且有可能被分析为冠词：Sòme gúy is here to see you(**有个人**在这儿等着要见你)。Sòme 与 a 的对立体现在：它强调指称对象先前是未知的。

况下,Ø 与 sm 似可互换,如(25),然而两者在语义上相去甚远。

(25) I saw {sm/Ø} {fruit/apples} on the counter.
(我在柜台上看到{些/Ø}{水果/苹果}。)

为把握这一语义上的差异,我们需要回顾一下物质名词所指对象的特性(§5.1.4)。物质同时体现出可收缩性与延展性:对于一个例示而言,任何部分本身即构成了该类型的一个例示,两个例示的结合亦然。由此,原则上讲,任何具体的物质——如游泳池中的水——不仅是其所属类型的一个例示,而且包含数不胜数的其他例示(包含任意分割的一片水域,或是一系列水域的集合)。而且,该类型的最大范围(E_t)同样可称为一个例示,本质上是最具包容性的例示。因此,一个类型的**最大范围(maximal extension)**同时也是其**最大例示(maximal instance)**(如所有的水)。对于可数名词的所指而言,情况并非如此。其例示往往呈分离、离散状态。因此,常规情况下,它们并不包孕其他例示,其最大范围也称不上一个例示(所有猫的集合本身并非一只猫)。

用于物质名词的不定冠词彼此有别,可简单概括为:sm 具有个体化力度,Ø(具有象似性)则不受限制。sm 挑选出的例示比例相当小,就某些功能而言构成了单一"组块"或单位。看着地板上一摊水(大到足可让人跌倒的一摊),说 I see sm water(我看到些水)是自然的,而看着大海这样说则不然。sm 的个体化力度妨碍了将其用于最大范围:* The formula for sm water is H_2O(* 有些水的分子式是 H_2O)。相比之下,一个例示可以大到或小到什么地步,Ø 对此并无限制,因此 I see water(我看见水)用于形容一个水坑或一片汪洋均是恰如其分的。鉴于它不受限制的特征，零位入场可用作概括陈述：The formula for water is H_2O(水的分子式是 H_2O)。指称最大范围的情况或许应视为默认解释，除非语境另行说明。例如，在(25)中，fruit(水果)或 apples(苹果)所侧显的例示仅限于适合摆在柜台上的数量。

英语用零位入场表示最大范围，有些语言则采用定冠词，法语即是如此：Elle aime le vin"她喜欢酒"。对于两种语言而言，其恰当用法均由规约而定，在习得时均需单独掌握。然而，两种用法均不乏概念动因，与入场成分的基本意义也是一致的。由于英语中的 Ø 不受限制，可用于任意大小的物质名词例示，因此用于最大例示属于意料之中的极端情况。与此同时，最大例示具有定冠词所要求的唯一性。若将所指称的酒的例示视作最大例示——囊括所有的酒——并无其他例示需同其区别开来。诚然，最大范围的任何部分依然是该类型的一个例示，但如我们所看到的，定冠词所传达的唯一性通常并不绝对。我们之所以谈论 **the** moon((**定指**)月亮)，是因为该类型的一个具体例示尤为显著(可以说遮蔽了所有其他例示)，因而通常可视为唯一值得一提的例示。同样，一个类型的最大例示具有特殊认知地位，因而相对于其他例示具有内在突显性，这反映了整体比部分更显著的一般原则。因此，但凡最大例示被唤起，它往往是唯一被唤起的例示。[①]

① 类似因素在定冠词用于有限范围的物质名词时同样存在。当某一物质被挑选出来时，随后的有定指称挑选出的是整个物质，而非其中某一部分。在如下例子中，the cats ((**定指**)猫)默认指称全部十七只猫，而非任何较小的集合：She has seventeen cats and a vicious dog. The cats are very much afraid of the dog(她有十七只猫和一只恶狗，(**定指**)猫对狗怕得要命)。

9.3.5 量词

不定冠词与入场量词之间的界限并不分明。我划定这一界限的根据，是它们有无潜力指称一个类型的实际例示。由于它们对指称对象的描述仅仅是相对于最大范围做出的，而最大范围是一个虚拟实体，因而入场量词的所指总是虚拟的。[①] 出于同样的原因，它们也可描述为相对量词。可将其分成两大范畴：**比例量词(proportional quantifier)**(all、most、some、no)及**代表性例示量词(representative instance quantifier)**(every、each、any)。在挑选相对于 E_t 所侧显的实体方面，两大范畴所调用的策略大相径庭。

之所以称比例量词，是因为它将所侧显的实体视为 E_t 的某一部分。由于 E_t 是一类物质，显面(profile，P)构成了其中某一部分，因而 P 必然同样属于物质。由此，预期情况是比例量词与物质名词共现：

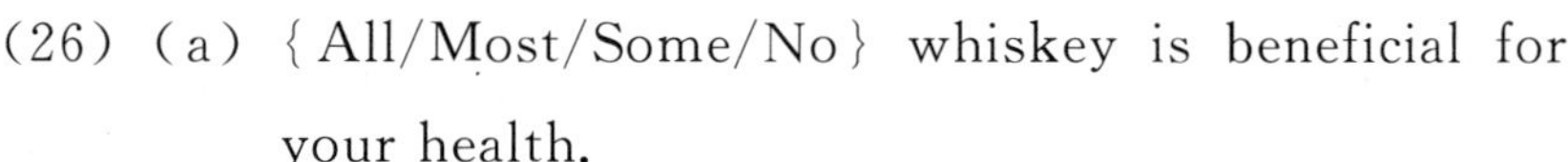

(26) (a) {All/Most/Some/No} whiskey is beneficial for your health.
({所有/大部分/有些/没有}威士忌有益于健康。)

(b) {All/Most/Some/No} alcoholic beve-rages are beneficial for your health.
({所有/大部分/有些/没有}酒精饮料有益于健康。)

① 参见图 9.6。相比之下，非入场(或绝对)量词通常用于实在实体(如 I saw {many/numerous/seventeen} cats in the room(我看到房间里有{许多/数不清的/十七只}猫))。

同 E_t 一样，P 是一个虚拟实体，是通过组合与物化的心理操作炮制出来的（你通常到哪儿去找 most whiskey（大部分威士忌）?）这些量词的概念内涵源自进一步的心理操作：将 P 叠加在 E_t 之上，看距完全覆盖还有多远。其图解式表征拟如图 9.12 所示。就 all 而言，P 成功覆盖了 E_t——即两者的边界完全重合。对于 most 而言，P 的边界趋近 E_t 的边界，但远未达到接触的地步。some 作用的比例则更小。自然，no 的意蕴难以用图式加以捕捉。此处采用的标记法表明的是删除这一心理操作：尽管 P 作为一个虚拟实体被唤起，通过明示其所代表 E_t 的比例为零，其存在便被有效删除。①

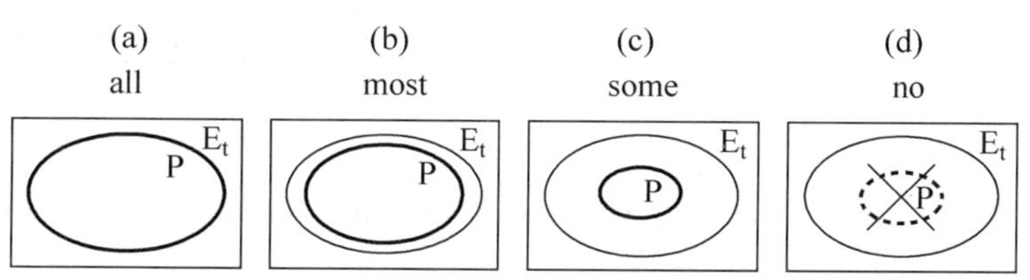

E_t= maximal extension of the type (类型的最大范围); P = profile(显面)

图　9.12

用于描述这些量词而唤起的概念操作，可视为日常物理行为的抽象对应物：将一系列物体加以分组、将一物置于另一物之上、用一物测量另一物、趋近或达到边界、移出或消除。因此，我们主张：量词的意义发端于这些行为的**台下心理模拟（offstage mental simulation）**中。涉及对行为的概念化，一个方面是对其加以心理

① 因此，比起其他比例量词，对 no（没有）而言 P 的虚拟性更高。然而，no（没有）的确唤起了其所属类型的某一被侧显例示，并将其确立为语篇所指：**No whiskey** tastes as good as **it** looks（**没有**［**任何**］**威士忌**尝起来比（**它**）看起来好喝）。

模拟(Barsalou,1999)。这意味着,我们在实际实施或以其他方式经历该行为时所伴随的心理操作,继而从中“分离”(disengage)出来(§14.2.1)。这一加工过程一经分离出来,即可作用于抽象或虚拟实体,如同量词所唤起的情况。当然,在使用比例量词时,我们并未明确想到分组、度量、移出之类的行为,甚至不曾进行抽象思维。这是因为模拟构成了入场关系,而入场关系的一个突出特征即在于,它们位居台下,并被主观识解(图9.4)。因此,模拟行为在量词的意义中仅隐约可见,是在心理上通达台上所侧显实体的一种手段。[①]

对于代表性例示量词而言,一个显著事实是与单数可数名词连用,即便在指涉某一类型全部例示的陈述中,情况也不例外:

(27) {Every/Each/Any} culture can teach us something of value.
({每种/各种/任何}文化均能教给我们一些有价值的东西。)

倘若它们指向的仅仅是一个例示,何以能充当“全称量词”(universal quantifier)?它们之所以能做到这一点,是因为该例示被识解为具

① 将some与no描述为比例量词,不如将all与most如此描述来得明显。另一种描述或可将其与日常经验相连,即往容器内观望,看里面是否有什么东西。由于我们经常发现里面仅有一物,这种描述解释了some及no与单数可数名词连用的情况:There must be some lawyer we can trust(肯定有哪个律师我们信得过);No reputable lawyer would touch this case(没有哪个有名望的律师会碰这个案子)。

有**代表性(representative)**。因此,一个推论是:赋予该例示的任何属性对所有例示均是同样有效的。

当然,所侧显的代表性例示并非实际存在,而是一个臆想出来用于代表实际例示的虚拟例示。这些构成了 every、each 与 any 的公约数,如图 9.13(a)所示。同此前做法一样,圆点代表区分性位置,正是这一点使某个例示成其为例示。不过,这里用的是一个空心点而非实心点,明确表示该例示仅仅是虚拟的。同样用于标记其虚拟性的,还有将其置于代表 E_t 的椭圆之上的情况。这并非意在否定它具有例示的地位,而是意在表明其特殊地位——将其从其他例示中抽取出来,正是意在代表它们作为该类型例示的共享特征。因此,它对应于 E_t 的所有成员(并寓于其中)。同样,虚拟区分性位置(空心点)对应于实际成员的位置,但无法归并为任何具体成员。[①]

因此,所侧显的例示是一个心理建构体,一个概念整合的产物。它将类型的多重例示压缩为一个离散的例示,这一例示被臆想出来用于代表全部例示。图 9.13(a)中的结构相当于一个蕴含 every、each 及 any 的意义的图式。它融入到了更复杂的心理构造中,这种构造构成了这些量词的不同意义。同比例量词一样,这些附加内容发端于关于日常行为和经验的心理操作之中。自然而然的情况是(因为所侧显的例示对应于 E_t 的所有成员),它们涉及以不同方式通达一个组的成员,以保证穷尽覆盖。有三种基本手段

① 这一虚拟处所正是区分代表性例示与类型概念的意蕴所在。两者是通过不同的抽象化过程自实际例示中产生的:前者是通过中和(由此虚拟例示完全可等同于任何实际例示),后者则是通过抽去例示这一概念(图 9.3(a))。

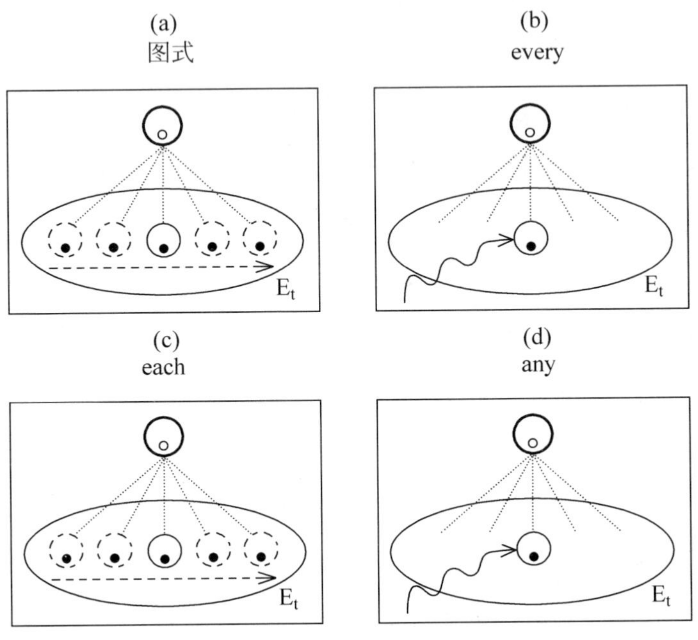

E_t = maximal extension of the type (类型的最大范围)

图 9.13

可做到这一点：并行观察、顺序检索以及随机选择。every 唤起的是同时看到所有组成员，但依然将其视为独立个体的日常经验——有如合唱团的成员，或蜡笔盒里的水彩。each 反映的是对成员逐一进行顺序检索，直至所有成员均被过目的情况。有序通达在 9.13(b)中以虚线箭头表示，其结果是：在任一时刻，仅有一个例示被检索到。最后，如图 9.13(c)中的波浪线箭头所示，any 基于的是随机选择。尽管随机选择带来的结果是仅有一个成员得以通达，但其覆盖是穷尽性的，因为所有成员均有机会入选。

使用 every、each 及 any 并不意味着这些日常活动——并行观察、顺序检索以及随机选择——实际发生在所描述的情景中。①它们不过提供了一个经验基础，用于对虚拟显面及其所代表例示之间的关系加以概念化。作为量词意义的一部分（所唤起的心理构造的一部分），它们是虚拟的、抽象的、主观识解的。然而，这些台下的模拟确实对量词的选取及其所在表达式的意义施加了某种影响。可以推断的是，every、each 及 any 通常作用的情景要么是其所虚拟唤起的活动（此种情况下，它们强化了这种活动的存在），要么可想象为表现出这种活动（此种情况下，它们暗示了这种活动的存在）。这种效果在(28)中可见一斑：对于 every，我们想象所有星星一目了然的可能性；对于 each，我们可通过逐一转移视线从而看到所有星星；对于 any，我们可以看到任意一个随机选中的成员。

(28) Tonight you can see {every/each/any} star in the Milky Way.
(今晚可以看到银河系中的{每颗/各颗/任何一颗}星星。)

基于我们关于毕业典礼的认知模型，即学生通常一个接一个走到台上，(29)中 each 的用法可谓相当自然。

(29) Each student came up on stage and got her diploma.
(各位学生走上台，领到了毕业证书。)

① 因此，(27)并不意味着任何人实际进行了这些与(所有?)文化有关的活动。

必须承认的是，every 用在此处并无不可，each 也未能完全排除所有学生一齐上台的可能性（如 Each student threw her cap in the air（各位学生将帽子掷向空中））。①

只消扫视一下图 9.13 就会发现，any 是与 every 及 each 孤立开来的。与并行检索或顺序检索有所不同，随机选择涉及仅通达一个例示的情况——其他例示仅有同等潜力被通达。这种随机性和潜在性为 any 赋予了更高的虚拟性。的确，我们发现，any 不允许用在对现实事件的直接描述上：

(30) (a) On the show they interviewed {every/each/?? any} candidate.
(在节目中他们采访了{每位/各位/?? 任何}选手。)
(b) {Every/Each/?? Any} contestant is smiling.
({每位/各位/?? 任何}选手都笑容可掬。)

恰恰相反，它所偏好的语境——如疑问句、否定句、情态句、条件句——均在某种意义上将情景排除在当前已确立的现实之外：

(31) (a) Did you see any movie stars?
(你可曾见过电影明星?)

---

① 如这些例子中的情况，只有当 E_t（最大范围）在语境中得以划定时（此处的相关学生是同一班级内的学生），通常才会用到 each。这可能与顺序检索特征有关：很难想象如何对一个开放集合内的成员逐一加以检索。

(b) I don't see any meat in the freezer.

(我在冰柜里没见到一丁点儿肉。)

(c) Any child can assemble this toy.

(任何一个儿童都会组装这个玩具。)

(d) If you have any questions, don't hesitate to ask.

(你有什么问题就问吧,不必顾虑。)

这些例子阐释了 any 有别于 every 及 each 的另一个特征,即它既可与复数名词共现,又可与非复数物质名词共现。这符合我们关于随机选择的描述。我若将手伸进一个糖果袋,随手抓出来的可以是一颗糖,也可以是一把糖。而如果糖果已融化成了一大团黏糊糊的巧克力,我可以随机取出任意大小的一团糊糊。

9.4　小句的入场

同名词短语一样,限定小句侧显某一类型的一个已入场例示。两种情况下,场境与入场关系均是被主观识解的;只有被入场实体——一个事体或过程——才是位于台上的,充当注意焦点(图9.4)。此处关于小句入场的扼要论述,有望揭示出它与名词短语入场的共性及重要差异。

9.4.1　小句入场系统

在用于建构我们心智世界的概念原型中,几乎没有什么比实物与事件更为基本的了,它们分别构成了名词与动词范畴的典型。

物体与事件涉及不同的认识问题，这与我们对其典型的经历方式有关。

对于物体而言，其基本倾向是将会持续存在下去。虽说存在明显的限制与例外情况，我们的默认期待是：周遭物体将无限期地存在下去，除非（以及直到）某种情况发生，从而打破这一稳定局面。我们也会遇到特定类型的众多例示。我们日常生活的一个重要特征，是大量物体同时存在，诸如车子、人、建筑物、树木、书本、汤匙、狗、计算机、阿司匹林药片，等等。因而在谈论世界时，关于某一物体我们需要知道的，往往不是“它是否存在？”，而是“它是哪一个？”。我们在认识上首要关注的不是存在，而是认定。因此，名词短语入场关注的核心问题即在于，在一系列合格候选项（E_t）中，如何将注意力导向某一具体指称对象。

对于事件而言，情况恰恰相反。就其本质而言，事件不是持续存在——而是发生，且其发生时间往往非常之短。对于大部分我们有机会谈论的事件类型，通常也不会有大量的例示需要区分。[①]在谈论事件时，我们需要知道的，往往是“它是否会发生？”，而非“它是哪一个？”。我们关注的首要问题是存在，而非认定。因此，小句入场主要关注的是事件相对于其实际或潜在发生情况的地位问题。

小句入场反映了我们并不能察知一切。我们无法像上帝之眼洞悉世间一切，我们仅有局部视角，因而所能直接经历的不过是沧

① 由于过程在概念上有赖于其参与者，这些类型包括了对名词短语指称的认定。如果说在日常生活中可见到类似 eat（吃）这种类型的多个例示，类似 Jeremy's dog eat my porkchop（杰里米的狗吃我的猪排）这种复杂类型的情况则是少之又少。

海一粟。[①] 我们关于世界的大部分知识(或自以为知道的东西)需由间接途径获得:传闻、报道、推理、预期,诸如此类。在时间上,我们的视角同样是局部性的。我们只能直接通达当下的现在,也仅通达了过去微乎其微的一部分(作为过去的现在时刻)。然而,我们却能够思考并谈论整个历史长河,以及无限延伸的未来。我们关于历史和未来的知识有些是不确定的,有些则纯属主观臆测。我们确切知道的东西,和我们经由语言思考并表达的东西之间存在着巨大的鸿沟,这便是小句入场的来源。对于我们所描述的每个情景,均有必要表明其认识地位——即参照我们当前所知以及试图加以确定的东西,对其加以定位。

我们总是在力图理解我们的经历,建构合乎逻辑的世界观。这是处于活着和有意识状态的结果——我们情不自禁地要这样做。伴随着对"认识上的掌控"(epistemic control)的追求,我们每个人都形成了自己对**现实**的认识。此处我们(为描写之便)将其定义为及至此刻所发生情况的整个历史。自然,每个人都有自己关于这一历史的立场,没有任何人可以洞悉全部历史。因而在语篇中,交际双方将自身对现实的认识加以推进、彼此协商并作出调整。尽管他们对现实的认识从来不会毫无二致,但享有诸多共性,足可保证互动的成功。其重合之处集中在场境本身所处的当前现实——此时此刻的言语情景。场境与说话者对现实的认识一道,充当了入场成分所表达的认识判断的基本参照点。

就这一目的而言,处于"现实"中的可以是任何可作为已入场

① 倘若上帝讲某种语言,他的小句入场系统定然与我们的大异其趣。

小句内容的东西。现实同时包括在任何阶段发生的事件及存在的稳定情景。除了物理情况外,现实还包括社会及心理现象,它们构成了我们所经历与谈论世界的一大部分。因其涵盖了心理现象,现实体现出诸多层面及多重维度。我们接受为真的一个情况是:还存在着其他概念化主体,他们对现实的认识有别于我们。再者,由于我们可以对概念化的内容本身加以概念化,因而多重概念的存在——每一个均是对下一个内容的表征——同样需接受为真。①

同样存在于心智层面的还有诸如电影、小说、神话之类所唤起的虚构世界。发生在这些世界中的情况通常被形容为有如"真实世界"那般真实(如 Santa Claus has eight reindeer(圣诞老人有八只母鹿))。现实也不囿于想象力(如隐喻、整合、虚拟性)的产物。就语言描述而言,称得上现实的即是说话者**视其为真**的任何东西,我们对所发生情况的认识,也在很大程度上有赖于这些能力。因此,一个借助想象识解的情况可被说话者构想为真,进而通过小句入场呈现为真。例如,说话者可以直率地说 The thought just flew right out of my head(那个想法刚刚飞出了我的脑袋)(图 2.9),用于描述真实发生的情况。因而,限定小句所唤起的、作为认识判断基础的现实,既不能等同于"真实世界",又不能等同于通常的、非语言意义上的"真实"。它包括与这些判断相关的所有构想之物,所有在限定小句中得以表达的情况。

所谓**构想现实(conceived reality)**,即概念化主体当前作为既成

① 如果乔治说谎一事不曾发生,但玛莎说确有其事,玛莎如是说的事件便是现实的一部分。如果刘易斯知道玛莎这样说过,那么刘易斯知道这件事的情况同样是现实的一部分,如此以至无穷。这种层叠是一种心理空间构造。

知识加以接受的东西。小句入场表明了所侧显的某一情况相对于现实概念的地位。它可以呈现为真，如 Jill is pregnant（吉尔怀孕了），也可以有别于现实情况，如在 Jill could be pregnant（吉尔可能怀孕了）中，怀孕仅被看作一种可能情况。然而，谁对现实的认识是值得考虑的呢？应唤起谁的知识作为认识判断的基础呢？一个简短的答案是：我们可将说话者视为相关概念化主体。倘若我作出了 Jill is pregnant 这样的论断，我即是在表明，她怀孕的情况属于我对现实的认识的一部分，而非听话者或其他任何人的看法。的确，在谈论入场时，我通常是将其视为说话者的评判。不过，还需记住一个更长的答案，其表述上的精确性远胜一筹。陈述（说话者需对其负责）与限定小句并非一回事，它实际上是一种行为，小句正是为表述这一行为而调用的。只有在这种行为背景下，小句入场所唤起的对现实的认识，与实际说话者对现实的认识才是完全一致的。限定小句还被用于许多这样的情况并不成立的场合。这里仅举几例：

（32）（a） According to Jack, Jill is pregnant.

（听杰克说，吉尔怀孕了。）

（b） I suspect Jill is pregnant, but we're not sure yet.

（我料想吉尔是怀孕了，不过我们尚不敢肯定。）

（c） It's not the case that Jill is pregnant.

（实际上吉尔并没有怀孕。）

（d） Jill is pregnant—sure, tell me another one.

（吉尔怀孕了——我当然知道，告诉我其他还有谁怀孕了。）

因此，就入场目的而言，说话者充其量不过是默认的概念化主体。若是对限定小句单加考虑，而无更大语境对其加以认定的话，为实现小句入场而唤起的概念化主体不过是虚拟的。

尽管每种语言均不乏用于描述发生情况的小句，也需有某种方式表明其认识地位，但均有自己独立的小句入场系统。自然，这些系统在其所预设的概念模型、关于这些模型所做的区分，以及入场的显性程度上均大相径庭。对于显性入场，各语言在其结构呈现方式上也是各有千秋。它未必是由任何一类成分或任何一个结构位置单独表达的。例如，在路易森诺语中，小句是由动词形态及尾随第一个词或短语的附缀联合入场的：

(33) (a) Waxaam＝chamil 'owo'a-quṣ.
昨天＝**第一人称复数:过去时** 干活儿-**过去时:持续体**
(昨天我们一直在干活儿。)

(b) Noo＝nupo 'exngay'owo'a-an.
我＝**第一人称单数:将来时** 明天 干活儿-**将来时**
(我明天要干活儿。)

在这些表达式中，＝chamil 的第一部分表明，小句射体是“我们”；＝nupo 的第一部分则表明，小句射体是“我”。这阐释了小句入场的一个常见特征，即在基本属性(如人称、数)方面图式化地参照了射体。这在名词短语入场中同样有所体现。鉴于被入场过程的概念依存性特征(不唤起过程参与者，就无法对过程加以概念化)，以及射体在其中的显著地位（首要焦点参与者），这是自然而然的。因此，这种入场成分是一种图式性表征，同时表现了所侧显的过程及锚定过程概念的参与者的认识地位。[①]

英语中的小句入场鲜有通过明示射体来实现的。除 be（am vs. are vs. is；was vs. were）而外，体现出这一倾向的，仅有射体为第三人称单数时的动词现在时词尾：she know vs. they know。通常情况下，动词现在时是由零形式标记的，这可视为现在时入场的一个特例。尽管其边界是模糊不定的，英语入场系统有一个明晰界定的核心，由时态和情态构成。英语仅有两种基本时态："现在时"（present）与"过去时"（past），以及五个基本情态词：may、can、will、shall、must。这些情态词本身分有某些"时态"上的对立，它们的"过去"式分别为 might、could、would、should 及 must。[②] 当然，诸如"现在"、"过去"、"时态"这类概念的实际语义内涵需要澄清。不过，我们先要澄清的是入场成分的语法地位问题。

情态词通常与 have 和 be 一道被描述为"助动词"（auxiliary verb）（与"主"（main）动词或实义（lexical）动词形成了对照）。宽泛而论，情态、时态、完成体（have＋-ed）、进行体（be＋-ing）、被动式（be＋-ed）共同构成了英语的助动词系统（Chomsky，1957）。但这种分组并无结构或功能动因（FCG2：§ 5.1）。have、be 与情态

① 这些迹象通常被分析为与主语"一致"（agreement）的情况。此种思路的根本缺陷，在于未能捕捉到它们的概念基底与认识功能（它在描写上同样是有问题的，其中包括(33)(a)中缺乏与附缀保持一致的成分）。

② must 在形态上并未呈现这一对立。有证据表明，该情态词完全缺乏非现在时形式（FCG2：260）。

词(以及时态)的确共享一个重要的语义特征:每个均侧显一个高度图式性的过程。因此,它们的确均属动词范畴(出于其侧显情况)。鉴于其无实义的特征(出于其图式性),它们又属于"助动词"范畴。不过,如图 9.14 所示,最基本的区分不在"主"动词(V)和助动词(统称"AUX")之间,而在入场成分(时态与情态)与其余所有成分之间。

入场成分	被入场结构			
时态情态	完成体 (have + -ed)	进行体 (be + -ing)	被动式 (be + -ed)	实义动词 (V)
助动词系统("AUX")				"主"动词

图 9.14

这种分组(以双线标记)获得了来自意义、语义功能及语法表现上的支撑。在语义上,时态与情态具有相关的认识价值,明确唤起了场境,并共同承担入场功能。相比之下,场境在完成体、进行体、被动式及词汇动词的描述中并无特殊地位(仅有微弱呈现)。这些成分共同界定了被入场过程的功能。完成体、进行体及过去时并不表明认识地位,而是通过调整过程各方面的相对突显性,从而赋予特殊的观察方式(§4.3.3)。在语法上,时态与情态对限定小句而言带有强制性,①完成体、进行体及被动式则可有可无。此外,后三者还可出现在非限定小句中(同时包括不定式与分词表

① 由于每个均含有一个零位成员,即现在时及情态词的缺失(它承载明确的认识义),这一点往往被遮蔽了。

达),时态与情态则悉被排除在这类小句之外:

(34) (a) I would prefer for my proposals to **have** already **been being** discuss**ed** for a while.

(我更希望我的开题报告**已经讨论过**一阵子了。)

(b) He resents **hav**ing **been being** criticiz**ed** for so long.

(**一直被**批评**了**这么久,他感到愤愤不满。)

(c) * I would really like her to {examines/examin**ed**/**will** examine/**might** examine} my proposals.

(* 我真切希望她{批阅/批阅**过**/**将会**批阅/**可能会**批阅}我的开题报告。)

(d) * He really dislikes {criticizes**ing**/criticizing**ed**/**will** criticizing/**might**ing criticize} others.

(* 他实在讨厌{**正在**批评/正批评**过**/**要**正批评/**可能**正批评}别人。)

在更高组织层次上,实义动词依次由被动式、进行体及完成体所强化,它们共同构成了被入场结构。后面这些成分分别将自身的过程性显面加在已累加起来的结构之上(第四章:例(17))。由于它们均可有可无,并可任意组合,四个动词(V、被动式 be、进行体 be 及完成体 have)均有机会将自身的显面置于最高层次上。在最高组织层次上,被入场过程是复合结构所侧显的过程。因而在复合表达式 have been being criticized 中,被入场动词为 have,而非 criticize;在 be criticizing 中则为 be。只有当过去时、进行体与完成体均退场时，词汇动词才得以与被入场动词重合。

9.4.2 时态

对于时态与情态密切相关一说，鲜有语言学家会表示反对。显而易见，它们相互联系的根源在于，我们对世界的经历是有序的、逐一发生的，因而仅有此时此刻是直接可及的。过去无法再度亲历，而只能通过回忆来重温；未来甚至无法间接经历，因其尚不曾发生——我们只能对其加以预期、臆测或想象。在此根本意义上，我们对于发生的情况在认识上的确定程度，与其在时间上相对于现在的位置呈正相关。

一系列发生的情况要么伴随着时间的推移，要么构成了时间的推移，这取决于我们如何看待它们。现实即是由整个发生情况的历史界定的，因而它们随时间推移而发展或展开。在特定时刻，我们称之为“过去”的那部分现实已然确立，现在仍在确立之中，而未来依然待定。时间之流是单向的、不可逆转的——我们无法回到过去，倘若一件事已然发生，就无法令其不曾发生过。在隐喻意义上，可将现实描绘成一个“处于生长状态的”圆柱，通过新情况的发生不断得以扩充。如图 9.15 所示，其中圆柱的最前端称为**“当前现实”(current reality)**，是生长发生的地带。此处的情况仍处于流变之中，而过去已然确定，未来则可自由呈现为任何可能的形式。

关于世界及其演化方式，我们所知的情况之一是：我们无法洞悉世间万物。因此，我们每个人都形成了自己对现实的**认识**。对于现实，我们只能知其部分，而我们也知道——老实说——这一点

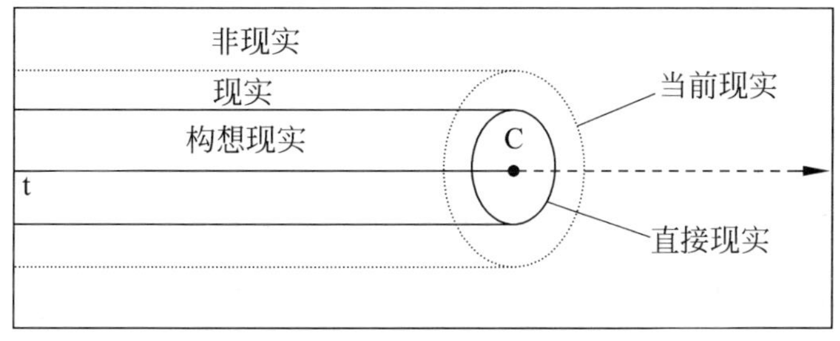

C = conceptualizer(概念化主体)

图　9.15

并非准确无误。虽说如此，在特定时刻，存在许多我们认为已知的（不单单是臆测的或假想的）东西。我们并不就其地位表示争论，而是仅仅将其作为既成的知识加以接受。对于特定的概念化主体 C（conceptualizer）而言，这构成了**构想现实（conceived reality, R_C）**。它是 C 视其为真的东西。犹如单纯的现实一样，构想现实也可描绘成一个处于生长状态的圆柱，不断通过当前经验的追加得以扩充。其最前端可称为**“直接现实”（immediate reality）**，是 C 视其为真的当前现实部分。直接现实大致是我们在认识上栖居的地方，是我们在不同时刻的直接经验场。

因此，从根本上讲，关于时间与认识的判断是彼此关联的。这自然而然地在语言中有所反映，分别体现为时态与情态。通常认为，时态表明某个事件相对于谈话时间的位置，情态则涉及其发生的可能性。然而，两者的区分绝非泾渭分明，英语即是典型一例。毕竟，英语中用情态动词 will 来表示将来时间，它还借助“时态”表示认识判断：it may rain（大概会下雨吧）与 it might rain（会下雨也说不定）的对立，反映的不是事件发生的时间，而是说话者关于其可能性的评估。在许多场合,从时间上对英语中的“过去”和“现在”所作的描述并不完全奏效(§5.2.3)。不过,归根结底,最好是将这些时间义看作本质上认识性的图式义的典型例示。

英语入场系统的核心包括两个二元对立。在形式上,每组对立中的一个成员均为零位,另一个则为显性标记。该系统具有象似性,因为每种情况下,零位成员均表明某种认识上的邻近性,或与 C 的紧密性,显性标记则表明更大的认识距离。就时态而言,“现在式”为零形式(其变式为第三人称单数 -s),过去式则为显性标记。其语义对立与指示代词的近指-远指区分颇具共通之处,涉及所侧显的过程在认识上与 C 是**接近(immediate)**还是**不接近(nonimmediate)**。就情态而言,零位成员即是缺乏 may、can、will、shall 及 must 的情况。情态的缺失表明 C 将所侧显的过程视为**真实的(real)**,即当作 R_C 的一部分。情态将其置于构想现实之外,一个我们可称之为**“非现实”(irreality)**的区域(与 R_C 呈互补关系)。由情态入场的过程 C 并不视其为真,因而被视为**不真实的(unreal)**。

在情态缺失的情况下,被入场过程属于 C 对现实的认识。此时便由“时态”(tense)来明示所侧显的情况出现在 R_C 的哪个位置。对此,仅存在两种基本方案。对于零形式(或 -s)而言,它占据的是直接现实,在图 9.15 中被描绘成处于生长状态的圆柱的最前端。由于这是场境所在地,因而所指向的过程与说话时间得以重合(如 they like it)。相比之下,-ed 及其变体将所侧显的过程置于非直接现实——R_C 中除最前端之外的任何位置。由此,它大致出现在说话时间之前(如 they liked it)。仅考虑现实因素时,认识上的临近与不临近分别对应于时间上的现在与过去。由此,关于"现在"与"过去"的时间说明就构成了入场成分的典型意蕴。在§5.2.3部分我们看到,这些基于时间性的描述可用于解释持续类与非持续类的出现模式。

不时可听到这样的主张:从句中的时态要求与主句时态"保持一致"(agree)。这一"时序"(sequence of tenses)限制得以保证,当(35)(a)中的 says 变为 said 时,从句中的动词变 is 为 was,从而与其保持一致。(35)中的例子清楚表明,这一传统分析思路是站不住脚的。当所有的"现在+过去"组合均出现时,主句与从句的时态就很难维持一致了。这些句子均是合格的,且各自的意义存在细微差别。关键在于,be pregnant 这一过程的持续时间足够之长,因而说的先前行为和当前言语事件均可与之部分重合。同时,say 还有持续类用法,用于描述一个人维持某种姿势的稳定情况(有时借助言语手段来表达)。因此,这些表达式均可用括号内的成分来表示,每种情况下,所侧显的过程均参照当前说话时间得以定位。[①]

(35) (a) Jill says she is pregnant.

(吉尔说她怀孕了。)

[她现在称目前怀孕了]

---

① 在(35)(d)中,吉尔或许说过 I am pregnant(我怀孕了),其所指称的是某一延伸至当前时刻的情况,因而说话者可以现在说 she is pregnant(她怀孕了)。吉尔与当前说话者选择将同一客观情景的不同时段置于台上,作为所侧显过程的例示。

(b) Jill said she was pregnant.

(吉尔曾说她当时怀孕了。)

[她此前称当时怀孕了]

(c) Jill says she was pregnant.

(吉尔说她此前怀孕了。)

[她现在称此前怀孕了]

(d) Jill said she is pregnant.

(吉尔曾说她现在怀孕了。)

[她此前称现在怀孕了]

这些入场成分的时间意蕴,不过是认识上的临近-不临近(epistemic immediacy vs. nonimmediacy)这一图式义的一个特例。我们需要一个更具图式性的描述,这从"现在时"的"非现在"用法中可见一斑,如用于将来事件的情况,以及关于"永恒"(timeless)真理的陈述:

(36) (a) They leave next week for Venezuela.

(他们下周动身去委内瑞拉。)

(b) The square of the hypotenuse equals the sum of the squares of the other two sides.

(斜边的平方等于另外两条边的平方和。)

现在时的这些非现在用法是基于特定的心理构造之上的,它们通常是默而不宣的,但在其支撑性概念基底中起着举足轻重的作用。

(36)(a)这样的表达式唤起了一个隐性的计划或日程表，一种描述预期将来发生情况的心理“记录”(document)。由于该日程表当前具有效力，熟悉这一日程表的人立马便可获悉其中所列事件。这样，对于查询该时间表并“读出”某一条目的说话者而言，该事件即具备了认识上的临近性。(36)(b)之类的论断预设了另一个心理操作，一个描述世界固有结构——其“本质”结构(而非“偶发”事件)——的虚拟记录。对于查询这一记录中的条目的说话者而言，它在认识上同样具备了临近性。我要强调的是，这些例子中唤起的记录尽管带有虚拟性，在语言意义上却可视为现实的一面(§9.4.1)。因此，即便实际情况并不与说话时间重合，所描述的事件依然可作为直接现实的一部分为说话者所通达。[①]

可进而表明图式性描述的必要性的，是(37)之类的表达式：

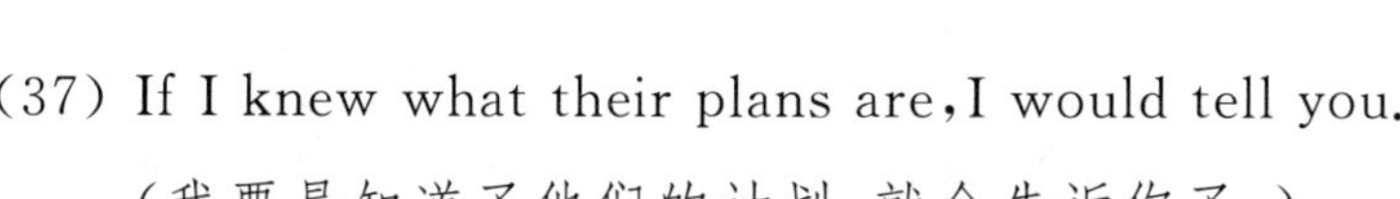

(37) If I knew what their plans are, I would tell you.

(我要是知道了他们的计划，就会告诉你了。)

虽说动词 knew 采用的是过去式，但并不指称先前发生的情况。其实际意义在于说明，if(要是)所引入的假想情景与事实背道而驰：说话者表明事实上她并不清楚计划的情况。尽管一个假想的情景或可证明为真，然而 knew 的使用将其置于直接现实之外，从而明确排除了这种可能性。因此，即便在未获得时间上的解释的

① 同样，我们也可以说，所谓事件的发生，即是说话者在生成表达式时对其加以把握；这种虚拟情况的确与说话时间重合(Langacker，1999b、2001a)。关于现在时的非现在用法在§14.2.2部分有进一步论述。

情况下，认识上不临近的意蕴仍可显现出来。这从情态词非当前式的使用中亦可见一斑：might、could、would 及 should。(37)中 would 的意蕴不在于表达时间概念，而在于标记说话者当前未能作出 I will tell you 所传递的未来预期（就此例而言，因其发生条件——获悉计划的情况——被排除在当前现实之外）。与直接-非直接现实相关的时间意蕴并未波及情态词，后者将被入场过程置于非现实范畴。

9.4.3 情态

在历史上，英语中的情态词自表达“想做”“知道怎么做”“有能力做”意义的实义动词发展而来。这些动词侧显的关系具有某种共性：均赋予其射体某种倾向性，或某种“力”(potency)，如释放出来即可导致某一行为(V)的实施。因此，尽管这些动词描述的情景是稳定的（我要是想做某事，此时此刻并没做这件事），却涉及某种导向 V 发生的力。这一潜在力量在图 9.16(a)中以虚线箭头表示。对应线表明射体（力的发生场）同样是实施该行为的主体。为便于比较，场境在图中表示了出来，但并无特殊地位（虽无处不在，但仅有微弱体现）。

因其侧显导向某一行为发生的力，源动词既是**动力性的(force-dynamic)**，又是**指向将来的(future-oriented)**。这些祖传特征是理解现代英语情态词的关键所在，其演化历程体现的是一个名曰“语法化”(grammaticization)的历时过程。通常情况下，较之于源动词，所衍生出的语法成分在语义上更具图式性。由于情态词属于入场成

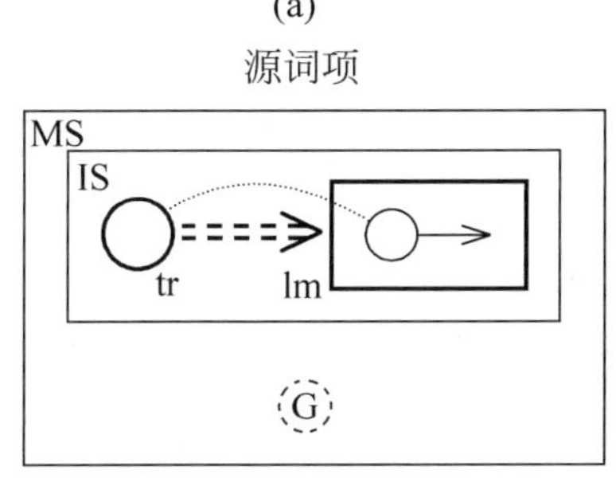

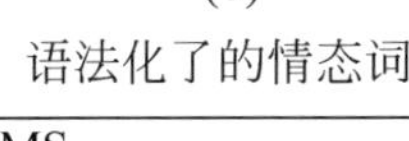

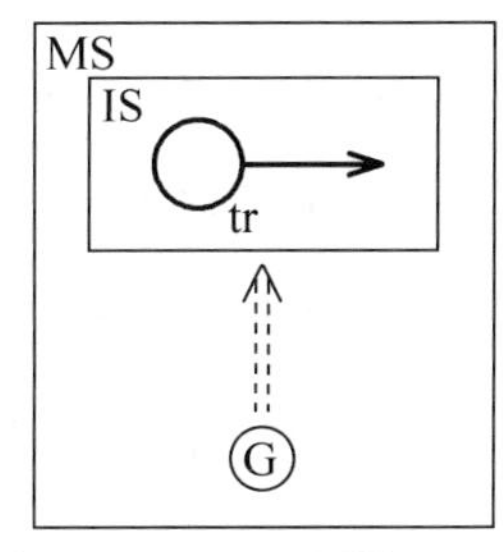

tr = trajector(射体); lm = landmark(界标); G = ground(场境)
MS = maximal scope(最大辖域); IS = immediate scope(直接辖域)

图 9.16

分,它们本质上位于台下,并被主观识解。这一意蕴反映了导向某一事件发生的力这一初始概念。这种力是主观识解的,不再寓于小句射体(本质上是台上的注意焦点)中,而是寓于场境中。它构成了入场关系,如图 9.16(b)所示。由于入场成分既不指向场境,又不指向入场关系,因而仅有被入场过程——力的作用对象——留在台上充当其显面。

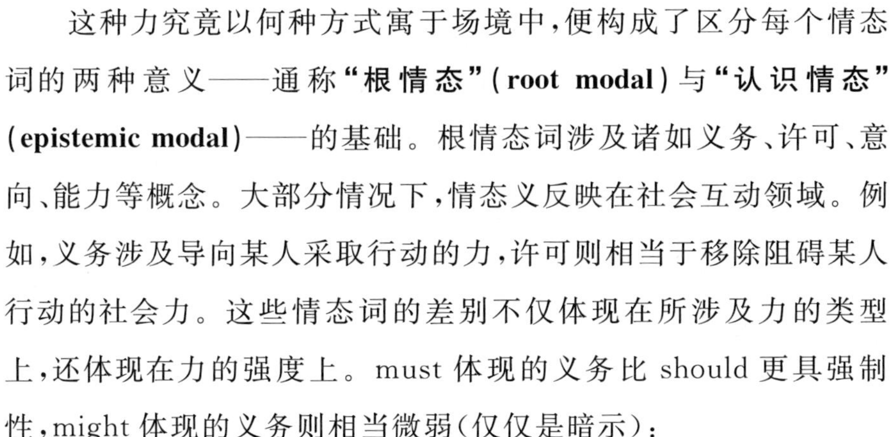

这种力究竟以何种方式寓于场境中,便构成了区分每个情态词的两种意义——通称**“根情态”(root modal)**与**“认识情态”(epistemic modal)**——的基础。根情态词涉及诸如义务、许可、意向、能力等概念。大部分情况下,情态义反映在社会互动领域。例如,义务涉及导向某人采取行动的力,许可则相当于移除阻碍某人行动的社会力。这些情态词的差别不仅体现在所涉及力的类型上,还体现在力的强度上。must 体现的义务比 should 更具强制性,might 体现的义务则相当微弱(仅仅是暗示):

(38)(a) Rules must always be obeyed.

(任何时候都必须遵守规则。)

(b) I really should write to my mother.

(我真该给母亲写信了。)

(c) You might help me with the dishes for a change.

(兴许你可以帮我洗碗挣些零花钱。)

will 用于表达意图，may 与 can 均用于表示许可，不过后者同样可用于表示能力：

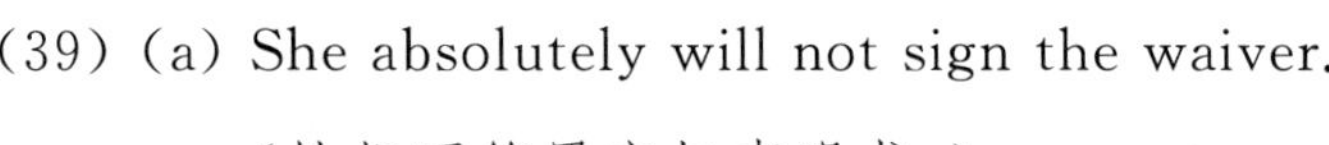

(39)(a) She absolutely will not sign the waiver.

(她拒不签署弃权声明书。)

(b) Passengers may not congregate in the aisles or outside the lavatories.

(请乘客们不要聚集在走廊里或厕所门外。)

(c) The prisoner can leave now—I just received authorization from the warden.

(囚犯现在可以出狱了——我刚刚得到监狱长的准许。)

(d) OK, so you can leap tall buildings at a single bound. How are you at flipping burgers?

(很好，你现在一次弹跳就可以飞跃高楼大厦了。翻转汉堡方面你表现怎么样?)

仅仅称根情态的力寓于场境中，是相当含糊的说法。读者或许希望说得更明白些。此种力的来源何在？此种力导向谁才会引发所侧显的事件？关于这个问题答案并不唯一。或许最常见的模式是由说话者将力导向听话者[如(38)(c)]。此种情况下，社会力的行使是言者-听者互动的一面。然而，说话者并非总是力的来源，听话者也未必总是力的作用对象。说话者可能不过是传递出某种源自他处的义务或许可[(39)(b—c)]。力的来源也未必是具体的个体，同样可以是某个无形的权威[(39)(b)]，甚至是社会期待之类的某种弥散的东西[(38)(a—b)]。[①] 力的作用对象也是林林总总。除听话者[(38)(c)]之外，它还可以是另一主体[(39)(c)]，甚至是说话者[(39)(b)]。它无需是具体的个体，也可以是整个阶层[(39)(b)]或整个社会[(38)(a)]。虽说力的作用对象往往由小句主语来表达[(38)(b—c)，(39)(b—c)]，主语通常并非作用对象[(39)(a)]，该对象有时并不表达出来[(38)(a)]。

因此，概括而言，只能说根情态的力在某种意义上导向被入场过程的**实现**。无论说话者是施加该力，还是传递该力，抑或仅仅是对其力度加以评估，就其引发过程的产生这一点来讲，它与过程存在着关联。相比之下，情态词的认识义与知识有关。情态力不是用于引发所侧显的过程，而是反映了说话者对其可能性加以评估的努力。该力导向的是将所想象的过程融入到说话者对现实的认

① 对于意向[(39)(a)]与能力[(39)(d)]而言，其来源通常是实施该行为的小句主语。这些情况与源构式最为相像(图 9.16(a))。不过它们可分析为入场构造的一个特例(图 9.16(b))，如 she can swim(她会游泳)侧显 swim(游泳)这一过程，而非实施该行为的能力。

识(conception of reality,R_C)中。它代表了说话者在心理上推断当前现实概念时的动力性经历——想象现实朝向未来演化的情况——从而将其置于 R_C 的范畴。因此,它与被入场过程的关联不在于催生这一过程,而在于**接受其为真(accept it as real)**。如果说根情态词旨在对发生的情况实施**效果上的掌控(effective control)**,认识情态词则在于实施**认识上的掌控(epistemic control)**。

因此,认识情态词与根情态词及其源词项的相似之处在于,三者本质上均是动力性的(Talmy,1988a;Sweetser,1990:第三章)。然而,它们所唤起的力的概念更为抽象,对其识解更为主观。如果我通过说 You may leave now(你可以走了)表示许可之意,其所传递的情态力可在某种意义上左右外界的情况:你十有八九会离开。然而,如果我通过说 It may rain this afternoon(今天下午说不定会下雨)表达某种认识判断,这一判断对于实际是否会下雨并无任何影响。该力的发生场与直接影响是内在于概念化主体的,涉及说话者的知识状态及其可能的发展情况。该力发端于台下说话者的心理模拟中,其所模拟的是现实中沿某一路径行进的情况。本质上,它体现为模拟 R_C 沿某一路径生长过程中所消耗并主观经历的心智努力,经由这一路径,它进驻了被入场过程。

图 9.17 粗略表现了这一心理模拟的方方面面。在隐喻意义上,我们可将构想现实描述为具有**演化冲力(evolutionary momentum)**,以双虚线箭头表示。演化冲力一路发展至当前时刻,它赋予了某种推动力,更倾向于作用于某些方向,而避开其他方向。概念化主体在心理模拟过程中"感受"这一冲力——即追踪 R_C 并对其未来走向作出心

理推断。某些路径干脆被排除在外：根据事态的发展情况，任何合情合理的模拟均不会循此种路径。那些未被排除的情况构成了**潜在现实(potential reality)**。在潜在现实内部，依循某些路径的可能性更大：出于演化冲力的作用，我们预期 R_C 将会沿这些路线演化，除非发生某些不期然之事使其偏离航向。这些路径构成了**预期现实(projected reality)**。

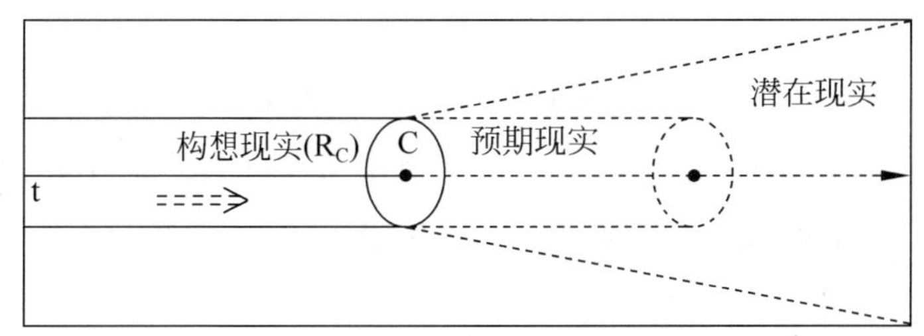

C = conceptualizer(概念化主体); R_C= conception of reality(对现实的认识)

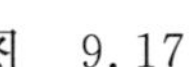
图 9.17

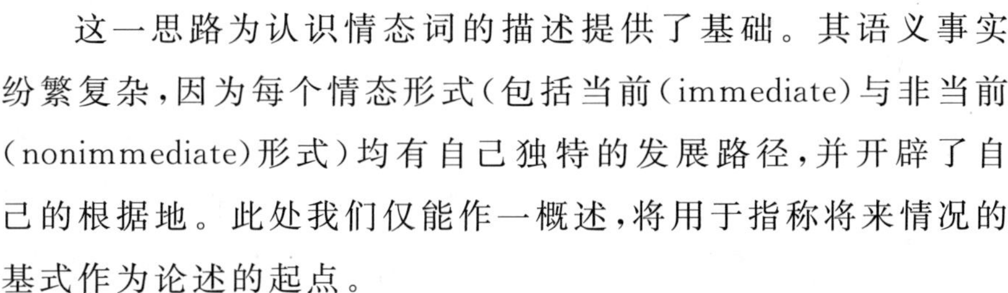
这一思路为认识情态词的描述提供了基础。其语义事实纷繁复杂，因为每个情态形式(包括当前(immediate)与非当前(nonimmediate)形式)均有自己独特的发展路径，并开辟了自己的根据地。此处我们仅能作一概述，将用于指称将来情况的基式作为论述的起点。

在五种基式中(may、can、will、shall 及 must)，事实上仅有两种可不受限制地用于这种方式。shall(应该)在美式英语中鲜有用到，用到时也仅充当根情态词(如 Shall we go?(我们可以走了吗?))。can 作为认识情态词仅具有边缘地位。即便是对于无生主语，如(40)，对其识解也往往是表达某种能力(一种根情态义)：(40)(a)表明玩具很脆弱，可被摔坏，(40)(b)表明就气象情况而言，仍有可能会下雨。

(40) (a) This toy can certainly break.
(这个玩具肯定可以摔坏的。)
(b) It can still rain.
(还是有可能会下雨的。)

尽管 must 明显可用于表达认识判断，这些用法并不事关将来情况。若对(41)作认识性解释，它涉及的是当前而非将来的情形。若将 must 理解为指向将来，涉及的则是施加某一义务的根情态义。

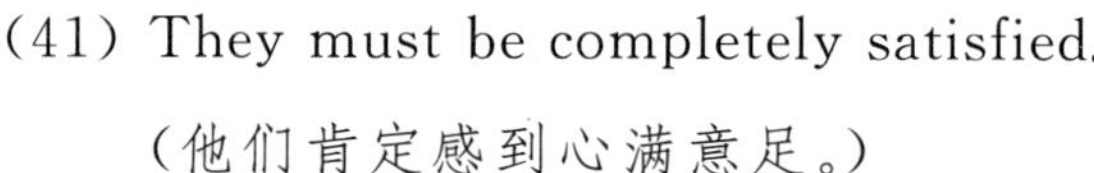

(41) They must be completely satisfied.
(他们肯定感到心满意足。)

这就只剩下 may 与 will 了，两者也不难描述：may 将被入场过程置于潜在现实中，will 则将其置于预期现实中。因此，(42)中用 may 仅表明胜负难分的选举可能属实，will 则相当于一个预测。

(42) This election {may/will} be very close.
(这次选举{可能/将}是难分胜负。)

我们刚刚注意到，当(41)作认识性解释时，涉及的是现在而非将来情况。如何将其与情态词着眼于将来这一观点协调起来呢？

此处的关键是区分发生时间与获悉发生的时间。随着时间的推移，我们不仅获悉一路遇到的新事件——对已然存在的情况也有了更多的了解。因此，在特定时刻，认识判断可关乎将来发生的情况，又关乎目前的情况。但两种情况下，情态词均表明，被入场过程尚未被接受为真。它是着眼于将来的，因其尚未融入到说话者对现实的认识中。尽管典型情况下，相对于过程本身及将其纳入 R_C 的情况，情态词均是着眼于将来的，但对后者而言情况总是如此。[①]

就目前的情况而言，may 说明的是对 R_C 中的被入场过程潜在表示接受，will 与 must 说明的则是对其预期表示接受的情况：

(43) They {may/will/must} be home now—they left three hours ago.

(他们现在{可能/料想/肯定}到家了——他们三小时前就走了。)

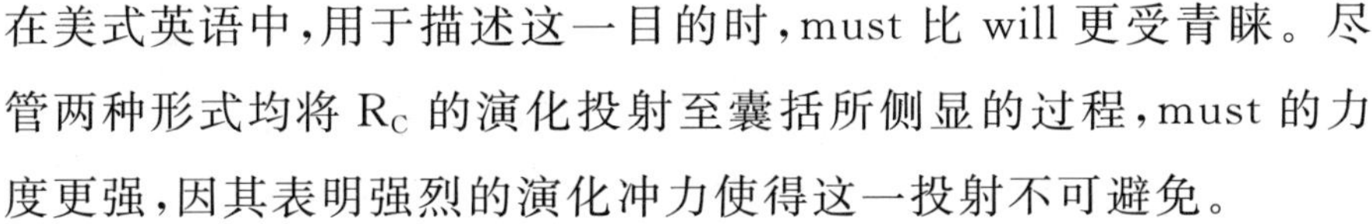

在美式英语中，用于描述这一目的时，must 比 will 更受青睐。尽管两种形式均将 R_C 的演化投射至囊括所侧显的过程，must 的力度更强，因其表明强烈的演化冲力使得这一投射不可避免。

接下来，我们转向情态动词的非当前式：might、could、would 与 should。每个多少均可进一步分析为基式(may、can、will 与

① 当情态词用于指称过去的情况时，英语求助于完成体构式，其中被入场动词为 have，如 She may have already mailed it(她或许已经把它寄出去了)。因此，情态评价指向的是当前情景——即发现先前事件存在于当前的关联领域中。

shall)与入场成分的非当前式(缺乏情态词的“过去时”)的结合。然而,正如其复合形式仅有部分组合性(might 而非 * mayed、could 而非 * canned,等等),其复合意义同样如此。

在某些语境中,非当前式似乎指向某一先前的时间点:

(44) (a) Your sister said that she might drop by this evening.
(你妹妹说过今晚可能会顺便过来看你。)

(b) The painters claimed that they would finish the job next week.
(画家们声称下周能完成任务。)

然而,定位至过去的事件并非由情态词加以入场的事件(drop by 或 finish),而是主句动词指向的事件(say 或 claim)。从副词(this evening 及 next week)中可显而易见的是,顺便过来及离开均发生于将来。这些句子描述的是先前言语事件,前一个说话者本可采用情态词的直接式。其妹妹可能说了“我今晚可能顺便过来”,画家则可能说了“我们下周会完成任务”。这是怎么回事呢?

要理解这些情态词,关键在于认识到非当前性标记在情态形式本身上,而非被入场的动词上。因此,它并不用于对入场成分加以定位,而是用于表明认识判断本身并非针对当前的情况。例如,在使用 might 而非 may 时,暗含 may 所传递的评估并不为自身的当前情况所允准。涉及认识判断并非针对当前情况的一个例子,是对先前言语事件的内容加以报道,判断即发生于这一事件中。

在(44)(a)中，用 may 对妹妹来说也许是合适的，反映出她在先前谈话时刻的判断。通过选用 might 来报道其陈述，说话者表明了这些允准环境当前并不成立。

非当前式并不限于报道性言语中。might、could 及 should 均可用于说话者自身对将来事件或当前情况的评估。

(45) (a) The painters {might/could/should} finish the job next week.

(画家们下周{说不定/大概/应该}会完成任务。)

(b) They {might/could/should} be home by now—they left three hours ago.

(他们现在{说不定/大概/该}到家了——他们三小时前就离开了。)

通过采用 might 而非 may，说话者意在与后者的使用成立的情况拉开距离。通过这种关于非当前性的说明，对潜在性的评估即变得更为微弱。我们注意到，could 及 should 用在这种语境中是自然而然的，不过，can 或 shall 的认识性用法在这里也是不成问题的。could 与 might 大致相当，其差别在于，could 是对某种(微弱)潜在可能性的正面判断，might(类似 may)采用的则是负面策略，说明 R_C 在其演化过程中进驻被入场过程的可能性并未被排除。若是用于认识性描述，shall 的非当前式预期正是 should 的意蕴。若此，shall 则会将所指向的过程置于预期现实中。作为其非当前式，should 表明作出这一评估的条件当前尚未满足。这种预期因而显得更为微弱：这种情况多半会发生，但并无十足把握对其作出预测。

最后谈谈 would 的情况。在报道性言语中，它通常与 will 联系在一起，如(44)(b)。然而，在这一语境之外，它不单单是 will 的弱化形式(正如 should 不单单是 shall 的弱化形式)。从(46)中可看出这一点，它表示的并非画家们十有八九会完成任务，而是恰恰相反：

(46) The painters would finish the job next week...
(画家们下周本可以完成任务的……)

这句话给人一种话没说完的感觉——我们预期会有一个接续，表明该情景是假想的、反事实的(如 if you paid them more(你要是多付些钱给他们的话))。出于其假想与反事实特征，will 的使用成立的条件自然是非当前性的。

第十章 名词短语的结构

在 CG 中，noun（名词）这一名称用于表示任何侧显某一事体的表达式。[①] 照此定义，它同时囊括了词汇名词与任意长度的名词短语，无论是固化的还是新创的。full nominal expression（完整名词性表达）将入场融入其中，由此挑选出某一语篇所指。更简洁的称呼是 full nominal（完整名词短语）或仅仅是 nominal（名词短语）。本章将对名词短语的结构作出全方位观照。

10.1 结构与功能

Nominal[②] 对应于语言学家所称的 noun phrase（NP）（名词短语）的功能。这一术语的选用并不得当，因为名词短语并非总是短语，也并非总是包含（传统上所理解的）名词。一个表达式有资格充当名词短语，并不因呈现出任何特定的结构构造，关键因素在于意义与功能。关于名词短语的图式性描述——侧显某一事体类型

---

① 这一定义避免了区分上的随意性及伪理论问题。由于 noun（名词）的形容词形式为 nominal（名词性的），故名词也被描述为 nominal structure（名词性结构）或 nominal expression（名词性表达）。

② 该名称原义为“名词性成分”，但考虑到汉语读者的接受度问题，涉及概念表述时依然采用“名词短语”的说法。——译注

的一个已入场例示——参照了数种语义功能：入场、例举及类型明示。正因其语义特征，名词短语才得以在更大的语法结构中发挥着应有的功能。

10.1.1 典型结构

名词短语的内部结构呈现出一种自然倾向，即直接反映出对其加以描述的语义功能。通常情况下，类型是由从庞大的清单中遴选出的一个实义名词加以明示的，入场则是由从有限集合中选取的一个独立成分标记的。尚不明确的是，例举是否获得了单独标记。不过，从类型与例示概念的微妙差别来看(图 9.3)，单独标记的情况也是自然而然的。由于名词短语的各个成分均用于说明同一语篇所指，这些成分——入场成分、词汇中心词以及形形色色的修饰语——通常彼此相邻，共同构成了一个经典成分(§7.4.1)。此外，在结构上，入场往往是最边缘的成分，这映照出它们的概念地位，即属于最外在的名词短语成分(§9.3.1)。在线性顺序上，入场代表了首位成分；在构成要素上，则代表了最外层成分：(those (two (lazy (cats))))((那(两[只](懒(猫)))))。这种情况即便不是典型的，也是颇为常见的。

诸如此类的因素尽管不乏重要性，但对名词短语仅起着宏观的塑造作用。虽说功能因素促动了某些总体倾向，但不足以对具体细节及林林总总的语言结构作出预测。每种语言均发展出了种类繁多的具体名词短语结构，用于满足不同的目的，并应对不同的功能压力。尽管英语与这些倾向不无一致之处，仍有些名词短语并未显性入场(如 nominals without overt grounding(未显性入场的名词短语)),还有些缺乏词汇中心词(如 some that lack a lexical head(如缺乏词汇中心词的某些))。其他语言在名词短语入场策略上的差异更为根本,但就其自身而言却是自然而然的。比如说,在有些语言中,隐性入场属于常态而非例外情况。并非每种语言均要求名词与其修饰语彼此相邻。而且,在系统用到量词的语言中(§10.3),实义名词未必是名词短语的中心词(head),它在结构上可能更趋近边缘分布(FCG2:§4.3.1)。

什么当视为名词短语的"中心词"?这是一个存有争议的问题。正如理论争议中司空见惯的情况一样,这一问题是术语上的,而非经验上的。当然,"中心词"这一名称是一种隐喻说法。它表明任何如此界定的成分,或处于掌控地位,或具有突出的重要性。[①] 然而,在典型名词短语如 those lazy cats(那些懒猫)中,有两个成分均有资格充当这一功能。第一个是入场成分,它是名词短语中唯一必不可少的成分(those 可单独履行这一功能)。在此意义上,它是第一性的。当其直接与修饰语结合时(如 those with fleas(长了虱子的那些)中的情况),入场成分同样实施着主导功能,因其将自身的名词性显面加在整体表达式之上。第二个是实义名词(cats),它属于重中之重,因其提供了最丰富的语义内容,从而确定了名词短语指向的事体类型。因此,这不是孰是孰非的问题,而是对这一名称如何运用的问题。在 CG 中,"中心词"一词主要用于指任何组织层次上(不限于名词短语)的显面决定体。根

① 抱歉这里用了词源双关(你若未能把握到双关意蕴,可到词典中查阅 chief(首要的/首领)一词)。

据这一用法，those 即是 those with fleas 的中心词。[①] 不过，按照传统做法，将名词短语的核心成分——为其提供类型描述的成分——称为其**“中心名词”(head noun)**(或简称**“中心”(head)**)，同样有助于说明问题。

尽管中心名词通常被称为**“词汇中心词”(lexical head)**，它并非总是一个词。除了业已确立的词项，任意大小的新创表达式均可履行这一功能。我们不仅可以指称 a cat(一只猫)或 a cat-lover(一个爱猫者)，还可以指称——有必要时——a cat-lover psychiatric examination (一项关于爱猫者的精神调查)、a cat-lover psychiatric examination manual(一份关于爱猫者的精神调查手册)、a cat-lover psychiatric examination manual cover designer(一位关于爱猫者的精神调查手册的封面设计者)，如此以至无穷。如这些例子所示，英语中心名词的建构手段主要是复合与形态派生。因此，名词及其所包孕的动词往往是单数的、未入场的。[②] 只有整体中心名词才能经历复数化：cat-lovers、cat-lover psychiatric examinations、cat-lover psychiatric examination manuals、cat-lover psychiatric examination manual cover designers。尽管整个中心成分是复数化作用的结构，复数屈折在形态上仅仅实现在末位词上。

因此，至少就英语而言，名词短语的中心词是由若干彼此一致

① 依此类推，those lazy cats(那些懒猫)的中心词便是 those(那些)了。但如前所述，在典型表达式中，入场成分具有与被入场名词相同的显面(图 9.4)。在这些情况下，两者均不被视为显面决定体(与另一种术语上的取舍具有一致性)。

② 不乏某些例外情况，如 arms dealer(军火商)与 Clinton hater(仇视克林顿的人)。

的特征合力界定的。在其内部，它们是由复合构词及形态派生构成的（cat-lover），而非独立词与短语的句法组合（如 intelligent cat-lover from Vermont（来自佛蒙特的聪明的爱猫者）），后者仅在更高组织层次上是可见的。中心名词层次也是复数化作用的层次，由此派生出一个高层类型（cat-lover＞cat-lovers）。再者，该层次所界定的类型是名词短语的所指例示的基本类型。无论整个中心名词描述的是何种类型，该类型的一个例示均是由名词短语整体入场并侧显的。因此，an intelligent cat-lover from Vermont（来自佛蒙特的聪明的爱猫者）指称的不是一只猫，而是一个爱猫之人。同理，most intelligent cat-lovers from Vermont（来自佛蒙特的最聪明的爱猫者）指称的是复数类型 cat-lovers 的单个例示。

由此，英语名词短语的总体组织大致如下：

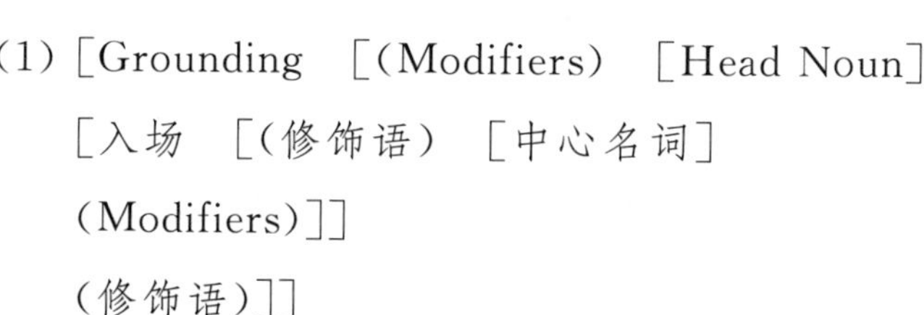

(1) [Grounding [(Modifiers) [Head Noun]
[入场 [(修饰语) [中心名词]
(Modifiers)]]
(修饰语)]]

中心名词若非单个词素，则是通过复合与形态派生合力造就的。复数化作用于最高层次上，如获选则实现在中心成分的末位词上。无论中心成分侧显的是何种成分，均同样为整个名词短语所侧显。不过，许多修饰语在句法上可与中心成分结合，从而对其所明示的基本类型加以细化（甚至大幅修正）。最后，由于入场为名词短语所指提供的是最外在的描述，因而趋于占据结构层次的最外层。

典型情况下，名词短语在最低限度上包括如下成分：一个为其提供类型描述的中心名词，以及一个独立的入场成分。然而，这两种语义功能通常是由单一形式实现的。在有些情况下，具体的类型描述并无必要。典型例子如代词，其主要意蕴即在于入场。还有些情况下，独立入场的必要性为类型描述所阻断，主要例子为专有名词。

10.1.2 代词

之所以称“代(名)词”(pronoun)，因其充当的是名词的替代物(pro＝‘for，instead of’‘替代’)。该名称传统上用于指称多种形式——倘若名词像在CG中那样宽泛定义的话，这种说法倒是恰如其分的。代词同时包括有定与无定表达，以及充当完整名词短语或仅仅充当中心名词的成分。我们不妨先扼要观照一下英语中的one，它有一系列用法及相互关联的意义。

在(2)(a)之类的表达式中，one充当中心名词。其类型描述是高度图式性的——相当于普通可数名词的图式——对由其充当中心成分的名词短语而言，需有外部支撑才能获得有意义的解释。因此，它需在先前语篇框架中(图9.7)获得一个更为具体的类型明示，从而与其建立起等同关系。在(2)(a)中，其所属类型等同于前面的名词短语an expensive car所属类型。这即是one是一个“替代”car的代词的意蕴所在。在(2)(b)中，我们注意到复数形式ones的用法与其类似(替代computers)。其图式性类型描述相当于复数物质名词的图式。在这一构式中，one与ones充其量不过是名词，而非完整的名词短语。[①]

(2) (a) My boss has an expensive **car**, but I just have a cheap **one**.
(我老板有部价格不菲的**车**，但我只有**一个**便宜[**货**]。)
(b) The faculty have fast **computers**, but the students still have slow **ones**.
(全体教工的**电脑**都很快，但学生们**的**还是慢的。)

当 one 与入场成分直接结合时，如 this one、that one、each one、every one、any one，同样仅仅充当着名词。许多情况下，两者已融合为一个词，其类型描述稍稍更具体些，即“人”：someone、everyone、anyone 及 no one（现也写作 noone）。作为完整的名词短语，这些复合表达式通称“不定代词”（indefinite pronouns）。它们并不有赖于另一名词短语获得具体的类型明示，恰恰是用在无需任何类型明示的场合：无论是对于身份不明的人，如 someone，还是对于“人”本身即为所谈论类型的一般陈述，情况均是如此。不定代词还可进入有关“人”“（非人）事物”“地点”“时间”“方式”的图式性名词的（不完全）词形变化模式：something、everything、

① 对于非复数物质名词而言，没有任何形式在该构式中是完全确立的。有时零位即可满足：She bought some wine, and I bought more（她买了些酒，我买的更多）。有时可强行塞入 stuff（东西）：She bought good wine, and I bought cheap stuff（她买的是好酒，我买的是便宜货）。但也存在两者均不奏效的情况：* They don't want just partial freedom, they're holding out for total {stuff/Ø}（*他们想要的不仅仅是部分自由，他们正得寸进尺要求全部{东西/Ø}。

anything、nothing; somewhere、everywhere、anywhere、nowhere; sometime、every time、anytime、* notime; somehow、* everyhow *、anyhow、? nohow。这在许多语言中均是如此。对于几乎任何类型的虚拟实体,此类表达均为其提供了灵活的概称手段。

one 还可单独充当完整的名词短语,含有两个基本变体。第一个变体(如(3)(a))用于对涉及一般的人的情况做出陈述。其类型明示为“人”,因而类似于 someone;但其所指必然为虚拟的,因而又有别于 someone。其所指向的虚拟个体被视为具有代表性,因而赋予该个体的任何属性对所有例示均是有效的。这一点与 every、each 及 any 是一样的。这种代表性抹煞了独立入场的必要性。由于虚拟例示自实际例示中抽取而来,并内蕴于其概念中,因而并不存在其他例示需同其区分开来。只消唤起所侧显的例示,便足可将其挑选出来。

(3) (a) One can never be too thin, too rich, or too well-connected.
(再苗条、再富有、关系再多也不为过。)

(b) My friends all have **yachts.** Tom has **several**, Alice has **two**, so I at least want **one.**
(我的朋友都有**游艇**。汤姆有**几艘**,爱丽丝有**两艘**,所以我起码也想要**一艘**。)

one 还可用于回指,其解释有赖于先前出现的某个名词短语。以(3)(b)为例,其中 one 自身的图式性例示被具体认定为 yacht

(游艇)。此种用法中,one 显然融合了量词与不定冠词的功能。它是一个量词,因其与数列中的其他成员构成了对立:one (yacht)、two(yachts)、three(yachts)。同时,它与不定冠词 a(历史上从 one 衍生而来)相互排斥,后者在通常情况下是单数可数名词所需的:the yacht、a yacht、the one yacht、* a one yacht、one yacht。因此,在这种用法中——用于 one yacht 之类的名词短语,或作为其回指替代表达——可将 one 描述为明确交代了数量的无定入场成分。

提到"代词",我们首先想到的是"人称"(personal)代词。这一名称反映了其所指相对于言语事件参与者的地位,即说话者("第一人称"(first person))与听话者("第二人称"(second person)),而不包括其他人("第三人称"(third person))。因此,入场的一个方面——即将名词短语的所指参照场境加以定位,是人称代词的固有特征。入场的另一方面,即将所指挑选出来,是第一人称与第二人称的内在特征(I、we、you),因其指向的要么是交际的一方,要么是包含交际一方的某一群体。涉及第三人称代词(he、she、it、they),情况并非如此直截了当。它们作出了最低限度的类型明示,如用 she 指称'有生雌性',遴选出了一系列合格候选项构成的开放集合。在特定语篇语境中,可能有相当多的候选项是可以企及的。然而,第三人称形式属于完整的名词短语,理当具备挑选出意指对象的能力。它们何以能做到这一点?

人称代词与定冠词、回指指示代词均存在密切关联。与定冠词一样(图 9.11),它们意味着在先前语篇框架中,已明示的类型

中仅有一个例示是易于通达的。she 用在(4)(a)中是恰当的,因为前一句仅引入了一个合格候选项;用在(4)(b)中则是不恰当的,因为数个合格候选项均可同时企及:

(4) (a) I was talking to **an interesting woman. She** heads a major corporation.
(我刚刚正和**一个风趣的女人**聊天。**她**是一个大公司的头头。)

(b) * I was talking to **several interesting women. She** heads a major corporation.
(* 我刚刚正和**几个风趣的女人**聊天。**她**是一个大公司的头头。)

与冠词有别的是,代词可单独充当名词短语,因而有赖于自身的图式性类型明示挑选出一系列合格候选项。代词有别于冠词的另一点是,它们意味着其所指在先前框架中已被挑选出来,用于共同注意,如图 10.1 所示。在这方面,它们类似回指指示代词(图 9.10),差别仅在于它们缺乏指向力以及近指-远指区分。

在所指的认定方面,第三人称代词不是依赖临近性,而是依赖语境突显度。它预设了其所属类型的某一具体例示在先前语篇框架中尚未挑选出来,但具有足够的显著性,因而是适于回指目的的唯一例示。例如,在(5)(a)中,the yacht 与 the car 均挑选出了满足 it 的类型明示('无生事物')的所指。然而,作为小句主语,前

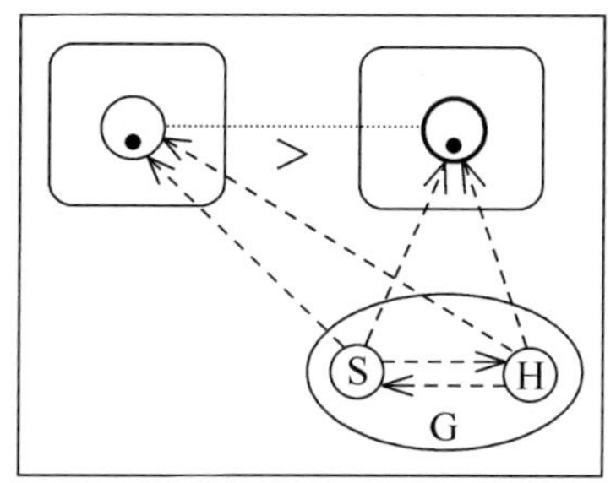

S = speaker(说话者); H = hearer(听话者); G = ground(场境)

图　10.1

者的突显度足可遮蔽后者，自立为代词的先行词。[①] it 因而从 the yacht 那里获得所指——两者被解释为同指关系。

（5）（a） **The yacht** is more impressive than **the car**, but I probably can't afford **it.**

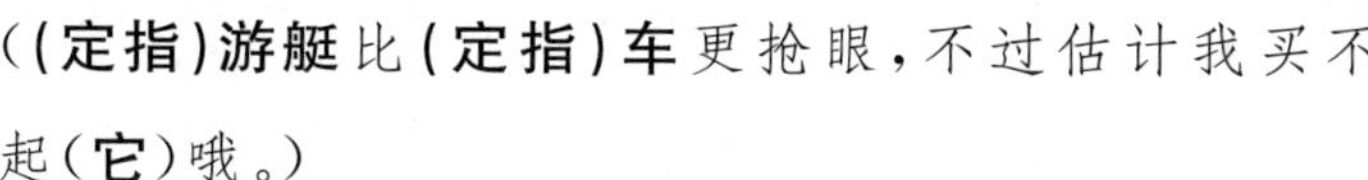

（**(定指)游艇**比**(定指)车**更抢眼，不过估计我买不起(**它**)哦。）

（b） That **yacht** is certainly impressive, but I can't afford even this cheap **one.**

（那(艘)**游艇**固然抢眼，不过我连这(艘)便宜**的**都买不起。）

① 代词回指是一种参照点现象(第十四章将有详细论述)：the yacht((**定指**)游艇)充当了解释目标代词 it 的参照点(图 3.14)。参照点的选择受制于一系列相互作用的因素(van Hoek, 1997)，有时并不唯一。例如，下句中 she 既可能指称吉尔，又可能指称妹妹：When I saw **Jill** talking to **my sister, she** was quite agitated(**吉尔**正和**我妹妹**谈话，让我看到了，**她**显得焦灼不安)。

相比之下，(5)(b)中 one 的回指用法仅依赖先行名词短语获得类型明示，而不依赖其获得所指：it 与 the yacht 被识解为指向该类型的同一例示，one 与 the yacht 侧显的则是不同的例示。两者对立的基础在于，回指成分可代表不同层次的功能组织。(5)(b)中的 one 仅仅是中心名词，因而仅有类型与其解释相关。人称代词则属于完整名词短语，因而指称对象与其解释同样不乏相关性。

这两种回指成分可图示为 10.2，其中 t 代表一个具体类型，省略号(……)代表一个更具图式性的类型(参见图 9.3)。对于人称代词而言，先行词和回指成分均为完整名词短语，因而各自侧显其所属类型的一个例示。两者间的回指关系是由一重对应实现的，它将这些侧显的例示彼此等同起来。指称等同关系意味着，关于先行词的类型描述同样适用于代词的指称情况。在另一种回指关系中，先行词与回指成分均不过是名词，在各自所处的名词短语中均属中心词。因而通过彼此对应，两者所属的类型等同起来，但并未就名词短语的所指作出说明。由此，在(5)(b)中，我们知道 this cheap one 是一艘游艇，虽说它并非主语名词短语所侧显的例示。

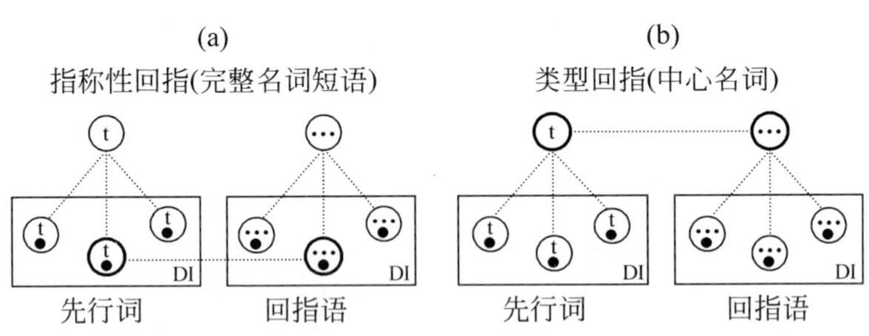

图 10.2

如前所述，名词短语的入场成分本身即是一个图式性的名词短语，因其侧显的是一个事体，并将该事体与场境挂钩（图 9.4）。当入场成分独立充当名词短语时，在类型方面甚至比代词更具图式性。此种情况下，具体指称哪种类型，往往借助回指手段来决定。由此，我们知道，在（6）中 those 指称牛排，most 指称学生，each 则指称目击者。

（6）（a）I left **some steaks** out to thaw. You can have **those** for dinner.

（我放**些牛排在**外面解冻了。**那些**你可以晚餐时用。）

（b）We admitted **a thousand new students** last fall. **Most were deficient in reading and math.**

（去年秋季录取了**一千名新生。大部分在阅读和数学上均存在"瘸腿"现象。**）

（c）**Numerous witnesses** claimed to have seen the robber's face. **Each** gave a different description, however.

（**众多目击者**声称看到了抢劫者的脸孔。但是，**每个**所做的描述各不相同。）

可以说，这些成分在此充当的是代词。我们注意到，those 可为 them 代替。正如图 10.2(a)中的情况，those 与 some steaks（一些牛排）是靠指称上的回指关系联系在一起的——它们是同指成分。most 与 each 的回指关系稍有不同。由于这些量词指向的是虚拟实体，严格上讲，它们与先行名词短语 a thousand new students（一千名新生）及 numerous witnesses（众多目击者）并不同指，因后者的所指被视为实实在在的。这些名词短语表示的是某一群体，most 与 each 对其数量加以明示。说得更专业点，它们认定并在语境上划定了最大范围（E_t），量词得以参照这一范围加以描述。

10.1.3 专有名词

不时有人主张，专有名词甚至无法作出类型描述。的确，它们通常被视为毫无意义可言，唯一的意蕴在于指称世界上的某一事物。然而，这一经典观点是经不起推敲的。许多专有名词均常规用于指称特定类型的实体（如 Jack（杰克）代表'人类男性'，Jill（吉尔）代表'人类女性'）。还有些唤起了某一言语社区广泛共享的诸多信息。George Washington（乔治·华盛顿）这一名字不仅指称其人，还往往激活一系列规约性的百科知识（联军总司令、第一任美国总统、妻子名为 Martha（玛莎）、公认为诚信之人，如此等等）。同样，Chicago（芝加哥）不只是命名一座城市，而且唤起了一系列广为人知的特征及联想。当它们渐趋固化、约定俗成时，这些具体说明需纳入这类表达式的意义中。

专有名词的区别性特征不在于毫无意义可言，而在于其意义的性质。专有名词包孕了一个认知模型，作为其意义的一个方面（其矩阵中的一个域），涉及该名称以何种方式用于相关社会群体中。[①]

① 该组的大小可以是任意的，如一个家庭、一个班级的学生、一个职业群体、一种文化的成员，诸如此类。其具体认定取决于话语语境。

根据这一理想化模型，该群体的每个成员均有一个独一无二的名字，因而仅凭名字便足以对他们加以认定。例如，Jack这一名字暗含了这样一个假设：在相关群体（如一个家庭）中，仅有一人按此种方式加以指称。因而该名字可视为界定了某一类型——‘名为Jack的人’这一类型——该模型（在群体环境下）将其明示为仅含一个例示。由于名字本身已挑选出唯一的例示，因此没有必要再单独入场。

这一理想化认知模型意味着，名字本身——即该表达式的音系极——在其语义极的类型描述中起着作用。位于Jack的意义核心的，是‘名为Jack的人’这一具体说明。但这一属性并不限于专有名词。位于普通名词如yacht（游艇）意义核心的，是这样一种具体说明：诸多不同实体带有这一标记。其矩阵内的一个域正体现为这样一种知识：言语社区的成员常规以此种方式指称这类实体。因此，关于yacht（游艇）的类型描述包括‘被称为yacht的事体’这一具体说明。[①]

为阐明这些概念，不妨假定 τ 代表名词的音系极，t代表其语义明示。由此，其整体类型描述可表述为 t/τ：即它包括这种物体以 τ 加以符号化这一事实，如图10.3所示。普通名词是其所属类型含有多重例示的名词，每个例示均可标记为 τ。专有名词则仅仅标记单个实体，因而并不存在抽象出一个独立类型的基础。或可说类型-例示的区分被中和了，或可说该类型仅有一个例示。就

① 概而言之，在CG中，表达式的音系极被视为其整体意义的一部分（FCG1：§2.2.1）。这种说法是不成任何问题的，恰恰是理解诸多现象的锁钥（如拟声词）。

专有名词而言，这种独一无二性源自在某一社会群体中命名的理想化认知模型。[①] 由于名字本身即是其核心区分性特征，其他语义明示通常是相当图式性的（如用 Jack（杰克）指'人类男性'），图中以省略号来代替 t。

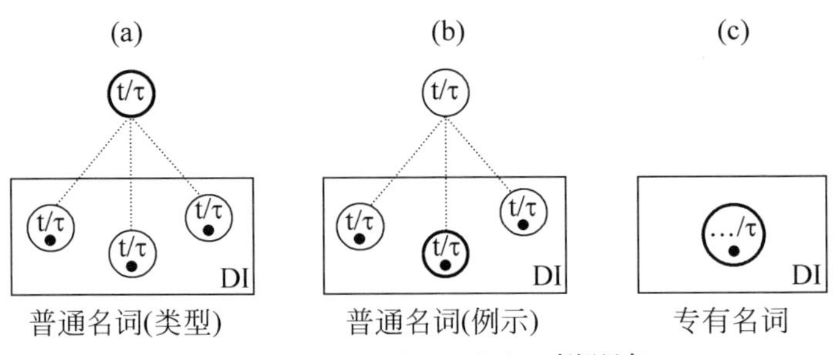

图 10.3

不过，在实际操作中，某一理想化认知模型的期待或许未能满足，这种情况也是时有发生的。尤其是在相关社会群体中，众多个体可能共有同一个名字，这样的情况并不鲜见。因而可发现类似下面的表达式：

（7）（a） There were four **Davids** on the soccer team I coached.

---

① 这一独特性也可能另有其因。例如，在日历周期中，每个月的名称（January（一月）、February（二月）……）仅标记单一实体。同样，基本颜色词（yellow（黄色）、red（红色）、blue（蓝色）等）指向的是颜色空间中独一无二的区域（图 4.4（a））。尽管这些并非专有名词（狭义上讲），它们的出现并不涉及独立入场，因而可视为专有名词（参见 Coates，2006）。

(在我任教练的那个足球队里,有四个叫**戴维**的。)

(b) Are you the **Hank Barnes** who owns the liquor store, or the **one** who ran for mayor?

(你是那个开了个卖烈性酒商店的**汉克·巴恩斯**,还是参加过市长竞选的**那个**?)

在这些例子中,专有名词在语法上充当了普通名词——可以复数化、伴有显性入场、接续限制性关系从句、参与类型回指,等等。对于这种理想化模型与现实不一致的情况,英语的处理方法是悬置模型中关于一名仅赋一人的要求。由此,特定名字(τ)可用于指称与他人共享该名字的某一个体,如图 10.4(a)所示。可以注意到,此种情况下可抽象出一个类型,大致是"叫作 τ'(…/τ)的人",每个属于此类的个体均构成了其例示。由此形成的构造(图 10.4(b))与普通可数名词的描述完全吻合(图 10.3(a))。(7)中的专有名词表现类似普通名词,原因在于它们的确是普通名词。

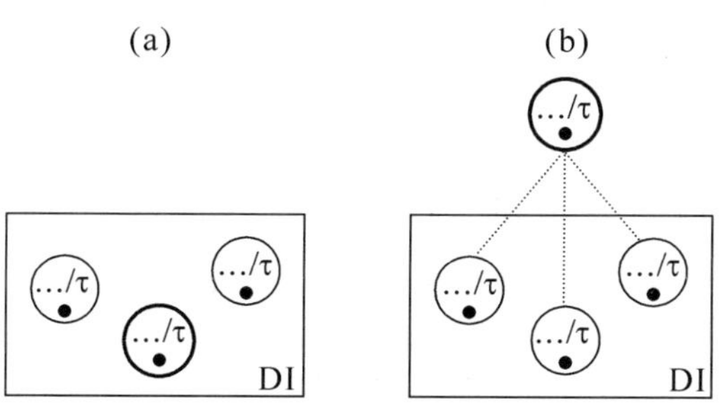

DI = domain of instantiation(例举域)

图 10.4

10.2 名词修饰语

名词短语长短不限，结构各异。这在很大程度上归功于其修饰语，它们为数众多，类型多样，并可出现在不同的组合中。这里，我们仅能对名词修饰语与修饰构式作一粗略观照。

10.2.1 语义与形式多样性

修饰语长短不一，语法范畴各异，语义内容的性质大相径庭。就其长度而言，修饰语无所不涉：从词(Brazilian parrot(巴西鹦鹉))到短语(parrot with a lisp(咬舌的鹦鹉))，到小句(parrot who kept us awake last night(让我们昨晚没睡着觉的鹦鹉))。由于短语修饰语与小句修饰语本身又可包孕含修饰语的名词短语，因而可构造出任意长度的修饰表达：that parrot who kept us awake last night(让我们昨晚没睡着觉的那只鹦鹉)>that parrot who kept us awake last night with a constant stream of obscenities(说着一连串下流话，让我们昨晚没睡着觉的那只鹦鹉)>that parrot who kept us awake last night with a constant stream of obscenities that really shocked us(说着一连串下流话，令我们大为震惊，让我们昨晚没睡着觉的那只鹦鹉)>that parrot who kept us awake last night with a constant stream of obscenities that really shocked us by their level of vulgarity…(说着一连串下流话，其下流程度令我们大跌眼镜，让我们昨晚没睡着觉的……那只鹦鹉)。

代表诸多不同范畴的表达式均可修饰名词，如形容词、介词短语、现在分词、过去分词（兼含静态式与被动式）以及不定式。从CG的角度来看，这些范畴均享有某种共性（§4.3.3）。我们可将其概括如下：名词修饰语侧显非过程性关系。[①] 用于侧显过程的动词被排除在外，这是修饰关系被整体识解的自然要求。修饰语只能相对于被修饰名词加以把握，名词作为显面决定体，将自身的总体观照加在复合表达式之上。动词不适合直接修饰名词，这是因为过程的顺序扫描特征无法在总体观照下得以呈现。不过，虽说限定关系从句的显面是过程性的，但确实可用于修饰名词。与其他修饰语有所不同的是，限定小句是已入场的。而由于场境是我们借以把握小句内容的视点，所侧显的过程或多或少获得了独立观照（并非仅参照中心词）。由于入场提供了独立通达手段，这使得过程概念的有序性成其为可能。

在英语中，修饰语是位于中心名词之前还是之后，部分是由其内部复杂度而定的。形容词、现在分词及静态过去分词通常仅含一个词，此种情况下它们出现在被修饰名词之前：anxious woman（焦虑不安的女人）、sleeping child（睡着的孩子）、disfigured statue（损毁的雕像）。当其本身前面伴有副词修饰时，依然位于名词之前：very anxious woman（万分焦急的女人）、soundly sleeping child（熟睡的孩子）、completely disfigured statue（损毁得面目全

① 一个明显的例外是 stone wall（石墙）、tile floor（瓷砖地板）及 paper bag（纸袋）之类的表达式的首位名词，它们在这些构式中侧显的有可能是关系。体现出关系性识解的例子如 completely tile floor（全瓷砖地板）之类的短语，其中 tile（瓷砖）为副词所修饰；以及它们用作小句谓词的情况，如 The floor is tile（这个地板是瓷砖的）。

非的雕像)。然而,当名词修饰语包含更复杂的内容时,这些内容出现于其后,从而与中心名词分离开来,此时整个复杂修饰语出现在名词之后:woman anxious about her children(为孩子焦虑不安的女人)、child sleeping too soundly to wake up(睡得太死叫不醒的孩子)、statue disfigured beyond recognition(损毁得面目全非的雕像)。位于中心词后的还有介词短语、被动分词短语、不定式、限定关系从句。它们通常为含多个词的表达式:house with a view(观景房)、fire started by vagrants(流浪汉们放的火)、person to watch out for(得留神的人)、lawyer who has never lost a case(从未输掉一个官司的律师)。

在决定修饰语的位置时,语义贡献类型的重要性不亚于复杂度。英语中存在着一种明显倾向:紧邻中心词之前的修饰语往往表示内在性或永久性特征,置于中心词之后的修饰语则往往用于偶发性或暂时性特征。例如,an anxious woman(一个焦虑不安的女人)可能生性焦虑,是一种稳定的人格特征;而 a woman anxious about her children(一个为孩子焦虑不安的女人)可能仅仅是这会儿在等校车的到来。静态分词描述的是某种可能永久持续下去的特征(由变化导致的某种"状态"):a broken watch(坏手表)、toasted almonds(烤杏仁)、his sullied reputation(他遭到玷污的名声)。被动式侧显的则是一个事件,通常不具有持续稳定的结果。因此,我们可以指称 leaves rustled by the wind(风过沙沙作响的树叶),但不可指称 * rustled leaves(* 沙沙作响的树叶);可以指称 an error caught by the proofreader(被校对员揪住的一个错误),但不可指称 * a caught error(* 一个揪住的错误);可以指称

that fire started by vagrants(流浪汉们放的那场火),但不可指称* that started fire(*那场放的火)。概而言之,堪称最典型的形容词,通常涉及无限期持续下去的固有属性:big(大的)、red(红的)、strong(强烈的)、flat(平的)、smart(机灵的),等等。典型情况下,后置修饰语用于偶发特征,如处所(如 the flowers on her desk(她桌上的花儿))、具体事件(a man I insulted(我羞辱过的一个人))及暂时情况(that spider climbing up your leg(爬到你腿上去的那只蜘蛛))。

即便将注意力限制在传统上被归为形容词的修饰语上,依然可以看到其语义丰富多样,许多均偏离了描述固有属性的典型情况。例如,某些形容词明示在某一序列或时间中的位置:my first teacher(我的第一位老师)、our next president(我们的下任总统)、a prior commitment(先前的一个承诺)、future events(将来的事情)、a former girlfriend(一位前女友),某些则就名词短语类型明示的有效性作出评估:genuine leather(真皮)、fake Rolex(伪造的劳力士[表])、putative expert(公认的专家)、real gold(真金)、counterfeit tickets(伪造的票券)、true patriot(名副其实的爱国者)。这些又逐渐过渡到表明指称对象范畴地位的形容词:typical doctor(典型的医生)、perfect circle(完美无缺的圆)、complete idiot(十足的傻瓜)、canonical example(典型的例子)、ordinary member(普通会员)、representative instance(代表性例示)。许多形容词描述的并非固有属性,而是某一事物被经历的方式:comfortable chair(舒适的椅子)、scary movie(惊悚电影)、offensive statement(得罪人的言辞)、pleasant evening(愉快的夜

晚)、welcome break(舒服的中场休息)、unsatisfactory answer(难以令人满意的回答)。这些又进而过渡到评价形容词,其评价依据可能是全然主观的:marvelous report(精彩的报告)、charming couple(富有魅力的夫妇)、wonderful vacation(愉快的假期)、darling restaurant(招人喜欢的餐馆)、horrible person(非常讨厌的人)。有些形容词明示的并非某种特征,而是某一事体关涉哪个域:electrical engineer(电子工程师)、mental hospital(精神病院)、corporate executive(公司主管人员)、medical textbook(医学教科书)、culinary institute(烹饪研究所)。更有其他形容词与数量相关:abundant resources(丰富的资源)、rare coins(珍稀的古币)、countless opportunities(不计其数的机遇)、infinite patience(无限的耐心)、meager allowance(微薄的津贴)。事实上,无论是从语义还是语法角度来看,绝对量词(many、few、much、little、several、nine 等)均算得上是形容词。

形容词可容许的组合方式及其排序是一个复杂问题,对此我只能作一些零碎的说明。似乎存在着这样一种总体倾向:与中心词的临近性与所描述特征的内在性呈正相关。量词往往是距中心词最远的:nine black cats(九只黑猫)、* black nine cats(* 黑的九只猫)、several important visitors(几个重要访客)、* important several visitors(* 重要的几个访客)。距中心词最近的是直接关涉类型的形容词。涉及域的形容词应紧邻中心词:excellent culinary institute(一流的烹饪研究所)、* culinary excellent institute(* 烹饪一流的研究所)、young electrical engineer(年轻的电子工程师)、* electrical young engineer(* 电子年轻的工程师)。

情况确乎如此，因为它们均拒斥谓词性用法（如* The engineer is electrical（*该工程师是电子的）），或许更适合分析为中心词的一部分。同样趋近中心词的，还有对某一类型明示的效度作出评估的修饰语：large fake diamond（大块伪钻）、* fake large diamond（*伪大块钻石）、cheap imitation leather（便宜仿制皮革）、* imitation cheap leather（*仿制便宜皮革）。许多具体模式业已固化。例如，表示国别的形容词位于评估效度的形容词之后，但位于域形容词之前：true American patriot（名副其实的美国爱国者）、fake Moroccan leather（伪造摩洛哥皮革）、British mental hospital（英国的精神病院）、German corporate executive（德国的公司主管部门）、genuine French culinary institute（原汁原味的法国烹饪研究所）。描述大小、颜色、材料的修饰语通常依次按先后顺序出现：large black woolen coat（大号黑羊毛大衣）、small red cardboard box（小号红纸板盒）、big blue wooden sign（偌大的蓝色木质标牌）（但不可说* blue big wooden sign（*蓝色的偌大木质标牌）、* wooden big blue sign（*木质的偌大蓝色标牌）或* blue wooden big sign（*蓝色的木质偌大标牌））。

这里观察到的各种模式及倾向并非毫无例外，甚至远未穷尽英语名词短语的结构。不过，尽管名词修饰的情况相当复杂，还是呈现出诸多系统性特征。从表面上看，要对其作出描写，需要一个灵活多变、基于用法的模式，类似第八章所勾勒的情况。设定庞大的构式及构式图式清单，并对其作出详略得当的描述，即可同时捕捉到局部与整体概括。再者，由于不同单位固化程度有别，在用于允准新表达式方面难易不等，该模型既可囊括例外情况，又可对不甚绝对的、代表不同强度的规律加以捕捉。

10.2.2 典型构式

关于补语与修饰语的传统区分，取决于对构式中心词（即显面决定体）的阐释方向：补语对中心词的一个显著次结构加以**阐释**（**elaborate**），修饰语则有一显著次结构**由中心词加以阐释**（图 7.14）。鉴于修饰语的多样性，一个值得注意的现象是：这一次结构几乎总是射体。[①] 例如，在 table near the door（靠门口的桌子）中，table 对应于 near 的射体，而非界标。中心词同样阐释修饰性形容词或分词的射体：small table（小桌子）、table sitting by the door（靠门边摆放的桌子）、broken table（坏桌子）、table polished every morning（每天早晨擦拭的桌子）。[②]

典型修饰构式可表述为图 10.5 左侧的情况。名词侧显某一事体，并对其基本类型（X）作出描述。修饰语侧显一个非时间（即非过程性）关系；典型情况下，它将某一特征（y）赋予其射体。实现这一整合的是这一图式性射体与名词显面的对应，由此后者对前者加以阐释。名词为构式中心词，其显面为复合结构层次所继承。由于复合结构同样侧显事体，因而本身即是一个复杂名词。

修饰语可对所侧显的实体作出更详细描述。从基本类型 X 出发，通过修饰，造就了一个更为复杂的类型描述，其中 X 为特征 y 所

---

① 除限定关系从句（其特殊性在于被独立入场）外，英语中的例外情况还包括由 to 标记的不定式修饰语。对其而言，中心名词或对应于射体（the first person to arrive）（第一个到的人），或对应于界标（a woman to admire）（值得欣赏的女人），甚至是介词的界标（something to stir the soup with）（搅汤用的东西）。

② 作为 e-位的射体地位的一个证据，我们注意到，当修饰语充当小句谓词时，同一参与者被编码为主语：The table is {near the door/small/sitting by the door/broken/polished every morning}（桌子{在门边/小/摆在门口/坏了/每天早晨都要擦拭}）。

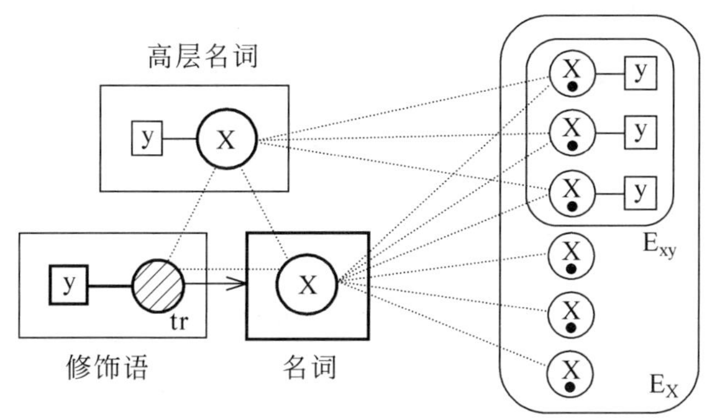

E_x = extension of x(x的最大范围)
E_{xy} = extension of Xy(Xy的最大范围); tr = trajector(射体)

图　10.5

强化。我们不妨称之为 Xy。在每一层次上与类型相联系的是一个心理操作，此处称为类型的“最大范围”(maximal extension)，即所有(在语境中相关的)例示的集合。两个最大范围 E_x 与 E_{xy} 如图 10.5 右侧所示。显然，并非 X 的每个例示同时均是 Xy 的例示——Xy 更为具体，遴选出了一系列范围更小的合格候选项。若进一步加以修饰，这一范围将会进一步收窄。

在仅含一个修饰语的情况下，同一名词兼任构式中心词与中心名词。在与介词短语的结合中，它是构式中心词；在整个名词短语中，它是中心名词。在 a table near the door(靠门口的一张桌子)中，table 兼具这样的双重身份。被入场结构(即除不定冠词外的所有成分)如图 10.6(a)所示。[①] 相对于修饰构式，table 是中心

① 尽管 10.6(a)的表述是图示化的——显然更为实用——它与图 7.13 中的图画式表征是等价的。T 与 D 代表基本类型 table(桌子)与 door(门)，G 则表明 door 是已入场的。在图(b)中，s 代表 small 所明示的特征。

词，因其将自身的显面加在复合结构层次上。相对于整个名词短语，它是中心名词，因其显面对应于被入场实体（在最高组织层次上由 a 加以入场）。尽管在某些情况下，它们将同一成分认定为中心词，但属于两种不同的描述。

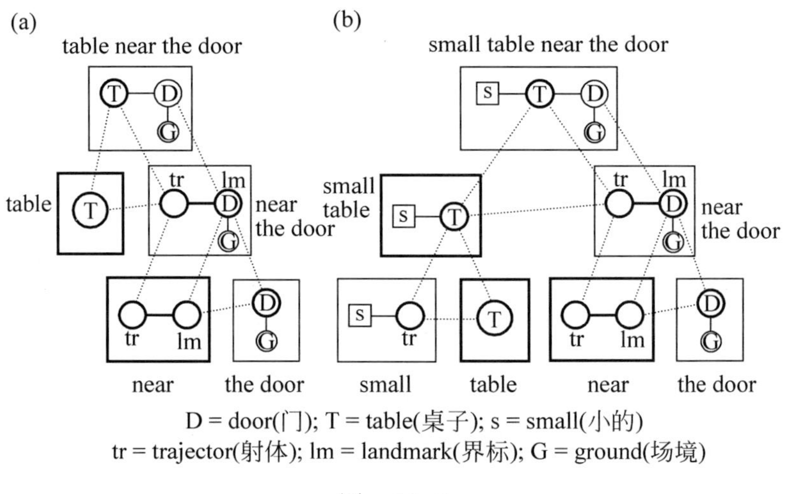

图　10.6

构式中心词与中心名词的区别，在含两层修饰关系的名词短语中体现得更加明显，如 a small table near the door（靠门口的一张小桌）。被入场结构如图 10.6(b)所示。在第一组织层次上，small 与 table 结合生成 small table（小桌）。由于复合结构侧显的是桌子，因而构式中心词为 table。在第二层次上，small table 与 near the door（靠近门口）结合生成 small table near the door（靠门口的小桌）。复合表达式再度指向桌子（而非处所关系），因而在这一层次上，构式中心词为 small table。构式中心词彼此有别（table vs. small table），是在各自的构式语境中局部界定的。相比之下，中心名词是在整个名词短语层次上整体界定的。中心名词明示名词短语的基本类型，其中一个例示被挑选出来加以入场，它处于最低结构层次上，其显面对应于整个名词短语的显面。在 a small table near the door 中，中心名词为 table，在最高组织层次上，其中一个例示由不定冠词加以入场。

位于各个层次上的名词——table、small table 与 small table near the door——对所侧显事体的描述依次更为详细。如果说(为一致起见)每个名词均描述某一事体类型，则“类型”(type)一词当作灵活解释。类型不限于词汇名词所唤起的通行的、在文化上获得认可的类型，甚至并不限于习惯用法中所称的类型，例如 a table 确属一类事体，但 a small table 通常并不被视为一类桌子，a small table near the door 从不会被视为一类桌子。我们之所以求助于修饰语，正是因为通行的、由词汇编码的类型不足以胜任当前任务，通常所需的描述参照了非标准特征或纯属或然的情况。

更进一步讲，修饰语在语义上所起的作用丰富多样，并不限于为基本类型添加某一特征(Sweetser，1999)。有时其影响更为强烈，如悬置基本类型的某些特征、就其有效性加以评估，或表明应用范围上的限制：flightless bird(不会飞的鸟儿)、nonalcoholic beer(不含酒精的啤酒)、fake diamond(伪钻)、so-called conservative(所谓的保守派)、imaginary kingdom(虚构的王国)、hypothetical situation(假想的情景)、future president(未来的总统)。此种情况下，对基本类型的识解是参照容许此种评估的更大情景作出的。例如，fake(伪造的)唤起了这样一个认知模型：人们造出某些物体，在外观设计上将其错误范畴化为相关类型的一个例示。然而，尽管存在这些限制，在语言上，名词短语的所指仍被视为基本类型的一个例示。类似下面的句子是大可说通的：

(8) (a) These fake diamonds are the only diamonds I have.
(这些伪钻是我仅有的钻石。)
(b) Nonalcoholic beer is better than no beer at all.
(不含酒精的啤酒也好过没有啤酒。)

10.2.3 名词短语的成分

存在不止一个修饰语的情况下，构成要素问题即探出了令人生厌的脑袋。比如说，我们何以知道 small table near the door(靠门口的小桌)具有如图 10.6(b)所示的构成要素？为什么可以是((small table)(near the door))(((靠门口的)(小桌)))，而不可以是((small)(table near the door))(((小的)(靠门口的桌子)))，甚至是((small)(table)(near the door))(((小的)(桌子)(靠门口的)))？关于名词短语的构成要素问题，尚未取得一致意见，部分原因在于这一问题本身相当复杂。不过，我认为更基本的原因在于，并不存在确定不移的构成要素。在 CG 看来，构成要素对于语法既非不可或缺，也非根本性的(§7.4)。尽管有些层级排列已经完全固化，构成要素的组合方式即便不是毫不确定，往往也是灵活多变的。没有理由认为，构成象征集合的各个结构均需以严格的层级方式加以排列；没有任何单一层级足以捕捉到语法组织的方方面面。

在 CG 看来，构成要素问题应置于象征集合的大背景下予以考虑。象征集合包括语义结构、音系结构及两者间的象征连接。语义结构与音系结构长短不限。在每一极上，复合结构均由组合得以生成，即简单（成分）结构经组合、整合生成更复杂的（复合）结构。象征结构即存在于语义结构与音系结构（长短不限）的连接之中。任一极的组合均不应视为完全嵌套式的（而非交叉性的），由此均排列于单一恒定的层级中，也不宜看作每个组合均参与到象征关系中去。[①]

按照这一基本思路，可将语法构成要素描述为在语义极与音系极上协同作用的组合现象。假定存在三个象征结构：[[A]/[a]]、[[B]/[b]]及[[C]/[c]]。称[[A]/[a]]与[[B]/[b]]具有构成要素，即意味着[A]与[B]在语义极加以组合（排除[C]），[a]与[b]在音系极加以组合（排除[c]）。这些组合的结果分别是形成复合概念[AB]及复合形式[ab]，由此，两者的协同作用造就了高层复合结构[[AB]/[ab]]。因此，对所主张的构成要素加以评估时，关键因素在于[AB]和[ab]的地位问题。我们可以通过其实际语言表现，表明设定这些结构的依据。即便它们无法直接观察到，若出于特定描写目的仍有对其加以指称的必要性，它们也即获得了间接表现。

① 按单极性界定的结构（§6.3）本身并不参与象征关系。同样，按双极性界定的结构经组合有时会造就一个高层结构，但本身并未实现象征连接。回顾先前所举一例：The package arrived that I was expecting（我期待已久的包裹到了）（图 7.19(b)）。尽管 the package（包裹）与 that I was expecting（我期待已久的）构成了一个自然的语义组合，复合概念依然未实现符号化。

音系组合更易于直接观察到。我们注意到，在一般所认可的成分边界处，容许有短暂停顿(/)：small table/near the door(靠门口的/小桌)。这支撑了图 10.6(b)所示的构成要素。因此，至少出于这一目的，small table 构成了一个音系组合。它是否也代表了一个语义组合呢？这里，我们可以注意到它在类型回指中所起的作用：

(9) Do you prefer the **small table** near the door, or **the one** next to the kitchen?
(你更喜欢靠门口的那张**小桌**，还是挨着厨房的**那张**?)

在(9)中，我们可将 one 解释为指称 table 或 small table。后一种解释表明 small 与 table 构成了一个概念组合，因为由它们共同界定的类型可用于回指目的。如果说 small table 既代表一个语义组合，又代表一个音系组合，两者相加即意味着一个象征组合，即一个语法成分。

然而，问题并非如此简单。我们也可就“扁平”(flat)结构((small)(table)(near the door))(((靠门口的)(小的)(桌子)))作一分析。两个结构均非与中心词结合的唯一成分。在音系极上，缓慢而刻意的发音往往意味着不存在音调组合，如 small/table/near the door(靠门口的/小/桌)。在语义极上，(10)(a)中的 one 仅指称 table：

(10) (a) Do you prefer the small **table** near the door, or the

big **one** next to the kitchen?

（你更喜欢靠门口的那张**小桌**，还是挨着厨房的**那张**大的？）

(b) A SMALL **table near the door** is preferable to a BIG **one.**

（**靠门口的**一张小桌胜过**一张**大的。）

同样，(10)(b)中的形式与意义涉及((small)(table near the door))(((小的)(靠门口的桌子)))这样的组合。这里，一种可能的情况是将one解释为指称table near the door。尽管通过停顿(? small/table near the door)(?(小的/靠门口的桌子))实现这一组合不大自然，但它在音系极的另一个维度(即重音)上有所体现。当(10)(b)置于恰当的语篇语境中时，名词短语在发音上除形容词外均弱读的话，也并无不当之处。[①] 因此，table与near the door的组合是基于重读的弱化实现的。

这些彼此冲突的组合方式对CG而言是不成问题的，因其摈弃了仅存在单一、固定的构成要素的正统假设。构成要素并不具有根本性的地位，不过是成分所能体现出的构造的一个特例(虽说不无典型之处)，是自象征集合中浮现出来的。同一象征成分有时可按不同方式加以组合，而无需对最终生成的复合结构有大的影响，这正是意料之中的情况。还可能出现的情况是，语法成分根本

① 小号大写体(small capital)表示重音并未弱化(当然，此处采用的粗体标记的并非重音，而是回指关系)。

未能浮现出来。假定存在三个成分结构：small、table 与 near the door，没有什么可以阻止它们在单一组织层次上彼此结合，而无需经过内部组合：((small)(table)(near the door))(((小的)(靠门口的)(桌子)))。再者，倘若组合发生于一极上，也无需存在另一极的组合与其保持一致。例如，在(9)中，可将 one 解释为指称 table 或 small table，且不论其音调是 small/table/near the door 还是 small table/near the door。倘若 small 与 table 仅在一极上实现组合，并不存在设定一个语法成分的明显基础。语法本质上具有双极性，主张构成要素即意味着组合在两极上平行发生。

在无确凿证据的情况下，恰当的分析或许不过是不予决断——对分析者来说确乎如此，甚至对说话者而言也是如此。以 frisky young horse(精力充沛的小马)这一序列为例。一种主张是：horse(马)构成了一个成分，而后在更高组织层次上 frisky(精力充沛的)与 young horse(小马)加以组合。如此主张有无根据？在(11)中，有迹象表明概念组合的存在，其中 young horse 是 one 可能的先行词：

(11) She wants to ride a frisky **young horse**, not a lazy **one**.
(她想骑的是一匹**精力充沛的小马**，而非**一匹**无精打采的[**小马**]。)

再者，完全可以说，在音系层面上，young 与 horse 是基于话语语流中的相邻关系得以组合的。然而，情况显得扑朔迷离。将 one 解释为仅指称 horse，或仅用于 frisky young horse 无回指联系的情况时，语义组合的证据便不复存在了。而且，尽管相邻关系同 young 与 horse 归为一个成分是一致的，它与三重成分分析((frisky)(young)(horse))(((精力充沛的)(小)(马)))同样不乏一致性。这意味着，恰当的分析也许是根本不要硬性作出特定的分析。

不过，基于更一般的因素考虑，我倒倾向于将 young horse 看作 frisky young horse 的成分。组合是一个相当自然而普遍的现象，时间上的相邻又是一个相当强烈的组合因素，因而二元结构往往被视为默认情况(并非毫无道理可言)。[①] 由此，对于给定的修饰语序列，中心词与相邻修饰语强烈倾向于构成一个成分，而后与另一修饰语组合——同样是基于相邻关系。这种修饰语的分层有时显然是语义因素所要求的。一个例子是 counterfeit American money(伪造的美国货币)与 American counterfeit money(美国的伪造货币))的对照表达。若不存在分层的话(即两个形容词均直接修饰中心名词)，预期情况将会是：两个表达式在语义上是对等的。然而事实上，两者的意义彼此有别，这反映的正是不同的概念组合情况。一方面，counterfeit American money 的组合成分是 American(美国的)与 money(货币)，因为 American money(美国货币)代表了一个重要的概念成分(该物被伪造)。另一方面，American counterfeit money 唤起的概念组合是 counterfeit money(伪造的货币)，将其描述为美国生产的一种产品(兴许是伪造的日本货币)。

就 frisky young horse 而言，frisky 直接修饰 horse(意味着一

① 时间上的相邻对“经典”的构成要素概念而言至关重要(7.4)。如上所作描述更具概括性，因其并未交代组合的任何特定基础。

个三重结构)，还是直接修饰 young horse，并无明显分别。两条组合路径造就了同样的复合意义，其中基本的类型明示(horse)为两种不同的属性(frisky 与 young)所加强。不过，这里我们注意到音调和词序间存在相关性，这为构成要素提供了可能的证据。frisky young horse 通常在发音上并无停顿，此种情况下形容词的词序相当刻板——?? young frisky horse(?? 小的精力充沛的马)充其量是勉强可接受的。然而，如将顺序颠倒，并加上停顿：young/frisky/horse(小的/精力充沛的/马)，听起来则是完全自然的。[①] 这种音调呈现的是一种扁平结构，并不存在内部组合，如图 10.7 所示。由此，我们可以设定一个独立的修饰构式，其中停顿表明，多个形容词在单一语法组织层次上直接修饰名词。如果这一构式显示并不存在分层，即有理由假定，另一种模式(frisky young horse)源自逐层修饰的情况。

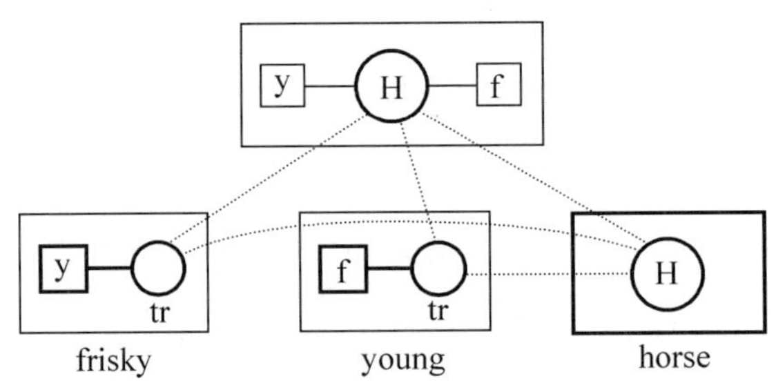

图 10.7

① 其写法为 young，frisky horse(小的，精力充沛的马)。逗号代表第一个停顿，不过按照通行的正字法习惯，frisky(精力充沛的)与 horse(马)之间同样存在的停顿并不作考虑。

10.2.4　非典型构式

通过容许多重修饰语出现在单一语法组织层次上，图 10.7 中的构造对于修饰关系而言是非典型的。你或许可以猜到(从本节的标题来看)，这种构式在其他方面同样与典型格局存在偏离。

一个与典型结构看似强烈的偏离，来自并无中心名词的修饰表达。尽管较之于许多语言，在英语中这种现象更有限，但毕竟还是存在的。除了某些固定表达(如 the poor(穷人)，它基本上限于与指示代词(尤其是 those)及某些量词共现的复杂修饰语：all who qualified(所有具备资格的人)、any with valid complaints(任何抱怨情况属实的人)、that which he fears the most(最令他恐惧的东西)、those ready to leave(那些随时要走的人)、those arriving late(那些来晚的人)、those offended by my remarks(那些被我的言语冒犯的人)。我们在此关注的仅仅是这种构式的一般性质。它们的存在何以可能？名词修饰语何以能修饰一个本不存在的名词？

原则上讲，这些构式在 CG 中是不成问题的，因为对名词短语的描述参照的是语义因素，而非任何特定的结构构造。一个表达式只要侧显某一事体类型的一个已入场例示，即算得上一个名词短语。我们已经看到，照此定义，名词短语的入场成分本身即是一个图式性的名词短语。因其侧显一个事体，并无内在理由限制一个入场成分本身带上名词修饰语。如图 10.8 所示，只消说明的是，被入场的事体例示对应于修饰语的射体，入场成分充当显面决定体。在缺乏词汇中心名词的情况下，被入场例示所体现的基本类型依然是图式性的。不过，整个类型描述通过修饰语的内容而得到加强。

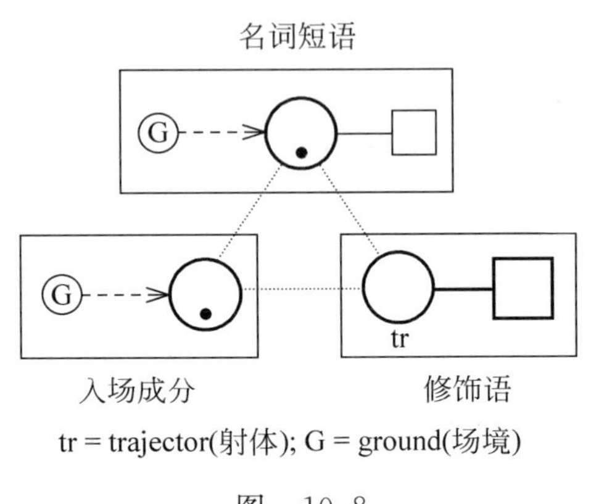

图 10.8

另一个相对于典型的偏离情况是：修饰语在认定名词短语的所指方面不起任何作用。一个熟悉的例子是“限制性”(restrictive)与“非限制性”(non-restrictive)关系从句的对立。限制性关系从句用于限定合格候选者的范围，将其限制在基本类型最大范围的一个子集内。在(12)中(这些候选者是名副其实的“候选者”)，被明示的特征(确有资格获胜)将整个范畴缩小至一个合格候选项，这是定冠词所要求的：

(12) (a) The candidate who really deserves to win ran a positive campaign.
(确有获胜可能的那位候选人积极参加了竞选运动。)

(b) The candidate, who really deserves to win, ran a

positive campaign.
(那位候选人,他确有获胜的可能,积极参加了竞选运动。)

非限制性关系从句提供的信息未能以此种方式加以调用。在(12)(b)中,candidate(候选人)所侧显的例示是在语境中得以认定的,并不依赖有资格获胜的情况。

为表示这一区分,限制性关系从句通常被分析为相关名词短语的一部分,非限制性关系从句则外在于名词短语。支持这一分析的是非限制性关系从句所伴随的停顿("逗号音调")。然而,这一结构差异本身并不足以解释语义差异。这从下列事实可见一斑:同一对立也出现在修饰性形容词中,两者在构成要素上并无二致。例如,作为 the tiny mouse((**定指**)小老鼠)的一部分,tiny(小的)在(13)(a)中是限制性用法,在(13)(b)中则是非限制性用法。只有在前者中,它才有助于认定名词短语。但在两种用法中,tiny 均明显处于名词短语内部。

(13) (a) In the cage she saw a big mouse and a tiny mouse. The tiny mouse was shaking.
(她看到笼子里有一只大老鼠和一只小老鼠。(**定指**)小老鼠正在发抖。)

(b) In the cage she saw a mouse. The tiny mouse was shaking.
(她看到笼子里有一只老鼠。(**定指**)小老鼠正在发抖。)

因此,对限制性-非限制性对立的概括描述,必须独立于关系从句中所见到的结构差异。就形容词而言,事实上这一对立不在于修饰构式本身,而在于构成它的象征集合如何被通达从而用于高层目的。在(13)中,the tiny mouse 无论是作限制性解释,还是作非限制性解释,tiny 本身的意义保持不变。对于复合表达式 tiny mouse,情况同样如此。其语义对立实际体现在,在更高语法组织层次上,这一复合表达式如何与定冠词得以整合。冠词侧显某一类型的一个例示,并表明其语篇地位。问题在于,涉及的是哪种类型呢?如图 10.5 所示,两种事体类型在 tiny mouse 这类短语的描述中起作用,一个由中心词(mouse)加以明示,另一个由整个表达式(tiny mouse)加以明示。限制性解释与非限制性解释的差异,取决于在语篇语境中,哪种解释在高层构式中被唤起。

我们具体来看这一点是如何实现的。在图 10.9 中,图(a)与图(b)分别表示 the 与 tiny mouse 在(13)(a)与(13)(b)中的整合方式。复合结构从略,因其本质差异在于成分结构的结合方式。tiny mouse 的内部结构现在应该是不言自明了,在两个图中表现毫无分别。两个图中相同的还有定冠词,其所侧显的是一个被挑选出来的事体,因为在当前语篇框架中,它是其所属类型中唯一可及的例示。定冠词图式化地唤起了这一类型,如图中顶部所示。为明晰起见,整体类型描述(矩形)和被侧显实体(圆形)单独表示了出来。①

---

① 在先前的图解中,这些是彼此重合的。关于 the 的这一表征与图 9.11 是等效的,但在细节上有别,因其他因素在此更为相关。除明确表示出类型外,此处的图解对场境的描述更为简略,并略去了先前语篇框架。

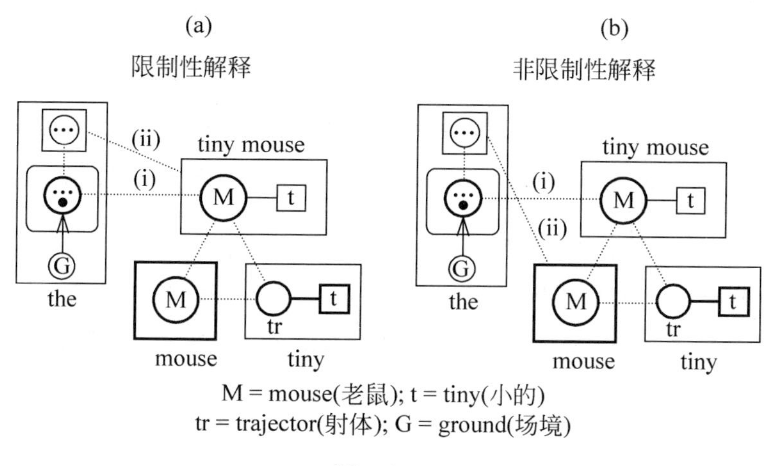

图　10.9

无论是按照哪种解释，tiny mouse 均由 the 入场而构成名词短语。两者的整合涉及入场成分与被入场结构在显面上的彼此对应，这与入场构式通常的情况是一致的。这一基本对应——在两个图中完全相同——以(i)标记。限制性解释与非限制性解释的差异源自另一重对应，以(ii)标记。后一种对应将冠词的图式性类型等同于寓于被入场结构中更具体的类型。在图(a)中，该类型为 tiny mouse。这生成的是限制性解释，因为形容词表示的属性在指称对象的认定中起着作用。相反，在图(b)中，该类型仅为 mouse。这生成的是非限制性解释，因为形容词表示的属性在入场中并不起作用。①

虽说两种解释通常均有可能，限制性解释显然更为常见。其

① 对应(i)是否也应将 the 的显面等同于 mouse(老鼠)的显面呢？这实际上无关紧要，因为无论如何，mouse 与 tiny mouse(小老鼠)的显面是彼此对应的。此处表示出的对应，依据的是名词短语入场的概括性构式图示。

原因从图中可见一斑。在图(a)中,对应(ii)存在于直接结合的两个成分结构内部,即 the 与 tiny mouse 之间。相比之下,图(b)呈现出非典型特征,即一个对应成分出现在较低的构成要素层次上。即是说,the 与 tiny mouse 的结合部分基于一重对应连接,但其连接的不是 the 与作为复合整体的 tiny mouse,而是其成分结构之一(mouse)。尽管这种组合并不典型,但在 CG 中并无特别之处,也是不成任何问题的——它不过是象征集合所能呈现的一种构造。[①]

我们注意到,在修饰构式中还存在着一种类似的构造,它在另一方面体现出非典型特征,即关系从句与被修饰名词并不相邻。前面提到的例子 the package arrived that I was expecting(我正盼着的包裹到了)在图 7.19(b)中表示了出来。图 10.10 中再次给出了该构式的基本内容(省略了总体复合构造)。关键问题在于,主句(the package arrived(包裹到了))与从句(that I was expecting(我正盼着的))是如何得以整合的。在语义上,关系从句修饰 package(包裹),后者的显面对应于前者的界标。然而在语法上,从句与整个主句结合,the package 充当了主句的一个成分结构。此前的图解表明的是它们通过对应(i)得以整合的情况,由此,关系从句的图式性界标等同于主句的射体。这种对应并不典型,因为被阐释的成分通常对应于阐释结构的整个显面(而不仅仅是其中一部分)。然而,在低层组织层次上,存在一个在这方面属于典型的阐释结构,即 the package

① 它对典型的偏离不宜过度放大。由于 mouse 相对于 tiny mouse 而言具有图示性——因而寓于其概念中——同样可以说 the 的图示性类型对应于这一内在的次结构。两种描述是完全等效的。

(甚至是处在更低层的 package)。因此，我们可以设定对应(ii)，作为主句与从句得以整合的基础。这种对应也不典型，因为阐释结构是一个低层成分。两种分析思路是并行不悖的，在效果上也是等价的，因此试图在两者之间作出取舍毫无意义。

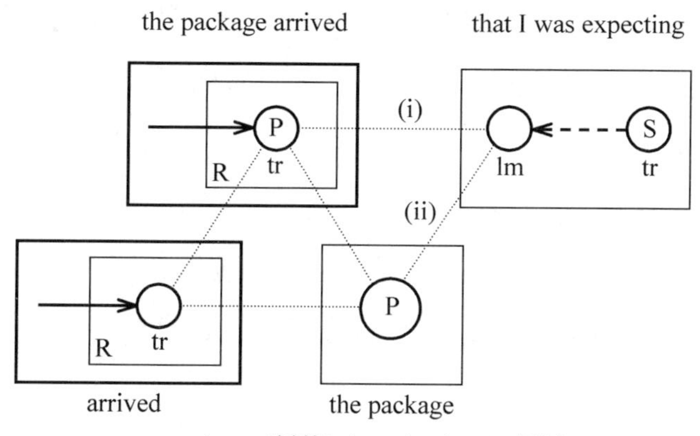

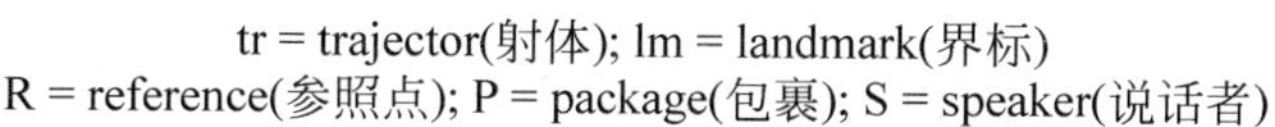

图　10.10

对于二重对应而言，该构式均呈现出进一步的非典型特征：修饰语处在名词短语之外，两者并不相邻，且核心对应涉及修饰语的界标(而非其射体)。我们是否依然有理由将其描述为修饰构式呢？按照狭义定义(图 7.14(b)与图 10.5)或许是行不通的，但若强调语义关系，在宽泛意义上当然是可行的。虽说两者并不相邻，有一点似乎相当明显：the package 与 that I was expecting 构成了一个概念组合。作为表达式整体内容的一部分，这两个成分参照彼此获得具体识解，从而可对名词短语的所指加以认定。但由于这一概念组合未能由任何音系组合加以符号化，名词短语和关系从句并未构成一个语法成分。

值得重申的是，象征集合内的结构仅仅部分组织为层级，这些层级是基于语义极与音系极的协同组合的。没有任何一个组构层级可穷尽复杂表达式的结构，也并非每个重要的概念组合均直接由音系组合独立符号化（更不必说基于线性相邻的组合）。因此，集合中可能包含一个未加符号化的、具有自身内在构造的概念成分，且不论已独立符号化的概念成分是如何层级性地排列为经典的语法成分的。图 10.10 中的集合包括了一个基于对应（ii）而建立起的概念成分，它包括音系上不连续的成分 the package 与 that I was expecting，尽管这一点通常是不加显性表述的。[①] 关系从句被解释为限制性的，正是这一未加符号化的内部结构（类似于 10.9(a)）使然。

10.2.5 活跃区

我们已经看到，名词修饰涉及的因素远胜于我们所看到或听到的。即便是看似直接的情况（如名词被形容词直接限制修饰），细加审视时，也显得难以捉摸、变化多端。这种隐晦的复杂性多与概念整合有关。名词的显面对应于形容词的界标，对这一基本概括更细致地加以观照，有助于说明问题。尽管这作为一个粗略描述是完全有效的，对具体例子的细枝末节加以透视，可望获得更多启发。

首先，不妨考虑一下 reluctant agreement（勉强同意）、informed

① 可能的情况是，概念成分的内部结构对应于构式图示的语义极，该图示描述的是常态下的（即连续的）名词短语，如 the package that I was expecting（我正盼着的包裹）。

consent(知情同意)与 conscious awareness(清醒的意识)之类的短语所涉及的概念整合情况。由于这里的形容词描述某一态度或心理状态，可以预期的是其射体为人(或至少为有知觉生物)。然而，在这些表达式中，被修饰名词侧显的却是一个抽象实体，本身并无心理经验可言。因此，关于形容词射体与名词显面的语义描述是不相容的。[①] 然而，我们并未将这些表达式视作语义异常——其意义是完全连贯的。它们何以能避免语义异常？答案寓于成分意义及其概念整合的具体细节中。

如图 10.11(a)右侧所示，被修饰名词为名词化成分。它们所基于的动词或形容词词干(agree(同意)、consent(答应)与 aware(意识))，描述的往往是具有心理属性的情况，因而其射体是一个进行心理活动的知觉主体(由虚线箭头标记)。在语义上，名词化涉及该活动的概念物化，造就了一个由名词侧显的抽象事体。在这一语义描述中，我们发现名词与形容词的整合具有合乎逻辑的基础。如图所示，形容词的射体并不等同于一个未分化的物化活动整体，而是确切等同于参与该活动的有生个体。我们对 reluctant agreement(勉强同意)的解释是：不情愿应赋予表示同意的人，而非 agreement 本身。同样，informed consent(知情同意)是一个获悉情况的人表示的同意，conscious awareness(清醒的意识)是一个意识主体的意识。相关个体以阴影标记，是名词在与形容词整合中的活跃区(active zone)。活跃区作为一种实体，对名词与形容词射体之间的对应加以

① ?? The agreement was reluctant(?? 他们的同意是勉强的)，?* The consent was informed(这一同意被获悉到了)，或 * The awareness is conscious(* 这一意识是清醒的)，诸如此类的说法显得相当怪异。

定位，并直接表现出后者所明示的属性。

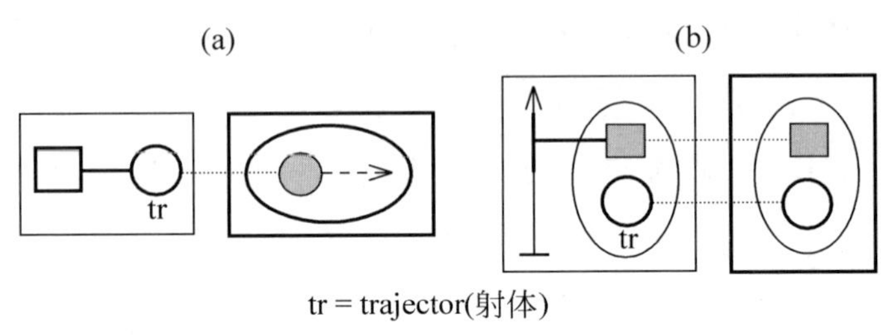

图 10.11

由此，我们注意到，名词的显面与参与形名组合的活跃区之间存在着**不一致(discrepancy)**。在低解析度上对构式加以观照时，这一点并不明显，此时只有获得聚焦的成分(如显面与射体)上升到了意识层面。因此，在粗略描述中，在形容词射体与名词显面之间设定对应，是相当合理的做法。然而，当我们对细枝末节加以观照时，这种不一致情况便凸现出来。在更高解析度上，我们发现对应是由一个特殊概念成分锚定的，这即是名词的活跃区，它在名词的描述中扮演着重要角色，但并非其指称对象。因此，在所侧显的事体参与到形容词性关系的过程中，活跃区起着中介作用。比如说，只有相对于表示赞成的人而言，agreement(同意)才能被说成是 reluctant(勉强的)。

进一步阐释显面-活跃区的不一致情况的是 fast car(快车)、loud parrot(吵闹的鹦鹉)与 unhealthy diet(不健康的饮食)之类的组合。在这些例子中，我们实际上将名词的所指概念化为呈现出形容词表示的特征。[①] 因此，即便是在细致观照下，形容词的射

① 因此，下列说法是相当自然的：That car is fast(那辆车快)；The parrot is very loud(这只鹦鹉很吵人)；His diet is unhealthy(他的饮食不健康)。

体依然对应于名词的显面，这样描述也不无贴切之处。不过，这一概念整合有赖于其他未明确表达出的成分。这些形容词是“分级性的”(scalar)。fast(快的)、loud(吵闹的)及 unhealthy(不健康的)分别将其射体——也即名词短语的显面——置于速度、音量及健康量级上。但每种情况下，名词在量级上的定位均是以另一实体为中介的(以带阴影的框盒表示)，如图 10.11(b)所示。该实体正是这一量级直接度量的对象：对于 fast 而言是活动，对于 loud 而言是噪音，对于 unhealthy 而言是个人的身体状况。但这些实体本身并不为被修饰名词所侧显。car(车)并非活动，parrot(鹦鹉)并非噪音，diet(饮食)也并非个人的身体状况。不过，这些未加侧显的实体作为名词百科知识的一部分却是可通达的：小汽车的移动有一定的速度，鹦鹉会发出噪音，饮食决定了个人的身体状况。这些默认实体因而作为活跃区被唤起，使得名词参与到形容词所表达的关系中来。

显面-活跃区不一致的情况，既无非同寻常之处，也是不成任何问题的。此种情况实属常态：它既容纳了语言意义的多维性和复杂性，又兼顾了特定成分的特殊认知显著性，因而是一种行之有效的编码途径。虽说聚焦的成分是我们主要意图谈论的东西，但其构想和描述却是参照许多相关实体作出的，每个实体均为整合提供了潜在基础。因此，图 10.12 可视为对形容词修饰的概括描述。在粗略观照下，仅有聚焦的成分是显而易见的。此种情况下，形容词与名词的整合，是由前者的射体与后者的界标之间的对应实现的。然而，在更高解析度上，细节开始浮现，我们发现聚焦的成分仅仅将我们带到相关的概念临近地带，而非具体的地点。即是说,射体与显面唤起了一系列相关实体——以椭圆标记——任一实体均可被唤起作为具体的接合点。仅在特殊情况下,这些接合点(活跃区)才与聚焦的成分完全重合,它们提供了通达此种成分的手段。

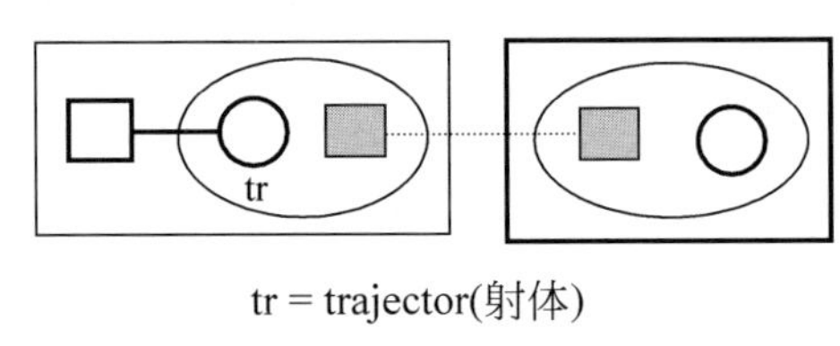

tr = trajector(射体)

图 10.12

这种不一致情况并非形容词或名词修饰语的特性,而是一般语法构式的典型情况。当两个显性实体彼此对应时,每个均为一系列相关成分提供了心理通路,其中任何一方均可充当达到这一目的的活跃区。这在图 10.13 中可见一斑,其中虚线箭头代表概念化主体的心理通路。这种有序的心理通达可视为参照点组织的一个特例(图 3.14):通过将注意力导向一个显著的参照点(R),概念化主体可轻易通达其领地(D)内的任何成分,其中一个即为目标(T)。作为一种自然而高效的策略,参照点策略是认知加工的一个基本特征,在语言结构的诸多方面均有鲜明体现(参见第十四章)。

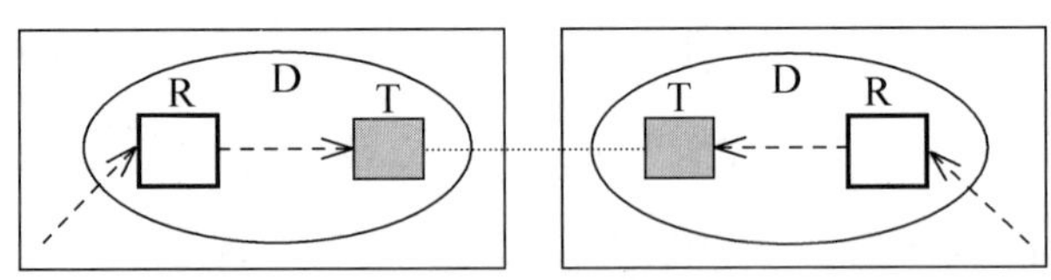

R = reference(参照点); T = target(目标); D = dominion(领地)

图 10.13

一类特殊的显面-活跃区不一致现象体现在复数名词修饰的情况中。就其本质而言，有些形容词主要出现在复数形式中：equal portions（等额）、parallel lines（平行线）、identical descriptions（对等描述）、adjacent lots（相邻场地）、various possibilities（各种可能性）、similar faces（似曾相识的面孔）、numerous commentators（众多评论员）。由于它们明示的特征需多重实体才能得以呈现，这些形容词具有一个多维射体，包含一系列构成成分。因而它们与复数名词的整合是直截了当的。如图 10.14(a)所示。

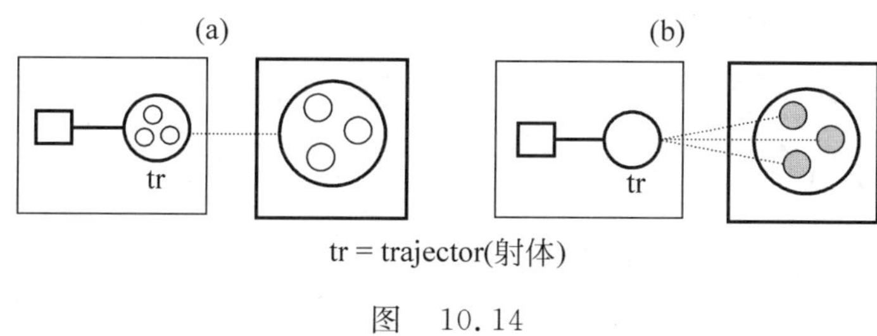

图　10.14

然而，复数名词同样可为另一类形容词所修饰，它们所明示的特征是单独加以呈现的：sharp knives（快刀）、even numbers（偶数）、intelligent women（聪明的女人）、long novels（长篇小说）、ripe bananas（熟透的香蕉）、single mothers（单身母亲）、abstract concepts（抽象概念）、frisky horses（精力充沛的马）、white kittens（白色的小猫）、flimsy houses（不结实的房子）。这一点是何以可能的呢？倘若形容词的射体是单维的，而名词的显面是多维的，为何两者的对应不至造成语义上的不一致呢？答案应该很清楚了：聚焦成分间的总体对应并未阐明其具体的概念整合方式。名词的显面并不直接对应于形容词的射体，仅仅用于在心理上通达直接对应于这一成分的概念——它在两者整合中的活跃区。就此处的例子而言，其接合点寓于构成多重物质的个体成分中。[①] 如图10.14(b)所示，每个构成成分均为活跃区，分别等同于形容词的射体。因此，在复合概念中，形容词所表达的属性被单独赋予这些成分个体，而非赋予整个名词短语的所指。

10.3 分类与量化

在名词短语的组织中，值得深入透视的两个方面为名词范畴与量词构式。两者的密切关系在量词中可见一斑，这是许多语言中的一大现象。

10.3.1 名词范畴

语法范畴均体现出不同程度的语义动因。处于一个极端的，是带有根本性和普遍性的范畴，主要是名词与动词，我们主张两者具有完全一致的(尽管是图式性的)概念基础。处于另一个极端的，是单凭参与特定语法构式而界定的范畴，这类范畴无法从语义角度加以刻画。典型例子是呈现出某些形态特异性的成分，如在复数形式中词尾变 f 为 v 的名词：wife/wives(妻子)、leaf/leaves(树叶)，等等。

这些极端情况反映了不同的分类理据。诸如名词、动词之类

---

① 或可将活跃区视为这些成分均例示的类型。由于类型内蕴于其例示概念中，两种说法是等价的。

的范畴是基于根本的认知能力（如组合和顺序扫描）划分的，这些能力发端于某些植根于经验的原型概念（物体与事件）中。尽管这些范畴可用于语法描述，但并非参照任何特别的语法表现界定的，也无需存在所有范畴成员均参与其中的任何构式。比如说，不宜将名词定义为与冠词共现的成分，因为许多名词（如专有名词和代词）并无这种表现。即便如此，不计其数的语法模式均需参照名词加以描述，虽然仅此并不足以划定参与其中的成员范围。再者，显而易见的是，许多语言结构，从实义名词到完整名词短语（在 CG 中同样被归入名词范畴），均可作为侧显事体的表达式的备用项。

在另一极端上，某些范畴的成员构成具有任意性，这些范畴出自历史上的偶发事件及用法的消长。它们反映了来自习惯力的事实：特定的谈话方式得以约定俗成，在习得过程中需逐个加以掌握。对于当代说话者而言，wife 以 wives 而非 * wifes 作为复数的原因仅仅在于，人们就是这样说的。他们同样需要掌握的是——基本上是死记硬背——少量名词与 wife（妻子）具有相同模式（包括 leaf（树叶）、knife（刀）、thief（贼）、calf（小腿）、life（生活）、loaf（一个面包）与 half（一半）），但许多名词则不然（如 fife（横笛）、puff（一缕（烟/风））、reef（暗礁）、safe（安全的）、belief（信念）、whiff（一缕（烟/风））、cuff（袖口）、cliff（悬崖）、staff（全体员工）、waif（流浪儿）、chief（首领）、plaintiff（原告））。复数构式的这种次要变体涉及变 f 为 v，隐性界定了一个由参与该构式的名词构成的范畴。该范畴的成员无法基于意义加以预测。并不存在统一的语义描述，将其同其他以 f 结尾的名词区分开来。

每个构式均界定了一个由出现其中的成分构成的范畴。由于

此种情况涉及分布问题——阐明哪些成分出现在哪些模式中——以此种方式界定的范畴被称为**“分布范畴”**(**distributional classes**)。掌握有关这些范畴的知识,对于准确使用一门语言显然是至关重要的。那么,这种知识是如何加以表征的呢?在掌握语言规约的这一面的过程中,说话者具体需要学些什么呢?对于两种极端情况而言,简单的答案倒是不难想象。然而,实际情况可能是:两种极端情况均从未纯之又纯地体现出来。

首先,假定一个分布范畴与一个从语义上界定的范畴完全重合(如名词、无生名词或非持续类动词)。只消唤起该范畴,即可明确哪些成分出现在这一构式中。按照 CG 的说法,这意味着构式图式中包含一个特殊图式,它将该范畴界定为构式的一个成分结构。由此,构式图式正确描述了分布事实,并作出了恰当概括。即便如此,它可能依然未能穷尽说话者关于分布的知识。在第八章中我们看到,描述概括模式的构式图式与反映其常规运用情况的具体结构彼此共存。在决定常规用法中,最重要的往往是这些低层构式图式,甚至是那些包含特殊词项的图式。

另一方面,假定分布范畴完全是随机的:不存在语义(或其他)基础可对其成员构成作出哪怕是部分的预测。此种情况下,范畴成员只能作为一个任意的清单逐一加以掌握。按照 CG 的说法,这意味着每个成分在该模式中的出现情况,均是作为独一无二的规约单位具体加以掌握的。例如,对于 wives、leaves、knives 之类的表达式,除了要掌握代表其抽象化共性的构式子图式外,还需掌握这种分布模式。然而,鲜有范畴是完全随机的。尽管其成员构成可能存在任意性,因而每个成员均需具体加以掌握,它们依然趋于聚集在语义及音系空间的特定区域。某些成员在语义或音系上可能具有足够的相似性,因而将其列入该模式中可起到相互加强的效果。而后,图式可能得以涌现,用于对这些局部规律加以捕捉(图式化无非是对复现的共性加以强化)。若此,范畴就不仅仅是一个成员清单,而是呈现出或多或少的连贯性与有组织性。

即便是涉及 f/v 交替的名词范畴,也并不仅仅意味着一个无结构的清单。尽管很难表明此处存在语义组合,但在音系空间中,其成员远非是随机分布的。首先,它们均是单音节的。此外,大部分均可为数个彼此交织的丛集所囊括:1)wife(妻子)、life(生活)、knife(刀);2)leaf(树叶)、thief(贼)、sheaf(一捆);3)life(生活)、leaf(树叶)、loaf(一个面包);4)calf(小腿)、half(一半)。丛集 1)与丛集 2)是基于元音音核的。每个丛集均有一成员同时属于丛集 3),这是基于其首位辅音特征的。就丛集 4)而言,calf 与 half 不仅共享元音,还共享不发音的 l 这一正字法上的特异性。这些局部规律丝毫不能抹煞具体学习每个复数形式的必要性。不过,这些规律的确可以加速习得进程,生成有助于维系一个范畴的低层图式,有时甚至可吸纳新成员进入该范畴。

不同分布范畴在成员构成的性质及规律的适用范围上存在很大差异。这些范畴或基于语义属性,或基于音系属性,或两者兼而有之。从中可抽取出单一概括,或是众多局部概括。在详略度、所涵盖的成员比重以及允准新表达式方面,不同概括的表现各有千秋。尽管分布范畴类型多样,但可直截了当地纳入 CG 的框架中,并可做出统一描述——其途径是设定构造得当的构式图式网络(§8.3)。构成一个网络的各种图式可在不同抽象层次上作出描述，其差异还进而体现在固化程度及激活难易度上。每个图式均捕捉到了某个局部或整体概括，涉及哪些成分容许出现在该构式中。特定的概括能否扩展至新的情况，取决于其所例示的构式能否在竞争中获胜，从而入选为范畴化结构(§8.2.1)。

在这一基于用法的思路中，分布范畴的成员构成无需单独列举。它们实际上寓于构式的完整描述之中，范畴是相对于构式加以界定的。语法模式的学习并非孤立发生的，而是自每个位置上包含具体成分的表达式中抽取出来的。在用于描述某个模式的网络中，每个构式图式均就参与其中的成分作出某种说明。底层图式包括在该模式中已约定俗成的具体词项。正是通过这一规律性与特异性(可以是任意比例)的结合，该模式得以阐明恰当的成分如何出现在构式之中。

反过来讲，词项是在其所出现的更大表达式语境中学会的。因此，关于词项所作描述的一部分，即体现为一系列代表其所出现构式的结构框架。这些框架正是构成相关模式的底层构式图式(图8.13)。因此，在基于用法的视角下，词项在分布范畴中的成员地位无需单独说明，而是寓于其完整描述中。例如，构式子图式[send NML NML]即提供了send(送)出现在双及物构式中这一信息(§8.3.2)——无需特别标记。同样，规约单位wives的存在本身即表明，wife可参与f/v置换这一模式。①

尽管分布范畴不乏重要性，但并不独立存在。它们并不构成

① 我们注意到，wives代表了一个完整的象征集合，其成分结构为wife(妻子)与复数词素的一个特殊变体：[[...f]--->[...vz]](参见图6.11)。

显性的意识对象，甚至算不上独立的语言实体。在CG的解释框架中，它们被视为构式与词项的完整、恰当描述的题中应有之义。从语义角度界定的范畴也与此大同小异。比如说，某种东西之所以成其为名词，不是因为它带有特殊标记，也不是因为它在须加如此掌握的范畴成员清单中榜上有名。使之成其为名词的，是其意义的一个内在方面，即它侧显一个事体这一事实。同理，可数-物质这一区分取决于该事体可否识解为有界的，普通-专有名词这一区分则取决于所明示的类型可否构想为含有多重例示（图10.3）。当我们谈论此类范畴的图式，或图式与其成员间的范畴化关系时，并不意味着它们是彼此分离、各自为政的。恰恰相反，图式内蕴于例示之中，因而是对例示的概念描述的内在一部分。

我们在此谈论的是两种基本范畴：分布范畴与从意义上界定的范畴。分布范畴包括出现在某一模式或构式中的范畴。其成员构成是由这一单一特征界定的，且不论它们可否体现出任何语义规律。另一方面，对于名词与动词之类的根本性范畴，CG声称可从语义上加以定义。尽管它们在语法组织中占有核心地位，其成员可参与为数众多的构式，但无需唤起任何构式即可对其作出描述。这两种基本范畴并不代表唯一的可能情况。语言同样为我们呈现了中间现象，即部分而非纯粹的语义范畴，而且它们是通过出现在多个构式中得以识别的。

我所想到的是“性”(gender)范畴。之所以如此称呼，是因为其典型例子为带有传统标记如“阳性”（masculine）“阴性”（feminine）“中性”(neutral)的名词范畴。语言学家们热衷于指出这些标记的不足——倘若不至将其视为十足的愚蠢之举的话。比如说，德语中的

Löffel“汤匙”是阳性的，Gabel“叉子”是阴性的，Messer“刀子”则是中性的，如此说法有何合理依据？这些范畴的设立，并非出于其成员体现出任何稳定一致的意义，而是出于它们在屈折词尾及共现成分(如冠词、指示代词、形容词)的形式上，呈现出大致相似的语法模式。虽说如此，传统标记的选取并非任意而为。对于相当数量的词汇，它们在语义上的确是恰如其分的，是对生物学性别的直接反映。例如，Mann“男人”在语法上充当阳性名词，Frau“女人”是阴性的，Kind“小孩”则是中性的(因为小孩既可为男性，又可为女性)。[①]

一个司空见惯的现象是：语言中的名词往往被划分成这种概括范畴。在其所呈现的范畴数量、语义一致度，及其部分所基于的语义特征方面，不同语言的表现大相径庭。除性别而外，范畴的设定还可基于一系列广泛的具有文化显著性的概念：‘人’‘动物’‘神灵’‘人造物’‘工具’‘树木’‘植物’‘水果’‘集合’‘液体’‘食物’，诸如此类。范畴设定所基于的语法构式清单，同样因语言而异。尽管这些范畴在描述上相当复杂(从成员构成、语法信息及历史发展来看)，但可视为某些一般过程的自然产物。首先，它们反映了复杂范畴(可描述为网络)通过典型成员的扩展得以涌现的情况。其次，词项是通过出现在特定结构框架中而学会的，因而这些框架作为其描述的一方面得以保留下来。

为便于说明问题，我们不妨快速过目一下西班牙语中的名词，它们明显分成了两大范畴。用于定位这一语义区分的是性的概

① 它与生物学性别的对应并非毫无例外，其他情况下对性别的指派也并非完全任意的——的确，它体现出相当的系统性(Zubin and Köpcke, 1986)。

念:hombre“男人”hijo“儿子”及 tío“伯父”之类的名词是阳性的,mujer“女人”hija“女儿”及 tía“伯母”则是阴性的。[①] 然而,这一范畴区分扩展到了所有的名词上,大部分与“阳性”“阴性”概念毫无瓜葛。例如,tenedor“叉子”mes“嘴”及 techo“屋顶”是阳性的,cuchara“汤匙”semana“星期”及 casa“房子”则是阴性的。因此,概括而言,这一范畴化的基础是语法而非语义上的。阳性与阴性名词的区分,基于的是一系列广泛的语法特征,此处兹举三个:定冠词(el hombre“(**定指**)男人”vs. la mujer“(**定指**)女人”)、不定冠词(un hombre“(**不定指**)男人”vs. una mujer“(**不定指**)女人”)及某些修饰性形容词(hombre simpatico“帅哥”vs. mujer simpatico“美女”)。在这些方面,两者均呈现出形式上的差异。

面对这一系列事实,我们能够设定什么样的语言单位,同时做到与内容要求相吻合呢?首先,但凡高频出现的表达式,均可融合成单位。这在冠词中尤其可能,由此,我们可以合理设定大量如下规约单位:[un hombre]、[la mujer]、[un tenedor]、[el techo]、[una semana]。同时为内容要求许可的,还有实际出现的表达式的图式化。基于 el hombre((**定指**)男人)、el hijo((**定指**)儿子)及 el tío((**定指**)伯父)之类的表达式,我们可以设定[el N_m]这一构式图式,其中 N_m 是用于指称男性的名词。这一图式代表了关于 el 用法的一个重要概括。但这一概括并非全部。由于 el 还进而与诸如 tenedor(叉子)、mes(嘴)、techo(屋顶)及无数其他名词连

① 阳性与阴性范畴分别与词尾 -o、-a 存在强烈关联(FCG2:§4.4),但为简化问题起见,我们暂不考虑这些因素(参见§10.4)。不论是否存在任何这样的标记,关键问题还是能够说明的。

用，最高层图式仅仅明示它与名词共现：[el N]。依此类推，类似 la mujer（（**定指**）女人）、la hija（（**定指**）女儿）与 la tía（（**定指**）伯母）的表达式产生了[la N_f]这一构式图式（其中 N_f 是用于指称女性的名词），而 la 进而与 cuchara（汤匙）、semana（星期）、casa（房子）等的连用，又支撑了高层图式[la N]的涌现。

同样，对于涉及不定冠词或修饰性形容词的表达式，图式也在不同的抽象层次上得以涌现。囊括不定冠词的图式包括[un N_m]、[un N]、[una N_f]及[una N]。对于形容词，我们可以设定[N_m...o]、[N...o]、[N_f...a]及[N...a]（其中...o 和...a 分别代表以 o 和 a 结尾的形容词）。当然，这些种类繁多的图式并非彼此孤立存在。连接它们的是范畴化关系（也是内容要求所容许的），如[[el N] → [el N_m]]、[[el N_m]→ [el hombre]]与[[una N_f] → [una mujer]]。由此，构式图式与其例示表达式组织成各级网络，同时表征了一般的语法模式及其常规的具体运用情况。图 10.15 中呈现了两个这样的网络片段。

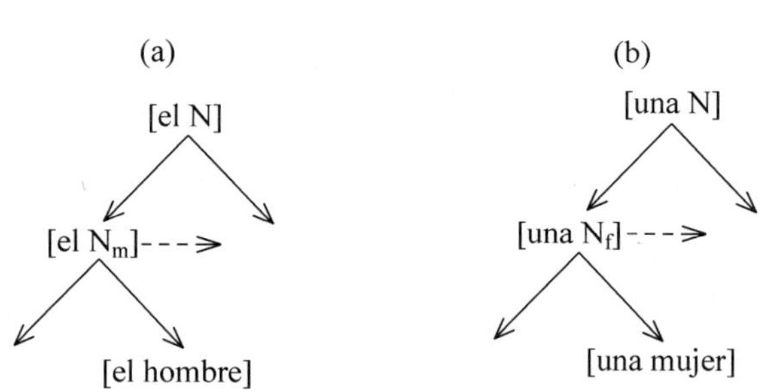

图 10.15

这些构式网络本身以各种方式得以连接，尤其是出现在多重构式中的词项为其提供了一个交汇点。例如，高频名词 hombre

(男人)无疑在许多结构框架中均已稳固确立:[el hombre]((**定指**)男人)、[un hombre]((**不定指**)男人)、[hombre...o](男人的)等。每个这样的复杂单位均是用于描述一般模式的网络的一部分。这些框架并非互不相干,因为它们共享 hombre 这一成分。由于各个框架以此种方式彼此交织,其所表征的网络亦是如此。事实上,同时出现在三个模式中的词项均构成了这些网络的交汇点。

在每个公式化表述中,hombre 均是单独呈现的,这不过是这种标记格式的局限性使然。这不应遮蔽它在三个框架中的同一性,也不应遮蔽这样一个事实:它将三个框架彼此相连,从而在聚合层面上构成了一个复杂象征集合。为更直接地表现出同一关系,或可采用另一种标记法:[hombre {[el X]、[un X]、[X...o]}]。这意在表明,hombre 在三个框架中均出现在 X 空位上。外层括号代表它们构成的整个聚合体。这同样可视为对 hombre 的完整描述——不仅包括其基本形式和意义,还包括其所出现的结构框架。

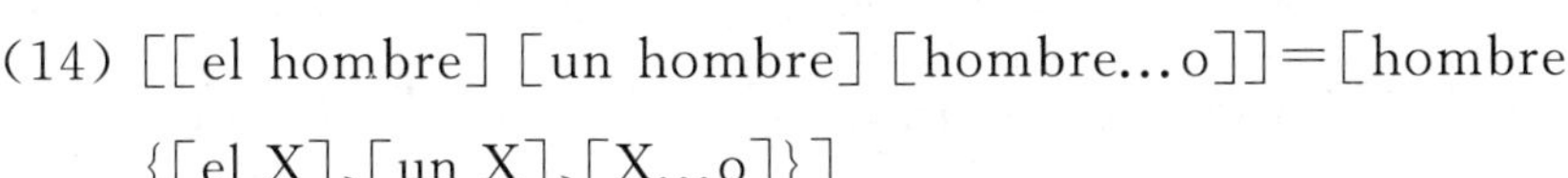

(14) [[el hombre] [un hombre] [hombre...o]]=[hombre {[el X]、[un X]、[X...o]}]

当然,其他词项也可产生类似的聚合体:[hijo {[el X]、[un X]、[X...o]}]、[techo {[el X]、[un X]、[X...o]},等等。当这些集合体现出共通性时,本身又可加以图式化。因此,从有生名词可得到图式性集合[N_m{[el X]、[un X]、[X...o]}。从如此组合的整个名词范畴,又可得到更具图式性的集合[N {[el X]、[un X]、[X...o]}]。自然，同样的扩展也适用于阴性名词，从而生成图式性集合［N_f｛［la X］、［una X］、［X…a］｝］与［N ｛［la X］、［una X］、［X…a］｝］。如图10.16所示。

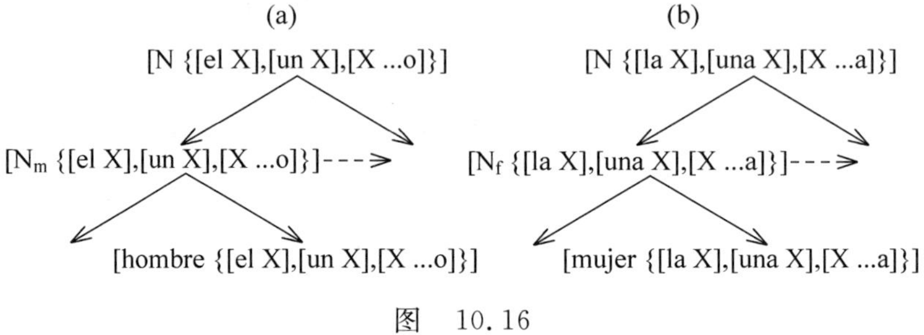

图 10.16

包含这些图式及其例示的网络，构成了关于西班牙语中阳性与阴性名词的描述。[①] 最高层图式如［N ｛［el X］、［un X］、［X…o］｝］与［N ｛［la X］、［una X］、［X…a］｝］仅参照其语法表现对其加以描述。低层图式［N_m｛［el X］、［un X］、［X…o］｝］与［N_f｛［la X］、［una X］、［X…a］｝］明确涉及'阳性'与'阴性'的语义特征，代表了范畴的典型成员。由此，我们即可成功捕捉到这些范畴的语义基础及基本语法属性。如第八章概述的情况，这些网络对常见名词的常规表现施以限制，并可轻易被唤起作为生成新名词的模板。尽管许多名词的分类毫无一定之规（纯属历史上的巧合），然要对该范畴加以恰当描述，只需象征结构的集合足矣，无需他求。

10.3.2 量词构式

当语言中的名词基于语义因素划分为不同范畴时，这些范畴

① 这些描述与动词变位范畴不乏共通之处（§8.4.2）。

在语法上通常以**类别词(classifiers)**的形式体现出来。名词类别词[①]在数量上从几个到几十个不等，本身即是图式性的名词。相对于其所划分的名词而言，它们的意义是图式性的，至少相对于该范畴的典型成员而言是这样的。[②]

从语法上讲，量词与量化、入场及回指指称密切相关。它们往往直接与量词、指示代词或所有格结合，构成一个图式性的名词短语。这一名词短语继而与一个词汇名词结合，从而造就了一个类型更为具体的高层名词短语。这里有一些来自泰语的例子：

(15) (a) khruu lâaj khon　(b) mǎa tua nán
教师三个人　　狗身体那个
(三位老师)　　(那条狗)

(c) sôm hâa lûuk
橘子五个水果
(五个橘子)

例如，在(15)(b)中，量词 tua(身体)与指示代词 nán(那个)结合，构成图式性名词短语 tua nán“那个身体”。图式性类型“身体”而后可在高层结构上为 mǎa“狗”之类的名词所阐释。这一图式性名词短语也可独立作用，用于回指目的。此种情况下，tua nán(那个

① 汉语中惯称“量词”。——译注

② 量词通常具有多义性，这反映了与其关联范畴的多样性特征。例如，泰语中的量词 tua 大致可归入“身体”范畴，可用于动物、家具及衣物(关于量词的实用概述，参见 Allan，1977)。

身体）大致相当于 that one，唯一差别仅在于 tua（身体）表明了其指称对象所属的一般范畴。

较之于 § 10.1.1 中描述的典型结构，基于量词的名词短语在组织方式上大相径庭。在英语这样的语言中，典型情况下位于名词短语核心的是实义名词，量化与入场则代表了结构的最外层：(those(five(rotten(oranges))))((那(五个(烂(橘子))))）。相比之下，在(15)这样的表达式中，实义名词是边缘性的，甚至可有可无。其结构核心包括一个已入场或量化的量词，如 tua nán，而后实义名词可添加于其上：(mǎa(tua nán))((狗(那个身体)))。这种组织方式如图 10.17 所示，其中 b 为量词所明示的图式性类型（这里通称“身体”），D 代表具体类型“狗”。我们注意到，量词实际上是被入场的名词。因此，指示代词挑选出来作为名词短语所指的是 tua“身体”的例示。实义名词 mǎa“狗”并未直接入场，仅仅用

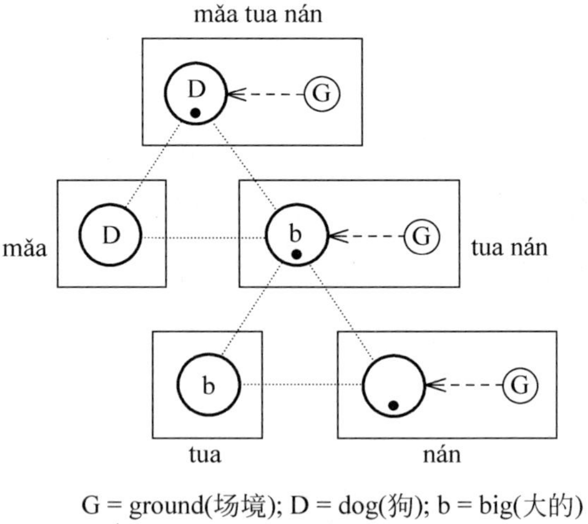

mǎa tua nán

mǎa　D　b　G　tua nán

tua　nán

G = ground(场境); D = dog(狗); b = big(大的)

图　10.17

于对被入场实体的类型加以阐释。当然，在间接意义上，一个词汇上已明示类型的例示被挑选出来，由整个名词短语加以入场。

同一实义名词往往可与不同量词共现，每个量词均将一种独特的识解方式施加在其内容上。例如，在汉语中，名词“绳子”可与“条”（长而细的物体）、“卷”（成圆筒形或球形的东西）或“段”（木帛或条状物的一截）共现，由此分别将其指称对象描述为一条绳子、一卷绳子或是一段绳子：“一条绳子”“两卷绳子”或“这段绳子”。从后两个例子中，即可看到从简单分类到与该语法形式相联系的另一种现象的过渡。绳子属于细长物体的范畴，这是完全可以说通的。但可否说一卷绳子属于卷的范畴？或者说一根短绳子属于段的范畴？这里，将其与英语中的对应表达做一对比，有助于说明问题。我们用 coil 和 piece 来翻译“卷”和“段”，但无需任何词来翻译“条”：a coil of rope（一卷绳子）、a piece of rope（一段绳子）、a rope（一条绳子）。

此处所指的与量词相关的另一种现象为物质的**集总（unitization）**，这种现象广泛存在于不同语言中。[①] 在语义上，它涉及将物质的某一部分构想为一个离散、有界的单位。尽管该单位是由“物质”（substance）组成的，但作为独立的个体而自主存在。例如，coil（卷）不仅仅是绳子或电线，而是我们单单观其形状即可识别的东西，无需考虑其物质构成。同样，a stack of plates（一摞盘子）不仅仅是盘子，它还是一个摞，一个具有自身的形式与功能的

① 物质可以是连续的、粒子性的或可复制的（即复数性的）。统合基本上是复数化的反面：它不是对某一离散实体加以复制从而生成某一物质，而是通过给某一物质施加边界从而生成一个离散实体。

高层实体。在语法上,集总是由侧显集合、构造、构成成分或容器的物质名词实现的:flock(群(禽类))、pack(群(犬类))、cluster(串)、pile(堆)、grain(颗)、speck(点)、drop(滴)、slice(片)、chunk(厚块)、cup(杯)、bottle(瓶)、bag(袋)。集总反映了我们将世界概念化为离散物体的倾向,从而可将其作为整体加以把握,同时又可作为个体加以处理。由于集总的存在,基于可数名词设定的语义及语法概念,同样适用于对物质范畴加以描写。

单位及其划定的整个物质中的部分在范围上大致是同一的。就其在真实世界中的所指而言,[a] drop of water(一滴水)与构成它的水毫无二致,[a] flock of geese(一群鹅)包括的也不外乎鹅。容器与其容纳物的差异则更为显著——倘若将酒从[a] bottle of wine(一瓶酒)移出,瓶子依然存在。[1] 尽管如此,容器的容量与填充它的物质在空间范围上也是同一的。由于两者彼此重合,或许难以确定复合表达式指称的是某一单位,还是仅仅涉及其所划定的物质。对于这个问题,不宜遂下断语:倘若我看见了一群鹅,那么我同时看见了群(包括鹅)与鹅(构成群)。不过,这一区分有时可采用语言手段加以标记。在(16)(a)中,单位和被划定实体的相对突显性,反映在回指代词的选择(it vs. they),以及动词数标记(was vs. were)的确定上。对于容器名词而言,复合表达式既可指称容器与容纳物的结合体(如(b)),又可仅指称容纳物(如(c))。不许可的是表达式仅指称容器的情况(如(d))。

① 原文例子不涉及 a,考虑到汉语中数词与量词密不可分,此处以方括号添加上去。——译注

(16) (a) I saw a flock of geese. {It was/They were} clearly visible against the blue sky.

(我看见一群鹅。{它/它们}在蔚蓝色的天空下清晰可见。)

(b) She stacked three bags of mulch in the wheelbarrow.

(她将三袋覆盖料码在手推车上。)

(c) She spread three bags of mulch around the roses.

(她将三袋覆盖料洒在玫瑰的四圈。)

(d) * The bags of mulch were plastic.

(*覆盖料的那些袋子是塑料的。)

这些表达式的结构可由 flock of geese 加以说明，如图 10.18 所示。一个关键因素是介词 of 的意义。[①] 图式性的描述是：of 侧显两个事体间的**内在关系(intrinsic relationship)**。比如说，典型情况下，其射体是自身界标的一部分(如 the tip of my finger(我的手指头))。[②] 因而，of geese 这一短语指向某种内在关系(以双线表示)，该关系存在于其射体与被视为鹅的物质之间。前者对应

① 自然，CG 对 of 毫无意义(纯属“语法”成分)这种普遍论调持反对意见。其意义不过是较为抽象而已(GC：第三章)。

② 可将其与 the splinter in my finger(我手指上的水泡)作一比较。我们不说 * the splinter of my finger(*我手指的水泡)，水泡与指尖有所不同，它对于手指是相当外在的。of 同样可用于表示物质(a ring of fire)(火圈)、例示(the month of August)(八月)，及寓于某些名词意义中的关系，如亲属称谓(a descendant of Abraham Lincoln)(亚伯拉罕·林肯的后裔)。

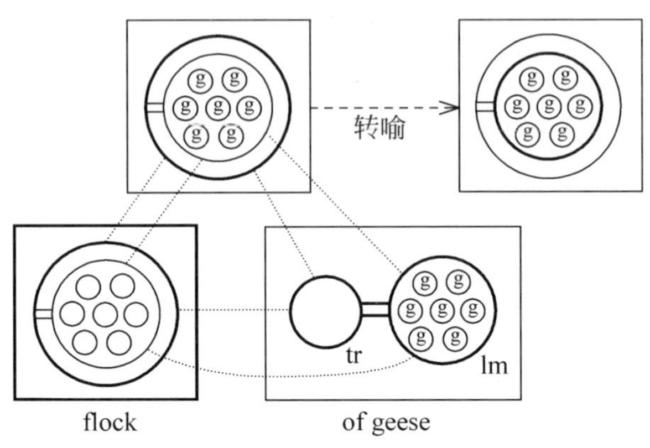

图 10.18

于 flock 所侧显的事体，这与名词修饰的一般模式是一致的。诸如 flock 这样的名词同样唤起了某种内在关系：所侧显的单位（外圆）与一份同样的物质（内圆）在范围上具有同一性。因此，两个成分结构的进一步整合，是通过各自所基于的内在关系彼此等同实现的。这在图中由另一条对应线表示，由此，介词的界标与 flock 所集总的物质得以连接。

在涉及名词修饰的基本图式中，被修饰名词被认定为构式中心词（显面决定体）。由此，预期情况是：复合表达式 flock of geese 侧显的是有界单位 flock，而非其所划定的鹅这种物质。不过，我们已经看到，两种识解方式均是不无可能的。这两种解释之间存在转喻关联，涉及同一概念基体中显面的转移。既可侧显关系，又可侧显与其范围相同的物质，这种情况体现了英语中的一般转喻模式。

这一集总构式构成了语法化程度更高的表达式的源头，它们正日益进驻英语量词系统的核心。具体而言，a lot of 与 a bunch of 业已完全固化，充当绝对量词 many 与 much 的替换表达：

(17) (a) We invited {many/a lot of/a bunch of} people to the party.

(我们邀请了{许多[**可数**]/许多[**可数/不可数**]/一伙)}人参加聚会。

(b) They drank {?? much/a lot of} beer.

(他们喝了{?? 很多[**不可数**]/许多[**可数/不可数**]}啤酒。)

其语法化的关键因素在于：lot(签)与 bunch(串)的初始具体义项渐趋淡出意识。先前 lot 指向一系列物体的集合(尤其是为拍卖之用)，bunch 指向的则是一串黏在一起的物体(如 bunch of grapes((一)串葡萄))。当 lot 与 bunch 纯粹用于标记数量，指称沿某一数量量级的分布情况时，内容的丧失已趋于极致。它们的单位意义中剩下的仅有划定物质数量的功能。由于不复有任何可指称的具体单位，图 10.18 中的转喻迁移就变得必不可少。复合表达式 a {lot/bunch} of N 只能侧显被量化之物(N)，而非量化单位(lot 或 bunch)，这是事关其描述的一个内在方面。这从回指指称及动词的数标记上可见一斑，为此可将(18)与(16)(a)做一对比：

(18) I saw a {lot/bunch} of geese. { * It was/They were} clearly visible against the blue sky.
(我看到{许多/一群}鹅。{ * 它/它们}在蔚蓝色的天空下清晰可见。)

同样出现在 of 构式中的还有第九章讨论过的量词：all of those geese、some of the geese、many of these geese、three of his geese，等等。它们与含单位名词的表达式的区别之一在于，其介词宾语是显性入场的，并且是有定的。因此，of 的界标是某种由语境限定的物质，其确立并不有赖于量化。另一个区别是，由 of 介词短语修饰的名词已全然语法化为量词，[①]不复有与 flock（群(禽类)）、drop（滴）或 bunch（串）相当的单位意义。因此，对量化物质的参照并非转喻迁移的结果，而是对量词意义的直接反映。因此，整个表达式指向介词宾语挑选出的物质的某一部分。这一部分与整体间的关系被视为 of 所侧显的内在关系。

some 的情况如图 10.19 所示。作为入场量词，some 通过量化策略挑选出一个获得侧显的事体例示（图 9.6）。具体来讲，其显面代表某一类型 E_t（图 9.12(c)）最大范围的一个非空区域。在 some of the geese 中，充当 geese 最大范围（E_g）的是 the 挑选出的

① 这些量词可独立于该构式充当名词短语：{All/Some/Many/Three} are obviously overfed（显然，{全部/有些/许多/三只}被喂得过饱）。

由语境限定的物质。some 侧显的部分对应于 of 的射体，E_g 则对应于其界标。因此，复合表达式指向的是在语篇中被认定为 the geese 的整个物质的一个非空部分。

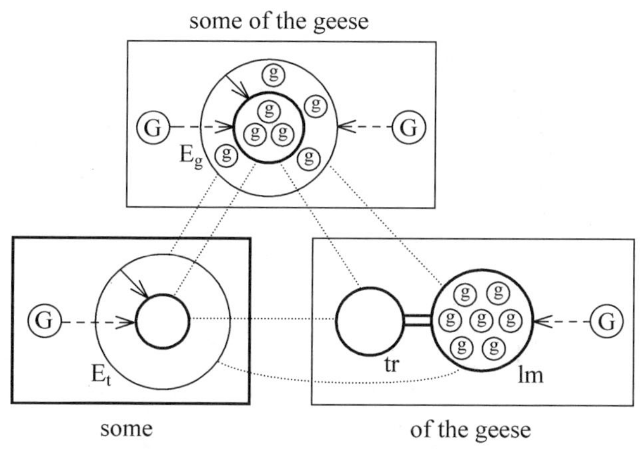

tr = trajector(射体); lm = landmark(界标); G = ground(场境)
E_t = maximal extension of the type (类型的最大范围); g = geese(鹅)

图　10.19

图 10.19 中的粗线箭头表示，所侧显的物质代表了最大范围内的有限部分。在该构式中，显面与 E_t 的关系等同于 of 图式化地唤起的内在关系。在业已语法化的量词中，all 显得独树一帜，这体现在它的特殊属性上：所侧显的物质与最大范围完全重合。若将量词看作通过对最大范围施以限制而挑选出显面，all 所施加的限制则为零。在典型 of 关系中，射体是界标的内在**一部分**，相形之下，all 的意义则显得空泛。这一特殊语义属性反射到了其特殊的语法表现中。在所有量词中，唯独 all 可出现在缺乏介词 of 的另一构式中，而两者共现时其意义为 all 所压倒：我们既可说 all of the geese，又可说 all the geese（但不可说 ＊｛most/some/any/

each/many/three} the geese)。[①] 该构式如图 10.20(b)所示。情况无非是 all 与 the geese 直接结合,这一结合所基于的对应,与图 10.19 中连接 E_t 与介词界标的对应毫无分别。

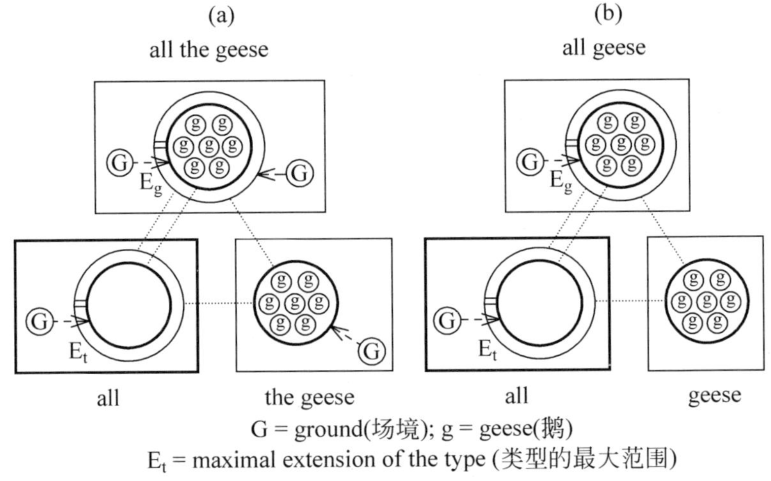

图 10.20

在 all the geese 中,入场量词与一个成分结构彼此结合,后者本身即是一个已入场的名词短语。因此,复合表达式为一个高层名词短语,其所侧显的是一类物质,与单独挑选出来作为语篇所指的物质在范围上是同一的。在此方面,all the geese 与简单入场表达 all geese 形成了对照,后者如图 10.20(b)所示。构式(a)与构式(b)的唯一区别在于,在后者中 geese 是未加入场的。因此,对 all geese 的默认解释是:其所指向的物质与通常意义上的鹅在范

① 可以预期的是,all 与 both 均有这一表现:both of the geese; both the geese。与 all 一样,both 的语义属性在于,其所侧显的物质与在语境上相关的最大范围重合,后者进而被明示为仅含两个成分。

围上同一，而非涉及任何特定的一部分。

10.4　屈折与一致

名词短语结构的最后一个维度，涉及用于指向其范畴、语义属性或与其他成分关系的标记，这在许多语言中均有广泛体现。在其语义内涵、形式表现，及相对于名词的内在程度上，这些标记均各有千秋。

10.4.1　名词的构成

处于最内层的是那些从其他范畴派生名词的标记，由-ness、-er、-ion 及 -ity 等词尾来体现：sadness（悲哀）、firmness（坚定）、emptiness（空洞）；driver（司机）、boiler（锅炉）、teacher（教师）；demonstration（示威）、persuasion（劝告）、digression（偏离）；laxity（松弛）、diversity（多样性）、stativity（静态性）。对于名词而言，它们属于内在成分，这是因为名词首先得以存在，正是其效果使然。在语义上，它们创造名词的手段，是将显面从其附着的动词或形容词所指向的关系转移至与其相联系的事体。在形态上，它们处于名词内部，因为唯有其所派生出的复合表达式才能被范畴化为名词：$[[\text{sad}]_{\text{ADJ}}\text{-ness}]_{\text{N}}$。

从其他范畴派生出名词的标记，传统上称之为**“派生性的”(derivational)**。此处更为相关的是非派生标记，通常称之为**“屈折性的”(inflectional)**。关于两者的界限如何划定，以及在何处划定的问题，尚无任何定论。不过，在 CG 看来，这种讨论基本上无关紧要。存在具体分界线这一论调,是建立在如下理论假设之上的:词汇与语法存在着泾渭分明的区分。这在CG看来不仅是毫无根据的,在经验上也是大有问题的。就数与性而言,施加一个严整的二元对立于事无补,尽管两者通常被视为屈折性的,但在名词的派生中同样发挥着作用。

以复数化(pluralization)为例。一般认为,复数化属于屈折范畴,因其作用于名词但并不派生名词,通常由词干之外的手段加以标记(如后缀 -s),且时常参与"一致"(agreement)现象(复数名词要求一个复数动词或形容词)。然而,这些观点绝非定论。当复数化确实作用于名词时,它也同时派生出了一个名词——一个代表另一范畴、明示另一类型的高层(物质而非可数)名词。在形态上,它并非要么处于词干内,要么处于词干外,因其标记手段通常包括元音交替(如 man(男人)vs. men(男人们))、重叠(霍皮语中的 saaqa"梯子"vs. saasaqa"梯子(**复数**)"),甚至词形变位作用于整个词干(霍皮语中的 wuùti"女人"vs. momoyam"女人们")。在CG中,一致也并非视为对屈折特征的"拷贝",或具有任何的标记价值。它无非表明同一信息在多个地方被符号化。如此看来,它不过是概念重叠的特例,而概念重叠是所有语法构式的典型特征。

同样被列入屈折范畴的还有性及类似范畴的标记,这主要是因为它们参与了一致现象。然而,对于名词而言,它们往往是内在的、派生性的,甚至在用于实现其范畴化这一严格意义上也是如此。我们暂且回到西班牙语中的性上来(§10.3.1),这里聚焦于词尾 -o 与 -a,两者充当的分别是"阳性"与"阴性"的一般标记。对于有生名词而言,这些标记在语义上是恰如其分的:hijo"儿子"-

hija“女儿”；amigo“男性朋友”-amiga“女性朋友”；gato“雄猫”-gata“雌猫”。按照通行的形态分析，它们可分解为一个名词词干（hij-“孩子”；amig-“朋友”；gat-“猫”），用于明示其基本类型，另加一个性标记后缀。然而，对于大量同样由 -o 与-a 充当性标记的无生名词，这种分析思路并不可取。例如，techo“屋顶”、vaso“玻璃”及año“年”在语法上是阳性名词，casa“房子”、mesa“桌子”及 semana“星期”则是阴性名词，但两者均不存在词尾可附着的独立词干。只有作为整体，techo 才表示“屋顶”，casa 才能表示“房子”，诸如此类。此种情况下，只能说性标记是名词本身的一部分。

这些词尾该如何加以分析呢？在经典形态分析那里，词素被隐喻式地识解为积木，在其看来这种现象是大有问题的。这一隐喻蕴含了这样一种假设：词项应可穷尽性地分解为离散的成分词素。因此，对于 techo 与 casa 这样的名词，其词尾 -o 与-a 不宜视作词素，因为这将留下一个非词素剩余成分（residue）（tech 与 cas）。然而在 CG 这里，形态描写中摈弃了积木隐喻。它所基于的是象征集合，其中复合结构自成实体，尽管它们为成分结构所促动，但并非直接由其建构而来。因此，对于复合表达式包括某些要素并非继承自任何成分的情况，甚至对于**不完全（defective）**构式（即仅含一个成分、仅对应于复合结构的一部分），均是不成问题的。由此，techo 与 casa 之类的名词可描述为如图 10.21 所示的情况。它们与有生名词如 gato/gata 迥然不同，包括一个含有复合结构的象征集合，但仅有一个象征成分。虽说这种构造并不典型，却是象征集合所能容许的。

-o 与 -a 的意义又当如何？对于有生名词而言，它们提供了

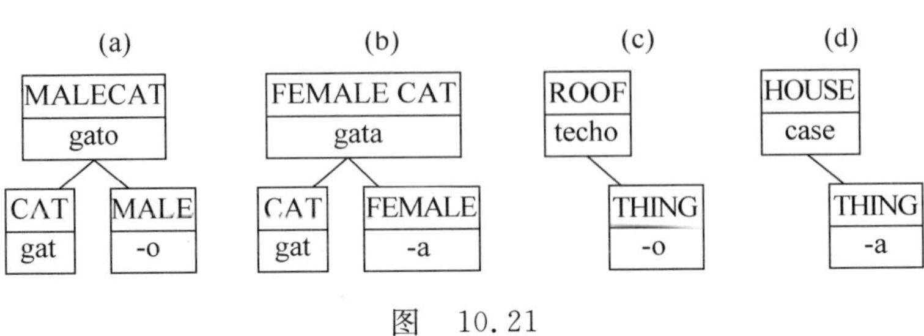

图 10.21

“雄性”“雌性”的意义，构成了性范畴的基础。在类似 techo 与 casa 的情况中，能否为它们赋予一个具体意义，尚需详细加以考察。我们姑且假定不能，即便此种情况下，-o 与 -a 在 CG 看来依然是有意义的，不过是较为图式性而已，或可等同于名词范畴的意义（即它们侧显事体）。若此，它们不过代表了一个在许多语言中业经证实的语言现象：存在某些词素成分仅用于指称名词，并无任何附加内容或功能。① 当然，它们作为纯语法标记的地位，与 CG 视其为有意义的象征成分的处理方法是并行不悖的。

因此，就其处于名词内部还是外部而言，数与性可视为居中。更明显处于外部的标记，在语义及语法意蕴上明确涉及在更大构造中与其他成分的关系。对于词汇中心词而言，入场具有这一特征：在语义上，它明示名词短语的所指如何得以与场境挂钩；在语法上，它不仅处于中心名词之外，而且往往出现在名词短语组织的最外层。② 处于更外层的是指向名词短语句法角色的标记。主要

---

① 路易森诺语中有一系列此类用于标记名词的词尾（参见上卷 409 页注①及上卷 420 页注①（原第八章注 19 及 26））。

② 入场显然并非外在于已内在入场的名词（如代词与专有名词）。对其他名词而言，现于结构层次的最外层属于典型情况，但并非固定不移。例如，在量词构式中，入场具有更大的内在性（图 10.17）。

例子有所有格标记、格屈折标记及同位语。它们事关整个入场的名词短语（不仅仅是中心名词），明示它们在更大的象征集合中如何与其他成分彼此相连。

相对于更高层次的名词短语而言，所有格名词短语充当着入场成分（参见第十四章）。例如，the man's 用于将中心名词 dog 加以入场，从而形成高层名词短语 the man's dog。所有格标记 's 尽管处于 the man's dog 内部，但显然处于低层名词短语 the man 外部。man 的复数是通过元音交替实现的（men），所有格则是通过将 's 附着在整个名词短语之上实现的。[①] 的确，在严格意义上，它甚至算不上后缀，只能算附加在名词短语末位词上的附缀。我们注意到，它与 the king of Denmark（丹麦国王）之类的复杂表达式构成了对立：复数 the kings of Denmark（丹麦诸国王）-所有格 the king of Denmark's（丹麦的国王）（图 6.13（a））。在语义上，领属构式同样涉及整个名词短语，而不仅仅是中心名词。要履行其入场功能，领有者本身需被挑选出来，作为其所属类型的一个已入场例示。

正如所有格标记表明了名词短语在高层名词短语中的地位，其他标记则明示了名词短语在小句中的地位。它们可用于表明其作为小句主语或宾语的语法地位。当然，在 CG 中，这些概念均不乏意义，涉及首要-次要焦点突显问题（射体-界标）。其他角色的概念意蕴更为具体可感。比如可对名词短语的所指作如下说明：相对于小句过程，它充当施事、工具、受事、接受者、受益者或处所。

① 当然，领属代词（my、her 等）在这方面有所不同。

在形式上，这些角色可由屈折形式、加缀、独立词或分词标记。在单极层面上，它们所处的位置各不相同。例如，介词通常位于整个名词短语之前，格标记则出现在名词短语内部、中心名词上，或名词短语的多个成分上。尽管如此，就双极组合而言(§6.3)，这些成分是与整个名词短语结合在一起的。

在语义上，相对于小句所侧显的过程，这些标记在可否唤起一个独立的关系方面同样表现出程度之别。趋近一个极端的是(19)中的介词，它将"刀"标记为"切"这一过程的工具，萨拉标记为施事，她弟弟标记为受益者。同其他用法一样，这些介词侧显关系，因而有其自身的射体-界标组织。它们用于明示作为其界标(介词宾语)引入的参与者在小句中扮演的角色。在这一语法用法中，其所指向的关系，正是存在于小句过程(其射体)与过程参与者之间的关系。这些标记所作用的参与者，其介入往往更为间接，可视为将其"迂回"引入。

(19) The meat was cut with a knife by Sarah for her little brother.
(肉是用刀子切的，是萨拉为她的小弟弟切的。)

位于另一个极端的，是仅用于标记某个焦点参与者的地位的标记，它们并不唤起过程之外的任何关系。一个简单的例子是路易森诺语中标记宾语的后缀 -i，以(20)为例。它并不侧显关系；不存在自身的射体-界标组织；除动词所唤起的参与者外，也不引入新的参与者——它不过是将 'awaal"狗"认定为小句的界标。

'awaal 被视为 'ari"踢"的"直接"参与者，因其并非作为外围成分引入的，而是由一个独立编码的关系引入的。[①]

(20) Nawitmal=upil　'awaal-i　'ar-ax.
　　女孩=**第三人称单数:过去时**　狗-**宾语**　踢-**过去时**
　　(女孩踢了狗。)

倘若 -i 之类的标记并不侧显关系，那它所指的对象何在？由于它并未改变其所附着成分的名词性特征，兴许本身侧显的即是某一事体。该事体仅被明示为某一过程的界标，如图 10.22 所示(其中图式性过程由带省略号的箭头标记)。通过对应，名词与后缀的显面彼此等同起来，因而复合表达式指向的是狗，它充当了过

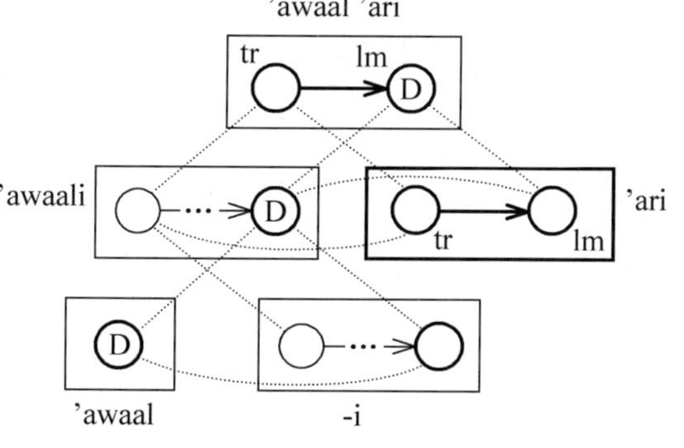

图　10.22

① 还存在着中间情况。此外，对于角色标记是否侧显关系，有时是难以定夺的。一般而言，边缘地位与独立词、加缀或屈折变化与直接参与者分别存在相关性，但绝非毫无例外。

程的界标。在更高组织层次上，-i 所唤起的图式性过程等同于动词(此处为 'ari)所侧显的具体过程。[①] 由此，名词被明确标记为动词宾语，同时也是其所在小句的宾语。

10.4.2 形态实现

路易森诺语中的 -i 体现的是传统上称之为**“格”(case)**标记的成分：它用于侧显某一事体，与整个名词短语结合，从而明示其在更大结构中扮演的句法角色。当然，这并非标准定义，因为格通常被视为毫无意义可言(纯属语法成分)。但此处更为相关的问题是：格标记是否确实与整个名词短语结合？从形式上看，问题并非如此明了。通常格被标记在中心词上，既可位于名词短语内部，又可标记在多个成分上(包括修饰语，尤其是入场成分)。对容许隐性入场的路易森诺语而言，(20)中的 'awaali“狗(**宾语**)”的确是一个完整名词短语。但修饰性形容词同样可以有宾格标记，如 yot-i 'awaal-i“大狗(**宾语**)”。指示代词亦是如此：wunaal-i yot-i 'awaal-i“那[只]大狗(**宾语**)”。不过，我们无意声称，在语义或是语法上，这些成分单独充当宾语。在这一点上，传统解释认为格标记实属多余似乎是走对了路。这种格方面的“一致”(agreement)，有助于将带上标记的成分确认为同属一个名词性成分。

我们不妨看看这在 yoti 'awaali 中是如何实现的。图 10.23 表明，在用于形容词修饰的常规构式中，yot(大的)首先与 'awaal(狗)

---

① 回顾一下前面的标记习惯：表示两个关系的同一性时，将其参与者标记为彼此对应。

得以结合。[1] 就双极组合而言，获得宾格标记的是复合表达式 yot 'awaal(大狗)。这在语义上可谓一目了然：通过对应(i)，yot 'awaal 所侧显的事体，与宾格标记明示的作为过程界标的事体等同起来。该构式并不典型，原因在于成分间音系整合的性质。一方面，其非典型性在于，在单极层面上，后缀获得了双重表现，出现在每个名词性成分上，而不停留在一个地方。其非典型性还在于，在形态上与之结合的结构，却出现在了较低的组织层次上(参见图 10.10)。由 -i 标记为界标的事体，在语义上不仅充当了 yot 'awaal 的显面，而且充当了 yot 的射体与 'awaal 的显面。这些低层成分由对应(ii)与(iii)彼此等同起来，是 -i 在音系上附着的成分。它在音系上与这两个成分平行整合，是对它与高层结构 yot 'awaal 的语义整合的符号化。这种符号化是由两者共同作用的，体现出冗余色彩。

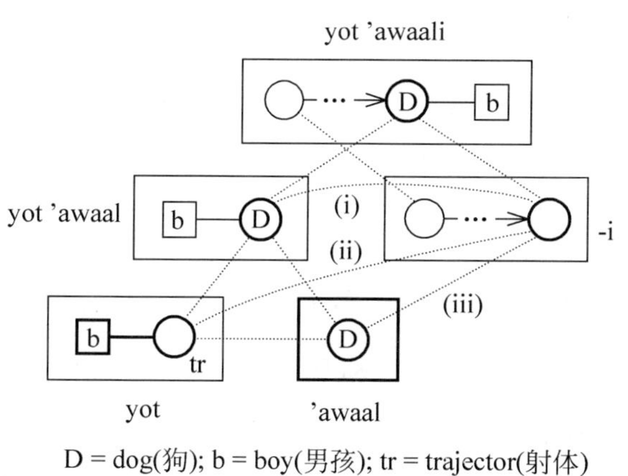

图　10.23

① 一种可能的情况是，诸如 yot 这样的成分实际上被分析为名词而非形容词(因此 yot 的意义类似“大的那个”而非仅仅是“大的”)。如果情况确乎如此，这不过意味着其所侧显的是事体而非本质关系，这并不影响我们的基本分析。

如果说同一语义成分偶尔可有多重音系表现，反之亦然：多重语义概念可能在音系上实现为单一成分。两个或多个范畴（如性、数、格）可能并非由明显不同的词缀标记，而是共同由单一的、不可分析的屈折形式实现的。一个简单的例子如意大利语中性与数的标记手段，不妨将其与西班牙语作一比较。西班牙语中的核心系统一目了然：性通过在名词词干上添加 -o 与 -a 来标记，复数则通过继而添加后缀 -s 来标记。然而，在意大利语中，存在四个不同的词尾，每个均标记性与数的特定组合方式：-o“阳性单数”、-a“阴性单数”、-i“阳性复数”、-e“阴性复数”。并无显性手段将其分解为两个部分，分别用于标记性与数。

(21) (a) **西班牙语：** tío“伯父”、tía“伯母”、tíos“伯父们”、tías“伯母们”

(b) **意大利语：** zio“伯父”、zia“伯母”、zii“伯父们”、zie“伯母们”

从象征观来看，并无内在原因限制单一标记作出多重语义明示。较之于词项唤起多重认知域作为其意义基础的情况，两者仅有程度之别。诚然，诸如性、数之类的说明在语法上具有系统相关性（主要体现为“一致”(agreement)现象）。然而，无需单独加以符号化，即可使其服务于语法目的。[①] 无论是在各个组合层次上逐

① 比如说，数的概念寓于上述每个意大利语形式中，因而可就其与构式图示的吻合度做出评估，该图示要求主语与动词在数方面保持“一致”(agreement)。

一加以明示，还是在单一层次上同时加以明示，复合表达式最终所提供的信息均是相同的。在图 10.24 中，关于西班牙语中的 tíos（伯父们）与意大利语中的 zii（伯父们）的情况，即可说明这一点。

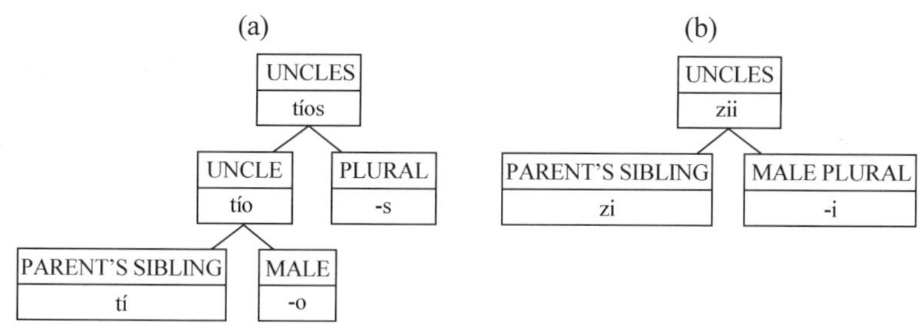

图　10.24

当然，可否分解为互不相同的、可单独识别的词素，不过是一个程度问题。其梯级性质在积木隐喻看来是有问题的，但借助象征集合却可轻而易举、直截了当地加以处理。这要归功于这种集合的两大特征：首先，复合结构本身自成一体，既不限于成分结构提供的内容，又无需对其加以忠实反映。其次，复合表达式在其可分析性方面存在程度之别（§3.2.2）。所谓可分析性，即成分结构可否通过把握复合整体得以激活，以及在多大程度上可做到这一点。

图 10.25 给出了可分解性与可分析性（往往呈正相关）的三种程度的表现。姑且将领属名词短语 Beverly's（贝弗利山庄）视为新创表达，它可以完整分析为成分词素 Beverly（贝弗利）与 's（**所有格**），两者均原原本本地体现在复合结构中。每个成分结构均对复合整体中的对应部分加以范畴化，此种情况下两个范畴化的结果均可完整识别出来（实线箭头）。相比之下，物主代词 his 与 my

作为业已固化的单位，是作为整体加以掌握和使用的。为此而将其分解为可识别的形态成分，实无必要。即便要作出分解，这类表达式也仅有部分可分析性。就 his 而言，其成分应为 he 与 's，后者得到了忠实映现，但前者的元音却未能原原本本地保留下来（虚线箭头）。最后，虽说 my 可由 me 加以范畴化，但只有辅音是匹配的。这个构式也是不完全的，因为在音系极上没有任何成分单独对领属概念加以符号化。

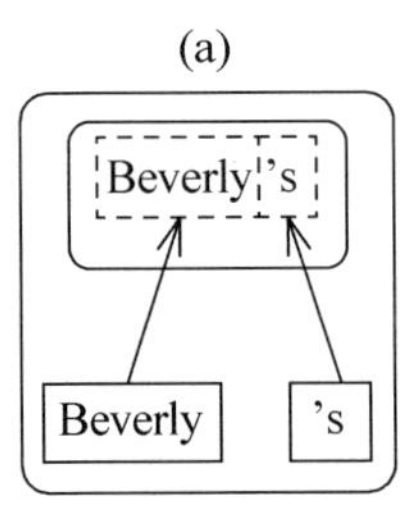

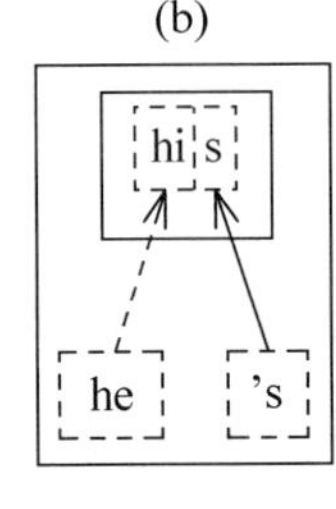

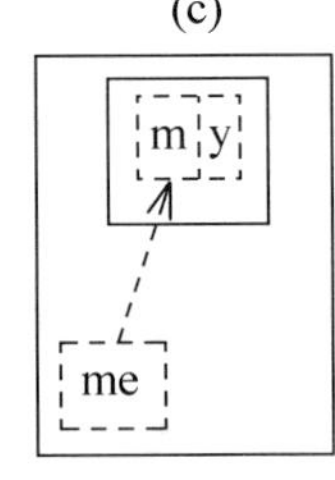

图 10.25

在具体细节方面，名词屈折与一致现象有时可谓相当复杂。然而，其复杂性源于众多因素的增生与交互作用，单独观照时，这些因素实可自然而轻易地加以把握。我们已经看到，众多基本现象在 CG 中均可得到有效处理。实际的屈折系统原则上可由象征集合作出圆满描述，这一点几乎是毋庸置疑的。

第十一章　小句的结构

在宽泛意义上，“动词”(verb)一词在CG中用于任何侧显某一过程的表达式。因此，它同时囊括了词汇动词与复杂动词表达式，无论这些表达式是固化的还是新创的。正如名词充当着名词短语的中心词一样，动词同样充当着小句的中心词。小句中通常包含名词短语，用于代表所侧显关系中的参与者。同完整名词短语一样，完整小句(full clause)是一个已入场成分：它挑选出过程类型的某一例示，并阐明该例示相对于言语事件及交际双方的地位。传统上将完整小句称之为“限定的”(finite，‘finished’(已完成的))。在这方面，限定小句有别于非限定小句及分词表达，除此之外，三者在结构上可谓大同小异。不定式与分词是从整体上对过程加以识解的，体现出非过程性特征，因而是未经入场的。限定小句的入场在9.4部分已有所论及，这里要探讨的是小句组织的其他方面。

11.1　宏观组织

栖身于我们心智世界中的事物，本身并不构成心智世界。使之成其为世界的——而不仅仅是构想出的孤零零的实体构成的清单——是其所进入的关系。这是一个有结构的世界，因为众多关系不因时间而改变，为我们把握那些参照变化来界定的东西提供了一个稳定平台。无论是持续不变还是变动不居，随时间加以追踪的关系均可称之为“过程”(process)。动词明示某类过程，限定小句则指向某一过程类型的一个已入场例示。因此，小句是我们借以谈论世界的基本工具，并将所发生的情况与我们自身所处的环境挂钩。通常情况下，语篇主要由一系列小句构成；由一系列名词短语构成的语篇可谓凤毛麟角。[①] 唤起名词短语所指的初衷，主要是描述其在关系中的参与情况。

关系在概念上是依存性的；关系概念本身即预设了关系参与者的概念。出于此因，名词短语系统包孕于小句中(但反之则不然)。因此，小句组织的一个重要维度，即在于名词短语的所指在所侧显的过程中扮演着何种角色。关键因素在于语义角色(诸如施事、受事、工具之类)，及其如何映射到语法角色(主要是主语和宾语)之上。小句组织的第二个维度，涉及存在哪些**基本小句类型**(**basic clause type**)。在结构上，小句类型的区分参照的是持续类-非持续类的对立及焦点参与者的数量等因素。在概念上，它们可联系到人类经验的显著方面(如行为、运动、感知、处所)。第三个维度涉及小句在语篇(discourse)中充当何种功能。其表现形式如入场功能、作为引入新的语篇指称对象的手段，以及用于参与者的选取与聚焦的构式(如主动式-被动式)。

11.1.1 概念原型

尽管小句结构纷繁复杂，但完全可以看作植根于基本的人类

---

① 后一种情况如毕业典礼上依次念完名单上的名字。

经验之中。要对其作出充分描述并获得全面理解，最好是参照某些原型概念，它们代表了这些经验的根本方面。概念原型充当着小句成分的典型，也是决定其结构组织的要素之一。

其中一个原型涉及将某一情景组织为一个整体**场景(setting)**，以及众多较小的、更具活动性的**参与者(participant)**。比方说，此时此刻，我置身于一个包含许多物体的房间内：椅子、桌子、电脑、打印机、书本、笔、台灯、画，等等。之所以称“参与者”——最典型的要数人与离散物体——是因为它们参与到活动与互动中来。例如，当我在房间里四下走动，即是在活动；当我使用、触摸甚至观察房间内的物体时，即是在与之发生互动。典型场景为房间、建筑物及地理区域之类的事体，它们通常被视为承载事件，但并不参与到事件中来。[①] 在特定时刻，每个参与者均位于某一处所。**处所(location)**是场景的一部分(场景中的任意点或区域)。我们通常将其看作承载参与者，但并不与之发生互动——仅仅占据某一位置，本身并不意味着与其存在互动。要而言之，参与者彼此发生**互动(interact)**，但仅仅**占据(occupy)**处所位置。

互动概念寓于另一个重要的原型中，即**弹子球模型(billiard-ball model)**(§4.2.1)。它反映的是我们的这样一种概念：物体移经空间，通过强有力的物理接触相互影响。有些物体有自身内在的能量源，可用于提供所需能量；有些物体仅仅是传递或吸收能量。基于这一认知模型之上的还有一个原型概念，即**行为链(action chain)**，如

① 当我在房间内四下走动，与周围物体发生互动时，房间不过是承载了这些情况。而当我对房间进行丈量、检查及粉刷时，即是在与其发生互动(此时房间是一个参与者)。

图 11.1 所示。行为链涉及一系列强有力的互动行为，每次互动均涉及能量（双箭头）从一个参与者转移至另一个参与者身上。原则上讲，行为链在长度上可以不受限制。不过，在语言表达上，较为重要的是仅包含一个环节的最小行为链：两个参与者间的单一互动。同样重要的还有一个降级行为链：单个参与者的行为。其中，同一参与者既是能量源，又是其呈现场所。

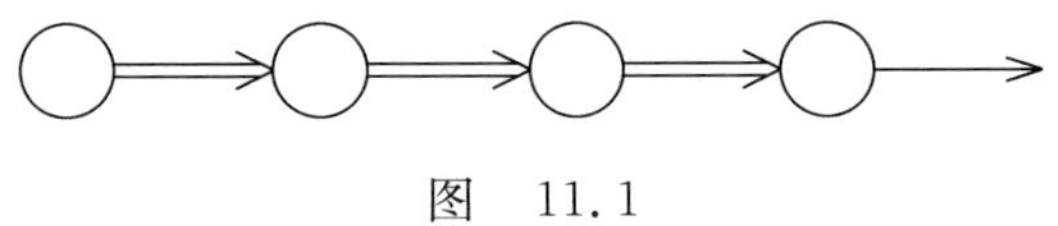

图 11.1

与行为及事件相关的是种类繁多的**原型角色（archetypal role）**。在一个层次上，场景、处所和参与者概念具有此种地位。在另一层次上，对于事件参与者，我们可区分出一系列更为具体的角色。[①] 施事（agent）为蓄意引发并实施某一行为的个体，通常是影响到其他实体的某一物理行为。因此，它是“能量源”（energy source），是行为链中的始发参与者。与施事构成截然对立的是**受事（patient）**，狭义上可定义为经历内部状态变化的某种物体（如破碎、融化或死亡）。典型情况下，受事是无生的非能愿主体，通常因受到外力影响而经历变化。因此，它是“能量吸收者”（energy sink），是行为链的终端参与者。**工具（instrument）**是施事用于对另一实体施加影响的某种物体。典型的工具为无生物体，由施事

① 尽管参与者地位的重要性被普遍地认识到了，关于其成员构成、所采用的名称，甚至是基本属性（是概念性的，还是独属于语言）方面却鲜有取得一致意见。此处所列举的角色代表了语言中惯用的显著概念原型，但这一列举并非穷尽性的，所采用的标记也不尽标准。

在物理上加以操纵。因此,它并非独立的能量源,而是充当着力从施事向受事转移的中介。**“经事”(experiencer)**一词暗示了某种心理经历,它可以是任何性质的:智识的、感知的或情感的。因此,经事为知觉主体,通常是人。相比之下,移动者(mover)完全可以是无生的,可干脆定义为任何移动之物(即相对于外界环境位置发生了改变)。最后,“零角色”(zero)一词用于指概念角色微乎其微、且不具有区分性的参与者。对那些单单存在、占据某一位置,或是呈现出静态特征的参与者而言,这是其无标记(或最基础的)角色。

另一种原型为**舞台模型(stage model)**,涉及我们对外在世界的把握方式。选用这一名称意在表明,这种一般过程类似于观看剧目的特殊情况。我们无法瞬间将一切尽收眼底,因此,在观察世界时需要注意力的导向及聚焦。从最大视野中,我们选取了一个有限的区域作为宏观的注意场(可比作注视舞台上方)。在这一区域内,我们明确将注意力集中在某些成分上(可比作演员及道具)。当然,我们更为关注的不是视觉感知本身,而是它与整个概念(广义上的观察)所体现出的平行关系。的确,舞台模型的适用范围相当广泛。具体来讲,最大视野、台上区域及注意焦点分别对应于一个表达式的最大辖域、直接辖域及显面。

最后一组概念原型涉及言语事件本身,包括诸如说话、听话及参与社会互动之类的根本性概念。同时具备原型地位的还有基本言语事件的概念(如陈述、命令、发问及许诺)。一个重要的、覆盖面更广的原型是§3.4.1部分讨论过的**默认观察格局(default viewing arrangement)**。在默认格局中,交际双方共处某一固定场所,运用同一语言描述周围世界发生的情况。

这些林林总总的原型相互关联，并可彼此结合。一种特殊的结合方式为论述小句结构提供了一个便利的出发点。我们不妨称之为**“典型事件模型”(canonical event model)**，因其代表了对可谓最典型的事件加以把握的常规方式。如图 11.2(a)所示，它代表的是一个有界的施力事件，其中施事(AG)作用于受事(PAT)，由此引发了某种状态变化。该事件是直接辖域(台上区域)内的注意焦点，观察者从台下对其加以感知，但并不以其他方式介入事件。所有这一切均在某一总体场景中得以展开。①

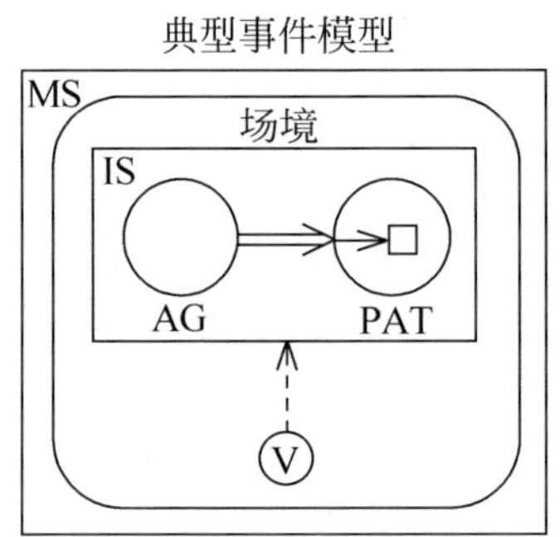

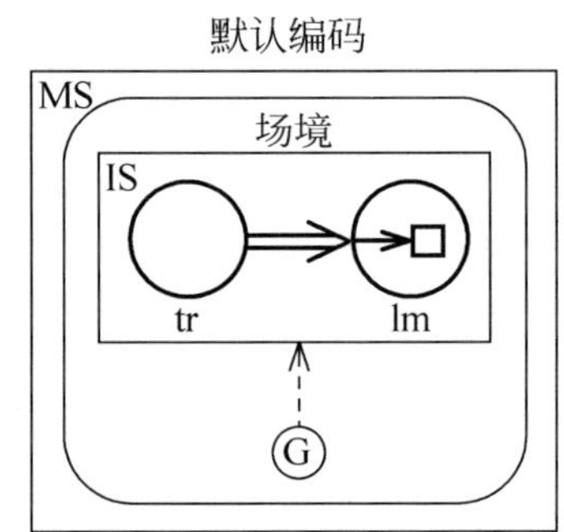

tr = trajector(射体); lm = landmark(界标)
AG = agent(施事); PAT = patient(受事); V=viewer(观察者); G = ground (场境)
MS = maximal scope(最大辖域); IS = immediate scope(直接辖域)

图 11.2

11.1.2 编码

“编码”(coding)一词涉及概念结构如何与用于表达它们的语

① 图 11.2 仅代表了场景相对于最大辖域、直接辖域及观察者的一种可能位置。其定位取决于视点及其他因素。

言结构挂钩。例如，一个构想事件或情景是由一个限定小句加以编码的。特定类型的小句尤其适宜于编码特定类型的情况。当两者存在此种关联时，某一类小句即代表了编码对应情况的默认手段，这些情况则构成了小句的典型义。

可用于说明此种关系的，是为历代语言理论家援引过的如下经典例句：The farmer killed the duckling（农夫杀了一只小鸭）；Floyd broke the glass（弗洛伊德打破了玻璃）；John hit Mary（约翰打了玛丽）。[①] 这些例句体现了一个相当基本的小句类型：含两个焦点参与者的及物小句。同样，它们所描述的情况也体现了一个基本的概念原型，即典型事件模型。及物小句构成了编码此类事件的常规手段，这类事件则充当了及物小句的典型。这种默认编码情况如图 11.2(b)所示。施事-受事互动被置于台上加以侧显，其中施事充当射体，受事充当界标。场境则等同于台下的观察者。

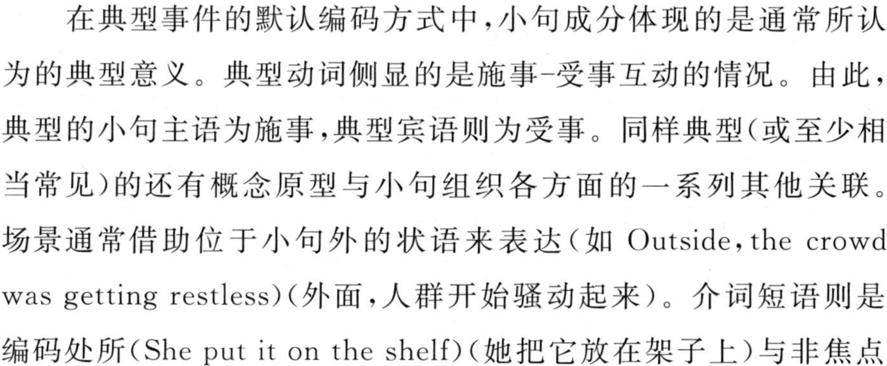

在典型事件的默认编码方式中，小句成分体现的是通常所认为的典型意义。典型动词侧显的是施事-受事互动的情况。由此，典型的小句主语为施事，典型宾语则为受事。同样典型（或至少相当常见）的还有概念原型与小句组织各方面的一系列其他关联。场景通常借助位于小句外的状语来表达（如 Outside，the crowd was getting restless）（外面，人群开始骚动起来）。介词短语则是编码处所（She put it on the shelf）（她把它放在架子上）与非焦点

① 近年来，John hit Mary（约翰打了玛丽）已被更民主但不甚典型的 John kissed Mary（约翰吻了玛丽）所取代。在前者中 Mary 部分充当受事（因吸收能量未必导致状态变化），在后者中则完全充当经事。

参与者(如工具(He was stirring the soup with a flyswatter)(他当时正用苍蝇拍搅拌汤))的常规手段。观察者处于台下,对应于第三人称参与者的“无标记”(unmarked)特征;即是说,它们代表了通常的情况。第一人称与第二人称指称则为“有标记”(marked)或特殊情况。[①] 此外,典型情况下,小句在形式上是肯定的(而非否定的)陈述句(而非疑问句或祈使句)。这些特征反映的是默认观察格局的情况,交际双方置身其中,对周围世界发生的情况加以观察和描述。

这些关联体现了小句结构植根于人类的基本经验之中。倘若每个小句均符合这些情况,诸如主语、宾语、动词等语法概念的语义基础(例如,“主语”(subject)的意义就直接是“施事”了),就没人会表示怀疑了。然而,问题显然远比这更为复杂,原因有以下几点。其一,图 11.2 中的编码方式并非唯一的默认关系。施事-受事互动仅仅道出了原型情况,涉及两个参与者的及物小句也不过代表了一种基本类型。在其他配对中,语法概念则具有不同的语义内涵。其二,每个小句类型均可扩展至其他情况,从而偏离了与之对应的概念原型。例如,除 Floyd broke the glass(弗洛伊德打破了玻璃)外,还存在 Floyd noticed the glass(弗洛伊德注视着玻璃)之类的及物小句,其中参与者扮演的角色不是施事与受事,而是经事与零角色。将情况复杂化的第三个因素是特殊构式的存在。出于语篇目的,甚至对于原型的情况,也容许以其他方式加以

① 这并不是要否认,第一人称与第二人称的使用频率较高——人们的确更喜欢谈论自己,谈论彼此。

编码。与 Floyd broke the glass(弗洛伊德打破了玻璃)对应的其他编码方式有被动构式、中动构式与存在构式：The glass was broken(by Floyd)(玻璃(被弗洛伊德)打破了)；The glass broke easily(玻璃轻易就碎了)；There was a glass broken(有块玻璃打破了)。当所有情况均考虑在内时，显而易见的是，关于小句成分所作的任何概括描述，均只能是相当图式性的。

无论是对于基本小句类型，还是可潜在充当其典型的概念原型，均无法确切加以列举。[①] 除施事-受事互动之外，具备这一潜力的原型如：某一实体移经空间、具有某种心理经历、占据某一处所或呈现某种特征之类的概念。在所调用小句类型的数量，及每种类型适用的原型范围上，不同语言的表现千差万别。同大部分语言一样，英语在表达运动时，也是借助不及物动词实现的，同时辅以明示其路径或目标的处所成分：They walked {along the river/to the station}(他们{沿着河边}走/走{到车站})。但英语中并无独立的小句类型用于表达心理经历。当这种经历涉及对另一实体的把握时，则以常规及物小句加以编码：I {noticed/remembered/liked} the painting(我{注视着/回忆起/喜欢}这幅画)。在不涉及对实体的把握时，则通常借助 be 接续一个形容词来表达，如 I was {sad/dizzy/nervous}(我感到{忧伤/晕眩/紧张})；参 It was {round/heavy/expensive}(它(很){圆/重/贵})。这一构式同样用于表达某种属性，如 She is {tall/in the garage/my aunt}(她{个子高/在车库里/是我伯母})。对于表示静态情景的基本小句类型

① 每个均可根据一定的弹性标准加以分类和列举。此处所举例子仅为阐释之便。

而言,这一构式代表了一种特殊情况。该构式可用于明示某一特征、某一处所或指称等同关系,这取决于 be 接续的是形容词、处所成分还是名词短语,如 She is {tall/in the garage/my aunt}(她{个子高/在车库里/是我伯母})。在有些语言中,形容词的数量相当有限(Dixon,1977),便转而求助于不及物动词来明示特征。与英语有所不同的是,许多语言均有特殊的小句类型用于表达心理经历(Klaiman,1981;Bhaskararao and Subbarao,2004)。最常见的情况是:经事由小句句首的名词短语加以编码,与间接宾语的标记相同,如德语中的 Mir ist kalt"我冷"(字面义为"对我是冷的")。涉及该名词短语在语法上是否充当小句主语,不同语言的表现各有千秋。在表达对其他实体的心理感知方面,英语与萨摩恩语呈现出有趣的差异。两种语言各自调用了一类主要与另一原型相联系的小句。英语选择了基于施事-受事互动的及物小句:The boy saw the ship(男孩看见了轮船)在结构上与 The pirates destroyed the ship(海盗们摧毁了轮船)呈平行关系。与之相反,萨摩恩语更偏好朝向某一目标运动的不及物小句(Cook,1993a)。(1)中的两句因而具有相似的表现:

(1) (a) E alu **le** tama 'i **le** fale'oloa.
持续类 走 **定指** 男孩 去 **定指** 商店
(男孩要去商店。)

(b) Na va'ai **le** tama 'i **le** va'a.
过去时 看见 **定指** 男孩 朝向 **定指** 轮船
(男孩看见了轮船。)

尽管两种策略有所不同，但均代表了由某种抽象相似性促动的自然语义扩展。朝向某一目标的空间运动、力从施事向受事的转移，以及对其他实体的观察，均体现了来源-路径-目标的意象图式（图2.1）。[①] 基于这一抽象共性，每种语言均调用了一类植根于物理情况的小句，用于编码经验关系。

尽管英语与萨摩恩语遵循了不同的编码策略，但各自均是说得通的，均调用了与该语言的宏观模式相吻合的基本认知现象。这阐释了一个重要的基本观点：小句类型在很大程度上是合乎自然、有理可据的。其复杂多样性可归因于这一事实：小句用于为数众多的描述与交流目的，而每种目的均可潜在以不同方式加以实现。为满足林林总总的需要，小句类型与小句成分被扩展至最典型的用法之外。这种扩展造就了彼此关联的意义网络，网络的中心是充当典型义的概念原型。不过，CG 依然主张：某些基本概念具有适用于所有例示的图式义，小句组织的某些方面或具有语言普遍性，或为众多语言所共享。

11.1.3　小句结构层次

完整的限定小句侧显某一过程类型的一个已入场例示。最简单的情况是：该类型直接由一个实义动词加以明示，如 Floyd broke the glass（弗洛伊德打破了玻璃）中的 break（打碎）。break 是小句中心词——类似于名词短语中的中心名词——因其所指向

① 空间运动为理解另外两种运动提供了隐喻基础。我们可以谈论 a perceptual path（一个感知路径）或沿某一行为链 the flow of energy（能量的流动），而且对于三种运动均以箭头标记也是自然而然的。

的过程为整个小句所侧显。同中心名词一样,充当小句中心词的动词有时是新创的,通常具有复杂的内部构成。一个新创且复杂的动词中心词为 defunctionalize(使丧失功能)。作为 break 的另一种说法,这一派生形式虽说(尚)不具备词汇地位,但在官文中或可出现:Floyd defunctionalized the glass(弗洛伊德使玻璃丧失了功能)。

被入场结构包括的不仅仅是动词。它至少进而包括动词的"论元"(argument),即对获得侧显的动词参与者加以明示的名词短语。在 Floyd broke the glass 中,过去时屈折实现在 break 上,但由其入场的却是整个结构 Floyd break the glass(弗洛伊德打破玻璃)。被入场过程因而不仅仅是 break 的一个例示,也是该结构所描述的更具体类型的一个例示。由于动词在概念上依存于其参与者,因而图式性地唤起了它们,作为其意义的一个内在方面。名词短语对这些参与者加以认定,从而对动词所明示的基本类型加以阐释。动词是中心词,这些名词短语是其补语(§7.3.3),因其对动词的一个显著次结构加以阐释。

充当动词补语的成分,并不限于用于明示其焦点参与者的主语及宾语名词短语。通常,动词意义中还融入了其他图式性实体,它们具有相当的显著性,足可充当阐释位的功能。其中包括那些出于某种原因未能聚焦为射体或界标的参与者。一个例子为双及物表达中的移动者。如在 She sent him flowers(她送了他花)中,焦点突显被赋予施事与接受者,因而 she 是主语,him 是宾语。但 flowers 又当如何?尽管该构式中的移动者并非焦点(focal)参与者,但显然属于**核心(central)**参与者的范畴,对于 send 的意义不可或缺(图 8.12(a))。因此,作阐释之用的名词短语——此种情况下为 flowers——属于补语范畴。在动词的语义结构中,同样可融入一个充当阐释位的图式性**关系**。比如说,动词 put 凸显的概念是:所侧显的行为——射体移动界标——导致后者占据了一个新的位置。因此,除主语和宾语外,它将处所成分用作补语,用于明示宾语的终态位置,如 He put them in a vase(他把它们插到花瓶里)。

由此,最简单的情况是:动词及其补语构成了被入场的结构。它们共同明示一个具体的过程类型(如 Floyd break the glass(弗洛伊德打破玻璃)),其中一个例示被挑选出来加以入场。[①] 但情况并非总是如此明了。特别需要指出的是,被入场过程与实义动词(或非词汇对应表达,如 defunctionalize(使丧失功能))所明示的过程往往存在不一致之处。因此,尽管动词为小句提供了核心内容,明示了基本过程类型,但并不具备充当小句中心词的资格。它并非中心词,因为整个小句侧显的是另一过程类型的一个例示——一个以某种方式派生自基本过程的高层过程。

这种不一致情况的主要来源之一是涉及态与体的构式。不妨再考虑一下英语中的被动式、进行体与完成体(§4.3.3 及§9.4.1 部分已有所涉及)。它们各自与动词结合,派生出一个代表另一过程类型的高层动词。被动式实现该目的的手段,是调整过程参与者的焦点突显,将射体赋予常态下的界标:criticize(批评)>be

① 这是一种功能上的描述,而非关于语法构成要素的论断。被入场结构可作为经典成分得以浮现,作为整体与入场成分结合。我们既不暗示这一点,也不排除这一可能情况。

criticized。进行体则将所侧显的关系限制在初始非持续类过程的某一内在部分，从而派生出一个新的持续类过程：criticize＞be criticizing。完成体指向的不是动词侧显的过程本身，而是一种稳定的关系，即该过程发生于某一时间视点之前，但两者依然不乏相关性：criticize＞have criticized。在每个构式中，复合表达式指向的过程，均基于实义动词所侧显的过程，但两者并非同一回事。仅有这一派生性过程具备入场资格，[①]因而实义动词并非小句中心词。

词汇所明示的过程与入场过程之间往往存在着不一致，复杂动词性表达式的生成并非唯一来源。即便在并未涉及形态派生或添加高层动词（如 be 或 have）的情况下，一个新的过程依然可能在复合结构层面得以涌现。以下列构式为例：

(2) (a) The garden swarmed with bees.
(花园里蜜蜂成群结队。)
(b) The streets rang with church bells.
(街上回荡着教堂的钟声。)
(c) In a moment the whole sky will explode with fireworks.
(再过一会儿，整个天空将是烟火绽放。)

① 它可能未经入场，而是经历进一步的派生（如 be criticizing（正在批评）＞have been criticizing（一直在批评））。小句中心词既可看作由此派生出的整个复杂动词，又可视为在最高层次引入的动词 have 或 be。在形态上，入场实现在这一图示性动词之上（was criticized（被批评）、is being criticized（正被批评）、has been criticizing（一直在批评））。

swarm（成群结队）的是蜜蜂，ring（回荡）的是钟声，explode（绽放）的是烟火。与常规模式相反，实义动词的射体不是由主语表达的，而是作为 with 的宾语间接引入的。小句主语则用于表明某一场所充斥着动词所表示的活动。尽管这种构式并不典型，但在 CG 中是不成问题的。在象征集合中，复合结构无需与任何成分结构在显面或射体-界标联结上存在精确匹配。[①] （2）中的情况不过表明，实义动词与复合结构层次上所侧显的过程在这些方面存在不一致之处。实义动词指向的是一种活动，复合结构侧显的则是某种关系，即某一场所承载了这一活动。

由于过程可在复合结构层次上得以涌现，而无需自任何成分继承而来，因而甚至可以存在不含独立动词的小句。一种常见的例子是等同（equative）表达式，如（3）中来自路易森诺语的句子。由附缀＝up 入场的结构仅明确包括两个名词短语 Xwaan（胡安）与 po-na'（他父亲）。等同构式所做的不过是将两者并置，由此生成的复合表达式侧显的是两者间的指称等同关系。尽管这一新生的关系并无独立形态成分加以编码，却充当了小句所侧显的过程，其中 Xwaan 为射体，po-na' 为界标。

（3） Xwaan＝up　　　　　　　　po-na'.
　　 胡安＝**第三人称单数：现在时**　他的-父亲
　　 （胡安是他父亲。）

---

① 即是说，某些构式是离心式的（exocentic）（§7.2）。这一处所-主语构式将在§11.3.2 部分加以考察。

同样缺乏独立动词的还有英语中仅含主语和情态词的图式性小句:She may、I will、Everyone should。由于入场成分侧显的是被入场过程(而非入场关系),因而这些表达式有资格充当限定小句——情态词侧显的是一个入场了的过程例示,其射体由主语名词短语加以阐释。当然,如不存在实义动词对其加以明示的话,这一过程类型是高度概括的。因此,这些小句仅在语篇语境中可派上用场,此时其所属类型先前已获得明示,如在回答问题的情况下:Will Betty get the job? She may.(贝蒂会得到这份工作吗?或许会的)。

不管过程类型是以何种方式加以明示的,均可接受状语表达式的修饰。就其形式、所表示的属性及所涉及的概念组织层次而言,不同副词的表现可谓千差万别。在形式上,其长度可以是任意的:词(如 then(然后))、短语(in July(七月间))或小句(while he was being investigated(当他被审查时))。它们可从各种属性上对事态加以限定,如时间、处所、方式、程度、原因、目的、态度、认识判断,诸如此类。(4)中的例子阐释了这些属性是如何与特定的概念组织层次联系起来的。在(4)(a)中,very unsteadily(踉踉跄跄地)表明的是走路方式,因而涉及物理行为本身。在句(b)中,reluctantly(不情愿地)说明的不是同意的方式,而是主语表示同意时的态度。在(c)中,副词 undoubtedly(毫无疑问)描述的特征既非内在于事件本身,也非内在于参与者,而是表达说话者关于小句命题的认识判断。

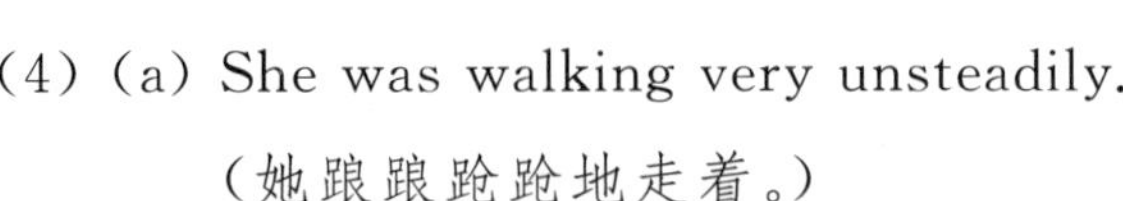

(4) (a) She was walking very unsteadily.
(她踉踉跄跄地走着。)

(b) He reluctantly agreed to settle out of court.

(他不情愿地同意了庭外和解。)

(c) Undoubtedly they made the wrong decision.

(毫无疑问,他们做出了错误的决定。)

还有一些结构维度涉及的是小句如何在语篇层面发挥其功能。可否用 She may(她也许会的)之类的图式性小句代替一个获得充分表述的小句(如 Betty may get the job(贝蒂可能会得到这份工作)),依先前语篇语境而定。概括来讲,构成信息结构的各种语篇概念——诸如话题、焦点、已知、新增之类的概念——对小句起着强烈的塑造作用,尤其在词序方面。例如,在(5)(a)中,介词宾语位于起始位置,因而被标记为小句层面的话题。在(5)(b)中,处所成分与主语的位置颠倒,分别表明了两者作为已知信息与新信息的地位。该构式通过将一个新的参与者置于已定处所,从而将其引入语篇,这与其非常规词序是吻合的。(c)中的特殊构式将 it's 之后的成分标记为焦点。因此,zebras(斑马)被认定为句子的新信息部分(即她害怕某一事物是已预设的)。

(5) (a) Political advertising I can do without.

(政治宣传我不要也罢。)

(b) In the box was a kitten.

(盒子里是一只小猫。)

(c) It's zebras that she's afraid of.

(她怕的是斑马。)

同样对小句结构起着塑造作用的还有观察格局与言者-听者互动的性质。最明显的情况是:透过小句形式,即可看出它作出的是陈述(You will solve this problem(你能解决这个问题的))、疑问(Will you solve this problem?(你能解决这个问题吗?)),还是命令(Solve this problem!(把这个问题解决了!))。

11.2 主语与宾语

尽管小句侧显的是关系,在小句分析中,关键问题却是围绕其名词短语成分展开的。核心议题是传统的主语、宾语概念的性质及地位。鲜有话题像这些"语法关系"(grammatical relation)那样存在如此大的理论争议,或是一而再再而三地被讨论。

11.2.1 基本问题

在 Floyd broke the glass(弗洛伊德打破了玻璃)中,名词短语 Floyd 和 the glass 分别充当着主语与宾语。仅此一点是没有多大争议的。然而,我们一开始发问:何谓主语?何谓宾语?便是争议迭出,众说纷纭。这里存在两个基本问题。其一,这些概念该如何作出描述?其二,这些概念是否具有普遍性?这两个问题存在明显关联:主语与宾语能否在每种语言中得到认可,取决于我们如何对其加以描述。

通常考虑作为其描述基础的有意义、语篇地位及语法表现。在正统观点中,前两个因素可以很快排除。意义中与之相关的一面是所谓的语义角色。那么，是否存在主语恒常扮演的某种角色？[①] 答案显然是否定的。尽管存在施事作主语的倾向，但许多主语显然并不具有施动性。的确，主语甚至无需是最活跃的参与者（如 The glass was broken by Floyd（玻璃被弗洛伊德打破了））。试图参照语篇地位来界定主语也好不到哪里去。人们注意到主语往往是已知（而非新增）信息，同时也是语篇层面的话题。然而，这些同样不过是倾向而已，并不体现为稳定一致的特征。例如，如前所述，类似(5)(b)这样的表达式，其功能正在于引入主语的指称对象，作为语篇中新的参与者。

倘若主语这一概念既无法参照意义，又无法参照语篇地位加以描述，那么便只剩语法表现了。正统观点是：一系列语法属性为界定一种语言中的主语提供了依据。英语（随机选择一种语言）中的主语包括如下特征：

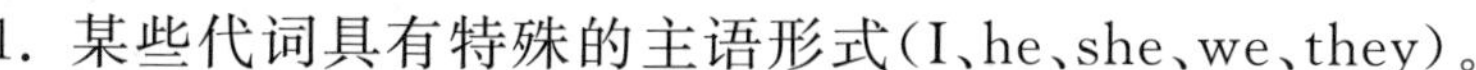

1. 某些代词具有特殊的主语形式（I、he、she、we、they）。

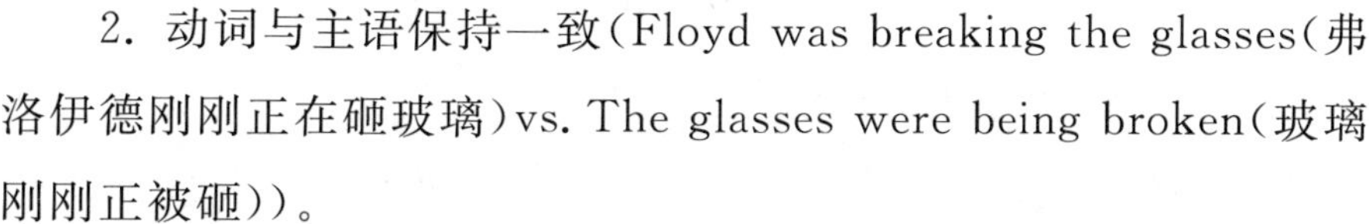

2. 动词与主语保持一致（Floyd was breaking the glasses（弗洛伊德刚刚正在砸玻璃）vs. The glasses were being broken（玻璃刚刚正被砸））。

3. 在构成问句时，主语与助动词发生倒装（如 Was Floyd breaking the glasses?（弗洛伊德刚刚正在砸玻璃吗？））。

4. 反身代词不宜充当主语，但通常有一主语充当其先行词（Floyd admires himself（弗洛伊德陶醉于自我），但不能说 * Himself admires Floyd（ * 自我陶醉于弗洛伊德））。

---

① 为简化问题起见，我主要聚焦于主语。此处所得结论对宾语同样是适用的。

5. 状语从句的主语往往可隐而不现(如 By breaking glasses, Floyd upsets me(因为(他)打破了玻璃,弗洛伊德让我心烦意乱))。此种情况下,通常的解释是与主句主语而非其宾语同指(打破玻璃的是弗洛伊德)。

因此,广泛认同主语和宾语只能参照一系列典型表现,从语法上加以定义。然而,这种做法存在着一些严重缺陷。一方面,实际情况是典型语法表现因语言而异,因而这些描述难免带有语言特异性。这使得它们无法捕捉语言组织中一个广泛(若非普遍)存在的方面。一个更为根本的问题是,列举种种语法表现,得到的无非是一个语法表现的清单而已。就其本身而言,对于何以存在一个这样的清单,它未能提供统一的原则,甚至未能提供任何理据。即便说"主语"(subject)、"宾语"(object)概念具有跨语言适用性——我认为确乎如此——我们还是缺乏一个富于启发性的描述。

在这些问题上,CG 提供了一个全新的视角。它与**正统**毫无瓜葛,这倒使它得以避免正统观点中存在的诸多问题。出于它观照语言意义的独特视角,对语法概念从语义上作出描述变得切实可行,也形成了关于其普遍性的新的评价标准。虽说 CG 对主语与宾语的定义颇具争议,这些定义不仅是自然的,而且具有充分的理据。它吸收了认知语义学的基本概念,这些概念的确立有其独立的依据。从这一角度来看,用于界定主语与宾语的语法表现,并不构成对这些概念的描述(characterization),不过是其概念内涵的表象(symptom)。

我们并非仅仅通过观照施事、受事之类的语义角色来寻求概念描述;这些概念原型虽然对于典型成员是合适的,但太过具体,因而无法涵盖所有例示。为获得图式性定义,我们必须转向基本认知能力——就此处讨论的情况而言,涉及注意力的聚焦。具体而言,我们的主张是:主语与宾语关系是射体-界标联结的语法表现。同样作为名词短语,主语编码的是所侧显关系中的射体;宾语侧显的则是这一关系中的界标。射体-界标联结作为语言意义的一面,有其独立的确立依据(§3.3.2)。它涉及的是焦点突显问题:射体与界标分别是所侧显关系中的首要与次要焦点参与者。有理由认为,这种概念突显度可转化为语法"可及性"(accessibility)。因此,主语与宾语的特殊语法表现,可视为其指称对象作为获得聚焦的关系参与者的表象。

正统观点对于这种概念描述甚至不曾考虑过,因为传统语义学并不认可突显度与识解所起的关键作用。不同的意义观造就了不同的语法观,也由此造就了关于普遍性的不同看法。在关注类型学问题的语言学家中间,一个广为接受的观点是:许多语言均缺乏语法主语。它无非预设了这样一个立场:主语的认定标准,即是我们熟悉的欧洲语言中主语的典型语法表现。此种情况下所做的结论当然是有效的。然而,倘若对这一概念的定义再抽象一些,情况又当如何?CG将主语定义为首要焦点参与者,我们认为这一定义对英语及其他欧洲语言同样是适用的。尽管与之相关的语法表现千差万别,这一参照焦点突显作出的图式性描述可望具有普适性。

关键因素在于概念组织中两个基本方面的相互作用——语义角色(涉及概念内容)与焦点突显(属于识解问题)。语义角色正是内蕴于所构想情况的结构之中,每个名词短语的所指以特定方式参与到这一结构中来。焦点突显则是更外在的，发端于注意力的导向中。之所以需要导向注意力，是因为我们难以从全局式的、不偏不倚的视角对复杂情况加以观照——我们无法即刻对每件事作出同等程度的处理。作为有限的资源，注意力需要加以分配，而特定结构可容许不同的分配方式。射体-界标联结不过表现为认知的这一根本方面在语言中的投影。可将射体与界标隐喻式地看作焦点突显的“聚光灯”所照亮的台上区域。CG 的工作假设之一是：每种语言在小句层面均多少用到首要聚光灯，许多还用到次要聚光灯。与这些聚焦的成分相关的语法表现，或出于对其特殊显著性的标记，或来自对这种显著性的利用。[1]

聚光灯会导向哪些小句参与者呢？在这方面，不同语言调用了不同的策略，体现出不同的偏好，也造就了不同的规约。在类型学上，存在着两个重要的变异维度。沿着第一个轴，不同语言在射体的常规选择上存在差别，除非另有其因，否则按照默认方式选取。两个主要的候选项为施事与受事。另一个变异维度涉及焦点突显与特定语义角色的相关度。两者间高度的一致性往往会遮蔽突显性的地位。比如说，倘若所有的主语均为施事，与之相关的语法表现可能单单被分析为施动性的表现。只有在焦点突显与多种语义角色存在关联时，分析者才会注意到其作为独立因素的地位。

11.2.2 施事导向

在获得语言编码的众多关系中，鲜有完全对称的情况。通常

---

① 将主语描述为首要注意焦点，有经验证据可资支撑（Tomlin，1995、1997；Forrest，1996）。

情况下，不同参与者在所侧显的情况中扮演着不同的角色，因而彼此调换位置，得到的即是一个不同的概念——人咬狗与狗咬人并非同一事件。**角色的不对称性(role asymmetries)**寓于所构想的事件之中，属于概念内容层面。应将其与语言编码加在事件之上的**突显不对称性(prominence asymmetries)**区分开来。后者是一个识解问题。我们主要关注的是侧显与射体-界标组织，涉及出于语言描述目的而进行的注意力分配与聚焦。在这一层次上，将情况加以倒置不会改变事件本身，但可带来描述方式上的变化。The man bit the dog(人咬了狗)与 The dog was bitten by the man(狗被人咬了)代表了对所构想的同一情况的不同识解。

小句结构的一个主要决定因素，涉及这两个层次上的成分如何彼此联结。这里，我们注意到了一种自然倾向：注意力往往导向具有最大认知显著性的参与者。具体来讲，焦点突显的联结对象往往表现为具有内在显著性的语义角色，主要是施事与受事(原因后面将会谈到)。或许最典型的情况是图 11.2 中所呈现的联结，即典型事件的默认编码情况，其中施事被聚焦为射体，受事则被聚焦为界标。诚然，这代表了一种非常基本的编码策略，但并非将焦点突显与显著的参与者角色关联起来的唯一手段。在选取何种联结方式作为默认编码策略方面，不同语言的表现各有千秋。除了这种**典型联结(canonical alignment)**之外，每种语言均提供了一系列其他联结方式，用以囊括林林总总的情况。

典型联结的一个关键因素是射体的选择问题。两种主要策略将射体与施事或受事加以联结，分别称为**"施事导向"(agent orientation)**与**"主题导向"(theme orientation)**。在 CG 的用法中，

“主题”(theme)一词涵盖一系列“被动”的语义角色：受事、移动者、经事及零角色。这在下一节将会谈到。[①] 施事与主题导向属于自然的编码策略，因各自源于人类经验的一个根本方面。施事导向反映的情况是：我们作为有知觉的生灵，施力作用于世界，消耗能量以达到并保持对周围环境的控制。主题导向反映的则是如下事实：我们所作用的世界呈现出特定的格局，其中不同实体体现出不同的特征，占据不同的位置，因而其可及度参差不齐，也在不同程度上受到我们的影响。两种策略在每种语言中均有体现，语言间的差异正在于它们的呈现方式及所作用的现象范围。

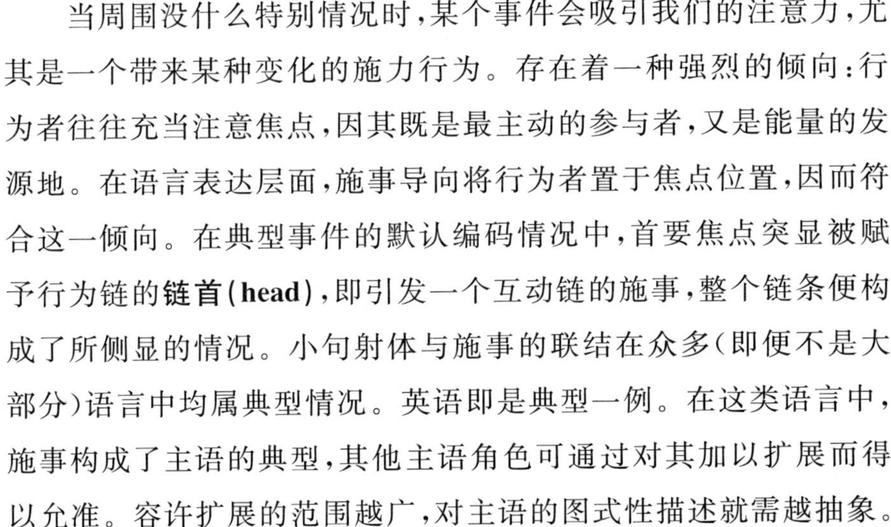

当周围没什么特别情况时，某个事件会吸引我们的注意力，尤其是一个带来某种变化的施力行为。存在着一种强烈的倾向：行为者往往充当注意焦点，因其既是最主动的参与者，又是能量的发源地。在语言表达层面，施事导向将行为者置于焦点位置，因而符合这一倾向。在典型事件的默认编码情况中，首要焦点突显被赋予行为链的**链首(head)**，即引发一个互动链的施事，整个链条便构成了所侧显的情况。小句射体与施事的联结在众多(即便不是大部分)语言中均属典型情况。英语即是典型一例。在这类语言中，施事构成了主语的典型，其他主语角色可通过对其加以扩展而得以允准。容许扩展的范围越广，对主语的图式性描述就需越抽象。

① 当然，不同的名称意义有别。theme 通常用作移动者，patient 用作此处所称的主题(如前所述，在 CG 中，对 patient 的定义是狭义上的，指经历某一内部状态变化的参与者)。施事与主题类似角色与参照语法(Role and Reference Grammar)中标记为 actor(行为者)与 undergoer(受动者)的“宏观角色”(macro-roles)(Foley and Van Valin, 1984)。

在考察了所有方案后，我们发现，焦点突显是唯一切实可行的候选项。

甚至于形如 Floyd broke the glass（弗洛伊德打破了玻璃）这样典型的例子，在主语的施动程度上同样呈现出可变性。弗洛伊德可能不是蓄意而为，而是不经意间打破了玻璃。他也可能不是通过力量传递主动打破的，而是无意而为之，如不小心将其掉在地上，或未能意识到不该将其放入碗碟机中。即便在主语的确对玻璃施力了的情况下，他也未必是蓄意而为，或者是初始能量源。(6)中的主语均非知觉主体。虽说梦游者、碗碟机及冰雹均可充当能量源，棒球只能通过被击打或扔出，才能传递其所获得的力。类似的表达式不胜枚举，从中我们可以得出这样一个结论：施事原型对英语中的主语而言仅属典型情况，它们通常仅部分体现出这一原型概念，甚至于物理性的动力性事件也是如此。一个图式性描述要在所有例示中得以完整呈现，就必然要求更为抽象。或可主张，主语可定义为**获得侧显的行为链的链首(head of a profiled action chain)**，即链条中被选为焦点、显性呈现出的那一部分的初始参与者。[①]

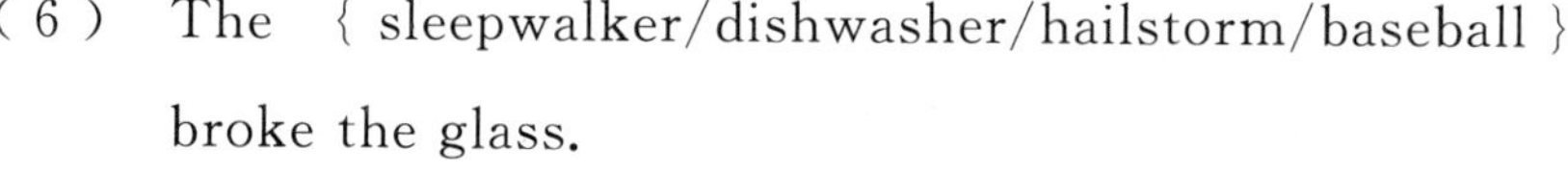

(6) The {sleepwalker/dishwasher/hailstorm/baseball} broke the glass.

({梦游者/碗碟机/冰雹/棒球}打破了玻璃。)

---

① 在(6)中，击打或扔掷棒球的人引发某一行为链，导致玻璃的破碎，但只有棒球-玻璃的互动才被置于台上充当侧显对象。尽管弗洛伊德可能是将玻璃置于碗碟机中，从而引发了一系列交互情况，导致玻璃功能的丧失，但为免招麻烦，他在这一悲剧性情况中的角色隐去了。

这一描述虽说更为抽象，但也仅限于涉及施力的物理事件，因而对任何代表性的语料而言仍嫌太过具体。一方面，我们需要囊括那些仅在隐喻意义上具有动力性的事件，此时其主语的施动性也带有隐喻色彩：

(7) (a) The bribery investigation compelled the mayor to resign.
(受贿调查迫使市长引咎辞职。)
(b) His obvious lies damaged the credibility of their star witness.
(他们的首席证人明显撒了谎，这使得他的证词不再可信。)

我们所谈论的对象，很大一部分均发生于心智或社会领域，此处起作用的力是非物理性的。然而，(8)中的主语依然不乏施动色彩，因其引发了某种变化，对另一实体造成了影响：

(8) (a) We changed the requirements again.
(我们再度变更了要求。)
(b) The president misled us with his lies.
(总统的谎言误导了我们。)
(c) Sheila persuaded my mother to give up smoking.
(舍拉劝我母亲戒烟。)
(d) I closed my bank account.
(我关闭了银行账户。)

在有些情况下，至于是否涉及力，甚至于隐喻意义上的力，也是难以定夺的。(9)中的动词并非将主语形容为引发了某一变化，或以任何方式对宾语施加影响。主语不过是对宾语加以感知，同其建立起某种“心理接触”(mental contact)。

(9) I {saw/liked/remembered/imagined} the painting.

(我{看过/喜欢过/想起了/想象过}这幅画。)

为囊括这一系列情况，或可将主语的定义作进一步概括，将任何体现出某种构造特征之物均视为“行为链”(action chain)，且不论它是否涉及物理实施的情况。这一抽象化的行为链概念包括一个源点-路径-目标构造，其中源点和目标均为参与者。因此，物理或心理上力的转移、心理或社会域中施加影响力的情况，以及“到达”另一实体的心理或感知路径，均可作为特例囊括其中。由此，主语可形容为这样一个参与者：它在某种意义上启动了一个不对称的互动情况，可概念化为涉及一条从主语到宾语的路径。或者，也可单纯将其描述为这一互动中较为主动的参与者。

尽管这一定义相当概括，依然无法囊括所有情况。例如，对于(10)中的主语，它完全无能为力。这里所侧显的关系是对称的，两个参与者均不存在任何意义上的主动性。此种情况下，从所描述的情景来看，主语的选择带有一定的随意性。我们不过是将射体地位加在任何一个适宜于语篇语境的参与者身上。

(10) (a) Line A intersects line B.

(直线 A 与直线 B 相交。)

(a') Line B intersects line A.

(直线 B 与直线 A 相交。)

(b) Australia resembles South Africa.

(澳大利亚与南非(地形)相似。)

(b') South Africa resembles Australia.

(南非与澳大利亚(地形)相似。)

然而,一个已知的事实是:射体地位始终来自外界施加的情况。它属于识解问题,从来不曾内蕴于所描述的情景中。即便是对于典型事件,我们依然有选择的余地——例如,我们可以采用被动式将焦点置于受事而非施事上(The glass was broken by Floyd(玻璃被弗洛伊德打破了))。因情景而异的,是它在多大程度上为选择特定的主语提供了理据(motivation)。当存在明晰的不对称性时,一个参与者是高度活跃的,另一个则是不活跃的。此时,我们的注意力自然而然被吸引到前者身上。当活动性不大明显时,两个参与者大致平分秋色,争相获得关注。例如,(11)中的两个主语均是首要焦点突显的优势候选项:一个是 she,因其是心理活动的发生场,参与了对宾语的把握情况;另一个是 his rude behavior(他的粗鲁举动),因其引发了她的心理经历:

(11) (a) She resented his rude behavior.

(她憎恶他的粗鲁举动。)

(b) His rude behavior offended her.

(他的粗鲁举动冒犯了她。)

对称关系(如(10))则代表了另一个极端,此时所构想的情景并未为选择哪个作主语提供任何动因,而是需由说话者作出选择。[①]然而,归根结底,说话者总是需要作出选择。

因此,很明显,任何基于内容而对主语所作的定义注定是要失败的。焦点突显作为一个可涵盖所有例示的描述,唯独它兼具可行性和认知真实性。再者,由于它并不与任何具体语义角色或概念内容相联系,甚至对于呈现出非典型联结的小句(如被动句),也是不成问题的。无论一种语言采用施事导向还是主题导向作为基本策略,抑或两者兼而有之,这一描述均是适用的。

就施事导向而言,默认情况下射体地位要么赋予施事,要么赋予所侧显的参与者中最具施动性的成分。以(12)为例,其中所有的句子均唤起了一个行为链,即施事凭借某一工具导致受事发生状态变化。各句侧显的是这一整体行为链的不同部分。应该注意到,每种情况下,主语(S)相对于所侧显的部分而言均是链首。当施事包含在显面中时,默认情况下即入选为主语。当显面仅限于工具-受事互动时,工具入选为主语:它对受事产生影响,并在局部范围内充当能量源,因而具有施动性。然而,如果仅有受事的状态变化得以明示,充当过程的显面,则由受事充当小句主语。[②] 由于它是唯一获得侧显的参与者,因而也是其中最具施动性的参与者。

① 当然,说话者也可同时选择两者:Lines A and B intersect(直线 A 与直线 B 存在交叉);Australia and South Africa resemble one another(澳大利亚与南非地形相似)。

② 这个层级结构是菲尔墨(Fillmore,1968)首先注意到的,但他不曾注意到,该层级反映了能量沿行为链传递的情况。

(12) (a) Floyd broke the glass with a hammer.

AG_S⇒INSTR⇒PAT_O→

(弗洛伊德用锤子打破了玻璃。

施事(主语)⇒工具⇒受事(宾语)→)

(b) A hammer broke the glass.

AG⇒**$INSTR_S$⇒PAT_O→**

(锤子打破了玻璃。

施事⇒**工具(主语)⇒受事(宾语)→**)

(c) The glass broke. AG⇒INSTR⇒**PAT_S→**

(玻璃破了。施事⇒工具⇒**受事(主语)→**)

在体现出强烈施事导向的语言中,主题的认知显著性同样可由多种方式加以明示。仅涉及单个参与者的小句可由非施事主题充当主语,如(12)(c)。有时,出于这样那样的原因,主题而非施事需聚焦为射体(§11.3),此种情况下,同样存在某些构式用于编码这种情况。在有些小句中,更具施动性的参与者的确被选为首要焦点参与者,此种情况下主题还是可以扮演界标的角色,即充当宾语。在(12)(a-b)中,受事享有这一地位。

同主语一样,宾语兼有典型描述和图式性描述。如果说宾语的典型体现为受事,它同样可以是移动者(I threw it(我扔了它))、经事(I offended her(我得罪了她)),或语义角色为零位的不受影响的参与者(I remember him(我想起了他))。所侧显的关系无需涉及行为链,或是任何类似于行为链的东西(She resembles her mother(她长得酷似母亲))。小句宾语甚至无需是参与者,它也可以是路径(We hiked a new trail(我们徒步走了一条陌生的小路))或处所(The train reached Chicago(火车抵达芝加哥(站)))。宾语甚至还可代表度量衡上的某个值(It weighs seven pounds(它重达七磅)),这取决于我们将这一名称扩展至多远。因此,一个图式性定义要做到对所有例示均有效,就必须独立于语义角色及任何具体的概念内容。如果说主语可借助首要焦点突显作出恰当描述的话,那么对于宾语而言,一个明显的基础即是次要焦点突显。

11.2.3　主题导向

施事与主题是焦点突显的吸附者,因两者均具有某种认知显著性,这将其与相关经验域中的其他语义角色区别开来。施事属于“主动”(active)领域——事关行为、变化、力,事关活动的生物作用于世界。在此,相对于其他主动的角色(如工具、经事或自然力),一个能愿的人类行为主体作为典范凸现出来。相比之下,主题属于“被动”(passive)领域,事关场景、处所及稳定情况,其中具有特定属性的物体按某种方式加以排列。如此构成的世界界定了我们所处的周围环境,既招致问题,又带来机遇,并构成了人类活动的平台。

在这一被动领域中,我们应将什么视作典范呢?从一个角度来看,可将其等同于总体环境(或整个世界)。这与点状的、活动的行为者构成了极性对立,是最能体现该域本质的代表性成员。然而,更为相关的是行为者本身的视角。由于整个场景无所不包,对于身处其中的观察者而言,它通常并不具备认知显著性,因而并非焦点突显的优势候选项。对于场景的存在,我们通常视为理所当然，我们更为关注的是某一有限区域内的情景。这即是台上区域，是宏观的观察注意场。由此，台上某一参与者最有可能充当注意焦点，从而在语言编码中成为焦点突显的吸附者。处于这一领域中的各种参与者角色，均可囊括在**主题**（**theme**）这一概括范畴下。

基本的主题角色为零角色、移动者、受事及经事。零角色是最为微弱的：它是呈现出某一特征、占据某一位置或仅仅处于存在状态的参与者。由于这些静态情景最能代表场景及稳定格局等被动领域，在此意义上，它是最基本的主题角色。同时，零角色为其他角色所预设并包孕其中，在此意义上，它也是最基本的。移动者经历了处所变化，因而随时间推移占据一系列处所。受事在某一特征表现上经历了变化；而要充当经事，首先必须存在。

这些参与者均可充当**主题过程**（**thematic process**）中唯一的参与者：一个微弱的、涉及单个参与者的过程，主题在其中的角色是被动的（即它不被识解为能量源）。尽管这一角色微乎其微，(13)中的每个小句均自成一体，本身即具有概念上的连贯性。具体来讲，无需明确唤起某个施事或能量源，即可对所侧显的情况加以把握。当情景以这种自主方式被构想时，即称之为**通格识解**（**absolute construal**）。这并不是说诸如能量、力及致使概念全然缺失——比如，我们知道，船因重力而下沉，冰因受热而融化。然而，这些力仅仅处于背景状态，在我们置身的基本环境中比比皆是。通常情况下，只有偏离了这一基准的情况，在语言中才称得上外力致使或施动情况。

(13) (a) ZERO：The pole is long. She is over there.
（零角色：竿子很长。她在那边。）

(b) MVR：The boat sank. The door opened.

(移动者：轮船沉没了。门开了。)

(c) PAT：The ice melted. The glass broke.

(受事：冰融化了。玻璃破了。)

(d) EXPER：I itch all over. He was sad.

(经事：我浑身发痒。他感到忧伤。)

通格识解涉及的是仅在被动领域内观照某一主题过程。从这一角度来看，最典型的主题角色是零角色，最典型的主题过程是涉及一个零角色参与者的过程。这些促动了(13)(a)中的基本小句类型，其中 be 表明某一稳定情景得以延续下去，即射体体现出其补语所明示的特征，或占据其所明示的处所。然而，主题过程同样可置于主动领域加以观照，此时它被视为一个动力性互动的结果(如 Floyd broke the glass(弗洛伊德打破了玻璃)；I opened the door(我开了门))。从这一角度来看，最典型的主题角色为受事与移动者。尤其是受事具有突出地位，与施事构成了极性对立，两者的互动为施事角色原型的完整呈现提供了平台。最后一个主题角色为经事，它并不独属于任何领域。(13)(d)中所描述的经验是被动的，仅涉及单个参与者，因而构成了主题过程。不过，在涉及两个参与者的互动中，经事同样可扮演主动的角色(如 I see it(我看见它了))。

焦点突显的两个主要吸附者为施事与主题，它们在相关的过程原型中体现出根本的不对称性。从(13)中可以看出，主题过程可获得独立概念化，而无需参照施事或施动致使的情况。对此类过程的通格识解(如图 11.3(a)所示)具有概念上的连贯性。但反之则不然:就其本质而言,施动过程包孕了主题过程:没有它,主题在概念上即是不连贯的。如图(b)所示,施动行为涉及引发一个主题过程的情况,因而在概念上依存于这一过程。这里并不存在与主题过程的通格识解相当的情况。其对应情况应为图(c)中的构造,其中施事仅仅扮演着致使或引发的角色,并不涉及被引发的过程概念。然而,这种情况并无内在一致性——我们很难将施事概念化为仅引发某一情况,而不(至少是图式化地)同时唤起这一情况。因此,我们不说 * He caused(* 他使)、* He induced(* 他引发)或 * He brought about(* 他招致)这样的表达,它们可视为(13)中通格表达的施动对应物。[①]

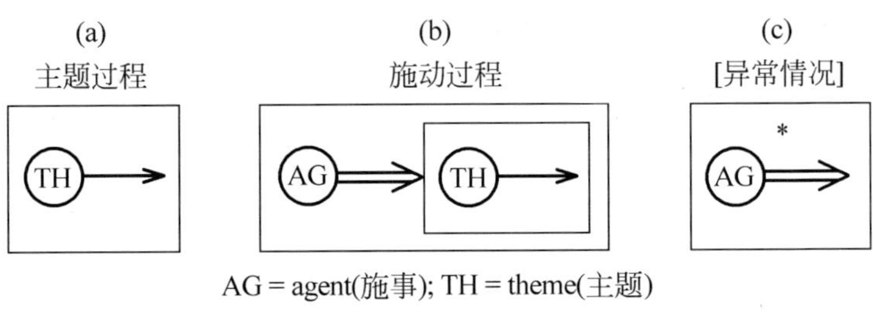

图 11.3

因此,典型施动过程具有如图(b)所示的概念分层。位于核

① 图 11.3(b)并不意味着施动过程总是含有两个独立的参与者。一个特例是:同一参与者可同时充当施事与主题(如 She jumped(她跳了起来))。每个含两个参与者的过程也未必总是基于可明显识别的主题过程(例如 see(看见)就不是这样)。在许多语言中,特殊的语法属性将一类称为“非宾格”(unaccusative)的小句区分开来,一般将其分析为有一个深层宾语,但无深层主语(Perlmutter,1978)。在 CG 中(并不设定深层结构),非宾格被分析为指向通格识解的主题过程。

心的是一个概念自主的主题过程，往往可独立加以表达（如 It broke（它碎了））。这一核心支撑着施动性概念，后者在概念上具有依存性，通常并不单独表达出来（ * He caused（ * 他致使））。它们共同构成了一个高层事件概念，这一概念本身是自主的（He broke it（他打破了它））。主题承载着动词绝大部分的概念内容，这与其根本角色是相称的。例如，动词 shatter（打碎）告诉我们诸多关于主题及其所经历过程的信息，但鲜有关于施事或其行为的信息（Keenan，1984）。我们知道，受事是无生的、玻璃状的、易碎的，通过施力作用于它，便会顷刻化为许多碎片。射体可以是人、滚落的岩石、地震、碰撞，诸如此类。倘若是人的话（无疑就是弗洛伊德了），他本可以无数方式作用于该物体：碰掉它、抡起锤子砸它、扔出一个棒球、按按钮启动碗碟机，如此等等。我们确切知道的唯一情况是：射体在某种意义上提供了必要的作用力。

从加工角度看，对于图（b）中的分层构造，存在着两条显著的心理通达路径，每条就其自身而言均是自然而然的。一个自然序列是循着行为链追踪力的传递，从施事过渡到主题。另一个序列基于概念自主性，沿相反方向运作。主题过程具有某种优先性，因其在两个方面对整个概念加以定位：它是概念内容的重心，并为施动性概念所预设（是其完整概念表现所需）。在沿第二条路径行进时，我们从概念自主的核心起步，以施动性概念对其加以强化（需要它的支撑），从而及至施动过程的整个概念（它同样是自主的）。在每一阶段，所唤起的结构本身均是自足、连贯的。

如有明晰的认知动因，对复杂结构成分的特定排序或通达方式即可称为**"自然路径"（natural path）**。路径上的初始成分构成了其**起点**(**starting point**)。对于小句而言,我们可以设定一系列自然路径,每条均涉及一个独特的组织层次或维度。一条这样的路径即为词序,其起点是沿时间顺序所遇到的第一个词。另一条路径是能量沿行为链的流动,其起点为施事;第三条路径基于概念自主性,从一个主题过程起步。还有一条路径是由焦点突显而定的通达序列:射体>界标>其他。作为一个加工效率问题,自然路径趋于联合(尽可能如此),各个参与者趋于彼此重合。例如,在Floyd broke the glass(弗洛伊德打破了玻璃)中,Floyd(弗洛伊德)是词序、能量流动及焦点突显这三条联合路径的起点(同时是第一个词、施事及射体)。这里蕴含着施事与主题导向的基础。它们代表了将焦点突显路径与涉及概念内容的路径彼此联结的不同方式:其起点为射体,与施事或主题重合,它们是基于能量流动或概念自主性的路径上所遇到的第一个参与者。

11.2.4 相竞策略

施事导向与主题导向代表了不同的编码策略。两者均是将语言赋予的突显性与一个原型参与者角色加以联结的基本方式。每种联结均可确立为某一语言中的默认导向。然而,在某种程度上,每种语言均至少在某些情况下同时用到两种联结方式。

施事导向是选择施事作为射体的编码策略。当其代表默认联结时,最典型的小句类型侧显的是典型施事-主题互动,其中施事为射体,主题为界标(图11.2(b))。这一基本小句类型在语义上扩展至其他类型的情况,并提供了一个结构模型,其他小句类型部分可据此加以刻画。这一点在英语中体现得淋漓尽致,它表现出强烈的施事导向。例如,我们注意到,在(1)中,英语——与萨摩恩语截然相反——采用结构平行的小句编码施事-受事互动(Floyd broke the glass(弗洛伊德打破了玻璃))与感知关系(The boy saw the ship(男孩看见了轮船))。更一般地讲,它还采用这类小句用于在心理上对其他实体加以把握的情况(I imagined the painting(我想象过这幅画)),甚至用于两个零角色参与者之间的对称关系(Australia resembles South Africa(澳大利亚与南非(地形)相似))。

这些小句尽管在语义上呈现出多样性,但就语法表现而言,其主语本质上相差无几。无论射体为施事,还是仅有施动性(如工具),或是经事,甚至是零角色,用于表达该成分的名词短语,均可出现在用于诊断英语主语的各种手段中,如基本词序(SVO)、动词一致关系、疑问句中与助动词构成倒装(Does he resemble her?(他长得像她吗?))、构成"附加"(tag)疑问句(He resembles her, doesn't he?(他长得像她,不是吗?)),如此等等。或许更值得留意的是,同样的表现在仅涉及单个参与者的小句中也可见到。仅存在一个参与者的原因可能在于,同一参与者同时充当了施事与主题,walk(散步)之类的运动动词即是如此(He walked(他散步去了);Did he walk?(他散步去了吗?);He walked, didn't he?(他散步去了,不是吗?))。然而,施动性并非必不可少。从语法上讲,即便主语的角色纯粹是主题性的(It sank(它沉没了);Did it sink?(它沉没了吗?);It sank, didn't it?(它沉没了,不是吗?)),仍不失为主语。因此,除宾语缺失外,这些不及物小句与典型及物小句在结构上存在着平行关系。

诸如英语之类的语言体现出强烈的施事导向,这可图示为

11.4(a),其中置于虚线框盒内的成分在语法上功能相当。图中表示出了三种小句:及物的,其中施事和主题分离(如 He broke it(他打破了它));施动不及物的,其中同一参与者同时填充了两个角色(He walked(他散步去了));非施动不及物的,其中参与者仅仅是一个主题(It broke(它碎了))。该图表明,及物小句中用于区分施事与主题的语法属性,同样是不及物小句中单个参与者的典型属性,即便该参与者本身为主题。在 CG 中,这一系列特征被视为其射体地位——即首要焦点突显——的反映。这一突显性之所以被视作一个独立因素,正是因其未能与任何可连贯界定的语义角色重合:它既可落在施事上,又可落在主题上(两者基本呈现出对立),但不可同时落在所有主题上。不过,每种情况下,它均落在了最具施动性的参与者身上。

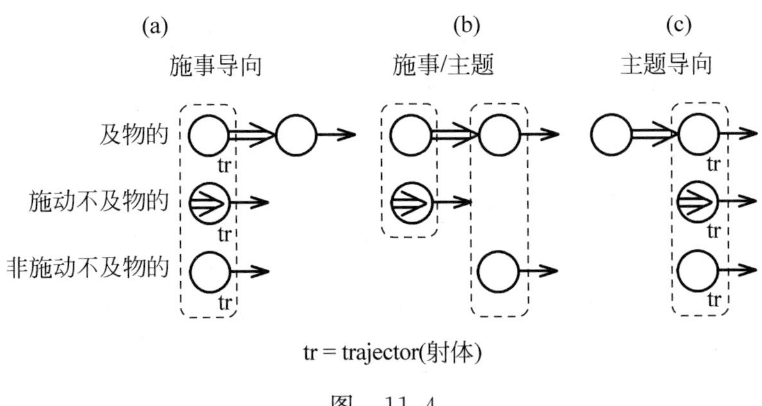

图 11.4

接下来,我们转到对立的编码策略上来。强烈的施事导向的对立面,即是强烈的主题导向,如图 11.4(c)所示。在主题导向为默认联结的语言中,最典型的小句类型侧显含一个参与者的主题过程。此种情况下，射体由主题充当。如果主题导向居于主导地位，那么在其他小句类型中，最具主题性的参与者应选为射体。由此，焦点突显被赋予及物小句的主题，以及施动不及物小句的单个参与者（结合了施事与主题的角色）。由于这些参与者均为主题，因而焦点突显相对于语义角色的独立性，不及在施事导向中明显。然而，对更多的小句类型加以考察，就会发现两者不无差别。[①] 在语法上，不及物小句的单个参与者与及物小句的主题共享一系列表现，射体的地位从中可见一斑。

这样的语言是存在的，引用最频繁的例子是大洋洲的迪尔巴尔（Dyirbal）诸语（Dixon，1972）。具体有多少种，取决于某些描写及理论因素，这里暂不宜作讨论。它取决于哪些语法属性最宜于作为诊断主语地位的标准——或者换用 CG 的说法，可视为首要焦点突显的表现。在主题导向型语言中，突显性与语义角色的区分从一开始就不那么分明，语法表现往往较难稳定一致性地归结为单一因素。就当前目的而言，最重要的是认识到，在小句组织的这一基本方面，不同语言调用了不同策略——以及不同策略的混合情况。然而它们均有共同的概念基础，这源自如下三种因素的相互作用：焦点突显、施事与主题的内在认知显著性，以及施事导向与主题导向的结合方式。

关于这两种相竞策略造就的不同后果，如图 11.4（a）所示。施事导向将其影响力从及物小句扩展至不及物小句，就这一点而

① 例如，射体可以是场景或处所，而非参与者。在被称为“逆被动态”（antipassive）（如同被动式将施事去焦，它将主题去焦）的一类构式中，射体甚至可以是施动性的。

言，施事与不及物主题在语法上的表现大同小异。它是一个第二位的及物主题，因其并不代表射体的默认选择情况，因与众不同而凸现出来。相反，在主题导向中，在此方面处于第二位的是及物施事，同样因与众不同而凸现出来。这一导向不断扩大自身的影响力，结果是及物主题在语法上与不及物主题具有相同表现。此外，尚有一些语言遵循了第三种编码策略，其中施事导向与主题导向在地位上不相上下（Mithun，1991；Velázquez-Castillo，2002），如图11.4（b）所示。在这种系统中，无论是在含单个还是两个参与者的小句中，施动参与者均具有相同的语法表现。非施事主题在这两方面的表现同样不相上下。这种语法属性与语义角色之间的稳定相关性，对焦点突显的独立地位提出了质疑。的确，这些语言往往被视为缺乏主语（我们后面还会回到这个问题上来）。

我们无从期待每种语言均可恰如其分地归入三种类型中。图11.4中的理想化方案充其量代表了默认编码策略，它既未捕捉到它们在某一语言中运用的细节问题，又未能对小句结构的复杂性予以充分考虑。由于这些策略均是自然而然的，即便其中一种占主导地位，很可能的情况是，每种语言均至少在某些情况下用到了每种策略。因此，在描述某一语言时，必须参照个别语法现象加以考虑。图中所示的自然组合呈现出多种方式：格标记、代词形式、一致关系、动词形态，诸如此类。在某一现象中显而易见的组合，往往与在其他组合中观察到的情况存在着偏离。比如，尽管英语存在着强烈的施事导向，在用于明示名词化动词的参与者的构式中，却调用了另外两种方案。of（……的）介词短语明示的要么是名词化不及物动词的射体（如 the sinking of the ship（轮船的沉没)),要么是名词化及物动词的宾语(the sinking of the ship by the pirates(海盗沉没轮船的情况))。这是主题导向的典型组合方式。另一方面,对于介词 by 而言,所引入的参与者必须具有某种程度的施动性。与施事-主题模式相一致,这既包括及物施事,又包括施动不及物表达的射体(如 yelling by pirates(海盗的吆喝)),但排除了非施动不及物表达的主题性射体(＊sinking by the ship(＊轮船(导致)的沉没))。

这三种基本策略在格标记中体现得尤为明晰。可用于说明这一施事导向模式的是(14)中来自路易森诺语的句子。这种模式的显著特征是:及物主语与不及物主语的标记大致相同,及物宾语则以其他手段标记。这里的两个主语 nawitmal“女孩”与 'awaal“狗”以零位标记,宾语则以后缀 -i:'awaal-i 标记。对于施事导向系统中的这两种情况,传统上称之为**“主格”(nominative,NOM)**与**“宾格”(accusative,ACC)**。从路易森诺语中可以看出,对于主格-宾格模式,典型情况是主格标记为零位,仅有宾格作显性标记。这种标记具有象似性,因为零位表明的是一个起点:基于能量流动的自然路径的原点。只有沿此路径进一步行进,继而遇到下一个焦点参与者时,才采用显性标记。

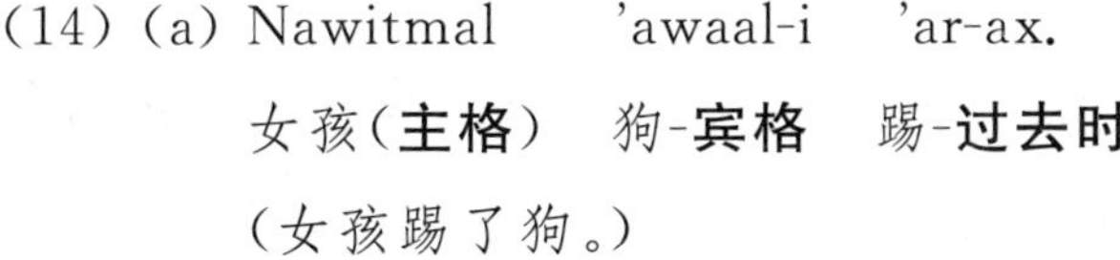

(14) (a) Nawitmal　'awaal-i　'ar-ax.

女孩(**主格**)　狗-**宾格**　踢-**过去时**

(女孩踢了狗。)

(b) 'awaal　xaar-ax.

狗(**主格**)　狂吠-**过去时**

(狗狂吠不止。)

(15)中来自萨摩恩语的例子阐释了主题导向模式中的格标记系统。在这种模式中,一个及物施事获得特殊标记,这里是由 e le teine 中的 e 标记的。不管小句是及物的还是不及物的,主题均带有相同标记,即零位。对于这种系统中的两种基本情况,传统上称之为"作格"(ergative,ERG)与"通格"(absolutive,ABS)。作格具有显性标记,通格则几乎总是以零位标记。这种标记同样具有象似性,因为零位表明的是一个起点:基于概念自主性的自然路径的原点。只有沿此路径进一步行进,继而遇到下一个焦点参与者时,才采用显性标记。

(15) (a) 'ua tipi e le teine le
非持续类 砍 **作格** **定指** 女孩 **定冠词**
ufi.
山药(**通格**)
(女孩砍了山药。)

(b) 'ua oti le teine.
非持续类 死 **定指** 女孩(**通格**)
(女孩死了。)

主格-宾格与作格-通格标记的对立可归结为:不及物小句的单个焦点参与者在标记上是类似于及物小句的施事,还是类似于主题。在第三种系统中,它并不稳定一致地以任何方式标记。如图 11.4(b)所示,实际情况是:施事参与者依循了及物施事的模式,非施事参与者则依循了及物主题的模式。一个例子来自东婆摩语（Eastern Pomo，北加利福尼亚的一种语言）（McClendon，1978）。此处，格标记形态上或是由后缀实现的，或是由代词形式实现的。在（16）—（17）中，我们注意到，无论小句是及物的还是不及物的，“我”的施事形式均为 háa，主题形式则为 wí。因此，（16）（b）中的 háa 表明，说话者作为“走”的主语，与（16）（a）中充当“杀死”的主语时担任相同的语义角色。同样，（17）（b）中的 wí 表明，说话者作为“打喷嚏”的主语，与（17）（a）中充当“咬”的宾语时担任相同的语义角色。

（16）（a）Háa　　míip-al　šaak'a.

我：**施事**　他-**主题**　杀死

（我杀了他。）

（b）Háa　　wáduukìya.

我：**施事**　走

（我要走了。）

（17）（a）Xáas-uulàa　　wí kook　óya.

响尾蛇-**施事**　我：**主题**　咬

（响尾蛇咬了我。）

（b）Wí　　'éčkiya.

我：**主题**　打喷嚏

（我打喷嚏了。）

顾名思义，主格、宾格、作格与通格基本上均是格的称谓，但这

些名称经常被扩展至其他语法现象中。因此，但凡及物主语与不及物主语表现类似而与及物宾语形成对照时，语言学家均谈论其主格-宾格组织（或单单是“宾格性”（accusativity））。同样，但凡及物主题与不及物主题表现类似而与及物主语形成对照时，他们均谈论其作格-通格组织（或单单是“作格性”（ergativity））。这些概念甚至被扩展至语言类型中：由此，英语属宾格语言，迪尔巴尔语则属作格语言。然而，后一种扩展是有问题的，因为语言总体上并不体现出主格-宾格或作格-通格组织，充其量不过是一种或另一种情况占主导地位。

通常情况下，这些模式不是通过主格体现出来的，而是蕴含在动词的形式中。例如，在明示小句主语及宾语的人称和数方面，古典纳瓦特尔语（Classical Nahuatl，阿兹特克人（Aztecan）的语言）体现出主格-宾格组织。我们在(18)中可看到这一点：且不论动词是及物的还是不及物的，ni- 标记的均是第一人称单数主语（其宾格形式为 nee č-“我”）。

(18) (a) Ni-k-neki.

第一人称单数-第三人称单数-想要

（我想要它。）

(b) Ni-miki-s.

第一人称单数-死-**将来时**

（我会死的。）

相反，拉科塔语（Lakhota，苏族人（Siouan）的语言）中的动词前缀化依循了作格-通格模式(Dahlstrom,1983)。因此,不论动词是及物的还是不及物的,“我”的施事形式均为 wa,主题形式均为 ma:[①]

(19) (a) Wičha-wa-gnayā.

第三人称复数:主题-第一人称单数:施事-捉弄

(我捉弄了他们。)

(b) Wa-lowā.

第一人称单数:施事-唱歌

(我唱歌。)

(20) (a) Ma-ya-gnayā-pi.

第一人称单数:主题-第二人称:施事-捉弄-**复数**

(你们捉弄了我。)

(b) Ma-hāska.

第一人称单数:主题-高的

(我个子高。)

路易森诺语很好地阐释了小句策略混合的情况。从(21)中可以看出,它在三种基本现象中体现出主格-宾格组织。如前我们已注意到,第一个为格。尽管宾语携带后缀 -i,无论动词的及物性如何,主语均不带格标记。[②] 其次,跟随首位动词的入场附缀与主语

① 实际上,施事-主题模式仅对第二人称与第一人称单数有效。即便是对于单个语法现象,如格或动词前缀化,通常表现也是“分裂”为不同模式的(FCG2: § 9.2.4)。

② 严格上讲,格是由代词形式标记的,如 noo“我(主格)”与 ney“我(宾格)”。不过,这同样遵循了主格-宾格模式(noo 既可用于及物主语,又可用于不及物主语)。

保持“一致”，但从不与宾语保持“一致”。由此，在(a-b)中，第一人称单数=n 与主语 noo“我”保持一致；在(c)中，第三人称单数=up 则与 hunwut“忍受”保持一致；在(d)中，第三人称复数=pum 则与 hunwutum“忍受”保持一致。最后，就动词上的时态标记后缀而言，它在人称上同样是与主语而非宾语保持一致。因此，以 -q 结尾的单数出现在(a-c)中，以 -an 结尾的复数出现在(d)中，因为只有对(d)而言主语才是复数的。

(21) (a) Noo=n hunwut-i moqna-q.
我=**第一人称单数:现在时** 熊-**宾格** 杀死:**单数-现在时:单数**
(我杀死了熊。)

(b) Noo=n hunwut-um-i
我=**第一人称单数:现在时** 熊-**复数-宾格**
qe'ee-q.
杀死:**复数-现在时:单数**
(我杀死了那些熊。)

(c) Hunwut=up pokwa-q
熊=**第三人称单数:现在时** 跑:**单数-现在时:单数**
(熊跑了。)

(d) Hunwut-um=pum
熊-**复数=第三人称复数:现在时**
ngoora-an.
跑:**复数-现在时:复数**
(那些熊跑了。)

尽管如此，在一个基本方面，路易森诺语小句却依循了作格-通格模式。一些常见动词涉及不规则词形变化（suppletive），对于单复数要求不同的词干。在(21)中我们注意到，对于“杀死”而言，单数 moqna 与复数 qe'ee 交替出现；对于“跑”而言，其单复形式词干分别为 pokwa 与 ngoora。动词是采用单数还是复数，取决于某一参与者是否体现出相应的单复数情况。问题是哪个参与者呢？对于不及物动词而言，仅存在一个焦点参与者，因而动词与其保持一致。由此，关键在于，及物动词反映的是其主语还是宾语的数。从(21)(b)可以看出，其所反映的事实上是宾语的数。因此，尽管路易森诺语呈现出强烈的施事导向，但在动词不规则词形变化上却体现了主题导向的典型模式，即动词的数是由主题（不及物主语或及物宾语）而定的。

11.2.5　普遍性

关系表达式意义中的一个重要因素，是赋予其参与者的突显度问题。在特定组织层次上，所侧显关系中的射体与界标分别为赋予首要与次要焦点突显的参与者。在 CG 中，这两种焦点突显悉被用于主语与宾语的图式性描述。就所侧显的关系而言，主语是对其射体加以明示的名词短语，宾语（当其存在时）则是对其界标加以明示的名词短语。

这些概念具有多大普遍性呢？是否每种语言均有小句层面的主语与宾语？关于这些问题争议颇多。关于主语的普遍性频遭质疑——情况理该如此，倘若我们所指的“主语”是英语中的主语之类，即以施事导向与众多语法表现的相关性来界定的话。然而，

CG 所主张的概念定义从一个全新的视角来审视这一问题。在小句层面，每种语言均至少在某些情况下用到首要焦点突显。这种情况是不无可能的，甚至可以说是一种倾向。若此，英语中的主语之类不过代表了其中一种呈现方式。我们不妨扼要过目一下其他可能的情况。

当众多属性稳定一贯地与一个并非例示单一语义角色的小句成分相联系时，焦点突显的语法意蕴体现得尤为明晰。尽管这些属性典型情况下与施事（类似英语中的情况）或主题（类似迪尔巴尔语中的情况）相联系，但进一步扩展到了其他角色中。这表明，有必要采用一个独立的概念对其加以描写。在呈现出主题导向的语言中，这种概念的地位屡屡遭到质疑，因其语法表现往往并不受制于任何一个因素。在施事-主题语言中，对其质疑更是有过之而无不及，因其语法表现的主导因素显然是语义角色本身。

在呈现出主题导向的语言中，对于设定一个独立的概念有无必要，不宜**遂下断语**。萨摩恩语即是一例，其强烈的主题导向在许多方面均可见一斑。一方面，格标记依循了作格-通格模式：

(22) Na opo e le tama le teine.
过去时 拥抱 **作格** **定指** 男孩 **定指** 女孩（**通格**）
（男孩拥抱了女孩。）

此外，接续两个参与者的动词如 opo“拥抱”容许施事省略的情况，但要求主题必须予以明示。因而可以说 Na opo le teine“女孩被拥抱了”，但不可说 * Na opo e le tama“ * 男孩拥抱了”。我们进而注意到，(1)中描述朝向某一目标运动的不及物小句，为编码感知及其他心理接触的小句提供了结构模型。

这种主题的结构突显性可视为其概念突显性的表象。然而，倘若予以区分的成分始终是主题，便缺乏将射体作为一个独立概念加以唤起的基础——单凭语义角色即可对该现象作出描述。或许，我们依然可将主题的特殊地位解释为首要焦点突显的表现。事实上，我认为，这是对小句结构最具一致性的总体观照。不过，要将焦点突显设定为一个独立因素，显然需要有更具体的证据。由此，问题即在于，萨摩恩语中是否存在相关现象并不为主题本身所左右？是否存在某些语法表现——在惯常与主语相关的现象中——最好由诸如射体之类的概念来描述？

一个有希望胜出的候选项是“动词一致”(verb agreement)，以(23)—(24)为例。[①] 在所引的四个例子中，ali'i“首领”一贯是施事(因而标记为作格)，'avefe'au“信使”则始终是主题(以零位标记为通格)。

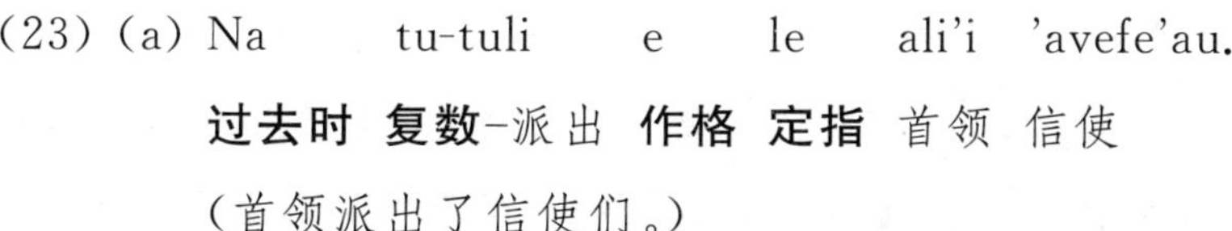

(23) (a) Na tu-tuli e le ali'i 'avefe'au.

过去时 **复数**-派出 **作格** **定指** 首领 信使

(首领派出了信使们。)

① 一种与之类似的现象是所谓的“量词漂移”(quantifier fioat)。之所以如此称呼，是因为量词从其所量化的名词那里“漂移”出去，转而出现在与动词相邻的位置上。英语中的一个例子如下句：**The Samoan data** is **all** from Cook(1988，1993a，1993b，1999)(（**萨摩恩语的语料均**来自库克(1988，1993a，1993b，1999))，他从 CG 的角度考察了萨摩恩语小句结构的诸多方面。

(b) Na tu-tuli 'avefe'au e le ali'i.
过去时 **复数**-派出 信使 **作格** **定指** 首领
(信使们被首领派出去了。)

(24) (a) Na tu-tuli e ali'i le 'avefe'au.
过去时 **复数**-派出 **作格** 首领 **定指** 信使
(首领们派出了信使。)

(b) Na tuli le 'avefe'au e ali'i.
过去时 派出 **定指** 信使 **作格** 首领
(信使被首领们派出去了。)

两例的差别在于,这些名词短语采用的是单数还是复数,及其出现顺序孰先孰后。数可由le的出现与否作出有效标记,它表明的是单数指称具有更大的有定性这一典型特征。因此,在(23)中,施事被识解为单数的(le ali'i"首领"),移动者则被识解为复数的('avefe'au"信使")。在(24)中,情况则恰恰相反(ali'i"首领";le'avefe'au"信使")。就词序而言,在(a)例中施事位于主题之前,在(b)例中则位于其后。关键在于,主题的复数特征('avefe'au"信使")是由复数动词加以体现的,与词序无关,因此(23)中的两个动词均为复数的。相反,只有当施事名词短语紧随动词之后时,施事的复数性(ali'i"首领")才由动词加以标记;因而(24)(a)中的动词是单数的,(24)(b)中的动词则是复数的。这一差异该如何解释?

我所主张的分析思路,是认识到这样一种情况:实义动词侧显的过程,与整个小句侧显的过程存在着不一致之处(§11.1.3)。动词选择了主题作为射体,这本身与萨摩恩语宏观的主题导向模式是一致的。我们还可设定一个基本语法构式，其中：1）一个动词与一个名词短语结合；2）通过将名词短语直接置于动词后，两者在音系上得以整合；3）在复合结构层次上，名词短语的所指获得聚焦而充当射体。该构式有两个主要变体，差别在于动词的哪个参与者在与名词短语的结合中充当阐释位。典型情况下，由主题充当阐释位。此时，主题在动词和小句层面上均为射体，分别依词汇与语法而定。这就有了（b）中的例子。但同时存在着一个次要模式，其中名词短语对动词的图式性施事加以阐释。这就生成了（a）中的例子，此时动词层面和小句层面的射体有所不同，分别为主题和施事。由此，我们可作如下概括：复数动词表明的是过程性射体的单复数情况，与其作用层次无关。只有复数参与者既非动词层面也非小句层面的射体时（如（24）（b）），动词才不带复数标记。

焦点突显的一个更直接体现，是他加禄语（Tagalog）中一个相当常见的特征。[①] 尽管他加禄语基本上是主题导向的，但还存在一种显性标记方式，用于将注意力转向代表特定语义角色的小句参与者。（25）中的例子分别凸显了四种这样的角色：施事、主题、处所、受益者。该模式含有双重标记。一方面，被聚焦成分前面伴有一个小品词 ang，这本是冠词（ng）或介词（sa 或 para sa）出现的位置。此外，动词可体现出不同形式，分别用于标记施事焦点（agentive focus）、主题焦点（thematic focus）、处所焦点（locative focus）、受益者焦点（beneficiary focus），诸如此类。理论家们尚不

① 经典描述来自夏科特（Schachter，1976、1977）。饶具讽刺意味的是，夏科特争论说他加禄语并无主语。当然，他是从英语的主语类型出发（而非从 CG 的图示性描述出发）来考虑的。

清楚如何处理这种现象，因为聚焦成分既非（经典意义上的）主语，又非小句层面的话题。对我而言，它不外乎是射体，因而也在 CG 概括定义的主语之列。在(25)中我们看到的情况是，焦点突显的聚光灯依次移向不同的台上成分。①

(25) (a) **Mag**-salis **ang** **babae** ng bigas
施事焦点-将会:取:出 **射体** 女人 **冠词** 米
sa sako parasa bata.
处所 袋子 **受益者** 孩子
((**定指**)女人将会从(**定指/不定指**)口袋里给(**定指/不定指**)孩子舀出些米来。)

(b) Aalis-**in** ng babae **ang**
将会:取:出-主题焦点 **冠词** 女人 **射体**
bigas sa sako parasa bata.
米 **处所** 袋子 **受益者** 孩子
((**定指/不定指**)女人将会把(**定指**)米从(**定指/不定指**)口袋里舀出给(**定指/不定指**)孩子。)

(c) Aalis-**an** ng babae ng
将会:取:出-**处所焦点** **冠词** 女人 **冠词**
bigas **ang** **sako** parasa bata.
米 **射体** 袋子 **受益者** 孩子

① 我们也注意到，聚焦成分是有定的（如主语惯常的情况），而其他成分可解释为无定的。

((**定指/不定指**)女人将会从(**定指**)口袋里给(**定指/不定指**)孩子舀出些米来。)

(d) **Ipag**-salis　ng　babae　ng
受益者焦点-将会:取:出　**冠词**　女人　**冠词**
bigas　sa　sako　**ang**　**bata.**
米　**处所**　袋子　**射体**　孩子
((**定指/不定指**)女人将会从(**定指/不定指**)口袋里给(**定指**)孩子舀出些米来。)

关于主语并不具有普遍性的主张,最强烈的证据是基于施事-主题语言之上的。切夫(Chafe,1994:150)曾就塞尼卡语(Seneca,一种易洛魁语(Iroquoian))作过此种论断。[①] 塞尼卡语有两套人称标记前缀。这与许多语言中可见的主语标记与宾语标记有所不同(如(18)中的古典纳瓦特尔语),因为即便动词有两个参与者时,也仅有一个前缀出现,且被选前缀均可来自两套系统,不管动词是及物还是不及物的。因此,其标记并不依循图 11.4(a)中的主格-宾格模式,而是依循图 11.4(b)中的施事-主题模式。例如,在及物表达 ye-nóçhgwa"她喜欢它"与不及物表达 wa'-é-khççni'"她做饭"中,前缀(y)e- 明示的均是施动参与者的女性第三人称形式。同样,在及物表达 go-nóçhgwa'"它喜欢她"与不及物表达 wa'-ágo-hda't"她吃饱了"中,前缀(a)go- 标记的均是女性第三人称主题。

① 这些通称"施事-受事"(agent/patient)型语言,"受事"与此处所称的"主题"(theme)是等价说法。

对于及物表达而言，获得显性标记的是施事还是受事，取决于说话者当前谈论的是哪个参与者。因此，ye-nóçhgwa'"她喜欢(它)"与go-nóçhgwa'"(它)喜欢她"均表明当前谈论的是一位女性。

现在可以清楚的是，不同前缀标记区分的是施事-主题，而非主语-宾语。同样可以清楚的是，塞尼卡语并无英语中的主语之类。然而，或可主张，塞尼卡语小句中确实存在主语，可抽象描述为首要焦点参与者。在特定小句中，的确有一个参与者通过参照动词获得了显著性，这与主语通常的情况是一致的。因此，我主张将这个参与者视为小句层面的射体。照此解释，(y)e- 与(a)go- 均标记女性第三人称射体，并进而说明它是施动性的还是主题性的。这似乎将我们引向这一推论：含两个参与者的动词并不内在就射体情况作出说明。只有前缀才标记哪个参与者——由语篇显著性而定——在小句层面是焦点突显的对象。[①]

是否每种语言(在抽象意义上)均有主语？这依然是一个悬而未决的问题。在CG看来，这种首要焦点突显的系统运用，无论是代表了一种绝对共相，还是仅仅代表了一种强烈的普遍倾向，并无实质性的差异。两种情况下，其结构表现均体现出程度之别，在细节上也是大相径庭。我猜想它确实在每种语言中均扮演着某种角色，但这不过是猜想而已。宾语的普遍性甚至更不明显。至少在施事导向型语言中，通常有明显证据设定两个焦点参与者。然而，如果说射体所扮演的语法角色有时相当有限(如萨摩恩语中的情

① 他加禄语或许与此类似，唯一不同之处在于容许更多的选择(如(25)所示)，且射体无需是语篇层面的话题。

况），界标则更是有过之而无不及了。首要焦点突显系统为所有语言所调用，但次要焦点突显仅系统体现在一些语言中，这种情况并非匪夷所思。

11.3　小句类型

小句可参照语言结构的各个维度加以分类。我们称之为陈述句、疑问句及祈使句的小句类型，均植根于特定的言语行为（陈述、询问、命令）中。有些特殊的小句类型也服务于信息结构，主要是用作话题或焦点的标记手段。[①] 不过，当前我们关注的主要是基于主语及宾语的选择所做的区分。除了被视作典型的小句之外，语言还提供了为数众多的构式，用以满足语篇需求，并应对林林总总的情况。

11.3.1　语态

倘若施事导向或主题导向在一种语言中居于主导地位，对于说话者不想聚焦于所谈论参与者的情况，同样应该有某些手段满足这一需要。可供调用的标记手段传统上称之为“语态”（voice）。在施事导向系统中，默认联结被称为“主动语态”（active voice）；与之相对的联结（聚焦于主题）则被称为“被动语态”（passive voice）。在主题导向的系统中，逆被动态（anti-passive）提供了有别于默认

① 例如，Squid she won't eat（鱿鱼她可不吃）的特殊词序将 squid（鱿鱼）确立为局部话题。在“假拟分裂构式”（pseudo-cleft construction）中，跟随 what 的成分为焦点成分：What she won't eat is squid（她不吃的是鱿鱼）。

联结(并无标准称法)的另一种方案。

存在着不同类型的被动构式。通常的(兴许是最直接的)情况是,被动式是通过动词屈折实现的。例如,在霍皮语(Hopi)中,后缀 -iwa 从主动动词派生出一个被动动词,如 ngu'a“抓住”与 ngu'-iwa“被抓住”的情况。主动动词词干将射体与界标地位分别赋予施事与主题,被动动词则将主题选为唯一的焦点参与者。因此,由主动动词充当中心词的小句兼含主语和宾语名词短语,如(26)(a),而被动小句如(26)(b)仅含宾语。

(26) (a) Pam tsiro-t ngu'a.
他 鸟儿-**宾格** 抓住
(他抓住了鸟儿。)
(b) Tsiro ngu'-iwa.
鸟儿 抓住-**被动态**
(鸟儿被抓住了。)

图 11.5(a)描述了被动动词的形成。箭头代表及物的、存在于两个参与者间的互动,省略号(...)表示图式性。动词词干(V)侧显具体的互动情况,其中更具施动性的参与者被聚焦为射体,更具主题性的参与者则被聚焦为界标。被动词素(passive,PASS)本身即是一个动词,因其侧显的同样是一个互动过程。然而,就其本身而言,PASS 不过是图式化地唤起这一过程,将主题选为唯一的(因而也是首要的)焦点参与者。具体过程与图式性过程通过如图所示的对应等同起来。同典型的派生情况一样,PASS 充当了

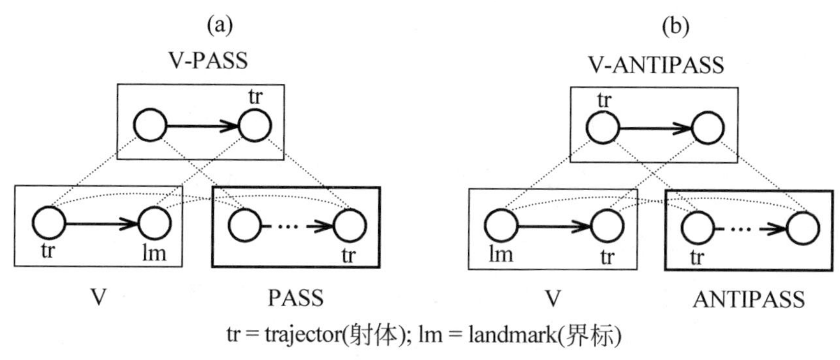

图 11.5

显面决定体,将自身的识解施加在复合表达式上。由此派生出的动词因而是一个整合体,结合了 V 的具体内容与 PASS 施加的射体选择情况。

(27) 中的例子来自格陵兰岛的爱斯基摩语(Eskimo)(Woodbury,1977),是逆被动态的一个例子。[①] 在句(a)中,射体代表了主题导向语言的默认联结,体现为通格 niqi“肉”。作格性的 arna-p“女人”仅具有界标的次要地位,不过英语翻译有些出入。施加另一种联结的是逆被动后缀 -nnig,如图 11.5(b)所示,它对与之结合的动词词干的影响,是将射体地位从主题转移至施事身上。由于主题未获得聚焦,施动性的射体作为唯一的焦点参与者(因而是最具主题性的参与者),即带上了通格标记(零位)。如有必要,主题还可进而作为次要部分表达出来,充当工具 -mik“用”的宾语。这和被动式中施事仅作间接明示的情况(The glass was broken **by Floyd**(玻璃**被弗**

① 为便于讨论,假定通格名词短语为射体(Manning,1996)。动词的尾缀标记的是直陈语态。

洛伊德打破了))不乏共通之处。

(27) (a) Arna-p　　niqi　　niri-vaa.
女人-**作格**　肉(**通格**)　吃-**直陈式**
(女人吃了肉。)
(b) Arnaq　　niqi-mik　　niri-nnig-puq.
女人(**通格**)　肉-**工具格**　吃-**逆被动态**-**直陈式**
(女人吃了一部分肉。)

被动施事与逆被动主题仅获得了间接明示(若有任何明示的话),表明它们缺乏焦点突显。将(逆)被动构式视作取消其常态焦点突显的手段,是完全说得通的。被动式的功能——将施事去焦(Shibatani,1985)——在许多情况下可派上用场。施事的身份可能是未知的、不相关的,或是最好隐去不提(如 Floyd 单单说 The glass was broken(玻璃被打破了)时)。通常情况下,施事是虚化的,或未分化的(如 The environment is being seriously degraded(环境正面临严峻恶化))。无论出于何种原因,将施事去焦的结果是:仅剩主题作为唯一的参与者,因而也是首要的焦点参与者。

与被动式稍有不同的是非人称构式(impersonal construction)。同被动式一样(如(26)(b)),非人称表达对施动参与者也未作说明。这本身即相当于一种去焦:由于施事隐而不现,未加认定,因而并无真正意义上的认知显著性。然而,与被动式有所不同的是,非人称表达未对射体-界标联结做出调整。焦点突显的首要聚光灯依然导向施事,但不过是空泛的,因为并无任何东西可照亮。实际效果是:

尽管主题是唯一获得显性表述的参与者，但依然充当着界标，仅为次要聚光灯所照亮。因此，在(28)中来自霍皮语的例子中，受事 taaqa“男人”带上了标记宾语的后缀 -t。施动性的射体未作明确交代，尽管动词后缀 -ya(用于复数主语)暗示它并非单一个体。

(28) Taaqa-t　　niina-ya.
　　男人-**宾格**　杀死-**复数:主语**
　　((他们)杀了那个男人。)

当一个参与者未加明示时，另一个仅因失去竞争对手而变得更为显著。一方面，强化某个参与者的显著性，即意味着削弱其他参与者的显著性(相对而言)，即便在后者得以完全明示时也不例外。我们已经看到基于这一策略的语态区分，如(23)—(24)中萨摩恩语的变换情况。施事与主题无论哪一个充当小句主语，两者均获得了完全明示，并体现为相同的形式。更明显的是他加禄语中的多重语态选择，如(25)。无论哪个小句成分被置于焦点位置——施事、主题、处所还是受益者——其他成分均依然按常规方式显性表达出来。

许多语言中除主动语态与被动语态之外，还存在着传统上称之为**“中动语态”(middle voice)**的构式。[①] 由于这一名称可用于形形色色的构式，在某些情况下还可用于整个构式家族，因而任何单一描述均未免显得过于简单化。尽管如此，这些大不相同的现象

① 关于从认知语言学角度所做的详细探讨，参见 Kemmer(1993)；Maldonado(1999)；Manney(2000)。

还是有一个重心,用"中动"(middle)一词来形容并无不可。中动构式最典型的构造如图 11.6(b)所示。将其看作介乎典型主动语态的及物小句与通格不及物小句之间,是完全说得通的。两种情况分别如图(a)、(c)所示。主动及物小句如 I opened the door(我开了门)唤起并侧显施事施力的情况及其引发的主题过程。在另一个极端上,类似 The door opened(门开了)这样的不及物小句以通格方式识解某个主题过程,而无需参照引发该过程的力或施事。典型中动小句是处于中间状态的,因其唤起了致使情况,但未对其加以侧显。在 The door opened easily(门轻易开了)中,副词暗示了某个施事能愿性的努力。不过,只有主题获得显性表述,也只有主题过程成为侧显的对象。

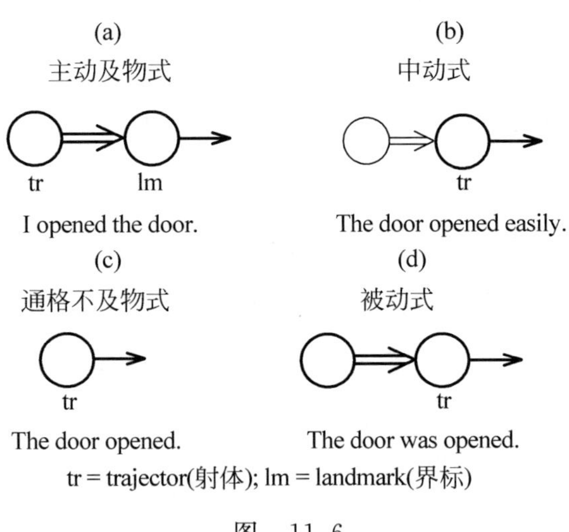

图 11.6

尽管中动式在一定程度上类似被动式,但构成了主动及物式的两种替代形式。通过比较图(b)与图(d)可以看出,其共性在于均唤起了一个施动过程，但选择了主题作为射体。两者的差异在于，英语中的被动式指向整个施事-主题互动的情况，而中动式仅侧显主题发生的情况。两者还存在着功能上的对立。被动式的首要功能，在于呈现一种有别于典型及物式的默认施事导向的情况。相比之下，中动式呈现了一种既有别于主动及物式、又有别于通格不及物式的情况：The door opened easily 既可看作相对于 I opened the door 施动性削弱了，又可看作相对于 The door opened 施动性增强了。

对于这种模棱两可的情况，马尔多纳多（Maldonado，1988）以西班牙语为例作了很好的阐释。一方面，西班牙语中的中动式——以 se 标记——为常态及物动词提供了一个无施事的变式表达：①

（29）	（a）	José	rompió	el	vaso.
		约瑟	打破	**定指**	玻璃
		（约瑟打破了玻璃。）			
	（b）	El	vaso	se	rompió.
		定指	玻璃	**系动词**	打破
		（玻璃破了。）			
（30）	（a）	El	ratero	ahogó	al	anciano.
		定指	贼	淹死	**定指**	老人
		（贼淹死了老人。）				

① 其形式变化标记的是小句射体的人称与数（se 为第三人称形式）。此种标记与反身表达的情况相同，其中单个参与者同时充当射体与界标的角色，这在中动式中颇为常见。（因此，（30）（b）也可解释为反身意义“老人淹死了自己”。）反身表达与中动式的共性在于，施事与主题角色均未能由独立参与者明确表示出来（Kemmer，1993）。

(b) El anciano se ahogó.
定指 老人 **系动词** 淹死
(老人淹死了。)

另一方面,中动式为主题过程增加了一个动力性成分,后者在常态下获得的是通格识解。例如,(31)(a)是一个通格不及物式,因唯一涉及的力为无处不在的地心引力,我们往往视其为理所当然。(31)(b)中的中动式是非施动性的,但却是动力性的,至少相比而言是这样。它体现了我们的常规期待:人会施加某种控制以保持直立姿势。中动动词 caerse“落下”将事件形容为维持这种姿势的力的平衡被打破,从而使得地心引力占了上风。

(31) (a) La lluvia está cayendo.
定指 雨 **系动词:进行体** 落下
(雨点正往下掉。)

(b) Ricardo se cayó.
里卡尔多 **系动词** 下跌
(里卡尔多掉了下来。)

中动式所暗含的力无需是物理的,甚至无需是客观识解的。它可能仅仅表现为主体在感知与愿望、常态预期相反的事件时,主观经历的某种力。因而,(32)(a)描述的是篮球游戏中的常规情况:投篮后,球预期会下落(原因之一是球网的下端是开口的)。然而,若将篮球置于桌上,预期的情况则可能是球保持原位不动。因此,(32)(b)中,se

记录了一个预期将会持续下去的稳定情景被打破的情况。

(32) (a) La pelota cayó de la canasta.
定指 球 下降 的 **定指** 篮子
(球从篮子里掉了出来。)
(b) La pelota se cayó de la mesa.
定指 球 **系动词** 下降 的 **定指** 桌子
(球从桌子上掉了下来。)

11.3.2　非参与者主语

在小句结构中，一个具有广泛表现的原型概念，是将某一情景组织为场景、处所及参与者。这些概念在典型事件模型及基于其上的默认编码模式中均有体现(图 11.2)。或许最典型的是(33)中所体现出的模式。射体与界标地位通常被赋予参与者，以名词短语加以编码(此种情况下为 Floyd 与 glasses)。相比之下，典型情况下，场景与处所由关系表达式引入。这里的总体场景是由处于小句外的介词短语(以“逗号语调”(comma intonation)标记)明示的，处所则是由处于小句内的介词短语明示的。作为场景，厨房承载了整个小句事件(即弗洛伊德将盘子摆在操作台上)，而操作台不过是盘子占据的处所。[①]

① 这是基于常识的默认解释，但并非唯一可能的解释。例如，为了将盘子摆在上面的碗柜里，弗洛伊德可能一直站在台面上。

(33) In the kitchen, Floyd was stacking glasses on the counter.
SETTING PARTIC PARTC LOCATION
场景 参与者 参与者 处所
(厨房里,弗洛伊德(那会儿)正将玻璃杯摞在操作台上。)

用于界定特定小句类型的语法结构,体现了观察情景的特定方式。诸如最大辖域、直接辖域、显面、射体、界标等因素共同构成了某种"框架"(frame),用于对概念内容加以把握,从而将其塑造为语言意义。一系列特定的内容可造就不同的意义,这取决于这一观察框以何种方式与其联结。常态格局是在射体、界标与参与者之间建立联结,如(33)。然而,这不过代表了一种情况而已。在有些联结中,焦点突显可落在场景或处所上,这种情况也并不鲜见。这种差别乍看可能并不明显,因为参与者与场景-处所的区分往往是隐性的;不过,从其对语法的影响中我们还是可以觅到其踪迹。

例如,(34)(a—c)中的例子在形式上似乎呈现为及物小句,每个小句均包含两个名词短语,出现在其常规的主语与宾语位置(参见 Floyd broke the glass)。然而,它们并非方方面面均类似及物小句。在(34)(a'—c')中,我们注意到,它们拒斥被动化。由于被动化能力与及物性呈正相关(至少在英语中如此),不能被动化即意味着它们实际上缺乏这一属性。

(34) (a) The envelope contained his will.
(信封里装着他的遗嘱。)

(a') ＊His will was contained by the envelope.

(＊他的遗嘱被信封装着。)

(b) The lecturer finally reached the end.

(报告人终于讲到了头儿。)

(b') ＊The end was finally reached by the lecturer.

(＊头儿终于被报告人讲到了。)

(c) The train is approaching Chicago.

(火车正驶近芝加哥。)

(c') ＊Chicago is being approached by the train.

(＊芝加哥正被火车驶近。)

小句形式本身并不足以使之成其为及物的。及物性的关键因素本质上是概念性的——大致表现为其趋近典型施事-受事互动的程度(Hopper and Thompson,1980;Rice,1987a、1987b)。与之相关的一种情况是:在原型概念中,参与者彼此发生**互动(interact)**,但仅仅**占据(occupy)**位置与处所。因此,只有当射体与界标均为参与者时,小句才是及物的。然而,在(34)中情况并非如此。每个小句中,两个焦点成分之一被识解为处所:contain(装着)的射体代表了其界标占据的处所;相反,对于 reach(到达)和 approach(接近)而言,界标是射体的终点或预期处所。这些小句是不及物的,因而缺乏相应的被动形式。①

① 及物性取决于情景是如何加以识解的。按照动力性的识解模式,contain(将……限定在某一区域内)是及物的:The crowd was contained by the security guards(人群被保安人员限定在特定区域内)。同样,参照某种社会互动加以识解时,approach(靠近)也是及物的:She was approached by a stranger(她被一个陌生人靠近)。

在图 11.7 中，圆代表参与者，框盒代表处所或场景。图(a)是对及物构造的抽象描述，其中两个参与者彼此发生互动(往往是不对称的)。构造(b)与(c)是非及物的，因其中一个焦点成分(要么是射体，要么是界标)为非参与者。[①] 无论参与者是仅仅占据处所位置(如图(b)所示)，还是朝处所移动(如图(c)所示)，情况均是如此。这些概念对立虽说在语法上不乏重要性，但并未造就不同的句法形式。它们均可由依次包含主语、动词、宾语的小句加以实现。

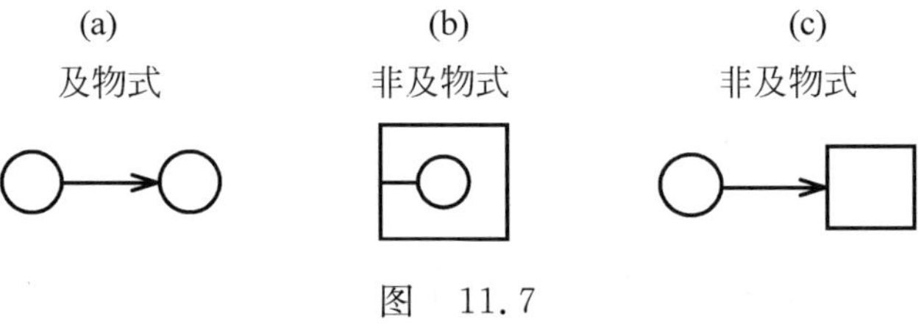

图 11.7

在众多语法构式与小句观察框的联结模式中，场景或处所被聚焦为射体。一个例子是(35)中的构式，它将处所形容为充斥着某种活动，将其作为视觉或听觉感知的场所(Dowty,2000)。这些表达式表明，动词层面与小句层面的射体可以存在不一致之处，因为实际上 buzz(嗡嗡叫)的是昆虫，explode(爆响)的是烟火，bustle(熙熙攘攘)的是购物者(且不论做什么)，crawl(爬)的是虱子。由于并未引出新的成分，构式本身遂将首要焦点突显转移至容纳一切的处所上。因此，它将处所形容为承载了某种活动，并呈现出相关的感知特征。

① 偶尔我将射体和界标分别称为首要与次要焦点参与者(participants)，那是一种宽泛的说法(参与者与场景/处所的区分在此并不相关)。严格来讲，应将射体与界标分别描述为首要与次要焦点成分(elements)。

(35) (a) The garden is buzzing with insects.

(花园里昆虫嗡嗡地叫着。)

(b) The whole sky exploded with fireworks.

(整个天空烟火绽放。)

(c) The streets were bustling with shoppers.

(街上购物者熙熙攘攘。)

(d) My cat is crawling with fleas.

(我的猫身上爬满了虱子。)

图 11.8 对(35)(d)的相关方面进行了描述。尽管猫在常态下为参与者,这里我的猫仅被识解为虱子活动的宿主。它们的关联是通过介词 with 实现的,其所侧显的是一种伴随关系。[①] 通过彼此对应,with 的射体等同于 cat(猫),其界标等同于 crawl(爬)的

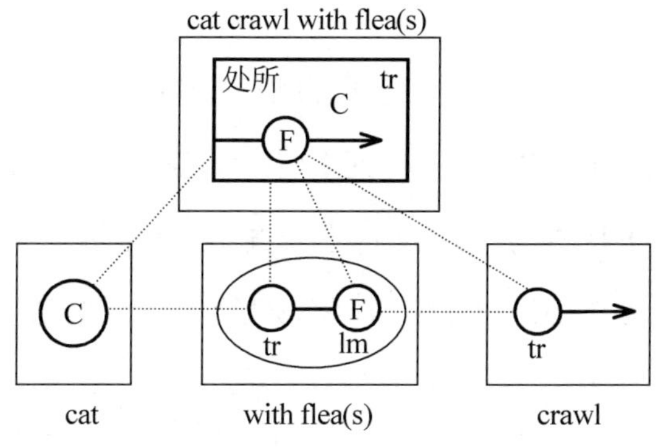

图　11.8

① 更确切地说,with 侧显某种参照点关系(图 3.14),由此界标处于射体的领地内(以椭圆标记)。

射体(fleas)。复合结构层次上侧显的过程,代表了动词表达的关系与介词表达的关系发生整合的情况:它从 crawl 那里继承了过程性特征,从 with 短语那里继承了射体选择情况。因此,所侧显过程的核心在于射体充当了虱子及其爬行的处所。

在(36)中,也存在类似的动词与小句层面的射体不一致的情况,其中主体为某一空间或时间场景:

(36) (a) This stadium has seen some thrilling contests.
(这个露天体育场曾目睹过一些激动人心的赛事。)
(b) The last few years have witnessed some major changes.
(过去几年见证了一些重大变化。)

see(目睹)或 witness(见证)之类的动词体现出如图 11.9(a)所示的基本组织:它侧显的是一种感知互动,其中观察者被聚焦为射体。相反,(36)中的构式通过将射体地位转移至总体场景上,抽去了任何具体的观察者。因此,它将场景形容为承载了宾语名词短

(a)
参与者主语

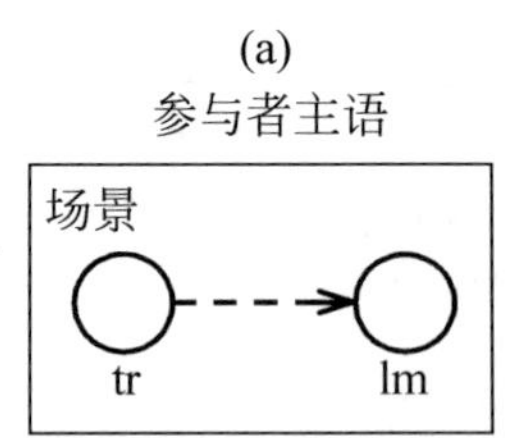

(b)
场景主语

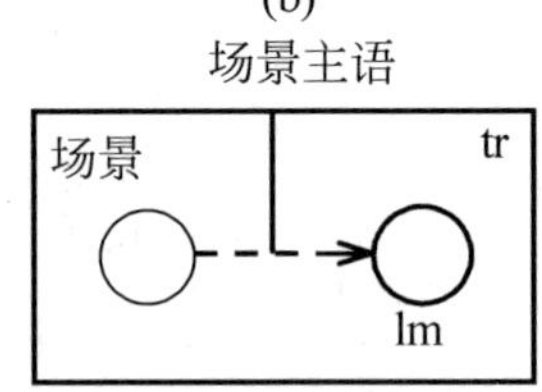

tr = trajector(射体); lm = landmark(界标)

图 11.9

语具体说明的情况，但同时隐晦地表明，任何置身场景中的人均本可观察到它们。由于观察者仅以某种虚化的方式被唤起，因而依然是隐性的，其显著性微乎其微。

这一场景-主语构式是图 11.7(b)中的构造的一个例示。(36)中的句子因而是不及物的，不能轻易发生被动化：

(37)(a) * Some thrilling contests have been seen by this stadium.
(*一些激动人心的赛事曾被这个露天体育场目睹过。)
(b) * Some major changes have been witnessed by the last few years.
(*一些重大变化被过去几年见证了。)

从功能角度来看，被动构式与场景-主语构式相互排斥，因各自代表了一种有别于典型联结的情况——以不同方式将小句观察框重新定位，从而使首要焦点突显落在施事以外的某一事物上。两种表达方式均是自然而然的。主题导向属于被动式的典型情况，关于其动因前面已有所交代(§11.2.3)。出于其无所不包的性质，场景往往不甚凸显，但这一属性本身即为其入选为主语提供了理据。射体是焦点突显的自然路径的起点，因而小句射体充当了初始切入点，用于逐步建立起所侧显过程的完整概念。为此，一个明显的策略是从总体场景起步，而后"镜头推进"(zoom in)至其内部发生的情况。

与场景主语非常接近的是出现在(38)(a—b)中的 it。两者的关系从下列事实可见一斑:it 小句尽管在形式上是及物的(有一名词短语位于宾语位置,紧随动词出现),但不能发生被动化。

(38) (a) It's raining big drops.

(天正下着大雨点。)

(a') * Big drops are being rained(by it).

(*雨点正被天下着。)

(b) It seems that he lied to us.

(他好像对我们撒了谎。)

(b') * That he lied to us is seemed(by it).

(*谎好像被他撒给我们了。)

此处的 it 通常被认为没有意义(句法上的虚位成分),但更适于看作在指称上极度不明(maximally unspecific)(Bolinger,1977:第四章)。或可将其描述为指向“意识辖域”(scope of awareness),作为后续内容的基础。it 以某种未分化的方式指称支撑起这一评估的整个大环境。因此,it 小句映照出场景-主语构式的镜头推进策略。不过,它们显得更为抽象,因其起点不是一个明晰界定的空间或时间区域,而是涵盖概念化主体的总体意识中任何可视为相关的因素。对于 rain(下雨)这样的动词而言,当然可潜在地将 it 解释为周围气象环境。虽说如此,这不过是一个特例而已,甚至于对这样的例子来讲仍嫌过于狭隘。

11.3.3　宾语

在施事导向型语言中，典型情况下宾语为主题。如果说受事属于典型，其他主题角色同样具有相当核心的地位，如施事（如 Floyd broke the glass（弗洛伊德打破了玻璃））、移动者（She threw it（她扔了它））、经事（He tickled her（他胳肢她））及零角色（I admired it（我欣赏它））。但就其形式及（在某种程度上）语法表现而言，这些并非名词短语充当宾语时的唯一语义角色。例如，在 The train approached the station（火车驶近车站）中，跟随动词的名词短语是一个处所，而非参与者。同样既非主题、也不具有交互性的，有某些表达式中动词后的名词短语，如 They stayed the night（他们留下来过夜）、It cost a fortune（它花了我不少银子）及 It weighs three pounds（它重达三磅）。虽说这些在传统上并不被视作宾语，或可将其囊括在一个基于次要焦点突显的图式性描述之下。这也包括含两个参与者的小句的作格性施事，在这种小句中，通格性的主题被分析为主语（如(27)(a)）。

此处**“宾语”(object)**一词的用法非常宽泛，可用于任何名词性界标（正如**主语**可用于名词性射体）。趋近典型的情况可通过**“直接宾语”(direct object)**这一传统标记加以区分。因此，直接宾语名词短语指称的是所侧显行为链的终端参与者，既可以是物理行为链，也可以是被识解为其抽象对应物的互动行为（§11.2.2）。如果说典型情况下主语是行为链的链首(head)，那么宾语则是行为链的链尾(tail)。

同主语的情况一样，宾语的选择往往是灵活多变的。比如说，对于同一物理行为，我既可以是 tie **my shoe**（系（紧）**我的鞋**），又可以是 tie **my shoelace**（系**我的鞋带**），或是 tie **a bow** in my shoelace（在我的鞋带上系**一个蝴蝶结**）。同首要焦点突显一样，将次要聚光灯照在特定成分上，也往往同时照亮整体关系中其所锚定的部分。我 tie my shoe 是为了使脚上的鞋子更为牢固，tie my shoelace 则是为了使鞋带不至于摆来掉去。自然，tie a bow in my shoelace 凸显的是蝴蝶结的生成，因此将注意力从鞋子上转移开来。这并不意味着鞋子在我的脚上，甚至并不意味着鞋带在鞋子上。

对于被编码为宾语的事物而言，其识解方式同样是灵活多变的。例如，马拉松的起始阶段完全可描述为（39）（a）或（39）（b）。然而，尽管宾语名词短语指称同样的五里路，这些句子对其识解方式却大相径庭。在（39）（a）中，five miles（五里路）主要用于明示一段距离。其所指主要被看作度量衡上的某个点，或可视为一个抽象的处所。由于宾语是非参与者，该句是不及物的，因而采用被动形式并不贴切。相比之下，（39）（b）中的 the first five miles（前面的五里路）被形容为一个被穿越的空间路径——一种需要战胜的对手。[①] the first five miles 被识解为一个与运动员互动的参与者，它不仅是一个宾语，更是一个直接宾语，因而（39）（b）带上了某种及物色彩。因此，其被动形式（39）（d）是可接受的。

（39）（a）All the racers ran five miles.

（所有赛手都跑了五里路。）

① 这些对立的解释印证了 § 2.2.2 部分论及的一个意义差别，该差别基于的是认知域在激活度方面的排序。

(b) All the racers ran the first five miles quite easily.
(所有赛手跑前面的五里路都相当轻松。)

(c) * Five miles were run by all the racers.
(* 五里路被所有赛手跑了。)

(d) The first five miles were run quite easily by all the racers.
(前面的五里路被所有赛手跑得相当轻松。)

典型情况下，直接宾语名词短语指向一个参与者，该参与者被视为所侧显行为链的链尾。不同物体(即具有界标地位的名词短语)在不同程度上趋近这一典型。直接宾语的典型语法表现如何扩展至不甚典型的情况，需由特定语言的规约而定。许多语言均作出了直接宾语(direct object)与间接宾语(indirect object)这一重要的结构区分。例如，在法语中，间接宾语是由介词(而非零形式)标记的，且在第三人称中具有不同的代词形式：

(40) (a) Il voit sa mère.
(他看见母亲了。)

(a') Il la voit.
(他看见她了。)

(b) Il obéit *à* sa mère.
(他听母亲的话。)

(b') Il lui obéit.
(他听她的话。)

同法语中的à一样，用于标记间接宾语的介词通常表示“朝向”或“在”。在含有格屈折的语言中，用于间接宾语的格传统上被标记为**“与格”(dative)**。

在语义上，间接宾语通常体现为经事。对于间接宾语及与格而言，这一角色原型均是典型的。因此，对其加以分析的关键在于，经事在施事-主题的对立上是矛盾的。一方面，经事是一个典型的主题角色（其他包括受事、移动者、零角色）：She was happy（她很高兴）；He fainted（他感到晕眩）；I ache all over（我浑身发痒）。然而，作为心理活动的场所，经事同样被视为一条心理路径的源头，用于与另一实体建立心理接触：I'm watching you（我正注视着你）；He imagined it（他想象过它）；She remembers me（她记得我）。在后一种表象下，很容易将其识解为施动性的，因其是主动的、能愿性的，或可用于引发某种互动。因此，我们可以区分**被动的(passive)**（或**主题性的(thematic)**）与主动的（active，或启动性的（initiative））经事。其分布往往依循了作格-通格模式。即是说，常规情况下，被动经事由不及物主语与及物宾语加以编码（I'm happy（我很高兴））；That pleases me（那让我很开心）），主动经事则由及物主语加以编码（I like that（我喜欢那样））。

然而，这些充其量不过是倾向而已。meditate（沉思）是不及物的，但其主语是一个主动经事。而且，在含两个参与者的小句中，被动经事并非总是及物宾语。一个例子是(40)(b)，其中宾语是间接而非直接的。obéir“服从”不过是出于此因被视为不及物的法语动词之一，其他如plaire“使高兴”、convenir“适合”、aider“帮助”、parler“说”及répondre“回答”。直接宾语构式与间接宾语构式的差别在于，界标主要是被识解为被动参与者，还是主动参与者。就所侧显的互动情况而言，两个构式均将其形容为相对于射体是第二位的（即处于影响之流的“下游”）。两者的区别在于，间接宾语构式将更大的突显度赋予界标，这归功于它还扮演了主动经事的角色（Smith，1993）。对于携带间接宾语的动词而言，界标的活跃地位通常是显而易见的。意思为“遵循”的动词唤起了一个界标发号施令的（未加侧显的）先前事件。“使高兴”所侧显的互动既取决于界标对射体的把握，又取决于后者作为刺激物的角色。这种构式中尤为常见的是交际类动词，其中界标不仅对信息加以把握，而且与射体交替充当言者与听者的角色。[①]

最常见的情况是：间接宾语与直接宾语共现，充当含三个参与者的动词的补语。其典型成员为转移类动词，主要为表示“给予”的动词（参见 Newman，1996）。这种动词有三个获得侧显的参与者——施事、移动者及接受者，其中施事被聚焦为射体。那么，当选取什么作为界标呢？移动者与接受者均为焦点参与者，均具备焦点突显的资格。因此，不同语言的编码策略各有千秋，这一点不足为奇。或许，最典型的模式（如法语中的情况），是移动者与接受者分别被编码为直接宾语与间接宾语。在（41）（a）中，ces livres“这些书”直接出现在动词后，并体现为无标记形式，表明它充当的是直接宾语与小句的界标。间接宾语 mon frère“我的兄弟”是由

① 确切分布需由规约而定：哪个动词跟直接宾语，需要说话者加以掌握。尽管如此，他们并非仅仅识记一个任意的清单。最有可能出现在该构式中的动词，描述的是易于识解为与其意义一致的情况。这证明了动因（motivation）而非严格的可预测性（predictability）在语言中的重要性（§1.2）。

介词 à 标记的。两者均为动词的补语，因其明示的均是获得侧显的参与者，且两类宾语均由动词前的代词加以标记，如(41)(b)。或许，间接宾语应视为次要界标。即便不能，至少作为获得侧显的参与者，其地位也是相当显著的。

(41) (a) Je donnerai ces livres à mon frère.

(我要把这些书送给哥哥。)

(b) Je les lui donnerai.

(我要把它们送给他。)

尚有一些语言遵循了与之相反的策略，如卡西语(Khasi，属印度孟高棉(Mon-Khmer)语族)(Dryer，1986)。在(42)中，我们注意到，接受者而非移动者的表现与简单及物小句的界标相当，带上了宾语标记 ya：

(42) (a) Ka la yo''ii ya 'uu khlaa.

她 **过去时** 看见 宾语 **定指** 老虎

(她看见了老虎。)

(b) 'uu hiikay ya nga ka ktien phareng.

他 教 **宾语** 我 **定指** 语言 英语

(他教我英语。)

英语则试图做到兼容并蓄。[①] 对于转移类动词而言，既可选

① 不妨回顾一下 § 8.3.2 部分所谈内容，尤其是图 8.12 中的两个图解。

择使动构式，又可选择双及物构式。在前者中，移动者被聚焦为界标；在后者中，则是接受者成为聚焦对象：

(43) (a) **Caused-motion:** She sent some monkeys to the zoo.
(**使动:**她送了一些猴子到动物园。)
(b) **Ditransitive:** She sent the zoo some monkeys.
(**双及物:**她送了动物园一些猴子。)

关于这些名词短语的直接宾语地位，可以观察到的证据是：它们可充当相应的被动式的主语。

(44) (a) Some monkeys were sent to the zoo.
(一些猴子被送到了动物园。)
(a') * The zoo was sent some monkeys to.
(*动物园被送了一些猴子到。)
(b) The zoo was sent some monkeys.
(动物园被送了一些猴子。)
(b') * Some monkeys were sent the zoo.
(*一些猴子被送动物园了。)

关于界标的这些不同选择情况，体现了识解转移行为的不同方式。聚焦于移动者时，凸显的是它与侧显运动诱因的简单及物小句(如 He threw it(他扔了它))的相似性。在(43)(a)中，所侧显的行为链为主语致使宾语沿 to(到……)短语描述的路径移动。

当然，移动与路径并非仅仅是空间上的。进而包括的还有更为抽象的概念（隐喻式地基于空间移动），即界标离开施事的势力范围（其领地），进入接受者的控制领域。的确，这一抽象移动可能是更主要的，甚至是所涉及的唯一一种移动（如 He deeded the ranch to his daughter（他立下契约，把牧场留给了女儿））。然而，转移行为同时也是一种社会互动。在使动构式中，社会层面被置于背景位置，在双及物构式中则跃居前台。通过聚焦于接受者，双及物构式凸显的不仅仅是它得到并控制移动者的角色，还涉及它把握转移行为并与施事互动的角色。由此，所侧显的行为链可能主要涉及施事与接受者发生互动，并通过交付行为对其施加影响。由于存在这一社会性成分，典型情况下双及物构式需要一个有意识的接受者。因此，在(43)(a)中，zoo（动物园）既可指称地点，又可指称机构，但在(43)(b)中仅指称后者。机构与地点有所不同，它通常被隐喻性地识解为人，因而可以有知觉，可以体现出所有权关系，或可以参与社会互动。①

在宾语的选择上，有些语言呈现出更为多样的特征。通过称之为**“施用式”(applicative)**的特殊动词形式，可将界标地位赋予处所、受益者或工具之类的非主题成分。所有这些在班图(Bantu)语系中的基亚卢旺达语(Kinyarwanda)中均有体现(Kimenyi，1980)。(45)

① 双及物构式包括彼此关联的构式构成的整个家族，其中某些的确许可无知觉的界标，如 I gave the fence a new coat of paint（我给篱笆一层新的涂漆）。我们注意到，与之相对的使动构式则显得相当别扭：?? I gave a new coat of paint to the fence（?? 我把一层新的涂漆给了篱笆）。它将该事件不恰当地形容为油漆沿某一空间路径行进的情况。

中的例子阐释了工具施用式的情况。在句(a)中,直接宾语为 íbárúwa“信”,工具 íkárámu“笔”是作为 n'-“用”的界标间接引入的。句(b)的译文与句(a)并无二致,但语法表现却大相径庭,因为动词后缀 -iish 将次要焦点突显转移到了工具上。因此,íkárámu 是小句宾语(直接加以明示),íbárúwa“信”尽管同样获得了侧显,但并非焦点参与者。íkárámu 的宾语地位可由对应的被动式(即句(c))得到证实,此处它充当的是主语。由此,需间接加以明示的是施事。

(45) (a) Ømwáalímu a-ra-andik-a íbárúwa n'-íikárámu.
老师 他-**现在时**-写-**非持续类** 信 用-钢笔
(老师正用钢笔写信。)

(b) úmwáalímu a-ra-andik-iish-a íbárúwa íkárámu.
老师 他-**现在时**-写-**工具-持续类** 信 钢笔
(老师正用钢笔来写信。)

(c) íkárámu i-ra-andik-iish-w-a íbárúwa
钢笔 它-**现在时**-写-**工具-被动语态-持续类**
n'-úúmwáalímu.
信由-老师
(钢笔正被老师用来写信。)

次要聚光灯除了可聚焦于不同成分外,有时还可能熄灭。达到这一目的的一个手段是**宾语包孕(object incorporation)**,如(46)中来自古典纳瓦特尔语的例子。句(a)是一个简单及物小句,宾语表示了出来(in nakatl“肉”),动词 k^{w}aa“吃”的前缀同时包括 ni-

与 k-，前者用于第一人称单数主语，后者则用于第三人称单数主语。相比之下，在(b)中，名词 naka“肉”直接与 k^{w}aa 结合，构成复杂动词词干 naka-k^{w}aa“吃肉”。这一派生词干是不及物的，因而缺乏宾语前缀 k-，且不允许出现显性宾语名词短语。将 naka 包孕在动词中，表明了吃饭涉及肉类，在此意义上它明示了动词的界标，但同时表明受事并非焦点参与者，无法进一步加以认定。它是由一个未经入场的名词表达的，对其描述依然停留在类型层面。

(46) (a) Ni-k-kwaa-s

第一人称单数-第三人称单数-吃-**将来时**

in　　naka-tl.

冠词　肉-**宾格**

(我要吃那(块)肉。)

(b) Ni-naka-kwaa-s.

第一人称单数-肉-吃-**将来时**

(我要吃肉。)

(c) Ni-tla-kwaa-s.

第一人称单数-事物-吃-**将来时**

(我要吃。)

界标的去焦在(46)(c)中更进了一步，其中类型是高度图式性的。由于 tla- 仅仅明示受事为非人类，通常它所充当的语法功能，不过是容许及物动词仅与一个已经明示的参与者共现。在这方面，它类似非人称表达，因其射体未加明示；同时也类似被动式及中动式，因其将射体地位赋予主题，而使施事处于未聚焦状态（§11.3.1）。当及物动词被标记为**反身性的（refiexive）**时，同样仅含一个参与者。在反身构式中，一个参与者同时填充了射体与界标的语义角色。不妨回顾一下（30）中来自西班牙语的例子：El ratero ahogó al anciano“首领淹死了老人”（及物的）与 El anciano se ahogó“老人淹死了”（反身的）。如前所述，后一表达式也可以是中动式：El anciano se ahogó“老人淹死了”。跨语言中一个司空见惯的现象是：这些不同种类的构式——界标不明式、射体不明式（即非人称式）、被动式、中动式、反身性式——在形式上完全相同。不过，它们还是可以作出区分的，可总结为图 11.10（其中 Δ 表示参与者未加明示）。

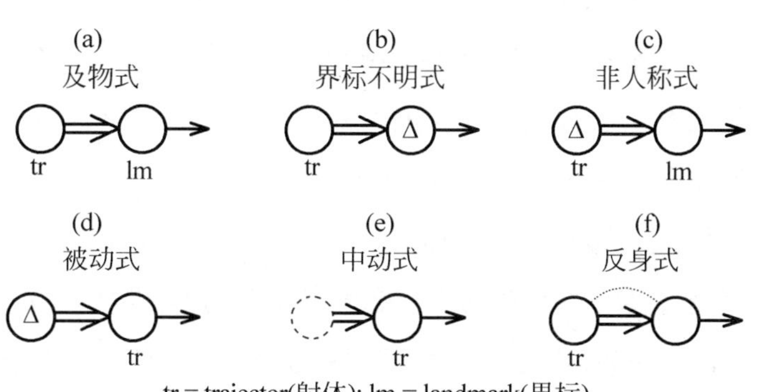

图　11.10

11.3.4　主题过程

主题过程（thematic process）属于最低限度的过程，其唯一参与者是一个被动的主题。此种过程既可作为概念自主的核心包孕在施动性互动中(如 He broke it(他打碎了它)),又可作为小句显面独立出现(It broke(它碎了))。正如施动性互动构成了及物小句的典型,主题过程同样构成了不及物小句的典型。在主题过程这一被动领域中,最具代表性的是持续类小句,其中主语的语义角色为零位。它们指向的是稳定情景,其中射体或呈现出某一特征,或占据某一处所,或仅仅是处于存在状态。

这类主题过程构成了英语中一类基本小句的典型。这些小句缺乏词汇动词,其所指向的过程是由图式性的动词 be 及其补语提供的。典型情况下,补语为形容词或介词短语,但它可以代表用于侧显非过程性关系的任何范畴(§4.3.3)。通过将其过程性特征赋予这一关系,be 派生出了所侧显的小句过程。

图 11.11(a)表明了这在简单形容词中的运作情况。在大部分用法中,be 侧显一个图式性的持续类过程。因此,它指向一个被构想为无内在边界、随时间展开的简单关系(内框盒)。其具体化是借助补语实现的——此种情况下为 sad(悲伤的)——它将某一情绪状态(标记为 s)赋予其射体。sad 是一个补语,因其阐释的是 be 所唤起的图式性关系,后者充当了显面决定体。因此,它将自身的过程性显面施加在形容词提供的具体内容上。复合表达式 be sad 是一个复杂的持续类动词,可充当小句中心词。

出现在这一构式中的形容词也可以是静态过去分词,如 be sad(感到悲伤)。静态分词与非派生性形容词的差别仅在于,它将所侧显的关系形容为某一状态变化过程的产物(图 4.15)。该构式与处所补语如 in the garage(在车库里)大同小异,因处所成分同样指向一个简单关系。有些构式涉及的是 be 与其他类型的补

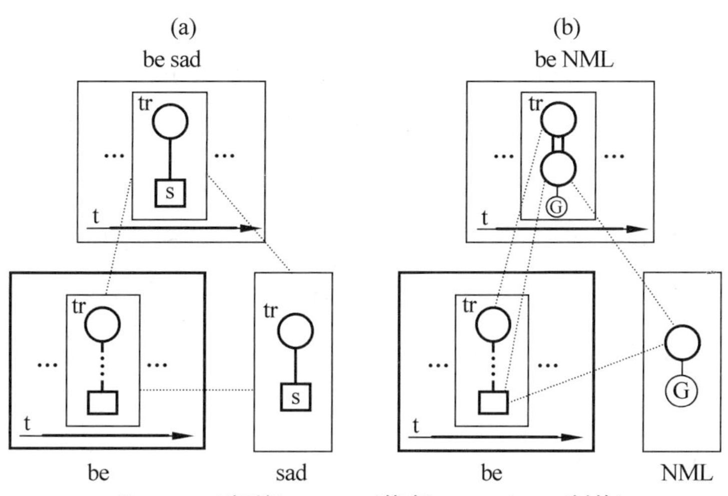

G = ground(场境); s = state(状态); tr = trajector(射体)

图　11.11

语的整合,代表了对这一基本模式的扩展。一种扩展发生在 noisy(吵闹的)、careful(认真的)、naughty(淘气的)、obnoxious(讨人厌的)之类的形容词中,其中相关属性被构想为蓄意而为的结果。复合表达式如 be noisy(闹哄哄的)被识解为指向某一行为片段,其持续时间足够将这一行为呈现出来。由于所侧显的情况是有界的,该表达式属于非持续类,因而可接续进行体:They were being noisy(他们刚才闹哄哄的)。同样的扩展也适用于传统上称之为**"名词谓语句"(predicate nominative)**的情况,其中 be 的补语是一个名词短语:He is being a jerk(他蠢相百出);Don't be a wimp(不要那么怯懦)。然而,一个更亟待回答的问题是:名词谓语句何以能产生?名词短语的作用是侧显某一事体,那么,它何以能阐释 be 所表达的随时间扩展的关系呢?

通常区分两种不同的名词谓语句,一般认为其差异相当显著。

一种用于标记主语与谓语名词短语的指称等同关系:Joyce is my cousin(乔伊斯是我的堂表亲)。另一种则用于明示范畴成员关系:Joyce is an actress(乔伊斯是位女演员)。在 CG 的解释框架中,两种变体得到了统一处理。两者均为等同构式——即用于表达指称上的同一性。其差别在于第二个名词短语所指的地位问题:其所指向的是实实在在的个体,还是所明示类型的一个虚拟例示。将主语等同于某一类型的一个虚拟例示——一个仅用于对其加以描述而臆想出的例示——是标记其范畴成员构成的途径之一。同无定成分的一贯表现一样(§9.3.4),第二个名词短语将其所指作为一个虚拟实体加以唤起,它在更高组织层次上可能转变为真实的,也可能不然。名词谓语构式通过将其等同于主语的所指,而使之成为实在之物。

它究竟是如何做到这一点的呢?姑且假定 be 的图式性意义与在其他用法中相同,该构式可表述为图 11.11(b)。be 不过表明,其射体与某一实体具有某种关系,关于实体的性质及两者的关联方式均未作说明。名词谓语构式明示两者均属构式义的一方面,与之关联的实体等同于名词补语的显面。它与射体之间体现为指称等同关系(图中以连接两者的双线表示)。在概念上,这一关系是微乎其微的,本质上仅唤起了名词短语的所指本身;由于并无附加内容隐含二者的区分,在复合概念中它们直接合二为一。等同关系作为构式义的一面得以浮现,而非单独加以符号化,这是具有象似性的。[①]

① 等同概念是应归结为构式,还是归结为 be 本身的一个专门意义,这是一个悬而未决的问题;be 仅仅在构式语境中体现出这一具体意义。反过来,对 be 的全面描述也包括作为其结构框架的构式图示(§8.3.2)。

通常区分作为“系动词”(copula)(连接成分)的 be 与作为助动词的 be。系动词 be 囊括了已经讨论过的例子,其中补语为形容词、处所成分或谓词名词短语。助动词 be 出现在被动式及进行体中。一般认为,区分两者的基础在于,系动词 be 是小句中唯一的动词,因而是真正的小句中心词;相比之下,助动词 be 从属于词汇动词,后者充当着小句中心词。然而,这一理据混淆了两种不同的小句中心词概念:词汇动词与被入场动词。每种情况下,be 均可充当被入场动词,为非过程性补语赋予时间延续性:She is {sad/in the garage/an actress/liked by everybody/working hard}(她{感到悲伤/在车库里/是一名演员/人见人爱/正埋头工作})。诚然,被动式与进行体是基于词汇动词之上的,但在更高组织层次上,be 与动词补语结合,各个构式的表现均大同小异,完全可作出统一描述。

被动式自及物动词派生而来。在语义上,被动式中的分词在两方面有别于动词:对所侧显的互动情况加以整体而非顺序观照,并将射体地位赋予“下游的”参与者(动词的界标)。射体因而是一个主题,这与 be 构式大部分变体中的情况是一样的。然而,由于源动词是及物的,因而射体可体现出任何主题角色——而不仅仅是零位。对典型情况的更大偏离体现为:被动式侧显一个复杂的(而非简单的)关系,包含动词性过程的所有成分状态。这从图 11.12 中可见一斑。[①] 由此,被动式既可体现为持续类,又可体现

① 相反,静态-形容词性分词侧显的仅仅是其终态(图 4.15)。因此,The glass was broken(玻璃破了)是带有歧义的,既可描述某一静态情景,又可描述该情景中发生的变化。

为非持续类(如 He was liked by his dog(他被他的狗所喜欢)vs. He was licked by his dog(他被他的狗舔了一口))。分词继承了动词的体,整个构式则继承了分词的体。因此,被动式 be 在持续性的表现上是不加区分的,并不确切属于持续类。这对 be 与分词的整合方式存在着影响。由于各成分状态不尽相同,我们不能简单地说 be 的所有状态均映射到其补语所侧显的同一(简单)关系上(如图 11.11(a)中的情况)。实际情况是:be 所侧显的整个复杂关系(一个状态接一个状态地)对应于分词所侧显的关系。两者得以融合为一个高层过程,其中分词性关系被顺序扫描。

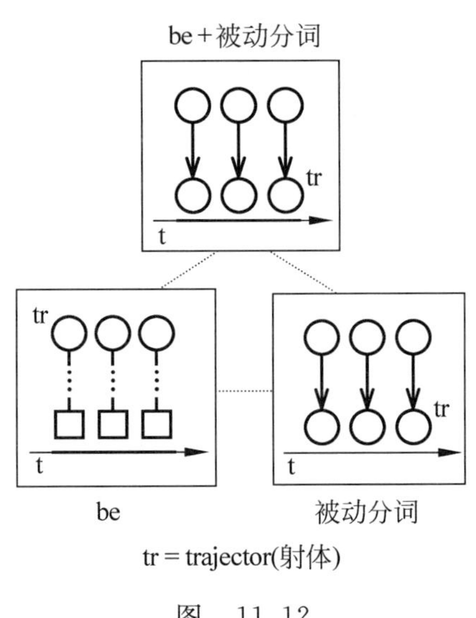

图 11.12

be...-ing 进行体构成了对典型情况的另一种偏离。-ing 从非持续类动词派生出了一个非过程性关系,代表了初始有界过程的某一内部区域(如 work(工作)>working)。它进而将这一关系识解为物质状的(mass-like),其成分状态呈完全相同的效果。因而进行体 be 是持续类的，但由于补语关系包含的是一系列（尽管是完全相同的）成分状态，它与 be 的整合同被动式中的情况大同小异。该构式同样并不典型，因为射体无需是主题性的。进行体的主语体现的语义角色与动词射体是相同的，且不论其射体是什么（如在 be working 中是一个施事）。

并非每个限定小句均含有显性动词性成分，使之成为过程性的。无论是所侧显的关系本身，还是其随时间持续下去的情况，均可作为构式义的一面浮现出来。例如，在名词谓语句中，所侧显的指称等同关系并非明确自任何一个成分结构继承而来（图 11.11(b)）。为阐释时间延续性概念的浮现，我们不妨转向路易森诺语中的形容词小句。为描述一个现在的情况，仅用名词加形容词已经足够，而无需动词：'awaal 'oyokval“那只狗（很）安静”。但对于非现在情况而言，小句包括动词 miyx“系动词”及其恰当的时态屈折：'awaal 'oyokval miy-qus“那只狗刚才是安静的”；'awaal' oyokval miyx-maan“那只狗将会安静下来”。我们有理由假定，是 miyx（**系动词**）使形容词表示的关系得以随时间延续下去，这是小句中心词所要求的。那么，在 miyx 缺失的情况下，现在时中的时间性从何而来？

这一问题与简单名词如 'awaal“狗”何以能充当完整的被入场名词短语情况相当（9.3.4）。答案依然是：语言中的规约单位不仅包括**建构**表达式的手段，还包括将其**用于**不断演进的语篇中的手段。言者-听者互动及其对台上情景的把握，构成了每个表达式意义的一部分（图 9.2）。在语篇之流的任何时刻，交际双方将注意力引向特定的台上成分——当前语篇框架中的焦点（图 9.7）。对于限定小句而言，获得聚焦的成分即是所侧显的小句过程。小句的生成划定了语篇框架的持续时间，就小句而言即是对所侧显的过程加以把握及顺序扫描的时间段。

这些概念在某些规约单位中有所反映，这些单位的功能即在于明示表达式是如何用于当前展开的语篇的。一个这样的单位允许将 'awaal 'oyokval 这样的结构理解为小句，并用于描述一个在说话时间持续展开的静态情景。由此，相关时间段（表达式的直接时间辖域）即等同于当前语篇框架的持续时间。同样，形容词表示的关系即等同于在这一时间段中聚焦的成分。尽管所侧显的关系并无内在的过程性特征，但由言语事件本身赋予了时间延续性，正如当其用于非现在情景时，即由 miyx 赋予了时间延续性。因此，复合概念中涌现出了一个过程，这是通过将获得显性符号化的关系锚定于言者-听者互动中实现的。由于这一互动即构成了场境，因而该过程是入场了的，该小句是限定性的。

11.4　复杂动词

在 CG 中，动词被定义为侧显某一过程的表达式。在这一宽泛定义下——宽泛得甚至足以囊括限定小句——大部分动词在象征结构上均是复杂的。但即便是那些传统上被视作动词的成分，通常也是复杂的。如果说单词素词 break（打破）是一个动词，多词素词 defunctionalize（使丧失功能）亦是如此，更不必说短语动词 break up（打破）及其屈折形式，如 broke、broke up 及 defunctionalizes（使功能丧失）。倘若将前者归入动词范畴，而将更复杂的过程性结构如 is breaking(正在打砸)、broke it up(打破了它)与 may have been defunctionalized(可能已经丧失了功能)排除在外,就不免有些任意的味道了。那又凭什么将 Floyd broke the glass(弗洛伊德打破了玻璃)排除在动词之外呢?

所有组织层次上的过程性结构——从词汇动词到完整限定小句——协助完成了一个共同的功能,即容许我们对事件与情景加以谈论。即便我们试图就两者作出区分,动词结构与小句结构依然密不可分。我们权且(仅为讨论之便)将小句的"动词"定义为:用于明示并侧显被入场过程的仅含一个词的表达式。由此,在 Floyd broke the glass 中,动词是 broke。如此界定的结果是:不同动词在复杂度及其包括的成分类型方面可谓千差万别。[①] 动词的内部结构在很大程度上塑造了整个小句的语法组织方式。它不仅决定了情景如何被识解,还决定了哪些成分须由其他手段加以表达。

动词对小句的贡献有多大?在最低限度上,它用于明示一个基本的过程类型,并施加特定的射体-界标联结。由此,它仅仅包括一个未实现屈折的词干(如 break 或 defunctionalize),其他一切悉由在句法上与动词结合的成分来传递。然而,随着更多的成分借助形态手段实现在动词本身上,在更高语法组织层次上要做的事情就更少了。例如,如果动词本身包含一个名词对其界标加以明示,就无需另立一个宾语名词短语。在(46)中我们已经看到这

① 并非每个小句均包含这样的动词。例如,在路易森诺语中,类似 'awaal 'oyokval "狗很安静"的句型中并无此类成分。类似 break up(解散)的短语动词并非单个词(如 They should break up the demonstration(他们应当解散游行))。

一点：纳瓦特尔语中的 k^waa“吃”接续宾语，但 naka-k^waa“吃肉”在语法上是不及物的。

一系列广泛多样的概念均可由动词加以编码，其中主要有与时态、情态、体密切相关的概念。在英语中，三者中仅有第一个是标记在动词上的。[①] 同样相当常见的是射体-界标联结的形态标记（§11.3）：被动式、逆被动式、非人称式、中动式、反身式、施用式，诸如此类。尽管这些涉及焦点参与者的选择，但仍需其他标记协助认定，最典型的是有关人称与数的说明。这些说明在形态独立性上体现出程度之别，可以是毫无独立性（如 am、are、is），也可如纳瓦特尔语中的 ni-k-neki（我-它-想要）那样明显分成音段，甚至可分析为人称代词。此外，动词还可包孕类似于状语的成分，这样的情况并不鲜见。兹举一例：柯拉语（Cora，墨西哥的一种犹他-阿兹特克语（Uto-Aztecan））中的动词有明示动词所表示过程的路径、处所或“形状”的前缀（CIS：第二章）。例如，对一支蜡烛而言，u-ká-taa-sin（内部-向下-燃烧-**持续体**）编码的是燃烧过程在某一处所内部沿向下方向进行。动词也是高层语法关系标记的常见宿主。例如，动词前缀可将小句标记为从属性的，或标记两个小句射体的异同关系。

因此，在有些语言中，具有一定复杂度的小句可能含有一个词。在更多语言中，单个动词可编码英语用一个“主”动词（main V）及一个或多个“助动词”（auxiliaries）迂回表达的成分：may V、has Ved、is

① 情态词属于独立词范畴（may、will、should 等），体则是由完成体与进行体构式迂回表达的（have Ved 与 be Ving）。被动态同样是迂回表达的（be Ved）。

Ving、will be Ved、had been Ving。尽管这些表达式可谓复杂，但属于同一个限定小句，其中 V 明示某一基本过程，其他成分要么对其加以入场，要么将某一特定视角施加其上。一个动词包孕多个过程性概念的情况也不鲜见，而这在英语中需由一个包含多重小句的句子来表达，其中每个小句均有自身的词汇中心词。

一个例子是(47)(a)的路易森诺语及其英语翻译。除情态动词 will 外，英语句子还有三个词汇动词——make、want 及 leave——每个均属独立词。此处获得入场的动词为 make。它含有三个补语：主语 I、宾语 him 及关系补语 want to leave。补语本身又含有一个动词 want 及自身的关系补语 to leave。这两个关系补语传统上被描述为从属小句。然而，它们并非完整小句或限定小句，因其缺乏独立入场及显性的主语名词短语。尽管路易森诺语的例句在某些方面与之相似，但显然仅包含一个小句。其关键差别在于，“离开”“想要”“让”等过程性概念均由一个动词词干 ngeevichuni“让……想要离开”编码。在句法上，(47)(a)与(47)(b)大同小异，均包含简单动词词干 'ari“踢”。简单词干与复杂词干以平行的方式由将来时后缀 -n 加以入场。再者，两种情况下，代词 noo“我”与 poy“他”均分别阐释词干的射体与界标，由此生成的小句进而由附缀＝nupo 加以入场。因此，较之于英语，路易森诺语中的表达式更多是通过形态而非句法手段实现的。通过将更多信息包装到动词中，它在小句组织上更为简单。

(47) (a) Noo＝nupo　　　　　　　poy

　　　　我＝**第一人称单数：将来时**　他

ngee-vichu-ni-n.

离开-想要-人-**将来时**

(我要让他想要离开/呆不下去。)

(b) Noo=nupo poy 'ari-n.

我=**第一人称单数:将来时** 他 踢-**将来时**

(我要踢他(一脚)。)

图 11.13 表示出了这一复杂动词的内部结构。其词汇性词根为 ngee“离开”,侧显射体始自某一参照处所(R)的运动。后缀 -vichu“想要”指向射体与充当其界标的某一事件之间的经验关系(虚线箭头);其意义的一个内在方面是:所意向的事件是由射体本身实施的,由对应线标明。在第一语法组织层次上,这一图式性事件是由 ngee 加以明示的。由于 -vichu 是显面决定体,因而 ngeevichu“想要离开”指向想要这一过程。在下一组织层次上,ngeevichu 与 -ni“让”结合,代表了一种被称为**“致使结构”(causative)**的常见成分。其所侧显的关系涉及射体对界标施力,从而引发其所实施的过程。这里,该过程被明示为想要离开。由于该层次的中心词为 -ni,复合表达式 ngeevichuni“让……想要离开”侧显的是引发这一愿望的行为。最后,在最高组织层次上,这一致使关系是由将来时后缀 -n 加以入场的。作为入场成分,-n 侧显的是图式性的被入场过程,将其明示为发生于说话时间之后(波浪线标记的框盒)。

按照通行做法,我们非正式地将小句的“动词”视为明示并侧显被入场过程的词。然而,这一任务通常是由一些成分合力

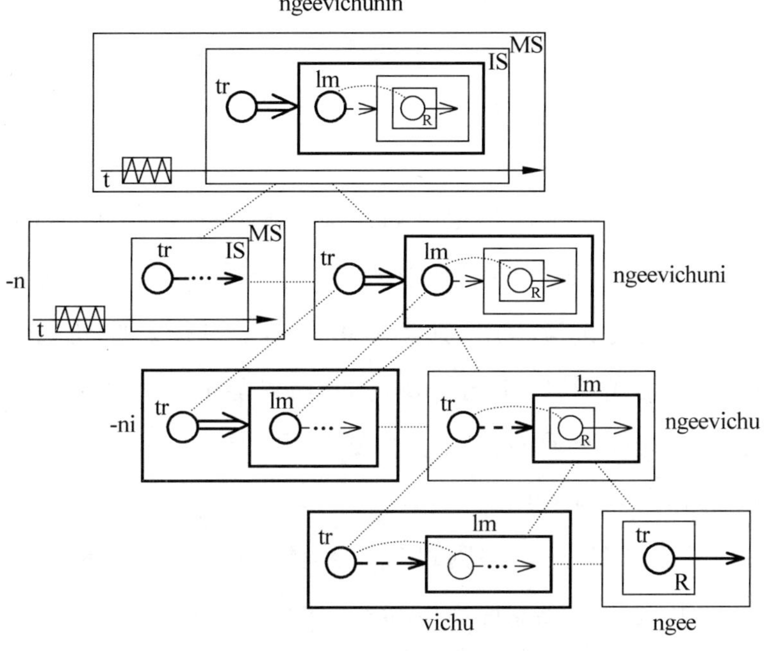

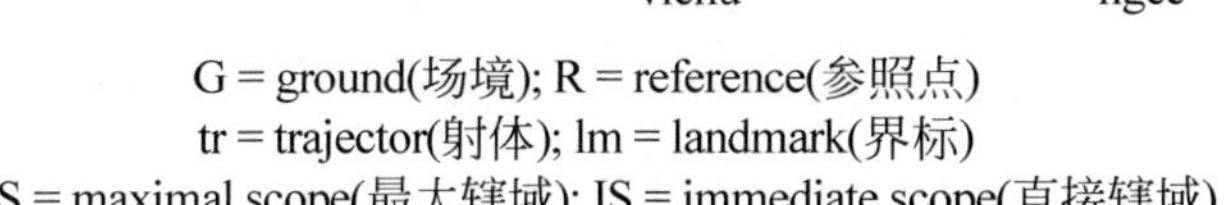
G = ground(场境); R = reference(参照点)
tr = trajector(射体); lm = landmark(界标)
MS = maximal scope(最大辖域); IS = immediate scope(直接辖域)

图 11.13

完成的，它们并不构成单个词。许多语言中普遍存在着**连动构式(serial verb construction)**，即多个均表现出过程特征的词串在一起，对小句侧显的过程加以描述。典型情况下，成分过程被识解为单一事件的不同阶段，该事件代表了某个熟悉的场景。在英语中，连动动词主要限于基于 go 与 come 的双词序列，如 Let's go eat(我们去吃饭吧)及 Come see this(过来看看这个)。在其他语言中，这一序列可以更长，也更具多样性。这里有一个来自泰语(Thai)的例子(引自 Takahashi，2000)：

(48) Tua tìk hǎn nâa khâw hǎa thalee.
身体 大楼 转向 脸 进入 寻找 大海
(这栋大楼临海。)

连动构式有时难以与短语动词构式区分开来。两者的区别在于,后者仅有一个成分要素是过程性的。英语的一个显著特征体现为短语动词的大量运用,其类型可谓丰富多样。此处我们仅关注两个基本模式,其中小句是及物的,所侧显的过程是由一个动词与一个介词共同明示的。[①] 因此,复合 V+P 表达式是一个复杂动词,其界标为小句宾语。

V+P+NML 这一序列可代表几种不同的构式,每个均有自己的语义组织及语法表现。以(49)中的对照为例。在句(a)中,该序列包括一个及物动词后跟介词宾语:[V [P NML]$_{PP}$]。句(a')则包括一个复杂动词后跟其宾语:[[V P]$_{V}$ NML]]。例(b)与(b')为 through the mall(穿过商业步行街)的组合性与 through the call(通电话)的非组合性提供了某些证据,因为只有前者可作为一个单位加以前置。同样,句(c)与(c')中的被动式为 put through(拨通)的动词地位及 ran through(跑步穿过)的非动词地位提供了证据。只有当 V 与 P 构成一个个复杂动词时,后续名词短语才是及物宾语,这是被动化所要求的。两者的进一步差别可

① 在与之相关的模式中,非过程性成分可以是副词(She pushed it away)(她把它推开)、结果或环境形容词(He wiped it clean(他把它擦净);I ate it raw(我把它生吃了)、名词短语(They elected her president)(他们选她为主席)、过去或现在分词(She got him fired(她把他解雇了);It sent her sprawling(这让她摔了个仰面朝天)。

由(d)与(d')看出：在介词短语中，介词需置于其宾语之前，但对于复杂动词而言，P既可位于宾语名词短语之前，又可位于其后。①

(49) (a) He ran through the mall.
(他跑步穿过商业步行街。)
(b) Through the mall he ran.
(穿过商业步行街他跑了(一路)。)
(c) * The mall was run through.
(*商业步行街被跑步穿过。)
(d) * He ran the mall through.
(*他跑商业步行街穿过。)
(a') He put through the call.
(他拨通了电话。)
(b') * Through the call he put.
(*通电话他拨了。)
(c') The call was put through.
(电话被拨通了。)
(d') He put the call through.
(他拨电话(拨)通了。)

① 在后一种情况下，V与P构成了一个概念组合，但未能由音系组合加以符号化(由于名词短语的干预)。这阐明了一个基本观点：单一的组构层级无法捕捉到所有需要设定的结构与关系(§7.4.2)。P通称"小品词"(particle)，因为某些参与者成分(如away)并非介词：throw away the letter(扔掉信)与throw the letter away(把信扔掉)。关于从CG角度对Verb＋Particle(动词＋分词)组合做出的经典描述，参见Lindner(1982)。

复杂动词的射体-界标组织需与 V 或 P 的单独组织区分开来。复杂动词的射体与 V 的射体始终是一致的，但其界标呈现出更多变异特征。就 put through 而言，它对应于 V 的界标（电话是他所“拨通”的）及 P 的射体（电话通了）。在类似 wipe your shoes off（擦净你的鞋子）与 wipe the mud off（擦去泥巴）的短语中，我们还可发现其他的结合方式。只有在前者中，短语动词的界标才对应于 V 的界标（因此我们说 Wipe your shoes!（擦净你的鞋!）而不说 * Wipe the mud!（擦净泥巴!）。对于 P 而言，短语动词的界标或对应于其射体，或对应于其界标（泥巴离开鞋子）。尽管存在着这样的差异，这些复杂动词在高层语法关系中的表现大同小异。小句显面及主语和宾语名词短语所明示的界标，均由整个复杂动词而定。

刚刚描述的构式，与另一个同样可抽象描述为[[V P]$_V$ NML]]的构式大相径庭。出现在后一构式中的有大量熟悉的搭配：look at（看着……）、stare at（盯着……看）、talk to（与……交谈）、quarrel with（与……吵架）、search for（搜寻）、talk about（讨论）、shoot at（瞄准）、deal with（处理）、look for（寻找）、yell at（冲……大喊大叫）、grapple with（与……扭打）、motion to（朝……示意）、ask for（要求）、argue about（就……争论）、mess with（干涉）、wave at（朝……挥手）、fight over（因……打架），等等。它们属于及物动词，从其可发生被动化可以看出这一点。它与前一构式最明显的差别在于，P 不能出现在宾语名词短语之后。put through the call（拨通了电话）可与 put the call through（拨电话（拨）通了）替换，但只能说 look at the wall（对着墙看）而不能说 * look the wall at（ * 看墙对着）。两者的微妙差别体现在，后一构式在射体-界标联结上呈现出稳定一致的特征。同前面的情况一样，复杂动词的射体总是与 V 的射体相同。但此种情况下，复杂动词的界标稳定一致地对应于 P 的界标。

V+P+NML 这一序列是分析为[[V P]$_V$ NML]，还是单纯分析为[V [P NML]$_{PP}$]，情况并非总是一目了然。的确，某些序列似乎是模棱两可的，两种分析均在某些结构语境中有所体现。尽管刚刚列举的表达式均出现在被动式中（这意味着其动词是复杂的），但或多或少仍可出现在涉及介词短语的构式中：the wall at which he was staring（他一直盯着看的那面墙）；To whom were you talking?（你刚才在跟谁说话来着？）；With his wife he never quarrels（跟老婆他从不吵架）。不过后面这些用法显得有些别扭，多半是历史上残留下来的特征。在随意交谈中，我们往往使用可分析为复杂动词的替代表达：the wall he was staring at（他刚刚一直盯着看的那面墙）；Who were you talking to?（刚才跟你说话的是谁来着？）；His wife he never quarrels with（他老婆他从不跟她吵架）。这些熟悉的 V+P 搭配正渐趋于单纯分析为复杂动词，P 正日益失去语法上类似独立介词的功能。

它们的语义发展情况又当如何？V+P 搭配在语法上朝向复杂动词演变，伴随着动词性意义的出现，这正是意料之事。其所描述的事件可识解为两个参与者间的互动，类似于及物动词通常表达的情况。[①] 例如，stare at（盯着看）某人不仅仅是将注意力集中

① 许多 V+P 搭配均可大致释义为简单动词：look at = examine（审视）、search for = seek（寻找）、talk about = discuss（讨论）、ask for = request（请求）、motion to = signal（示意）、wave at = greet（打招呼），诸如此类。

至该人身上——还大有可能构成了社会互动(如 ogle(抛媚眼))。相比之下,盯着墙看的互动性较弱,因为墙不大可能因被看而受影响。因此,对于属人性目标而言,被动式可更自然压制出复杂动词解读:I was being stared at(我刚刚一直被盯着看)vs. ?? The wall was being stared at(?? 那面墙刚刚一直被盯着看))。可以预测的是,只有当后续名词短语指向某一参与者,而非场景或处所时,短语动词才得以浮现。出于这一原因,She was walking in the woods(她刚刚在树林里散步)不能发生被动化:* The woods were being walked in(* 树林里刚刚在被散步)。

虽说如此,所涉及的各种因素均不过是一个程度问题,受制于识解方式的影响。在恰当的环境下,甚至典型处所也可视为参与了某一互动,由此可造就某个复杂的及物动词(Rice,1987a、1987b)。例如,通常情况下 play in the sandbox(在沙箱里玩耍)的结构为[V [P NML]$_{PP}$],如(50)(a);沙箱不过是孩子们玩耍的地方。因此句(b)中的被动式显得很怪异。然而,(c)中的被动式是大可说通的,在其所唤起的语境中,沙箱的情况是关注的对象。对其理解是:在沙箱里玩耍使之受到影响(如将耙得整整齐齐的沙弄得乱糟糟)。由于沙箱被识解为一个参与者,play in 即被分析为及物动词,从而可出现在被动式中。

(50) (a) The children are playing in the sandbox.

(孩子们正在沙箱里玩耍。)

(b) ?? The sandbox is being played in.

(?? 沙箱里面正在被玩耍。)

(c) The sandbox has definitely been played in.

(沙箱里无疑被玩耍过。)

这再度阐明了 CG 的一个基本观点：只有参照其所体现并表达的概念组织，我们才能对语法结构有真正的理解。没有人会想到编写一本单单列出词的形式的词典，而不对其意义加以说明。同样，独立于意义而对语法加以考察，不仅毫无意义可言，甚至是误入歧途。

第十二章　复杂句

包含多于一个小句的句子被称为**“复杂句”**(**complex sentence**)。那么,复杂句的成分小句是如何彼此关联的呢?传统上区分了**并列**(**coordination**)关系与**从属**(**subordination**)关系。在从属关系中又进而区分了**主句**(**main clause**)与各种**从句**(**subordinate clause**)。然而,这些差别并非泾渭分明,这些概念本身也不甚明晰。因此,我们的首要任务,是对其概念与语法基础加以挖掘。

12.1　并列与从属

与人有所不同,并非每个小句生而平等。当小句彼此结合生成复杂句时,其地位往往存在差别——可不无道理地描述为一个从属于另一个。然而,这究竟意味着什么呢?事实上,小句在诸多方面均体现出地位上的高下之分。这些从属的各种维度部分地彼此独立,需要细加区分。当小句在所有这些方面均趋于平等时,即谓之并列关系。然而,某种不对称性始终是存在的。小句从来不会在所有维度上实现完全平等。

12.1.1　并列

在并列的情况下,小句被视为彼此连接,每个均为**并列项**(**con-**

junct)，连接它们的成分（如 and（与））被称为**并列连词**(**conjunction**)。当然，连接并不确切属于小句层面的现象。原则上讲，并列项在长度上不受限制，且可代表任何语法范畴。以(1)为例，其中并列项被置于括号中。我们注意到，即便是并列连词，本身也可进入并列关系。

(1) (a) Conjuncts can [be of any size] and [represent any category]. [grounded process]

(并列项可以[是任何长度]并[代表任何范畴]。) [被入场过程]

(b) Conjuncts can be [of any size] or [of any category]. [prepositional phrase]

(并列项可以是[任何长度的]或[任何范畴的]。) [介词短语]

(c) Conjuncts can be of [any size] or [any category]. [nominal phrase]

(并列项可以是[任何长度]或[任何范畴]的。) [名词短语]

(d) Conjuncts can be of any [size] or [category]. [noun]

(并列项可以是任何[长度]或[范畴]的。) [名词]

(e) Conjuncts can be of any size [and]/[or] category. [conjunction]

（并列项可以是任何长度[和]/[或]范畴的。）

[并列连词]

称各个并列项享有平等地位，这意味着什么呢？最基本的意蕴是：它们彼此独立，并在同等程度上参与同一套语法关系。例如，(2)(a)的每个并列项均明示 admire（羡慕）的界标，因此若单独而论应充当其宾语。并列项体现出平行的语法表现，这意味着它们在语义上同样具有平行关系。作为完整名词短语，每个并列项均侧显一个已入场的事体例示，the desk（书桌）与 my study（我的书房）在内容上具有抽象相似性。它们在小句中的突显度也大致相当：所侧显的每个事体均具有小句界标的地位。相比之下，在(2)(b)中，the desk 与 my study 在地位上并不平等；只有桌子具备小句层面的焦点突显。名词短语 my study 本身并非动词宾语，而是介词 in 的宾语，这一介词短语本身又处于充当直接宾语的名词短语内部。其所指并不参与到所侧显的小句过程中来，而是仅被唤起用于对相关桌子加以认定。

(2) (a) She admired [the **desk**] and [my **study**].

（她羡慕[**书桌**]和[我的**书房**]。）

(b) She admired [the **desk** in my study].

（她羡慕[我的书房中的**书桌**]。）

从语法上讲，并列在于一个结构模式中的某个位置获得多重例示。假定存在一个由构式图式加以明示的模式[X Y Z]，并列结构则体现为[X [Y_1]-[Y_2] Z]的形式，其中[X Y_1 Z]与[X Y_2 Z]本身均符合这一模式。因此，这一结构代表了多重例示表达式的重合。从概念角度看，Y_1 与 Y_2 侧显的均是所要求的实体类型。因此，复合表达式[Y_1]-[Y_2]含有两个并存的显面，每个均参与到该模式的典型关系中来。在(2)(a)中，桌子与书房均获得了侧显，各自对应于动词的界标。相比之下，在(2)(b)中，只有桌子被侧显并等同于界标。小句宾语的角色仅被例示一次，是由整个宾语名词短语体现的。这一对照如图 12.1 所示。

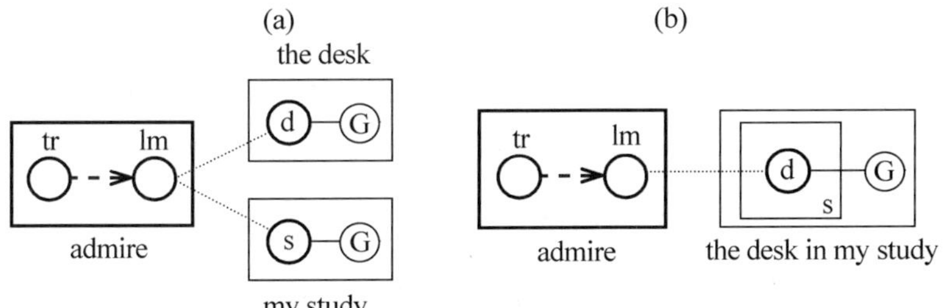

图 12.1

总体要求是：并列结构在语义及语法上应具有平行关系。这引发了众多关于其具体实现方式的问题。比如说，倘若并列项具有平行的语法表现，理当代表同一语法范畴。但情况往往并非如此，至少按照通行的解释是这样。传统上，(3)中的并列项被赋予了不同范畴：在(a)句中为形容词与主动分词短语，在(b)中则为副词与介词短语。

(3) (a) He was [sad] and [feeling sorry for himself].

(他[情绪忧伤]，[自怜自艾]。)

(b) She signed the papers [reluctantly] and [with much hesitation].
(她[不大情愿]并[犹豫不决]地签署了文件。)

这些例子在传统词类观看来是有问题的，在 CG 所主张的概念描述中则不那么成问题。在抽象层面上，sad(忧伤的)与 feeling sorry for himself(自怜自艾)大同小异，因两者均侧显某种非过程性关系，以某一事体作为射体。它们的平行关系还进而表现在：两者均赋予其射体某一心理状态，在此构式语境下被认定为 he。同样，reluctantly(不情愿地)与 with much hesitation(犹豫不决)也不乏相似性，因两者均侧显某种非过程性关系，其射体等同于签署文件的小句过程；其状语功能是通过明示主体在实施该行为中的态度实现的。较之于具体语法形式层面，此种类比在概念内容层面似乎更为重要。仅就形式而论，(4)(a)的可接受度理当低于(4)(b)，同样也低于(4)(c)。这是因为，前者的两个并列项均为介词短语，后者的两个并列项均为名词短语。然而，实际情况恰恰相反。在语义上，它们的罪过均在于暗含了某一心理状态与某个物理工具间的平行关系。[1]

(4) (a) ? She signed the papers [reluctantly] and [with a ballpoint pen].
(? 她[不情愿地]并[用圆珠笔]签署了文件。)

① 此类错误之一传统上称之为“轭式搭配”(zeugma)。从(a)到(c)，句子渐趋不可接受，因为显性的语法平行关系与直接相邻使得冲突愈加显著。

(b) ?? She signed the papers [with reluctance] and [with a ballpoint pen].

(?? 她[带着不情愿]并[用圆珠笔]签署了文件。)

(c) * She signed the papers with [reluctance] and [a ballpoint pen].

(* 她带着/用[不情愿]与[圆珠笔]签署了文件。)

除平行关系外,另一个问题是,并列项是否独立参与了同其他成分的关系。同样的问题在先前形容词修饰复数名词的情况中也出现过,如 long novels(长篇小说)vs. similar novels(相似的小说):尽管每篇小说单独来看都很长,只有综合来看才显出相似性(图 10.14)。依此类推,在 Jack and Jill are tall(杰克和吉尔个子高)vs. Jack and Jill are compatible(杰克和吉尔合得来)中,杰克与吉尔单独而论均个子高,但只有作为一个配对才可以说合得来。整体解释意味着,一个包含并列项所侧显成分的高层实体概念得以浮现。就其本质而言,并列推动了这一进程。依次提及各个成分要素,这一做法本身足可将其在心理上并置,因而高层实体至少是隐性存在的,如图(12.2)(a)所示。由此,这为整体性识解创造了潜势,使得显面转移至这一实体,如图 12.2(b)所示。

高层实体在多大程度上得以浮现,并参与到对应中来,无疑是一个程度问题。在量级的一端上,是为数众多的包含并列名词的固定表达,其复合整体可明确识别为一个独立实体,具有自身的属性或功能:gin and tonic(杜松子酒补剂);peanut butter and jelly(花生酱果冻);cup and saucer(茶杯和茶碟);pencil and paper(纸

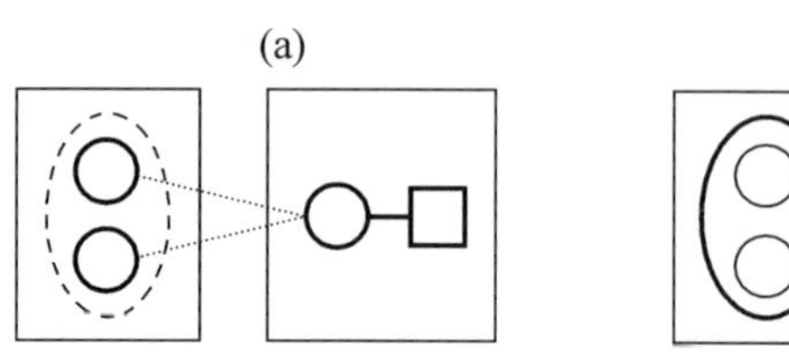

图 12.2

和笔）；block and tackle（滑轮组）；stars and stripes（星条旗）；knife，fork and spoon（刀、叉、匙），等等。例如，喝杜松子酒补剂（gin and tonic）与喝杜松子酒（gin）与补剂（tonic）完全是两码事。(3)(a)中的并列项代表了一种中间状态。sad（忧伤的）与 feeling sorry for himself（自怜自艾）所表达的情绪同样可识解为独立、并存的心理状态，或同一负面情绪的两个方面。并列小句看似最有希望保留其作为独立、平行概念的地位。然而，即便在这一点上，问题也不是非黑即白的。只有当各小句彼此存在关联时，小句并列才是恰如其分的。例如，在(5)(a)中，两个小句均可解释为说话者晚上疲惫不堪的原因。另一方面，(5)(b)似乎缺乏连贯性，因其所表达的观点彼此毫不相干。[①] 或许，连贯性的要求即意味着：小句表征的内容应服务于一个单一、多维的命题。

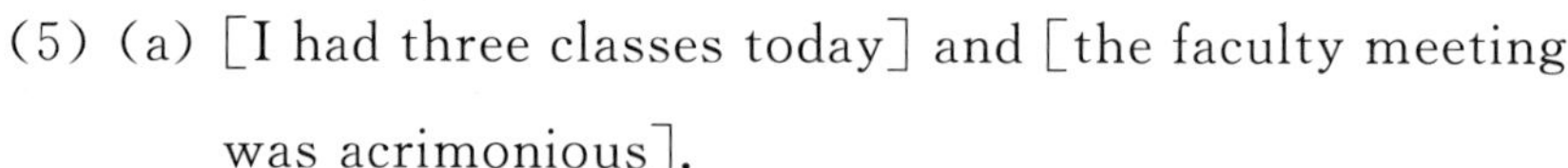

(5) (a) [I had three classes today] and [the faculty meeting was acrimonious].

([我今天有三节课]，而且[教职工大会气氛激烈]。)

① 更确切地说，连贯更难以实现，因为我们更难想象出某一关联。一种可能的情况是两小句均描述某种我们总可指望的东西。

(b) ?? [The moon orbits the earth] and [the faculty meeting was acrimonious].

(?? [月亮绕着地球转],而且[教职工大会气氛激烈]。)

并列的另一个维度涉及并列项如何彼此关联,如 and、or 与 but 之类的并列连词所表达的情况。最典型的是 and 类并列,尽管它微不足道,但具有根本性地位。其本质意蕴——正寓于并列这一概念中——涉及地位平等的成分在**心理上并置(mental juxtaposition)**。这无非是将各成分同时加以构想,置于同一注意框架中。就其本身而言,并置是一种对称关系。若无任何东西施加某种不对称性,同时构想出的成分在地位上便是平等的,在更高结构层次上扮演的角色也是同一的。其他并列关系在概念上则更为复杂。通常,其附加内容在并置成分中引入了些许不对称性,或影响到其在更高组织层次上所扮演的角色。

因此,and 的本质意蕴在于,它在心理上将地位平等的成分(而非任何具体内容)加以并置。如图 12.3 所示,and 可描述为含有多个并存显面,这些显面均例示了同一概括类型。[①] 被侧显的每个实体均对应于并列连词的显面,用于对其加以阐释。在这一特殊并列构式中,并列项在单一组织层次上与 and 平行连接,尽管在音系层面,并列连词仅附着在最后一个成分上。如前所述,复合概念侧显的是单个并列项(所描述的选项),还是通过同时唤起它

① 图 12.3 代表了三个事体充当侧显对象的特殊情况。更具图示性的描述无需对所侧显实体的数量作出说明(一个以上即可),并可容许其他类型(如过程或非过程性关系)。

们而涌现的高层实体，这一点是模棱两可的。这涉及熏肉、火腿及香肠是被概念化为独立物质，还是（以及在多大程度上）共同充当某种功能（如荤食比萨的浇头[①]）。

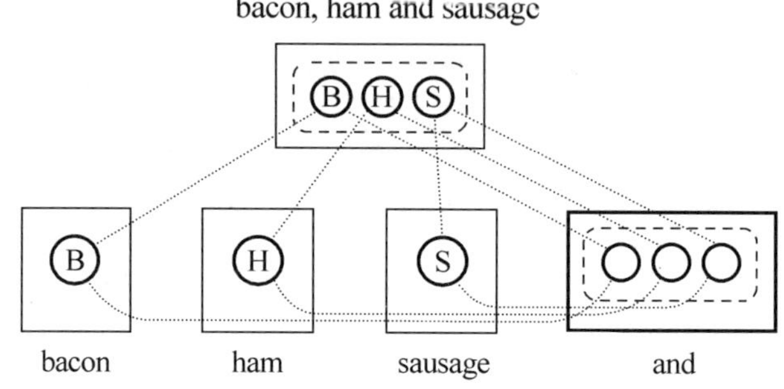

B = bacon(熏肉); H = ham(火腿); S = sausage(香肠)

图 12.3

在其他并列关系中，心理并置被嵌入某个更复杂的概念中。最难描述的是 or 类并列。的确，对于 or，人们甚至会问心理操作有无可操作性？在对 sausage and pepperoni pizza（意大利腊肠比萨）加以概念化时，浇头共同呈现为单一意象：我们想象在比萨的表面，香肠碎片中夹杂着腊肠。在谈论 sausage or pepperoni pizza（香肠或腊肠比萨）时，情况并非如此。这里，单一连贯的意象根本不曾出现，实际唤起的是两个不同的比萨形象，每种情况下仅出现一种浇头，而排除了另一种可能情况。然而，倘若两者彼此相斥，我们何以主张它们在心理上是并置的呢？

鉴于存在这一差别，or 类并列往往被描述为**选择连词（disjunction）**而非**并列连词（conjunction）**。然而，换用一个标签与给

① 浇头：食品上涂抹的奶油、浇的调味汁、糖衣等。——译注

出一个概念描述是两码事。它也模糊了这样一个事实：由 or 加以并列的情况确有资格称为并列。尽管存在着上述对立，并列项在地位上是平等的，在语法上是平行的，这同 and 的情况是一样的。在 sausage or pepperoni pizza 之类的短语中，sausage（香肠）与 pepperoni（腊肠）的所指具有同等的突显度，并参与了与 pizza（比萨）完全相同的语法关系。这些正是促动将并列描述为含有平等结构与并存显面的原因。然而，这种并存与心理并置并非一回事吗？我相信确乎如此，由此我们面临着一个显而易见的矛盾。

关键是需要认识到存在着不同层次的概念。or 用于选择或不确定的情况，此时存在多个候选项可填充这一角色。因此，其意义寓于两个心理空间之间的关系中：一个是假想的情景，其中特定候选项填充了这一角色；另一个是概念上更为临近的情景，其中不同候选项均有潜力填充这一角色。在这一更可及的情景中，不同候选项被等量齐观，同时呈现，因而得以按典型的并列方式在心理上并置。这些候选项相互排斥，即在所想象的情景中，角色仅为其中一个选项所填充。[①] 通过将并列成分置于相互独立的心理空间，or 将其在心理上被并置与角色被填充这一想象的情景分离开来。由此，or 在概念上比 and 更为复杂，后者并不唤起彼此独立的空间。and 所实现的心理并置，是直接作用于所描述的情景的。

虽说由 or 并列的情况在语义上更为复杂，但依然是对称的：

---

① 有时 or 可作内包性解释，此时两个候选项均有可能填充这一角色（如 If there's rain or fog, we'll cancel the party（要是有雨或雾，我们就取消晚会））。“内包的”（inclusive）or 与“外排的”（exclusive）or 差别在于，角色中单个候选项的概念是看作对构想情景最低限度的（minimal）描述，还是最大限度的（maximal）描述。

X or Y 与 Y or X 是等价的说法。对于 but 而言情况并非如此，因其附加内容引入了某种不对称性。两个并列项均直接作用于所描述的情景，在这一点上 but 与 and 大同小异。如果一个手枪被形容为 small but lethal（小巧但致命的），small（小巧的）与 lethal（致命的）的属性对其而言均是适用的。然而，but 还另有其他含义，即第二个并列项与第一个所引发的期待背道而驰。因此，small but lethal（小巧但致命的）预设了这样一种情况：小的东西往往不具有效力（small and lethal（小巧而致命的）则未必伴有这种假设）。相反，lethal but small（致命但小巧的）带有这样一个假设：致命之物往往是大的东西。由于存在着这些不同的假设，两个表达式语义上是有别的。

在实际运用中，完全对等与对称的情况或许永远是遥不可及的。即便是对 and 而言，并列结构也往往作不对称解释。当并列项描述的是事件时，我们往往将其理解为发生顺序与表达顺序相一致。因此，对(6)(a)的通常理解是：她先辞去了工作，而后结了婚（而不仅仅是两件事均发生了）。将事件并置也会诱发这样的推论：在某种意义上，第一个事件是第二个事件的因。从(6)(a)中，我们多半会推断：辞去工作为结婚扫清了道路；从(6)(b)中则很可能推断：打开窗子导致了警报器的关闭。

(6) (a) She quit her job and got married.

(她辞了职，结了婚。)

(b) I opened the window and set off the alarm.

(我打开窗子，关闭了警报器。)

还有一些不对称性涉及的是地位问题。英语中存在着一种常见模式：在两个并列事件中，第一个仅被识解为第二个的准备条件或伴随情况，后者才是唯一真正重要的事情。(6)中的两个表达式均可作如此识解。更明显的是涉及运动或姿势的情况，如 go and complain(前去抱怨)，其中抱怨显然是主要的事情；再如 sit and talk(坐下来说话)，其中坐下是从属性的。在最低限度上，并列连词是按特定时间顺序呈现的，仅此事实已足以引入些许不对称性，且不论其后果多么微不足道。作为识解的一个维度，心理通达顺序在语义上从来都不是不偏不倚的，且不论不同词序是否对应于所描述情景的任何差异。

即便这种不对称性已约定俗成，或许也无非是对并列的基本概念意蕴(地位平等的结构在心理上并置)的润饰。然而，倘若将这种不对称性进一步放大，则可有效地压倒这一意蕴，导致语法表现上的不平行。我们熟知的一个例子是：通常规定，前置疑问词需在并列结构的所有并列项中扮演大致相同的角色。[①] 因此，句(7)(a)是合格的，因为 what 同时是 complain about 与 buy 的宾语，但(7)(b)是不合格的，因为此处它仅仅是 buy 的宾语。

(7) (a) **What** did he **complain about** but still **buy**?

(他**表示抱怨**但还是**买了**的(东西)是**什么**?)

(b) * **What** did he **complain** to the manager but

① 这一限制是罗斯(Ross,1986)首先注意到的，如(7)(c)的例子雷科夫(Lakoff,1986)也有过讨论。关于并列的复杂性，哈德森(Hudson,1988、1989)及 FCG2(§11.2)部分均有进一步探讨。

still **buy**?

（* 他向经理**抱怨**但还是**买了**的（东西）是**什么**?）

(c) **What** did he go to the store and **buy**?

（他去商店**买**的是**什么**?）

(7)(c)与(7)(b)看似大同小异，因为 what 仅仅对应于 buy 的界标。那么，为何(7)(c)是可接受的呢？原因很明显：去仅仅从属于买。它们并不被识解为独立、平等的成分，而是构成了单一情况的不同阶段，这一情况代表了一个熟悉的文化场景。因此，在由此浮现的 go to the store and buy(去商店买)这一单一、复杂的事件概念中，what 充当了其界标。该例精当地表明：语法不仅仅是一个形式问题。语法远非自主的存在，不考察其所体现并与之互动的概念结构，就无从对其作出富于启发性的描述。

12.1.2 从属的维度

将不同小句组合成一个复杂句，可以有多种实现途径。并列构式属于特殊情况，代表了成分小句间的对称、平行及平等关系。更典型的情况是一个小句从属于另一小句，此时这些特征即缺失了。因此，从属是一个相当重要的概念。尽管这一概念由来已久，但绝非一目了然。从属存在着一系列维度，这些维度多少呈现出独立的变异特征。

第一个维度本身即呈现出多面性特征，与小句的形式有关，涉及它在原则上能否单独成句。仅此一条标准，即可判断(8)(a)中括号内的小句是非从属性的，(8)(b)中的则是从属性的。尽管后者或可构成一句完整的话(如作为 What is the worst thing imaginable?(你能想象的最糟糕的事情是什么?)这一问题的回答),但给人一种省略的感觉。如将其解释为一个完整独立的陈述句,则是不合格的。

(8) (a) She claims [she has swallowed a spider].
(她声称[自己吞下了一只蜘蛛]。)
(a') She has swallowed a spider.
(她吞下了一只蜘蛛。)
(b) She claims [to have swallowed a spider].
(她声称[吞下了一只蜘蛛]。)
(b') * To have swallowed a spider.
(* 吞下了一只蜘蛛。)

根据什么出现,什么不出现,仅凭小句形式即可判断它是从属性的。例如,将(8)(b)中的小句标记为从属性的,同时参考了不定式 to 出现和主语未出现的情况。值得一提的是,显性标记从属的各种形式被称为**"从属连词"(subordinator)**,如(9)。这里涉及一个基本的理论问题:从属连词是否总是有意义的?尽管有些显然不乏意义(如 whether、if、since),诸如 that、-ing 及(for)...to 之类的形式通常被视作纯句法标记。这在 CG 中当然是不成问题的,问题倒在于说明其意义究竟何在(参见 § 12.3.1)。

(9) (a) She claims [**that** she swallowed a spider].
(她声称[自己吞下了一只蜘蛛]。)

(b) She enjoyed [swallow**ing** that spider].

(她津津有味地[吞下那只蜘蛛]。)

(c) I wonder [**whether** she really swallowed one].

(我怀疑[她**是不是**真的吞食了一只[蜘蛛]]。)

(d) The best spider [**for** you **to** swallow] would be a brown recluse.

([**你能**吞下**的**]最上乘的蜘蛛要数棕色隐士蛛了。)

(e) [**If** you swallow a spider] you should wash it down with beer.

([**如果**吞食了蜘蛛],应该用啤酒将其冲下去。)

(f) [**Since** she swallowed a spider] she might as well have a beer.

([**因为**吞食了一只蜘蛛],或许她可以沾点啤酒了。)

许多从属小句在形式上彼此有别,这是由于一个参与者(往往是主语)未加显性标记的缘故。它们可能转而依赖主句对其加以认定。由此,我们知道,在(9)(b)中 swallow(吞下)的主语为 she,而在(9)(d)中其宾语为 spider(蜘蛛)。同样常见的情况是入场的缺失,如 to 与 -ing 的情况。的确,to 与 -ing 替代了入场成分出现,究其原因,它们的作用正在于将从句表示的过程去时间化。未经入场的小句本质上是从属性的,因为它们有赖于主句对其所基于的过程加以明示。例如,在(9)(b)中,只有参照它与被入场小句 she enjoyed(她津津有味地(吃))的关系,我们才能知道吞食之事已然发生(如 She might enjoy [swallowing that spider](她或许会津津有味地[吞下那只蜘蛛]))。

小句过程的去时间化——将其加以整体而非有序观照——是朝向其名词化的一步。许多从属小句更进了一步,将所侧显的关系识解为一个抽象事体。由此,它在更高语法组织层次上不再是小句性的,而转变为名词性的。它们在形式上呈现出多大的名词性特征,取决于经历名词化的结构(如下以粗体标记)是完整小句,还是小句的一部分,抑或仅仅是动词。在(10)(a)中,名词化作用于完整的限定小句 she would quickly swallow a spider(她会迅速吞下一只蜘蛛),因而所得到的名词短语呈现出小句的内部形态。在(10)(b)中,名词化仅作用于小句的一部分 quickly swallow a spider(迅速吞下一只蜘蛛),因而只有该部分在结构上呈现出小句的特征,含有一个状语修饰语,名词短语处于常态下的直接宾语位置。主语采用了所有格形式(her),这一事实表明剩余部分(quickly swallow a spider)的确被识解为一个抽象事体。将其与(10)(c)作一比较,即可注意到,在后者中,从属"小句"完全呈现为名词短语的形态:her quick swallowing of that spider(她迅速吞下那只蜘蛛这回事)与 her beautiful picture of that spider(她画的那只蜘蛛的漂亮画像)可谓大同小异。此处名词化仅仅作用于动词,因而只有由此得到的名词可参与高层组合。swallowing(吞下)除派生自动词外,其语法功能与其他名词不相上下。例如,在(10)(d)中,它进入了与 table tennis(乒乓球)平行的名-名复合结构中。

(10) (a) [That **she would quickly swallow a spider**] was unexpected.
([**她会迅速吞下一只蜘蛛**],真是出乎意料。)

(b) [Her **quickly swallowing** that spider] astonished everybody.

([她**迅速吞下**一只蜘蛛],令每个人大为吃惊。)

(c) [Her quick **swallowing** of that spider] was impressive.

([她迅速**吞下**一只蜘蛛**之事**]令人难以忘怀。

(d) She is good at both table tennis and spider **swallow**ing.

(她不仅擅长(打)乒乓球,还擅长**吞**蜘蛛。)

由此观之,从句的形式表现可谓林林总总,既可以是与独立小句毫无分别,也可以是与之相去甚远。这一从属维度或许更适于看作从属地位的表象,而非其典型特征。第二个维度涉及侧显:小句的显面在更高组织层次上是占据上风,还是处于下风?可以说,这提供了一个行之有效的概括描述。不过,这一点尚取决于我们对特定的问题如何作答。

表达式的显面即其所指向(或指称)的内容。当成分结构彼此结合生成复合表达式时,通常情况下,后者的显面仅从一个成分继承而来(§7.2)。比如说,tasty spider(美味的蜘蛛)作为一个复合整体,指称的是蜘蛛(而非其味觉特征),因而 spider(蜘蛛)是构式中心词或显面决定体;形容词的显面在复合结构层次上处于下风。复杂句的成分小句也呈现出类似的不对称特征。整体而言,(11)(a)指向的是劝告行为,而非辞职行为。同样,句(b)侧显的事件是割伤,而非刮胡子。每种情况下,主句的显面在复合结构层次上均占了上风，压倒了从句的显面。对于类似(c)中的从句而言，显面甚至在名词短语层次上已被压倒：this money we stole（我们偷来的这些钱）侧显的是钱，而非偷窃行为。在主句的主语构式中，名词性显面反过来又被压倒，此时过程性成分 is counterfeit（是假钞）充当显面决定体。

(11) (a) They persuaded the CEO [to resign].

(他们奉劝总裁[辞职]。)

(b) He cut himself [while shaving].

(他[刮胡子时]割伤了自己。)

(c) This money [we stole] is counterfeit!

([我们偷来的]这些钱(居然)是假的!)

(11)中的从句分别代表了传统上所认可的三种类型：补语从句、状语从句以及关系从句。作为概括描述，我们可以由此主张：从句是其显面在更高语法组织层次上被压倒的表达式。[①] 对于传统上视作从句的所有小句，若要寻求单一而简洁的描述，这事实上是唯一可行的假设。然而，我们可否实际找到这样的描述——甚至可以期待找到，这一点并不明了。的确，对于哪些小句确切称得上从属

① 主句显面未被压倒的说法并不贴切。这一描述尽管在局部范围内是有效的，但在某些复杂表达式中，主句本身在更高层次上处于从属地位，此种情况下并不成立。一个例子是 the spider [she tried [to swallow]]（她[试图[要吞下]]的蜘蛛），其中 she tried 只有相对于补语从句 to swallow 才充当主句。在更高层次的关系从句构式中，其显面为 spider 所压倒。

性的，传统上并未取得一致意见。对于如何(甚至可否)将侧显这一概念用于更高的语法结构层次，这一点同样是不确定的。

并列与从属的界限并非总是分明的，**从属并列连词(subordinating conjunction)**这一传统说法即透露出这一点。这一名称可用于多种成分，如在(12)中，其功能在于引入(广义上讲)充当状语的限定小句。这一名称折射出的两可特征，并非毫无根据可言。一方面，这些成分引导的小句或多或少是从属性的——形式上讲，因其带有特殊标记；语义上讲，因其修饰另一小句(如通过明示时间、原因或环境因素)。另一方面，其地位上的不对称性不似在许多复杂句中那般显著。两个小句均是限定性的，而且获得了充分明示。再者，两个小句的内容重要性不相上下，聚焦度也大致相当。在这些方面，它们的关系与并列相差无几。

(12) (a) I said it **because** I meant it.
(我这样说，**因为**我是认真的。)

(b) **Although** the family was poor, they were always well dressed.
(**虽说**家里穷，他们总是穿得很得体。)

(c) They began arguing **before** they even sat down.
(甚至**还没**坐定，他们就争吵起来。)

(d) **While** the term is commonly used, it is never clearly defined.
(**虽然**这一名称常常用到，但从未获得明晰界定。)

解决这一问题的途径之一，是主张 because（因为）、although（尽管）之类的词的确引入了一个从句，其显面被压倒。虽说两个小句在显著性及重要性方面不相上下，与这一主张并不矛盾。侧显涉及的是指称问题，而非孰轻孰重的问题；尽管它表现为一种突显性，但并非唯一的一种突显性。与此同时，小句间的关系本质上并不呈并列之势，而是具有内在的不对称性：I said it because I meant it（我这样说，因为我是认真的）与 I meant it because I said it（我是认真的，因为我这样说过）的意义可谓相去甚远。我们可以用非小句结构替换此处的小句，这进一步表明了小句间的不对称性。在(13)中，用于替换的结构不过是一个修饰语，在被修饰小句的过程性显面面前，其非过程性显面处于下风。

(13) (a) I said it **because of** her comment.
(**出于**她的评论，我才这样说。)
(b) **Though** poor, the family was always well dressed.
(**尽管**贫穷，这家人总是穿着得体。)
(c) They began arguing **before** dinner.
(**还没**开饭，他们就争吵起来。)
(d) **While** common, the term is never clearly defined.
(**虽然**常用，这一名称从未获得明晰界定。)

沿此思路，我们可以在并列与从属之间作出清晰明确的区分。然而，这一区分是否真的泾渭分明呢？我们已经看到，并列结构呈现出类型多样、程度不等的不对称性。难道我们无从期待反面情况同样成立，即某些从属结构可能呈现出对称倾向吗？或许，我们期待的是一个存在过渡情况的模糊边界，而非严整的二元对立。与之相关的一个问题涉及显面决定因素的辖域，即单一显面占主导地位的结构所能呈现的最大范围。显而易见的是，仅有一个显面在名词短语或限定小句中占上风——a tasty spider（美味的蜘蛛）侧显的仅仅是蜘蛛，she quickly swallowed a spider（她迅速吞下了一只蜘蛛）侧显的不外乎吞咽过程。然而，不甚明显的是，一个包含多重限定小句的复杂句，是否总应分析为仅有一个整体上的所指。句子越复杂（并无内在上限），这一点就越难以成立。

尽管这个问题依然悬而未决，我们还是可以提出如下合理主张。一个关键因素即在于入场。场境是我们借以把握被入场结构的视点，这与其字面义是相当接近的。因此，一个看似自然而然的主张是：入场可能划定了显面决定情况的辖域。每个入场例示均代表了一个独立的把握行为，由此得以具体把握的内容应仅含一个总体显面，这样说是不无道理的。不过，也不排除存在这样的情况：当一个入场结构在另一个入场结构的描述中占据核心位置时，后者的显面有可能为前者所压倒。例如，在（11）（c）中，this money 压倒了关系从句 we stole 的过程性显面，is counterfeit 压倒了 this money we stole 的名词性显面——每个入场结构均唤起了前一入场结构，并在更高组织层次上从全新的视角对其加以观照。但在类似（12）这样的情况中，两个限定小句仅存在松散的连接，实际情况也可能是：每个小句均获得了独立把握，与另一个小句的关联不过是第二位的。

小句之间是如何彼此关联的？我马上就会转向这一重要话

题。一类特殊的关联本身即构成了从属的一个维度。当一个小句用于阐释另一个小句的一个显著 e-位(e-site)时,尤其是当后者被聚焦为射体或界标时,情况即是如此。当阐释小句(elaborating clause)被名词化时,即构成了另一小句的主语或宾语。因此,被名词化的小句 my winning the Nobel Prize(我获诺贝尔奖之事)在(14)(a)中是 astonish(震惊)的主语,在(14)(b)中则是 resent(憎恶)的宾语。它是小句所侧显过程的一个参与者,在此意义上,它是从属于主句的。

(14) (a) [[My winning the Nobel Prize] astonished them.]
([[我获得诺贝尔奖],令他们倍感吃惊。])
(b) [They resented [my winning the Nobel Prize].]
([他们对[我获诺贝尔奖]感到憎恶。])

从句常常被形容为"嵌入"(embed)主句(或"母句"(matrix clause))中。这种说法意味着主句将从句作为一个内在成分包孕其中。这一整体-部分关系如(14)中的括号所示,当从句充当主句的射体或界标时,这一点可谓不言自明。当然,从句本身也可能含有小句层面的射体或界标,如此以至无穷。结果即明显体现为类似(15)(a)中的嵌套情况,在嵌套层次的数量方面并无内在限制。

(15) (a) [Alice said [that Bill believes [that Cindy claims [that Doris swallowed a spider]]]].
([爱丽丝说[比尔相信[辛迪声称[多丽丝吞食了一

只蜘蛛]]]]。)

(b) [Alice said] [that Bill believes] [that Cindy claims] [that Doris swallowed a spider].

([爱丽丝说][比尔相信][辛迪声称][多丽丝吞食了一只蜘蛛]。)

对于(15)(a)中的构成要素情况,鲜有人认真质疑过,但或许有必要对此推敲一番。有一个因素是大有问题的:这些表达式的嵌套情况与其音系实现存在冲突。这一点久已被认识到。从语调中,我们推断出的是(15)(b)中的非嵌套结构:每个小句均属独立的音调单位,它与后续小句之间的划界是借助一个轻微停顿实现的。而采用分层结构的初衷主要是这样一个默认假设:基本语法关系需在构成要素上有所反映。在 CG 看来,这一假设是毫无根据的(§7.4.3)。语法关系具有概念基础,无论语法组合的次序如何,均可通过对应情况加以捕捉。因而,顺着(15)(b)的思路采用不加分层的结构,是有可能实现行之有效的描述的。

该结构如图 12.4 所示(仅表示出了必不可少的细节)。每个小句均指向一个含两个参与者的关系。除最后一个外,所侧显的过程均涉及射体在某个命题上持有某种立场,由框盒加以标记;这一图式性命题即为其界标。通过对应,一个小句的界标与另一小句侧显的具体关系等同起来,成分小句由此得以整合。结果是复合结构呈现出分层组织,每个小句关系均作为下一个小句的参与者包孕其中。这即是(15)(a)所描述的嵌套情况。不过,关键在于,它体现的是表达式概念结构的特征,而非语法构成要素问题。

这种分层不是外在地存在于象征集合的成分之间，而是内在于复合结构的语义极（因而是单极的，而非双极的）。它构成了一个心理空间构造：多丽丝吞食蜘蛛的过程，占据了代表辛迪的断言的心理空间，后者又占据了代表比尔信念的空间，诸如此类。

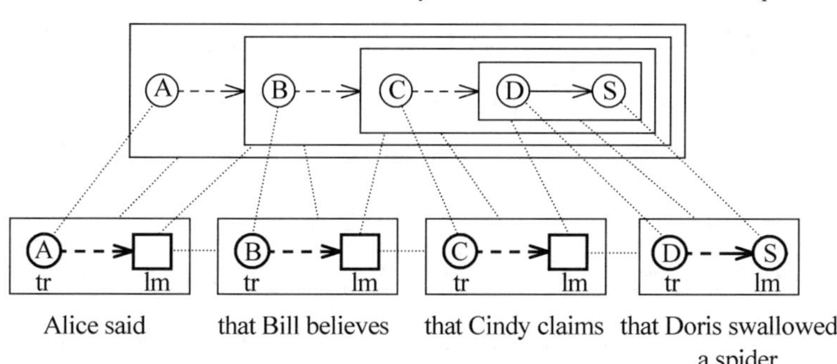

图　12.4

即便是在不存在句法内嵌的情况下，每个小句在概念上依然从属于其前面的小句，因其充当了后者的界标。侧显又当如何？我们注意到，图中并未标出复合结构的显面。这与先前的观点是一致的，即入场划定了显面决定情况的辖域。由于(15)中的小句悉已独立入场，因而每个均有潜力构成一个自主的把握行为，其所囊括的内容拥有一个整体显面。尽管存在概念上的内嵌，或许它们依然可实现独立加以把握的潜力，彼此间的连接不过是第二位的。如图所示，其结果体现为非层级的、链状的语法结构，每个小句均与下一个小句建立了对应连接。在语义上，两者的连接寓于这样一种期待之中：图式性的界标可作进一步明示。在音系极上，它由省略号(暗示还有下文)加以象似性地标记,而非采用收尾小句特有的降调。这种线性语法组织,与嵌套式心理空间构造并无任何矛盾之处——语法与概念结构不可同日而语,而不过是一种提示概念结构建构的手段。尽管链状句法结构是循序渐进地唤起各个心理空间的,但彼此可加以合并或整合,从而生成嵌套概念。

在何种情况下,一个限定小句包孕另一个——施加自身的显面组织,将二者兼收并蓄,构成一个单一的把握行为——依然是一个悬而未决的问题。要对其作出回答,尚有待在多重组织层次上对语法、在线加工及注意力导向等问题作出连贯一致的整体说明。同时当牢记于心的是,侧显不过是需加区分(即便最终还是要关联起来)的诸多突显性中的一种。这其中有各种语篇突显性,它们构成了从属的最后一个维度。我们仅就其中一个扼要加以考察。

从语篇的角度来看,从句所呈现的内容往往是重中之重。以下列语篇片段为例:

(16) There's something [you simply have to know]. It seems [that Gerald's trophy wife is really a transsexual]. I suppose [they'll get a divorce]. I'm telling you because [he'll need a good lawyer].
(有件事儿[你得知道]。(好像[杰拉尔德的娇妻事实上是个变性人]。我估计[他们会离婚的]。我告诉你这回事,是因为[他需要一个好律师]。)

各句的主句基本上是可有可无的,其功能主要在于框定并提供真

正有分量的信息。事实上，即便将主句通通省略，得到的依然是完全连贯的（且内容基本不变的）语篇：[①]

(17) You simply have to know this. Gerald's trophy wife is really a transsexual. They'll get a divorce. He'll need a good lawyer.
（你得知道这回事儿：杰拉尔德的娇妻事实上是个变性人。他们会离婚的。他需要一个好律师。）

因此，有人质疑：传统上冠名为“从属的”(subordinate)小句是否名副其实？(Thompson，2002；Diessel and Tomasello，2001；Verhagen，2005)在传达主要内容方面，往往是所谓的从句扮演着主导角色。相比之下，“主”(main)句往往扮演着次要角色，如用于标记该内容的地位(it seems(似乎)；I suppose(我估计))或调节语篇互动(I'm telling you because...(我跟你讲，是因为))。在此意义上，恰当的分析思路或许是：补语从句将自身的显面加在复合表达式之上。由此，即可扭转传统上将小句视为非“主”即“从”的做法。诚然，在(18)中，补语的显面占了上风，另一个小句仅仅是作为一种事后想法附加上去的。即便如此，它对主句的界标起到了充实作用，从这一具体意义上讲，补语依然是从属性的。

① 倘若省略的是从句，情况就全然不是这样了：There's something(有一件事)、It seems(似乎)、I suppose(我想)、I'm telling you because of something(我告诉你是因为某种情况)。

(18) (a) Gerald's trophy wife is really a transsexual, [it seems].
(杰拉尔德的娇妻事实上是个变性人,[好像是]。)
(b) They'll get a divorce, [I suppose].
(他们会离婚的,[我估计]。)
(c) He'll need a good lawyer, [I'm telling you].
(他需要一个好律师,[我跟你讲]。)

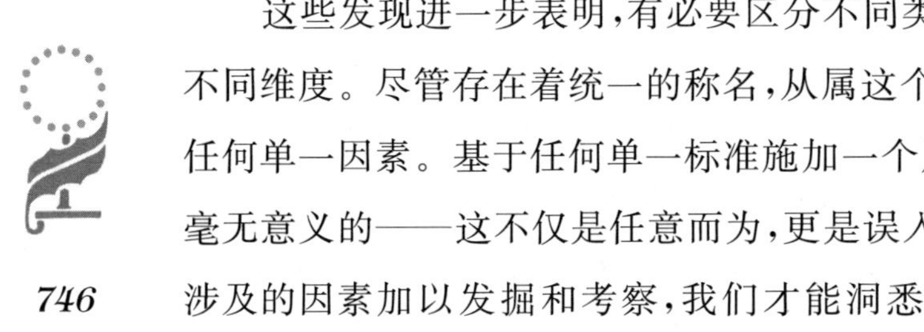

这些发现进一步表明,有必要区分不同类型的突显性与从属的不同维度。尽管存在着统一的称名,从属这个复杂问题无法约减为任何单一因素。基于任何单一标准施加一个严整的二元对立,均是毫无意义的——这不仅是任意而为,更是误入歧途。只有通过对所涉及的因素加以发掘和考察,我们才能洞悉复杂句的真正运作机制。在接下来的章节中,我们将就这个问题的某些方面加以探讨。

12.2 小句间的连接

传统上称之为"从句"的成分大致可分出三大类别:状语从句、关系从句以及补语从句。我们已经看到,它们并非总是从属性的,因其显面未必被"主句"(main clause)(或"母句"(matrix clause))[1]的显面所压倒。在其他区别性特征方面,如是否包含从属成分、是否

---

[1] 作为同义词,"主句"与"母句"在书中基本上是交替使用的,并不存在原则上的限制。考虑到读者阅读与理解之便,除概念阐释外,一律译作"主句"。——译注

缺少独立成句所需的成分，各类从句的表现同样不尽一致。还有一个基本因素涉及小句彼此间的关联方式，同样需要考虑进来。三类从属小句得以与主句划清界限，并彼此区别开来，主要依据即在于此。

12.2.1　状语从句

状语从句在主句中所起的作用，大致相当于非小句层面的副词。它们从时间、方式、原因、目的等方面对主句过程施以限制，有时是由充当其他状语的成分引导的：

(19) (a) Alice left {before midnight/before Bill arrived}.
({不到半夜/比尔还没到}爱丽丝就走了。)
(b) They got the contract {through bribery/by bribing the key administrators}.
(他们{通过行贿/通过贿赂主要行政官员}弄到了合同。)
(c) Progress was slow {because of the rain/because it was raining so hard}.
({因为下雨的原因/由于雨下得太大}，进展缓慢。)
(d) He'll do anything {for attention/(in order) to attract attention}.
({为哗众取宠/为了引人注目}他不惜一切代价。)

由于状语从句可从不同方面对主句施加限制，通常存在着某个

成分用于明示两者的关系性质。英语中的这类**连接词(connector)**包括:before(在……之前)、after(在……之后)、when(当……时)、while(正当……时)、until(直到……才)、if(如果)、by(借助)、because(因为)、since(由于)、despite(尽管)、unless(除非)、although(虽然)及in order to(为了)。[①] 其中有些(before、after、until、if、by、since、despite)还可充当介词功能,接续名词性宾语。它们均类似于介词,因其侧显非过程性关系,同时含有一个射体与一个界标。[②] 正是通过这种关系,两个小句间的连接得以建立。状语从句明示的始终是连接词的界标,主句则始终明示其射体。例如,在(19)(a)中,before的界标是由限定小句Bill arrived(比尔到了)加以明示的,其射体则是由Alice left(爱丽丝走了)加以明示的。由此,比尔到来一事被唤起,用于标明爱丽丝离开的时刻。该句的整体组织如图12.5所示。

这里给出了两种图解,其差别仅反映在复合结构层次的显面上。图12.5(a)假定(19)(a)中的两个表达式大同小异:它们侧显的仅仅是爱丽丝离开的事件,且不论时间界标是一个事体(midnight(午夜))还是另一事件(Bill arrived)。照此解释,before Bill arrived(比尔到之前)仅仅是一个状语修饰语,Bill arrived是从属性的,因其显面在更高层次上被悬置。相比之下,图12.5(b)假定的情况是:在整体表达式中,两个限定小句均保全了自身的显

① 使用"连接词"(connector)这一中性概念(代替从属词(subordinator)或从属连词(subordinating conjunction)),即可避免状语从句必为从属性的这一隐含之义。同样,不应将"主句"与"母句"的说法理解为所指小句总是比状语从句更重要,或将其作为一个成分囊括其中。出于这一现象的复杂性与变动特征,这一名称远非尽如人意。

② 它们是否实际有资格充当介词,如图4.11(c)所作的狭义描述,取决于状语从句是否通过概念物化实现了名词化(由此界标被识解为某一事体)。

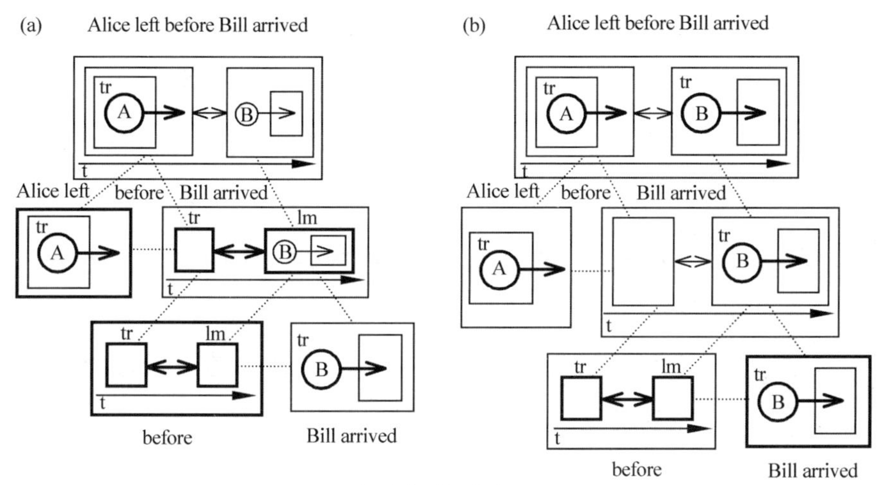

图　12.5

面——这反映了“从属并列连词”(subordinating conjunction)这种说法的两可特征。照此解释,该句本质上是一个并列结构,含有两个并存的显面。然而,它代表的并非纯并列情况,因为纯并列要求各并列项之间是对称关系,且在地位上彼此平等。它们并不彼此平行,因为在射体-界标联结上,连接词 before 在两者间施加了某种不对称关联。尽管两个事件均获得侧显,但 Alice left 是参照 Bill arrived 获得时间上的定位的,而非相反。

哪种分析思路是正确的呢?或许两者皆然。由于限定小句包含了入场,将所侧显的情况同交际双方和言语事件关联了起来,因而有潜力作为完整句子获得独立把握。由于它具备这种自足性特征,这使得其显面不至于被另一个小句压倒,从而在某种程度上抑制了它附属于后者。实际情况也许是:说话者有选择保留其显面的自由,这取决于限定小句语义内容的权重,及其在语篇中的地位。在(20)这样的例子中,大部分关键内容是由 before 小句引入的,因而该小句获得了直接独立观照的机会,而不仅仅是参照 Alice left 加以观照。这一点几乎是毫无疑问的。

(20) Alice left just before a sprinkler malfunction soaked all the guests.
(刚好在喷水灭火器发生故障,让所有客人浑身湿透之前,爱丽丝离开了。)

无论是按照图 12.5 中的哪种分析思路,连接词所起的作用,均在于阐明主句与状语从句的关系,从而在两者之间建立关联。其间的关系可体现为时间(如 before、after、until);因果(because、since);让步(although、despite);条件(if、provided that),等等。通常,两者间还存在着进一步的关联,典型情况下表现为回指(anaphoric)关系,正如代词与先行词的关系。由此,在(21)(a)中,代词 she 回指 Alice。在(21)(b)中,我们注意到还存在着另一种回指关联。由于动词 do 在类型上呈高度概括特征(相当于动词范畴图式),只有借助它在主句中与 leave 的回指关系,我们才能明白比尔所参与的是什么活动。

(21) (a) **Alice** left before **she** could thank the hostess.
(**爱丽丝**来不及对女主人表示感谢(**她**)就走了。)
(b) Alice **left** before Bill **did**.
(爱丽丝在比尔前面先**走**了。)

(c) Alice left before thanking the hostess.

(爱丽丝没对女主人表示感谢就走了。)

非限定状语从句往往缺乏显性主语,例如(21)(c),其中用于将过程去时间化(atemporalize)的后缀 -ing 出现在动词之上,取代了入场成分。此种情况下,小句射体根本未由名词短语加以阐释。不过,射体还是可以认定的——在(21)(c)中,对女主人表示感谢的是爱丽丝,其认定是通过与主句某个参与者(通常是其射体)的对应实现的。① 由此,Alice left 与 before 的整合情况如图12.6所示。通过对应(i),前者等同于后者的整个射体,如图12.5(a)中的情况。这在主句与状语从句之间建立了首要连接。此外,通过对应(ii),主句射体等同于去时间化过程(atemporalized process)②的图式性射体,这一过程充当了状语表达式的总体界标。因而在复合结构层次上(未加标明),爱丽丝同时被认定为离开及感谢的主体。

当然,我们对(21)(c)的理解是:虽说爱丽丝扮演的是女主人的感谢者,她实际上并没这么做。这是一个推理问题,是基于常规的晚会场景(party scenario)之上的。其所假设的情况是:女主人位于举办晚会的房间内(而非在外面大街上),感谢女主人的事是由本人立即作出的(而非事后通过电话作出的)。基于这些默认假设,由此可以推论:在感谢之前先行离去,感谢便无从发生。我们

① 如下是一个对应成分并非射体的例子:It occurred to me just before leaving the party that I should thank the hostess(刚要告别晚会,我突然想起得跟女主人道个谢)。

② 即 -ing 小句表示的过程。——译注

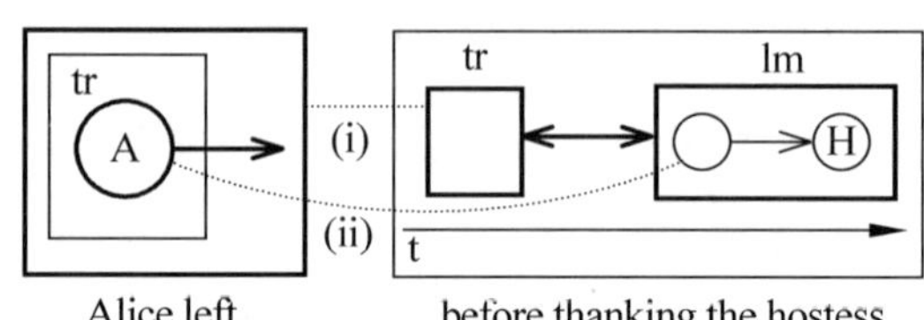

图 12.6

注意到，将 before 更换为 after，推理方向随即发生逆转：Alice left after thanking the hostess（对女主人表示感谢后，爱丽丝走了）意味着她的确谢过女主人了。这一事件是否已然发生，需由推理而定，因为用于对其加以描述的小句是非限定的：由于小句并未入场，其认识地位并未获得直接标记。相比之下，已获入场的主句将所侧显的事件明确描述为真实的（通过情态词的缺失），并早于说话时间发生（借助过去时屈折）。这些具体说明而后被唤起——与其他相关因素一道——用于推定感谢一事的认识地位。

是否获得了入场，构成了促动"主句"-"从句"之说的不对称因素之一。在含两个小句的表达式中，主句通常是限定性的，从句则通常是非限定性的。[①] 后者可能转而依赖前者，以期获得构成完整命题所需的各种具体说明。在(21)(c)中，Alice left 指向一个具体情况，涉及特定主体离开的特定例示，它参照言语事件及说话者对现实的认识获得了定位。相比之下，thanking the hostess（对

① 自然，主句本身也可为从属性的，充当更复杂表达式的成分。例如，在 Bill persuaded Alice to leave before thanking the hostess（爱丽丝还没来得及谢谢女主人，比尔就劝她离开）中，to leave 相对于 before thanking the hostess 充当主句，但相对于 Bill persuaded Alice 则充当从句。

女主人表示感谢)本身并不足以挑选出感谢的一个具体例示,或是表明其认识地位。在独立解释的情况下(不妨试试看),其所指向的行为属于抽象构想之物,是一个适用于无穷多例示的概括描述。只有通过与主句的关联,才能挑选出一个具体情况,从而对其在构想现实中的位置加以考量。

小句之间要得以建立连接,一个关键因素是两个小句的焦点参与者(尤其是射体)的异同情况。在(21)(c)中,爱丽丝在主句及状语从句中均充当着射体,如图 12.6 中的对应(ii)所示。小句射体的异同情况占有重要的位置,因而在有些语言中获得了显性标记。例如,在霍皮语中,-t"在……之后"、-kyang"与……同时"及 -e'"如果"之类的连接成分,明确标记了小句主语的同一性。当主语互不相同时,则均由 -q 取而代之:

(22) (a) Nu' paki-t　pu'　qatuvtu.
我　进入-在…之后:**同一主语**　然后坐:下来
(进来后,我坐了下来。)

(b) Nu' paki-q　pu'　pam qatuvtu.
我　进入-在…之后:**不同主语**　然后他　坐:下来
(我进来后,他坐了下来。)

这一霍皮语构式进一步表明,主句与从句的区分是不甚牢靠的,并列与从属的区分亦然。尽管第一个小句充当了状语功能,该构式似乎是并列性的,因为两个事件均获得了侧显,如图 12.5(b)中的情况。状语从句是由连接后缀予以特别标记的(类似英语中 to 与

-ing 的情况)，其出现取代了入场。在此意义上，它是从属性的。与此同时，在(22)(a)中，含有显性主语的是状语从句。在此意义上，它为主句的解释提供了基础。这模糊了传统上关于并列与从属的区分。不过，这在 CG 中是不成问题的，因为这些概念只有在派得上用场时才会被唤起。对于体现出混合特征的情况，通过变换象征集合的具体细节，同样可轻易作出描述。[①] 要紧的是，每种语言乃至每个构式均可获得恰如其分的描述。

12.2.2 关系从句

状语从句用于修饰另一小句，关系从句则用于修饰某一名词性表达。因此，首要的对应连接，存在于名词短语的所指与关系从句所指向过程的某个参与者之间。该参与者有时称作**“核心”(pivot)**，在关系从句及被修饰名词短语所在的主句中均扮演着某种语义角色。例如，在(23)中，关系从句 I was reading(我刚刚正读着的)修饰的是 book(书)。所指的书是核心，它既被理解为主句的射体，明确充当着主句的主语，又被理解为关系从句的界标。

(23) The book I was reading offended her.

(我刚刚正读着的那本书招惹她了。)

---

① 对(22)(a)中的集合粗加刻画，或许有助于说明问题。可以合理假定，其侧显类似图 12.5(b)中的情况，连接词 -t 将类似图 12.6 中的对应(ii)囊括其中，作为其意义的内在一部分。

(23) 的重要细节如图 12.7 所示。[①] 通过一个核心对应，the book(那本书)的显面等同于 I was reading 的图式性界标。前者为显面决定体(构式中心词)，因而复合表达式指向的是书，而非阅读过程。由此得到的是一个复杂名词短语 the book I was reading(我刚刚正读着的那本书)。在更高组织层次上，它转而对 offended her(招惹她了)的射体加以明示。顶层结构代表整个句子的复合意义，表明书扮演着双重角色：它既参与了招惹行为(在该层次上被侧显)，又参与了阅读过程。

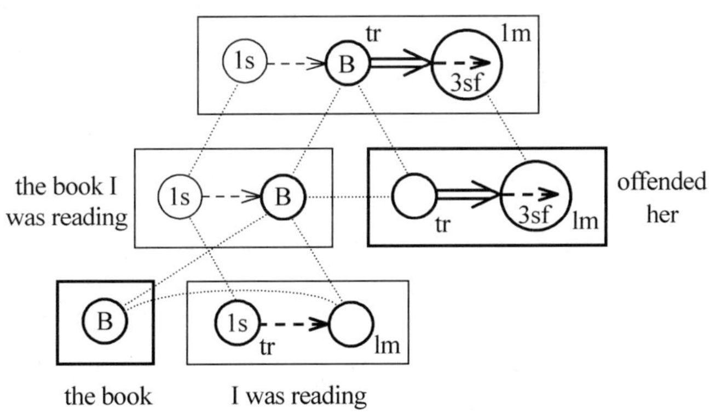

图　12.7

核心在关系从句中所扮演的角色，不仅因语言而异，同样因构

① 此处入场成分从略，关系从句中的进行体标记亦然。代词表述为“1s”(first singular)(第一人称单数)与“3sf”(third-singular feminine)(女性第三人称单数)。虚线箭头表示心理经历：就 read(阅读)而言是外在的，就 offend(得罪)而言则是内在的。

式而异。在有些语言中,只有射体才能充当核心。英语中的非限定关系从句,如(非进行体的) -ing 所标记的情况,同样存在此种限制。[①] 因此,可以说 the monkey climbing that tree(正往那棵树上爬的猴子),但不可说 * the tree that monkey climbing(* 那只猴子正在往上爬的树)。在多数语言中,核心也可以是小句的界标,通常还存在其他选择方案。在这方面,英语显得尤为灵活多变。在限定小句中,核心还可以是领有者(the girl whose cat you stole(被你偷了猫的女孩))、介词宾语(the magazine I got the information from(我获知消息的那份杂志)),甚至可以是——当关系从句本身即是复杂的时候——其中一个补语从句的参与者(the dress she persuaded her daughter to buy(她劝女儿买的那件衣服))。

在所有这些情况中,核心在关系从句中均扮演着明确的语法角色。它通常充当着某个显性关系成分的射体或界标,如在图 12.7 中,它是 read 的界标。不过,还存在一些关系从句,小句间的连接在语义上是开放的,在语法上是不确定的。在这种构式中,核心未必总是占据特定的语法位置,也未必涉及某个获得显性编码的关系,只要能够从语境中推导出来,并可解释为与显性内容相关(即便是间接相关)即可。一个例子即现代希腊语中由 pu“**标补词**”标记的关系从句(Nikiforidou,2005)。例如,在(24)中,中心名词 δieta“饮食计划”在关系从句中并无明确的语法角色,因其并不对应于“死”的一个焦点参与者。不过,与死亡的关联可基于常识

① 一个例外情况是,以不定式 to 标记的关系从句同样容许界标充当核心成分:a good person to know(值得了解的一个好人)。

推断出来，从而容许一个连贯的复合概念得以浮现。

(24) Mu　eδose　mja　ðieta　pu
我(**宾格**)　他:给　一份　饮食计划　**标补词**
pragmatika　peθenis.
真的　你:死
(他给我开了一份饮食计划，(要是严格遵照)，真有致命的可能。)

关系核心(relative pivot)可通过多种方式呈现出来，通常是借助零形式。在(23)中，read 的界标在关系从句本身中并未表达出来。如图 12.7 所示，其界标是通过一重对应得以认定的，对应项为充当主句主语的名词短语的显面。由此，the book 实际上明示的是 read 的界标，以及 offend 的射体。核心也可由代词加以充实。它可以是一个常规人称代词，出现在其常态的小句位置，如(25)(a)，其中 they 回指 a cheap pair of glasses(一副廉价眼镜)。另一种情况是：少数语言中存在特殊的**关系代词(relative pronoun)**，如英语中的 who 与 which，它们通常出现在小句开头部分。我们注意到，在(25)(c)中，尽管 which 充当的是小句宾语(常态下出现在动词之后)，却出现在小句起始位置。①

① 在英语中，不许可关系代词时，往往采用人称代词(如 * He bought a cheap pair of glasses which he doesn't care if get broken)(* 他买了一副廉价眼镜，要是坏了也不会在意的))。容许关系代词的情况较为棘手，暂不作讨论。不过它是自罗丝(Ross，1967)以来的语言理论家关注的主要议题之一。关于关系代词的意义，兰艾克(Langacker，2001c)有更全面讨论。

(25) (a) He bought **a cheap pair of glasses** that he doesn't care if **they** get broken.
(他买的是**一副廉价眼镜**,即便**它们**摔烂了也不会当回事的。)
(b) The people **who** bought that house must be very wealthy.
(买那栋房子的**那个人**一定相当富有。)
(c) The book **which** I was reading offended her.
(我刚刚正读着的**那本**书招惹她了。)

the book which I was reading(我刚刚正读着的那本书)大致图式如12.8。与 the book I was reading(我刚刚正读着的书)(图12.7)的情况有所不同,该关系从句的确具有显性宾语:which 充当了这一功能,尽管它出现在小句句首位置(这对于宾语而言并不典型)。对关系代词的标记意在表明,它侧显一个仅被描述为非人主体(nonhuman,nh)、并在某一过程中扮演着某种角色的事体。通过一重对应,这一图式性过程等同于小句其余部分(I was reading)指向的具体过程。通过另一重对应,which 侧显的事体等同于该过程的界标,将 which 作为其宾语。同前例一样,由此得到的关系从句 which I was reading 而后与 the book 发生整合。我们注意到,the book I was reading 与 the book which I was reading 具有相同的复合语义结构。因此,which 在整个表达式的概念内容中所起的作用并不大,不过是使其结构更为明晰而已。

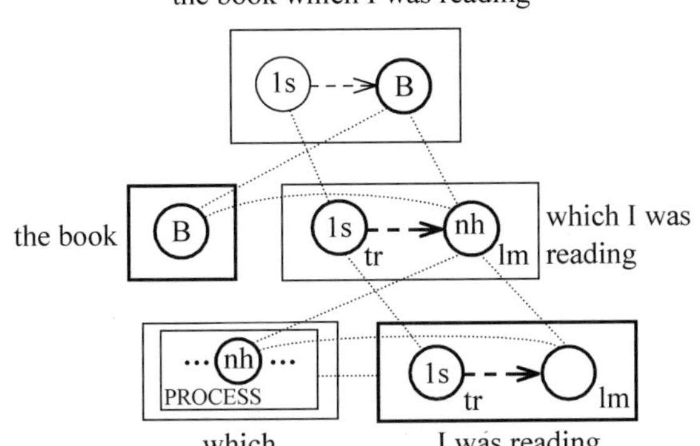

tr = trajector(射体); lm = landmark(界标); B = book(书)
1s = 1st person singular(第一人称单数); nh = nonhuman(非人的)

图　12.8

由此，典型情况下，关系构式含有两个成分：一个是用于明示某一基本类型的名词性表达，另一个是帮助认定该类型某一例示的小句。通过名词性显面与某一图式性小句参与者之间的对应，两者得以整合为一个高层名词短语。然而，关系从句构式的本质，并不在于任何具体的结构构造。其本质特征是语义上的：关系从句的功能在于描述一个名词短语的所指，后者被认定为小句过程的一个参与者。目前已探讨的情况或许比较典型，不过，关系构式在结构上是丰富多样的。例如，我们已经看到，名词短语与小句成分并非总是直接结合成一个语法成分。图 10.10 表明了 the package arrived(包裹到了)与 that I was expecting(我正盼着的那个)这两个小句的整合情况，由此得到了一个复杂句。其中，关系从句描述的是主句的主语，尽管两者并不相邻。

更另类(尽管就其自身来看相当自然)的是一类特殊的关系构式，其中名词短语与小句成分并未独立开来。尽管各构式在细节上大相径庭，但却享有一个共同特征，即词汇中心词——提供基本类型明示的名词——位于关系从句内部，而非作为独立的名词短语成分处于其外部。因而可将其描述为“内部中心的”(internally headed)关系从句(或者“无中心的”(headless)，假定中心词只能是外在的话)。霍皮语中的一些关系从句即体现出这种特征(Gorbet，1977)。在(26)中，男孩是送回家的对象，因而被理解为主句宾语。然而，出现在动词前宾位的是置于括号中的整个小句结构。词汇中心词 mit tiyo'yat“那个男孩(**宾格**)”所在的名词短语出现在关系从句内部，它在这里同样是宾语(男孩是挨打的对象)。由于男孩在挨打及送回家两个事件中充当的均是界标，它是在主句还是在从句中获得词汇表述，并无本质上的差异。

(26) Nu' ['i-na mi-t tiyo'ya-t
我 [我的-父亲 那个-**宾格** 男孩-**宾格**
wuva'ta-qa-t] hoona.
打-**数**-**宾格**] 送:家
(我把挨我父亲打的那个男孩送回了家。)

(26) 中括号内的部分如图 12.9 所示。它是基于 'ina mit tiyo'yat wuva'ta“我父亲打了那个男孩”这一小句结构的，事实上可独立成句。不过，此处它带上了词尾 -qat，其效果是施加了名词性识解：复合表达式侧显的是男孩，而非挨打的过程。该词尾可分解为名词化标记 -qa 与宾语后缀 -t。通常情况下，-qa 是施动性的(类似英语中的 -er)，但在与 -t 结合时，它侧显的是作为其基体而唤起的图式性过程的界标(而非其射体)。因此,复合表达式 'ina mit tiyo'yat wuva'taqat(我父亲打了的那个男孩)指向的是男孩,被形容为说话者的父亲打的对象。它是一个完整名词短语,因其侧显的事体被认定为该类型的一个具体例示。此外,作为名词短语,它可以充当 hoona"送回家"的宾语。[①] 它代表了一个关系从句构式,因其唤起了一个小句,用于描述一个被认定为某一过程参与者的名词短语所指。

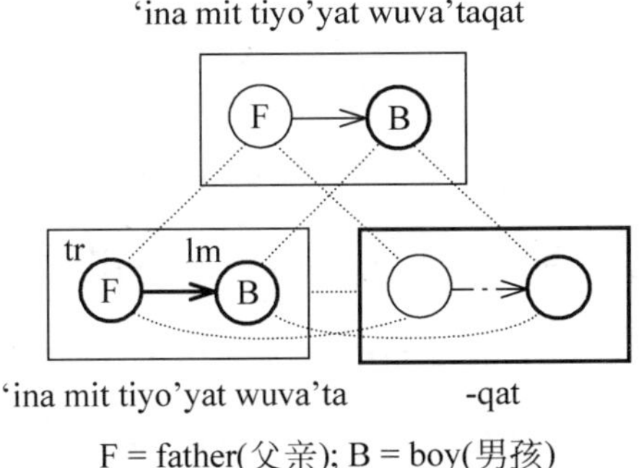

图　12.9

如此定义关系从句,并未具体表明其过程性显面被压倒。对于图 12.7 至 12.9 中所示的表达式,我们有理由假定,其显面在更高组织层次上的确被悬置了:每种情况下,关系从句均是某一名词短语的一部分;整体来看,该短语指向小句过程的一个参与者,而非过程本身。在这些情况下,名词短语与小句成分存在密切关联,

① 至于 -t 是关系化词尾 -qat 的一部分(如此处的情况),还是直接将派生名词标记为主句宾语,情况是模棱两可的。这些情况彼此加强,而非相互排斥,因名词短语指称在主句与从句中均充当界标。

小句唯一的目的即在于对名词短语的所指加以认定。不过,在许多情况下,小句与名词短语的连接更为松散,或是其语义贡献表现在其他方面。这些因素推动了小句获得独立观照,从而保全了自身的过程性显面。

当名词短语与小句成分处于不连续状态时,小句无疑是独立获得观照的,如先前的例子:**The package** arrived **that I was expecting**(**我正盼着的包裹**到了)。由于它们并未形成一个语法成分,并不存在设定复合象征结构的基础,使其语义极仅侧显包裹。[①] 两个语法成分——the package arrived 与 that I was expecting——均为限定小句,侧显的是被入场过程。不过,两者的关联是不对称的,因为前者提供了重要信息,后者则由 that——一个通用的从属标记——加以标记。相应地,图 7.19(b)与 10.10 表明,第一个小句为显面决定体,这是基于这样一个假设:非并列表达式总体上仅含一个显面。尽管我们可以合理假定,对于简单表达式而言,情况确乎如此,复杂句似乎呈现出更大的灵活性。侧显涉及的是注意力的聚焦,而一个结构超过了一定长度,就很难囊括在含单一总体焦点的单一注意"窗"内。当各成分仅松散地连接在一起时,对于限定小句内某个已入场结构而言,对其加以独立观照的潜力往往可得以实现。由此,或许最好是将该句分析为含有两个过程性显面,通过连续的注意窗依次得以通达。无论如何,关系从句的显面并未被其所修饰名词的显面压倒。

① 或许,它们构成了一个概念组合,但并未被任何音系组合符号化,因而未能构成一个复合象征结构。

存在着多重因素相互作用，共同决定一个关系从句能否保全自身的显面。其中一个因素在于，它在多大程度上趋近完全明示的、可独立成句的小句。(27)(a)中的关系从句多半可独立加以把握，因其业已入场，并含有一个显性主语(关系代词 who)。相比之下，(27)(b)中的分词性关系从句在两方面均不健全，因而保全其显面的机会较小。而在(27)(c)中，in this lab(在这个实验室)的小句特征甚至更微弱，因其缺乏动词。因此，它被看作名词性修饰语，而非关系从句。虽说两者间并无明显的分界线，简单修饰语的显面几乎必然被压倒。

(27) (a) The effect was discovered by some scientists who were working in this lab.
(这一效应是由在这个实验室工作的一些科学家发现的。)

(b) The effect was discovered by some scientists working in this lab.
(这一效应是由在这个实验室工作的一些科学家发现的。)

(c) The effect was discovered by some scientists in this lab.
(这一效应是由这个实验室的一些科学家发现的。)

第二个因素在于，关系从句的内容在多大程度上是语篇中的新信息或重要信息。(28)中关系词的语义贡献依次递增，这使得它们

更可能被置于独立的注意框中加以把握。在(28)(a)中,小句 I read(我读到)所提供的内容既无很大的信息量,也无任何值得注意之处。它在语义上的无足轻重与音系上的"压缩"(compression)呈正相关:与主句相比,从句的发音往往更快,重音呈弱化之势,音调也更低一些。但这一点并未反映在另外两句中,这里的关系从句内容更为复杂,更难以预测,在语篇中也更具核心地位。在(28)(b)中,作出旁门左道的主张这一属性是认定特定的 book 的(虚拟)例示的关键,该例示被唤起的初衷在于作出某一概括。在(28)(c)中,关系从句的功能并不在于对名词短语的所指加以认定(对此主句已经足够了),而在于作出某一附加陈述,这才是该句的要旨所在。因此,从(a)到(c),关于关系从句的从属本质的论断越来越经不起推敲,因其显面并未被中心名词 book 压倒。

(28) (a) There were some outrageous claims in that book I read.
(在我刚刚读到的那本书中有一些离经叛道的主张。)

(b) A book which makes outrageous claims is often a best-seller.
(作出离经叛道的主张的书往往是畅销书。)

(c) I just read a book which makes some outrageous claims.
(我刚刚读到一本书有一些离经叛道的主张。)

最后，关系从句能否保全其显面，还受名词短语与小句成分之间连接的紧密度的影响。对限定关系从句而言，最紧密的连接于(28)(a)之类的例子中可见一斑：两个成分彼此相邻，构成了一个语法组合，在音系上密切整合(从句在韵律上被压缩)，名词短语直接用于明示小句的界标(并不存在关系代词)，小句则用于协助认定名词短语的所指。名词短语与从句成分不相邻的情况，则代表了对这一构造的一种偏离。另一种偏离体现在非限制性关系从句中：

(29) I just read a book, which makes some outrageous claims.
(我刚刚读到一本书，书中有一些离经叛道的主张。)

尽管关系从句与名词短语常态下是相邻的，在非限制性关系从句中则可通过短暂停顿(书写中为逗号)分隔开来。这种韵律上的分离表明，两者占据了不同的注意窗，因而在很大程度上是独立加以观照的。这种情况是有可能的，因为唤起非限制性关系从句的初衷，并不在于挑选出名词短语的所指，而在于对其作出附加评论。在(29)中，相关的类型——其中一个例示由不定冠词入场——即为 book，而非 book which makes some outrageous claims(作出离经叛道的主张的书)(参见图 10.9)。我们并无任何根据主张关系从句融入到了其所修饰的名词短语中，也无任何证据表明其显面被该名词短语或其所在小句压倒。非限制性关系从句含有一个关系代词(其所指有赖于被修饰的名词短语)，在此意义上，它是从属性的。然而，它与另一个小句在侧显上享有平等地位。因此，类似(29)这样的表达式往往被比作并列结构。

12.2.3 补语从句

补语从句的功能，在于对主句表示的关系中一个显著的参与者加以明示。在这方面，补语类似于主语及宾语名词短语，用于对所侧显过程的图式性射体与界标加以阐释。的确，有些补语从句在语法上充当着主句谓词的主语或宾语，例如，在(30)中，括号内的小句与主语名词短语 a loud party(闹哄哄的晚会)占据了相同的位置，且在问句中均出现在第一个助动词之后。同样，(31)中的补语从句出现在与宾语名词短语 a dirty and vicious campaign(一场卑鄙而不道德的竞选运动)相同的位置，且在对应被动式中均出现在主语位置上。

(30) (a) A loud party would bother the neighbors.
(闹哄哄的晚会会妨碍邻居们。)
(b) [Setting off these fireworks] would bother the neighbors.
([燃放这些烟花]会妨碍邻居们。)
(c) Would a loud party bother the neighbors?
(闹哄哄的晚会会妨碍邻居们吗?)
(d) Would [setting off these fireworks] bother the neighbors?
([燃放这些烟花]会妨碍邻居们吗?)

(31) (a) All the commentators predicted a vicious and dirty campaign.
(所有评论家都已料到一场卑鄙而不道德的竞选运动。)

(b) All the commentators predicted [that he would lose the election].
(所有评论家都已料到这一点:[他会竞选失利]。)

(c) A dirty and vicious campaign was predicted by all the commentators.
(一场卑鄙而不道德的竞选运动已为所有评论家料到。)

(d) [That he would lose the election] was predicted by all the commentators.
([他会竞选失利],这一点已为所有评论家料到。)

那么,可否说补语从句不过是主语或宾语名词短语,是通过补语过程概念物化而来的呢?作为一个概括分析,这在许多方面均是不成立的。首先,并非每个补语从句均与非小句形式的主语或宾语体现出平行关系。例如,补语可紧随某些形容词之后:I'm {sure/happy/pleased} [he is honest](我{确信/高兴/感到欣慰}[他是正直的])。然而,形容词并不与宾语名词短语共现;* I'm {sure/happy/pleased} his honesty(* 我{确信/高兴/感到欣慰}他的正直)是说不通的。要表达这些概念,形容词需跟随一个介词短语:I'm {sure of/happy about/pleased with} his honesty(我对他的正直表示{确信/高兴/感到欣慰})。再者,即便是看似与非小句形式的主语或宾语平行的补语,也并非方方面面均与之表现相同。在(32)中我们注意到,处在主语位置的限定补语,在疑问句中置于助动词后则是不贴切的。同样,(33)中的例子也表明,不定式补语拒斥被动化。

(32) (a) All those lies do not bother the president.
(面对所有那些谎言,总统依然神态自若。)
(b) [That he tells so many lies] does not bother the president.
([撒了如此多的谎],总统依然神态自若。)
(c) Do all those lies bother the president?
(所有那些谎言让总统心烦意乱吗?)
(d) * Does [that he tells so many lies] bother the president?
(*[他撒了如此多的谎],总统感到心烦意乱吗?)

(33) (a) The organizers fully expected those problems.
(组织者们已经完全预料到那些问题。)
(b) The organizers fully expected [to encounter those problems].
(组织者们已经充分预料到[会遇到那些问题]。)
(c) Those problems were fully expected by the organizers.
(那些问题已为组织者们充分预料到。)

(d) * [To encounter those problems] was fully expected by the organizers.

(*[会遇到那些问题]已为组织者们充分预料到。)

因此，补语构式需作单独考虑。它们以不同方式、在不同程度上趋近主语及宾语构式，完全例示这些构式的情况不过是一个特例。同理，携带补语的谓词，比起出现在非补语构式中的情况，意义也呈现出微妙差异。例如，出现在小句与介词短语之前时，sure(确信)的意义不尽相同。两个意义唤起了同一内容作为其概念基体。其语义对立在于，这一内容在更大构式语境中是以不同方式被识解的。

其概念基体如图 12.10(a)所示。虚线箭头代表概念化主体(C)针对某一命题(P)采取的立场。处于 sure 的意义核心的是 C 接受该命题为真的信念程度(作为 C 关于现实概念的一部分)。用于测量信念程度的量级由粗线箭头标明。尽管这一量级本质上

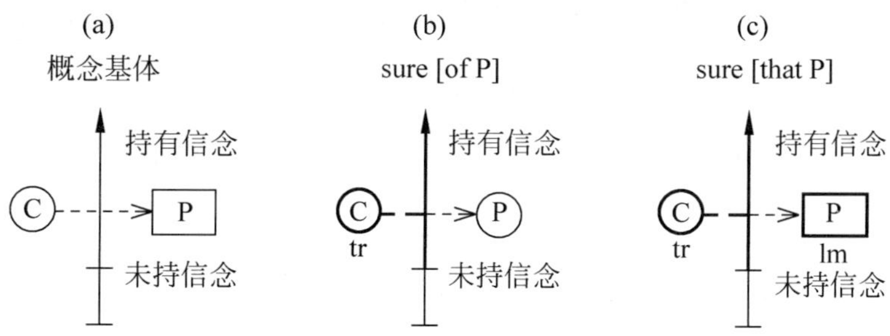

图　12.10

具有连续性，我们仍可大致区分 C 是否持有关于该命题的信念(接受其为真)。sure 的意蕴在于，C 关于 P 的立场完全落入信念区间。

这些均为 sure 的两个义项所共享。其共享内容还进而包括对概念化主体心理状态某一方面的强调——即对 P 所持信念的**强度(strength)**。know(知道)与 believe(相信)这样的动词主要关注信念是否**成真**，相比之下，sure 的要义在于表明，C 关于 P 的立场是坚定不移、不容动摇的。[①] 因此，sure 侧显的并非 C 与 P 之间的关系(如 know 与 believe 的情况)，而是 C 的态度落在信念量级上的哪一点上。这并不是要否认 C 与 P 的关系同样是重要的：信念强度的评估正是基于此作出的。不过，其中心焦点在于 C 在这一量级上的位置，如图 12.10(b)与(c)所示。

由此，P 在所侧显的关系中未必是焦点参与者。显然，在诸如 I'm sure of his honesty(我确信他是正直的)这样的表达式中，它并不具备焦点地位，此时它充当的是介词短语的宾语，与 sure 的结合仅仅是间接的。在这一边缘构式语境下，P 在概念上被物化，并被识解为一个抽象事体，因而它是由名词短语(his honesty(他的正直))而非小句编码的。[②] 相比之下，在 I'm sure(that)he is honest(我确信他是正直的(这一点))这样的表达式中，对 P 的表达是直截了

① 在词源上，sure(有把握的)与 secure(保险的)存在关联，这一点不无相关性。

② 至于 P 的物化是归结为形容词本身，还是由于它被表达为介词宾语，是一个悬而未决的问题。介词 of 侧显某一关系，该关系被图示化地描述为内蕴于射体与界标之间(GC：第三章)。在这一边缘构式中，of 的射体为 sure(确信)表达的整个关系，界标——该关系的内在一部分——为所物化的命题。这与 of 用于明示名词化动词的参与者的情况不乏共通之处(如 the dissection of squirrels(松鼠的解剖))。

当的。P 被直接引入，表明它在 sure 的意义中更为显著，从小句形式也可看出，它被理解为一个过程而非事体。相应地，在图 12.10(c)中，P 被标记为界标，以示其突显性，同时被置于框盒中(而非圆中)，以示物化的缺失。用于阐释 P 的限定小句体现出宾语的特征，原因正在于它充当了所侧显关系中的界标。然而，它并非常态意义上的宾语，因为宾语的说法仅适用于名词性表达。用于阐释界标的小句是一个**关系补语(relational complement)**(而非名词性补语)，因而 sure 被看作形容词而非介词(图 4.11)。

携带补语的谓词，在语义上通常呈现出变异特征，另一个代表性例子如动词 expect(期待)。它至少有四种变体，分别与不同的构式连用。以(34)为例，这些构式的补语分别为名词短语、限定小句、非限定小句、名词短语后续非限定小句。这些变体在界标的性质与认定途径方面各有千秋，这与各自所在构式的情况是一致的，如图 12.11 所示。

(34) (a) The children expect a present.
(孩子们期盼着礼物。)
(b) Her mother expects [(that) she will graduate in June].
(母亲预期[(的是)她会在六月份毕业]。)
(c) The painters expect [to finish on time].
(画家们预期[会准时完工]。)
(d) We expect this movie [to make a lot of money].
(我们预期这部电影[会大赚一把]。)

接续名词性补语时，expect(预期)侧显一种心理关系(以虚线箭头标记)，即射体对界标加以考量，期待收到或遇到它。该义项如图 12.11(a)所示。由于该过程被识解为参与者间的互动，因而动词是及物的，用于阐释界标的名词短语不仅仅是广义上的宾语，确切地说是直接宾语。由此得到的小句是及物的，因而可发生被动化，如(33)(c)。

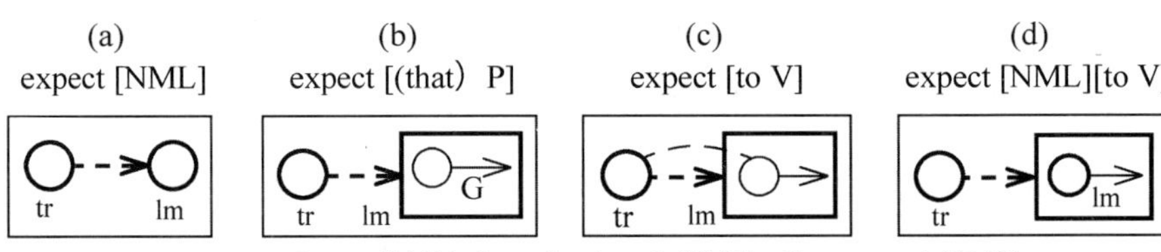

tr = trajector(射体); lm = landmark(界标); G = ground (场境)

图 12.11

当补语是限定小句时(如(34)(b))，被动化通常显得很别扭，尽管并不完全排除这种可能性：

(35) (a) ? * [That she will graduate in June] is expected by her mother.

(? *[她会在六月份毕业]为母亲所预期。)

(b) ? [That they would encounter problems] was expected by everybody.

(? [他们会遇到困难]已为每个人所料到。)

问题并不单纯在于，该过程是心理的而非物理的——我们注意到(31)(d)的说法是贴切的。关键在于，expect 将命题性界标识解为关系性的，而非名词性的(predict(预测)则不然)。如图12.11(b)所示，其界标被看作一个图式性的已入场过程(并未物化)。因此，作阐释之用的限定小句属于关系补语(而非名词性宾语)，不宜充当被动式的主语。那么，为何在有些情况下(如(35)(b)中)被动式勉强可以成立？这是因为，当限定小句由 that 加以标记时，即具备了概念物化的潜力，从而可造就一个抽象事体。命题可隐喻性地构想为可操纵之物，不依赖任何特定的概念化主体而存在。如此识解的结果是：限定小句具备了名词短语的资格，由此可与该动词的及物变体结合。[①]

对于图12.11中的变体(c)而言，被动化通常只能勉强接受，甚至是不可接受的，如(33)(d)。非限定补语更难以概念物化，因其并不具有充分的自足性，从而无法作为对情况的有用描述加以独立观照。(34)(c)中的不定式小句 to finish on time(按时完成任务)既未获得入场，又不具备显性主语。因此，小句本身并不明示任何可就其现实性加以评估的特定事件。[②] 不过，与主句的整合的确造就了一个更为具体的解释。通过图12.11(c)中的对应线，不定式的射体与 expect 的射体等同起来。因而在(34)(c)中，the painters(画家们)与 to finish on time 分别阐释动词的射体与

---

① 由此得到的被动式依然具有边缘性，原因有以下几点：1)它们需要额外的概念操作；2)存在来自更基本的非及物构式的竞争；3)expect(料想)与典型及物动词相去甚远，压根儿就不是被动化的一个强势候选项。

② 然而，该小句可物化为另一种抽象实体——即用于概括陈述的事件类型(如 To finish on time is always desirable(按时完工总是称心如意的))。

界标，我们知道这些画家即完成任务的画家。再者，该事件的认识地位可从主句谓词的意义与入场情况推断出来。expect 通过入场，将这一态度置于当前现实，其意义也暗示了界标事件是后发生的，对此并无十足把握。因此，完成任务一事位于将来，且未必会发生。

最后，图 12.11 中的变体(d)将不定式的射体提升至主句界标的地位。即是说，(34)(d)中所描述的期待并非对将来情况的泛泛而论，而是具体涉及名词性宾语的某种期待：关于 this movie（这部电影），我们预期的是 to make a lot of money（会大赚一把）。因此，除其射体外，expect 的这一意义还涉及两个显著参与者。其中一个是该期待指向的实体：它被聚焦为界标，因而用于表达它的名词短语为主句宾语。同样不乏显著性的（或可称之为次要界标）是预期的情况本身，由不定式的补语加以明示。图 12.11(d)中的构造自然而然表明，宾语名词短语的所指被解释为不定式的射体。

在(34)(c)这样的句子中，主句主语等同于常态下补语未经明示的射体，语言学家们于是谈论两者间的**控制关系（control relation）**。尽管补语缺乏显性主语，但控制关系将其射体等同于一个主句参与者，因而后者在复合语义结构中兼具双重身份：画家既是期待的主体，又是完成任务的主体。基于该构式及主句谓词的意义，控制者的身份得以确立。画家是完成任务的主体，我们的判断依据是图 12.11(c)中描述的 expect 的意义，以及不定式补语阐释其关系性界标这一事实。

英语中的控制构式可谓林林总总，即便仅将注意力限制在补语的射体上，情况也是如此。[①] 我们在(36)中看到，补语并非总是不定式，也可由 -ing 加以标记。进一步讲，在主句中，“控制者”(controller)（以粗体标记）既可充当主语，又可充当宾语，甚至是介词宾语。同样，在主句中，补语从句本身可充当射体或界标，甚至是介词的界标。

(36) (a) **He** actually enjoys [being obnoxious].
(**他**事实上喜欢[讨人嫌]的感觉。)
(b) **He** truly excels at [being obnoxious].
(**他**在[讨人嫌]方面堪称一流。)
(c) [Being obnoxious] never bothers **him.**
([讨人嫌]从未让**他**烦心。)
(d) [Being obnoxious] is easy for **him.**
([讨人嫌]对**他**而言易如反掌。)

当主句包括不止一个名词短语时，选择控制者的问题随之而来。哪个主句参与者可胜任这一角色呢？与通常情况一样，这一经典的句法问题实际上基本是语义上的。其根本原则可谓一目了

① 对于状语及关系从句，同样可以谈论控制问题：[When criticized], **he** sulks([受到批评后]，**他**闷闷不乐)；**A child** [criticized too often] lacks self-esteem([被频频批评的]**孩子**缺乏自信)。再者，“控制对象”——其指称待定的参与者——并非总是从句射体。它同样可以是小句界标，甚至是介词宾语：**The book** [I read] was boring([我读的]这本书枯燥无味)；**A noisy office** is hard [to work in](**闹哄哄的办公室**难以[在里面工作])。

然：所有相关概念因素均考虑在内时，最自然的情况是将控制者理解为充当补语射体的参与者。最明显起作用的因素是主句谓词的意义及补语过程的性质，不过推理与常识也是相当重要的。以(37)为例，虽然两句在语法上具有平行关系，并含有相同的主句谓词，其控制者依然有别。选择谁作为控制者，取决于我们对工作地点有何了解，及对监工和雇员各自角色的认识。由于雇员的擅自离守处于监工的控制之下(但反之则不然)，我们推断，(37)(a)中的控制者(也即明示补语射体的名词短语)为me)。又因为工头决定了雇员的工资(而非相反)，我们推断，在(37)(b)中，控制者为my supervisor(我的工头)。[①]

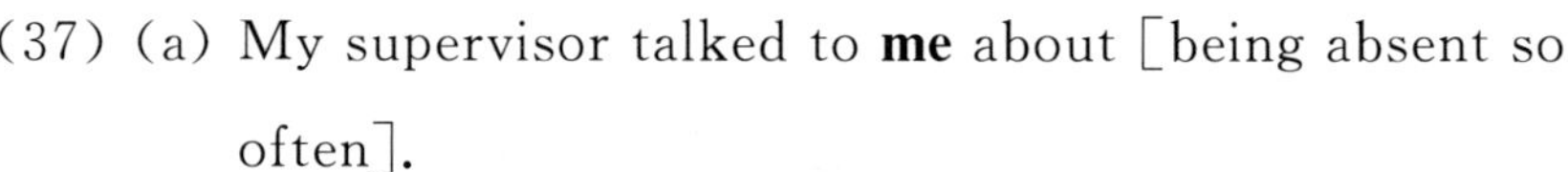

(37) (a) My supervisor talked to **me** about [being absent so often].

(我的工头跟**我**谈论[频频旷工之事]。)

(b) **My supervisor** talked to me about [approving a raise].

(**我的工头**跟我谈论[答应涨工资的事]。)

许多谓词的意义均体现出对特定控制者的强烈偏好。然而，即便某一变式表达已高度固化，并已约定俗成，依然可能体现出些许灵活性。一个这样的例子为ask(请求)。在形如X ask Y [to

① 特殊情况下，这些默认解释可被压倒。比方说，假定我的工头喜欢向我吐露秘密，为每天下午都去赛车而感到内疚。此种情况下，(37)(a)即可解释为my supervisor(我的工头)是控制者。

V]的表达式中，控制者往往是 Y，如(38)(a)。完全可以说，指向 Y 的请求所涉及的东西，常态下其发生情况是由 Y 而定的。不过，对基于动词 allow(允许)的被动补语而言，情况有所不同，如(38)(b)。由于 be allowed to V 的射体并不对其发生负责，最自然的情况是将其等同于发出请求而非施与请求的人。因此，主句与从句参与者之间最自然的联结，是将 X 解释为补语的射体(获准参与的人)，将 Y 解释为被动式的施事(准许参与的人)。

(38) (a) I asked **her** [to attend the reception].
(我请求**她**[出席招待会]。)
(b) **I** asked her [to be allowed to attend the reception].
(**我**向她申请[获准出席招待会]。)
(c) **I** promised her [to attend the reception].
(**我**答应她[会出席招待会]。)
(d) I promised **her** [to be allowed to attend the reception].
(我答应**她**[准许出席招待会]。)

当动词为 promise(答应)时，情况则全然相反。在形如 X promise Y [to V]的表达式中，发出请求的是 Y，施与请求的则是 X。因此，X 往往等同于补语射体的控制者，如(38)(c)。一个说话算数的许诺意味着有能力将其付诸实施。因此，如果 X 对 V 许诺，V 的发生应该是由 X 而定的。对于 attend(出席)这样的主动动词而言，情况确乎如此：常规情况下，出席某种场合是射体意愿之事。然而，当 attend 替换为被动式 be allowed to attend 时（由此生成(38)(d)），情况再次发生变化。由于该过程的射体并不对其发生负责，更连贯的解释是将其等同于 Y，即 Y 发出这一请求，而将 X 解释为被动式的施事。

通常区分出两类构式："控制"（control）构式与"提升"（raising）构式。两者的区别是隐性的，因为就显性语法形式而言，控制构式与提升构式是完全平行的，对于宾语和主语而言均是如此：

(39) (a) She persuaded **him** [to resign]. [object controller]
(她劝**他**辞职。) [宾语控制者]
(b) She expected **him** [to resign]. [raised object]
(她巴不得**他**辞职。) [提升宾语]
(c) **He** is happy [to resign]. [subject controller]
(**他**欣然辞职。) [主语控制者]
(d) **He** is likely [to resign]. [raised subject]
(**他**有可能会辞职。) [提升主语]

普遍认为，两者的对立在于，粗体标记的名词短语是否是主句谓词真正的宾语或主语。就控制构式而言，答案是肯定的：毫无疑问，him 是 persuade（奉劝）的真正或"逻辑"宾语，he 是 happy（乐于）的真正主语。然而，him 是 expect（期盼）的真正宾语吗？逻辑上讲，我们可以主张，预期的对象应该是事件——他辞职的情况——而非人。出于此因，be likely（有可能）的真正主语是他辞职一事，虽说明确出现在主语位置的是 he。

对于这种貌似不一致的情况，经典分析的处理思路，是在其"表层"（surface）形式之外，设定一个"深层"（deep）（或"底层"（underlying））句法结构。其主张是：在底层结构层次上，expect 的宾语为小句，be likely 的主语则为小句：she expect [he resign]（她期盼[他辞职]）；[he resign] be likely（[他辞职]是有可能的）。由此，(b)与(d)的表层形式源自将从句主语提升至主句中，此处它扮演了原初小句的角色（被后置并由 to 加以标记）。支撑这一分析思路的是如下事实：容许提升的名词短语，正是容许出现在不定式小句的主语位置上的名词短语。例如，在(40)中，被提升名词 tabs 是习语 keep tabs on（监视）的一部分，后者出现在从句中。由于它有资格充当其所在小句的主语（如 Tabs were kept on the protesters（抗议者被监视着）），在提升构式中，它同样有资格充当 expect 的宾语或 be likely 的主语。我们注意到，tabs 不能出现在非提升谓词 persuade 与 be happy 的相应位置上。

(40) (a) * She persuaded **tabs** [to be kept on the protesters].
(*她奉劝**监视**[被施加于抗议者]。)

(b) She expected **tabs** [to be kept on the protesters].
(她期盼**监视**[被施加于抗议者]。)

(c) * **Tabs** are happy [to be kept on the protesters].
(***监视**欣然[被施加于抗议者]。)

(d) **Tabs** are likely [to be kept on the protesters].
(**监视**有可能[被施加于抗议者]。)

出于内容要求，CG 不容设定自底层结构派生的情况。类似(39)(b)与(d)这样的句子需直接独立作出描述，其中 him 是 expect 的宾语，he 是 be likely 的主语。的确，我们可以主张一种非提升分析思路(GC：第十一章)。它直接囊括了与控制构式的平行关系(如(39))，同时兼顾了两者的分布差异(如(40))。关键是对主句谓词的意义作出明晰的刻画。

在图 12.12 中，(a)—(b)中比较了 persuade 与 expect 的意义，(c)—(d)中则比较了 happy 与 likely 的意义。每种情况下，不定式补语对内框盒所代表的图式性的、整体观照的过程加以阐释。每对谓词的本质差别均在于，该过程的射体是否在谓词所侧显的过程中扮演着某种附加的、更具体的角色。persuade 显然扮演了这种角色：被聚焦为界标的参与者在某种交际互动(双向虚线箭

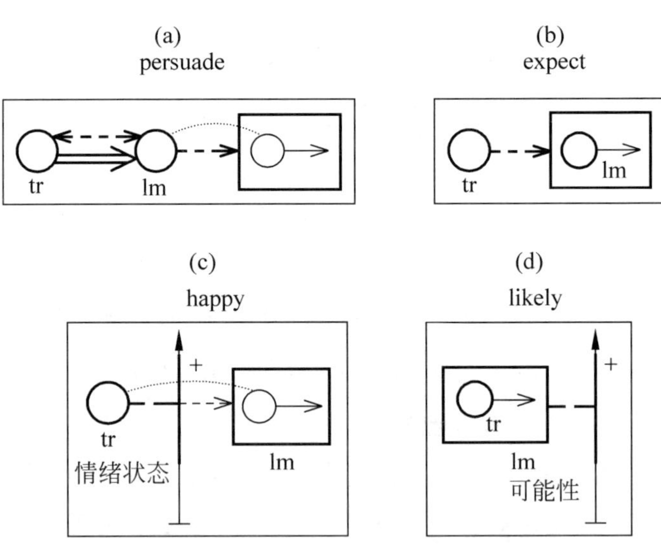

tr = trajector(射体); lm = landmark(界标)

图 12.12

头）中与射体打交道，受制于某种社会力量（双向箭头），从而意图（单向虚线箭头）实施不定式所表示的过程。expect 则不然。除其作为不定式射体的角色外，expect 的界标并无客观介入。它仅仅充当着某种主观功能，是射体的期望指向的实体。任何东西均可充当这一功能，甚至是习语性的 tabs（大意是“接触”或“监视”）也无不可，因而（40）（b）在语义上是合乎逻辑的。但由于 tabs 几乎不具备交际或意向能力，因而（40）（a）是说不通的。

对于 happy vs. likely 而言，情况也是大同小异：仅在前者中，不定式的射体直接参与到了所侧显的关系中，并扮演着实实在在的角色。happy 形容射体的情绪状态，将其置于量级上趋于肯定的一端。该状态并不具有一般性——某个 happy to resign（欣然辞职）的人总体心境完全可以是悲伤的——而是确切与射体参与不定式过程的情况相连。不过，射体必须具备情绪体验能力，因而在（40）（c）中由 tabs 加以明示是不恰当的。相比之下，在（40）（d）中，tabs 充当 likely 的主语则是不成问题的。likely 唤起的量级涉及某件事发生的可能性，该事件是由不定式补语加以明示的。不定式的射体同样被聚焦为 likely 的射体，因而对应于主句的主语。然而，该参与者在所侧显的关系中并无客观介入。除其补语角色外，它仅仅充当着参照点功能，即有关可能性的评判的基准。几乎任何东西均可充当这一功能，甚至是习语性的 tabs 也无不可。

照此分析，提升构式不过是控制构式的一个特例，控制者唯一实在的角色仅存在于补语过程中。然而，不论它在所侧显的关系中是否直接起作用，所涉及的名词短语均属主句谓词“真正”的主语或宾语。在 CG 中，对主语与宾语的图式性描述并不参照语义角色，而仅仅参照焦点突显。典型情况下，焦点突显的聚光灯导向直接参与所侧显关系的实体。然而，并无内在因素阻止它们导向参与性较为间接的实体，我们主张 expect 的宾语及 likely 的主语即是如此。这正是表层事实——与(39)中所观察到的情况平行——意图告诉我们的。CG 对主语与宾语的定义基于突显性而非概念内容，可谓道出了这一事实。

12.3 限定补语

虽说限定补语与非限定补语通常可以互换，两者并非完全对等。它们的差异不仅体现在形式上，还体现在意义及语篇功能上。顾名思义，限定小句唤起了某一概念化主体，并表明其就某种情况所持的立场。因此，与之关系更为密切的是认识判断及对现实的认识。

12.3.1 形式与功能

限定小句是已入场了的。除其所指向的过程外，它唤起的还有场境及入场关系。前者处于台上并被客观识解，后者则处于台下并被主观识解(图 9.2(b))。场境的核心为交际双方，他们对所侧显关系的把握涉及某种认识评判。特别需要指出的是，入场成分表明了所指向的过程在说话者对现实的认识中的地位。

由于限定小句涵盖了入场，因而有潜力获得独立观照，充当关于世界的有用描述。倘若有人说 I kissed a frog(我吻了一只青蛙)，这话可真可假，但起码来讲，我们可就此类表达式的有效性作出评判：它描述了一个相当具体的事件类型，涉及一个具体的人，并将该类型的一个例示描述为发生于说话时间之前。你若接受该论断为真，它即强化了你对现实的认识（所谓现实，即直至当前时刻所发生情况的整个历史）。限定小句可按这种方式单独起作用，通常可独立充当完整句子。尽管它充当补语的情况并不鲜见，但仅属次要情况。

相比之下，非限定小句无法就其本身的有效性作出评判，也无法用于强化我们对现实的认识。以不定式表达 to kiss a frog 为例。由于它既未入场，也未对主语作出明示，因而它对事件的描述仅仅是概括性的，本质上是一种类型——它未能挑选出一个可能被接受为真的具体例示。分词表达式如 kissing a frog 亦是如此。单独来看，此种小句并未道出关于世界有用的东西。因此，非限定小句通常不能独立成句，更典型的情况是用作补语。而后，通过与主句的关联，它们获得了更完整的解释，并可影响到（至少是间接地）我们对现实的认识。

由此可见，补语的形式与其典型功能存在相关性。限定小句已获完整明示并已入场，因而适合独立使用。即便是勉强用作补语时，它们也依然包含着充当这一首要功能所需的要素。同样，非限定补语的形式与其缺乏独立性的特征也存在相关性。它们区别于限定补语的形式特征，均是对其依存性地位的反映。由于它们并无主语，因而有赖于主句对其射体加以认定。这是通过前一节谈论的控制关系实现的。[①] 在缺乏入场的情况下，主句也决定了

① 或者，射体可迂回地加以说明，充当补语本身的一部分。就不定式补语［For me to kiss a frog］would be out of character（［要我吻青蛙］，这不符合我的性格）而言，边缘成分为 for。对于分词补语而言，主语携带所有格形式：［My kissing a frog］was the highlight of the party（［我吻青蛙］是晚会的亮点）。

它们在时间及现实中所处的位置，其中的决定因素有主句谓词的意义及入场的性质。例如，I want to kiss a frog（我想吻青蛙）意味着吻青蛙属于将来之事，或许永远无法实现。我们之所以知道这一点，是因为 want（想）出现在现在时中，涉及随后发生的事件，但对其实际是否会发生未作说明。相比之下，I managed to kiss a frog（我得以吻到一只青蛙）意味着说话者事实上确实吻了一只青蛙。manage（得以）传递的信息是成功实施了补语表达的行为。由于 manage 的行为同样发生在过去，因而所侧显的例示只能是过去现实的一部分。对于 try（试图）而言，补语还具有另一重地位。与 manage 相同的是，动词 try（试图）形容实施某一行为所付出的努力；但与 manage 不同的是，它并不传递成功实施的概念。在时间上，由于尝试行为发生在过去，吻的行为必定同样如此。在这方面，I tried to kiss a frog（我试图吻一只青蛙）与 I managed to kiss a frog 可谓大同小异。但由于尝试并不保证成功，我们无从推论吻的行为实际发生了。[①]

影响非限定补语的因素，还包括选择 to 还是 -ing 充当其从属成分。[②] 例如，对于 try to V 而言，try 的实现并不意味着 V 的实现；但对于 try Ving 而言，try 的实现即蕴含了 V 的实现。这一对

---

① 通过所谓“含义”（implicature）过程的作用，该句实际暗示的情况恰恰相反。要是吻的事件的确发生了，说话者就会干脆说 I kissed a frog（我吻了一只青蛙）了。

② 另一种方案是采用零位标记，它通常出现在感知及致使动词中：I {saw/heard/watched/let/made/had} them smash her antique vase（我{看见/听见/注视着/让/令/使}他们砸碎了她的古董花瓶）。该表达方式基本用于主句与补语事件在时间上重合的情况（GC：§7.5；参见 Kirsner and Thompson，1976）。然而，对致使谓词而言，两者间可能存在时差。

立从下例中可见一斑：

(41) (a) I tried to kiss a frog, but I couldn't.
(我试图吻一只青蛙，但没能如愿。)
(b) I tried kissing a frog, but it didn't work.
(我试着吻了一只青蛙，但没有搞定。)

to 与 -ing 的意义与分布相当复杂，此处只能点到为止(Wierzbicka, 1988:第一章；FCG2：§10.2.1)。两者均具有多义性，在语义上与其所在的各种构式难解难分。具体选择哪一个，往往由规约裁定，当两者均有可能时，其语义上的差别充其量是微乎其微的。对于 to 与 -ing 两者而言，一个具有充分概括性(对所有用法均有效)的描述，或许仅仅是说明它们将补语过程去时间化了(即悬置了顺序扫描)。

不过，to 与 -ing 的各种意义是围绕不同的典型建立起来的。对于 to 而言，最典型的情况是：补语过程被整体观照，发生于主句过程之后。to 与主句谓词如 want(想要)、try(试图)、persuade(奉劝)、expect(预期)及 likely(有可能)共现时，体现的即是这一基本义。用于目的小句时亦然(如 He did it to attract attention(他做这件事是为了哗众取宠))。不难看出它与路径-目标构造(She walked to the store(她步行至商店))介词 to 的关联。另一方面，-ing 最典型的情况，是对补语过程采取某种内在视角(如同进行体中的情况)，并进而表明主句与补语过程在时间上存在着重叠之处。与这一基本义一致的主句谓词如 like(喜欢)、enjoy(醉心于)、see(看见)、start(开始)、keep(继续)及 bother(使烦心)。对

于 -ing 而言，补语化与名词化之间并无明晰界限。由 -ing 标记的补语呈现出相当稳定一致的名词性特征。例如，在疑问句中，它们出现在助动词后（如(30)(d)），并充当介词宾语（如(37)）。同样表明其名词性特征的，还有以所有格明示射体的情况：His being obnoxious never bothers her（她从不因他的讨人嫌而烦心）。然而，声称-ing 总是将补语过程物化，或许显得过于绝对。[①]

to 与 -ing 的典型意义，为处理不大典型的用法提供了可取的思路。一个乍看令人疑惑的例子是 -ing 与 anticipate（料到）共现的情况，如 I anticipate being nervous（我料到自己会紧张）。由于它指向将来，因而本应像其同义词 expect 那样接续 to：I expect to be nervous（我预期自己会紧张）。但同义关系从来都是不精确的。或可主张，这些动词体现了对同一将来情况加以把握的两种不同方式。expect 融入了更为直接的策略，即直接从当前的视点出发观照将来。它管辖着 to，因为从这一视角来看，该情况出现在某一时间路径的终点，因而从整体上加以观照。anticipate 则融入了更为复杂的策略，即采取了一个非现实视点，想象事态由此可能呈现的面貌。它管辖着 -ing，因其将视点移向将来情况发生的时间，从而虚拟地为其赋予了一个内部视角。[②]

---

① 例如，kept 的补语并未表现出名词性成分的迹象。我们注意到，She enjoyed working（她喜欢工作）的补语可为疑问词 what 或代词 it 替代：What did she enjoy?（她喜欢什么？）；She enjoyed it（她喜欢它）。对 She kept working（她继续工作）而言，两种替代均无可能：* What did she keep?（她继续什么？）；* She kept it（她继续它）。

② 相应地，Don't anticipate my decision!（不要期待我做决定！）是劝诫勿仓促行事，似乎对方已获悉这一决定。相比之下，Don't expect my decision any time soon!（别指望我马上随时做出决定！）中的决定仅在将来是可及的。

造成另一个微妙问题的是 like to V 与 like Ving 的区分。这不单单是补语过程在时间上后于喜欢还是与之重合的问题。一方面，like to V 与 expect to V 有所不同，因为后续发生的情况并非问题的关键。它描述的实际上是导向补语过程的一般肯定倾向，可能是基于先前发生的情况，如(42)。尽管 like Ving 可能与 enjoy Ving 大致相当，即补语过程伴随着喜悦，它同样可用于描述基于先前经历获得的一般印象，如(42)(b)。

(42) (a) I like to sit in that chair, but I'm not allowed to anymore.
(我喜欢坐在那把椅子上，但再也得不到许可了。)
(b) I like sitting in that chair, but I haven't sat there for ages.
(我喜欢坐在那把椅子上，但好久没坐那儿了。)

在这样的表达式中，具体情况被抽去，时间性关系在 to/-ing 的对立中仅有间接体现。表现得更直接的是另一个相关因素，即 like (喜欢)所编码的肯定效果作用的层面。对 like Ving 而言，获得肯定观照的是 Ving 的实际**经历**。相比之下，like to 表示的是实施 Ving 这一想法的肯定**意向**。因此，它明确引入了与直接经历并不挂钩的心理因素(如判断、决策、评判、评价)。由于它们涉及的是不同层次，因此，I like to run but don't like running(我喜欢跑步，但对跑步之事并不感兴趣)的说法并不矛盾。即是说，我喜欢跑步的想法(我知道它不无裨益)，但不喜欢跑步的经历。

这不过是用于说明 to/-ing 变式的微妙性与复杂性的几个典型例子。或许至少可以明确的是，这些成分是有意义的，其用法是有语义动因的，即便具体择用情况由规约而定时也是如此。置于更大的背景下来观照，较之于作为小句入场的替代策略的共同地位，两者的差异是无足轻重的。to 与 -ing 不仅用于将小句标记为从属性的，还进而表明了它与主句谓词的关系。再者，两者所派生的小句与限定小句不仅形式上有别，语义上也是大相径庭。限定小句与非限定小句的概念差异，从它们在语法与语篇中的功能即可见一斑。

如前所述，限定小句因已入场并获得了充分明示，更宜于独立使用。相比之下，它们的补语功能仅仅是第二位的，此种情况下显性标记（如 that）可有可无。当它们确实充当补语时，即便是与非限定补语看似等同的情况下，两者依然呈现出根本上的语义差异。要而言之，限定小句用于表达**某一命题**，非限定小句则用于描述**某一情况**。[①]

情况即发生的事件或出现的情形，命题则包括了某一情况及有关其认识地位的评判。因此，它唤起概念化主体对情况加以把握，并对其作出评判。由于存在着这一附加层次，因而命题比其所基于的情况更复杂，一般说来也更抽象。因此，一个自然而然的情况是：用于描述情况与命题的补语分别与不同类型的主句谓词相容。(43)中给出了这方面的一些例子。体谓词如 begin（开始）、

① “情况”（occurrence）与“命题”（proposition）这两个名称多少可分别与“过程”（process）与“被入场过程”（grounded process）互换。前者强调所涉及的概念类型，后者则强调 CG 对其所做的带有专业色彩的描述（第四章及第九章）。

keep(继续)及 finish(结束)强烈聚焦于情况,仅仅关注事态的时间进程。由于它们发生的事实并非问题的关键,因而限定补语被排除在外。位于另一个极端的是 true(成真)与 false(为假)之类的谓词,它们要求接续限定补语。这是因为,关于认识判断的有效性正是问题的关键所在。只有命题才能成其为真假——就其本身而言,事件或情形无所谓真假。

(43) (a) She {began/kept/finished} scraping off the paint.
(她{开始/继续/完成}了刮油漆的活儿。)
(b) * She {began/kept/finished} that she scraped off the paint.
(* 她{开始/继续/完成}了她刮了油漆。)
(c) That he never takes a bath is {true/false}.
(他从不洗澡这回事是{真的/假的}。)
(d) * His never taking a bath is {true/false}.
(* 他从不洗澡是{真的/假的}。)

在某种意义上,携带限定补语的谓词与知识及对现实的认识相关。例如,它们涉及知识的获得(learn(学习)、suspect(怀疑)、imagine(想象)、predict(预测)、figure out(估计));协商(persuade(奉劝)、suggest(建议)、claim(主张)、doubt(怀疑)、agree(同意));占有及保持(know(知道)、believe(相信)、sure(确信)、certain(确定)、convinced(坚信));交流(say(说)、tell(告知)、write(写下)、inform(通知)、announce(宣布));反应(happy(高

兴)、regret(后悔)、surprised(吃惊)、astonishing(震惊)、terrible(恐惧)),以及对其有效性的评判(true(千真万确)、undeniable(不容置疑)、dubious(心存疑虑)、seem(似乎)、probable(很有可能))。由此,此类谓词必然唤起了某个概念化主体,有能力对补语所表达的命题加以把握。概念化主体可显性提及,此种情况下通常为具体的人:Sam believes that X(萨姆相信 X);They persuaded her that X(他们奉劝她 X);It seems to me that X(在我看来 X)。但它也可隐而不现,仅充当一个身份不明的、虚化的概念化主体:It's {astonishing/terrible/true/undeniable/probable} that X({令人震惊/令人恐惧/千真万确/毋庸置疑/很有可能}的是 X)。要紧的是,与此种谓词关联的概念化主体,无需是用于其限定补语的入场而唤起的概念化主体。有时它们的确会重合,如在 Sam believes that the earth is flat(萨姆相信地球是平的)中,萨姆持有的是补语中编码的认识立场——地球是圆的这一情形是他对现实的认识的一部分。不过,原则上讲,这些概念化角色需彼此区分开来。对于另一个主句动词 doubt,这一点是显而易见的:Sam doubts that the earth is flat(萨姆怀疑地球是不是平的)。此句要说明的情况正是萨姆的观点与补语表达的观点存在偏离。萨姆对补语命题加以考量,但未能与概念化主体达成共识,后者的认识立场于小句的入场中可见一斑。

非限定补语是未加入场的,因而本身并不包括此种立场。因此,与其共现的谓词更为关注的往往不是知识,而是与补语过程连通的方式。比如说,它们可涉及对补语情况的感知(see(看见)、hear(听见)、feel(感到)、watch(注视)、view(观察));致使(cause

(致使)、force(迫使)、order(命令)、make(让)、compel(强迫));经历(like(喜欢)、enjoy(醉心于)、easy(容易)、fun(有趣)、painful(疼痛))。同样携带非限定补语的还有体谓词(start(开始)、begin(开始)、keep(继续)、stop(停止)、quit(放弃)),以及涉及愿望、意图、结果的谓词(want(想要)、try(尝试)、attempt(试图)、aim(旨在)、intend(意图)、persuade(奉劝)、induce(诱发)、manage(得以)、able(能够)、fail(未能)、wind up(了结))。对于所有这些谓词而言,直接相关的是补语过程的发生,而非有关其发生的知识。不妨说,它们指向的关系发生于**效果(effective)**层面,而非**认识(epistemic)**层面。

由于这些层次间的边界往往是模糊的,许多谓词既可携带限定补语,又可携带非限定补语,这一点并不足为奇。这一分工有时与谓词意义中是否包含直接可感的特征相关。(44)(a)代表了 see 的基本感知义,人与活动在视觉上均是可见的。但在(44)(b)中,其意义更类似于“逐渐知道”。我未必感知到了该活动,甚至是该人;比如说,我或许不过是看到了他房间里的说明书与材料。同样,也无需视觉因素参与其中——我可能是从言语上呈现的各种证据推知他的意图的。[1]

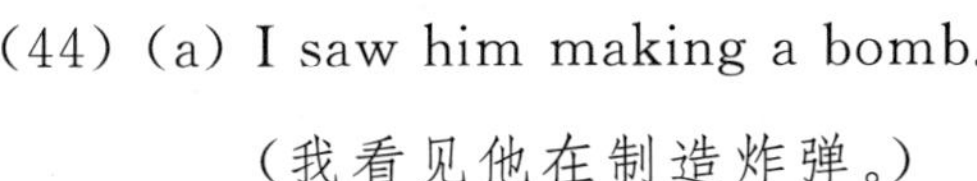

(44) (a) I saw him making a bomb.

(我看见他在制造炸弹。)

① 由于我们所知的许多情况是通过视觉渠道企及的,因而从视觉向知识的语义扩展屡见不鲜(Sweetser,1990)。这种情况既可“视为”隐喻,又可“视为”转喻。

(b) I saw that he was making a bomb.

(我明白他在制造炸弹。)

(c) I persuaded him to make a bomb.

(我劝他制造一枚炸弹。)

(d) I persuaded him that he should make a bomb.

(我奉劝他应该制造一枚炸弹。)

(e) I persuaded him that watermelons are poisonous.

(我奉劝他西瓜是有毒的。)

同样,persuade(劝)在(44)(c)与(d)中意义也稍有不同。对于不定式补语而言,被规劝的人有意向实施不定式所表达的过程(图12.12(a))。对于限定补语而言,被规劝的人则是转而接受某个命题为真。尽管(44)(d)暗示他可能意图制造一枚炸弹,这仅仅是情态词 should 促发的一个推理——或许他承认,他实在应该制造一枚炸弹,但并无此意。如(44)(e)中所观察到的情况那样,一般而言,该命题甚至无需与接受它的人有任何关联。

在有些情况下,无论一个谓词携带限定补语还是非限定补语,其意义基本保持不变。例如,happy(高兴)在(45)(a)与(b)中描述同样的正面感觉,promise(答应)在(c)与(d)中实施同样的未来承诺。其差别在于,谓词与补语过程的关联是体现在效果层面,还是认识层面。句(a)将正面感觉描述为直接源自出狱的情况,而在(b)中则源自得知这一情况。但由于我们只能对所知的情况感到高兴,因而这一差别是无足轻重的。同样,在(c)中,说话者直接对将来情况作出承诺,在(d)中则是对关涉同一情况的命题的有效性作出承诺。这些表达式在功能上是对等的,因为命题的有效性取决于其发生情况。在两句中,说话者对承诺的兑现均不过是为免于卷入麻烦。对不同层面的选择因而是一个细微的识解问题,并不影响基本内容。由此造就的语义区分并无实质性的影响。

(45) (a) I'm happy to be out of jail.
(我高兴已经出狱了。)
(b) I'm happy that I'm out of jail.
(我高兴自己要出狱了。)
(c) I promise to stay out of trouble.
(我保证不去惹麻烦。)
(d) I promise that I will stay out of trouble.
(我保证我不会去惹麻烦。)

最后一个与补语形式相关的问题是 that 的意义、功能及分布。[①] 尽管 that 通常被称为“标补词”(complementizer),它还有其他从属性用法,主要用在关系从句(the movie that we saw(我们看过的那场电影))及被称为“分裂式”(clefting)的焦点构式中(It's YOU that I'm angry with(让我生气的是正是**你**))。此外,

① 对于疑问补语(由 whether 或基本疑问词标记)我不再作考虑。它可以是限定的,也可以是非限定的:I wonder whether she recognized him(我琢磨着她是否认出了他);He asked me where to send it(他问我把它送到哪儿去)。同样略去不提的还有出现在某些含有祈使色彩的补语中的词干:如 They are demanding that we {be/ * are} there on time(他们要求我们准时到那儿)。这不禁让人想起有些语言中所谓的“虚拟语气”(subjunctive)。

that 仅限于出现在限定补语中，与 to 及 -ing 均格格不入。在限定补语中，它通常也是可有可无的，显得无足轻重。如将其从(45)(b)或(d)中略去，没有人会想起它。那么，决定它出现与否的因素何在？当它的确出现时，其语义贡献又何在？

在有些情况下，that 的使用带有强制性。最常见的情况是：补语从句充当主句主语时，that 不可省略，如(46)(a—b)。相比之下，补语出现在非主语位置时，that 则是可有可无的，如(46)(c)。对此，可从句子加工方面给出功能解释。如将 that 从主语补语中省去，听话者首先会将 Zelda drinks too much(塞尔达太贪杯了)理解为一个独立的表达式，而后——遇到 is obvious(是显而易见的)时——需将其重新分析为从属性的。通过对小句加以如此标记，将 that 强制包括在内，即为听话者免除了这一加工不力的情况。

(46) (a) [That Zelda drinks too much] is obvious.
([塞尔达太贪杯了，这是显而易见的]。)
(b) *[Zelda drinks too much] is obvious.
(*显而易见[塞尔达太贪杯了]。)
(c) It's obvious [(that) Zelda drinks too much].
(显而易见(的是)，塞尔达太贪杯了。)

虽说这一解释或许是有效的，它仅仅涵盖了该成分分布的一小部分。要得到一个连贯的总体解释，我们尚需回答如下基本问题：that 的意义是什么？显然，其意义是抽象的，并不依赖任何具体的概念内容。我的主张——我承认仅仅是方案性的、印象式的——是它将所表达的命题显性标记为**概念客体(object of conception)**,即加以客观识解而非主观识解(§9.1)。强化其客观识解,有助于更清晰地将命题与对其加以考量的概念化主体区分开来。这有时被描述为某种“拉开距离”(distancing)效果(参见 Borkin,1973)。

这种抽象描述有助于解释各种分布倾向。that 的省略往往与一系列因素相关,如第一人称、现在时、个人意见、简约性与非正式性,暗示概念化主体与补语命题距离较近。这些在(47)(a)中均有体现,此时采用 that 显得相当不自然。在(47)(d)中,情况则完全相反,此时 that 的使用几乎是强制性的。另外两个例子体现出混合特征,此时使用 that 的可能性也相应发生变化。

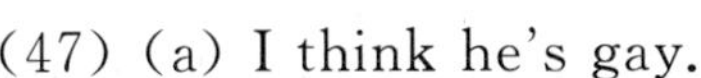

(47) (a) I think he's gay.
(我觉得他是同性恋。)
(b) She knows(? that) her instructor is gay.
(她知道(? 这回事:)自己的教练是同性恋。)
(c) Janice learned(that) her instructor was homosexual.
(詹尼丝得知(这回事:)她的教练是同性恋。)
(d) Janice ascertained that her aerobics instructor was homosexual.
(詹尼丝确认她的特技飞行教练是同性恋。)

此外,that 的使用在有些构式中带有强制性,这些构式将补语命题描述为不依赖任何具体的概念化主体,因而体现为某种客观自主的存在。一种情况是，补语出现在抽象名词的同位语位置，呈现出概念物化的效果(图 7.7)：the {fact/claim/idea/notion/report} that watermelons are poisonous(西瓜是有毒的这一{事实/论断/说法/观念/报道})。同样要求用到 that 的还有一些特殊谓词，它们侧显的是针对补语命题的情绪反应。[①]

(48) (a) My parents regret that I never went to college.
(父母遗憾我从未上过大学。)
(b) She {dislikes/hates/resents/detests} it that only men get promoted.
(她{不喜欢/讨厌/憎恨/痛恨}的是只有男人得到晋升机会。)
(c) It {shocked him/bothers me/sucks} that Zelda drinks so much.
(塞尔达太贪杯了，这{让他感到震惊/让我感到烦心/太糟糕了}。)

对于这些叙实性谓词而言，补语的有效性并非所要关注的问题，如(46)—(47)，而仅仅是预设了的情况。

那么，为何主语补语需要 that 呢？我们的主张是：that 的意义在于将命题标记为概念客体。这为审视这一结构提供了一个新的思路。主语补语用于对主句所指向过程的射体加以明示。本质

① 这一反应往往是负面的，与 that 的拉开距离功能也是颇为一致的。

上讲，获得侧显的关系是台上的注意焦点，射体则是首要焦点参与者。因此，在小句内部，对射体的识解具有最大客观性——即其概念客体特征体现得最为分明。因此，that 在主语补语中带有强制性是有意义的：that 将它们标记为概念客体，从而将其作为补语的功能发挥到了极致。

12.3.2　概念化主体与概念层次

我们关于限定补语的讨论集中描写了一个称为“概念化主体”(conceptualizer)的人，昵称“C”。正是 C 对补语命题加以考量，多多少少对其加以客观识解，并参照说话者关于现实的认识对其地位加以裁定。鉴于 C 的重要地位，我们有理由发问：这个人是谁？这个问题或许很简单，但并不幼稚，也不存在一个简单的答案。若要将嫌疑犯围捕起来，首先手到擒来的显然是说话者、听话者及小句主语。由于存在两个小句，我们需要同时考虑主句主语与补语主语。但情况并不限于主语——其他小句参与者在概念化中或许同样发挥着作用，也不限于被显性提及甚至明确认定的概念化主体。潜藏在暗影中的还有为数众多的个体，它们也可能涉嫌参与了与语言相关的概念化。

以句子 Peter told Jane that Henry agreed(皮特告诉简：亨利已经同意了)为例。它唤起了不亚于六个相关的概念化主体：皮特、简、亨利、说话者、听话者及亨利赞同的对象。尽管此人或可等同于皮特、简，或交际一方，但也可能是语篇语境中的某一显著个体。每个命题均由一系列不同的概念化主体加以把握。六者均对皮特所赞同的、未明确表示出的命题加以考量，皮特、简与交际双方均充当着补语命题(Henry agreed(亨利已经同意了))的概念化主体,交际双方还同时对主句命题(Peter told Jane(皮特告诉简))加以考量。[①] 因此,要对该句的意义作出完整描述,必须表明,对每个概念化主体(conceptualizer,C)而言,C把握的是哪个命题,及其如何与C对现实的认识挂钩。

原则上讲,一个命题——由限定小句表达的被入场过程——可由为数众多的概念化主体加以把握,每个均有自身独特的观照视点和认识立场。一般而言,说话者及主句主语是最重要的,我们不妨先聚焦于二者。主语在补语从句中所扮演的角色,大致相当于说话者在整个句子中所扮演的角色(Achard,1998)。例如,在Jill was sure my cat was hungry(吉尔确信我的猫饿了)中,对于"我的猫饿了"这一命题而言,吉尔是首要概念化主体;正如对于"吉尔对此确信无疑"这一命题而言,说话者是首要概念化主体。前者属于吉尔对现实的认识,后者则属于说话者对现实的认识。当然,两者的差别之一在于,吉尔及其认识立场位于台上,并被客观识解,说话者的介入则处于台下,隐而不现。另一个差别在于,对于说话者而言,他构造出整个句子,必然同时对补语命题加以考量(而无需表示赞成)。对吉尔而言,她未必对自己确信无疑的某个命题加以考量,也未必知道说话者此时正在这样做。

当多个概念化主体对同一命题加以考量时,随之而来的问题是:谁的概念化当反映在特定现象中?就目前的例子而言,吉尔与

① 亨利无疑意识到了赞同的情况,但并未将其描述为持有某一命题,即表示认同。同样,皮特与简也意识到了这一告知事件,但关于这件事未必形成了某一命题。

说话者均持有补语从句 my cat was hungry(我的猫饿了)所表达的命题。谁的概念化在言语上是有分量的呢?答案取决于我们考虑的是哪个问题,每个概念化主体的唤起均可服务于某种目的。

主句谓词 sure(确信)描述的是对补语命题的认识评判。评判的主体为射体,此种情况下为吉尔。该句表明,这一命题在吉尔对现实的认识中已稳固确立。因此,吉尔是与这一目的相关的概念化主体,她——而非说话者——对现实的认识是需加考虑的问题。的确,即便我坚信我的猫(刚刚吃过三听金枪鱼)实际上已经吃饱了,还是可以如实地说 Jill was sure my cat was hungry。然而,这并不意味着说话者对现实的认识无关宏旨。一方面,说话者接受主句命题(吉尔确信之事)为真。再者,因吉尔的确信明确指向补语命题,后者在说话者对现实的认识中同样起着作用,用于对吉尔所信之事加以描述。

该句唤起了图 12.13(a)中的心理空间构造,这是其意义的重要一面。P 代表限定补语 my cat was hungry 所表达的命题。该命题为吉尔(J)所持有,构成了她对现实的认识(R_J)的一部分。而关涉吉尔及其认识立场的命题又由说话者(S)加以把握,并接受为真(R_S)。因此,P 在说话者对现实的认识中同样发挥着作用。并非 P 本身被视为真;说话者接受为真的乃是 P 被吉尔接受为真的情况。若将虚线箭头解释为心理通达路径,可以看出,S 并不直接通达 P:从 S 到 P 的唯一路径,中间经过了吉尔及其对现实的认识。

在这方面,将 sure 与 realize(意识到)作一比较不无用处。Jill realized my cat was hungry 一句意味着说话者同样接受 P 为真,

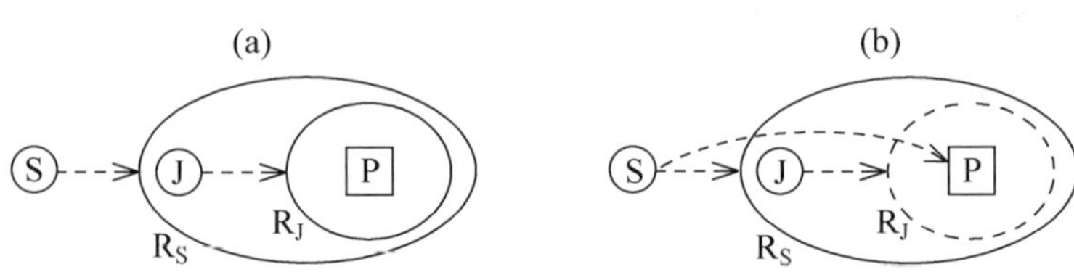

S = speaker(说话者); J = Jill; P = proposition(命题)
R_S= real for speaker(对说话者为真); R_J = real for Jill(对Jill为真)

图 12.13

这独立于吉尔的认识立场。[①] 图 12.13(b)中添加了一个从 S 直接指向 P 的箭头,即表明了这一点。同时,虚线标记的椭圆用于表示吉尔对现实的认识,表明 P 被独立包括在 R_S 中,而不仅仅是 R_J 的成分之一。

同一命题可由不同的概念化主体加以把握,他们是从各自的视点出发做到这一点的。在 Jill was sure my cat was hungry 中,吉尔与说话者对补语构式的把握是基于时间上的不同视点作出的:吉尔是在过去(因而用 was sure 而非 is sure),说话者则是在现在(即说话时刻)。涉及哪个视点反映在补语从句的形式中,不同构式各有千秋。在英语中,基本模式是入场体现说话者的视点,即便主句主语为补语命题的首要概念化主体时也不例外。my cat was hungry 这一命题描述吉尔信以为真的情况——这是她对现实(R_J)的认识的一部分。然而,名词短语与小句的入场体现的是说话者的观点,而非吉尔的观点。此处的猫为说话者所有,补语对

① 出于此因,当主句被否定时,P 的有效性并不受 S 的影响:Jill didn't realize my cat was hungry(吉尔并未意识到我的猫饿了)。此即"叙实性"(factive)谓词的一种定义(Kiparsky and Kiparsky,1970)。

猫的描述也是说话者要做的描述：my cat（吉尔则会将其描述为 your cat 了）。同样，补语的过去时形式（was hungry）反映了所侧显的关系相对于说话时间的位置（吉尔则会说 is hungry 了）。因此，尽管补语命题被归结为吉尔对现实的认识，在语言上却是从说话者自身的视点呈现的。可将其与用于直接引用的补语构式作一比较。该构式描述的并非吉尔确信的情况；说话者选择了用自己的话来描述她所说的情况：Jill said "Your cat is hungry"（吉尔说"你的猫饿了"）。此处的名词短语与小句的入场，所基于的是吉尔在其说话时刻对补语命题的把握。

由此，我们看到，限定小句的形式无需反映任何单一概念化主体的观点。[①] 甚至对于小句入场，情况也是如此。如前所述（§9.4），英语中的小句入场含有两个基本成分。第一个涉及概念化主体将所侧显的过程评判为**真（real）**还是**非真（unreal）**；这是由情态词的出现与否标记的。第二个涉及所侧显的过程是**临近（immediate）**还是**不临近（nonimmediate）**概念化主体（conceptualizer，C）。就现实性而言，临近-不临近相当于时间上的现在-过去。然而，我们该将谁确立为 C 呢？C 的身份是可变的，这一点现在应该很明白了。对于小句入场的两个成分，概念化主体甚至也可以彼此有别，如 Jill was sure my cat was hungry 中补语从句的情况即是如此。该小句是由过去时屈折（was）及情态词的缺失加以入场的。所侧显的过程（be hungry）在当前言语事件中并不临近说话者。然而，这并不意味着

① 从属性 that 的"拉开距离"（distancing）效果又当如何（如 Jill was sure that my cat was hungry（吉尔确信我的猫饿了）中的情况）？将相关概念化主体纯粹看作要么是主句主语，要么是说话者，似乎是有问题的。

说话者接受其为真；接受其为真的是吉尔——说话者未将其置于情态下，正是意在表明它属于吉尔的观点。尽管说话者（他还记得（猫刚刚吃过的）那三听金枪鱼）确信她的观点有误，依然将其原原本本地呈现出来。

由此可见，入场成分所唤起的概念化主体是一个虚拟实体，因其一般来讲无法等同于任何特定个体。在默认意义上，C 等同于实际的说话者，但完全等同往往被阻断，在限定补语中尤其如此。就图 12.13 而言，相关的 C 处于标记为 P 的框盒内，P 代表了补语从句所表达的命题。该命题包括所侧显的过程（如 my cat be hungry）及其入场情况（C 将其评判为真但不属于当前情况）。我们已经看到，作出这一认识评判的是哪个概念化主体——尤其是相对于现实而言——大致是由主句谓词的意义而定的。对 C 的认定带有一定的灵活性，句（49）即说明了这一点。情态词的缺失总是表明，补语过程被接受为真。这些例子的差别在于，其所代表的是说话者的观点、吉尔的观点，还是两者兼而有之，抑或两者皆非。就其本身而言，情态词所做的无非是将命题呈现出来以供考虑。对于其入场中所体现出的认识立场，特定概念化主体可能表示赞成，也可能持有异议。

（49）（a）Jill was unaware that my cat was hungry.

［对说话者为真］

（吉尔没注意到我的猫饿了。）

（b）Jill wrongly believed that my cat was hungry.

［仅对吉尔为真］

（吉尔错以为我的猫饿了。）

(c) Jill was right that my cat was hungry.

[对两者均为真]

(我的猫饿了,吉尔说的是对的。)

(d) Jill gratuitously speculated that my cat was hungry. [对两者均不为真]

(吉尔凭空臆测我的猫饿了。)

虽说C在默认意义上等同于说话者,仍需与说话者区分开来,C对现实的认识也需与说话者对现实的认识区分开来,即便在单一小句表达式中也不例外。倘若我说My cat is hungry,对此常规的理解是:我将所侧显的情况(my cat be hungry)视为直接现实的一部分。然而,这种默认情况可轻易被压倒:

(50) (a) Let me guess why you're phoning. My cat is hungry.

(让我猜猜你为什么打电话来着。我的猫饿了吧。)

(b) My cat is hungry. Sure. Tell me another one.

(我的猫饿了。这我当然知道,告诉我另外还有哪只猫饿了。)

(c) My cat is hungry. And if you believe that,there's a bridge in Brooklyn I want to sell you.

(我的猫饿了。你要是信这回事儿,我在布鲁克林有座桥想卖给你。)

即便是在独立成句时，限定小句也并非总是意在作为真实的论断，其入场也并非总是反映出说话者的认识立场。其所表达的命题或可服务于为数众多的语篇目的。由此，一般而论，说话者不过是对命题加以**关注**(**entertain**)，而无需表示**认同**(**embrace**)。C 完全等同于说话者、C 对现实的认识与说话者毫无分别的情况，不过是特例而已。

图 12.14 代表了英语限定小句入场中的现实成分。C 是一个虚拟的概念化主体，对其认定有赖于小句外因素。所侧显过程的地位是由情态词的出现与否加以明示的：它要么为说话者所接受，作为其对现实的认识的一部分，要么依然处于其认识范围之外。在后一种情况下，情态词的选择(may、should、must 等)表明了说话者接受其为真的意向强度(§9.4.3)。整个构造——所侧显的情况及对其所作的认识评判——构成了一个命题(P)。

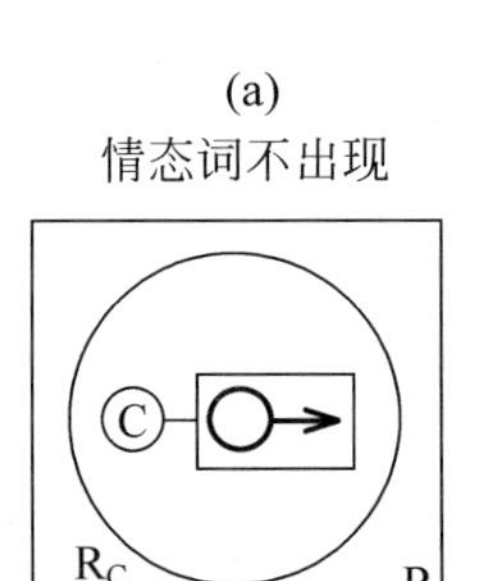

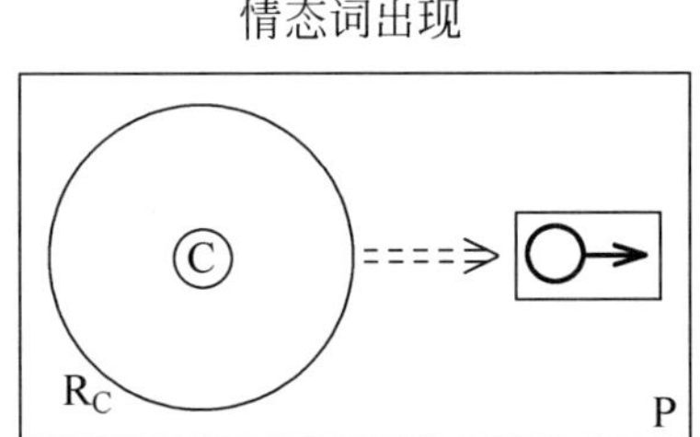

R_C = real for conceptualizer(对概念化主体为真)
C = conceptualizer(概念化主体); P = proposition(命题)

图 12.14

如不考虑其使用情况，限定小句所表达的命题本不过是个虚拟实体。例如，抽象而论，my cat is hungry(我的猫饿了)这一小句并未明确与世界挂钩，因其可能在不同时间说出，由不同说话者说出，涉及不同的猫，或服务于不同的语篇目的。只有在具体用法事件中，这些变量才能被赋予具体的值，从而将命题转化为具有实际意义的成分。当小句被如此加以定位时，既可独立成句，又可融入更复杂的句子之中，此时它主要用作其补语。

当小句独立成句时，默认情况是：入场成分唤起的入场，完全等同于实际言语事件的入场。因此，入场唤起的说话者是实际的发话者，唤起的时间是当前言语事件发生的时间，如此等等。具体来讲，在图 12.14 中，说话者充当了 C 的角色：情态词出现与否，表明的是相对于说话者自身对现实的认识，获得入场的成分具有何种地位。按照这种解释，小句可用作断言，用于反映说话者的真实看法。例如，My cat is hungry 意在充当断言，表明说话者接受猫当前的饥饿状态为真。但说话者与 C 完全等同不过是默认情况。(50)中的例子表明，在许多情况下，说话者单单持有命题，但并不表示认同。一个极端情况是撒谎，此时说话者宣称认同某一命题，实则表示反对。[①]

当小句充当补语时，其所表达的命题处于何种地位，则取决于小句所在的更大结构。由于小句不具有独立性，虚拟场境与实际言语事件的完全等同不复是默认情况。就临近-不临近而言，补语的入场一般而言并不反映实际发话者的视点。不过，现实情况则另当别论。通常情况下，主句谓词表明的是补语命题所持的某种认识立场。因此，它至少隐性唤起了一个作出认识判断的概念化主体。在

① 更值得原谅的是用类似 perhaps（可能）的词对其接受情况加以模糊限定(hedge)。尽管缺乏情态词，Perhaps my cat is hungry（可能我的猫饿了吧）并不意味着说话者接受饥饿的情形为真。perhaps(或许)唤起了关于现实的某一可能认识（包含所侧显的情况），但表示这并非说话者的实际认识。

复杂句中，事实上可能存在着多个概念化主体（包括交际双方），他们均对补语命题加以把握，并对其持有某种立场。这一立场的性质决定了特定概念化主体是否认同C及其对现实的认识（Langacker，2004a）。例如，在Jill was sure my cat was hungry（吉尔确信我的猫饿了）中，吉尔对补语命题表示认同，并对C关于现实的认识表示全盘接受（或许她本可以说Your cat is hungry（你的猫饿了））。

这种情况能否发生，在很大程度上取决于主句谓词的意义。此类谓词涉及认识过程的不同阶段。诸如wonder（琢磨）、ask（询问）、consider（考虑）及examine（考查）等动词描述某一评判（assessment）的初始阶段，此时射体对补语过程加以考量，以决定其是否有效。① 其他谓词描述对某一命题表示接受或拒斥的**意向（inclination）**：think（认为）、believe（相信）、suspect（怀疑）、imagine（想象）、doubt（疑虑）。尚有其他命题指向视其为真的行为（action）：learn（获悉）、find out（发现）、realize（认识到）、decide（决意）、conclude（得出结论）。最后，诸如know（知道）、sure（确信）、certain（确定）及convinced（坚信）等谓词表明此种行为的**结果（result）**——命题已融入对现实的认识这一稳定情景。②

① 该命题由whether（是否）加以标记：She wonders whether he loves her（她思忖着他是否爱她）。但whether同样可用于该过程的后续阶段：She will soon {find out/know} whether he loves her（她马上就会{发现/知道}他是否爱她）。whether与that的区别在于，它将命题描述为多重选项之一（如She wonders whether he loves her or whether he only wants her money（她思忖着他是爱她，还是单单觊觎她的钱财））。

② 自然，某些谓词可有代表不同阶段的不同意义。例如believe（相信）可分别表示意向、行动或结果：She believes he loves her（but she's not sure）（她相信他爱她（但对此并不确定））；He told her he loved her，and she believed it（他告诉她自己爱她，她信以为真）；She firmly believes he loves her（nothing will convince her otherwise）（她坚信他爱她（没有什么可以让她相信情况并非如此））。

图 12.15 给出了一个关于结果及意向谓词的概括表述。典型情况下(尽管并非总是如此),概念化主体是谓词的射体。所侧显的关系即 C 接受 P 为真(C 对现实的认识的一部分),或者 C 在某种程度上倾向于接受 P 为真。我们注意到,这两种谓词与小句入场中的现实成分具有共通之处(图 12.14)。由于结果谓词明示的是包含在 R_C 中的情况,因而类似于情态词的缺失。意向谓词明示的是接受的倾向程度,因而类似于认识情态词。当然,两类成分也存在差别。一方面,这类谓词用于侧显认识关系,入场成分则用于侧显被入场过程(场境与入场关系位于台下,并被主观识解)。再者,对于这类谓词而言,评判的目标是整个命题(P),而入场的目标仅仅是某种情况。正是过程的入场造就了命题。因此,图 12.14 的整个构造在图 12.15 中充当 P。

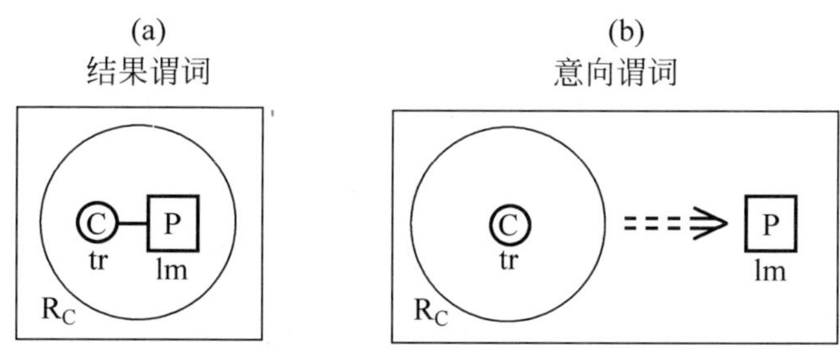

图　12.15

图 12.15 中表示出的谓词将概念化主体选为射体。尽管这种选择相当自然,但并非唯一可能的联结方式。在语法上,C 除了充当主语外,还可充当动词或介词的宾语,或者干脆隐而不现:

(51) The long series of rigorous experiments {persuaded me/proved to me/demonstrated} that worms are colorblind.

(长期进行的一系列缜密实验{使我信服/向我证实/证明}:寄生虫是色盲。)

在射体的选取中,同样可以有多种选择方案。射体地位有时并不赋予C,而是赋予一个无意识的参与者,如(51)。在特殊情况下(如(52)(a)),P本身可充当主句主语。诸如此类的表达通常仅限于正式书面语中。口语语篇中往往避免这类表达,而偏好(52)(b)中的构式,此时代词it出现在主语位置上。这种变异反映了射体地位并不依赖任何具体的语义角色。首要焦点突显的聚光灯不过是导向了整体概念中的其他实体。

(52) (a) That worms are colorblind is {possible/likely/doubtful/obvious/true}.

(寄生虫是色盲,这是{可能的/大有可能的/值得怀疑的/显而易见的/千真万确的}。)

(b) It's {possible/likely/doubtful/obvious/true} that worms are colorblind.

({可能的/大有可能的/值得怀疑的/显而易见的/千真万确的}是,寄生虫是色盲。)

在(52)(b)中,这种聚光灯导向何处呢?在此种表达式中,代词 it 的所指是什么呢？正统观点认为它并不指称任何东西。此种用法中，it 被看作毫无意义，是纯粹出于语法目的而插入的“虚位”(dummy)主语。英语中的限定小句要求含有显性主语，因此当补语“移动”至句尾时——为避免整个小句出现在主语位置而显得别扭——语义空泛的 it 即占据了其位置，充当了主语功能。在这一构式中，it 显然是主句主语，的确使(52)(b)较之于(52)(a)在文体上更为贴切。然而，它不可能毫无意义。在 CG 看来，在对该构式语法属性的描写中，it 的语义具有举足轻重的作用。

那么，它(即 it)的意义是什么呢？前面(§11.3.2)我曾主张，在此种用法中，it 侧显的是某一**抽象场景(abstract setting)**。(53)中的句子表明，对于某些经验谓词而言，既可选择人作主语，又可选择场景作主语。在其基本用法中，see(看见)侧显的是经验主语与感知对象之间的互动(图 11.9(a))。相比之下，场景-主语构式侧显的是某一场景与其中发生情况的关系(图 11.9(b))。它抽去了任何具体的经验者，暗示置身场景中的任何人均可观察到相关事件。

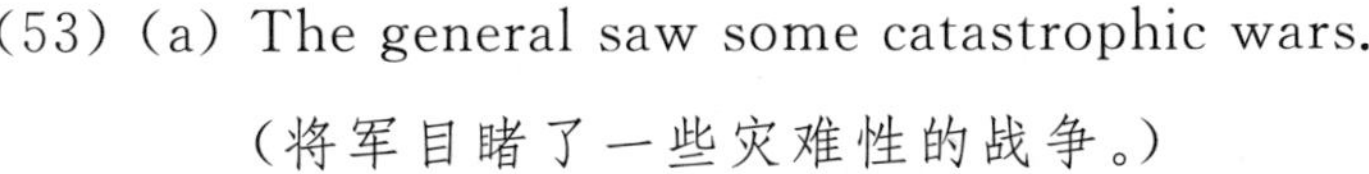

(53) (a) The general saw some catastrophic wars.
(将军目睹了一些灾难性的战争。)
(b) The past century saw some catastrophic wars.
(刚刚过去的一个世纪见证了一些灾难性的战争。)

(54) 中的对照可谓具有共通之处。当人作主语时，certain(确信)侧显 C 针对补语命题所持的认识立场。与之对应的含有 it

的句子则抽去了任何具体的概念化主体。此时焦点落在 P 在整个环境中的表现上。其所表明的情况是:任何概念化主体置身那些环境中,均会持有相关立场。

(54) (a) I am certain that worms are colorblind.
(我确信寄生虫是色盲。)
(b) It is certain that worms are colorblind.
(可以肯定的是,寄生虫是色盲。)

典型事件(如战争)的场景主要涉及时空环境。但即便是指向此类事件的命题,也是较为抽象的。它们并不在于所侧显的情况本身,而在于对该情况的把握及认识判断(形式上表现为入场)。因此,命题所处的场景必然也是抽象的。尽管场景显得难于刻画,或可将其描述为**相关意识辖域(relevant scope of awareness)**,即由 C 唤起用于把握 P、并作出谓词所表达的认识评判的任何东西。换言之,it 指向表达式与该目的相关的**直接辖域(immediate scope)**。[①]

我们不妨做个小结,考虑一下用于表达有意向(inclination)的不同方式——或者无意向(disinclination),以 doubtful(怀疑)为例(它同时出现在三种模式中)。第一种情况是 C 被聚焦为射体:I'm doubtful that P(我怀疑是否 P),这可表示为图 12.15(b)。其

① 赋予 it 的意义与其指称代词地位是完全一致的,在后一种情况下中它通常指称抽象的及界限模糊的实体(如 **The situation** is worse than **it** seems(**实际情况**比看起来更糟))。用 it 指向某一抽象场景,不过是模糊不定与界限不明的极端情况而已(Langacker,待发表)。

他模式的共享特征是抽去了任何具体的概念化主体。虽说它们仍暗含认识判断，但重心落在总体情景的其他方面。其中一种情况(如图 12.16(a)所示)是选择补语作射体：That P is doubtful(P 的情况是值得怀疑的)。其效果在于凸显 P 充当有/无意向的目标。另一种情况(如图 12.16(b)所示)是将射体地位赋予抽象场景，即相关意识辖域：It's doubtful that P(P 是否……，值得怀疑)。这凸显的是将总体环境作为认识判断的基础。

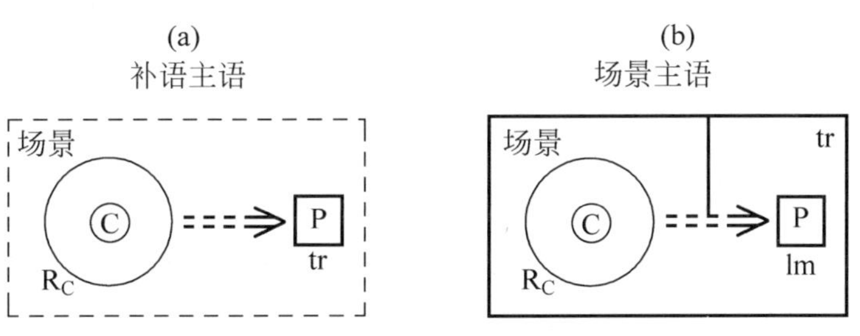

图　12.16

后面这两种构式可使说话者免于为自身的判断承担责任。说出 I'm doubtful that P(我怀疑是否 P)时，说话者直接表明了个人的疑虑。而 That P is doubtful(P 的情况是值得怀疑的)仅仅表明对 P 作出这一负面评价是恰如其分的。同样，It's doubtful that P merely (P 是否仅仅……是值得怀疑的仅仅表明总体环境使这一判断得以成立：任何对这一环境有所认识的人均会得出相同的结论。诚然，断言该态度是有理有据的，即暗含了说话者持有这一态度。然而，它表明说话者——同其他人一样——单单是通过注意到相关因素而得出这一结论的。倘若该判断有误，这就不是说话者的过错了。

第四部分

发展动向

第十三章　语篇

我们从单个词（如名词与动词）起步，已逐步上升至越来越大的表达式：多词构式、完整名词短语及小句，最后到复杂句。下一层次则是**语篇（discourse）**，其中众多句子（或句子片段）彼此相连，共同构成了完整的语言产品——它可以是会话、独白（如演讲），也可以是书面语篇。虽说语篇通常被视作一个单独的话题，需要一套不同的分析方法及描写机制，但它与低层的对照充其量不过是个程度问题而已。事实上，语篇恰恰是语言结构的基石，因而之于语法的理解是不可或缺的。

13.1　语言结构的基础

语篇构成了结构、用法及习得的交汇点。语言是通过在社会语境中的交互使用而学会的。因此，语言结构如何自其用法及社会互动中涌现出来，就成为语言结构描写中关键的一环。

13.1.1　使用（用法）

语篇即体现为语言的使用。反过来讲，语言发端于其用法的常规模式中。这些模式是通过语篇语境中的无数用例学会的，而后又用于生成与理解更多的语篇。这就是老生常谈的“鸡生蛋，蛋生鸡"的问题。

语篇包括一系列**用法事件**(**usage event**),即林林总总的复杂而具体的语言使用的实例。用法事件并无固定长度;依分析目的而定,可将语篇分解为词、小句、句子、音调群、会话话轮,如此等等。用法事件是双极性的,同时包括概念化与表达方式。在表达层面,它包括一句话的完整语音细节,以及任何其他类型的标记,如手势及身势语(甚至还可以想象信息素[①])。在概念层面,用法事件包括对表达式的完整语境化理解——不仅包括明说的内容,还包括推理义及任何作为其理解基础而唤起的成分。因此,若对用法事件加以全面细致的审视,它对于言者与听者而言从来都不是全然相同的。不过,只要有足够的重合之处,便足可保证交际的成功。

规约语言单位不过是用法事件所调用的一种资源。在发话及理解时,我们调用了各种各样的知识、心智能力及人际沟通技巧。同样不可或缺的是我们对语境的把握,其中一个方面即是当前展开的语篇本身。塑造用法事件的各种因素,不应视为各自为政。尤其是我们无法将语言所起的具体作用离析出来,也无法作出精确界定。比如说,词的语义并非独立自足的实体,与我们的其他知识与认知能力割裂开来——而是吸收并调用了这些知识和能力。词项提供了通达独立的既成知识(百科语义)的常规路径。再者,它们还需借助更一般的能力加以识解,比如说注意的聚焦(侧显)。因此,所谓的"语言"结构,与语言使用中涉及的其他因素密不可

① 信息素:某一动物或昆虫分泌的用于影响同类成员行为的化学物质。——译注

分，寓于用法事件中所在的加工活动中。

正是通过出现在用法事件中，语言单位的生成才成其为可能。确切来讲，它们是通过对反复出现的共性加以强化，自用法事件中抽取而来的。为说明这一点，不妨假定(a_1)、(a_2)、(a_3)等分别代表不同用法事件中大致相似的方面。它们可以是任何类型(表达的、概念的，或两者兼而有之)，并体现出任何复杂度。为具体起见，不妨假定，在语言学习者那里，它们代表了同一音节的不同实现形式。每种实现形式在具体语音细节上均是独一无二的。这些差异(由下标表示)或可为学习者感知得到，也可能不然，但重要的是其间表现出的粗略相似性(a)。通过此种用法事件连续不断的作用，(a)反复出现以至于固化，其间的细微差别则略去不计。假定有足够的出现频次，最终的结果将是(a)得以固化为一个单位：[a]。再者，由于淘去了细枝末节，[a]相对于其所基于的每个语音经验均是图式性的。

同样，我们可以假定(A_1)、(A_2)、(A_3)等代表了不同用法事件的概念极中大致相似的方面。通过同样的选择性强化过程，抽取出的单位[A]作为对其间粗略共性的表征得以涌现。下一步(同时或随后)可能发生的情况是，作为概念的类型[A]与作为语音经验的类型[a]在相同事件中反复出现：(…(A_1)…/…(a_1)…)、(…(A_2)…/…(a_2)…)，如此以至无穷。两者的反复配对而后可发生固化，构成象征单位[[A]/[a]]，其中[A]与[a]分别充当其语义极与音系极。即便是对于基本词项，这种说法无疑也是过度简化了的，但它至少说明了何谓语言单位从用法事件中抽取而来。在 CG 中，来自任何类型、具有任何长度的单位，均可视为以此种方式涌现而来，即便在语篇层面也不例外。CG 被视为**基于用法（usage-based）**的取向，原因之一即在于此。[①]

自用法事件中抽取的单位，可继而用于更多的事件，这不仅发生在语言习得中，也贯穿于我们谈话生涯的始终。它们寓于新的表达式中，反映了业已确立的语言先例所起的作用。无论是在发话还是理解时，使用者均激活恰当的单位，用于对某一表达式加以范畴化。这一范畴化即构成了参照语言系统对表达式作出的解释（或结构描述）。如第八章所述，对这些单位的实现无需是忠实的——范畴化的目标总是比进行范畴化的结构更为具体、复杂，且往往偏离了它们所作的具体说明。语言使用总是在将既成规约的边界不断向前推进。倘若新的实现方式或结合方式反复出现，其本身又可固化并约定俗成，成为可资调用的规约单位。由此观之，用法事件既是语言成长的摇篮，又是语言演变的熔炉。

13.1.2 互动

一个广为接受的观点是：在语言使用中，会话的使用是第一性的。但它并非最高频的使用方式：若仅就普遍性论功行赏的话，奖章倒要颁发给我们在清醒的每时每刻几乎都在进行的默默言语思维。然而，会话堪称典范，为其他语言用法提供了一个可资效仿的基本模型，并可根据需要作出调整。在很大程度上，我们的言语思维在形式上体现为假想的会话，即便不过是自说自话。言语独白

① 其他原因包括：1）低层图示被赋予了相当分量；2）它们与其所例示的高层图示彼此共存；3）用法在驱动语言变化中起着举足轻重的作用。

可视为对话的极端表现形式，如演讲或讲故事时的情形。此时交际一方自始至终充当发话者的角色，往往面对着多个听众。[①] 在书写时，我们心目中通常存在某个读者，犹如想象会话搭档的反应一样，我们想象读者将会作何反应。

会话是交际双方(inter-locutors)之间的互动行为(inter-action)。它包括一系列用法事件，每个用法事件均属于交际一方的行为。由于表达式是用法事件的有机组成部分，将其看作行为也不无恰当之处。无论是将表达式视为具体情况——如某人在特定场合说出 I love you(我爱你)，还是视为不依赖任何情况的抽象实体，情况均是如此。在后一种情况下，它们构成了潜在的语言行为，是语言的规约模式使之成其为可能。这一潜势可由任何说话者在任何时刻加以调用。倘若某一表达式用于多个场合，进入不同的用法事件，其实现方式从来都不是毫无二致的(FCG1：§ 11.2.1)。

究其实质，规约语言单位是不依赖任何特定情况的抽象实体。它们自用法事件中抽取而来，可加以唤起用于组构及评价后续表达式。但同样可将其视作行为，即加工活动的固化模式，必要时可将其唤起并付诸实施。学习一门语言，即是学习恰当实施这些行为。掌握一门语言，即是能够在说话与理解中调用这些技巧。语言学家惯常所称的“语言知识”(linguistic knowledge)，更确切地应描述为“语言能力”(linguistic ability)。

尽管相关技巧为个体所掌握，却是通过社会文化因素传递的，

① 独白语篇通常在诸多方面体现出交互性：它是为听话者量身定做的；他们通常被称作 you；他们的反应是可以期待的；有时可期待他们答话或插话，诸如此类。

其本质是人际上的。它们所造就的行为，即体现为交际双方的言语互动。从互动角度来看，语言结构可视为说话者针对听话者发号施令，如此描述是不无恰当的(Harder，1996)。对各种概念稍作重新表述，这一点表现得就更明显了。[①] 例如，我们将表达式的显面描述为其置于台上充当注意焦点的成分，但同样可以说它构成了一道指令，用以对该实体加以聚焦。前面对名词性入场成分所作的描述是：从一系列备选例示中挑选出某一指称对象。我们同样可将其描述为一道指令，用于使听话者找到其所指。我们可以不说 believe(相信)唤起某一心理空间，代表说话者对现实的认识，而是用于引导听话者唤起这一空间。不过，表达式的指令力量不宜过度放大——它鲜有上升至发号施令的地步。通常情况下，它仅仅表现为基于默认期待引发听话者的合作：在最低限度上，听话者会对所说内容加以关注，按照既成的规约对其作出理解。

因此，语篇即体现为一系列互动事件，在每一事件中，说话者对某个真实的或假想的交际对象施加影响。要获得语篇的资格，成分表达式必须参照彼此(而非作为孤立的情况)加以理解。每个表达式均以某种方式与先前表达式发生关联——无论是基于其上，对其作出反应，还是仅仅通过转换话题——并为后续表达式奠定基础。因此，表达式意义的一个方面(通常是一个重要方面)，即在于它如何与先前或后续表达式挂钩。由于规约语言单位自语篇中的用法事件中抽取而来，因而同样具备这一属性。它们所明示

① 这一重新表述并不意味着改写。采用不同的表述方法，仅在于凸显这枚硬币认知的一面或交际的一面。

的语篇关联,是从其所在的表达式继承而来的。

因此,要对单位与表达式做出完整描述,就必须阐明其所引发的有关先前或后续语篇的期待。不论其长度如何,位于何种组织层次上,情况均是如此。例如,在宏观层面上,规约表达式 Once upon a time...(从前……)唤起的期待是:后续语篇将涉及某一故事类型。同样,lived happily ever after(从此过着幸福的生活)伴随的假设是用作对这种故事的收尾。可以说,前者是前瞻式的(prospective),后者则是回望式的(retrospective)。因此,事关其描述的一个重要方面,即是它们在故事中的位置,如图 13.1 所示。由于这些均属抽象化的语言单位,它们所唤起的故事当然是图式性的,而非具体而微的。

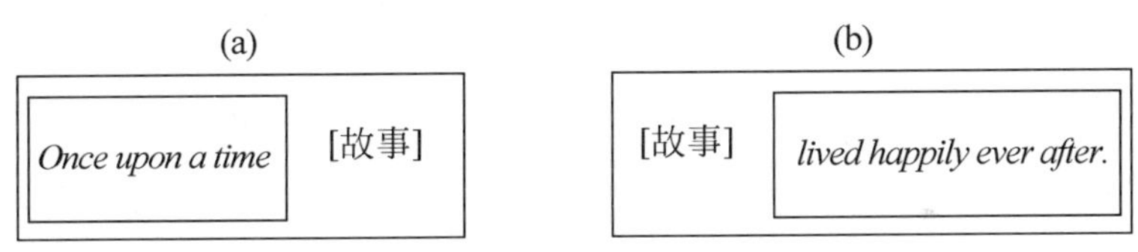

图 13.1

前瞻成分与回望成分在任何层次上均可见一斑。例如,and so(那么)、therefore(因此)、nevertheless(虽说如此)与 at the same time(与此同时)之类的表达式预示着包括至少含一个小句的语篇序列,不过可潜在表现为任何长度。这使得它们带有前瞻色彩。与此同时,它们也是回望式的,因其将这一序列描述为基于已论述的情况之上(无论是作为其增补、结果、限制还是阐释)。if(如果)、when(当……时)、because(因为)与 although(尽管)之类的成分是前瞻式的,因其用于引入小句,并进而引发这样一种期待:另一成分——“主”句——将会现于其前或尾随其后。在较低层次上,my 对其所入场的名词而言是前瞻式的(如 my friend(我的朋友)),of mine 对其所在的名词短语(a friend of mine(我的一位朋友))而言则是回望式的。在更低层次上,前缀与后缀相对于其所附着的词干分别是前瞻式和回望式的。因此,关于该词干的图式性表征,是其描述的题中应有之义。这一词干与图 13.1 中的故事颇具共通之处。一般情况下,前瞻成分与回望成分图式化地唤起某一结构,从而引发对这一结构的期待。

从理论上讲,我们有理由说,所有语言成分均是前瞻性与回望性兼而有之。其间的差异在于所引发期待的详略度。在一个极端上,它们是相当概括的,甚至于显得空泛:仅涉及该表达式作用于语篇这一期待。在另一个极端上,它们是具体而微的,甚至于仅容许一种选择(如 fro 只能作为 to and fro(往返)的一部分出现)。大部分成分介乎两个极端之间,可潜在唤起多个更大的集合,从而可确立为这些集合的一部分。尤其是常规词项通常在一系列固定表达中已然确立(如 red pencil(红铅笔)、pencil and paper(笔纸)、pencil lead(铅芯)、pencil in(临时安排)、pencil sharpener(卷笔刀)、pen and pencil(set)(钢笔和铅笔(组合))、broken pencil(断芯的铅笔)),或常规用于一系列图式化的结构框架中(如图 8.13 中 send(送)进入的构式图式)。承载语篇期待的不仅仅是具体表达式,图式性结构亦然。如果某一句子(如该句)以条件小句开始,我们期待随后将伴有一个结果小句:if X,(then) Y。同样,期待也不限于单个说话者所生成的话语。问题总是伴随着有关答案的期待。在礼貌谈话中,Thank you(谢谢)往往后续 You're welcome

(不客气)。许多这样的互动模式,无论是具体的抑或图式性的,均属语言中的规约单位之列。

构成一个语篇的互动行为,沿着一系列**渠道**(**channel**)展开,其中既涉及表达层面,又涉及概念层面。在每一极上,我们均可识别出某个"核心"(core)渠道,这是因为它是最具体的、最具自主性的,也是最为说话者明确意识到的。这些核心渠道在语言学家那里得到了最多的关注,并稳定一致地体现在书写材料中,这并非偶然之事。然而,它们并非独立存在。其他渠道虽然不似这般具体可感,但之于语言和语篇同样是不可或缺的。

在表达层面,核心渠道即惯常所称的**"音段内容"**(**segmental content**):构成一句话的一连串语音或音位。[①] 另一个渠道为韵律,涉及"超音段"(suprasegmental)现象,如重音、声调、节奏组合及音调**曲拱**。显然,两者之间存在着密切关联。顾名思义,音段内容更为自主,超音段内容则更具依存性,因前者"承载"着后者——如元音携带了主重音或降调,离开它后者就无从显现。一般不大被列入语言范畴的是姿势渠道,包括手势、面部表情及身体姿势。然而,这些同样可约定俗成,并与其他语言过程协同运作。就手势语而言,姿势充当着核心表达渠道。

在概念层面,我们可将所描述的情景视为核心渠道。为反映其作为描述对象的角色,不妨称其为**"客观内容"**(**objective content**)。客观内容本身可有核心与附加成分,核心即表达式的显面。它还进

① 在字母书写系统中,这些音段是由字母表示的。尽管这种切分的确反映了语言组织的一面,但既不具备语音上的真实性,又不具备心理上的优先性。在正字法上,韵律是由停顿、大写、空格等手段标记的。

而囊括表达式的直接辖域(台上的概念内容),以及所唤起的任何其他内容。另一个渠道是称之为“信息结构”(information structure)的各种因素(§3.2.1):某一成分是新增的还是已知的,是否获得聚焦,是否充当着语篇层面的话题,诸如此类。第三个渠道涉及语篇组织(discourse management)。该名称涵盖了各种具体的互动概念,如话论转换、保持发言权,以及为说话者提供反馈或强化。

这些表达渠道与概念渠道未必是明晰界定、泾渭分明的。作为用法事件的有机组成部分,它们均可在从中抽取的语言单位中发挥作用。尽管各自均有一定的自主性,还存在着对其加以协调与连接的各种方式,它们同样是语言结构的重要维度之一。如前所述,韵律是由音段内容“承载”的,需借助后者才能获得完整表达。在概念极上,信息结构同样有赖于客观内容这一核心渠道——没有信息,结构就无从实现。同样不可或缺的还有负责言语组织的言语。

在依存渠道如何映射到其载体方面,往往体现出灵活多变的特征。例如,一个句子的不同部分均可置于焦点位置,因其所提供的为新信息,或因其在其他方面具有突出地位。这从(1)中可略见一斑,此处 She hates linguistics(她讨厌语言学)分别将焦点置于不同位置,因其分别是针对不同问题的回答。在英语中,获得聚焦的部分保留了其完整的常态重音(以小号大写体(small capital)标记),被识解为已知信息的成分则呈语音弱化之势。因此,依语篇语境而定,同样的句子可以有不同的韵律表现。

(1) (a) A:Is there any subject she really despises?

(有没有她确实不屑一顾的科目?)

B:She hates LINGUISTICS.

(她讨厌**语言学**。)

(b) A:How does she feel about linguistics?

(她对语言学印象如何?)

B:She HATES linguistics.

(她**讨厌**语言学。)

这一现象阐释了信息结构是如何由韵律手段加以符号化的。它表明,象征关系并不限于将音段内容与客观内容连接起来——原则上,这种关系可体现在表达渠道与概念渠道的任意组合中。例如,写作 uh 的音段"填充项"(filler)用于符号化的是说话者停下来思考时仍意图维持发言权的愿望:I think... uh... he's rather... uh... competitive(我觉得……嗯……他相当……嗯……有竞争力)。韵律同样可用于语篇组织,一个例子是句末升调与降调的对照,用于表明说话者是否意图继续发话。甚至在口语中,手势在对客观内容的符号化方面也起着不小的作用。在谈话时,我们所做的手势与话语内容协同作用,可传递其他渠道所不能提供的信息(McNeill,1992)。比如说,通过摊开双手,可以表明所谈及的某个东西尺寸很大。手势有时可独立用于描述,一个人尽皆知的例子即是通过移动双手来形容一个性感女人的体型。它还辅助充当着言语组织的功能;比如说,只消注视和点头,老师即可示意一个学生回答问题。

当然,老师也可同时叫这个学生的名字。此种情况下,赋予发言权的行为是由手势和音段内容同时传递的。还有一种情况是一个成分同时占据多个渠道。例如,指示代词往往伴随着物理性的指向手势，如 I want this [→] one（我想要这[→]个）这类表达式中的情况。除其示意功能外，这一手势还是所描述情景的一部分。该句描述的是某种关系，其中说话者登上前台，成为焦点参与者。台上情景的一部分正在于这一事实：说话者正指向某物，它被具体认定为说话者当前指向之物。因此，手势不仅具有表达功能，还是所表达对象的一部分。实际上，手势是对自身的符号化。

13.2 概念基底

表达式的**最大辖域(maximal scope)**可定义为被唤起作为其意义基础的全部内容（§3.2.3）。其所涵盖的总是远远超出了显性表达的内容。至于它能扩展至多远，或许并不确定，施加任意的边界也是没有用的。重要的是认识到：表达式的意义有赖于广泛而多维的概念基底（conceptual substrate），这些概念基底往往是隐而不现的。这些方面包括唤起的诸多知识域、心理建构体（如隐喻）、言语互动本身，以及对林林总总的语境的把握。

13.2.1 语境

倘若有人说了 The cat is on the mat（猫在垫子上）这样一句话，你八成会想到这样的情形：一只典型的家养的猫科动物，正卧在地板上平铺的一块编织材料上面。这即是我们所谓的表达式的意义。然而，该句是否真的意即在此？毕竟，将其用于描述其他情景，也并无不当之处。例如，垫子可能被卷起呈圆柱形的一束倒立着，猫颤颤悠悠地蹲在顶部。或者，一张装饰用的垫子被镶了框挂在墙上，猫正借助爪子往上蹭。抑或是一只硕大而贪吃的猫，已经吃光了窗帘，现在正啃着垫子。兴许这只猫是卡通画中的老虎，刚刚输了一场拳击比赛，正“不省人事”地躺在擂台上铺着的粗帆布上。还可以假定，我们正把淡色的垫子凑合着用作幻灯片屏幕。为了检验投影仪是否放正并对准了，你放入一张带有猫的形象的幻灯片。当投影仪最终被正确定位时，我可以说 OK，the cat is on the mat（好了，猫在垫子上了），好让你明白这一点。

由于该句可用于这些形形色色的情景中，我们该将哪一个视为其意义呢？一个方案是区分具体的语义（属于语义学问题）与基于语言外因素所得到的更完备的意义（属于语用解释问题）。然而，语言知识与语言外知识并非严整的二元对立（§2.1.3）。倘若我们试图将其离析出来，仅将表达式的所有解释共享的特征视为“语言的”，符合条件的可能少之又少，难以独立加以把握，或足可视为独立的意义。为避免这些问题，我提出了一条新的语义定义。尽管它尚嫌模糊、非正式，但不乏有用之处，而且可以说捕捉到了一个有效的直觉。表达式的意义中，除毫无疑问的语义明示外，还涉及其他对于概念上的连贯必不可少、并反映说话者关于意义与言说的朴素认识的附加结构。不过，需要排除毫无疑问属于语用范畴、且对于理解语言编码的内容并非必不可少的因素。

如此界定的结果是：语义所涵盖的远胜于显性表达出的内容。附加意义的大部分是由语境提供的。倘若你刚刚看过一场拳击赛，一只卡通老虎被打得不省人事，你可以毫不费力地将 The cat is on the mat 理解为形容被击倒在地的猫科动物。但在其他任何语境中，你是不会推出这种意义的。所唤起场景的最基本特征——主要包括猫实为一只卡通老虎，垫子铺在擂台的地面上——源自语境，而非明确由语言表达出来的。必须承认，在无语境支撑的情况下，也可得到一个同样具体的解释（如作为语言学教材中一个孤立的例子）。在本节的开头部分，你对 The cat is on the mat 的理解多半是（确切来讲）：一只典型的家养的猫科动物，卧在地板上平铺的编织材料上。然而，这一解释并非真的脱离语境。对此更恰当的描述是：它唤起了一个基于默认知识的假想情景。默认的猫是一只家养的猫科动物，猫的默认行为是卧着，垫子的默认情况是平铺在地板上。该表达式唤起了一个与这些默认情况相吻合的熟悉场景，作为其解释的基础。

与语言相关的语境包含几个相互交织的维度：物理的、文化的、社会的及语言的。对此既可作狭义解释，又可作广义解释。在狭义上，它仅仅包括用法事件发生的即时的、稍纵即逝的环境。如作广义理解，它还进而包括更为稳定一致的格局及共享知识，据此我们对周围环境加以把握。假定你大吼一声 The cat is on the mat!（猫跑到垫子上去了！），目的是警告我珍爱的西亚米斯（猫）正往我的名贵装饰挂垫上爬，挂垫置于我书房的墙壁上。从你在书房中所处的视点出发，物理语境包括所描述的实际情形，即猫正用爪子往垫子上蹭。对处在房间另一端的我而言，这一情形并非语境的一部分；但基于其他语境因素，我依然会对该句作出你所意向的解释。比如说，我知道房间里仅有一张垫子、一只猫，垫子挂在墙上，而猫喜欢爬墙。有一点是不大明显的（但同样不乏重要性）：我们两人所依赖的有关可能情况的基本知识，均是基于世界的物理属性之上的。例如，on 所侧显的关系包括支撑的概念，由此唤起万有引力及物体下落的自然倾向。看到猫与垂直挂着的垫子接触时,你用 on 来形容两者间的关系,因为你知道,西亚米斯并非无所依附地漂浮在那里。

语境的其他维度在此例中同样有所体现。我们先谈文化。你用于警告的措辞,以及你觉得应该发出警告这一事实,反映了你参照通行的文化习俗对该情景加以解释的情况。即便你从不曾来过我家,并不知道我总共养了多少宠物,却为何说 the cat——暗示它是可唯一认定的? 这样你即唤起了这样一个文化模式:人们在家里养宠物,猫是不折不扣的宠物,且默认情况是一家仅养一只猫。倘若默认情况是十二只而非一只,你多半会说 a cat 或 one of your cats。倘若实际情况是该文化中杜绝将动物养作宠物,因而猫可能不过是流浪进来的,你八成会用 some 将其形容为一个不速之客(Some cat is climbing on your mat!(有只猫爬到你的垫子上去了!)),或用 there 来宣告其存在(There's a cat on the mat!(垫子上有只猫!))。你感觉有必要发出一声警告,还另有其他文化知识在起作用。你知道,只有被视为珍贵之物通常才会镶上边框装到墙上。[①] 你还知道,贵重物品通常不会为成全猫的攀爬之乐而毁掉,客人也应该对主人及其财产表示关心。

当然,文化习俗在这里已淡化为社会知识。主人及客人均属社会角色,与这些角色关联的是可取的社会文化模式。通常情况下,客人对处在房子另一端的主人大喊大叫,会显得粗鲁无礼,但

① 由于垫子通常不属于此类范畴,你可能会猜测自己看到的那个是房中唯一相关的垫子。因此,mat(垫子)带上了定冠词。

紧急情况可引发其他期待(房子着火时你大吼一声 Fire!(着火了!),并不会让人觉得无礼)。显然,社会环境在表达式的形式中有所反映——比起在教堂里,你在更衣室里听到的脏话更多,也更纯正。社会情景的一个核心方面即交际双方的关系,包括亲密度或相对社会地位。大部分情况下,The cat is on the mat!(猫跑到垫子上去了!)从这一角度看是大可接受的。然而,假定我是将军,而你——一个无名小卒——在我的房子里干活儿。即便在紧急情况下,你多半还是觉得应该叫道:Sir! The cat is on the mat!(长官,猫跑到垫子上去了!)。

同样,语言语境也兼有稳定的一面和瞬时的一面。前者主要有关于所用的语言及其社会文化地位的知识。提供瞬时语言语境的是某一表达式出现的语篇。至于当前相关的语境在语篇中可回溯至多远,并无具体界限;对于 cat 而言,用定冠词来形容的一个可能依据是:几小时前我们正在谈论这只捣乱的宠物。同样,语境也不限于先前语篇。当你大吼一声:The cat is on the mat! 以此引起我的注意时,多半会期待我作出回应(如 Thanks!(谢谢)或 Not again!(别再让它跑上去了!))。

关于用法事件的定义,包括对表达式的全部语境化理解,其中一部分可视为其语言意义。在表达式的意义中,一个至关重要的因素是言者与听者间的互动。两者均参与了对对方所知、所意向或当前所关注情况的评估。预期结果是:交际双方就客观内容形成大致相似的认识,并将注意力引向其中的同一成分(即表达式的显面),如图 13.2 所示。此处的关键在于总体语境提供的共享背景知识,因其构成了理解的共同基础,可称之为“当前语篇空间”

(current discourse space,CDS)。[1] 它包括假定为言者及听者所共享的一切东西,作为特定时刻交际赖以实现的基础。当然,CDS的一部分即是当前语篇本身,既包括先前用法事件,又包括任何可能预期的事件。同样包括在CDS中的还有瞬时语境的其他互明(mutually evident)的方面,以及对其加以把握或唤起所需的任何稳定知识。所有这些因素,均有可能在对表达式的完整语境化理解中发挥着作用,对于其中构成表达式语义的部分同样如此。

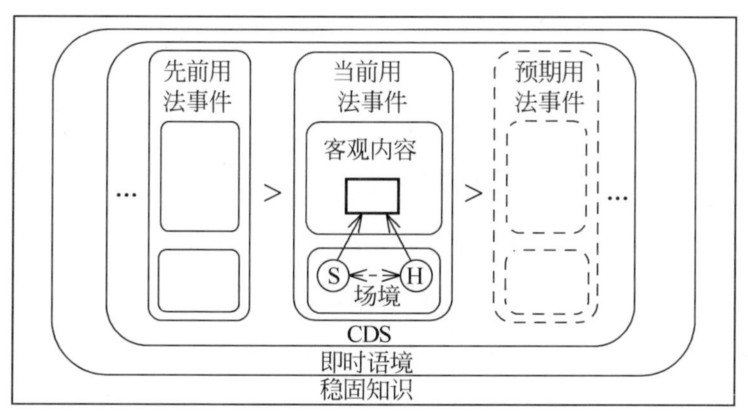

图　13.2

语言单位是从用法事件中抽取而来的,是对反复出现的共性加以强化的产物。如其反复出现,这些事件的任何方面均可融入一个单位之中。因此,关于规约单位的说明,并不限于音段及客观

① 这一概念是在§9.3.3部分引入的。后续用法事件的客观内容对应于图9.7中的“语篇框架”(discourse frame)。需要注意的是,所涉及的因素相当复杂,无法在单个二维图解中完整一致地呈现出来(如图13.2并不表明,对序列中其他事件的把握,是任何用法事件的语境化理解的一部分)。

内容的核心渠道;在上一节中,我们注意到韵律可用于表示信息结构,参与语篇组织,指示代词也可辅以手势。前瞻成分与回望成分也包括了对先前或后续语篇的说明(如 You're welcome(不客气)直接出现在感谢行为之后)。类似 she 的人称代词承载了这样的期待:其所指在瞬时语境中具有显著性,因而对听话者而言是显而易见的。它通常被显性提及:I asked **my lawyer**, but **she** said the case was hopeless(我咨询过**我的律师**,但**她**表示这个案子毫无希望)。不过,其显著性同样可以是基于非语言因素的。比如说,倘若我们都在聚精会神地听课,我只需说 **She**'s made some good points(**她**讲得蛮有道理的),因为我知道,你会知道 she 指的是谁。

除基本意义外,单位还包括某些具体说明,用于反映其赖以发生的用法事件的社会文化方面。这些说明涉及(除其他外)交际双方、表达式的恰当使用环境,甚至包括其在语言中的地位。例如,在西班牙语中,tu(你)不单单指向听话者,其意义的另一面(这一点将其与 usted(您)区别开来)在于,它赋予交际双方某种熟悉或亲和关系。事实上,通常情况下,单位的恰当使用环境是高度受限的。其所基于的是语域或文化情景,抑或是交际双方的社会地位及其扮演的角色。[①] 有关场境或瞬时语境其他方面的非默认说明,同样涵盖在这样的单位中,构成了其规约意义的一部分。单位

① 例如,prostitute(妓女)、hooker(拉皮条者)及 whore(娼妓)所属语域(正式度)依次越来越低,Your Honor(阁下)仅用于在法庭上称呼法官。因此,对下列句子的判断情况为:I object to calling this witness, Your Honor, because she's known to be a {prostitute/?? hooker/ * whore}(阁下,我反对叫这位证人出庭,因为她是个{妓女/??拉皮条者/ * 婊子})。

可以是高频出现的，也可以是不甚常见的；可以属于特定方言，也可以借用自另一语言。例如，尽管 enchilada（拉达）与 crème brûlée（焦糖布丁）在英语中屡见不鲜，但前者出自西班牙语，后者则出自法语。对于这样的属性而言，即便是缺乏任何特别的意义，也意味着某种意义——即享有默认地位（default-case status）。每个语言单位均暗含了某种最低限度的说明，即这样一个事实：其使用合乎语言规约，属于该语言的一部分，并为相关言语社区的成员所认可。

13.2.2　观察格局的效果

表达式概念基底的一部分体现为**观察格局（viewing arrangement）**，即概念主体与概念客体间的关系。在典型格局中，交际双方共处某一固定场所，以此为出发点对实际情况加以观察和报道。然而，对这一默认情况的偏离为数不少，并时有发生：如交际双方处于移动状态；在时间或空间上呈分离状态；所描述的情景不属于现实范畴，表达式并非陈述，如此等等。观察格局不仅在表达式的意义中有所体现，还波及其形式（§3.4.1）。例如，在语义上，I'm not here right now（我现在不在这儿）在面对面的谈话中似乎自相矛盾，但作为录音电话留言却是大可说通的。就形式而言，right now（现在）及动词的现在时屈折暗示了受话者听到消息的时间——从发话者的角度来看则是在将来。在默认观察格局中，说话者对情况的描述则会有所不同，如 I won't be here then（我到时候不在这儿）。

即便是在面对面谈话中，观察格局也不乏重要性，并呈现出高度可变的特征。就表达式的客观内容而言，可大致界定为其所描述的情景。从隐喻上讲,可将言者与听者视为注视着正在放映这一情景的屏幕。在任何时刻,只有如下内容呈现在屏幕上:表达式的直接辖域(宏观的观察注意场)、显面(具体的注意场),以及适合这一情况的任何东西。[①] 作为对这一覆盖面过窄的补偿,画面从一个用法事件切换到另一个用法事件,犹如照相机的快门、调焦或快速眼动。照相机可以导向任何事物,这一点是最为重要的。我们可以对任何时间、任何地点加以思考和谈论。被描述情景可以是观察到的,也可以来自回顾或想象,本质上可以是物理的、心理的或社会的。我们所谈论的许多东西并不实际存在,而是由类似隐喻、整合等心理过程建构而来的(§2.2.3)。我们也可以不必将照相机导向外部,而是对准场境或我们自己。倘要选择对其加以谈论的话,即便是我们内心最深处的经历也可映现在镜头上。

当场境在所谈论的情景中起作用时,在观察方式上即具备了某种灵活性。具体来讲,参与所侧显关系的交际一方可扮演概念主体与概念客体的双重角色。两种角色均可选为语言表达式的基础。若有人问及我对总统的印象,对于同一回答,我可以采取两种不同的方式:我多半会说 I don't trust him(我不相信他),但也可更随意些,省去第一人称主语,直接说 Don't trust him(别信他)。前一种情况下,我将自己置于台上作为概念客体,加以显性提及,并将其置于焦点位置作为小句主语。由此得到的效果是:我将情景描述为外在于场境,俨然涉及另一个人。尽管两者在指称上是

① 凡有理由在所描述情景中区分台上与台下内容时,客观内容均比直接辖域包括的范围更广,如进行体中的情况(图 5.9)。

同一的(如图 13.3(a)中的对应线所示),我在心理上或多或少将自己分裂为两个个体,即概念主体与概念客体。[①]

至于另一种表达式 Don't trust him 的情况,并不单单是我懒得用代词主语。实际情况是,我从切身经历的角度对情景加以呈现(如图 13.3(b))。我其实是一个个体,但不仅是态度主体,也是用于描述这一态度的句子的概念主体。在该句中,我仅仅被视作台下的概念化主体,从而直接反映了这一点。这种双重角色以常规方式加以语言编码——即被隐去不现——因而导致显性语法主语的缺失。由此,客观内容(OC)与表达式的直接辖域(IS)之间存在着不一致之处。前者代表了所描述的情景,将我呈现为动词所侧显过程的射体。然而,在语言上,我仅仅作为概念主体而亮相——或者我根本未亮相,宁可不去贸然上台,进入观察注意的辖域。[②] 诸如此类的表达式与较低的正式度相关,因其引导听话者从说话者自身的视点出发对情景加以识解。

在命令表达中,也可看到与之类似的听话者角色转换,他同样兼具交际主体与所侧显事件的参与者的双重角色。在祈使句中,代词主语 you 被视为可有可无:可以说 You leave!(你滚开!),或干脆说 Leave!(滚!)。然而,两者并不等价,前者的语气更为强

① 这种"自我分裂"(split self)现象在语言中有诸多表现(Talmy,1988a;Lakoff,1996)。它部分基于我们对他人心智及心理经验的本质的把握(Langacker,2007)。

② 这种主观的自我识解是加在整体构式层次上的,它压倒了动词射体的焦点突显。日语中有一类似构式更进了一步,将动词界标重新解释为小句层面的射体:Sake-**ga** hosii(酒-**主格**　想要)"我想要酒"。一旦动词的射体被拽到台下,加以主观识解,界标(此种情况下为 sake(酒))即成为唯一剩下的焦点参与者,因而充当了更高组织层次上的射体。英语与日语的差别在于,构式对低层或高层组织层次的参照,取决于主语还是宾语的情况。

(a)
I don't trust him

OC
IS
tr
lm
1s
3sm
S
H
G

(b)
Don't trust him.

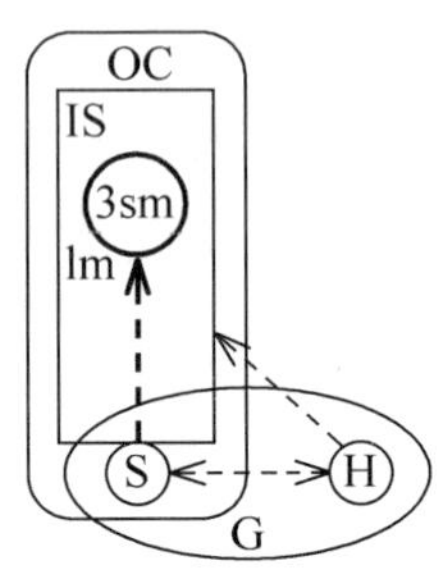

tr = trajector(射体); lm = landmark(界标); G = ground(场境)
MS = maximal scope(最大辖域); IS = immediate scope(直接辖域)
S = speaker(说话者); H = hearer(听话者); OC = objective content(客观内容)
1s = 1st person singular(第一人称单数); 3sm = 3rd person male(男性第三人称)

图 13.3

烈，或显得更为正式。其差别同样可归结为一点：获得语言编码的是听话者作为参与者的角色，还是作为交际主体的角色。将听话者视为台上的参与者，具有某种拉开距离的效果，自然而然与较高的正式度相关。由于它反映了说话者对听话者更为客观的识解（而非听话者对自身的主观识解），与之相关的是说话者具有牢牢的掌控地位。①

在观察格局如何影响表达式的形式方面，祈使句可谓典型一例。我们先来考虑非祈使表达 She ordered him to leave（她命令他滚开）。作为陈述句，它不过是对命令行为加以**描述**，并不**构成**这一行为。在图 13.4(a)中，该行为以双箭头标记，以表明其动力

① 因此，将 you 包括在内与 please 是不一致的，与对听话者自身利益的认同也是不相容的：Please，（ * you）leave!（请，（ * 你）滚开！）；For your own sake，（ * you）leave!（为了自身的利益，（ * 你）滚开！）

性本质：通过言语手段，射体对界标施加某种社会及心理力，意在支使后者做某事。表达式侧显的是两者的互动情况，因而它是直接辖域内的注意焦点。事件及其参与者同场境并无重合之处，因而是客观识解的。句(b) I order you to leave!（我命令你滚开！）则代表了另一个极端，即所侧显的事件与言语事件不单单存在交叉，而且完全重合。此类句子被称为“施为句”(performative)，因其(在恰当条件下)说出即构成了对所描述行为的实施(Austin,

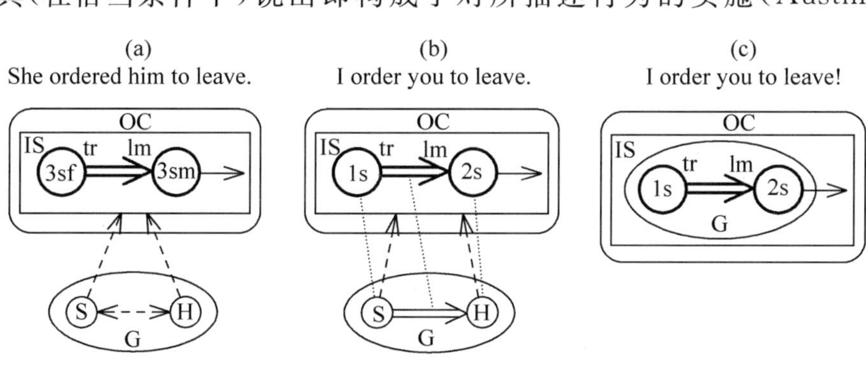

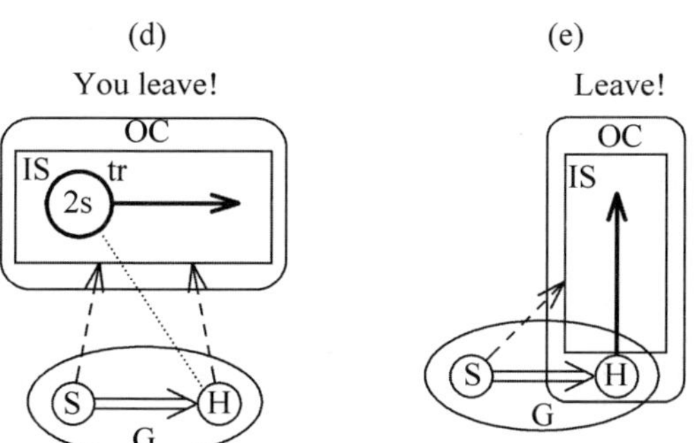

tr = trajector(射体); lm = landmark(界标); G = ground(场境)
S = speaker(说话者); H = hearer(听话者); OC = objective content(客观内容)
1s = 1st person singular(第一人称单数); 3sm = 3rd person male(男性第三人称)
2s = 2nd person singular(第二人称单数); 3sf = 3rd person female(女性第三人称)

图　13.4

1962)。如图 13.4(b)所示,言者与听者在场境中的互动,本身即是命令的一个例示(而非单纯陈述的默认情况)。因此,该言语事件等同于所侧显的台上事件,[①]交际双方则等同于事件参与者。两者的等同关系造就了一种特殊的观察格局,其中客观内容囊括了整个场境。我们可以通过添加对应成分直接表明这一点,由此得到图 13.4(c)。图 13.4(b)与(c)中的图解是完全等价的(其差别仅体现在标记法上)。

虽说施为句在表述上更为明确,简单祈使句则拥有更为简洁的优势。无需诸如 order(命令)之类的动词来发号施令,说 Leave!(滚!)或 You leave!(你滚开!)通常已经绰绰有余。言者-听者互动构成了表达式意义的一部分,无论它是否被置于台上加以侧显。这是概念基底的显著特征之一。不过,若将其隐去不现,的确会大大影响到表达式的形式。如图 13.4(d)与(e)所示,简单祈使句仅含一个小句,显性主语则显得可有可无。由于命令行为位于台下并被主观识解,仅剩离开事件独自充当描述对象。you 出现与否,取决于听话者是被编码为参与者,还是交际主体。

13.2.3 言语行为

施为句所描述的行为类型——诸如陈述、命令、询问、请求、允诺、宣誓、宣告及洗礼之类——被冠名为**“言语行为”(speech act)**(Austin,1962;Searle,1969)。虽说在实际用法中,大多数句子均可理解为代表了某种言语行为,真正意义上的施为句并不常见。

① 两者间的等同关系——由此在时间上的重合——是施为动词出现在简单现在时中的原因,对非持续类而言,现在时则通常是有问题的(§5.2.3)。

询问可谓司空见惯，但我们通常只问道：Is she home yet?（她回来了吗？），而不说 I ask you whether she is home yet（我问你她回来没有）。即便是传统的 I now pronounce you man and wife（现在我宣布你们结为夫妻）也日益为正式度较低的 You are now husband and wife（你们现在是夫妻了）所取代。在恰当环境中，两种说法均足以使两人结为夫妻。言语行为力作为概念基底的一部分隐而不现时，其真实性及有效性并不因此而减损。

言语行为是基于通行的文化模式之上的。作为社会上业已认可的互动方式，这些模式作为认知域得以唤起，可服务于多种多样的语言目的。它们构成了言语行为动词的意义，如 ask（询问）、order（命令）、promise（允诺）、proclaim（宣称）、sentence（宣判），等等。这类动词兼有施为性用法（I hereby sentence you to life in prison（为此我判你终身监禁））和描述性用法（The judge sentenced him to life in prison（法官判他终身监禁））。最基本的言语行为（陈述、命令及询问）构成了基本句型（陈述句、祈使句及疑问句）的典型义。即便是未作明确标记时，同一言语行为同样可为某一表达式唤起，构成其意义的一部分。I will never again smoke marijuana（我再也不抽大麻了）一句尽管并未用到“保证”一词，这一严肃论断完全可理解为一个保证。

言语行为所唤起的文化模式代表了社会互动及言语互动的熟悉场景。概而言之，它们涵盖了如下内容：该行为有效实施所需的任何先决条件；[①]各个参与者及其扮演的角色；行为本身；预期的

① 这些通称“适切条件”（felicity conditions）。要是我对你说 I hereby sentence you to life in prison（为此我判你终身监禁），你不会因此而担心，因为我无权实施这一行为。

结果;关于所用表达式的顺序、形式及内容的期待。构成言语行为的互动事件,是由它在这一场景中的位置界定的。当然,作为抽象化的认知模式的一部分,言语行为及其参与者均不过是虚拟实体——如入场成分中的I、you或概念化主体的所指(§12.3.2)。在具体的语言使用中,它们对应于当前交际双方的实际互动。

因此,表达式的显性内容,可能仅仅代表了在其完整概念内涵中起作用的数个组织层次之一。假定某人说道:I'll be there(我会到场的),并将其视为一个说话算数的许诺。该句所包括的不仅仅是I'll be there这一限定小句。就其本身而言,限定小句并不构成允诺或是其他任何言语行为;它不过表达了一个并无内在认识地位的命题。例如,它可以出现在一个更大的句子中,对其有效性予以明确否定:It's not the case that I'll be there(实际情况并非我会到场)。倘若接受其为真,I'll be there或许无非是一个事关将来的陈述,并无允诺的意图。倘若该小句的确作允诺理解,乃是因为它被嵌入允诺场景中,此时说话者作出了兑现所侧显情况的承诺:[允诺场景[I'll be there(我会到场的)]]。当然,这一承诺可为任何说话者在任何时刻作出。只有在实际用法事件中,该表达式才能获得具体解释——特定说话者对特定情况的发生作出承诺:[用法事件[允诺场景[I'll be there(我会到场的)]]]。

在表达式意义的诸多维度中,这一维度通常更为复杂,包含了以特定方式构造的多重场景。句(2)(a)表现的是一个司空见惯的模式,即关于做事能力的询问实际构成了做这件事的请求。从一个层面上讲,它事实上是一个询问,这从其形式及回答Yes(是的)的可能性可见一斑。然而(2)(a)不仅仅是一个询问,这表现在可插入 please(请);回答 Yes,I could(是的,我能)之后不采取任何行动,则是不恰当的。它表现的是一个复杂的互动图式,即询问场景被嵌入请求场景之中:[请求场景[询问场景[小句]]]。这一询问并非有疑而问,因其设问方式仅仅是通过发出请求体现的。

(2) (a) Could you(please)pass the salt?

(你能/能请你把盐递过来吗?)

(b) Go ahead,leave! See if I care!

(随你便,滚! 我才不在乎呢!)

同样,在(2)(b)中,leave!(滚!)也并非真正意义上的命令。说话者不过是佯装发号施令,用以呈现这一假想行为的后果。由此,命令场景被包孕在一个更为复杂的心理构造中,从而压倒了其效力。这种复杂场景不过是隐性的,但同样不乏规约语言单位的地位。

三个颇为基本的言语行为场景为陈述、命令及询问。英语中的规约单位明示了它们与三种基本小句类型的默认配对:[论断场景[陈述句]]、[命令场景[祈使句]]、[询问场景[疑问句]]。必须承认,每种小句类型均可用于其他目的。[①] 反过来讲,言语行为也可以有不同的表现形式。(3)中的例子阐释了小句类型与场景的几种不同配对模式。从(a)中可以看出,含疑问句特殊词序的小句同样可用作感叹句。尽管(b)中的第一个小句形式上为祈使句,

① 陈述句、祈使句及疑问句是参照其结构加以定义的。虽说通常如此标记,它们只有与言语行为场景结合时才获得交互力度。

但并非调戏说话者妻子的命令。在(c)中,我们注意到,借助音调,陈述小句可充当疑问或命令的功能。

(3) (a) Isn't she cute! [cf. Isn't she ready?]
(瞧她多可爱![参照:她还没准备好吗?])
(b) Flirt with my wife and I'll break your arm.
(胆敢调戏我老婆,我就打折你的胳膊。)
(c) A:You'll leave. B:I'll leave? A:Yes,you'll leave!
(A:你得走了。B:我得走了? A:是的,你得走了!)

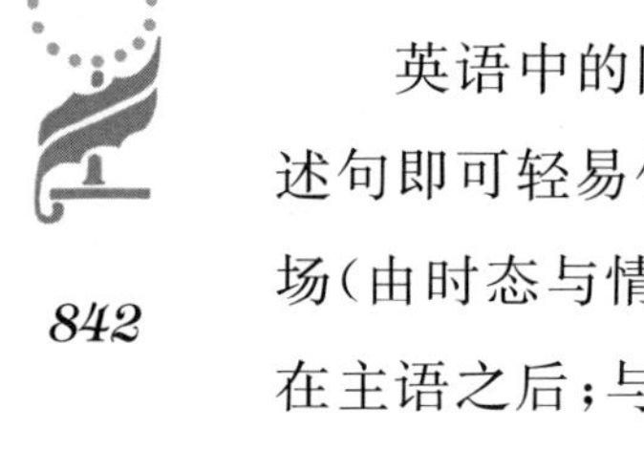

英语中的陈述句在结构上是基础性的,其他小句类型参照陈述句即可轻易作出描述。祈使句缺乏陈述句的两个基本特征:入场(由时态与情态来体现)及显性主语。在陈述句中,助动词出现在主语之后;与之相反,在疑问句中,第一个助动词出现在主语之前。可以预期的是,最基本的小句类型往往与最基本的言语行为场景配对。陈述与其他言语行为的关系,犹如香子兰与其他味道的关系。这种言语行为通称"断言"(assertion),但这个称呼显得过于装腔作势。它唤起了一个论辩情景,此时说话者需求助于证据,对某一命题的有效性加以肯定,其作用对象是先前不认同该命题的交际方。然而,这并非人们惯常的谈话方式。尽管陈述通常承载信息,但缺乏令人信服的证据以驳回对方的反对意见。的确,通常它甚至并不承载信息。很多时候,我们的日常谈话所陈述的,不过是对听话者而言已经显而易见的信息。这从下列粗体部分的陈述可见一斑:

(4) (a) Take it easy. Remember, **you have a heart condition.**
(别紧张。要知道,**你的心脏有问题**。)

(b) Omigod! **Someone's knocking on the door.** Get some clothes on!
(噢!我的天哪!**有人敲门**。快穿件衣服!)

(c) **You're late. You should have called to let me know.**
(**你迟到了。你本该打电话告诉我的**。)

(d) **It's already dark. The days are getting shorter.**
(**天都黑了。白天越来越短了**。)

那么,该如何对陈述作出描述呢?在常态的交互用法中,每个表达式均意在产生某种效果或引发某种反应。预期结果正寓于言语行为场景中:允诺使说话者答应采取某种行动,询问迫使听话者作出回答,诸如此类。在风格各异的言语行为中,陈述的特别之处正在于它显得过于直白。它代表了最中性的风格,并不期待产生什么效果,也不指望听者作出反应。就其本身而言,陈述承载的不过是期待的底线——这是所有表达式的特征——被倾听及被理解。当然,这并不是要否认,在作出陈述时说话者意图所做的更多,收到的效果也更大。它所表明的,正是这些效果超出了基本的陈述场景。

陈述场景的另一个特征在于,说话者对其所说的观点表示认同。这并不妨碍人们撒谎——恰恰相反,正是这一点使撒谎成为可能。正因为陈述声称代表了说话者的观点,才能实际用于对其加以歪曲。必须承认,在许多(近乎撒谎)的情况下,说话者说出自己并不赞成的东西。这源于将陈述场景嵌入更为复杂的心理构造中，从而将其压倒。在某些复杂场景中，说话者不过是附和刚刚说过的内容：

(5) I've just been nominated for the Nobel Prize. Sure. Tell me another one.
(我刚获诺贝尔奖的提名。我当然知道。告诉我其他提名者还有谁。)

此处说话者悬置了自己对现实的认识，权且认同先前说话者(所声称的)观点。对该命题加以重复，即可使其依然处于激活状态，可留待进一步考虑，往往是对其予以驳斥。另一种情况是反讽(irony)，即说话者说出明显为假的话，并意图让听话者识别出他在说假话。兹举一例：That was a brilliant move(那可真是明智之举)几乎总是针对某一愚蠢之举的回应。说话者陈述该行为属明智之举，虽然他明明知道，这并非一个如实的陈述。当陈述场景被包孕在更复杂的带有讽刺意图的陈述中时，说话者认同所说内容的假设就被压倒了。

陈述场景的基本变体如图 13.5(a)所示，它唤起了说话者生成某一限定小句的用法事件。置于上方的是小句所表达的命题，包括一个已入场的过程。其入场的相关方面是：概念化主体(C)对所侧显的情况持有某种认识立场(e)(主要是借助情态词的出现与否)。对应线表明说话者扮演了这种 C 的角色；即是说，说话者认同这一命题。虚线箭头表示预期结果：听话者即刻会加入到对命题的关注中来，这是说话者的底线期待。尽管有时陈述具有很强的力度，但并非此种场景所固有的。它不过是明示了言者与听者间的微弱互动（双向箭头），交际双方相互理解，对所说的内容表示关注。该用法事件的一个潜在结果是：听话者同样等同于C，对这一命题表示认同。图中表示出的可谓最典型的情况，此时陈述提供了有用的信息，听话者先前并未对其表示认同。

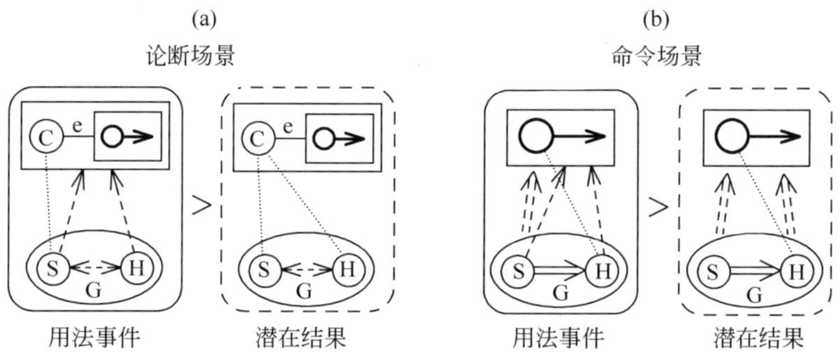

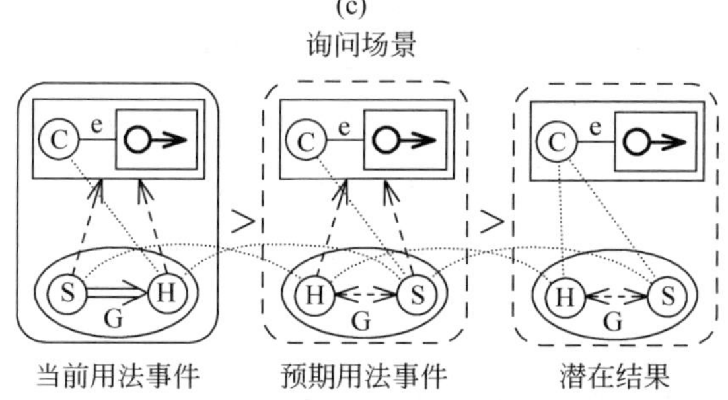

S = speaker(说话者); H = hearer(听话者)
G = ground(场境); C = conceptualizer(概念化主体); e = epistemics(认识立场)

图　13.5

命令场景则与此大相径庭。如图 13.5(b)所示，其所表达的内容（如 Leave!（滚!））并非命题，不过是一个过程。陈述涉及**认识(epistemic)**层面，因而唤起了某一概念化主体及其认识立场；命令则指向行为本身,位于**效果(effective)**层面(§12.3.1)。出于此因,祈使句并不含有独立的入场成分:其动词不能接受时态屈折(*Left!(*已滚!))(*Will leave!(*将滚!))。[①] 因此,不是说话者等同于C,而是听话者等同于所侧显过程的射体。然而,说话者对该过程的确持有某种立场,即意在使其发生的**效果立场(effective stance)**(以虚线双箭头标记)。为实现这一意图,说话者将听话者置于某种社会及心理力的作用下(以实线双箭头标记)。对此预期的结果是:听话者将与其共有这一意图,并采取相应的行动。[②]

询问场景更为复杂,因其同时分有了陈述与命令的某些特征。同陈述一样,这种小句表达的是某一命题。同命令一样,说话者迫使听话者采取行动,具体途径是回答问题。这一用法事件是前瞻式的,因其预示了一个后续用法事件。对应线表明,第一个事件中的说话者在第二个中充当听话者,反之亦然。由于询问是请求给予信息,而非提供信息,首先等同于C的是初始听话者,其假设是他对所侧显的情况持有某种认识立场。可以期待的是:而后听话者将以说话者的姿态出现,提供一个含有一定信息量的陈述,将这一立场明确呈现出来。[③] 倘若问题是 Will it rain?(会下雨吗?),

① 诸如 You will leave!(你得离开!)的命令代表了一种整合情况,即祈使力度施加于常态陈述之上。will(将要)所传递的将来概念与情态力等同于命令场景中蕴含的此类概念。

② 尽管祈使句并未获得内部入场,但可由言语行为本身加以入场。同根情态一样(如 You should leave(你该离开了)),入场发生于效果层面而非认识层面(§9.4.3)。命令可算作入场,因其将所侧显的过程与交际双方联系起来,明示他们关于这一过程的效果立场。它同样具有认识意义,因某个尚未实现之物仍不成其为真。

③ 这一初步描述是具体针对"是非"(yes/no)疑问句的。对于 who、what、where、when 等"内容"(content)疑问句,需做更为概括的描述。

回答 Yes，it will（是的，会下的）将表明，应答者相对于命题 It will rain（会下雨的）充当了 C 的角色。接受这一回答的有效性，即意味着发问者同样扮演了这一角色，因而 It will rain 表达的是发问者本人随后的认识评判。

13.2.4　表述句

另外需要提及的是 Hi（嗨！）、Thanks（谢谢！）、Yes（是的）与 Damn！（该死的！）之类的表达式，同时还有**呼语（vocatives）**，即用名字称呼其人。由于其本质意蕴即在于言者-听者互动的某些方面，或可将其视作特殊的言语行为类型。它们的与众不同之处，在于与所描述情景的关系——或者说与该情景的难解难分。它们构成了对陈述、询问、允诺等典型格局的偏离。在典型格局中，构成言语行为的互动与表达式的客观内容是彼此分离的。相比之下，表述句的“内容”即是互动本身的一部分。在这方面，它们类似于施为句，即所侧显的行为与言语事件具有同一性（图 13.4（c））。然而，与施为句不同的是，它们仅仅聚焦于互动的一面。在语言编码的情况中，互动是必不可少的，而非可有可无的。因此，它们不具备小句的资格，无法用作对外在情景的描述。

由于缺乏更贴切的名称，我们姑且将此类成分称为**“表述句”（expressive）**。其功能不在于描写（这意味着某种外在情景），更适合看作表达性的、情感上的，或是交互性的。但这一差别不宜过度放大。许多其他表达式同样不乏表现力或情感意蕴（如 gay（无忧无虑的）vs. queer（古怪的）、good（好）vs. absolutely marvelous（十足地棒）、或 fail to save（无力挽救）vs. kill（杀死）vs. butcher（屠宰)(对外科医生而言))。再者,每个表达式均或多或少具有交互性:作为默认指令,它们唤起了一系列内容,并以某种方式对其加以识解。就其本身而言,表述句并非全然缺乏描述内容。它们同样唤起了各种认知域,并施加了特定的识解方式。表述句与更具描述性的表达式不是各自为政,而是构成了一个连续统。

一方面,作为描述性陈述的缩略版本,某些表述句多多少少仍可还原。Awesome!(太棒了!)唤起了更为完整的表达式 That's awesome!(那太棒了!)(但 Wow!(哇!)并不暗含 * That's wow!(*那很哇!))。Congratulations(祝贺)依然可解释为 Let me offer my congratulations(请允许我表示祝贺)的缩略式,尽管这不过是一种残余特征,类推 Greetings(欢迎)或 Thanks(谢谢)加以理解也是不无可能的。无法解释为缩略式的表述句,或可视为某些描述性成分的特殊用法。例如,Damn!(该死的!)保留了与对应动词的联系,Hell!(活见鬼!)则保留了与对应名词的联系。名字显然可作此种解释,无论其所命名的人是被称呼(如 I see, Joe(我明白了,乔)),还是仅仅被提及(I see Joe(我看见乔了))。

同用于描述的表达式一样,表述句可唤起概念内容,并将注意力导向其内部。在所唤起的众多认知域中,其中一类为互动场景:人们见面彼此招呼(Hi(嗨)、Hello(哈罗)、Greetings(欢迎));询问、回答问题(Yes(是的)、No(不是的));互相帮助,以礼相待(Please(请)、Thanks(谢谢)、You're welcome(不客气)),诸如此类。有些域涉及的是感受及情绪反应(Ouch!(哎哟!)、Yuck!(呸!)、Damn!(该死的!)及其他粗俗的下流话)。表述句强调的是这些域的特定方面。比如说,Yes 用作对问题的肯定回答,因而它将注意力引向询问场景的回应阶段，传达出回应者认同相关命题的讯息。Please 用于礼貌请求，从而凸显了说话者的敬意(表明听话者只消高兴时才作出回应)。Ouch！发出的是一种温和的、短暂的疼痛感，从而直接将注意力引向这一身体经验，而非其原因、处所或受伤情况。表述句的本质在于，场景中的核心参与者被明确认定为言语事件中的交际双方。Please 是在发出请求时说话者针对听话者的发话，Ouch！表达的是说话者而非其他任何人的痛感。[①] 然而，交际双方往往隐而不现，对于说话者尤为如此(Damn you！(你该死！)可以出现，但 * I ouch！(* 我哎哟！)却不可)。这表明，表述句唤起的交际双方扮演的是台下的概念主体角色。

表述句侧显的是什么呢？至少狭义上讲，或许什么都不是。表达式的显面即台上的注意焦点，本质上是客观识解的。至少从说话者的角度来看，表述句并不涉及对台上内容的观察及描述。使用此种表达时，说话者或是实施某一社会行为，或是在言语上呈现某一经历——他不是在**描述(describe)**某一场景，而是在其中**扮演着某种角色(enact a role)**。[②] 由此，对于说话者而言，该行为或经历是主观识解的。当表述句唤起这一行为或事件，并将注意力引向此处时，它所获得的突显与聚焦的描述对象所获得的并不相同。因此，倘若坚持狭义定义，对于每个表达式均有显面这一概括

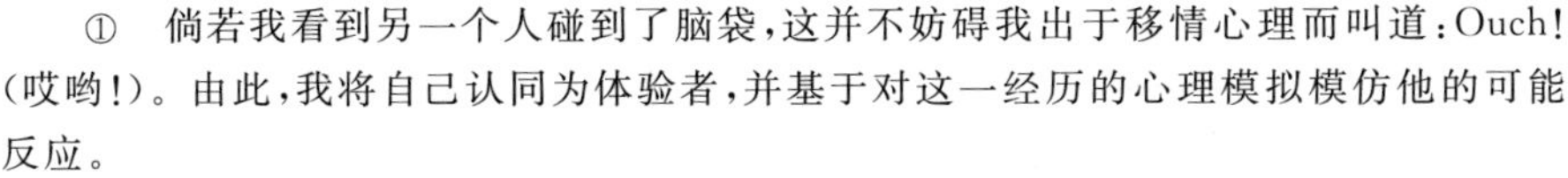

① 倘若我看到另一个人碰到了脑袋，这并不妨碍我出于移情心理而叫道：Ouch！(哎哟！)。由此，我将自己认同为体验者，并基于对这一经历的心理模拟模仿他的可能反应。

② 相比之下，施为句不仅实施了某一言语行为，同时也对其作出了描述(从而加以侧显)(图 13.4)。

而言，表述句是一个例外，不过同样是合乎原则的。

呼语则稍有不同。当我以名字称呼某人时，名字本身侧显的的确是该个体。之所以存在这一差别，原因在于名字并非内在的表述句。它们可作描述之用，如 I saw Joe yesterday（我昨天见着乔了），这即便不是典型情况，也属惯常情况。呼语并不自成一类表达，不过是名字用于互动场合的情况。我用 Joe（乔）（而非 you）称呼其人，表明他作为交际参与者的地位并不稳固。这里存在着两种基本模式。倘若我已参与到会话中，提及他的名字仅仅是为确认他作为听话者的角色：It seems to me, Joe, that you really should get married（我看哪，乔，你真该结婚了）。或者，我可以通过叫名字来唤起他的注意力，由此奠定他作为听话者的地位：Joe! I can use your help over here（乔！我需要你帮我一把）。两种情况下，Joe 均是常态默认场景中的台上参与者——互动冰山浮出水面的一角。

与呼语类似的是 Fire!（着火了！）与 Water!（水！）这样的表达式，它们同样是通过仅显性提及一个重要成分而唤起整个场景。尽管它们属于名词范畴，却可理解为呼吁行动，具体是哪种行动，则取决于常识及语境知识。火是危险的事物，呼叫 Fire! 通常是警告避开它，而 Water! 则通常理解为亟需这种东西。当然，语境可能使这些默认解释发生逆转（不妨想象一个决堤的大坝或吃生肉的情形）。Help!（救命啊！）既可理解为名词，又可理解为动词。作动词时，它本质上属于祈使表达，虽说其力度弱于命令；但实则是一个请求，指向任何有能力回应的人。典型祈使句（如 Leave!（滚！））或可分析为这种隐性呼吁行动的特例。两者的共享特征是均有赖于概念基底，用以表明针对某一显性提及成分的理想行动方式。

13.3　语篇体裁

CG的长远目标之一，是力图为林林总总的语言结构作出统一解释。这一挑战的一个方面，即是将个体表达式及前后关联的语篇天衣无缝地囊括其中。同样构成挑战的还有不计其数的语言使用方式。这些用法造就了种类繁多的语篇类型或体裁(genres)，口头语如此，书面语亦然。

13.3.1　语言使用

虽说口头语是第一性的，但书面语在现代社会中无处不在，因而在对语言的全面描述中起着不容忽视的作用。的确，有些人(包括我自己)通常情况下与书面语打交道的机会比口头语更多。书面语不单单是对口头语的近似表征。它拥有独立的生命，拥有自身的规约及特殊用法。一个明显的例子是首字缩略的广泛使用，它构成了现代英语名词的一个重要源头。[①] 我们也可注意到口头

① 每个字母或可单独拼读(USA(the United States of America，美利坚合众国)、CIA(Central Intelligence Agency，中央情报局)、VIP(Very Important Person，大人物/贵宾)、IBM(International Business Machine，美国国际商用机器公司)、UFO(Unidentified Flying Object，不明飞行物)、DNA(deoxyribonucleic acid，脱氧核糖核酸)、PVC(polyvinyl chloride，聚氯乙烯)、NFL(National Football League，(美)全国橄榄球联盟)，或可拼读为单词(NATO(North Atlantic Treaty Organization，北大西洋公约组织)、EMA(Epithelial Membrane Antigen，上皮膜抗原)、NOW(National Organization for Women，(美)全国妇女组织)、PETA(People for the Ethical Treatment of Animals，善待动物组织)、BART(Bay Area Rapid Transit，旧金山湾区捷运系统)、NIMBY(not in my back yard，“别设在我家后院”)、WYSIWYG(What You See Is What You Get，所见即所得)。后一种情况已成为取名时的一个重要考虑因素。人们取名时不会碰巧与NORML(The National Organization for the Reform of Marijuana Laws)(国家大麻法律改革组织)重名。

语与手势语中表示引号的习惯:He's rather quote/unquote high-spirited(他总是所谓的“精力充沛”)(通过将每只手的两个指头弯曲所做的手势)。

口头语与书面语在体裁上均可谓丰富多样。在文学中,该名称可用于一般的作品类型,如小说、短篇故事、悼亡诗。通过扩展,可将其用于任何可识别的语言产品类型。由此,日常谈话属于口头语体裁,授课、布道、求职面试、体育赛事现场报道、自动电话回复、菜单、操练军官喊出的口令亦是如此。除文学外,书面语体裁也可谓林林总总:私人信件、商业信函、电子邮件、公共标识、标签、食谱、菜单、课程表、课程描述、报纸标题、电脑用户指南、集合指令、语言学论文、形形色色的法律文件,不一而足。我们尽可提出其他分类方案,但许多语言产品并不能确切归入任何范畴,这一点应该是显而易见的。虽说如此,上述所提到的体裁,兴许均是读者诸君所熟悉的,至少对每种体裁的典型特征总有些粗略印象吧。

当语篇体裁在言语社区渐趋通行时,即获得了规约语言单位的地位。在 CG 中,对其描述原则上与语言结构的其他方面不无相似之处。我们关于特定体裁的知识,体现为一系列从所遇到的例示中抽取出的图式。每个图式均代表其结构的某一方面复现的共性,如整体组织、局部结构特征、典型内容、具体采用的表达式、文体与语域问题,等等。无论是单独来看还是整体来看,这些图式均体现了我们关于该体裁的期待,并构成了生成及理解新例示的模板。它们未必迥异于为实际之用而创造的模板,比如你的文档处理程序中的商业信函模板,或是全套自助法律软件中的遗嘱模板。当然,这并不意味着每种体裁均可如此直截了当地作出描述。

体裁是基于文化场景(cultural scenario)之上的,代表了熟悉的语言互动类型。大部分体裁均暗含了特定的观察格局,与涉及交际双方面对面谈话的典型格局大异其趣。就布道而言,存在着一个说话者及多个听话者。就录音电话信息而言,存在着许多潜在的听话者,实际交流中双方置身于不同的时间或空间。当然,对于书面语而言,时空上的分离乃是常态。大部分书面体裁的目标均是生成一个文本,以供将来适时阅读。目标读者可能是某一具体群体或个体,甚至可以是作者本人(对于贴纸便条及日记即是如此)。但在典型情况下,文本对任何时刻可能接触到它的任何个体均是可及的。在宽泛意义上,其中依然不乏言语互动:经由所生成的文本,作者期望在任何潜在读者身上产生某种影响。

用于某一语篇体裁的场景,对用于表现该体裁的语言产品而言,是其概念基底的一部分。场景的内容包括某种目的及某个观察格局。这些因素以不同方式、在不同程度上决定了基于其上的产品形式。例如,负责操练的军官只消生成一套术语,即可令其行为付诸实施。操练场景保证了这些名称会被理解为指令,而排除其他内容。[①] 法律文件模板或许同样刻板,但因其目的不同,形式与内容也大不相同。它包括的不是简短的指令,而是完整的句子,往往相当复杂,意在对所有相关背景、责任、意外情况、行为各方等细节加以充实。I 与 you 之类的词在会话与私人信件中频频亮相,但鲜有出现在报纸标题中。诗歌体裁或许会施加韵律、音步、

① 因而下列说法不是该体裁的合格例示:* Shoulder arms! Right Face! I prefer Mozart over Beethoven. Forward harch!(* 扛上武器! 向右看齐! 比起贝多芬,我更喜欢莫扎特。整队前进!)

各章的诗行数量方面的限制，但在内容方面则是完全自由的。相反，餐馆菜单在主题上高度受限，但没人指望它们会押韵。

虽说在每个语篇场景中，均有类似于日常谈话中言者与听者的角色，但在细节方面却大相径庭。日记作者同时也是唯一的目标读者。就菜单而言，这些角色分别对应于无形的餐馆管理体系及无形的消费者大众。在特定场合，该菜单实现了以语言为媒介的互动，由此顾客可获悉管理人员所能提供的服务，从而作出相应的回应。有些体裁含有多重言者及听者角色。典型的体育报道中有两个播音员，一个负责现场报道，另一个前运动员协助做“润色”工作。现场报道中穿插着彼此间的谈话，但与此同时，两者均面向听众发话，并以其为受众。

当然，多重言者及听者角色实属最基本的语篇类型——日常会话——的典型特征。这里的默认场景仅明示两个交际主体，双方在两种角色间来回切换。倘若存在两个以上的交际主体，常规情况下，在任何时刻，仅有一人发话，其他人均扮演着听众的角色。一个“话轮”(turn)即单个说话者“拥有发言权”(hold the floor)的语篇片段。在林林总总的语言规约单位中，其中之一即体现为各种用于交互协商的话轮(言语组织的一个方面)。例如，通过在句末使用升(平)调，说话者表明的是意图维持话轮，降调则会给听话者以可乘之机。规约单位并不限于单个话轮，对于话轮序列同样是适用的。此种情况之一即是提问-回答场景，如图13.5(c)所示。自然，话轮中断时，理想的话轮转换是一次仅有一人发话。实际会话则是杂乱无章的，如重叠、打断、两人同时发话，不一而足。但这些同样可以约定俗成，其主旋律是合作，而非竞争。例如，通常情况下，一方正为某个词搜肠刮肚时，另一方说出该词后随即结束谈话。由此观之，语篇是交际双方“共同建构”(co-construct)的产物。

至少在会话中，语篇产品显然是社会性的、可协商的，其实现往往有赖于多方的互动行为。那么，它们可否在“认知语言学”及“认知语法”中加以处理？当然，我们需要特殊的数据搜集与分析方法，以及诸如“话轮”(turn)之类的特殊描写概念(Sacks, Schegloff, and Jefferson, 1974)。然而，认知与社会现象并非截然相斥。会话是由有灵之物建构的，它们对所生成的表达式加以把握，并自始至终在对对方的知识及意识状态作出评估。虽然所唤起的规约单位(同其他任何成分一样)可灵活加以调用，但是需由个体作为神经活动(及由神经主导的活动)的固化模式加以学习。诚然，语言植根于社会互动中，然而说社会互动植根于认知之中，也是同样成立的。

13.3.2　组织层次

语言产品在长度上可以是任意的。除却最小的产品，其组合通常跨越了不同的组织层次，由此，来自某一层次的“输出”(output)反过来可充当下一层次的“输入”(input)。关于语法构成要素已经谈得较多，其中每个层次的成分结构均整合而成复合结构，依次生成短语、小句及复杂句。然而，句子并非语篇组织的最高层次。例如，在本书中，句子组成段落，段落组成次节，次节组成节，节组成章，章又组成部分。这些构成了文本的主体部分，它们又与附加材料(前言、索引等)一道构成了一个整体。

对处于特定层次的结构,需借助恰当类型的成分要素加以描述。直接参照短语描述整章,或参照词描述一个复杂句,是毫无意义的。这不仅是因为如略去某些层次,得到的将是一个不完整的描述,实际上也会使描述工作变得困难重重。复杂句并非一个简单的词串,而是涉及词语依循特定模式组成短语。将小句确定为结构成分加以独立描述后,便可进而对其组合模式加以探讨。若不参照小句,对复杂句的描述就很难起步。仅仅参照低层成分(诸如冠词、形容词、名词、动词)或中层结构(如名词短语、介词短语)对句子加以描述,并非切实可行的做法。对于一个词串而言,只有在其中某些次串恰好构成从句时,才算是一个合格的复杂句。

组织层次越高,规约单位越趋于图式性。若将具体表达式作为单位(即 CG 中所界定的词项)加以学习,即可发现其数量与长度成反比:要学的词和短语成千上万,要学的小句数量大为减少,要记住的复杂句更少,长篇大论几乎用不着去掌握,一部小说或许更无须去记住。表达式越庞大,被反复运用的机会就越小,因而经高频使用而发生固化及规约化的几率也越小。而且,层次越高,图式性描述就越抽象。在描述名词短语的诸多图式中,其中一类生成特定结构序列的模板涉及具体范畴(如名词、指示代词、形容词),甚至是具体形式。处于更高句法层次的图式则抽去了这些细节,仅仅涉及名词短语。比方说,一般而言,在描述复杂句的构成情况时,名词短语的内部构成便显得无足轻重。再者,在用于描述高层语篇结构的图式中,无需对语法形式作出说明。关于段落的句法形式,除其包括一系列句子这一事实外,对此我们还能说些什么呢?

类似段落、节、章的高层结构，虽说处于句法（按照通常的理解）范围之外，同样可作出描述。甚至可将其视为象征单位，因其描述兼涉形式与语义特征。例如，在规范的散文中，典型情况下段落有大致的长度要求。在语义上，预期情况下，它仅就特定话题的某一点展开论述，在这点上或多或少是完整、自足的。再者，它必须是逻辑连贯、组织有序的，恰当引入所要谈论的话题，对其加以系统发展，并以一个小结或结论收尾。诚然，这显得既模糊又微妙，但并不全然空洞，用心的作家通常会唤起它，作为写作的向导。

对于更大的结构如节与章，也可作出类似描述。一系列段落构成节，用于处理同一话题的方方面面。章则由一系列节构成，这些节均围绕某一更概括的话题展开。这显然是一个程度问题，也取决于我们如何去解释。节与章之间并无本质差异——较长作品中的节，放到较短作品中完全够得上章的要求。[①] 自然，设定多少层次以及多少种层次为宜，依语篇体裁的类型而定。我们不过是想说明这样一个问题：纵然是微乎其微或高度图式性的高层结构（如此处提到的），依然有潜力作为规约单位得以涌现，具有自身可识别的特征。考虑到其所处的组织层次，其图式性正是意料之中的。

由于存在着记忆限制，诸如段落与节之类的高层结构，更可能出现在书面语篇而非口头语篇中。但这并不意味着它们在口头语中无迹可寻。类似结构见之于介乎两者之间的体裁，如先前写下

① 这是语言体现出“分形学”（fractal）组织的一面，即同一结构特征在依次更高的层次上反复出现。下面将会谈到更多这方面的问题。

或计划、而后口头讲授的课程内容。即便是在随意谈话中，我们也不乏进行计划与高层组织的能力。但即兴谈话中的确存在压力，需当场对表达式加以建构，以满足当前交际目的。可以说，来自会话的要求塑造了语言结构的方方面面，包括某些独属于这一基本体裁的方面。对会话加以转写和分析，所呈现的图景将迥异于基于杜撰例或书面语的图景。若要论高低的话，较之于其他体裁，会话的典型结构特征倒是更为根本。①

兹举一例：会话呈现出一种组织维度，此处我称之为**“注意框”（attentional frame）**。② 它们是短小精悍的语篇片段，首先在音系上得以体现，但同样不乏概念内涵。在音系上，这些框架体现为前后衔接的音调群，通过各种韵律特征彼此区分开来（此处以双斜线表示）：

（6）（a） Have the animals//ever attacked anyone in a car?
（这些动物//可曾攻击过车上的任何人？）

（b） Cause I had a thick patch of barley there//about the size of the kitchen and living room//and I went over it//and then//when I got done//I had a little bit left//so I turned around//and I went and sprayed it

① 同其他理论一样，CG也因未以日常会话为语料而遭到诟病。诚然，对这一体裁的特殊性往往有所忽视，但CG本质上并不拘泥于任何语篇体裁。无需做出实质性的改动，即完全可以将其用于会话分析。

② 这一概念出自切夫（Chafe，1994：第五章），他称之为“音调单位”（intonation units）。切夫引述（6）中的例子，讨论了其音调属性，并在此基础上对这些单位进行了切分。兰艾克（Langacker，2001d）详细论述了CG对该问题的处理思路。

twice//and it's just as yellow as can be.

(因为我在那边有一小块很挤的大麦地//大约是厨房加客厅的面积//我仔细撒了一道//然后//等我播种完了//还剩下一点点大麦//于是我又折回去//又去麦地里撒了两道//麦地都成一片黄了。)

在语义上,这些框架可不无恰当地描述为循序渐进的注意窗,每个注意窗均包括易于处理的概念内容量——在语篇计划与加工的特定时刻易于唤起的量。注意框往往与小句彼此重合;这从(6)(b)中的最后五个框中可见一斑。但有些框并不处于小句层面(如(6)(b)中的 and then),单个小句往往分裂为多个框(如(6)(a)),反过来亦不无可能。如果说(7)(a)中的表述对条件句而言属于常态,我们还是可以将两个小句压缩至一个框中,如(7)(b)。

(7) (a) If she said it//then it's true.

(要是她说过//那就是真的了。)

(b) If she said it then it's true.

(要是她说过就是真的了。)

尽管逗号往往与注意框的边界保持一致,它们在书面语中并未获得系统表征。注意框更多地体现在口头语中,反映了实时话语生成中的加工限制。因此,注意框并不能整齐划一地融入传统模式中——主要是基于书面语——其中词组成短语,短语组成小句,小句组成句子,句子组成更长的文本。相对于这一模式而言,它们构成了一个独立的、且通常存在交叉的组织维度。那么,为何框架与小句往往呈现出相关性呢? 兴许是因为,对于同一加工限制,小句代表了一种更为编码化的应对手段。小句的核心包括单一事件及其中心参与者,通常借助回指方式来表达。由此,典型情况下,小句的内容自然与单一注意窗相契合。小句作为语法结构的基本成分带有普遍色彩,这一点或可视为其功能动因。当然,并非所有的小句均属典型,因而它们与注意窗的关联不过是部分的。后者在内容上更为灵活多变,更能稳定一致地照顾到在线加工的需要。[①]

即便小句并非总是与注意框重合,它们依然是口头语的基本结构成分。但对句子来讲情况则不然。如果说完整小句可图式化地描述为侧显某一入场过程的表达式,对句子作类似的概念描述则不大现实。一个通行的传统定义——句子是表达"完整思想"的基本单位——不免显得含糊,显然也是不充分的。[②] 一种观点认为,切分出句子不过代表了书面语的传统;由此,句子(大致而言)可定义为以大写字母开始、以句号结束的空间所划定的序列。这种观点颇有几分道理。然而,切分往往带有随意性,[③]许多按这种方式书写的序列传统上并不被视为句子。由于句子层次(且不论如何界定)在 CG 中并无优先地位,对这个问题我们不再深究。要

① 小句主要寓于客观的音段内容中,对注意框的定义参照的则是非核心渠道:注意(信息结构的一面)及音调。就其可囊括的基于核心渠道的内容而言,并无内在限制。

② 例如,该定义并未将句子与更大的语言产品区分开来。由于句子长度可以是任意的,因而可用于表达为数众多的完整思想。

③ 本页注②的内容应表述为一句话还是两句话?

紧的是，不管表达式长度如何，位于哪个组织层次上，均可在象征集合（包括其所体现的模式）的框架下加以描述。

语言结构中一个重要但尚未得到充分关注的方面，是一种“分形学”（fractal）组织，即某个特征在依次更高的层次上反复出现。一个明显的例子即是侧显（profiling）。在构成要素等级中，在依次更高的层次上生成的复合结构均有其自身的显面（它可能自成分结构继承而来，也可能不然）。对于焦点突显（focal prominence），情况也是大同小异：当众多关系在依次更高的层次上获得侧显时，每一关系均体现出自身的射体-界标联结。这些特征反复出现，直到名词短语或限定小句层次，甚至可扩展至某些复杂句（§12.1.2）。它们在高层语篇组织层次上是否存在类似表现，情况并非一目了然。将段落（此处可视为一种分形学组织）的整个话题比作小句射体，并非异想天开。就侧显而言，其对应表现可能是文章的主要内容，[①]或是文本的主要故事线索。这些事实上是否均属更一般现象的不同表现形式，尚需考虑更广泛的因素才能确定。

表达式的长短并非可发现组织层次的唯一维度。抽象而论，我们需要设定一系列有关语义与语篇功能的层次。倘若有人说道：I like it（我喜欢它），意图将其作为一个表明其态度的真实论断。要对其作出分析的话，需识别出不亚于四个功能层次：[用法事件[陈述场景[入场[客观内容]]]]。每一层次均涉及一个概念化主体，在表达式的整体意义中扮演着独一无二的角色。客观内容即获得显性表达的层次，包括所侧显的过程及其参与者。就当

① 关于例证，参见第十二章的例(16)与(17)。

前例子而言，like（喜欢）指向某种心理关系，即经事（I）对某一刺激物（it）持有某种肯定态度，客观内容已入场，从而构成了一个限定小句。此种情况下，零位入场表明，所侧显的关系临近场境，并被C（概念化主体）接受为真。如前所述，C本质上不过是一个虚拟的概念化主体，并非总是等同于实际的发话者（§12.3.2）。获得入场的过程也不代表任何具体言语行为；在内在意义上，它不过是一个命题，有潜力以不同方式加以调用。当其用作言语行为时，命题被嵌入恰当的场景中（此处为陈述场景）。作为一个抽取出的语言单位，该命题以高度概括的方式唤起了交际双方。只有在实际用法事件中，虚拟的言者与听者才等同于具体个体。

默认情况下，可识别出位于不同层次上的概念化主体。当I like it 作为一个如实的陈述说出时，实际发话者同时扮演了陈述场景中的发话者角色、入场成分中的C角色，以及所侧显关系中的经事角色。然而，这些角色各不相同，每个均对应于某种不同的功能，通常是由不同的概念化主体填充的。若将I like it 变为He likes it（他喜欢它），台上的经事即不再等同于说话者。在Perhaps he likes it（没准儿他喜欢它）中，副词将说话者从小句入场中的C角色中离析出来：与C有所不同的是，说话者未必接受所侧显的过程为真。C同样可以有别于言语行为场景中的说话者，比如问句中的情况（Does he like it?（他喜欢它吗?））。当置于某一复杂场景中，一个看似陈述的表达被压倒时，情况亦是如此：

(8) (a) He likes it. Sure. Tell me another one.

（他喜欢它。我当然知道。告诉我另外还有谁喜欢它。）

(b) He likes it. And a fish likes hooks.
(他喜欢它。要是那样,鱼儿就喜欢鱼钩。)

还可能存在的情况是,实际的发话者有别于言语事件场景所唤起的说话者。在(9)中,说话者仅仅是报道另一个体所做的陈述。说话者本人无需认同其内容。

(9) He likes it, his mother says—but I really don't think so.
(他喜欢它,他妈说的——但我倒觉得实际不然。)

由于这些层次均属单个小句表达式的典型特征,因而问题并不在于它是长是短。不过,它们依然体现出分形学特征,即处在某一层次的概念化主体在下一个层次中依然起作用。在 He likes it 中,台上的经验关系由入场成分中的 C 加以把握。被入场过程构成了处于陈述场景中的说话者所把握的命题。这些层次共同界定了一个轴,轴的一端是最为客观识解的实体(被侧显的过程及其射体),另一端则是概念主体。[①]

沿着另一个大致与主观性相关的轴,可以明显设定三个组织层面:**效果(effective)**层面,涉及发生的情况;**认识(epistemic)**层面,涉及有关发生情况的知识;具有交互主观性的**语篇(discursive)**层面,相关情况即为语篇本身。这些可由 because(因为)的不同用法加以阐释

---

① 类似的分形学组织在表达式的客观内容中也可能存在,它涉及依次更高层次上的套叠式概念化:Sharon claims that his mother believes that he likes it(沙蓉声称她母亲相信他喜欢它)。

(Sweetser,1990:第四章):

(10) (a) The candle went out because the oxygen was exhausted. [Effective]
(蜡烛熄灭了,因为氧气耗尽了。) [效果层面]
(b) He was mad at me because I flirted with his wife. [Effective]
(他冲我大发脾气,因为我调戏了他老婆。) [效果层面]
(c) She must be home, because her lights are on. [Epistemic]
(她肯定在家,因为灯是亮着的。) [认识层面]
(d) Are you busy tonight, because I've got tickets to the game? [Discursive]
(你今晚有空吗? 因为我弄到了比赛的入场券。) [语篇层面]

每个句子均有 Y because X(Y,因为 X)的形式,并且每种情况下 X 均为 Y 的原因。然而,在 Y 的哪一方面参与因果关系上,这些句子彼此有别。在(10)(a—b)中,Y 参与的是效果层面,涉及所侧显的情况本身(蜡烛熄灭了、他对我大发脾气)。因果互动在(a)中是物理性的,在(b)中则是社会情感上的。但两种情况下,被引起的均是台上的情况本身。相比之下,(10)(c)并不表明,她的灯亮着导致了她在家(要论因果关系的话,实际情况倒恰恰相反)。其所表明的实际情况是，该情景是情态词所表达的认识判断的基础：由于她的灯亮着，实际情况必定是她在家。因此，Y 参与的是认识层面。X 所引发的并非 Y 中描述的客观情况，而是有关该情况的认识评判。最后，(10)(d)中的因果关系处在语篇层次上：有看比赛的票是如此发问的原因。X 所引发的既非忙的情况，也非有关该情况的知识，而是说话者意图实施询问行为的决定。

这些层次可在其他语言现象中也有所体现。例如，基于情态力是指向发生情况还是有关发生情况的知识，可区分出根情态与认识情态(§9.4.3)：

(11) (a) You **must** be there—it's essential. [Effective]
(你**必须**到场——这很重要。) [效果层面]
(b) You **must** be very tired, having walked so far. [Epistemic]
(走了这么远的路，你**一定**累坏了吧。) [认识层面]

我们也注意到(§12.3.1)，接续小句作补语的谓词(suspect(怀疑)、know(知道)、regret(遗憾)、true(千真万确的)、astonishing(令人震惊的)等)所侧显的关系体现在认识层面，接续非限定补语的谓词(see(看见)、force(迫使)、enjoy(醉心于)、start(开始)、try(尝试)等)则涉及效果层面。为数众多的副词可常规作用于不同层次。在(12)(a)中，again(又)表明所描述的事件反复出现。而(12)(b)中复现的事件并非小心的必要性，而是说话者说出须加小心的语篇事件。

(12) (a) I've lost my keys **again.** [Effective]

(我**又**丢了钥匙。) [效果层面]

(b) **Again**, you have to be more careful. [Discursive]

(**又**丢了? 你得小心一些才是。) [语篇层面]

then(然后)可用于全部三个层次。每种情况下,它均唤起了一系列事件,并指向事件中的某一位置。该位置位于某一已标明的事件之后,构成了随后要交代的事件的发生场。在效果层面,这些事件即体现为明确描述出的事件。在(13)(a)中,then 将注意力导向他喝完啤酒后的某一时刻,并表明他点苏格兰威士忌的事件可在这一时刻找到。相比之下,(13)(b)中的相关事件并非所侧显的情况,而是推理过程的不同阶段:若能确定他不在犯罪现场的证据是有效的,即可*由此*推定他是无罪的。同样,(13)(c)中的相关事件为语篇的不同阶段。

(13) (a) He finished his beer, **then** he asked for scotch.

[Effective]

(他喝完了啤酒,**又**去要苏格兰威士忌。)

[效果层面]

(b) If his alibi stands up, **then** he's clearly innocent.

[Epistemic]

(如果他不在犯罪现场的证据成立,**那**他显然是无辜的。) [认识层面]

(c) As I was saying, **then**, you need to get more rest.

[Discursive]

(**那**，就照我说的那样，你需要多加休息。)

[语篇层面]

13.4　结构的建立

语篇不仅仅是由词、小句或句子构成的序列。它同样是——更本质地讲——一系列与这些形式相关的概念。这些概念也并非各自为政。恰恰相反，每个概念均由先前的概念发展而来，并构筑于其上，因此，随着语篇的推进，一个愈益复杂的整合概念结构逐步建立起来。业已累加起来的结构构成了每个后续表达式概念基底的一部分，是当前语篇空间的重要组成部分。在每一阶段，当前语篇空间均构成了当前用法事件的语境(图 13.2)。

13.4.1　基本(内容及)原则

随着语篇的展开，在每一阶段，我们均保留了某些有关先前发生情况的回忆。要而言之，至少我们能够唤起表达式的具体形式，进而唤起它们加在所唤起内容之上的识解。在相当长的时间内(有时可扩展至相当长的语篇)，我们能够回顾所表达的内容，即循序渐进地建立起来的概念结构。从长远来看，即便在关于语篇的内容久已遗忘时，某些内容可能依然以扩展性知识、变更的信念等形式保留下来。①

结构的建立无疑是在多重组织层次上同时并举的，这些层次涉及不同的时间层面。其范围小到处于语法组合层次上的概念整合，大到对整个文本总体意蕴的把握。不过，有理由认为小句（尤其是限定小句）构成了基本的语篇单位，语篇中循序渐进地组合起来的概念结构往往是一个小句接一个小句地更新的。更概括地讲，注意框——往往与小句重合——可看作语篇加工的基本单位。因此，我们的主要关注对象是小句与框架。

由此，典型情况下，语篇即是一系列体现为小句大小的表达式，每个表达式均构成了一个注意框。图 13.6(a)构成了最低限度的表征，每个小句均表示了出来：其所侧显的过程为客观内容内的注意焦点，占据了框架所施加的注意窗。大部分小句均在某种意义上承载了对先前或后续语篇的期待，或两者兼而有之。因此，对其表征需要更为复杂，将先前及/或预期框架囊括其中，如图 13.6(b)所示。一类基本的期待是：当前框架中唤起的图式性成分早晚将会在语篇中作出更详细的说明。因此，这一成分事实上

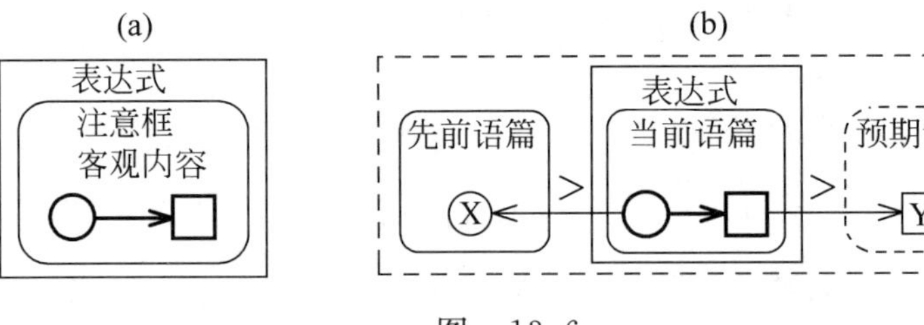

图　13.6

① 大致而言，这些保留情况可对应于短时记忆、工作记忆、长时记忆等心理学概念(Barsalou，1992)。

充当了语篇层次上的阐释位。这种约定俗成的期待构成了表达式整体描述的一部分(由虚线框盒标记)。

(14) 中的语篇是杜撰的,但或许不至于太失真,可作为对结构如何建立起来的一个具体说明:

(14) I just ran into Jill. //She's upset. //She really thinks// her daughter might move,//so she won't see her any more.
(我刚刚碰到吉尔了。//她很难过。//她真以为//女儿可能会搬走,//所以她再也见不到她了。)

该序列中的每个表达式均唤起了业已累加起来的结构,作为其解释的基础。其内容的并入造就了一个更新的结构,由下一个表达式加以唤起。随后的图解(显然是简单化了的)表示由此建立起来的连接。图中上方表示的是后续表达式所处的当前框架,下方表示的则是每一阶段生成的结构。

我们先看图 13.7 中左下角的框盒。该盒为空,其假设是尚不存在先前语篇,因而还未来得及建立起任何东西。[①] 借助对应线,它与第一个表达式 I just ran into Jill(我刚刚碰到吉尔了)连接起来,这表明后者开始了一个语篇,结构将在其中得以建立。所生成的第一个结构在内容与识解方式上均与这一表达式全然相同:其

① 这并不是说结构的建立是从零起步的;恰恰相反,它预设了一个庞大的概念基底(§13.2)。实际情况不过是尚无任何东西被语篇本身所引入。

内容涉及一个近期事件，即说话者遇到吉尔，并对这一情况加以侧显。由于未作任何另行说明，该事件存在于现实中，即语篇的默认心理空间中。

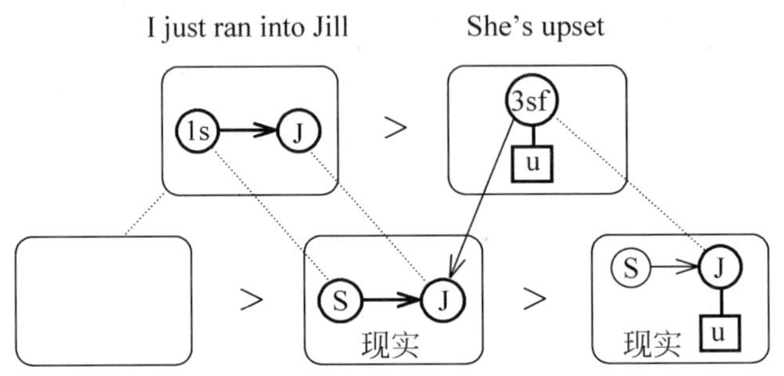

S = speaker(说话者); J= Jill; u = upset(难过的)
1s = 1st person singular(第一人称单数); 3sf = 3rd person female(女性第三人称)

图 13.7

下一个表达式 she's upset(她很难过)则是回望式的。具体而言，代词主语 she 承载了这一期待：其所指在当前语篇空间中是可唯一认定的，因其已被挑选出来作为注意焦点(图 10.1)。事实上，此处的结构的确仅包括一个显著个体，即吉尔。她满足了代词的图式性说明：第三人称、单数、女性(3sf)。因此，吉尔被认定为代词的所指。实线箭头表示这种阐释关系，它提供了概念上的重叠，使得表达式的内容可囊括到当前建立起来的结构中。在已更新的结构中，Jill(吉尔)既参与遇见事件，又表现出难过(u)的特征。后者在这一阶段更具突显性，因其刚刚被提到过。随着每个后续表达式将自身的显面加在已累加起来的结构之上，先前被聚焦的成分逐步淡出意识。

该语篇的接续情况如图 13.8 所示。下一个表达式 she really

thinks(她真以为)既是前瞻式的,又是回望式的。其前瞻性来自代词 she,它再度指称吉尔。其回望性在于动词 think(以为),它侧显某种关系,即射体倾向于接受某一命题为真。因此,它唤起了一个心理空间(标记为“信念”(belief)),代表射体权且接受的概念,其中之一即为当前命题(动词的界标)。再者,它引发了这样一种期待:这一图式性的命题将在后续语篇中加以说明。后一表达式 her daughter might move(她女儿可能会搬走)而后被解释为兑现了这一期待。在这一小句所更新的结构中,所侧显的事件——女儿搬走——由此被囊括到吉尔的信念空间中。由于先前语篇中并不存在其他候选项,her 所唤起的领有者同样被认定为吉尔。我们注意到,吉尔获得了两次表征,每个心理空间中各一次,因其在两个空间中均扮演着某种角色。

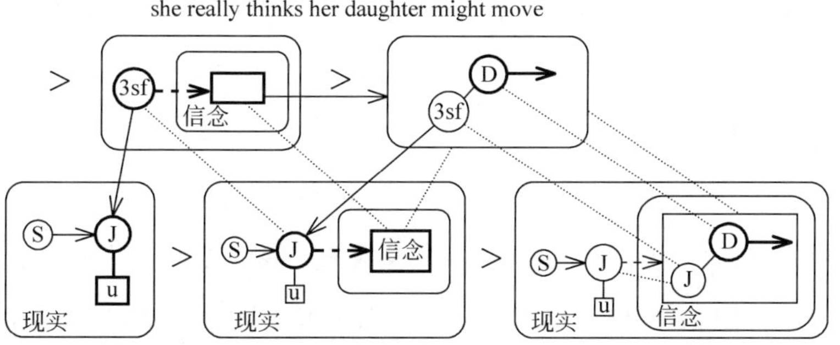

S = speaker(说话者); D = daughter(女儿); J= Jill; u = upset(难过)
1s = 1st person singular(第一人称单数); 3sf = 3rd person female(女性第三人称)

图　13.8

引入心理空间、确立其内容并决定其构造,是结构建立过程中的重要环节(Fauconnier,1985;Fauconnier and Sweetser,1996)。例如,在当前语篇空间中,重要的是认识到,说话者在生成小句

her daughter might move 时，既不赞成该命题，又不认同其有效性。对说话者而言它并不呈现为真，而不过是吉尔所想，处于代表她的暂时信念的空间中。它在说话者对现实的认识中仅间接起作用：这一认识的一部分即是吉尔认同特定命题，其中之一是她的女儿可能会搬走。

心理空间构造的重要性从最后一个表达式中进而可见一斑：so she won't see her any more（所以她再也见不到她了）。so（所以）是回望式的，表明其所引入的命题源自（⊃）已经表达出来的某个东西。在当前语篇中，这等同于女儿搬走一事，而非吉尔觉得这可能发生的情况。所侧显的关系（she won't see her any more）由此被囊括到吉尔的信念空间中，这是从预期搬走推出的结果。它并非作为说话者所认同的某种东西被引入。[①] 该表达式的回望性还体现在主语与宾语代词上。图 13.9 表明了最自然而然的解释，其中前者（she）指称吉尔，后者（her）则指称女儿。但并不排除反向联结的情况。

显而易见，语篇中生成的结构可谓林林总总、纷繁芜杂。但语篇建构中存在着特定的规约模式及某些基本原则。这些模式鲜有得到关注，但似乎与语法组合中调用的构式图式构成了一个连续统。例如，在图 13.8 中，小句 her daughter might move 阐释的是 think 所唤起的图式性命题。因此，这一表达式所实现的更新，构成了[主句＋补语]构式图式的一个例示。图 13.7 中结构的建立体现了开始某一语篇的一种常见方式。该模式在语法形式上灵活

① 的确，说话者也许知道，女儿事实上并未搬走，还会继续见到她母亲。

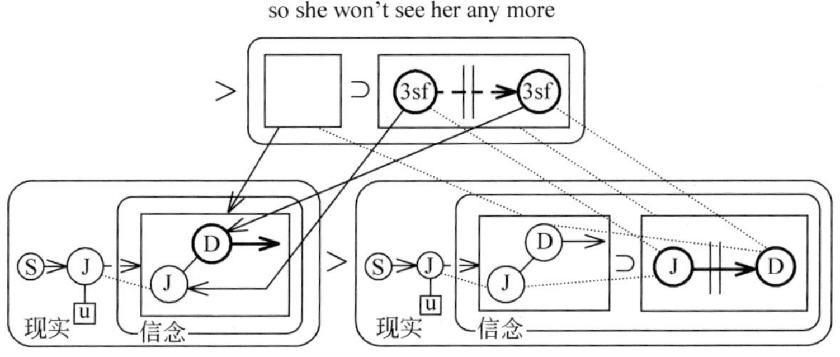

S = speaker(说话者); D = daughter(女儿); J= Jill; u = upset(难过)
1s = 1st person singular(第一人称单数); 3sf = 3rd person female(女性第三人称)

图 13.9

多变，更多地涉及信息结构的渠道。它表明第一个小句(I just ran into Jill)是无足轻重的——它不过是用于引入某个重要的语篇参与者(吉尔)的工具。[①] 该参与者随后充当了紧随其后的语篇(She's upset. She really thinks...)中的话题。

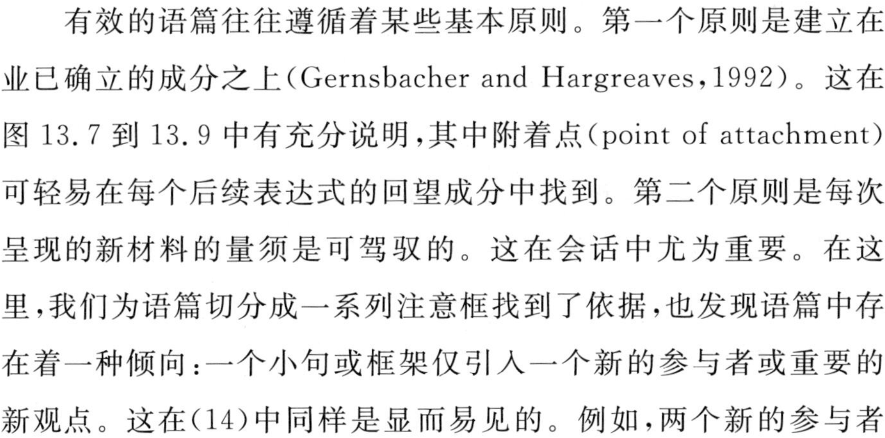

有效的语篇往往遵循着某些基本原则。第一个原则是建立在业已确立的成分之上(Gernsbacher and Hargreaves，1992)。这在图 13.7 到 13.9 中有充分说明，其中附着点(point of attachment)可轻易在每个后续表达式的回望成分中找到。第二个原则是每次呈现的新材料的量须是可驾驭的。这在会话中尤为重要。在这里，我们为语篇切分成一系列注意框找到了依据，也发现语篇中存在着一种倾向：一个小句或框架仅引入一个新的参与者或重要的新观点。这在(14)中同样是显而易见的。例如，两个新的参与者

① 还有其他一些说法：I saw Jill last night(我昨晚见到吉尔了)；Jill stopped by(吉尔过来小坐了一会儿)；Remember Jill(可记得吉尔)？

置于独立的注意框中被引入，最长的表达式（so she won't see her any more）仅传达出了一个实质性的新观点。

还有一些原则涉及的是呈现顺序问题。一方面，当每一阶段生成的结构具有自足性，无需借助后续表达式便可得到连贯解释时，语篇的流动即更为顺畅。出于此因，代词通常出现在引入其所指的先行名词短语之后。[①] 因此，作为开始语篇的方式，下面的例子不如（14）来得自然：

（15）?? I just ran into her. //She's upset. //Jill really thinks...

（?? 我刚刚碰到她了。//她很难过。//吉尔真的以为……）

倘无任何东西表明代词指称对象的归属问题，听话者便需建立一个代表该成分的结构，并在脑海中打一个问号。代词意味着其指称对象是可以即时认定的，但一直等到第三个表达式出现该期待才得以兑现。另一个排序原则是尽量避免**回溯（backtracking）**——或是取消，或是重复先前已实现的内容。就（14）而言，倘若说话者意在表明，最后一个表达式的意义不是吉尔再也见不到女儿，而是恰恰相反，或许已建立起来的结构需要取消。而后，说话者即可对其加以**修复（repair）**：

（16）...so she won't see her any more. //What I mean is,//

① 当然，还存在例外情况，这里我们面对的是倾向性，而非铁定的规则。各种原则的适切条件并非总是并行不悖，往往可为其他因素所压倒。

the daughter won't see Jill any more.

(所以她再也见不到她了。//我的意思是,//女儿再也见不到吉尔了。)

另一个排序原则是:呈现顺序应符合心理通达的**自然路径(natural path)**,即建立在非语言基础上的概念排序。一个明显的例子是时间排序:如果事件按其发生顺序加以复述,加工起来将更为容易。这通常与另一个概念排序呈正相关,即一个事件致使或在某种意义上引发另一事件。在(14)中,后两个表达式与这两条自然路径均是吻合的——女儿搬走不仅发生在吉尔见不到她之前,也是造成见不到她的原因。前两个表达式同样与两条路径均相一致——因为说话者遇到吉尔既发生在她产生此种心态之前,也使得观察其心理状态成为可能。不过,此处仍有一个事件序列呈隐性状态。第二个表达式(She's upset)仅仅是描述吉尔的状态,并未显性提及说话者对其观察情况。不过,我们可以对这一事件加以推断,这是基于遇见某人并了解其当前处境的一般场景之上的。尽管这一事件序列源自推论,但具有足够的显著性,足可决定其呈现顺序。采用相反顺序时,语篇的流动则不那么顺畅。即便吉尔在邂逅事件之前可能已经处于难过状态了,(17)的开头部分依然显得很别扭。

(17) ?? Jill's upset. //I just ran into her. //She really thinks//her daughter might move...

(?? 吉尔很难过。//我刚刚碰到她了。//她真以为//女儿可能会搬走……)

另外两个原则是语篇应具有**连贯(coherent)**和**衔接(cohesive)**的特征。连贯大致是使所有成分前后一致,言之成理。可能存在着关于事物如何彼此相符的明确说明,如(14)中的 so(所以)。它告诉我们,其所引入的情况(she won't see her any more)是前面所说情况的后果(her daughter might move)。不过,连贯往往取决于某些隐而不现的因素。在(14)中,并无显性标记说明,吉尔难过是因为生怕女儿会搬走。不过,我们还是可以推断出这一关联——情况若非如此,将 She's upset 与 She really thinks her daughter might move 并置即变得毫无意义。(17)句显得很别扭,原因之一正在于这样一个事实:插入一个小句(I just ran into her(我刚刚碰到她了))后,这一关系难以在吉尔的心理状态及其诱因之间建立起来。在其他方面,前两个小句的顺序也是缺乏连贯的原因之一。以 Jill's upset 开头意味着,她的心理状态促成了随后提及的情况,但后者实际上却是 I just ran into her,这很难说得通。此外,小句的顺序也遮蔽了两个事件的实际联系,即遇到吉尔使说话者察觉其心理状态成为可能。因此,(17)的连贯性远远弱于(14)。

衔接涉及将事物连缀在一起,通常是通过形式或内容的部分重叠实现的。在这个语篇中,关于衔接的一个例子如上一段第二句(Coherence is basically a matter of everything hanging together...(连贯大体上是使所有成分前后一致))与本段第一句(Coheiveness is a matter of tying things together...(衔接涉及将事物连缀在一起)),两者之间存在着平行关系。促成(14)中衔接的一个因素是:每个小句均在某种程度上参照了吉尔。更抽象地讲，该语篇的衔接在于吉尔始终是首先提及的，她女儿则是随后提及的。因此，Jill 出现在第一个表达式中，her daughter 直到第四个才出现。在后面这一名词短语中，her 出现在 daughter 之前。而在最后一个表达式(so she won't see her any more)中，更可取的解释是将 she 认定为吉尔，将 her 认定为女儿。一定量的衔接性为语篇加工提供了很大便利。不过，衔接当然也并非毫无限度。(18)中大量的语篇衔接手段可谓过犹不及，其容忍度也较小。

(18) *I just ran into Jill. //Jill's upset. //Jill really thinks// Jill's daughter might move, //so Jill won't see Jill's daughter any more.
(*我刚刚碰到吉尔了。//吉尔很难过。//吉尔真的以为//吉尔的女儿可能会搬走，//因此吉尔再也见不到吉尔的女儿了。)

13.4.2　语法与语篇功能

语法特异现象往往可参照语篇获得令人信服的解释。比如说，我们注意到，由 because(因为)与 since(由于)引导的小句可位于与其组合的小句之前，而由 so(所以)、thus(因此)、therefore(因此)与 hence(因而)引导的小句只能现于其后：

(19) (a) He refused the bribe, {because/since} he was honest.
(他拒收贿赂，{因为/这是由于}他是正直的。)

(b) {Because/Since} he was honest, he refused the bribe.

{因为/由于}他是正直的,所以拒收贿赂。}

(c) He was honest, {so/thus/therefore/hence} he refused the bribe.

{他是正直的,所以/因此/因此/因而}拒收贿赂。)

(d) * {So/Thus/Therefore/Hence} he refused the bribe, he was honest.

{ * 所以/因此/因此/因而}他拒收贿赂,他是正直的。)

情况为何是这样的呢?我们发现,这一对立的基础之一在于如下语篇原则:呈现顺序应与心理通达的自然路径相吻合。此处相关的自然路径,是一个情况诱发或在某种意义上导致另一个情况的出现:X⊃Y。就 because 和 since 而言,(19)(a)中的基本词序与这一自然路径背道而驰,因为所引发的事件先行获得明示(Y, because X)。借助(19)(b)中的另一种词序,呈现顺序即可反映出(because X, Y)这一因果序列。而对于 so(所以)、thus(所以)、therefore 与 hence 而言,(19)(c)中的词序已经与致使路径相吻合(X, so Y),因而另一种词序是派不上用场的。

然而,具有语篇动因的不仅仅是语法特异现象。可以毫不夸张地说,所有的语法现象均为语篇所塑造,语法的存在仅仅是使这种塑造成其为可能。语法中所探讨的结构(如短语、小句,甚至句子)孤立使用的情况并不典型。常态情况下,它们构成了更大语篇序列的有机组成部分，后者为其组合方式及所采用的形式提供了理据。例如，完整入场名词短语的功能在于挑选出一个语篇所指（§9.3），小句的功能在于为由此确立的指称对象提供有用信息。因此，通常情况下，语篇是由一系列小句构成的，很少是一系列名词短语。小句构成了结构建立的基本单位，当其与注意框重合时情况尤其如此。

小句主语在语篇中扮演着重要的角色，可不无恰当地将其形容为一个**起点（starting point）**，一个可通达的出发点。从这里出发，小句得以展开，并提供新的语义内容（Chafe，1994：第七章）。[①] 因此，其指称对象往往是已知的——即在当前语篇空间（CDS）中业已存在。由此，小句切合了一个基本的语篇原则，即建立在先前已确立的成分之上。不妨回顾一下（14）的开头部分。在第一个小句（I just ran into Jill（我刚刚碰到吉尔））中，主语指称说话者，他始终是CDS的一部分（图13.2）。从这里出发，小句继而引入新的参与者吉尔，她又构成了后续表达式的CDS的一部分。接下来两个小句（She's upset（她很难过））与（She really thinks...（她真以为））将吉尔（代词主语 she 的所指）视为其出发点，从而以此为基础得以展开。与主语相互作用的还有如下语篇原则：呈现顺序应与心理通达的自然路径相一致。作为结构建立的基础，主语应趋近小句的起点而非终点部分。这个问题事实上很复杂，有许多因素在起作用。不过，在大部分语言中，最基本的（或语义上中立

① 关于主语的这种功能描述，与CG中将其视为首要焦点参与者（射体）的概念描述是相当合拍的。在第十四章我们将会看到这一点。

的)词序均为小句主语出现在宾语之前。

在许多语法构式的描述中,其所充当的语篇功能扮演着核心角色。某些构式具有特殊的功能,可保证结构的建立依循从已知信息到新信息的自然过渡。这是使用被动式的动因之一。[①] 例如,在(20)中,当第二个小句发生被动化时,语篇的流动更为顺畅。(20)(a)中的主动式显得很别扭,因其主语(a rattlesnake(一条响尾蛇))在语篇中属于新信息。对于(20)(b)中的被动式而言,小句主语(he)的指称对象在 CDS 中业已确立。

(20) (a) We got some bad news about Clarence. ? A rattlesnake bit him.
(我们得知克莱伦斯的一些坏消息。? 一条响尾蛇咬了他。)

(b) We got some bad news about Clarence. He was bitten by a rattlesnake.
(我们得知克莱伦斯的一些坏消息。他被一条响尾蛇咬了。)

协助充当这一功能还有另一个构式,即处所前置构式(locative

① 还存在其他动因,主要是为避免提及施事。当施事是未知的(Several paintings were stolen)(几幅画被盗了)、难以明确(Thirty billion burgers are consumed in this country every year)(这个国家每年消费 300 亿个汉堡包),或苦于难以启齿(I'm afraid your favorite cup was dropped and got broken)(我想你钟爱的杯子可能掉下来碎了)时,这种省略自有其用处。

preposing construction),以(21)为例:

(21) (a) I looked in the kitchen. ? Several dead rats were on the counter.
(我朝厨房里看去。? 几只死耗子在操作台上。)
(b) I looked in the kitchen. On the counter were several dead rats.
(我朝厨房里看去。操作台上有几只死耗子。)

(a)中的说法同样显得很别扭,因为第二个小句的主语(several dead rats(几只死耗子))在语篇中为新信息(还可能是不曾料到的)。不过,此处的情况无法指望靠被动式来弥补,因为小句是不及物的。不过,(b)中采用了另一种呈现顺序,别扭的情况随即得以缓解。尽管 several dead rats 依然是语法主语,它的起点地位为处所前置构式所压倒,后者将一条心理路径加在小句之上,该路径的起点为一个已经明确的处所。在语篇语境中,操作台在 CDS 中已是可及的——它尚未被明确提及,但已明确提到厨房,而在厨房里预期可以找到操作台。因此,结构的建立依循了从已知信息到新信息的自然过渡,与这一特殊词序是相吻合的。当注意力聚焦于厨房时,操作台即成为一个可及的处所。唤起这一处所引发了如下期待:某个新事物将会引入其中。从厨房到操作台再到耗子的心理运动,代表了三条自然路径的重叠:呈现顺序、从已知信息到新信息,以及搜索的自然路径(从场景到处所再到目标)。

当然,语篇的流动并非总是如此顺畅。要有效建立起单一而

稳定的概念结构，语篇并非——事实上也不能——仅仅是一个依循自然路径的问题。部分原因来自实时言语生成中的加工要求。但与此同时，它也反映了语篇的内在复杂性，以及参与其中的为数众多且通常相互冲突的因素。即便是在一个精心策划的语篇中，结构的建立也并不限于为已有概念添加新的内容；除添加之外，还会遇到重复、删除、限制、甚至冲突的情况。例如，有多种方式可用于表明，后续成分与已有期待背道而驰：but（但是）、however（然而）、even so（即便如此）、yet（不过）、still（尽管如此）、on the contrary（恰恰相反）、nevertheless（虽说如此）、by contrast（与之相反）、on the other hand（另一方面），等等。我们通常不是有序行事，处理完一个话题后移至另一话题，而是常常同时谈论几个事物，中间穿插着对不同结构的建立起作用的表达式。在极端情况下，表达式可被全然无关的材料打断：

(22) Then she told me that I would have to use—Are you warm enough? If you're not, I can turn up the heat—that I would have to use another credit card.
（后来她告诉我我得用——你穿得够暖和吗？要是不暖和，我可以开暖气——我得用另一张信用卡。）

即便是在有序行事时，每当我们结束一个话题而开始另一话题时，语篇的流动即会出现不连续的情况。而后我们开始建立一个新的概念结构，或至少是旧结构的一个新分支。(23)中的过渡阐释了一个明确转移话题的熟悉模式。它给听话者提供的信息是：聚焦于吉尔的结构已经完结，新的锚定于杰克的结构刚刚起步。

(23) …But she could never satisfy her mother. Well, so much for Jill. Now what about Jack? The last time I saw him…

(但她从未让母亲满意过。好了，关于吉尔就谈这么多。那杰克情况怎么样啊？我上次见到他时……)

语篇要得以顺畅流动，一个重要因素涉及引入并“追踪”参与者的情况。当一个语篇所指初次被引入时，需由一个具有足够描述性内容的名词短语将其挑选出来。只要其意义暗含仅存在一个相关候选项，有定名词短语即可充当这一功能。许多有定成分均不乏这一属性，包括专有名词(如(23)中的Jack(杰克)、领有对象名词(Jack's house(杰克的房子))、形容词最高级(the tallest building in Asia(亚洲最高的建筑))，以及修饰语可获得唯一认定的名词短语(those dead rats on the kitchen counter(厨房操作台上的那些死耗子))。但典型情况下，引入新参与者的名词短语是无定的。某一指称对象在CDS中一经确立，用于指称它的名词短语即通常体现为有定形式，描述色彩随之减弱，因其认定已经实现。描述性最弱的是人称代词，因其在类型上是高度图式性的。因此，在将耗子引入语篇并反复加以回指方面，(24)中的过渡构成了一条自然路径。我们注意到，最后一个表达式(Without tails?(尾巴没了?))无需显性提及耗子，即可成功将其唤起。

(24) There were **several dead rats** on the counter. For some reason **those rats** really bothered me. I couldn't stop looking at **them**. What were **they** doing there? Without tails?

(厨房操作台上有**几只死耗子**。不知怎的**那些耗子**真让我不舒服。我禁不住朝**它们**看了几眼。**它们**怎么啦?尾巴没了?)

某些句法位置比其他位置更适合引入新的语篇参与者(Du Bois,1987;参见 Herring,1989)。鉴于存在从已知信息向新信息的自然流动,它们通常是作为宾语引入的,只有在不得已的情况下才作为主语引入:

(25) (a) We saw **a lion.** It was chasing **a gazelle.**

(我们看到**一头狮子**。它正追赶着**一只瞪羚**。)

(b) We saw **a gazelle.** ? **A lion** was chasing it.

(我们看到**一只瞪羚**。? **一头狮子**正追赶着它。)

(c) We saw **a gazelle.** It was being chased by **a lion.**

(我们看到**一只瞪羚**。它正被**一头狮子**追赶着。)

主语作为小句的起点,通常更自然的情况是用作在 CDS 中业已确立的参与者。(25)(c)中的被动式与这种联结相一致,容许新的参与者作为介词宾语引入。另一个不大适合引入参与者的语法角色是名词性所有格,原因在于——同小句主语一样——所有格位于名词短语的起始位置(第十四章)。因此,将狮子确立为语篇所指时,(26)(a)的说法是相当别扭的。在(26)(b)中,通过在前一小句中引入狮子的概念,即可避免这一问题。

(26) (a) * **A lion**'s mane was magnificent. It was resting contentedly in the sun.
(* **一头狮子**的鬃毛漂亮极了。它正悠然自得地在阳光下睡觉。)

(b) We saw **a lion**. Its mane was magnificent. It was resting contentedly in the sun.
(我们看到**一头狮子**。它的鬃毛漂亮极了。它正悠然自得地在阳光下睡觉。)

在引入新的参与者作为小句主语方面,并不存在严格限制。事实上,不及物主语充当这一功能的情况并不鲜见——但并非任何不及物主语。这一策略对 appear(出现)与 enter(进入)之类的动词而言最为有效,其意义正在于将射体引入场景中。对于唤起主语注意的行为,如(27)(c)中的咆哮而言,这一策略同样是奏效的。在所描述的情景中,当新的参与者进入交际双方的意识辖域时,此种事件构成了主观发生情况的客观对应物。其他不及物小句不大适合引入语篇所指。单单存在于某处的静态情景(如(27)(d)),绝对无法积极地唤起主语的注意,但它的确至少创造了被注意到的潜势。诸如衰老这样的静态特征,与将主语引入场景的概念更是相去甚远。①

(27) (a) Suddenly **a lion** appeared.
(突然间冒出**一头狮子**。)
(b) **A lion** entered the clearing.
(**一头狮子**进了林间空地。)
(c) **A lion** was roaring in the distance.
(**一头狮子**在远处咆哮。)
(d) ? **A lion** was in the clearing.
(? **一头狮子**在林间空地上。)
(e) * **A lion** was old.
(* **一头狮子**上了年纪。)

某些构式的基本功能即在于引入新的参与者。其中之一即是处所前置式,以(21)(b)与(28)(a)为例。尽管后者与(27)(d)具有完全相同的成分,但其流动更为顺畅,因为前置处所成分提供了语篇中业已确立的另一起点。率先唤起这一处所,即引发了在此可找到某物的期待。

(28) (a) In the clearing was **a lion**.
(林间空地上是**一头狮子**。)

① 那么,为何尽管第二个小句引入了一个新参与者(鬃毛)作为形容词性的主语,(26)(b)的说法仍是贴切的呢?主要原因在于,鬃毛对语篇而言并非全然是新信息。提及狮子即暗示了鬃毛的存在(正如提及厨房即暗示了台面的存在)。因此,鬃毛是可轻易通达的,尤其是因为有了物主代词 its 提供的连接。

(b) There was **a lion** in the clearing.

(有**一头狮子**在林间空地上。)

同样可以充当这一功能的是由 there 引导的“存现”(existential)构式,如(28)(b)。在语法上,there 是小句主语。[①] 在概念上,它类似 it(§11.3.2),因其指称的是某一抽象场景。我们大致可将这一场景描述为“存在之所”(locus of existence)。由此,它构成了一个自然起点,用于在心理上通达某个新的参与者,从而宣告其存在。

13.4.3　隐性入场

在英语中,语篇所指是充当已知信息还是新信息,通常是由指称它的名词短语是有定还是无定来标记的。有些名词短语,如专有名词与人称代词,在内在意义上是有定的。就普通名词而言,有定是由入场标记的,如 the bear vs. a bear。然而,在许多语言中,名词通常无需显性入场即可出现。路易森诺语即是这样一种语言。一个例子如(29),此时 hunwut“熊”的出现并未伴随显性入场,既可解释为有定的,又可解释为无定的:

(29) Hunwut xaari-q.

熊　咆哮-**时态**

({(**定指**)/(**不定指**)}熊在咆哮。)

① 例如,可以注意到,在问句 Was there a lion in the clearing?(林间空地上有狮子吗?)中,there 出现在第一个助动词之后。在 There were lions in the clearing(林间空地上有狮子)之类的句子中,复数动词说明,动词的人称与数的屈折属于独立的语义明示,而非由主语的“一致”(agreement)机械促发的(Reid,1991)。

显然,无需稳定一致地标记这一差异,语言也可以自如发挥其功能。[①] 稍加考虑即可发现,只有在对(29)加以孤立观照时,熊的地位才是模棱两可的。在不断演进的语篇语境中,情况通常是一目了然的:要么是某只熊已被确立为参与者(此种情况下由 hunwut 加以指称),要么是需要从头引入。因此,若说有什么问题的话,问题即在于英语语言系统存在着冗余特征,即对于某个已有其他明显依据的成分,仍需加以显性标记。

由于有定-无定通常是由入场成分加以标记的,类似(29)中的 hunwut 这样未加标记的名词提出了如下问题:它们是否已经入场? hunwut 是完整名词短语吗? 抑或仅仅是一个名词? 本质上,名词短语侧显的是其所在类型的一个已入场例示,名词用于明示某一类型,但并不挑选出某一例示。当然,就其本身而言,hunwut 不过是一个名词。然而,当其在句法上充当小句主句或宾语时,情况又当如何? 这些角色通常仅限于完整的、已入场的名词短语。在语义上,它具备名词短语的资格。类似(29)这样的小句并非仅仅将熊作为某一类型加以唤起:它还将咆哮行为赋予该类型的特定例示。然而,如果说它已经入场,这一入场也是隐性的,在语法形式上并无直接反映。这种貌似存在的不一致情况,源于对小句孤立加以观照,而非将其视为持续展开的语篇的有机组成部分。移除语法与语篇之间人为设定的边界,我们即可对隐性入场作出直截了当的描述。

作为比较的基础,我们先重新审视一下英语中的定冠词(§9.

① 有必要加以区分时,这些语言一般以指示代词标记有定,以数词"一"标记无定。

3.4)，如图 13.10(a)所示。如同其他入场成分一样，它侧显的是一个事体，被识解为某一类型(t)的一个例示。the 的独特之处，体现在所侧显的例示与先前语篇框架的关联方式上。粗略而论，它表明这一例示在语篇语境中已属显而易见，且为具备此种地位的 t 的唯一例示。当 the 与词汇名词(如 bear)结合时，复合表达式将这些要求施加到其所明示类型的一个例示之上。由此得到的名词短语(如图 13.10(b))是回望式的，因其承载了这样一种期待：CDS 中仅存在 bear 的一个显著例示。图 13.10(c)代表的是将这一名词短语用于持续展开的语篇的情况。[①] 可以注意到，名词短语的先前语篇框架对应于先前建立起来的概念结构，当前框架则对应于其所生成的更新结构。在其最自然的用法中，先前结构中确实仅含有 bear 的一个显著例示，等同于名词短语所侧显的例示。因此，运用该名词短语的效果，在于将注意力导向更新结构中其所侧显的例示。

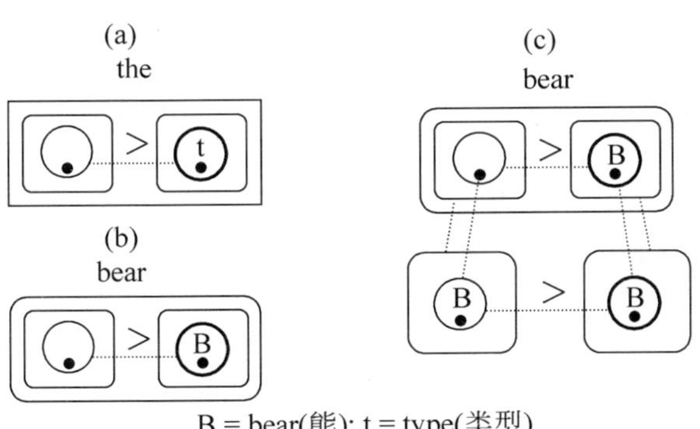

图　13.10

① 为简化起见，图解表明的是名词短语单独运用的情况。通常，它只能作为其所在小句的一部分出现(如 The bear is growling(熊在咆哮))。

现在，我们回到(29)上来。虽然其主语仅由一个名词构成，它依然是小句的一部分，而小句本身又是语篇的一部分。尽管该名词并无独立的显性成分加以入场，整个集合依然实现了入场功能。不妨想象这样一个语篇语境：hunwut(熊)的唯一例示在当前建立的结构中业已确立。由此，使用(29)的效果即在于，借助一个小句唤起"熊"这一概念作为聚焦成分，对这一结构加以更新。图 13.11(a)描述的是该名词在这一更新中所起的作用。由于该结构仅含有"熊"的一个例示，自然而然被解释为名词的所指。由此，名词的类型明示正是通过将其用于语篇这一行为实现的。另一方面，姑且假定 CDS 中并不存在"熊"的显著例示。此种情况下，该名词可自然解释为引入此种例示的一道指令，如图 13.11(b)所示。两种情况下，其结果毫无二致：更新的结构中含有"熊"的一个例示，被认定为 xaari"咆哮"的射体。

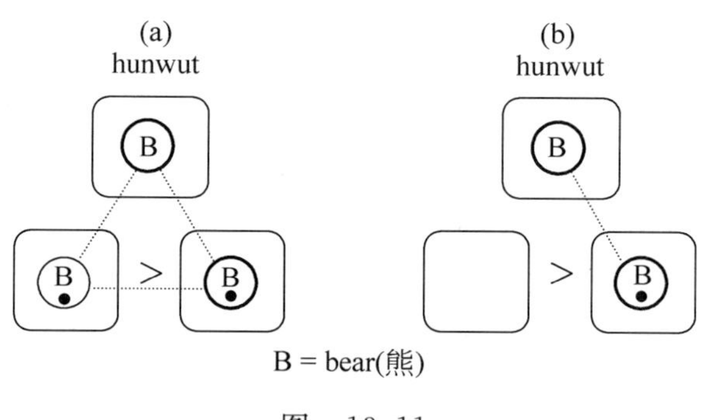

图 13.11

重要的是，这些解释不仅合乎自然，而且同样合乎规约。它们代表了该语言中业已确立的模式，对于任何普通名词均是适用的——只有借助这些规约单位，说话者才有可能生成(29)这样的表达式,并相信对方会表示接受,知道如何加以应对。如图 13.12 所示,此处的模式不过是图 13.11 中的构造的图式化版本。它们并非狭义上的构式图式(将较小的表达式组合成较大表达式的模板),而是代表了将表达式用于语篇的规范手段,用于对当前建立起来的结构加以更新。不过,它们与构式图式不无相似之处,因两者均是基于对应连接的图式性象征集合。或可将其视作位于语法与语篇界面上的构式,这与 CG 将语法与语篇看作一个连续统的观点是一致的。它们所允准的解释,构成了某一表达式规约意义的一部分(此种意义总是有赖于包含当前语篇的某一概念基底)。尽管它们本质上是隐性的,实际上却充当了名词短语入场的功能。

(a)

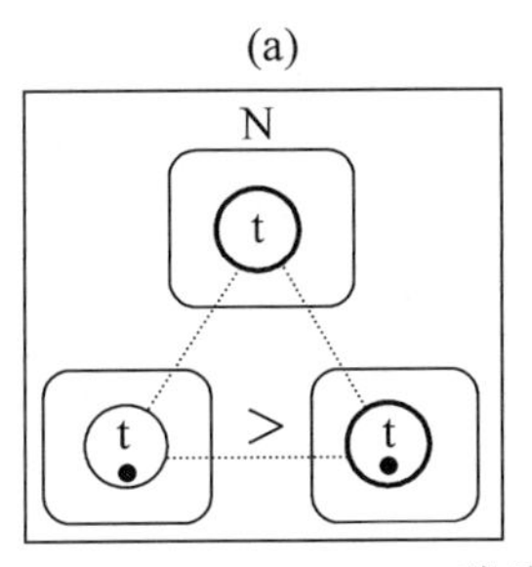

(b)

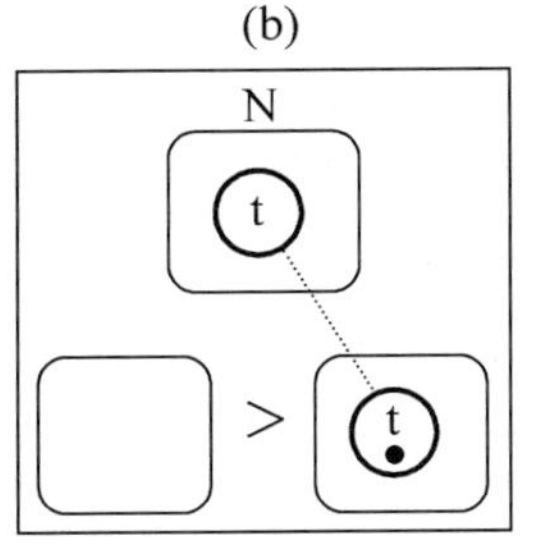

t = type(类型); N = noun(名词)

图 13.12

对于隐性小句入场,以及可从语篇语境中获得认定的关系参与者的情况,也可作出类似描述。这种现象阐释了几个基本观点。首先,在语义功能(如入场)的实现方面,不同语言调用的手段各有千秋。其差别还进而体现在:在借助显性表达还是依赖概念基底之间,界限的划定同样因语言而异。其次,与语法相关的规约单位并不限于建构复杂表达式时所调用的单位。某些单位属于特殊的规约模式，其功能即在于将表达式用于持续展开的语篇，但并不增加音系内容。最后，语法与语篇之间并不存在泾渭分明的界限。这并不是要否认，对两者加以独立考察，可望获得诸多启发。然而，归根结底，试图在两者之间作出严格区分，不仅毫无意义可言，更是误入歧途。

第十四章　与世界打交道

语言的“认知”观可否囊括其社会功能（一种互动手段）或指称功能（一种描述世界的手段）？对此有人存疑。然而，这些担忧不过是空穴来风。它们源自这样一种错误观念：发生于头脑中的情况，与头脑外之物（包括他人的心智）彼此隔绝。然而，事实绝非如此。认知发端于大脑活动中，从这一点来讲，它的确发生于头脑之中。然而，大脑作为遍布全身的神经系统的中枢，与感知及动觉器官彼此相连，通过这些官能，我们得以感知并作用于世界。同样，大脑活动也并非与他人心智互不相通。认知的一个本质方面即在于，我们拥有关于他人的意识，并认识到他们与我们同属认知主体。我们可以娴熟地解读他人的意向，并可借助想象洞悉其心理经验的本质。因此，认知绝不是与世界及栖居其中的他人隔绝开来，而是我们与之打交道的首要手段。

作为全书的最后一章，在此我要探讨的是认知的两个彼此关联的特征，它们对于理解语法均是不可或缺的。第一个特征是时间有序性。作为神经活动，认知必然是随着时间的进程发生的。这一点究竟是如何实现的（即概念发生的时间进程），通常是问题的关键。第二个关键特征是：认知涉及的远不止感知与动觉互动。于我们而言，发生在社会、文化及想象领域的情况，其真实性与重要性并不亚于物理发生的情况。再者，我们所关注的对象并不囿于直接现实。我们还通过回忆、期待、预测、概括及对其他可能性的考量，进而得以与世界打交道。这些概念涉及多种类型、多个层次的心理建构，因而超越了直接的身体经验。然而，它们实际上同样植根于这种经验之中。

14.1 动态性

由于概念化随时间进程而发生，因而具有内在的动态性(dynamicity)，甚至于既定概念的激活也是如此。就复杂概念而论，在依次不同的时刻，整体概念的不同方面得以激活。结果可能是它们同时处于激活状态，也可能不然，但无论是哪种情况，激活顺序均是整体心理经验的一部分。即便其发生时间层面非常之小，处于有意注意的阈限之下，其影响也是颇为可观的。[①]

14.1.1 心理通路

某些概念可以引发其他概念。当你想到字母 A，多半还会想到字母 B。这又促进了字母 C 的激活，C 反过来又引向字母 D，如此以至无穷。一个概念可引发另一概念，可能是因为两者间的联系业已确立(如字母表的情况)，或仅仅是因为它为另一概念的涌现创造了条件。比如，只消想象某个假想的情况，我们便不难想象

① 然而，出于种种原因，概念化并不具有严格的线性特征。加工并发于各个维度及多重组织层次。对于复杂概念的成分而言，并不存在任何自然的通达序列，实际操作中同样并无严格依循的序列。此外，考虑到在线加工的压力，任何实际的处理方式均可能是不连续的。诸如回溯及重新概念化等因素也使情况更为错综复杂。

其中的情形:要是中了彩,我就可以辞去工作了。这种连接往往是不对称的,概念沿一个方向的移动比起反方向更容易。学会字母表后,你就可以迅速从 A 跳跃至 Z。这并不自动赋予我们倒背如流的能力,不过,它确实提供了推导出反方向序列的手段。比如说,为确定反向排序中跟在 T 后面的是哪个字母,我可以背诵含有这一字母的一连串字母(...Q>R>S>T...),从而注意到相邻字母为 S。

在一个概念序列中,当每个概念可轻易引发下一个概念时,该序列即可称为**"自然路径"(natural path)**。为数众多的自然路径在语言结构中扮演着重要角色。一个明显的例子为呈现顺序,即词按照特定的顺序生成或出现。另一条自然路径是阐释关系链——即在一系列成分中,每个均含有一个图式性的阐释位,由下一个成分加以明示。一个例子为补语从句链,如(1),其中小句界标充当了 e-位(图 12.4)。

(1) [Alice said] [that Bill believes] [that Cindy claims] [that Doris swallowed a spider].
([爱丽丝说][比尔相信][辛迪声称][多丽丝吞下了一只蜘蛛]。)

刚刚提到的路径涉及语言表达式本身,有些路径则寓于所表达的概念中。在概念层面,两条相当基本的自然路径——在我们的经验中密切相关——为事件的发生顺序(此时 X 先于 Y)及致使顺序(此时 X 引发 Y)。同样颇为基本的是涉及一系列整体-部分关系的路径，如身体＞胳膊＞手＞手指＞指关节。在这一链条的每个环节，整体概念为构想其部分提供了环境（直接辖域）（图 3.3）。此外，任何类型的量级（如花费、重量、温度）均是由其依次后面的值界定的自然路径。

自然路径的始源称为**“起点”（starting point）**。起点通常要么是概念化主体（conceptualizer，C），要么是 C 可直接通达的某一事物，这并不足为奇。默认概念化主体（C_0）为当前说话者，他对一系列语言上相关的路径加以定位。一条这样的路径为概念化主体链（C_0＞C_1＞C_2＞C_3…），每个概念化主体均对下一个概念化主体加以把握，并或多或少对其心理经验加以模拟。（1）中含有这样一个链条：S＞Alice＞Bill＞Cindy＞Doris（说话者＞爱丽丝＞比尔＞辛迪＞多丽丝）。这种路径也是通往依次内嵌的心理空间的通路，起始空间是说话者关于现实的概念。依次嵌入其内的是有关爱丽丝的陈述、比尔的信念，以及辛迪的断言的内容（图 12.4）。其他路径对应于在各个维度上与说话者的“距离”：说话者＞听话者＞他人；人类＞生物＞非生物；具体的＞抽象的；现实的＞虚拟的；已知的＞新增的。它们反映了说话者的特殊地位：他既是初始概念化主体，又是在语篇中始终可及的实际的人。

存在着这样一种倾向：起点总是彼此重合，自然路径也往往彼此关联。在（1）中，至少有四条自然路径彼此联合：呈现顺序、阐释序列、概念化主体链，以及心理空间的依次嵌入。再者，这些路径（从转喻上讲）均始自爱丽丝：她第一个被提及；包含她的小句提供了第一个阐释位；她是第一个被置于台上的概念化主体；她所在的心理空间也是率先引入的。[①] 词序是显性存在的，而且可谓无处不在，往往与众多心理通路彼此关联。路径的联合有助于减轻加工负担。在(2)(a)中，各处所成分的顺序对应于自然的搜索路径，(2)(b)中的顺序则是随机的，因而前者比后者易于加工。同样，在(3)-(5)中，较之于(b)例，(a)例的流动更为顺畅，因其呈现顺序遵循的是一个自然序列。

(2) (a) The article is in today's paper, in the sports section, on the last page, near the bottom.
(文章刊于今天的报纸中，体育专栏，最后一页，靠近底部。)

(b) ?? The article is in the sports section, near the bottom, in today's paper, on the last page.
(?? 文章刊于体育专栏，靠近底部，今天的报纸中，最后一页。)

(3) (a) The distance from San Diego to Los Angeles is about 120 miles.
(从圣地亚哥到洛杉矶的距离约为120英里。)

(b) ? The distance to Los Angeles from San Diego is about 120 miles.
(? 到洛杉矶从圣地亚哥的距离约为120英里。)

① 作为默认起点，言者与听者关于现实的认识在自然路径中的地位是模棱两可的。他们固然是起点，但默认情况往往被视为理所当然，因而出于某些目的倒可能被忽略。

(4) (a) The rainy season begins in January and ends in March.
(雨季一月开始,三月结束。)
(b) ?? The rainy season ends in March and begins in January.
(?? 雨季三月结束,一月开始。)

(5) (a) In the evening stores are open between 7 and 10.
(夜间商店营业时间为 7—10 点。)
(b) ? * In the evening stores are open between 10 and 7.
(? * 夜间商店营业时间为 10—7 点。)

我们可以合理假定:任何排序或方向性概念,均要求某一认知加工层面上的有序性。因此,当某一概念包括的自然路径要求同一成分沿反方向通达时,即意味着需付出额外的加工努力。以(3)(b)为例,此处 from 与 to 施加了某种方向性识解。通过追踪一条从圣地亚哥到洛杉矶的心理路径,即可对其方向性加以把握——在某一加工层次上,我们照此顺序在心理上通达这两个城市。但呈现顺序引导我们沿反向顺序将其唤起:to Los Angeles from San Diego(到洛杉矶从圣地亚哥)。因此,要把握这一表达式的意蕴,必须对该路径加以重新概念化(§3.4.2),以介词所明示的方式对其加以识解。

量级概念具有内在的方向性,通常由箭头表示。分级形容词如 long(长的)、heavy(重的)、angry(生气的)或 intelligent(聪明的),表明的是射体在多大程度上表现出某一区别性特征。量级的原点——其起点——对应的是并无任何值得注意的情况：要么是一个默认值，要么是该特征全然缺失。[①] 量级上连续的值代表了对这一基准不同程度的偏离，因而构成了一条心理通达的自然路径。虽说我们有能力沿该量级的任一方向移动，这一扫描往往遵循了其内在的方向性。不妨假定，我们想要描述两个个体的相对智力。倘若两者的语篇显著性不相上下，我们往往会说 X is more intelligent than Y（X 比 Y 更聪明），而非逻辑上对等的表达 Y is less intelligent than X（Y 不及 X 聪明）。原因在于，more（更加）唤起的扫描与该量级的方向性相吻合，less（不及）引发的扫描则与其背道而驰。

当比较被隐喻性地构想为运动时，对联合的偏好即清晰浮现出来。我们可以说 X surpasses Y in intelligence（X 在智力上超过 Y），或 X is beyond Y in intelligence（X 的智力在 Y 之上），此时 X 朝该量级的正方向移动。但我们并未发现暗含朝反方向运动的表达式（如 * Y subpasses X in intelligence（ * Y 在智力上低过 X））。[②] 另一种表达是将 Y 视为移动者，即 Y falls short of X in intelligence（Y 在智力上不及 X）。不过，这里 Y 是沿正方向移动的，被隐喻性地识解为一个未能到达目标的射体。还有一种表达

① 在 This cord is only a foot long（这根绳子仅有一英尺长）之类的表达式中，用于评估长度的起点为零。相反，This cord is long（这根绳子长）中的评估则基于绳子通常的长度。对基于某一标准的属性而言，通常存在与之互补的属性，它们代表了对其反方向的偏离——例如，This cord is short（这根绳子短）（意思是短于标准长度，而非短于零。另见 Croft and Cruse，2004：第七章。

② 当然，通过采用互补的、具有对立的内在方向性的量级，也可收到同样效果：Y surpasses X in {stupidity/lack of intelligence}（在{愚蠢方面/智力的匮乏方面}，Y 超过 X）。

是将 X 与 Y 均构想为处于移动状态，因而两者均可充当主语：X is ahead of Y in intelligence（X 在智力上在 Y 之前）；Y is behind X in intelligence（Y 在智力上在 X 之后）。此种情况下，X 与 Y 的移动均与该量级的内在方向性相吻合。

联合式自然路径所实现的加工高效性，在语言中以不同方式体现出来。由此带来的一个微妙结果是，对特定表达式存在着些许偏好（X is more intelligent than Y > Y is less intelligent than X）。在更糟糕的情况下，未加联合的情况导致表达式的可接受性越来越低，如（3）（b）-（5）（b）。加工高效性也往往与编码高效性呈正相关，涉及更为简单的形式。例如，more 与后缀 -er（longer（更长）、brighter（更明亮）、easier（更容易）等）可以互换，less 却无更简短的替换表达，这并非纯属偶然。同样，主动式（X broke Y（X 打碎了 Y））在形式上比被动式（Y was broken by X（Y 被 X 打碎了））更简单，这是因为后者的呈现顺序（Y > X）与行为链（X⇒Y）背道而驰。除了借助自然路径的联合，编码高效性还可通过更多地依赖象似性来实现。例如，（6）（a）强烈引向这一推论：事件的发生顺序与陈述顺序是一致的。倘若意在表明的是相反的顺序，则需明确说明，因而（6）（b）在表达方式上更为复杂。

（6）（a） She criticized him. He went to his room and kicked his dog.
（她把他数落了一顿。他回到房间，踹了他的狗几脚。）
（b） She criticized him. He had gone to his room after kicking his dog.

(她把他数落了一顿。踹了他的狗几脚后，他回到房间。)

心理通路可谓林林总总，在语言上具有重要意义。当某一路径的成分体现出离散性及一定的显著性时，即可将其描述为**一条参照点关系链(a chain of reference point relationships)**。如图 14.1(a)所示，参照点关系涉及从**参照点(reference Point，R)**到经其所通达的**目标(target，T)**的心理运动。经由 R 可通达的一系列实体(每个均构成了潜在目标)构成了其领地(**dominion，D**)。图 14.1(b)表现出了这样一条关系链，其中每个目标(T_i)反过来依次充当下一个参照点(R_{i+1})。

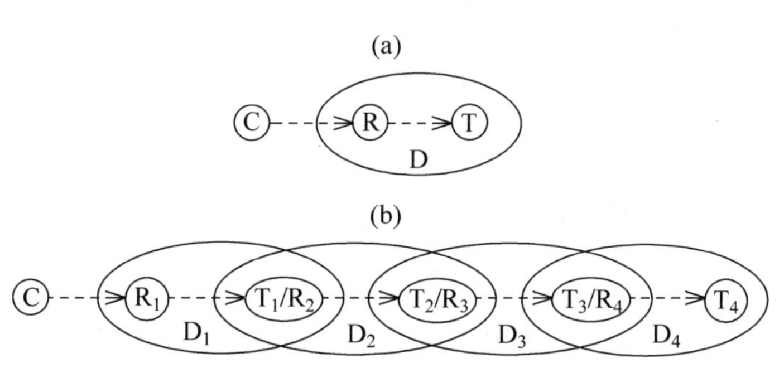

图　14.1

参照点关系涉及的是有序心理通达，具有内在的动态性，但并无内在内容。它们代表了概念组织的一般方面，在某些基本语言现象的语义描述中起着举足轻重的作用。其中一种现象即为转喻(metonomy)。在转喻中，一个表达式的常规所指，为其实际识解中所指向的实体提供了心理通路。例如,在(7)中,Vietnam(越南)并不指称该国本身,而是当地打过的一场战争。出于连贯的要求,主语需指向某一事件。借助当代史的知识,对于其所意指的是哪一事件,我们几乎不会心存疑虑。由于两者间存在着强烈的关联,提及该国即可轻易唤起那场战争。[①]

(7) Vietnam marked a turning point in American history.
(越南战争标志着美国历史上的一个转折点。)

在名词性复合词中,参照点关系同样功不可没。此种情况下,两个名词结合成一个仍为名词的复合表达式:jar lid(罐子盖儿)、basketball net(篮球网)、sheep dog(牧羊犬)、baseball glove(棒球手套)、bicycle seat(自行车车座)、axe handle(斧柄)、window shade(窗帘)、fishing pole(鱼竿)、bookcover(书本封面)、fingernail(手指甲)、trout stream(盛产鲑鱼的小溪)、pencil sharpener(卷笔刀)、tomato worm(番茄蠕虫)、tree root(树根)、wine bottle(酒瓶),等等。其基本模式是:第一个名词唤起一系列知识,第二个名词参照这些知识获得解释。例如,网的类型多种多样,但仅有一种可经由篮球得以通达。通过这一联系,basketball net(篮球网)可理解为指称这种类型的网(而非渔网、蝴蝶网、蚊帐或网帽)。这种解释往往是基于我们熟知的场景之上的。sheep

① 这一转喻解释是 Vietnam(越南)的一个稳固意义。它表现的是一个概括模式创造性地用于新的情况。倘若你去罗德岛度假,但诸事不遂,随后你即可将此行描述为 Rhode Island was a disaster(罗得岛是一场灾难)。

dog(牧羊犬)的意义是建立在狗赶拢羊群的文化模式之上的——倘若在通行的模式中,狗犹如绵羊一样温顺或是会吃羊,其意义就大不相同了。自然,复合词的意义也可由语境推导而来,或从任何我们想象得到的情景中演绎出来,纵然是非同寻常的情景。因此,特定复合词可按不同方式加以解释。airplane diaper(飞机尿布)或可理解为飞机上携带的用于婴儿救急的尿布,不过,将其解释为一大块裹在飞机上的布,用于吸收泄露的燃料,同样是可以说通的。

14.1.2　领属

对名曰**“领属”(possession)**的语言现象而言,参照点关系是其理解的锁钥。(你或许会问)诸如英语中的所有格标记 's 意义何在？或者 Zelda's quilt(塞尔达的被子)这样的领属构式意蕴何在？尽管如此称呼,领属包括的远不止于所有权关系或占有关系。它们充其量不过是位居典型之列,同样典型的还有亲属关系与整体-部分关系(my sister(我的姐妹)、the rat's tail(耗子的尾巴))。的确,领属构式可作用的关系极其多样:Zelda's drink(塞尔达的饮料)、the kitten's fleas(小猫身上的虱子)、our bus(我们的公交车)、her trial(她的审判)、the store's location(商店的方位)、my headache(我的头痛)、Sean's attitude(肖恩的态度)、their average intelligence(他们的平均智力水平)、the diamond's value(钻石的价值)、his predicament(他的困境)、the year's top story(年度最佳故事)、the photo's glossy finish(照片的光饰)、our existence(我们的存在)、the bullet's trajectory(子弹的射程)、Lincoln's

assassination(林肯的暗杀),诸如此类。因此,概括描述很难基于具体的概念内容之上。那么,各种领属表达的共性何在?综合各种因素考虑,我们认为,参照点关系是其共享特征(Langacker,1995;Taylor,1996;GC:第六章)。一个适用于所有例示的图式性描述可简单表述如下:领属关系充当着参照点功能,为领有对象实体(即其目标)提供心理通路。

如前所述(§3.4.2),关于参照点的描述足够抽象,足可涵盖所有的领属构式。由于它并未明示任何具体内容,因而可囊括领有者与领有对象之间任何想象得到的关系。但这种关系依然不乏限制,参照点概念同样可将其囊括进来。大部分情况下,领属关系是不可逆的,例如我们不会说 * the quilt's Zelda(* 被子的塞尔达)、* the tail's rat(* 尾巴的耗子)、* the value's diamond(* 价值的钻石)或 * the trajector's bullet(* 射程的子弹)。这种不可逆性反映了参照点关系具有内在的不对称性——心理通路从 R 过渡到 T,而非相反。这一通达路径与某些自然路径相一致,包括整体>部分、具体>抽象,及人类>生物>非生物。倘若两个实体在这方面不相上下,两者均有可能充当领有者,如 the doctor's lawyer(医生的律师)与 the lawyer's doctor(律师的医生)中的情况。[①]

---

① 另有其他因素与领有者的选择相关。其中一个是信息结构(information structure):the doctor's lawyer(医生的律师)将医生视为已知信息,将律师作为语篇所指引人。另一个是可及性(accessibility)。你若在厨房台面上发现一条尾巴但不见躯首,可能会纳闷儿:the tail's rat(这条尾巴的耗子)哪儿去了?the country's ruler(该国的统治者)之类的表达式逆转了常规联结(人>非人),因为领有对象名词源自动词(own(拥有)、occupy(占据)、rule(统治))并侧显其射体。因此,对其界标加以确认,是挑选出其所明示类型的某一例示的自然基础。

在基于用法的思路中，对所有格的图式性描述并不孤立存在。与该图式共存的，还有众多体现出不同详略度的规约例示（包括许多具有单位地位的表达式）。在这些业已稳固的用法中，有些完全可看作典型，其中包括所有权关系、亲属关系及整体-部分关系。[①]这些均属参照点组织的明显例子。就其本质而言，亲属关系唤起了某一参照个体（图 3.6）——一个人并非在绝对意义上是姐妹、孙子或阿姨，只能是相对于某个人而言。同样，部分只能参照更大的整体加以把握（图 3.2）。我们或可单独认出一条尾巴，但只有唤起它在整个身体构造中的位置，才能将其认定为尾巴。就所有权关系而言，参照点组织反映了人相对于非人实体的认知显著性，也反映了如下文化模式：每个人均拥有、控制一系列实体，或对其享有优先权（我们称之为“财产”）。人的数量远少于财产，我们也更可能将人作为个体加以把握。因此，较之于参照领有对象对所有者加以认定，参照其所有者对领有对象加以认定（Zelda's quilt（塞尔达的被子））是更为行之有效的策略。

领属构式阐释了 CG 的一个一般主张（§2.1.2）：带有根本性和普遍性的语法概念在典型及图式层次上均可作出语义描述。充当其典型意义的是概念原型，它们反映的是我们日常经验的基本方面（如名词的概念原型为实物）。图式性意义——对所有例示均可适用——涉及基本的认知能力（如组合与物化），它们并不与任何具体概念内容挂钩。这些能力首先表现在对应的原型上，构成

① 这些用法很频繁，作为领属构式很容易想到。在有些语言中，相关名词必须具有领有者。

了理解这些原型的基础，而后扩展至较为边缘的情况。

在领属关系中，所有权关系、亲属关系及整体-部分关系充当了典型义。参照点能力则提供了其图式义。正因这种能力的存在，我们才能对所有权关系、亲属关系及整体-部分关系加以概念化——即参照点关系寓于其概念之中。这些原型具有基本的方向性，涉及从 R 到 T 的心理运动。在把握 cousin（堂表亲）这样的亲属关系时，我们追踪了一条从参照个体经由某个亲属再到所侧显目标的心理路径：R→parent→sibling→child（T）（参照点→父母→兄弟姐妹→孩子（目标））。同样，部分的概念意味着对整体-部分层级的有序通达，如 body（R）→arm→hand→finger→knuckle（T）（身体（参照点）→胳膊→手→手指→指关节（目标））。对于所有权关系而言，关键是领有者控制领有对象：R⇒T。这一关系的不对称性，即影响力流动的方向性，是通过循序渐进地唤起参与者实现的，此时我们首先对 R 加以概念化，而后才是 T。尽管领属关系的原型在内容上大相径庭，但不乏共享特征，即通过唤起 R 在心理上通达 T。领属表达的次典型用法，则来自将同一能力用于其他情况中。

参照点关系是有序心理通达的一个特例，其中 R 与 T 具有离散性及足够的显著性，因而可单独识别出来。作为概念组织的一面，它们不依赖任何具体的语言现象。因此，可按不同方式将其用于语言描述，每种方式均将自身的识解施加在由此组织起来的内容上。因此，R 与 T 的内在显著性，与语法构式所施加的突显性不可同日而语。同一参照点关系可反映在诸多表达式中，这涉及对侧显和射体-界标联结的不同选择方式。

比如，同时存在名词性领属构式与小句领属构式，两者的差别正在于这些方面。截至目前，我们主要关注的是名词性领属表达，如 Zelda's quilt（塞尔达的被子）。同一关系通常也可以小句形式表达：Zelda has a quilt（塞尔达有一床被子）。[①] 两者的基本差别在于，前者侧显的是领有对象实体，后者则指向领属关系本身。动词 have（有）呈现出高度的多义性，可出现在为数众多的构式中（Brugman，1988）。在 Zelda has a quilt（塞尔达有一床被子）这样的简单句中，它侧显的是一个含两个焦点参与者的持续类过程。在这一构式中，它所体现的意义包括领属关系的原型、已确立的基于原型的引申义，以及位于不同抽象层次上的图式。其中，最具图式性的意义不含任何具体概念内容，仅仅体现为一种参照点关系，其中 R 被聚焦为射体，T 被聚焦为界标。在构成小句时，两者是由完整名词短语加以明示的，这与一般的主语及宾语构式是一致的。

名词性领属构式与小句领属构式具有不同的功能。Zelda has a quilt 侧显的是一种领属关系，意在将其引入语篇。相比之下，Zelda's quilt 预设了这种关系，唤起它的目的在于对名词短语的所指加以认定。这一认定功能使 Zelda's（塞尔达的）获得了名词短语入场成分的资格。名词 quilt（被子）明示的是一个具有众多例示的事体类型。所有格 's 唤起了某种参照点关系，更概括地说是许多可能的参照点，每个均有自己的领地。这为区分不同类型

① 尽管这些情况不乏典型之处，还存在众多其他类型的名词性及小句领属构式，英语中如此，其他语言亦然（Langacker，2004b）。

的例示提供了基础：挑选出一床被子，将其与同类事物区别开来的途径之一，是将其认定为出现在特定个体领地中的某一例示。当然，该个体本身必须是已经认定了的。这即是领属名词短语（此种情况下为 Zelda）的功能，它是所有格标记的携带者。由此，出于语篇目的，Zelda's quilt 被认定为经由 Zelda 得以通达的成分（无论是经由所有权关系，还是语境中明显存在的其他关系）。

该构式粗略如图 14.2 所示。's 的概念基体为某一参照点关系。作为一个图式性的入场成分，Zelda 侧显的是被入场实体（即 T），而非入场关系（§9.3.1）。这一图式性的参照点充当了第一组合层次上的 e-位。而后通过 Zelda 加以阐释，生成了具体的入场成

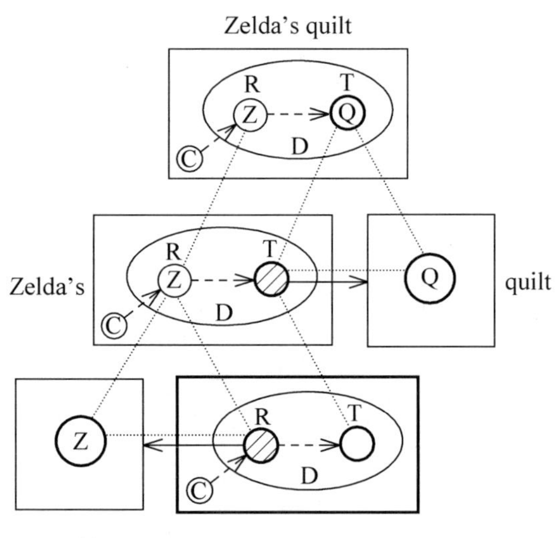

Z = Zelda; Q = quilt(被子)
R = reference point(参照点); T = target(目标)
D = dominion(领地); C = conceptualizer(概念化主体)

图 14.2

分 Zelda's，其中所侧显的目标依然是图式性的。[1] 在更高组织层次上，quilt 对 T 加以阐释，从而对被入场例示所属类型加以明示。Zelda's 与 quilt 的整合体现了入场构式的典型特征（图 9.4）：由于两者的显面彼此对应，因而均无法作为显面决定体得以凸显。

14.1.3　代词回指

领属关系是参照点关系的一种表现形式，在名词短语所指的认定中功不可没。同时，它们也有助于确定定冠词的用法。定冠词意味着在所明示的类型中，仅有一个例示在当前语篇空间中是可及的，其实现手段是限制解释范围，从而使所侧显的例示满足语境唯一性的要求。在(8)中，第一句将一床被子引入语篇，将其确立为话题。由此，下一句参照被子而获得解释。具体来讲，被子充当了解释 the pattern（图案）与 the colors（颜色）的参照点，其领地构成了与这一目的相关的直接辖域。由于典型的被子仅有一款图案及一套花色，因而在这一辖域中，名词短语的所指是其所属类型的唯一例示。

(8) I really like **Zelda's quilt**. **The pattern** is neat and **the colors** are striking.

（我很喜欢**塞尔达的被子**，**图案**分明，**颜色**醒目。）

代词回指（pronominal anaphora）构成了另一种参照点现象，

---

① 关于这一侧显情况的证据，如 Zelda's（塞尔达的）可独立充当回指名词短语这一事实：This quilt is nicer than Zelda's（这床被子比塞尔达的更漂亮）。

其中 R 为先行名词短语，T 为代词。在心理上对 T 的通达是通过 R 实现的，因为先行词决定了代词的指称对象。例如，在(9)中，it 通过 Zelda's quilt 而获得解释。同(8)中的 the pattern 与 the colors 一样，it 被视为指称被子领地内的一个成分，即与被子相关的某种东西(因而可借助它实现心理通达)。代词的特别之处在于，该成分被认定为参照点本身——在其领地内的所有成分中，R 本身是最易于通达的。因此，在 Zelda's quilt 充当先行名词短语的情况下，it 被看作指称被子。两者被视为具有**同指关系**(**coreferential**)。

(9) **Zelda's quilt** is beautiful. Everyone likes **it**.
(**塞尔达的被子**很漂亮，人人都喜欢(**它**)。)

参照点的此种功能往往体现在诸多方面，涉及语言组织的不同维度。在(8)与(9)中，R 在内容与表达两方面均可通达 T。就内容而言，R 的领地包括在心理上与之关联的实体，这一关联的建立或基于稳固的知识，或基于它们在其中起作用的构想情景。基于我们关于被子的常识，Zelda's quilt 启动我们对其图案和花色加以考量，更不必说被子本身了。在表达层面，R 的领地包括当前展开的语篇的一部分，R 在此具有足够的突显度，足可胜任作为解释的基础。从(8)与(9)中可以看到，一个句子中的名词短语所施加的影响至少可波及下一句。

就代词回指而言，关于参照点领地的范围问题的争论由来已久(Langacker，1969；Reinhart，1983)。CG 针对这一问题的解决方案(van Hoek,1995、1997)在此仅能作一概述。宽泛而论,名词短语有无可能充当参照点,取决于其突显度;某一成分有无可能被置于其领地中,取决于两者间概念连接的紧密度。促成名词短语突显度的因素有侧显、射体地位、语篇显著度及作为概念化主体的角色。在(9)中,Zelda's quilt 充当了整句所侧显过程的射体,所以具有高度突显性,这一突显性进而将其确立为语篇层面的话题。因此,在紧随其后的句子中,它可作为代词的先行词轻易被唤起。这种话题关系构成了 Zelda's quilt 与后一句子成分的概念连接。当一个连贯的整体概念得以浮现时,两者之间实现了进一步连接,此时被子漂亮被视为人人都喜欢它的理由。因此,代词 it 处于 Zelda's quilt 的领地中,且十有八九可将两者解释为同指。

最紧密的概念连接存在于句子的各成分之间,这在其语法组织中有所体现。或许最强的连接存在于所侧显关系中的射体与界标之间。这是使用反身代词的典型构造,以(10)为例,此时 the president(总统)与 himself(他自己)的同指是唯一成立的解释。但由于每个语法联系均代表了某种概念连接,即便在仅存在间接语法联系的成分中,一般而言同指仍是可能的。因此,在(10)中,物主代词 his(他的)也可视为指称总统。① 两者间的连接是通过一条语法关系链实现的:private office(私人办公室)明示 his 的目标;his private office(他的私人办公室)是 in 的界标;in his private office(在他的私人办公室里)修饰小句过程;the president 则用于

① 更确切地说,his 指称领有对象实体(私人办公室),总统被视为参照点。尽管在形态上,his(他的)仅有部分可分析性,在语义极上,它依然包括参与回指关系的代词性成分。

阐释该过程的射体。这一连接尽管是间接的,却是清晰可见的。主语出于自身的突显性而充当了先行词。不过,这并非唯一的解释方案——在恰当语篇语境中,也可将 his 视为指称此前被确立为所谈论话题的另一个体。[①]

(10) In **his** private office **the president** was admiring **himself.**
(在**他**的私人办公室里,**总统**正在**自我**陶醉。)

通常情况下,代词与先行词位置颠倒后是不贴切的。例如,当其意指的为同指关系时,(11)(a)的说法顶多是相当别扭(我们往往将 he 解释为指称总统之外的某个人),(11)(b)则是完全不可接受的:

(11) (a) ?? In **the president**'s private office **he** was admiring **himself.**
(?? 在**总统**的私人办公室里,**他**正在**自我**陶醉。)
(b) * In **his** private office **himself** was admiring **the president.**
(* 在他的私人办公室里,**他自己**正在欣赏**总统**。)

这些不对称性反映了回指关系具有内在的方向性。因其为代词的

① 例如,(10)可能出现在有关中央情报局的故事中,先前已说明总统到了中央情报局的总部。

解释提供了基础，相对而言，先行名词短语享有概念上的优先性。因此，回指关系是否得当，取决于在心理通达的自然路径中，先行词是否位于代词之前。最明显的路径是呈现顺序——通常情况下，先行词在话语语流中位于代词之前。相反的顺序往往是有问题的。与(9)相比，如下例子仅可勉强接受(假定被子在CDS中尚未确立)：

(12) ?? **It**'s beautiful. Everyone likes **Zelda's quilt.**

(?? **它**很漂亮。人人都喜欢**塞尔达的被子**。)

但呈现顺序并非唯一相关的路径，甚至并非最重要的路径。因此，代词有时的确位于先行词之前，如(10)，此时 his 出现在 the president 之前。此种情况下，先行词在其他自然路径中享有概念上的优先性。

与之相关的一条路径是阐释关系链，主要出现在补语从句中(如(1))。另一条是从概念化主体到所加工概念的自然通路。在(13)(a)中，在这些路径及呈现顺序方面，先行词均位于代词之前：the president 位于主句中，he 位于补语中；the president 充当了补语的概念化主体；在时间顺序上，the president 位于 he 之前。这代表了回指关系的最佳构造，因为三条路径均与其内在的方向性实现了联合。相比之下，我们在(13)(b)中看到的是最糟糕的构造：在三条自然路径上，代词均位于其所意指的先行词(antecedent)之前。[①]

① 若将 him 与 the president(总统)视为指称不同的人，该句是完全合乎语法的，但此处相关的仅有基于同指的判断。对合格性的评判通常是相对于具体解释而言的。

(13) (a) It never bothers **the president** [that **he** lies].
(**总统**从未因[**他**撒谎]烦心过。)
(b) * It never bothers **him** [that **the president** lies].
(* **他**从未因[**总统**撒谎]烦心过。)

另有其他例子表明,三重路径与回指均不乏相关性。首先我们注意到,即便代词在时间顺序上位于先行词之前,(14)(a)也是完全可接受的。而即便当代词位于先行词之后,(14)(b)也是勉强可接受的(假定两者同指的情况下)。显然,这个因素为其他两个因素所压倒:尽管存在词序效应,可接受度更高的句子往往呈现如下特征:先行词位于主句中,并充当补语的概念化主体。

(14) (a) The fact [that **he** lies] never bothers **the president.**
([**他**撒谎]这一事实从未让**总统**烦心过。)
(b) ?? The fact [that **the president** lies] never bothers **him.**
(?? [**总统**撒谎]这一事实从未让**他**烦心过。)

尽管后面这些因素往往共同作用,但在允准回指关系方面,每种因素均有自己独立的贡献。如何阐明概念化的路径具有影响呢?这一点可以通过比较(14)与(15)中的句子看出:两者存在着平行关系,唯一的差别在于后者的先行词(the book)不是概念化主体。此种情况下,这些句子的可接受度大致相当。(14)(b)的说法不大贴切,只能归结为代词所扮演的角色问题,即充当了先行词所在小句的概念化主体。

(15) (a) The fact [that it's full of lies] doesn't diminish **the book.**

([**它**谎话连篇]的事实并无损于**这本书**的价值。)

(b) The fact [that **the book** is full of lies] doesn't diminish **it.**

([**这本书**谎话连篇]的事实并无损于**其**价值。)

同样,我们也可通过比较含补语与含修饰语的类似句子,对补语链的角色加以考量。在(16)(a—b)中,that 引导的小句是一个前置宾语补语(realize)的界标,而在(16)(c—d)中 when 小句则是状语性的。关键例子是(b)与(d)。在前者中,尽管 the president(总统)在线性序列上位于 he 之前,但不宜解释为其先行词。原因部分在于,he 是补语的概念化主体。但仅仅是部分的,这通过与(d)的对比可见一斑。此处 he 同样充当了前置小句的概念化主体,但同指是不成问题的。差别在于,(b)中的补语从句与主句谓词存在着阐释关系,(d)中的状语从句则不然。只有在前者中,realize 才提供了一条阐释路径,将代词主语与其先行词所在的小句连接起来。

(16) (a) [That **he** is a liar] **the president** certainly realizes.

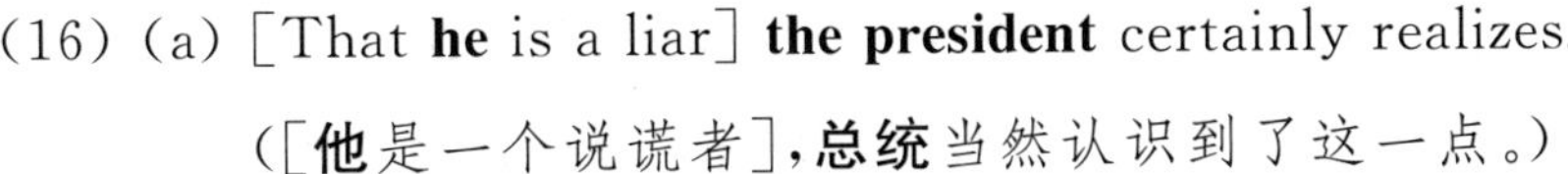

([**他**是一个说谎者],**总统**当然认识到了这一点。)

(b) ?? [That **the president** is a liar] **he** certainly

realizes.

(?? [**总统**是一个说谎者],**他**当然认识到了这一点。)

(c) [When **he** is lying] **the president** realizes it.

([**他**撒谎时],**总统**意识到了这一点。)

(d) [When **the president** is lying] **he** realizes it.

([**总统撒**谎时],**他**意识到了这一点。)

代词回指以往通常是从纯句法角度加以观照的。关于代词相对于先行词的位置所作的描述,往往专注于其形式特征,尤其是语法构成要素中的线性顺序。虽说这些因素不无相关性,但要对其作出圆满描述,必须基于动态概念化之上。在回指关系中,先行名词短语为代词提供心理通路,对后者的指称起着决定作用。它能否做到这一点——代词是否处于其领地中——取决于其突显度及两者间概念连接的紧密度。这反过来又体现了诸多因素的复杂相互作用,每个均涉及某一自然路径上的领先位置。其中两个因素值得深入透视:名词短语充当话题或是主语的问题。

14.1.4 话题与主语

话题(topic)与主语(subject)在代词回指(pronominal anaphora)中扮演着重要角色。当名词短语在某一语篇片段中拥有话题地位时,可作为代词的先行词轻易被唤起。例如,在(17)(a)中 this computer 是 it 的先行词,该句是一个显性话题构式。显性话题有作为参照点被唤起的强烈倾向。在句(b)中可以看到,代词与先行词的位置不容倒置:在回指关系中，话题名词短语只能充当R(reference(参照点))，无法充当T(target(目标))。的确，在(c)中我们注意到，处于代词位置的名词短语无法摆脱话题的影响。当其与话题同指时，需用代词来表达——对完整名词短语(this computer)加以重复，即会产生这样的错误暗示：其指称对象常态下并非显而易见。

(17) (a) **This computer**, I just can't get **it** to work.
(**这台电脑**，我怎么也启动不了**它**。)

(b) * **It**, I just can't get **this computer** to work.
(* **它**，我怎么也启动不了**这台电脑**。)

(c) * **This computer**, I just can't get **this computer** to work.
(* **这台电脑**，我怎么也启动不了**这台电脑**。)

同样，主语强烈倾向于充当所有其他小句成分的参照点。[①]主语地位的效果在(18)中可见一斑。在句(a)中，回指关系是恰如其分的，因为先行词Harvey(哈维)不仅位于代词之前，而且充当小句主语。相比之下，在句(b)中，代词主语位于先行词之前，该句完全不合语法。两者的差别并不囿于线性顺序，这事实上是一个次要因素。在(c)与(d)中，我们注意到，在回指关系中处于首位

① 此前，在(10) In his private office the president was admiring himself(?? 在他的私人办公室中，总统正在自我陶醉)与(11)(a) ?? In the president's private office he was admiring himself(?? 在总统的私人办公室中，他正在自我陶醉)的对比中，我们已看到这一对立情况。尽管前者的呈现顺序不合常规，但可接受性更高。

的成分并非小句主语，而是其领有者。此种情况下，两句均是可接受的，不过(d)多少显得有些勉强，因为代词放在了句首位置。不过，(d)大致还是可以说通的，这表明代词作主语是句(b)不合语法的首要原因。

(18) (a) **Harvey** resembles **his** dog.
(**哈维**活像**他的**狗。)
(b) * **He** resembles **Harvey**'s dog.
(* **他**活像**哈维**的狗。)
(c) **Harvey**'s dog resembles **him**.
(**哈维**的狗活像**他**。)
(d) ? **His** dog resembles **Harvey**.
(? **他的**狗活像**哈维**。)

话题与主语可用于代名词回指目的，表明其本身即属于参照点现象。作为参照点，话题或主语为其领地内的成分提供了心理通路。倘若其中一个成分为代词，话题或主语往往被唤起作为其解释基础。这反映出这样一种倾向(一种认知高效性)：自然路径倾向于联合，参照点功能往往在诸多方面有所体现。倘若在话题或主语关系中，一个名词短语与一个代词分别充当着 R 与 T，那么在用于回指目的时，也往往体现出相同的联结。

那么，该如何对话题或主语加以描述呢？这两个概念在语法上密切相关，有时难以区分。此外，在历史上，主语构式正好由话题构式发展而来。[①] 鉴于两者明显存在密切关联，且均可描述为参照点现象，其间的差异究竟何在？

我们先从话题谈起。同许多根本性的概念一样，很难为其找到一个不那么含糊的言语上的定义。语言学家通常仅仅说明，句子话题是"该句所关涉的对象"。这与 CG 的描述是相当合拍的，但后者的优势在于，它将这一"相关"概念与概念结构的一般及基本特征联系起来。话题代表了一类特殊的参照点组织，与其他参照点的区别在于目标的性质。[②] 在领属构式和代词回指中，目标体现为某一事体；在话题中，目标则是一个命题（P），即一个已入场的过程。这一基本构式如图 14.3 所示。

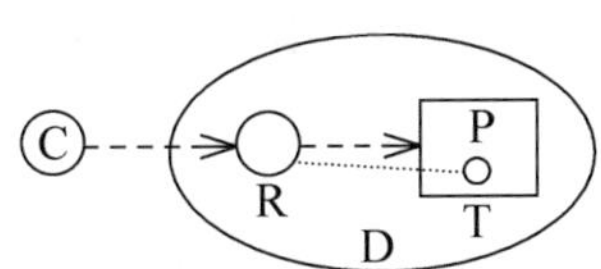

P = proposition(命题); C = conceptualizer(概念化主体)
R = reference point(参照点); T = target(目标); D = dominion(领地)

图　14.3

话题的领地体现为一系列相互关联的知识，或是一系列命题，话题在其中扮演某种角色，因而可借助它得以通达。话题关系的

① 这一过程在法语中正在上演。当 Sophie, est-elle heureuse? "索菲亚，她高兴吗？"（此处索菲亚是小句外的话题）这样的句子被重新分析为 Sophie est-elle heureuse? "索菲亚高兴吗？"（此处索菲亚是小句内的主语）时，这一演变即宣告发生。关于话题-主语的概括讨论，参见李和汤姆森（Li and Thompson, 1976）。

② 就如下要讨论的例子而言（in the cases to be considered），参照点总是某一事体。一个值得探讨的问题是：前置状语（如前一句的情形）是否应分析为侧显关系的话题表达式？

意蕴在于，目标命题属于这一知识集。无论 P 在 D 中业已确立，还是需从头引入，它均是 D 的一个有机组成部分。对于言者与听者而言，D 均提供了对 P 加以把握和解释的语境。仅当 R 在命题内容中起作用时，该命题才可在 R 的领地中获得解释。图 14.3 中的小圆代表了 R 在 P 中的体现，即其所对应的 P 中的成分。这被称为"核心"(pivot)。[①] 核心可在 P 中扮演任何角色，但往往充当着焦点参与者，以(19)(a—b)为例。它通常由代词明确表达出来，但也可隐而不现。(19)(c—d)中的核心(至少在语法上)具有相当边缘性，在(d)中则未表达出来。

(19) (a) **That mural, it**'s really starting to depress me.
(**那幅壁画，它**着实开始令我感到沮丧。)

(b) **That mural**, I like **it** less and less every day.
(**那幅壁画**，我对**它**的喜爱之情日渐减少。)

(c) **That mural**, we would be better off if someone sprayed graffiti all over it.
(**那幅壁画**，要是有人在上面填满涂鸦，看起来倒更舒服些。)

(d) **That mural**, we never should have given permission.
(**那幅壁画**，我们原本不该许可(参观)的。)

① 该名称同样可用于关系从句(§12.2.2)。话题构式与关系从句构式的区别在于，关系从句是用于表达 P 的名词短语的一部分，并帮助确定其指称，话题则是一个单独的名词短语，其指称是独立加以确定的。

与回指的情况相同，话题在内容与表达方面均有自己的领地。在表达层面，R 的领地是它在其中拥有话题地位的语篇片段。在最低限度上，它仅仅体现为一个小句，但同样可以是一个复杂句或任意长度的语篇。例如，在(20)中，第一个句子引入了撰写论文的话题，后面的句子均参照该句获得解释。这一长篇大论显然有潜力无限进行下去，直至有人“转移话题”。

(20) It's really hard to write a **dissertation.** You have to find a subject. Then you have to come up with some ideas and do lots of preliminary analyses. When you do the background reading, you find that most of those ideas have already been proposed and rejected. So you have to work for a number of years before anything viable starts to take shape. You have to worry about continued financial support. Then you have to satisfy five committee members with mutually incompatible notions about what you should be doing. You have to go through about seven drafts. Then...

(撰写**学位论文**殊非易事。你需要锁定一个话题。然后你需要有一些想法，做大量初步分析工作。在进行研究背景阅读时，你会发现大部分观点均已被主张过，否定过。因此，需要经年累月的摸索，有效的开端才会初见端倪。你不得不担心经费资助是否会延续下去。然后，你得让五位评委会成员满意，他们对你应当如何如何做持有互不相容的看法。你得修改大约七稿。然后……)

(20) 中的话题并无特殊标记，不过是由常规宾语构式引入的动词宾语。也无任何显性证据表明，后续小句是参照它获得解释的；事实上，它们甚至不曾提及这一话题。话题关系首先是一种语篇现象。随着语篇的展开，其所施加的组织寓于当前建立起来的概念结构中，甚至当其在语法中并无独立实现时，情况也不例外。不过，话题标记及显性话题构式是存在的。(19) 中的句子代表了一个基本的话题构式，首位名词短语被确立为至少下一个命题的话题。在不疾不徐的谈话中，名词短语与目标小句之间有一个轻微停顿，书面语中以逗号标记，表明两者各自占据独立的注意框。

图 14.4 给出了此类构式的一个例示。两个成分结构分别为名词短语 that mural(那幅壁画)与限定小句 I really hate it(我着实讨厌它)。在语义上，两者的整合取决于名词短语的显面和充当

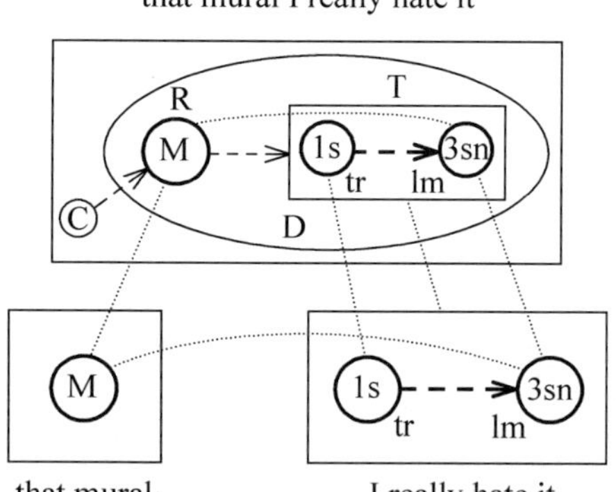

tr = trajector(射体); landmark(界标)
1s = 1st person singular(第一人称单数)
3s = 3rd person singular(第三人称单数)
M = mural(壁画); C = conceptualizer(概念化主体)
R = reference point(参照点); T = target(目标); D = dominion(领地)

图 14.4

核心的小句成分——此处为代词宾语的所指——之间的对应。在音系上，两者的整合取决于时间上的相邻与中顿情况。由于不存在话题标记，话题关系仅在复合结构层次上得以浮现；它并非任一成分结构单独的特征，而是体现为整个构式的特征。[①] 复合结构体现出两个独立的显面：参照点与目标过程。这是因为该表达式包括两个注意框，每个均可视为一个注意窗(window of attention)，拥有自身的注意焦点。在分析中设立一系列显面(而非一个整体显面)，即可捕捉到该构式明显的动态性。

在这一构式中，话题名词短语显然是处于目标小句之外的，这既反映在其音调上，也表现在小句在结构上是完整的这一事实上。在如下句子中，基于同样的因素得出的却是相反的结论：That mural I really hate(那幅壁画着实令我讨厌)。在这一表达式中，话题与其余部分之间并不存在音调上的断层，后者本身也不足以构成完整小句。此处的话题名词短语是目标小句的有机组成部分，它不仅充当着话题，而且充当着小句界标。因此，无论是在语义还是在句法上，它均是内在于小句的。

如图 14.5 所示，该构式相当于话题构式与宾语构式的整合。它代表了宾语构式的一个变体，因为 that mural(那幅壁画)对 I really hate(我着实讨厌)的图式性界标加以阐释。它类似于话题构式，因为话题位于首位；但两者又有所不同，因为仅存在一个注

① 在有些语言中，话题名词短语的确呈显性标记，日语中的 wa 即是一个司空见惯的例子。英语中的 as for(至于……)的情况也大致相似：As for that mural，I really hate it(至于那幅壁画，我着实讨厌它)。由此，话题构式类似图 14.12 中表示的所有格's 的情况(除侧显与目标的性质外)。

意框和一个整体显面。因此，将壁画作为参照点加以唤起，与作为小句界标加以唤起是同时并举的。另一种说法是：话题与核心并不存在差别，话题名词短语处于表达目标命题的小句内部。

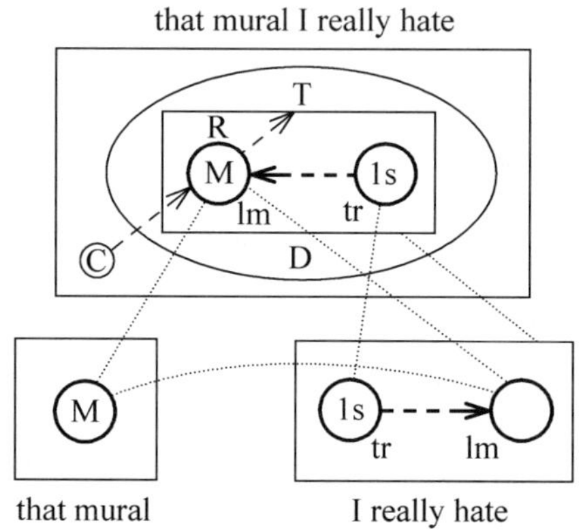

tr = trajector(射体); landmark(界标)
1s = 1st person singular(第一人称单数)
3s = 3rd person singular(第三人称单数)
M = mural(壁画); C = conceptualizer(概念化主体)
R = reference point(参照点); T = target(目标); D = dominion(领地)

图　14.5

因此，话题可出现在不同的组织层次上，对大小不同的领地起着支配作用。[①] 领地可以是任意篇幅的文章、复杂句，或是单个小句。领地越小，参照点与目标命题间的连接往往也越紧密。在结构上，话题或单独成句，或与目标小句同处一句但位于其外，或作为该小句的有机组成部分。但即便在后一种情况中，话题充当参照点依然是出于语篇原因，而非因为编码了小句命题。名词短语充当话题属于信息结构问题，凌驾于其小句参与者角色之上。在

① 这是对语言结构的分形学组织的有力阐释（§13.3.2）。

概念上，其话题地位是外在于命题的，由语篇因素而非客观内容而定。因此，同一命题通常可辅以不同的话题（对比 That mural，I really hate it（那幅壁画，我着实讨厌它））与 As for me，I really hate that mural（就我而言，我着实讨厌那幅壁画）），或无需任何话题即可表达（I really hate that mural（我着实讨厌那幅壁画））。

同话题一样，主语同样充当着某一目标命题的参照点。这构成了两者间的相似性基础。两者的差别在于，主语不仅在**结构上处于小句内部（structurally internal）**，在**概念上对小句而言也是内在的（conceptually intrinsic）**。话题是语篇中的参照点，它将听话者的注意力导向特定的知识领域，从而对目标命题作出解释。因此，它作为参照点的角色是外在于小句的客观内容的。相比之下，主语作为参照点的角色寓于对小句内容的把握中。主语用于对所侧显过程的射体加以明示，射体充当参照点的目的正在于对该过程加以概念化，这是我们接下来将要主张的观点。

一个出于某种目的被唤起作为参照点的实体，同样可能出于其他目的充当这一功能。因而完全可以说，主语作为小句内的参照点，也往往充当着语篇层面的话题。虽说如此，这种重合不过是一种倾向而已。话题与主语属于不同的概念，涉及不同的渠道。同一名词短语同时充当两种功能时，它在信息结构和客观内容两方面均为参照点。[①]

① 这与通常注意到的情况并不矛盾，即某些构式（如被动式）容许将语篇层面的话题表达为小句主语。主语的性质不应混同于影响其择用的因素。

14.1.5 主语与宾语

作为名词短语，小句主语对其所指向过程的射体加以阐释。先前，我将所侧显关系中的射体描述为其首要焦点参与者，现在主张它同样可以——这一点更为根本——描述为该关系中的参照点。与之类似，宾语对所侧显关系中的界标加以阐释，先前我曾将其描述为次要焦点参与者。依此类推，某一关系中的界标即可描述为其中的次要参照点。这些概念并非一目了然，但如能恰当理解，它们不仅具有心理上的真实性，在语言上也不乏启发意义。

我们的起点是这样一种观点：所侧显关系中的焦点参与者构成了其**内在**(**intrinsic**)参照点。话题将某一命题置于更大的概念语境中，相比之下，过程的射体与界标则寓于其概念化中——它们充当着参照点，目的正在于逐步建立起其完整概念。这源于我们先前注意到的一个现象(§4.2.1)，即关系在**概念上依存于**(**conceptually dependent**)其参与者：不唤起支撑某一关系显现的参与者，就无从对该关系加以把握。由于参与者使关系概念成其为可能，因而完全可将其描述为为某一关系提供心理通路。当然，这无异于说它们充当了这一关系的参照点。

图 14.6 中表现了内在参照点与外在参照点的对立，所侧显的过程构成了其目标。图(a)对应于小句外话题构式，如图 14.4 中的情况。该参照点关系超出了对目标的描述，因而对其而言是外在的，尽管 R 在命题的整体内容中发挥着某种作用(充当其核心)。R 的领地为一系列相关知识，T 的解释即是在这一领地中获得的。图(b)描述的是涉及某一过程及其射体的内在参照点关

系。此种情况下，R 与 T 并未彼此分离。“到达”目标无非是对其加以概念化，因此，代表心理通路的虚线箭头，与代表所侧显关系随时间展开的实线箭头同时并存。而由于 T 在概念上是依存的，因而心理通路经过了 R。此处 R 的领地（由潜在目标构成的集合）包括它可能以此种方式锚定的所有过程。

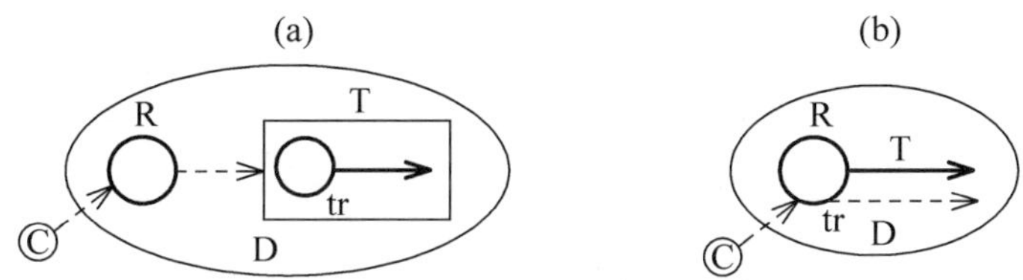

D = dominion(领地); C = conceptualizer(概念化主体)
R = reference point(参照点); T = target(目标); tr = trajector(射体)

图　14.6

如果说射体与界标内在于所侧显过程的概念中，其参照点描述与基于首要与次要焦点的描述有何关联呢？将其描述为焦点参与者，与将其描述为参照点是等价的。语言学家惯于将**焦点（focal）**参与者称作**中心（central）**或**核心（core）**参与者。当然，“中心性”这一概念不宜作字面上的空间义理解，而是从隐喻意义上来讲的，表明相关参与者之于整个关系是不可或缺的：若无参与者，得到的要么是不连贯的关系，要么是另一个关系。这即是说，关系的核心参与者为其提供了心理通路。由于所侧显的关系本质上属于注意焦点，因而其关键参与者即为焦点参与者。

参照点描述在中心性概念（强制通达）之上增加了动态性概念（有序通达）。这里，我们为区分射体与界标找到了依据：两者分别充当了**首要（primary）**与**次要（secondary）**焦点参与者，原因在于，在逐步建立起所侧显关系的完整概念过程中，它们分别作为**第一**与**第二**参照点被唤起。据此分析，射体-界标联结在于一条心理通达的自然路径，其中射体充当路径的起点：射体＞界标＞关系。因而我们主张，两种程度的焦点突显至少可部分归结为有序性。

关系可同时包含射体与界标，如图 14.7 所示。R_1 与 R_2 分别表明两者作为首要与次要参照点的地位。整体目标过程 T 被分解为两个次过程 T_1 与 T_2，代表了 T 中直接与 R_1 与 R_2 相关的那些方面。例如，对于 smash（打碎）这样的动词而言，T_1 涉及射体施力的情况，T_2 涉及界标由此发生的状态变化。[①] 由此，我们的主张是：含两个参与者的关系概念涉及从 R_1 到 R_2 的心理运动，因而也涉及它们分别锚定的次关系 T_1 与 T_2 之间的过渡情况。有鉴于此，同样明显的是，R_1 构成了一条同时囊括 T_1 与 T_2 的心理路径的起点。因此，图 14.7 可视为图 14.6(b)的一个特例，其中 $R=R_1$，$T=T_1+T_2$。

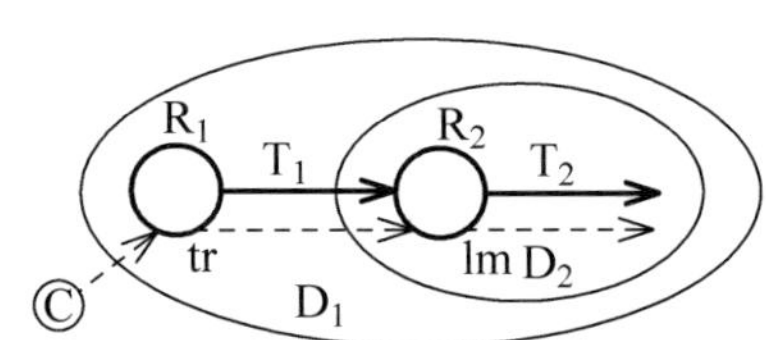

tr = trajector(射体); lm = landmark(界标)
R = reference point(参照点); T = target(目标)
D = dominion(领地); C = conceptualizer(概念化主体)

图 14.7

① 这并不是说，T_1 与 T_2 始终不存在重叠之处，或可泾渭分明地加以区分。就 smash（打碎）而言，致使概念（T_1）在概念上依存于所引发的变化（T_2），因而可图示化地将其唤起。同样，状态变化难以独立于引发它的力而加以概念化。

为便于表述，我将采用图 14.8 中的简化图解。R、T、D 与 C 等标记略去不提，概念化主体与领地均未作显性标记。仅表示出心理通路，已足以说明问题。

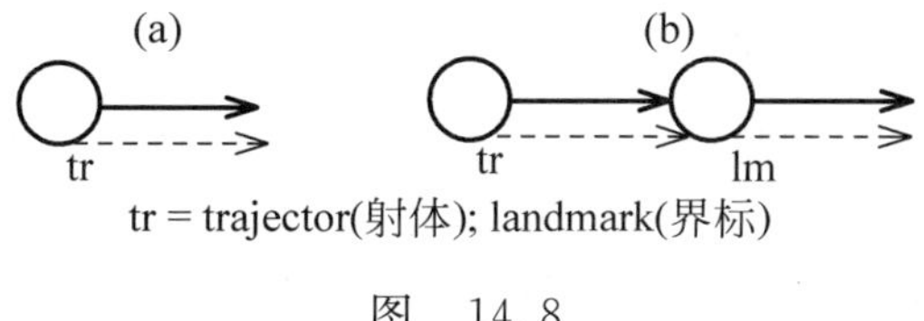

图　14.8

心理通路通常并非彼此相斥，这一点是相当重要的。对于复杂的情景而言，在逐步建立起其完整概念的过程中，存在着通达其构成成分的不同方式。这些差别反映在侧显的手段上，即整体情景的哪些方面被挑选出来，充当被聚焦的关系。依显面的选择情况而定，不同参与者可在情景概念中占据中心地位（甚至必不可少），从而可视为其参照点。[①] 按不同顺序唤起各个关系参与者，也有可能通达同一关系。这些差异属于识解问题，即便是在整体概念内容毫无分别的情况下，也可能依然存在。由于意义同时涉及内容与识解，因此，在这些方面呈现对立的表达式，语义上并不等值。

作为简要说明，不妨考虑一下如下表达式间的三重对立：X give Y Z（X（送）给 Y Z）、X give Z to Y（X 送 Z 给 Y），与 Y receive Z（Y 收到 Z）。用于简单的物理转移行为时，它们共享如图 14.9(a)所示的概念内容。这一转移的效果是 Z 从 X 的领地（控制领

---

① 是所侧显的关系决定参与者，还是反之？我要说的仅仅是：这些因素是相互依赖的。这或许是个“鸡生蛋，蛋生鸡”的问题。

域)移至 Y 的领地内。领地以椭圆标记,Z 的移动则以单箭头标记。双箭头表明,X 引发了这一移动。双箭头表明了该事件的交互本质:Z 意图让 Y 获得 Z、Y 认识到这一意图、此种交换具有社会意蕴,如此等等。最后,多重箭头代表 Y 扮演着 Z 的领有者的角色:Y 注意到 Z 的靠近,接纳它,而后控制它。

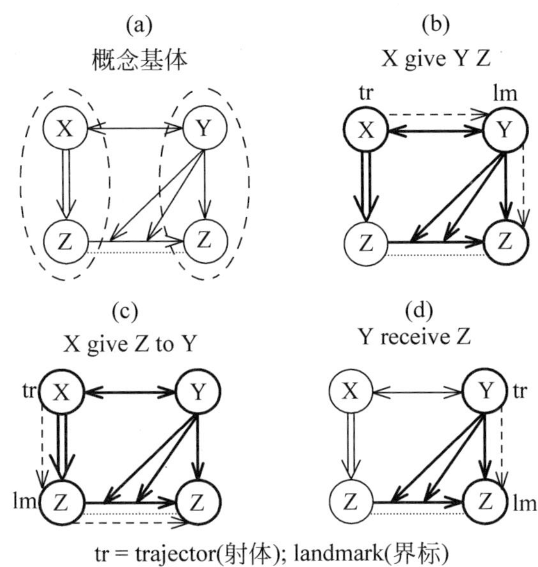

图　14.9

图 14.9(b—d)表示的是该表达式加在这一内容上的不同识解方式。[①] 这些动词在侧显方面表现大相径庭。give(送(给))指向整个事件,包括所有表示出的关系,receive(收到)的显面则限于 Y 与 Z 的互动。这一差异与射体的选择存在相关性,射体构成了在心理上通达所侧显过程的起点。当施事 X 充当起点时,其显面延

① 为图解清晰起见,领地未加标明。

伸至其所引发的所有情况：Z 移动，由此 Y 与 Z 发生互动，Y 在心理及社会层面受到影响（如对其变化加以把握，并被看作新的控制者）。而当接受者 Y 充当起点时，其显面仅限于 Y 引发的所有情况：接受、控制 Z 所涉及的物理及经验方面。

就 give（（送）给）而言，另一个差异源自界标的选择，它是在心理上通达所侧显过程的次要参照点。界标可以是接受者，在双及物构式中即是如此；也可以是移动者，此时它是使动构式的一个例示（§11.3.3）。两种情况下，显面均囊括图中表示出的所有关系。不过，参照点确实代表了逐步建立起完整概念的不同方式。自然，选择不同的参照点，可凸显它在整体关系中直接起作用的那些方面。这在图 14.9(b)和(c)中以粗线标记。当始自 X 的通路途经 Y 时（以虚线箭头标记），更为强调的是 X 对 Y 的影响，此时 X 具备了控制者的地位。相比之下，途经 Z 的通路则用于凸显 Z 移动的诱因。[①]

除了存在不同的通达路径外，加工还可以发生在多重组织层次上。一个例子是及物动词 throw（扔）与相应的被动式 be thrown 之间的关系。在较低组织层次上，动词 throw 侧显运动的诱因，其中施事为射体，移动者为界标。如图 14.10 左侧所示，这代表了最佳联结，因为心理通达同时依循了致使与时间排序的自

---

① 这一对立造就了不同的使用模式。例如，使动构式容许省略接受者，它并不在主要通路上：She could only give ＄5（她只能给 5 美元）。在 Z 并未实际移动的情况下，唯一的选择或许是使用双及物构式，它所凸显的是最终结果：The noise gave him a headache（这噪音给他带来头痛）；* The noise gave a headache to him（ * 这噪音把头痛给了他）。

然路径。有时,出于语篇目的,移动者充当起点时同一内容更易于通达。被动式即提供了这种选择方案。被动构式(确切地说是过去分词屈折)的效果,是在基本概念之上施加某种高层识解,此时移动者充当了射体。在派生表达式 be thrown 中,同样的内容是借助移动者得以通达的(因而需参照它加以观照)。实际情况并非基本联结消失了——它不过是在复合结构层次上被遮蔽了。为了对移动者的情况有所掌握,或多或少需要回溯,并对施事所定位的自然路径加以追踪。[①]

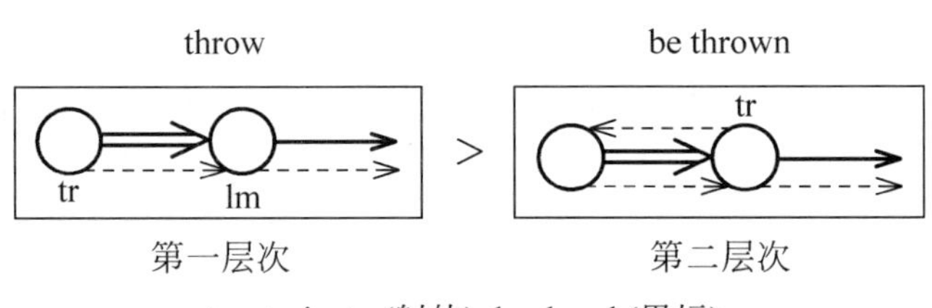

图 14.10

我们主张,射体-界标联结是基于心理通达顺序的,因而本质上具有时间性。这在直觉上或许并非一目了然。考虑到其所作用的时间层面较小,这正是意料之中的。在最基本层次上,有序性内蕴于单个词项的意义中(如 throw),其概念化是以毫秒计的。只有在更高组织层次上,涉及的时间层面更大、成分获得单独表达

① 一种类似的回溯出现于小句内部的话题中,如 That mural I really hate it(那幅壁画着实令我讨厌)中的情况(图 14.5)。不过,此处的情况并非生成一个含有不同射体-界标联结的高层谓词。回溯实际出现在包含主语与宾语名词短语的限定小句中,是由特殊词序造就的。对所侧显的小句过程概念而言,其所引入的参照点关系是外在的(图 14.6)。

时，我们才有理由期待，有序通达可经由内省察知。该主张可视为一个更一般观点的特例（§14.1.1），即排序和方向性概念寓于线性加工之中。即便当其停留在有意注意的阈限之下，它依然是我们概念经验的一部分。在此方面，射体-界标联结与量级的固有方向性不乏共通之处。

虽说该主张并非一目了然，但也并非纯属主观臆测。有相当证据表明，射体与界标可恰如其分地描述为有序通达的参照点。有些证据仅仅是间接的，比方说，一个广为人知的事实是：在大部分语言的基本（最中性的）词序中，主语位于宾语之前。其间接性体现在，尽管主语与宾语名词短语分别表达射体与界标，但（严格地讲）并不能等同视之。射体与界标属于概念实体，寓于动词或更大谓词的意义之中。因此，其有序通达是内在于谓词的，涉及对所侧显关系的把握，因而本身与呈现顺序毫不相干。主语与宾语名词短语则属于象征结构，因而兼有音系表达与特定的出现顺序。然而，其主语与宾语地位并不取决于词序，而是取决于其显面与小句射体及界标的对应。即便是用于认定主语与宾语时，小句层面的词序也受到信息结构及其他因素的影响。尽管如此，还是存在着一种明显倾向：在无压倒性因素的情况下，主语位于宾语之前。如果说射体-界标联结具有时间基础，这种情况正是意料之中的。这种默认排序，反映了通过自然路径的联合实现的加工高效性。

同样表明射体-界标联结的有序性的，还有主语及宾语角色的**语法可及性（grammatical accessibility）**这一常见现象。较之于其他小句成分，两者在语法中是高度活跃的：它们最有可能引发动词一致关系，充当关系从句的核心，如此等等。在自主句法理论中，语法关系通常依“句法突显度”(syntactic prominence)加以排序,主语与宾语位居榜首。然而,在这些取向中,诸如“突显度”(prominence)与“可及性”(accessibility)之类的名称并无独立内容——它们不过标记了这一事实:较之于其他角色,某些语法角色可在更多现象中派上用场。相比之下,在CG的描述中,这种排序源自某种更为根本的东西。主语与宾语的句法突显性反映的是射体与界标的概念突显性,后者是作为语义描写的核心概念独立确立的(§3.5)。目前,我们已进一步借助心理通达顺序阐释射体-界标联结,从而为其语法可及性提供了直接基础。

主语与宾语可及性的表现之一,是其在代名词回指中的关键地位。尽管这一现象涉及众多因素,我们还是可作出一个基本概括:主语可充当任何其他小句成分的先行词,宾语则可充当除主语外的任何其他小句成分的先行词(van Hoek,1995、1997)。例如,我们在(21)(a)与(b)中看到,主语可充当宾语领有者的先行词,但反之则不然。同样,(21)(c)与(d)表明,小句宾语与介词短语某一成分间的回指关系存在方向性问题。

(21) (a) **The kitten** was chasing **its** tail.

(**小猫**在追逐**它的**尾巴。)

(b) * **It** was chasing **the kitten's** tail.

(* **它**在追逐**小猫的**尾巴。)

(c) We observed **the baboons** in **their** native habitat.

(* 我们观察**狒狒**是在**它们的**天然栖息地。)

(d) * We observed **them** in **the baboons**' native habitat.

(*我们观察**它们**是在**狒狒的**天然栖息地。)

我们接受回指本身是一种参照点现象的观点。也可将射体与界标描述为首要与次要参照点,用于对小句过程加以把握。这与此处的概括是完全吻合的。出于某一目的而唤起的参照点往往也可用于其他目的。

对这一分析思路更直接的支撑来自领属表达的一种用法,即对某一名词化动词的参与者加以明示,如 Booth's assassination [of Lincoln](布思暗杀[林肯]之事)及 Lincoln's assassination [by Booth](林肯[被布思]暗杀之事)。当动词被名词化时,其所指向的过程被识解为一个抽象事体:名词 assassination(暗杀)侧显的事体包含 assassinate 这一过程的一个例示。该事件被识解为一个事体,这在图 14.11 中以粗线椭圆标记。如果说某一过程的射体与界标构成了其参照点,且该过程被识解为一个事体,每个参与者与该过程之间即构成了领属关系(可图式化地定义为两个事体间的参照点关系)。因此,这种分析正确预测了这一情况:领属表达通常可用于对某一物化过程的参与者加以明示。

这些表达式与基本领属表达如 Zelda's quilt(塞尔达的被子)(图 14.2)大同小异,唯一的差别在于其目标是一个物化了的过程。因而在两个表达式中,assassination 均用于阐释领有者短语的图式性目标(Booth's 或 Lincoln's)。这一边缘性构式的特别之处在于,目标名词本身包含了参照点关系(它们寓于动词的射体-界标联结中),其中之一等同于领属关系。因此,领有者要么对应

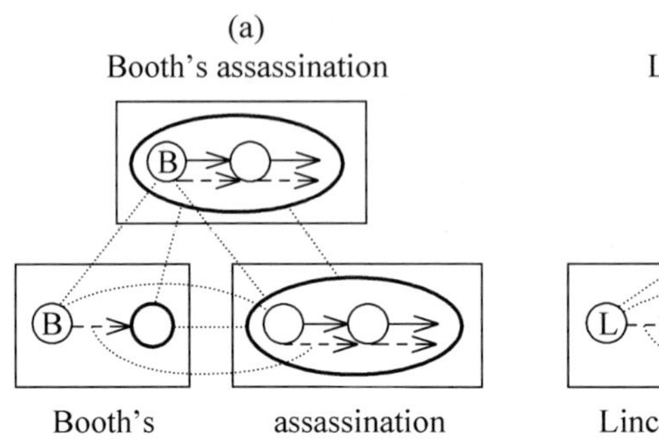

图 14.11

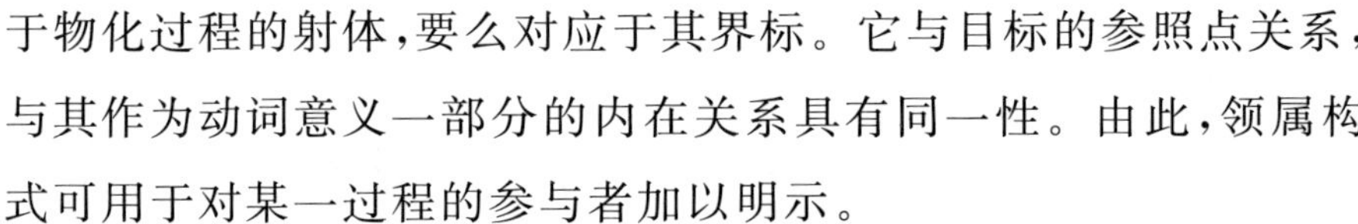

于物化过程的射体，要么对应于其界标。它与目标的参照点关系，与其作为动词意义一部分的内在关系具有同一性。由此，领属构式可用于对某一过程的参与者加以明示。

最后一个证据来自**等同表达(equative expression)**，以(22)为例。此类表达有两种基本类型。在(22)(a—b)中，主语与谓语名词短语指称具体实在的个体。这些句子侧显的是指称等同关系，即这些名词短语指称**同一**个体。[①] 在这些例子中，名词短语通常是可逆的，因为等同关系具有对称性。但在其他例子如(22)(c—d)中，名词短语并不指称具体个体。此种情况下它们通常是不可逆的，(22)(d)的接受性很低，即说明了这一点。对于这些表达式，该如何作出描述？它们不可逆的原因何在？

---

① 先前我注意到，等同关系是参照点关系的极端情况，即从 R 到 T 的路径长度为零。由于其内容微乎其微，等同关系往往仅由两个名词短语的并置加以表达，进而浮现为构式义的一面(图 11.11)。同其他用法一样，此处 be 为这一关系赋予了时间延续性(省得你会纳闷儿：is 一词的意义何在?)。

(22) (a) My cousin Harvey is the guy who got drunk at our wedding.

(我堂弟哈维就是在我们的婚礼上喝醉的那个家伙。)

(b) The guy who got drunk at our wedding is my cousin Harvey.

(在我们的婚礼上喝醉的那个家伙是我堂弟哈维。)

(c) A tiger is a feline.

(老虎是猫科动物。)

(d) *A feline is a tiger.

(*猫科动物是老虎。)

后面这类表达式侧显的同样是指称等同关系。它与前者的基本差别在于,名词短语的所指是虚拟的而非实在的:它们是其所属类型的虚拟例示,是用于概括陈述而臆想出来的。关键因素是一种方向性概念,它在现实指称中往往被遮蔽了,但在作为其所属类型代表的虚拟所指中,则更为清晰可见。(22)(c)的大致意蕴如下:若从 tiger(老虎)的一个例示起步,总是可以发现它与 feline(猫科动物)的一个例示重合。这与通行的分类模式是一致的,即把老虎视为猫科动物范畴的一个次范畴。(22)(d)则违背了这一分类模式:若从 feline 的一个例示起步,它并非总是与 tiger 的一个例示重合(它兴许是一只豹子)。

因此,尽管等同构式指谓等同关系,但暗含了某种通达方向。第一个名词短语的所指作为出发点被唤起——其认定是问题的关键。这一方向性来自何处呢?唯一显著的来源是射体-界标联结。

作为小句主语，第一个名词短语明示所侧显的等同关系中的射体。该射体构成了起点，因其是在对这一关系的概念化中所唤起的第一个参照点。

14.2 虚拟性

(22)(c)中所指称的老虎与猫科动物是其所属类型的虚拟(或虚构)例示，而非实实在在的个体。它们加入了日益增长的虚拟实体的行列。虚拟实体在语言中占有一席之地，这一点已是有目共睹。此类实体包括(兹举数例)隐喻与整合的产物(§2.2.3)、假想的视点(§3.4.1)、虚拟划界(图5.4)、入场成分所唤起的概念化主体(§12.3.2)，以及虚拟唤起的言语场景(§13.2.3)。虚拟性(fictivity)可谓无处不在，因而有必要将其视为认知的一个基本特征。它在语言结构中扮演着根本性的角色。

14.2.1 离身认知

我们栖身于真实的世界中。[①] 我们关于这个世界的看法，是一种基于经验的心理建构，因而对其理解可谓因人而异，较之于其他具有心智能力的生灵，更是大异其趣。心理建构过程纷繁多变，但却是由世界的实际结构所塑造，并受制于这一结构的——否则，生存机会将变得微乎其微。这一过程还进而受制于我们在世界中

① 或者，至少我们以为自己生活在真实世界中。即便不是如此，这作为一种幻觉也是相当强烈的。

所处的位置。我们始终是在此时此刻，从我们当前所处的方位，凭借自身的感官及心智官能对世界加以把握。全知全能是我们所不具备的。

归根结底，我们所建构的世界植根于我们作为灵肉之躯的经验之中，我们的身体通过感知和动觉活动等物理过程与周围环境发生互动。这在认知语言学中名曰“具身性”(embodiment)。但显而易见的是，我们的精神生活超越了当下具身经验的界限。各种认知过程在依次更高的组织层次上产生了心理结构，它们与这些心理经验的连接渐趋微弱。这些结构不仅使我们得以更高效地应对真实世界，而且界定了——并大大扩展了——世界的构成。在我们的眼里，我们所栖居并与之打交道的世界不仅具有物理维度，还有社会、文化及智识维度。它们在认知上一经确立，我们即可畅通无碍地穿梭于这些领域。关于投资策略的讨论，抑或关于语言学理论的沉思，基本上是独立于当下的物理现实的；尽管如此，对于作为心智与社会建构体的那部分世界而言，它们依然是我们与之打交道的手段。

因此，我们的诸多认知活动与当下身体经验均(在不同程度上)呈分离状态。我们是何以超越当下具身经验的呢？一个途径是回忆，它意味着先前经验的部分复苏。另一个途径是期待，即对当前情景的审视为预期其未来走向提供了基础。这可以同我们的默认期待一样基本，比如物体从一个时刻至下一时刻将会持续存在。但它同样可以是从先前情况中学会的模式。模式是通过**抽象化(abstraction)**学会的，这是超越直接经验的一个根本手段。

抽象化源自对多重经验间共性的强化。由于未能复现的特征无法被强化，因而抽象出的结构相对于派生它的经验总是贫乏的。再者，由于共性通常仅在粗略观照下才是显而易见的，其精确度较低，因而相对于这些经验而言，抽象出的结构往往具有图式性。尽管它内蕴于所有例示中，但并不依赖任何例示而存在。它代表了一种概括，有潜力在随后的加工中被唤起。若无这一抽象化能力，每个经验将是独一无二，各自为政，我们就无从将世界看作是有结构的。

语言中的规约单位自用法事件中抽取而来。单位一经学会，即超越了其所发端的事件，从而有潜力用于其他事件，造就新的表达式(第八章)。它与当下经验分离开来，构成了说话者语言知识库存的一部分，即便当前并未派上用场，也可随时加以调用。由于存在着这种分离特征，当某一单位独立于使用而被加以观照时，在其意义中占据核心位置的某个实体，本质上可能不过是虚拟的。明显的例子如代词 I 与 you，它们——可视为规约单位——抽象而概括地指称言者与听者。只有在具体用法事件中，其所指才是具体实在的个体。对于言语行为场景、入场成分及命题态度谓词所唤起的概念化主体，莫不如此(§12.3.2)。概而言之，词汇名词或动词所侧显的实体不过是一类事体或过程，而类型本身总是虚拟的。只有将其加以入场，构成名词短语或限定小句时，所侧显的事体才能视为其所属类型的一个例示。也只有在具体用法事件中，这一例示才能被认定为世界上的实在个体。

然而，在特定用法事件中，抽取出的实体并非总是等同于实际存在的实体。在有些语言结构中，唤起它们的初衷，恰恰在于其抽象化的本质。当一个名词或动词未加入场，而是用作复合词的首位成分，或作为形态派生的基式时，情况即是如此。mosquito net（蚊帐）意在避免一般的蚊子的叮咬，并不指向某只具体的蚊子。同样，将某人描述为 complainer（发牢骚的人）通常意在表明他爱抱怨的一般倾向，而非发生在特定场合的一次抱怨。然而，尽管入场的缺失造就了虚拟性，入场的存在本身并不保证实在性。例如，A tiger is a feline（老虎是猫科动物）是一个包括两个已入场名词短语的限定小句。然而，此处所有的指称对象，包括老虎、猫科动物，以及由此侧显的等同关系，均属虚拟之物。某个例示可能并不实际存在，而不过是出于特殊目的臆想出来的，其中之一即是用于概括陈述。[①] 此种情况下，所指称的例示被识解为其所属类型的一个**代表（representative）**（§9.3.5），因而是对具体例示加以抽象的产物。

类型与代表性例示均源自实际存在的实体，但涉及不同类型的抽象化，如图 14.12 所示。如前所述，可将例示看作在例举域（domain of instantiation，DI）中占据特定的区分性位置。类型概念是通过抽去这一属性得到的。尽管关于类型的整体描述包括它与例示的关联（毕竟这是类型之为类型的原因），例示及其位置依然处于背景状态（图 9.3）。而在代表性例示概念中，例示与区分性位置概念本身即是抽取出的共性的一方面。这一虚拟例示从实际例示中抽取出来，目的正在于代表它们同属类型的共享特征（图 9.13）。

---

① 出于其他原因唤起虚拟例示的情况，如否定（I don't have a dog）（我没有养狗）及有关愿望的描述（I would like to have a dog）（我想养只狗）。

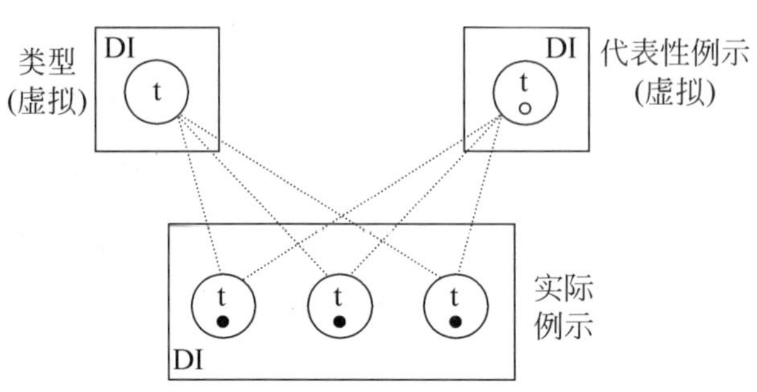

图 14.12

类型的代表性例示在诸多语言现象中均有体现。它们在入场量词 every、each 与 any 的意义中占有核心地位(§9.3.5)。它们还可进而用于局部及整体概括。例如，下面的句子描述的是三个不同事件的共性，涉及不同的顾客与不同的蛇：

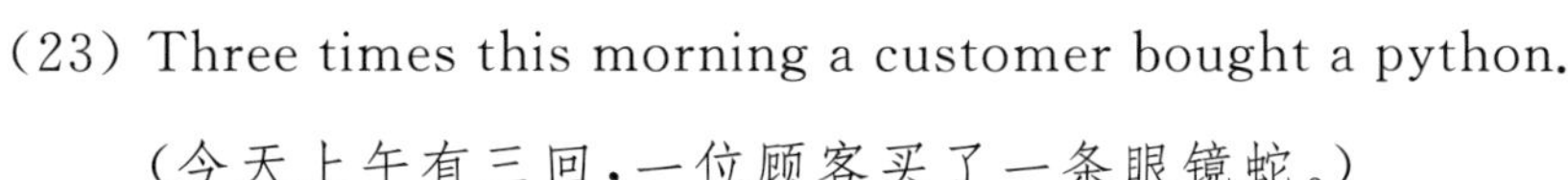
(23) Three times this morning a customer bought a python.
(今天上午有三回，一位顾客买了一条眼镜蛇。)

尽管该情况涉及多重个体，主语与宾语名词短语却体现为单数形式。所侧显的顾客与眼镜蛇是其所属类型的虚拟例示，但被识解为实在例示的代表。它们参与的买的例示同样是虚拟的，用于代表三个实实在在的例示。如图 14.13 所示，这一虚拟情况被该句置于台上作为被侧显的过程。它被抽象为对三个实际情况的概括，其间的联系是由状语表达 three times this morning(今天上午有三回)加以明示的。该句的意义包括这一整体构造，同时涉及两者间的关系所处的层次及其本质。①

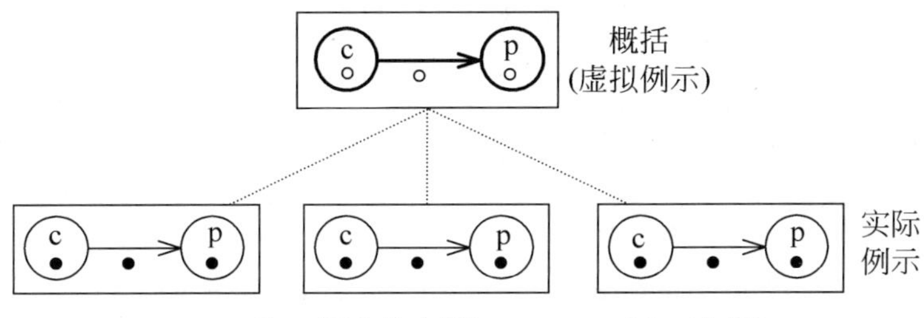

图　14.13

可作类似分析的是调用无定名词短语的**类指(generic)**陈述,如 A tiger has stripes(老虎有斑纹)。就类指句而言,其概括是在整体而非局部层面作出的:它们不是用于表现出偶然相似性的有限情况,而是用于对世界本质特征的描述(Goldsmith and Woisetschlaeger,1982;Langacker,1997)。因此,它适用于一系列开放的情况,并且预期对符合该类型的每个例示均是有效的(此处为 tiger)。类指句并不明确参照世界具有本质结构这一概念,也不参照类型的最大范围(extension of type,E_t)。这些心理建构是用于支撑它们的概念**基底**的一部分。

虚拟例示在**量词辖域(quantifier scope)**中同样不乏用武之地。量词辖域涉及一个量词出现在另一量词所作用的概念中的情况。例如,按照相关解释,Two boys ate seven apples(两个男孩吃了七个苹果)将吃掉七个苹果归功于两个男孩中的每一个。seven 被视为处于 two 的辖域中(或 two 具有**宽域(wide scope)**,seven 具

① 这些层次同样可描述为心理空间,涉及"实在性"(actuality)与某一"概括空间"(generalized space)。就其本质而言,虚拟实体占据的是特定的心理空间。

有**窄域(narrow scope)**)。照此解释,该句意味着共有十四个苹果被吃掉。那么,为何句中仅提到七个苹果?原因在于,所侧显的情况 eat seven apples(吃七个苹果)是一个虚拟事件,被抽象出来用于代表两个实际事件的共性,这些事件分别由两个男孩独立完成。这两个男孩是实实在在的,但七个苹果不过是虚拟之物。

就其本质而言,抽象概念与其所基于的结构是一致的,但抽去了某些细节。作为对其共享特征的表征,抽象概念寓于这些结构之中,但并未穷尽其特征。超越直接经验的另一个基本手段是**概念整合(conceptual integration)**,它呈现出与这些经验截然相反的特征(Fauconnier and Turner,2002)。概念整合是通过成分间的彼此对应实现的。其结果通常是生成了一个与先前关注的概念大相径庭的新概念。一个明显的例子是隐喻,它涉及的是借助源域对目标域加以把握,由此生成一个整合结构(图 2.9)。另一个例子是语义组合,其中成分结构彼此整合而成一个复合概念。组合模式——构式图式的语义极——构成的可以是熟悉的概念(如 lazy cat(懒猫))、新创但不无可能的概念(purple bread(紫色的面包))、纯属虚构的概念(invisible elephant(隐身大象)),甚至是不合逻辑的概念(square circle(方的圆))。

概念整合使我们得以应对瞬息万变的真实生活环境。在另一个极端上,它用于生成小说作品,作品中的人物、故事、甚至世界本身均是虚构的。处于两个极端之间的是唤起虚拟实体,以此作为应对现实世界的间接手段。在较大的层面上,可以说明问题的例子有数学、科学理论、哲学系统(Lakoff and Núñez,2000;Lakoff and Johnson,1999)。在较小的层面上,我们发现存在着某些语言手段，用于明确标记某些情况的非现实地位。例如，在(24)(a—c)中，狗讲法语的情况本质上是虚拟的，是由否定、动词 imagine(想象)以及含有 if(要是)的条件构式标记的。不过，唤起这一情景的确可在实际中派上用场。获悉某物并非如实存在，或只有在特定条件下才是如实的，完全可以左右我们的实际行事方式。倘若简被骗误以为她的狗会讲法语，她想象有这么回事却是事实，是一个我们可能需加处理的真实情景。

(24) (a) Jane's dog does not speak French.
(简的狗不会讲法语。)
(b) Jane merely imagines that her dog speaks French.
(简只是想象她的狗会讲法语。)
(c) If her dog speaks French Jane can make a fortune.
(要是她的狗会讲法语，简就可以发大财了。)

最后一个超越直接经验的手段，涉及将发端于某种经验的心理操作用于其他情景中，其发生相对于这些情景而言是外在的。这被称为**"主观化"(subjectification)**，它表明这些操作渐趋独立于其所发端的客观环境，并构成了对这些环境的部分把握。先前的一个例子是关于领属表达的参照点描述(§14.1.2)。唤起 R 用于通达 T 的心理操作(C→R→T)寓于领有者控制领有对象(R⇒T)的概念中。在许多领属用法中，控制的客观概念弱化至仅剩有序心理通达的地步。另一个例子是名词化，如 assassinate(暗杀)>assassination，其中某一事件被构想为一个抽象事体(图 14.11)。此处的心理操作为组合与物化(§4.2.2),它们在集合名词如 stack(垛)、team(队)与 archipelago(群岛)中的运作可谓一目了然,在典型名词如 dog(狗)、rock(石头)与 pencil(铅笔)中则处于有意注意层面之下。对于 assassinate 这样的名词而言,被组合与物化的实体是动词所表示过程的成分状态(在依次各个时刻所侧显的关系)。

主观化的产物之一是名曰**“虚拟运动”(fictive motion)**的现象。[①] 例如,(25)(a—b)中的表达式包括某些主要用于空间运动的成分:运动动词 run、路径介词 from 与 to。此外,它们貌似表明的是朝相反方向的运动。然而两者描述的均为同一情景,该情景是静态的,且无内在方向性。在此类表达式中,寓于空间运动概念中的认知操作转而用于静态场景中,作为在心理上通达它们的手段。

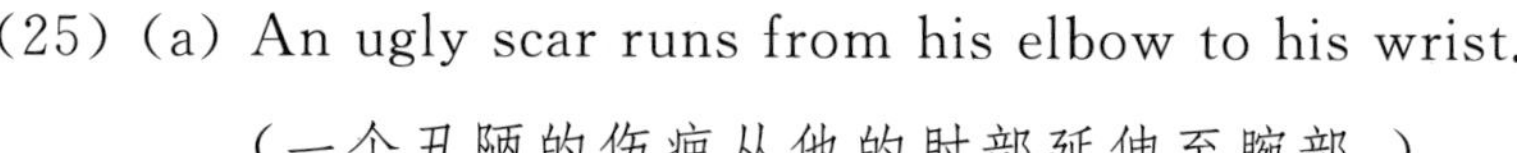

(25) (a) An ugly scar runs from his elbow to his wrist.
(一个丑陋的伤疤从他的肘部延伸至腕部。)

(b) An ugly scar runs from his wrist to his elbow.
(一个丑陋的伤疤从他的腕部延伸至肘部。)

(c) The pitcher ran from the bullpen to the mound.
(投手从场外替补队热身区跑到投手板上。)

我们对实际运动事件(如(25)(c))的概念化,是通过追踪移动者沿某一空间路径的行进实现的。如图 14.14(a)所示:沿加工时

① 可参见 CIS:第五章;Langacker,2005a;Matsumoto,1996a、1996b;Talmy,1996。有实验证据表明,虚拟运动表达式的加工的确与实际运动概念存在关联(Matlock,2004;Matlock,Ramscar,and Boroditsky,2004)。

间(T),我们将移动者概念化为随表征时间(t)的推移依次占据一系列位置,这些位置共同构成了整条路径。这一概念的一个内在方面,涉及概念化主体在心理上沿移动者实际移经的同一路径进行扫描;要对该事件加以恰当把握,C对依次各个位置的通达必须与移动者通达它们的顺序相同。因此,关于路径的动态概念内蕴于实际运动概念中。在虚拟运动表达中,同样的心理操作用于静态场景,如图14.14(b)所示:沿着加工时间,C依次唤起各个成分位置,沿该路径进行扫描。不过,此处移动者的对应物是一个沿空间分布的物体(如伤疤),它们同时占据所有这些位置。C不是对某一物体的运动加以追踪,而是沿其走向进行扫描,从而逐步建立起该物体空间构造的完整概念。至少就这一目的而言,表征时间在表达式的客观内容(OC)中是无足轻重的。①

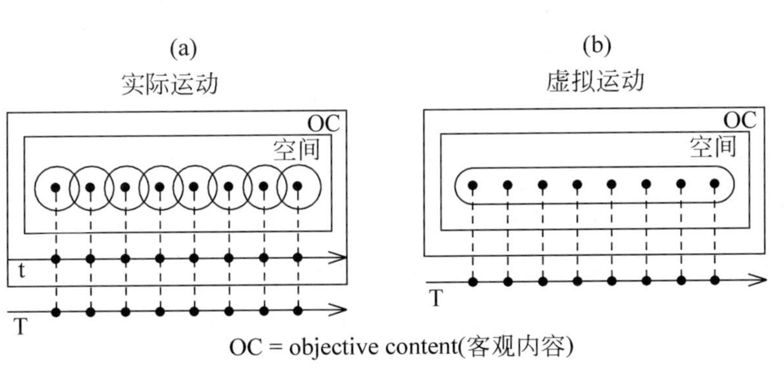

图　14.14

① 如(25)(a—b)的表达式涉及沿该路径的总体扫描(图4.7)。在更高概念组织层次上,由此逐步建立起的整个构造被描述为不因时间而移,因而run(跑)指向的是一个持续类过程。虚拟运动表达式同样可以是非持续类的,如The trail rose quickly near the summit(趋近山顶时,小路上升得很快)。这些情况涉及顺序扫描,反映了某一移动着的观察者的经历。依次占据的所穿越物体的各个部分,尽管实际上各不相同,但被虚拟识解为同一实体,因而所感知到的情况是其位置随时间而变,正如图14.14(a)中的情况。

通过主观化，发端于对事件把握中的动态性转移至静态场景概念中。诸如 run（跑）这样的动词本用于侧显其客观识解的射体运动，却转而指向某一构造。借助主观识解的概念化主体的运动（即有序心理通达），我们即得以把握这一构造。在**虚拟变化（fictive change）**中，我们注意到存在着类似的动态性转移的情况（Matsumoto，1996c；Sweetser，1997）。我们仅扼要考察两个基本类型。

一类涉及过去分词充当形容词的情况，如 broken vase（破碎的花瓶）、detached retina（脱落的视网膜）以及 scattered marbles（支离破碎的大理石）。它们由状态变化动词派生而来，指向动词描述的过程所导致的状态（图 4.15）。例如，花瓶只有经历了 break 的过程后，才能被描述为 broken。然而，并非所有的静态-形容词性分词用法均意味着某种实际变化。一条 broken line（虚线）从不曾经历破碎的过程。同样，一个 detached garage（独立的车库）从不曾与其他建筑相连过，scattered villages（分散的村庄）也从不曾聚拢在一起过。在这些用法中，动词所指向的过程仅仅是虚拟的，其功能在于明示实际情景如何偏离了所谓的中性或更典型的情景。broken vase（破碎的花瓶）和 broken line 在所侧显的状态方面不乏共通之处——花瓶与线条都处于零碎状态——两者与其在整全状态下均有所不同。但破碎的花瓶唤起的是随时间推移发生的实际变化，是花瓶自身表现出的物理进程。相反，虚线唤起的变化是主观识解的产物。它并不存在于线条本身中，而是寓于概念化主体中，体现的是将所侧显的状态视为偏离其常态的心理进程。这一变化仅仅是虚拟的，并不被构想为随时间展开。但这一心理进程（存在于沿加工时间的有序通达中）残留了 break

(打碎)所体现出的动态性特征。

下面的句子体现的是另一类虚拟变化:

(26) Our Christmas tree gets smaller every year.
(我们的圣诞树逐年变小。)

当然,这里描述的可能是一个实实在在的变化:每年圣诞节都买新树我们是买不起的,所以年复一年地用着同一棵树,每年它都会掉些针叶或枝杈。不过,这个句子更可能的意思是:我们每年买的树总是比前一年的(不同的树)要小。照此解释,该变化仅仅是虚拟的——没有树实际上会越长越小,主语也并非指称任何实实在在的树。该句唤起的是合家庆祝圣诞节这一抽象化概念,在这一文化场景中,树具有突显的角色。Christmas tree(圣诞树)是一种**角色描述(role description)**:其所指称的树是一棵出现在该场景中(说话者的家中)的虚拟的树。这一角色是由一系列实在的树填充的,每棵树的大小可能是恒定的。我们是通过将这些例示虚拟地等同起来,将其想象成同一实体,而获得树的大小发生改变这一概念的。

即便是这样一个小小的例子,也足可表明,我们频频求助于虚拟实体及其他心理建构体。它们何以如此普遍?认知活动为何如此频繁地与直接经验相分离?大部分情况下,我们并不是在建构一个虚构世界而意图逃避现实。典型情况下,我们所关注的事实上是真实世界。例如,在(26)中,尽管它并不直接指称树,但的确涉及实际的树与真实世界中的某种经历。离身认知(disengaged cognition)的主要目的不在于逃避问题,而在于应对问题。我们在此讨论的心智能力,对于建构我们的生活世界并对其加以协商是不可或缺的。尽管它们与直接具身经验相分离,却容许我们在其他层次上得以与世界打交道。

14.2.2 隐性场景

我们对(26)的理解,是通过唤起圣诞时节装饰松树的文化习俗实现的。如此理解是有明显依据的:复合词 Christmas tree(圣诞树)为这一熟悉场景提供了直接通路。然而,我们频频依赖某些隐而不现或仅作间接暗示的场景。[①] 面对这种貌似不一致的情况,我们或许会简单推论:这是试图使所有东西均说得通的一种手段。我们唤起的许多场景,本质上不过是虚拟的。同虚拟运动和虚拟变化一样,它们通常构成了静态情景概念中所呈现出的动态特征的一个源头。

有一个例子可以很好地说明这些观点(引自 Talmy,1988b):

(27) There's a house every now and then through the valley.
(山谷中沿途不时闪现一间房屋。)

该句包括一个存现表达 there's a house(有一间房屋)以及两个副词:now and then(不时)和 through the valley(山谷沿途)。该句显得很自然,也不难理解,但当我们试着对其加以分析时,其语义及语法连贯性的问题随之而来。副词 now and then 明示该事件是时断时续的。然而,通常情况下,房子的存在是一个稳定情景。

① 对于言语行为场景而言,情况往往如此(§13.2.3)。

尽管 through the valley 描述的是移动路径，(27)并未包含运动动词，也未明确指称任何移动之物。那么，该副词修饰的是什么呢？

我们是通过唤起旅行者沿途观光的场景(我想到的是某个人坐在火车上)来理解(27)的。副词 through the valley 描述的是这一假想的旅行路径。旅行者的视野是有限的，因此当他沿着路径行进时，在特定时刻，只有山谷的一部分是可见的。这构成了使用介词 now and then 的基础。它描述的是某种观察事件时断时续的情况：在特定时刻及特定场合，一座房子出现在视野中。当然，每个场合涉及的均是不同的房子。在这一场景中，there's a house 将房子及其存在识解为虚拟实体，它们代表了从多重观察经验中抽象出的共性。旅行及旅行者同样是虚拟的。尽管并不排除说话者可能在重温实际旅行所见的情景，句子本身并未暗示这一点。其所表达的意蕴是：任何人沿山谷行进，均可获得此种体验。

旅行不过是容许对多个实体进行有序观察的一种活动。倘若身处一方即可将其一览无余，如棒球队中的中锋那样，我们只消移动视线，即可对其加以有序通达。倘若它们是逐一进入我们的视线的，犹如驶过的火车车厢，我们只消注视它们即可。我们还可采取各种行动，使多个实体依次进入我们的视线：翻动书页、将一摞盘子依次移去、按滚屏键浏览某一文本，如此等等。从这些林林总总的经验中，我们抽象出了一个顺序检索的虚化概念，不妨称之为"扫描场景"(scanning scenario)。[①] 同(27)中的旅行场景一样，图

① 不应将其混同于顺序扫描。在狭义上，顺序扫描可看作动词的典型加工模式(§4.2.3)：随着所侧显的关系沿时间得以追踪，各成分状态被有序通达，但并不涉及集总的情况——即是说，在加工时间的每一点上，仅有一个状态被聚焦。

式性的扫描场景在多种表达式中均作为默认情况被唤起。这种扫描通常是虚拟的——我们并非逐一对各个实体加以概念化，而仅仅是想象如此行事。这种模拟扫描为静态情景的把握赋予了动态性。同时，它也在某一概括与支撑这一概括的一系列例示之间建立了关联。

可唤起这种扫描场景的成分之一是量词 each（§9.3.5）。[①] 它在描述实际有序观察的表达式中用起来相当自然，如(28)(a)。不过，这一扫描不过是一种模拟——要理解这个句子，无需对所有毕业生逐一观察。出于这种扫描的模拟特征，each 同样可用于(28)(b)这样的表达式，这里实际上并不存在顺序检索。each 侧显的是某一类型的一个虚拟例示，被用作一系列实际例示的代表。有序通达的概念在代表性例示及其所代表的例示间建立了关联：赋予前者的特征（如提拉米苏有自己的配方），对以此种方式通达的所有例示均是适用的。若是对其逐一检索，并核查这一特征，在每个例示中均不难发现它。

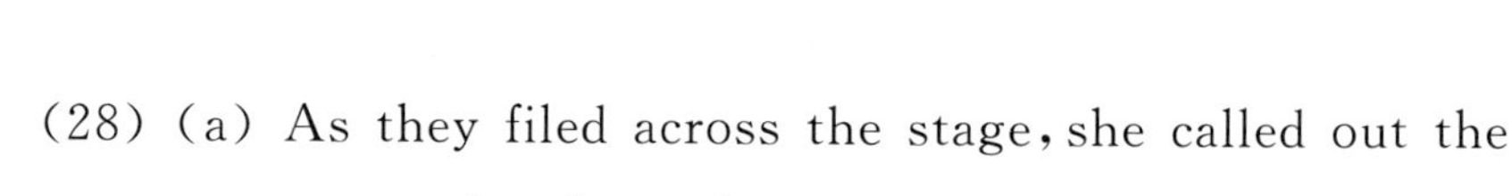

(28) (a) As they filed across the stage, she called out the name of each graduate.
(当毕业生们排成纵队走上台时，她依次叫出每个毕业生的名字。)

(b) Each restaurant has its own recipe for tiramisu.
(每个餐馆都有自己关于提拉米苏的配方。)

---

① 在这方面，each 与 every 及 any 呈对立表现，后两者唤起的抽象化场景分别基于并行观察与随机选择(图 9.13)。

即便当其处于意识背景中时，隐性场景也不仅仅是表达式意义的一部分，同样可以反映在其形式中。这在(29)中可见一斑，此处频度副词似乎充当了名词数量词的功能。通常情况下，这些副词用于明示事件的发生频率(如 She {always/usually/often/seldom/never} pays cash(她{总是/惯于/经常/很少/从不}用现金支付))。不过，此处更自然的解释，涉及某一类型中有多大比例的例示呈现出某一特征。照此解释，(29)中的句子与(30)中含量词 all、most、many、few 及 no 的句子分别是等价的。这一点何以可能？副词何以能对名词加以限定？

(29) (a) Linguistic theorists are **always** arrogant.

(理论语言学家**总是**很傲慢。)

(b) Professional basketball players are **usually** tall.

(职业篮球运动员**往往**个子很高。)

(c) Moral crusaders are **often** closet perverts.

(道德运动者**往往**是隐秘的堕落者。)

(d) University professors are **seldom** rich.

(大学教授**鲜有**是富有的。)

(e) Movie stars are **never** good role models.

(影星**从来都不**是好榜样。)

(30) (a) **All** linguistic theorists are arrogant.

(**所有的**理论语言学家都很傲慢。)

(b) **Most** professional basketball players are tall.

(**大部分**职业篮球运动员个子很高。)

(c) **Many** moral crusaders are closet perverts.

(**许多**道德运动者往往是隐秘的堕落者。)

(d) **Few** university professors are rich.

(**很少**大学教授是富有的。)

(e) **No** movie stars are good role models.

(**没有**影星称得上好榜样。)

这一貌似异常的情况源自隐性场景。(29)中的副词事实上的确明示事件的发生频率,但这些事件并不能等同于所侧显的小句过程。每个句子均为其主语(如理论语言学家)赋予了某一特征(傲慢)。我们是通过唤起某种扫描场景理解这些句子的:我们行进在生活中(或穿行在世界中),在此过程中遇到某类实体的例示足够之多,足可形成一个具有代表性的样本。这些副词描述的是所遇到的例示呈现相关特征的频率。由于事件的出现频率与具有该属性的例示比例呈正相关,因而其效果与名词短语的量化并无二致。当然,这些事件仅仅是虚拟的——(29)(a)并不意味着说话者曾有幸见过某位理论语言学家(更谈不上所有的了)。它们是通过动态考察过程对静态特征的分布加以把握的手段。

为数众多的状语表达式均可促发对扫描经验的模拟。不妨比较一下(31)中 still(仍然)的两种用法。典型情况下(如(a)),它表明所侧显情景的持续时间比预期要长。此种情况下,该情景(犹豫不决)及其时间延续性均是表达式客观内容(即被观察和描述的情景)的一部分。still 在对情景的基本把握之上增加了沿时间轴的扫描,这是通过对所侧显关系的持续时间加以评估实现的。它明示的是所需的扫描超出了预期临界点。这一扫描本身是一种心理操作,因而是主观识解的,但它确实不乏台上对应物,即所侧显的情景随时间推移而展开。

(31) (a) She is still undecided about buying a new car.
(对于买新车的想法,她仍然举棋不定。)
(b) She can't stand sports like football or hockey, and golf is still too violent for her.
(她受不了美式足球或曲棍球那样的体育运动,高尔夫对她而言仍太过剧烈了。)

相比之下,(31)(b)中由 still 促发的扫描在客观情景中并无对应物。一系列剧烈程度依次递减的体育运动构成了一个量级,扫描即沿这一量级得以展开:football>hockey>soccer>...>volleyball>tennis>golf(美式足球>曲棍球>足球>...>排球>网球>高尔夫球)。[①] 此处 still 同样表明所侧显的情景(某一体育运动对她而言过于剧烈)比预期持续时间更长。但是如何解释"比预期持续时间更长"呢?它并不涉及情景的持续时间(也许是永久性的),而是反映了沿该量级扫描的过程,这是通过对该情景在量级上的延伸(即在这一属性上呈现出的一系列值)加以评估实现的。因此,句(b)中 still 的意蕴并非该情景在**表征时间(conceived time)**中持续时间比预

① 此处的扫描同样仅仅是虚拟的:为理解该句,我们无需实际依次浏览每个体育项目。只消对这一经历进行小规模模拟,想象我们如此浏览即可。

期更长,而是沿**加工时间(processing time)**的**扫描(scanning)**比预期更长。

(32)中的前置状语阐释了引发虚拟扫描的各种方式。在句(a)中,我们对追踪某一心理路径的经验加以模拟(这条路径横贯整个人类历史),由此得以理解 through the ages(纵观不同时代)。在(b)中,在时间跨度上,from the brightest to the dumbest(从最聪明的到最迟钝的)唤起了沿智力高低逐一对每个学生加以检索的场景。句(c)唤起的是解读某一图表的经历,图表的两个轴分别代表身体尺寸与妊娠期。as body size increases(随着体格的递增)属于虚拟变化,这是通过将不同物种的尺寸看作有如属于单一实体实现的。主句体现的同样是一个虚拟变化,是通过识别出不同的妊娠期得到的。我们进而将这些变化分别概念化为沿两个轴的运动。最后,我们将这一变化视为影响了同一个虚拟生物,它代表了这些不同的物种。基于这一心理建构,该句告诉我们,这些变化是同时并举的:随着这个虚拟生物的体格沿尺寸量级展开,其妊娠期同时沿长度量级展开。

(32)(a) Through the ages, some great intellects have changed our view of the world.
(纵观不同时代,一些知识巨人改变了我们对世界的认识。)
(b) From the brightest to the dumbest, the students all work very hard.
(从最聪明的到最迟钝的,所有的学生都很用功。)
(c) As body size increases, the average gestation

period gets longer.

（随着体格的递增，平均妊娠期也在变长。）

隐性心理建构同样是英语中现在时态的非现在用法的基础。(33)中给出了三个这样的用法："可预见的将来"(scheduled future)、"历史现在时"(historical present)与类指句(generics)(有时可描述为"永恒的"(timeless))。典型情况下，英语中的现在时明示的是被入场过程与说话时间重合(§5.2.3)。在图式性意义上，它表明该过程**临近(immediate to)**小句入场所唤起的概念化主体(conceptualizer，C)(§9.4.2)。对于两种描述而言，非现在情况似乎均是有问题的。将来、过去及永恒事件很难与说话时间重合。那么，将其描述为临近C意味着什么呢？

(33) (a) The party starts at midnight.　[scheduled future]
（晚会于午夜时分开始。）　[可预见的将来]

(b) I get home last night and see a note on my door.　[historical present]
（我昨晚回到家，看到门上贴着便条。）　[历史现在时]

(c) A kitten chases a piece of string.　[generic]
（小猫追逐绳子。）　[类指用法]

关键在于，需要认识到所侧显的情况仅仅是虚拟的。它们存在于默认的心理建构中，尽管照应的是实际情况，但两者不可同日而语。(33)(a)这样的句子唤起了查询某一计划或日程表的场景

（故称“可预见的将来”（scheduled future）。日程表包括对事件及其预期出现频次的表征，而一经成形便随时可资参考。在此意义上，对任何了解它的人而言，日程表及其条目是完全可及的——因而具有了临近意味。(33)(a)的用法相当于查询某一心理日程表并“读出”某一条目。对该事件加以把握，即在于激活其表征——模拟其在预定时刻发生的情况。尽管这一模拟涉及的是将来情况，但与说话时间是彼此重合的。

现在时的其他用法也不乏共通之处，其差别仅在于基于不同的心理建构之上。历史现在时反映了我们将往事在心里回放、加以重温的能力。我们并不会将这种心理回放与初始事件本身混为一谈——我们深知，它们是对那些事件的模拟或重现，此时此刻我们是通过回忆“观察”到的。生成如(33)(b)这样的句子，与边看录像带边对情节加以描述不无相似之处。类指句则与之大相径庭。它们出自概括而非回忆，涉及的也并非具体事件，而是代表了从诸多情况中抽取出的共性。类指句唤起了某一文化模式，即将世界看作具有某种本质结构，对此我们可以去发现，去描述。生成(33)(c)这样的陈述，相当于“读出”此种描述中的某一条目。由于它们寓于对世界的表征中，而非存在于世界本身中，因而该事件及其参与者均不过是虚拟的（其所属类型的代表性例示）。

14.3 模拟与主观化

认知是**具身的（embodied）**。它发端于大脑的加工活动之中，大脑是身体的一部分，而身体本身又是世界的一部分。在最基本层次上，我们通过感官及物理行为与世界发生互动。当然，还存在着其他层次：我们所栖居的世界，在很大程度上是一个心理和社会建构体。然而，我们所建构和把握的世界，或直接或间接地植根于感知与动觉经验中。

在上一节中，我们探讨了将认知与当前物理经验分离的各种途径。它们共享了图 14.15 中抽象表示出的特征。图(a)代表了具身认知行为，表现的是某个人在物理层面直接与世界(W)上的某一事物发生互动。这一互动(由双箭头表示)是借助身体实现的，主要涉及感知与动觉器官。标记为 A 的框盒表明大脑在这一接触中所扮演的角色：A 为加工活动，在最低限度上，它包括构成互动经验的感知输入与动觉指令。图(b)表示类似的加工发生在没有接触的情况下。在当前与 W 并无任何互动的情况下，A 的某些方面(标记为 A')趋于自动发生。A' 与 A 未必可作出清晰界定，也未必可轻易分离开来，但前者内蕴于后者中，因而每当 A 发生时，A' 随即发生。因此，A' 的独立发生相当于 A 所构成的经验的影印版。

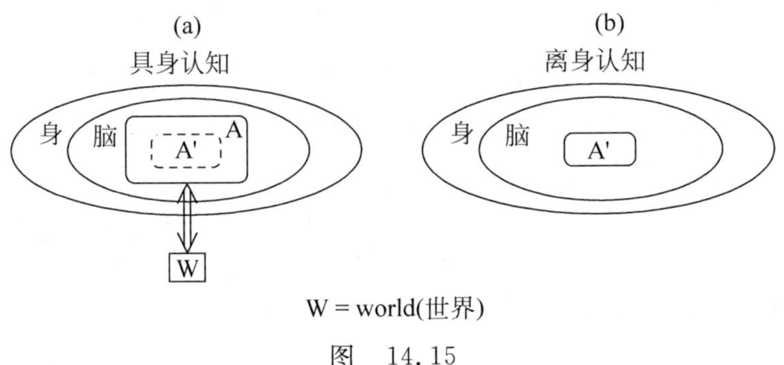

图　14.15

A' 可视为对 A 的**模拟(simulation)**。模拟可表现为不同形式，具有不同说法，它在概念化与认知语义学中所扮演的根本性角色已得到广泛认可(Johnson,1987;Barsalou,1999;Matlock,2004;Hampe,2005;Bergen,2005)。其表现形式之一为感知与动觉意象(imagery),这是一种业已公认的心理现象(Shepard,1978;Kosslyn,1980)。无需通常的感知模拟,我们即可唤起猫的视觉意象、婴儿啼哭的听觉意象,或是砂纸的触觉意象。无需实际移动,我们即可想象走路、游泳或扔石头的感觉。这些类型的意象在词汇语义学中扮演着举足轻重的角色。例如,apricot(杏)的意义包括有关其外观及味道的意象,throw(扔)的意义包括投掷的视觉及动觉意象。唤起恰当的意象(即模拟其所代表的经验),是对这些表达式的理解中不可忽视的一面。

模拟并不限于词汇语义学。作为认知的一般特征,它在语言中有诸多表现。例如,在唤起某一虚拟视点或观察情景的表达式中,模拟是一个不可忽视的因素。在把握(34)(a)的意蕴时,我们所做的一件事,即是模拟所描述情况下看到卡特琳娜岛的经历。对于识别出其他的概念化主体,并洞悉其心理经验的本质而言,模拟同样是不可或缺的。在理解(34)(b)时,我们需要想象自己处在参议员的位置,才能明白他与妻子及情人的关系。我们多多少少通过对限定小句的把握来模拟其心理状态。其他明显的例子包括(27)中所唤起的虚拟旅行[There's a house every now and then through the valley]([山谷中沿途不时闪现一间房屋]),以及历史现在时(historical present)中所叙述的心理回放,如(33)(b) [I get home last night and see a note on my door]([我昨晚回到家,看到门上贴着便条])。不过,我们的基本观点是:模拟(从图 14.15 中的宽泛意义上讲)在几乎所有的表达式中均多少有所体现。

(34) (a) If it were clear, we could see Catalina from the top of that mountain.
(要是能见度高的话，从那个山顶就可以看到卡特琳娜岛了。)

(b) With his wife seated on his left and his lover on his right, the senator was getting nervous.
(妻子坐在左侧，情人坐在右侧，参议员开始变得局促不安了。)

模拟相对于具身经验总是**弱化了的(attenuated)**。由于它并非由直接的感知输入所驱动，或用于实实在在的动觉活动，它缺乏此种经历的强度或“栩栩如生感”(倘若要我在烧到手与单单想象由此带来的痛感之间作出取舍，我多半会选择后者)。模拟的复杂度也较低一些，A' 不过是 A 的一部分。有关猫的视觉意象，必然会略去实际看到猫时某些显而易见的特征。该意象更具图式性，缺乏具体而微的细节。

弱化不过是一个程度问题。强度的减弱与内容的稀少，可自然而然转化为实施模拟时注意力的减弱。不妨回顾一下先前的例子。我们对(27)的理解，是通过想象亲身穿行在峡谷中的经历而实现的。这种情况比较具体，很容易为我们注意到。不太明显的是(29)(b)中的情况，即 Professional basketball players are usually tall(职业篮球运动员往往个子很高)。它同样唤起了一个与旅途及沿途所见有关的场景。但由于并未交代具体的路径，旅途的概念是相当微弱的——在人生旅途上穿行于世界中的虚化概念。的确，其中的空间成分微乎其微，甚至于可能消失殆尽。如此，剩下的成分趋近扫描场景，即顺序检索的抽象概念。扫描场景在 each 的意义中具有核心地位（将其与 every 和 any 区别开来）。但由于其内容所剩无几，说话者并未明显注意到它。[①]

弱化的一个维度，涉及成分在多大程度上是**客观识解（objectively construed）**或是**主观识解的（subjectively construed）**（§9.1）。较为复杂的概念内容往往是客观识解的。因此，(27)完全可以唤起我们的显性注意，注意到一个人在峡谷中一边走，一边欣赏沿途风光。但对于同样的内容，我们也可进行更为主观的识解，即想象旅行者眼中的事物呈现出何种面貌。此种情况下，我们对移动者、旅途及观察环境的注意更为微弱：它们不是作为概念客体位于台上，而是作为（假想的）观察情景的特征隐而不现。由于其内容更为稀少，可客观识解的成分也趋于减少。在这方面，(27)中的旅行场景与 each 所唤起的扫描场景趋近整个范围上的两个极端。一方面，在旅途中，对于某一沿空间延伸的路径上的风景，完全可进行有序观察。另一方面，each 所体现的有序性是完全虚化的：它并不限于旅行、空间延伸、视觉观察，甚至不限于物理领域。这一抽象化概念的可感内容微乎其微。它并非呈现一个可供观察的情景，而更适于描述为一种观察方式，可潜在作用于任何内容。因而其识解是主观的，寓于概念主体而非客体之中。

当我们想象某人参与其中时，顺序检索便充当了概念客体的角色（如观看将军检阅部队）。相对于这一台上角色而言，它在 each 中体现的是一种**主观化（subjectification）**现象（§14.2.1）：发端于某种

① 然而，将其呈现至他们面前时，他们发现这一描述还是蛮有道理的。

经历的心理操作被抽去其内容，转而用于其他情况。each 所实现的个体化，反映了对物体逐一加以检索所体现出的离散特征，因而可将其赋予任何类型的概念。通过主观化，许多抽象意义即得以与日常经验挂钩。在其他入场量词中，every 与 any 基于的分别是并行观察与随机选择。比例量词 all、most 与 some 反映的基本经验是将两个物体并置，对其相对尺寸加以评估。虚拟运动所涉及的扫描（A scar runs from his wrist to his elbow（一条伤疤从他的腕部延伸至肘部）），则反映了对沿某一空间路径的运动连续观察的情况。

主观化在历时维度通常有所体现。在历史上，run（跑）等动词的虚拟运动用法，是从描述实际运动的初始义发展而来的，后者则是客观识解的。诸如 have 等领属动词则是从表示物理控制的动词发展而来的，其初始义多为'抓住''捕获''握住''携带''得到'等（Heine，1997）。内蕴于参照点（reference，R）控制目标（target，T）概念中的是一种参照点关系，其中 R 被唤起作为把握 T 的基础。当动词被扩展至一般的领属用法，不再依赖具体概念内容时，唯一剩下的便是这种从 R 到 T 的心理运动。出于其高度图式性的特征，此类动词通常被归入语法而非词汇范畴。因此，主观化是**语法化（grammaticization）**——语法成分从源词项演化而来——这一历时过程所涉及的因素之一。[①]

① 参见 Heine，Claudi，and Hünnemeyer，1991；Hopper and Traugott，2003；CIS：第十二章；GC：第十章。"主观化"（subjectification）一词通常有几种彼此相关的意义，但各意义间存在细微差别。特拉格特（Traugott，1982、1989）对其定义是：主观化体现出意义从某种客观可感之物向心智及语篇领域的游移——例如，while 从时间义向"让步"义的语义扩展（'与此同时'>'尽管'）。关于主观化的不同视角，参见 Athanasiadou，Canakis and Cornillie，2006。

比如，前面谈到，英语中的情态词(may、will、must 等)在历史上是从表示‘想要’‘知道如何’‘有力量’等意义的动词派生而来的：它们描述的是导向某种行为实施的潜在的力(§9.4.3)。即便在其认识用法中，语法化的情态词中也残留着初始的动力义。例如，must 表示强制性(不可遏制的力)，may 表示障碍的移除(Sweetser，1982；Talmy，1988a)。这种力是主观识解的，是心理模拟经历的一部分。它是我们在推断对当前现实的认识中所经历的力，用以“达到”所入场的过程。

再举一例。表示‘走’的动词往往语法化为将来时标记。英语中的 be going to(将要)早已踏上这条演化路径。Tom is going to mail a letter(汤姆要去寄封信)依然可描述为汤姆沿某一目标的空间运动，意图在达到目标后寄出一封信。但对此更自然的解释是：它仅仅表示汤姆将会寄出一封信(或许只消点击一下鼠标)。在前一种情况中，概念化主体在追踪主体沿空间的移动过程中，沿时间展开扫描。在涉及将来的解释中，这一主观的时间扫描不依赖任何空间运动概念。它不过是对某一事件发生的时刻作出的心理评估。

我并不声称所有的语法标记均是以此种方式产生的。不过，值得注意的是，相当多的语法概念均可有效地描述为基本日常经验(即概念原型)的主观对应物。这将我们带回到了 CG 的一个基本主张(§2.1.2)：某些带有根本性和普遍性的语法概念，可同时参照典型与图式作出语义上的描述。提供典型义的是某种客观识解的概念原型。图式性意义则发端于不依赖特定经验域的认知能力，它率先体现在原型中，而后扩展至其他经验域。显然，典型与图式之间无非是主观化的关系：内蕴于原型概念中的心理操作被抽去其内容，继而用于其他情况。这一主张构成了我们所讨论的相当一部分内容的框架。

最起码来讲，这一主张对名词、动词、主语、宾语及所有格概念是适用的。我们简要回顾一下各个范畴是如何据此作出描述的。

1. 所有格的图式性基础是这样一种概念操作：唤起某一参照点，从而在心理上通达某一目标。这一心理运动内蕴于所有权关系、亲属关系及整体-部分关系中，它们构成了领属概念的原型。

2. 主语和宾语同样可借助参照点概念作出图式性定义。两者分别对应于所侧显关系中的射体与界标，即其首要与次要焦点参与者。其焦点突显地位体现在：在逐步建立起所侧显关系的完整概念中，射体与界标分别是所通达的第一参照点及第二参照点。这种从射体到界标的心理运动，内蕴于施事作用于受事的概念中。正是在描述此种互动的小句中，主语与宾语获得了其典型义。

3. 对动词而言，施事-受事互动同样属于典型情况。在实际观察此种事件时，我们对其进行顺序扫描：在特定时间点上，我们只能观察到于该时刻呈现的情景。这一图式性描述反映的即是原型经验的这一方面，而抽去了所有的具体内容。动词侧显某一过程，即在其时间进程中被顺序扫描的关系。

4. 最后，名词用于侧显某一事体，可抽象定义为组合与物化的产物。这些心理操作内蕴于实物概念中，它们构成了名词范畴的典型成员。

14.4 心智、意义与语法

顾名思义，认知语言学与认知语法将语言视为认知的有机组成部分。概念化被视为植根于物理现实中，并普遍带有想象色彩，这两点是并行不悖的；它不仅是个体性的，在根本上也是社会性的。语义本质上是概念性的，因而也享有了这些特征。语法亦是如此，因其本质上具有象征性——因而是内在地有意义的。

语法意义具有图式性。在极端情况下，它们无非是可作用于任何内容的认知能力。这些意义越具图式性，研究起来就越困难，但研究价值也越大。事实上，语法分析是进行概念分析必不可少的工具。语法抽去了具体表达式中的细节，因而在语法中，我们可以更清晰地窥到内蕴于其概念内容中的心理操作。这通常相当于对日常基本经验的模拟：发端于概念原型中的加工活动从中分离出来，进而扩展至一系列广泛的情况。在这方面，语法展现了人类认知的一个本质特征。

使得我们有别于其他生灵的，是概念化可以超越直接经验。我们栖居其中并加以谈论的世界，尽管植根于这种经验之中，但却是一个心理建构体，其建构是通过抽象化、概念整合及主观化实现的。这种分离手段在语法中体现得淋漓尽致。在语义极上，语法寓于从概念整合中抽取出的模式中。语法意义是图式性的，通常代表了基本经验的主观化。其本质即在于发端于这种经验中的心理操作从中分化出来，进而得以自主发生。由此观之，语法本身即是一种实现超越的手段。凭借语法容许我们建构和符号化的概念，我们即可与纷繁芜杂的世界打交道。

参考文献

Achard, Michel. 1998. *Representation of Cognitive Structures: Syntax and Semantics of French Sentential Complements*. Cognitive Linguistics Research 11. Berlin: Mouton de Gruyter.

Allan, Keith. 1977. Classifiers. *Language* 53:285-311.

Athanasiadou, Angeliki, Costas Canakis, and Bert Cornillie (eds.) 2006. *Subjectification: Various Paths to Subjectivity*. Cognitive Linguistics Research 31. Berlin: Mouton de Gruyter.

Austin, J. L. 1962. *How to Do Things with Words*. Cambridge: Harvard University Press.

Barlow, Michael. 1992. *A Situated Theory of Agreement*. New York: Garland.

Barlow, Michael, and Suzanne Kemmer (eds.) 2000. *Usage-Based Models of Language*. Stanford: CSLI Publications.

Barsalou, Lawrence W. 1992. *Cognitive Psychology: An Overview for Cognitive Scientists*. Tutorial Essays in Cognitive Science. Hillsdale, N. J.: Erlbaum.

Barsalou, Lawrence W. 1999. Perceptual Symbol Systems. *Behavioral and Brain Sciences* 22:577-660.

Bergen, Benjamin. 2005. Mental Simulation in Literal and Figurative Language Understanding. In Seana Coulson and Barbara Lewandowska-Tomaszczyk (eds.), *The Literal and Nonliteral in Language and Thought*, 255-278. Łódź Studies in Language 11. Frankfurtam Main: Peter Lang.

Bhaskararao, Peri, and Karumuri Venkata Subbarao (eds.) 2004. *Non-Nominative Subjects*. Typological Studies in Language 60-61.

Amsterdam:John Benjamins.

Birner,Betty J. 1994. Information Status and Word Order: An Analysis of English Inversion. *Language* 70:233-259.

Bolinger, Dwight. 1965. The Atomization of Meaning. *Language* 41: 555-573.

Bolinger,Dwight. 1977. *Meaning and Form*. London:Longman.

Borkin, Ann. 1973. *To Be* and *Not To Be*. *Papers from the Regional Meeting of the Chicago Linguistic Society* 9:44-56.

Brugman,Claudia. 1988. *The Syntax and Semantics of HAVE and Its Complements*. Ph. D. dissertation,University of California,Berkeley.

Bybee,Joan. 1985. *Morphology:A Study of the Relation between Meaning and Form*. Typological Studies in Language 9. Amsterdam: John Benjamins.

Bybee, Joan. 2006. From Usage to Grammar: The Mind's Response to Repetition. *Language* 82:711-733.

Bybee,Joan,and Paul Hopper(eds.) 2001. *Frequency and the Emergence of Linguistic Structure*. Typological Studies in Language 45. Amsterdam: John Benjamins.

Chafe, Wallace. 1994. *Discourse, Consciousness, and Time: The Flow and Displacement of Conscious Experience in Speaking and Writing*. Chicago:University of Chicago Press.

Chomsky,Noam. 1957. *Syntactic Structures*. Janua Linguarum 4. The Hague: Mouton.

Chomsky,Noam. 1965. *Aspects of the Theory of Syntax*. Cambridge,Mass.: MIT Press.

Coates,Richard. 2006. Properhood. *Language* 82:356-382.

Collins,Allan M., and Elizabeth F. Loftus. 1975. A Spreading-Activation Theory of Semantic Processing. *Psychological Review* 82:407-428.

Cook,Kenneth W. 1988. *A Cognitive Analysis of Grammatical Relations, Case, and Transitivity in Samoan*. Ph. D. dissertation, University of California,San Diego.

Cook,Kenneth W. 1993a. A Cognitive Account of Samoan Case Marking and

Cliticization. *Studi Italiani di Linguistica Teorica e Applicata* 22:509-530.

Cook, Kenneth W. 1993b. A Cognitive Account of Samoan *lavea* and *galo* Verbs. In Richard A. Geiger and Brygida Rudzka-Ostyn (eds.), *Conceptualizations and Mental Processing in Language*, 567-592. Cognitive Linguistics Research 3. Berlin: Mouton de Gruyter.

Cook, Kenneth W. 1999. Samoan as an Active Zone Language. In Leon de Stadler and Christoph Eyrich (eds.), *Issues in Cognitive Linguistics*, 391-405. Cognitive Linguistics Research 12. Berlin: Mouton de Gruyter.

Croft, William. 1990. *Typology and Universals*. Cambridge: Cambridge University Press.

Croft, William. 2001. *Radical Construction Grammar: Syntactic Theory in Typological Perspective*. Oxford: Oxford University Press.

Croft, William, and D. Alan Cruse. 2004. *Cognitive Linguistics*. Cambridge Textbooks in Linguistics. Cambridge: Cambridge University Press.

Dahlstrom, Amy. 1983. Agent-Patient Languages and Split Case Marking Systems. *Proceedings of the Annual Meeting of the Berkeley Linguistics Society* 9:37-46.

Deane, Paul. 1992. *Grammar in Mind and Brain: Explorations in Cognitive Syntax*. Cognitive Linguistics Research 2. Berlin: Mouton de Gruyter.

Diessel, Holger. 1999. *Demonstratives: Form, Function, and Grammaticalization*. Typological Studies in Language 42. Amsterdam: John Benjamins.

Diessel, Holger. 2006. Demonstratives, Joint Attention, and the Emergence of Grammar. *Cognitive Linguistics* 17:463-489.

Diessel, Holger, and Michael Tomasello. 2001. The Acquisition of Finite Complement Clauses in English: A Corpus-Based Analysis. *Cognitive Linguistics* 12:97-141.

Dixon, R. M. W. 1972. *The Dyirbal Language of North Queensland*. Cambridge Studies in Linguistics 9. Cambridge: Cambridge University Press.

Dixon, R. M. W. 1977. Where Have All the Adjectives Gone? *Studies in Language* 1:19-80.

Dowty, David. 2000. "The garden swarms with bees" and the Fallacy of

"Argument Alternation". In Yael Ravin and Claudia Leacock (eds.), *Polysemy: Theoretical and Computational Approaches*, 111-128. Oxford: Oxford University Press.

Dryer, Matthew S. 1986. Primary Objects, Secondary Objects, and Antidative. *Language* 62: 808-845.

Du Bois, John W. 1987. *The Discourse Basis of Ergativity*. *Language* 63: 805-855.

Elman, Jeffrey L., and James L. McClelland. 1984. Speech Perception as a Cognitive Process: The Interactive Activation Model. In Norman Lass (ed.), *Speech and Language*, vol. 10, 337-374. New York: Academic Press.

Epstein, Richard. 2001. The Definite Article, Accessibility, and the Construction of Discourse Referents. *Cognitive Linguistics* 12: 333-378.

Evans, Vyvyan. 2007. *A Glossary of Cognitive Linguistics*. Edinburgh: Edinburgh University Press, and Salt Lake City: University of Utah Press.

Evans, Vyvyan, and Melanie Green. 2006. *Cognitive Linguistics: An Introduction*. Mawhaw, N. J.: Erlbaum.

Evans, Vyvyan, Benjamin K. Bergen, and Jörg Zinken (eds.) 2006. *The Cognitive Linguistics Reader*. London: Equinox.

Fauconnier, Gilles. 1985. *Mental Spaces: Aspects of Meaning Construction in Natural Language*. Cambridge, Mass.: MIT Press, and London: Bradford.

Fauconnier, Gilles. 1997. *Mappings in Thought and Language*. Cambridge: Cambridge University Press.

Fauconnier, Gilles, and Eve Sweetser (eds.) 1996. *Spaces, Worlds, and Grammar*. Chicago: University of Chicago Press.

Fauconnier, Gilles, and Mark Turner. 1998. Conceptual Integration Networks. *Cognitive Science* 22: 133-187.

Fauconnier, Gilles, and Mark Turner. 2002. *The Way We Think: Conceptual Blending and the Mind's Hidden Complexities*. New York: Basic Books.

Fillmore, Charles J. 1968. The Case for Case. In Emmon Bach and Robert T. Harms (eds.), *Universals in Linguistic Theory*, 1-88. New York: Holt.

Fillmore, Charles J. 1982. Frame Semantics. In Linguistic Society of Korea (ed.), *Linguistics in the Morning Calm*, 111-137. Seoul: Hanshin.

Fillmore, Charles J. 1988. The Mechanisms of "Construction Grammar". *Proceedings of the Annual Meeting of the Berkeley Linguistics Society* 14:35-55.

Fodor, Jerry A. 1979. *The Language of Thought*. Cambridge: Harvard University Press.

Fodor, Jerry A. 1983. *The Modularity of Mind*. Cambridge, Mass.: MIT Press, and London: Bradford.

Foley, W. A., and R. D. Van Valin Jr. 1984. *Functional Syntax and Universal Grammar*. Cambridge: Cambridge University Press.

Forrest, Linda B. 1996. Discourse Goals and Attentional Processes in Sentence Production: The Dynamic Construal of Events. In Adele E. Goldberg (ed.), *Conceptual Structure, Discourse and Language*, 149-161. Stanford: CSLI Publications.

Geeraerts, Dirk. 1993. Vagueness's Puzzles, Polysemy's Vagaries. *Cognitive Linguistics* 4:223-272.

Geeraerts, Dirk. (ed.) 2006. *Cognitive Linguistics: Basic Readings*. Cognitive Linguistics Research 34. Berlin: Mouton de Gruyter.

Gentner, Dedre. 1981. Some Interesting Differences between Verbs and Nouns. *Cognition and Brain Theory* 4:161-178.

Gentner, Dedre. 1982. Why Nouns Are Learned before Verbs: Linguistic Relativity versus Natural Patterning. In Stan Kuczaj (ed.), *Language Development I: Syntax and Semantics*, 301-334. Hillsdale, N. J.: Erlbaum.

Gernsbacher, Morton Ann, and David Hargreaves. 1992. The Privilege of Primacy: Experimental Data and Cognitive Explanations. In Doris L. Payne (ed.), *Pragmatics of Word Order Flexibility*, 83-116. Typological Studies in Language 22. Amsterdam: John Benjamins.

Givón, Talmy. 1984. *Syntax: A Functional-Typological Introduction* (2 volumes). Amsterdam: John Benjamins.

Givón, Talmy. (ed.) 1983. *Topic Continuity in Discourse: A Quantitative Cross-Language Study*. Typological Studies in Language 3. Amsterdam: John Benjamins.

Goldberg, Adele E. 1995. *Constructions: A Construction Grammar Approach to Argument Structure*. Chicago: University of Chicago Press.

Goldberg, Adele E. 2006. *Constructions at Work: The Nature of Generalizations in Language*. Oxford: Oxford University Press.

Goldsmith, John, and Erich Woisetschlaeger. 1982. The Logic of the English Progressive. *Linguistic Inquiry* 13: 79-89.

Gorbet, Larry. 1977. Headless Relatives in the Southwest: Are They Related? *Proceedings of the Annual Meeting of the Berkeley Linguistics Society* 3: 270-278.

Grady, Joe, Sarah Taub, and Pamela Morgan. 1996. Primitive and Compound Metaphors. In Adele E. Goldberg (ed.), *Conceptual Structure, Discourse and Language*, 177-187. Stanford: CSLI Publications.

Haiman, John. 1978. Conditionals Are Topics. *Language* 54: 564-589.

Haiman, John. 1980. Dictionaries and Encyclopedias. *Lingua* 50: 329-357.

Haiman, John. 1985. *Natural Syntax: Iconicity and Erosion*. Cambridge Studies in Linguistics 44. Cambridge: Cambridge University Press.

Hampe, Beate (ed.) 2005. *From Perception to Meaning: Image Schemas in Cognitive Linguistics*. Cognitive Linguistics Research 29. Berlin: Mouton de Gruyter.

Harder, Peter. 1996. *Functional Semantics: A Theory of Meaning, Structure and Tense in English*. Trends in Linguistics Studies and Monographs 87. Berlin: Mouton de Gruyter.

Harris, Catherine L. 1998. Psycholinguistic Studies of Entrenchment. In Jean-Pierre Koenig (ed.), *Discourse and Cognition: Bridging the Gap*, 55-70. Stanford: CSLI Publications.

Haspelmath, Martin. 1997. *Indefinite Pronouns*. Oxford Studies in Typology and Linguistic Theory. Oxford: Oxford University Press.

Hawkins, John. 1978. *Definiteness and Indefiniteness: A Study in Reference and Grammaticality Prediction*. London: Croom Helm.

Heine, Bernd. 1997. *Cognitive Foundations of Grammar*. New York: Oxford University Press.

Heine, Bernd, Ulrike Claudi, and Friederike Hünnemeyer. 1991. *Grammaticalization: A Conceptual Framework*. Chicago: University of Chicago Press.

Herring, Susan C. 1989. Verbless Presentation and the Discourse Basis of Ergativity. In Bradley Music, Randolph Graczyk, and Caroline Wiltshire (eds.), *Parasession on Language in Context*, 123-137. Chicago: Chicago Linguistic Society.

Holmqvist, Kenneth. 1993. *Implementing Cognitive Semantics*. Lund: Department of Cognitive Science, Lund University.

Hopper, Paul J., and Sandra A. Thompson. 1980. Transitivity in Grammar and Discourse. *Language* 56: 251-299.

Hopper, Paul J., and Elizabeth Traugott. 2003. *Grammaticalization*. 2nd ed. Cambridge Textbooks in Linguistics. Cambridge: Cambridge University Press.

Hudson, Richard A. 1988. Coordination and Grammatical Relations. *Journal of Linguistics* 24: 303-342.

Hudson, Richard A. 1989. Gapping and Grammatical Relations. *Journal of Linguistics* 25: 57-94.

Hudson, Richard A. 1992. Review of Ronald W. Langacker, *Concept, Image, and Symbol: The Cognitive Basis of Grammar*. *Journal of Linguistics* 28: 506-509.

Huffman, Alan. 1997. *The Categories of Grammar: French* lui *and* le. Studies in Language Companion Series 30. Amsterdam: John Benjamins.

Jackendoff, Ray. 1983. *Semantics and Cognition*. Current Studies in Linguistics 8. Cambridge, Mass.: MIT Press.

Jackendoff, Ray. 1994. *Patterns in the Mind: Language and Human Nature*. New York: Basic Books.

Janssen, Theo. 1995. Deixis from a Cognitive Point of View. In Ellen Contini-Morava and Barbara Sussman Goldberg (eds.), *Meaning as*

Explanation: Advances in Linguistic Sign Theory, 245-270. Berlin: Mouton de Gruyter.

Johnson, Mark. 1987. *The Body in the Mind: The Bodily Basis of Meaning, Imagination, and Reason*. Chicago: University of Chicago Press.

Keenan, Edward L. 1984. Semantic Correlates of the Ergative/Absolutive Distinction. *Linguistics* 22:197-223.

Kellogg, Margaret Kimberly. 1994. Conceptual Mechanisms Underlying Noun and Verb Categorization: Evidence from Paraphasia. *Proceedings of the Annual Meeting of the Berkeley Linguistics Society* 20:300-309.

Kellogg, Margaret Kimberly. 1996. *Neurolinguistic Evidence of Some Conceptual Properties of Nouns and Verbs*. Ph. D. dissertation, University of California, San Diego.

Kemmer, Suzanne. 1993. *The Middle Voice*. Typological Studies in Language 23. Amsterdam: John Benjamins.

Kimenyi, Alexandre. 1980. *A Relational Grammar of Kinyarwanda*. University of California Publications in Linguistics 91. Berkeley: University of California Press.

Kiparsky, Paul, and Carol Kiparsky. 1970. Fact. In Manfred Bierwisch and Karl Erich Heidolph (eds.), *Progress in Linguistics*, 143-173. The Hague: Mouton.

Kirsner, Robert S. 1993. From Meaning to Message in Two Theories: Cognitive and Saussurean Views of the Modern Dutch Demonstratives. In Richard A. Geiger and Brygida Rudzka-Ostyn (eds.), *Conceptualizations and Mental Processing in Language*, 81-114. Cognitive Linguistics Research 3. Berlin: Mouton de Gruyter.

Kirsner, Robert S., and Sandra A. Thompson. 1976. The Role of Pragmatic Inference in Semantics: A Study of Sensory Verb Complements in English. *Glossa* 10:200-240.

Klaiman, M. H. 1981. Toward a Universal Semantics of Indirect Subject Constructions. *Proceedings of the Annual Meeting of the Berkeley Linguistics Society* 7:123-135.

Kosslyn, Stephen Michael. 1980. *Image and Mind*. Cambridge: Harvard

University Press.

Kövecses, Zoltán. 2000. *Metaphor and Emotion: Language, Culture, and Body in Human Feeling*. Cambridge: Cambridge University Press.

Kövecses, Zoltán. 2005. *Metaphor in Culture: Universality and Variation*. Cambridge: Cambridge University Press.

Lakoff, George. 1986. Frame Semantic Control of the Coordinate Structure Constraint. In Anne M. Farley, Peter T. Farley, and Karl-Erik McCullough (eds.), *Papers from the Parasession on Pragmatics and Grammatical Theory*, 152-167. Chicago: Chicago Linguistic Society.

Lakoff, George. 1987. *Women, Fire, and Dangerous Things: What Categories Reveal about the Mind*. Chicago: University of Chicago Press.

Lakoff, George. 1990. The Invariance Hypothesis: Is Abstract Reason Based on Image-Schemas? *Cognitive Linguistics* 1: 39-74.

Lakoff, George. 1996. Sorry, I'm Not Myself Today: The Metaphor System for Conceptualizing the Self. In Gilles Fauconnier and Eve Sweetser (eds.), *Spaces, Worlds, and Grammar*, 91-123. Chicago: University of Chicago Press.

Lakoff, George, and Mark Johnson. 1980. *Metaphors We Live By*. Chicago: University of Chicago Press.

Lakoff, George, and Mark Johnson. 1999. *Philosophy in the Flesh: The Embodied Mind and Its Challenge to Western Thought*. New York: Basic Books.

Lakoff, George, and Rafael E. Núñez. 2000. *Where Mathematics Comes From: How the Embodied Mind Brings Mathematics into Being*. New York: Basic Books.

Lakoff, George, and Mark Turner. 1989. *More Than Cool Reason: A Field Guide to Poetic Metaphor*. Chicago: University of Chicago Press.

Lambrecht, Knud. 1994. *Information Structure and Sentence Form: Topic, Focus, and the Mental Representations of Discourse Referents*. Cambridge Studies in Linguistics 71. Cambridge: Cambridge University Press.

Langacker, Ronald W. 1968. *Language and Its Structure: Some Fundamental Linguistic Concepts*. New York: Harcourt, Brace and World.

Langacker, Ronald W. 1969. On Pronominalization and the Chain of Command. In David A. Reibel and Sanford A. Schane(eds.), *Modern Studies in English*, 160-186. Englewood Cliffs N. J.: Prentice Hall.

Langacker, Ronald W. 1982. Space Grammar, Analysability, and the English Passive. *Language* 58:22-80.

Langacker, Ronald W. 1987. *Foundations of Cognitive Grammar*, vol. 1: *Theoretical Prerequisites*. Stanford: Stanford University Press. [cited as FCG1]

Langacker, Ronald W. 1990. *Concept, Image, and Symbol: The Cognitive Basis of Grammar*. Cognitive Linguistics Research 1. Berlin: Mouton de Gruyter. [cited as CIS]

Langacker, Ronald W. 1991. *Foundations of Cognitive Grammar*, vol. 2: *Descriptive Application*. Stanford: Stanford University Press. [cited as FCG2]

Langacker, Ronald W. 1993. Universals of Construal. *Proceedings of the Annual Meeting of the Berkeley Linguistics Society* 19:447-463.

Langacker, Ronald W. 1995. Possession and Possessive Constructions. In John R. Taylor and Robert E. MacLaury(eds.), *Language and the Cognitive Construal of the World*, 51-79. Trend in Linguistics Studies and Monographs 82. Berlin: Mouton de Gruyter.

Langacker, Ronald W. 1997. Generics and Habituals. In Angeliki Athanasiadou and René Dirven(eds.) *On Conditionals Again*, 191-222. Current Issues in Linguistic Theory 143. Amsterdam: John Benjamins.

Langacker, Ronald W. 1999a. *Grammar and Conceptualization*. Cognitive Linguistics Research 14. Berlin: Mouton de Gruyter. [cited as GC]

Langacker, Ronald W. 1999b. Virtual Reality. *Studies in the Linguistic Sciences* 29(2):77-103.

Langacker, Ronald W. 1999c. Assessing the Cognitive Linguistic Enterprise. In Theo Janssen and Gisela Redeker (eds.), *Cognitive Linguistics: Foundations, Scope, and Methodology*, 13-59. Cognitive Linguistics Research 15. Berlin: Mouton de Gruyter.

Langacker, Ronald W. 2001a. The English Present Tense. *English*

Language and Linguistics 5:251-271.

Langacker, Ronald W. 2001b. Viewing and Experiential Reporting in Cognitive Grammar. In Augusto Soares da Silva (ed.), *Linguagem e cognição: A perspectiva da linguística cognitiva*, 19-49. Braga: Associação Portuguesa de Linguística and Universidade Católica Portuguesa, Faculdade de Filosofia de Braga.

Langacker, Ronald W. 2001c. What WH Means. In Alan Cienki, Barbara J. Luka, and Michael B. Smith (eds.), *Conceptual and Discourse Factors in Linguistic Structure*, 137-152. Stanford: CSLI Publications.

Langacker, Ronald W. 2001d. Discourse in Cognitive Grammar. *Cognitive Linguistics* 12:143-188.

Langacker, Ronald W. 2004a. Aspects of the Grammar of Finite Clauses. In Michel Achard and Suzanne Kemmer (eds.), *Language, Culture and Mind*, 535-577. Stanford: CSLI Publications.

Langacker, Ronald W. 2004b. Possession, Location, and Existence. In Augusto Soares da Silva, Amadeu Torres, and Miguel Gonñalves (eds.), *Linguagem, cultura e cognição: Estudios de linguística cognitiva* (2 volumes), vol. 1, 85-120. Coimbra: Almedina.

Langacker, Ronald W. 2005a. Dynamicity, Fictivity, and Scanning: The Imaginative Basis of Logic and Linguistic Meaning. In Diane Pecher and Rolf A. Zwaan (eds.), *Grounding Cognition: The Role of Perception and Action in Memory, Language and Thinking*, 164-197. Cambridge: Cambridge University Press.

Langacker, Ronald W. 2005b. Construction Grammars: Cognitive, Radical, and Less So. In Francisco J. Ruiz de Mendoza Ibáñez and M. Sandra Peña Cervel (eds.), *Cognitive Linguistics: Internal Dynamics and Interdisciplinary Interaction*, 101-159. Cognitive Linguistics Research 32. Berlin: Mouton de Gruyter.

Langacker, Ronald W. 2006. On the Continuous Debate about Discreteness. *Cognitive Linguistics* 17:107-151.

Langacker, Ronald W. 2007. Constructing the Meanings of Personal Pronouns. In Günter Radden Klaus-Michael Köpcke, Thomas Berg, and

Peter Siemund (eds.), *Aspects of Meaning Construction*, 171-187. Amsterdam: John Benjamins.

Langacker, Ronald W. Forthcoming. On the Subject of Impersonals.

Lee, David. 2001. *Cognitive Linguistics: An Introduction*. Melbourne: Oxford University Press.

Levinson, Stephen C. 1997. From Outer to Inner Space: Linguistic Categories and Non Linguistic Thinking. In Jan Nuyts and Eric Pederson (eds.), *Language and Conceptualization*, 13-45. Language, Culture and Cognition 1. Cambridge: Cambridge University Press.

Li, Charles N., and Sandra A. Thompson. 1976. Subject and Topic: A New Typology of Language. In Charles N. Li (ed.), *Subject and Topic*, 457-489. New York: Academic Press.

Lindner, Susan. 1982. What Goes Up Doesn't Necessarily Come Down: The Ins and Outs of Opposites. *Papers from the Regional Meeting of the Chicago Linguistic Society* 18: 305-323.

MacWhinney, Brian. 1987. The Competition Model. In Brian MacWhinney (ed.), *Mechanisms of Language Acquisition*, 249-308. Hillsdale, N. J.: Erlbaum.

Maldonado, Ricardo. 1988. Energetic Refiexives in Spanish. *Proceedings of the Annual Meeting of the Berkeley Linguistics Society* 14: 153-165.

Maldonado, Ricardo. 1999. *A media voz: Problemas conceptuales del clítico* se. Publicaciones del Centro de Lingüística Hispánica 46. Mexico City: Universidad Nacional Autónoma de México, Instituto de Investigaciones Filológicas.

Manney, Linda Joyce. 2000. *Middle Voice in Modern Greek: Meaning and Function of an Inflectional Category*. Studies in Language Companion Series 48. Amsterdam: John Benjamins.

Manning, Christopher D. 1996. *Ergativity: Argument Structure and Grammatical Relations*. Dissertations in Linguistics. Stanford: CSLI Publications.

Matlock, Teenie. 2004. The Conceptual Motivation of Fictive Motion. In Günter Radden and Klaus-Uwe Panther (eds.), *Studies in Linguistic*

Motivation, 221-248. Cognitive Linguistics Research 28. Berlin: Mouton de Gruyter.

Matlock, Teenie, Michael Ramscar, and Lera Boroditsky. 2004. The Experiential Basis of Motion Language. In Augusto Soares da Silva, Amadeu Torres, and Miguel Gonñalves (eds.), *Linguagem, cultura e cognição: Estudios de linguística cognitiva* (2 volumes), vol. 2, 43-57. Coimbra: Almedina.

Matsumoto, Yo. 1996a. Subjective Motion and English and Japanese Verbs. *Cognitive Linguistics* 7: 183-226.

Matsumoto, Yo. 1996b. How Abstract Is Subjective Motion? A Comparison of Coverage Path Expressions and Access Path Expressions. In Adele E. Goldberg (ed.), *Conceptual Structure, Discourse and Language*, 359-373. Stanford: CSLI Publications.

Matsumoto, Yo. 1996c. Subjective-Change Expressions in Japanese and Their Cognitive and Linguistic Bases. In Gilles Fauconnier and Eve Sweetser (eds.), *Spaces, Worlds, and Grammar*, 124-156. Chicago: University of Chicago Press.

McLendon, Sally. 1978. Ergativity, Case, and Transitivity in Eastern Pomo. *International Journal of American Linguistics* 44: 1-9.

McNeill, David. 1992. *Hand and Mind: What Gestures Reveal about Thought*. Chicago: University of Chicago Press.

Mithun, Marianne. 1991. Active/Agentive Case Marking and Its Motivation. *Language* 67: 510-546.

Newman, John. 1996. *Give: A Cognitive Linguistic Study*. Cognitive Linguistics Research 7. Berlin: Mouton de Gruyter.

Newmeyer, Frederick J. 1983. *Grammatical Theory: Its Limits and Its Possibilities*. Chicago: University of Chicago Press.

Nikiforidou, Kiki. 2005. Conceptual Blending and the Interpretation of Relatives: A Case Study from Greek. *Cognitive Linguistics* 16: 169-206.

Palmer, F. R. 1981. *Semantics*. 2nd ed. Cambridge: Cambridge University Press.

Perlmutter, David M. 1978. Impersonal Passives and the Unaccusative Hypothesis. *Proceedings of the Annual Meeting of the Berkeley*

Linguistics Society 4:157-189.

Reddy, Michael J. 1979. The Conduit Metaphor: A Case of Frame Conflict in Our Language about Language. In Andrew Ortony(ed.), *Metaphor and Thought*, 284-324. Cambridge: Cambridge University Press.

Regier, Terry. 1996. *The Human Semantic Potential: Spatial Language and Constrained Connectionism*. Cambridge, Mass.: MIT Press, and London: Bradford.

Reid, Wallis. 1991. *Verb and Noun Number in English: A Functional Explanation*. London: Longman.

Reinhart, Tanya. 1983. *Anaphora and Semantic Interpretation*. Chicago: University of Chicago Press.

Rice, Sally. 1987a. *Towards a Cognitive Model of Transitivity*. Ph. D. dissertation, University of California, San Diego.

Rice, Sally. 1987b. Towards a Transitive Prototype: Evidence from Some Atypical English Passives. *Proceedings of the Annual Meeting of the Berkeley Linguistics Society* 13:422-434.

Riemer, Nick. 2005. *The Semantics of Polysemy: Reading Meaning in English and Warlpiri*. Cognitive Linguistics Research 30. Berlin: Mouton de Gruyter.

Rosch, Eleanor. 1978. Principles of Categorization. In Eleanor Rosch and Barbara B. Lloyd (eds.), *Cognition and Categorization*, 27-47. Hillsdale, N. J.: Erlbaum.

Ross, John R. 1967. *Constraints on Variables in Syntax*. Ph. D. dissertation, MIT, Cambridge, Mass. [Published as Ross 1986.]

Ross, John R. 1986. *Infinite Syntax!* Norwood, N. J.: Ablex.

Ruhl, Charles. 1989. *On Monosemy: A Study in Linguistic Semantics*. Albany: State University of New York Press.

Sacks, Harvey, Emanuel A. Schegloff, and Gail Jefferson. 1974. A Simplest Systematics for the Organization of Turn-Taking for Conversation. *Language* 50:696-735.

Sadock, Jerrold M. 1974. Read at Your Own Risk: Syntactic and Semantic Horrors You Can Find in Your Medicine Chest. *Papers from the*

Regional Meeting of the Chicago Linguistic Society 10:599-607.

Schachter, Paul. 1976. The Subject in Philippine Languages: Topic, Actor, Actor-Topic, or None of the Above? In Charles N. Li(ed.), *Subject and Topic*, 491-518. New York: Academic Press.

Schachter, Paul. 1977. Reference-Related and Role-Related Properties of Subjects. In Peter Cole and Jerry M. Sadock (eds.), *Syntax and Semantics*, vol. 8: *Grammatical Relations*, 279-306. New York: Academic Press.

Searle, John R. 1969. *Speech Acts: An Essay in the Philosophy of Language*. London: Cambridge University Press.

Sethuraman, Nitya. 2002. The Acquisition of Verbs and Argument Structure Constructions. Ph. D. dissertation, University of California, San Diego.

Shepard, Roger N. 1978. The Mental Image. *American Psychologist* 33: 125-137.

Shibatani, Masayoshi. 1985. Passives and Related Constructions: A Prototype Analysis. *Language* 61:821-848.

Smith, Michael B. 1993. Aspects of German Clause Structure from a Cognitive Grammar Perspective. *Studi Italiani di Linguistica Teorica e Applicata* 22:601-638.

Sweetser, Eve. 1982. Root and Epistemic Modals: Causality in Two Worlds. *Proceedings of the Annual Meeting of the Berkeley Linguistics Society* 8:484-507.

Sweetser, Eve. 1990. *From Etymology to Pragmatics: Metaphorical and Cultural Aspects of Semantic Structure*. Cambridge Studies in Linguistics 54. Cambridge: Cambridge University Press.

Sweetser, Eve. 1997. Role and Individual Interpretations of Change Predicates. In Jan Nuyts and Eric Pederson(eds.), *Language and Conceptualization*, 116-136. *Language, Culture and Cognition* 1. Cambridge: Cambridge University Press.

Sweetser, Eve. 1999. Compositionality and Blending: Semantic Composition in a Cognitively Realistic Framework. In Theo Janssen and Gisela Redeker (eds.), *Cognitive Linguistics: Foundations, Scope, and*

Methodology, 129-162. Cognitive Linguistics Research 15. Berlin: Mouton de Gruyter.

Takahashi, Kiyoko. 2000. *Expressions of Emanation Fictive Motion Events in Thai*. Ph. D. dissertation, Chulalongkorn University, Bangkok.

Talmy, Leonard. 1988a. Force Dynamics in Language and Cognition. *Cognitive Science* 12:49-100.

Talmy, Leonard. 1988b. The Relation of Grammar to Cognition. In Brygida Rudzka-Ostyn (ed.), *Topics in Cognitive Linguistics*, 165-205. Amsterdam: John Benjamins.

Talmy, Leonard. 1991. Path to Realization: A Typology of Event Conflation. *Proceedings of the Annual Meeting of the Berkeley Linguistics Society* 17:480-519.

Talmy, Leonard. 1996. Fictive Motion in Language and "Ception". In Paul Bloom, Mary A. Peterson, Lynn Nadel, and Merrill F. Garrett (eds.), *Language and Space*, 211-276. Cambridge, Mass.: MIT Press, and London: Bradford.

Talmy, Leonard. 2000a. *Toward a Cognitive Semantics*, vol. 1: *Concept Structuring Systems*. Cambridge, Mass.: MIT Press, and London: Bradford.

Talmy, Leonard. 2000b. *Toward a Cognitive Semantics*, vol. 2: *Typology and Process in Concept Structuring*. Cambridge, Mass.: MIT Press.

Taylor, John R. 1996. *Possessives in English: An Exploration in Cognitive Grammar*. Oxford: Oxford University Press/Clarendon.

Taylor, John R. 2002. *Cognitive Grammar*. Oxford Textbooks in Linguistics. Oxford: Oxford University Press.

Taylor, John R. 2004. *Linguistic Categorization: Prototypes in Linguistic Theory*. 3rd ed. Oxford: Oxford University Press/Clarendon.

Thompson, Sandra A. 2002. "Object Complements" and Conversation: Towards a Realistic Account. *Studies in Language* 26:125-164.

Tomasello, Michael. 1992. *First Verbs: A Case Study of Early Grammatical Development*. Cambridge: Cambridge University Press.

Tomasello, Michael. 2003. *Constructing a Language: A Usage-Based Theory of Language Acquisition*. Cambridge: Harvard University Press.

Tomlin, Russell S. 1995. Focal Attention, Voice, and Word Order. In Pamela Downing and Michael Noonan (eds.), *Word Order in Discourse*, 517-554. Typological Studies in Language 30. Amsterdam: John Benjamins.

Tomlin, Russell S. 1997. Mapping Conceptual Representations into Linguistic Representations: The Role of Attention in Grammar. In Jan Nuyts and Eric Pederson (eds.), *Language and Conceptualization*, 162-189. Language, Culture and Cognition 1. Cambridge: Cambridge University Press.

Traugott, Elizabeth. 1982. From Propositional to Textual and Expressive Meanings: Some Semantic-Pragmatic Aspects of Grammaticalization. In Winfred P. Lehmann and Yakov Malkiel (eds.), *Perspectives on Historical Linguistics*, 245-271. Amsterdam: John Benjamins.

Traugott, Elizabeth. 1988. Pragmatic Strengthening and Grammaticalization. *Proceedings of the Annual Meeting of the Berkeley Linguistics Society* 14: 406-416.

Traugott, Elizabeth. 1989. On the Rise of Epistemic Meanings in English: An Example of Subjectification in Semantic Change. *Language* 65: 31-55.

Tuggy, David. 1993. Ambiguity, Polysemy, and Vagueness. *Cognitive Linguistics* 4: 273-290.

Tuggy, David. 2003a. The Nawatl Verb *kīsa*: A Case Study in Polysemy. In Hubert Cuyckens, René Dirven, and John R. Taylor (eds.), *Cognitive Approaches to Lexical Semantics*, 323-362. Cognitive Linguistics Research 23. Berlin: Mouton de Gruyter.

Tuggy, David. 2003b. *Abrelatas* and *Scarecrow* Nouns: Exocentric Verb-Noun Compounds as Illustrations of Basic Principles of Cognitive Grammar. *International Journal of English Studies* 3(2): 25-61.

Turner, Mark. 1987. *Death Is the Mother of Beauty: Mind, Metaphor, Criticism*. Chicago: University of Chicago Press.

Tyler, Andrea, and Vyvyan Evans. 2003. *The Semantics of English Prepositions: Spatial Scenes, Embodied Meaning and Cognition*. Cambridge: Cambridge University Press.

Ungerer, Friedrich, and Hans-Jörg Schmid. 2007. *An Introduction to*

Cognitive Linguistics. 2nd ed. London: Pearson Longman.

Vandeloise, Claude. 1991. *Spatial Prepositions: A Case Study from French*. Chicago: University of Chicago Press.

van Hoek, Karen. 1995. Conceptual Reference Points: A Cognitive Grammar Account of Pronominal Anaphora Constraints. *Language* 71: 310-340.

van Hoek, Karen. 1997. *Anaphora and Conceptual Structure*. Chicago: University of Chicago Press.

Velázquez-Castillo, Maura. 2002. Grammatical Relations in Active Systems: The Case of Guaraní. *Functions of Language* 9: 133-167.

Vendler, Zeno. 1967. *Linguistics in Philosophy*. Ithaca, N. Y.: Cornell University Press.

Verhagen, Arie. 2005. *Constructions of Intersubjectivity: Discourse, Syntax, and Cognition*. Oxford: Oxford University Press.

Wierzbicka, Anna. 1985. Oats and Wheat: The Fallacy of Arbitrariness. In John Haiman (ed.), *Iconicity in Syntax*, 311-342. Amsterdam: John Benjamins.

Wierzbicka, Anna. 1988. *The Semantics of Grammar*. Studies in Language Companion Series 18. Amsterdam: John Benjamins.

Wierzbicka, Anna. 1995. Dictionaries vs. Encyclopaedias: How to Draw the Line. In Philip W. Davis (ed.), *Alternative Linguistics: Descriptive and Theoretical Modes*, 289-315. Current Issues in Linguistic Theory 102. Amsterdam: John Benjamins.

Wierzbicka, Anna. 1996. *Semantics: Primes and Universals*. Oxford: Oxford University Press.

Woodbury, Anthony C. 1977. Greenlandic Eskimo, Ergativity, and Relational Grammar. In Peter Cole and Jerry M. Sadock (eds.), *Syntax and Semantics, vol. 8: Grammatical Relations*, 307-336. New York: Academic Press.

Zubin, David A., and Klaus-Michael Köpcke. 1986. Gender and Folk Taxonomy: The Indexical Relation between Grammatical and Lexical Categorization. In Colette Craig (ed.), *Noun Classes and Categorization*, 139-180. Amsterdam: John Benjamins.

人名索引

说明：所有页码均为英文版的索引页码。页码后面的 n 表示原注。

主 题 索 引

（兼术语中英文对照表）

说明：所有页码均为英文版的索引页码。页码后面的 n 表示原注。

B

C

D

G

I

J

K

L

N

O

P

Q

R

S

T

U

V

图书在版编目(CIP)数据

认知语法导论:上下卷/(美)罗纳德·W.兰艾克著;黄蓓译.—北京:商务印书馆,2024
(汉译世界学术名著丛书:120年纪念版:珍藏本:增订本)
ISBN 978-7-100-23395-8

Ⅰ.①认… Ⅱ.①罗…②黄… Ⅲ.①认知—语法—研究 Ⅳ.①H04

中国国家版本馆 CIP 数据核字(2024)第 041262 号

汉译世界学术名著丛书
(120 年纪念版·珍藏本·增订本)
认知语法导论
(上下卷)
〔美〕罗纳德·W.兰艾克 著
黄蓓 译
刘辰诞 审校

商 务 印 书 馆 出 版
(北京王府井大街 36 号 邮政编码 100710)
商 务 印 书 馆 发 行
北京市白帆印务有限公司印刷
ISBN 978-7-100-23395-8

2024 年 5 月第 1 版 开本 710×1000 1/16
2024 年 5 月北京第 1 次印刷 印张 64¾
定价:356.00 元